Georg Hörmann · Frank Nestmann (Hrsg.)
Handbuch der psychosozialen Intervention

Georg Hörmann · Frank Nestmann (Hrsg.)

Handbuch der psychosozialen Intervention

Westdeutscher Verlag

CIP-Titelaufnahme der Deutschen Bibliothek

Handbuch der psychosozialen Intervention /
Georg Hörmann; Frank Nestmann (Hrsg.). –
Opladen: Westdt. Verl., 1988
ISBN 3-531-11815-3

NE: Hörmann, Georg [Hrsg.]

Der Westdeutsche Verlag ist ein Unternehmen der Verlagsgruppe Bertelsmann.

Umschlaggestaltung: Horst Dieter Bürkle, Darmstadt
Druck und buchbinderische Verarbeitung: Lengericher Handelsdruckerei, Lengerich
Printed in Germany

ISBN 3-531-11815-3

Inhalt

Vorwort

Intervention stellt inzwischen einen Schlüsselbegriff in den Human- und Sozialwissenschaften dar. Im psychosozialen Arbeitsbereich beschäftigen sich verschiedene Disziplinen mit Eingriffen in Lebensverhältnisse, Beziehungsstrukturen, Verhaltensweisen und Organisationsverläufe. Eine Zusammenfassung des gegenwärtigen Diskussionsstandes aus unterschiedlichen Perspektiven sowie die Entwicklung weiterführender Problemdimensionen erweist sich angesichts der fast explosiven Verbreitung des Interventionsbegriffs als unabdingbar. Neben einer fachspezifischen Orientierung, welche unterschiedliche wissenschaftliche Zugangsweisen verdeutlicht, ist jedoch eine Übersicht über Formen und Methoden psychosozialer Intervention nicht weniger angezeigt als eine exemplarische Konkretisierung an ausgewählten Praxisfeldern und Arbeitsbereichen.

Die Heterogenität und Vielfalt von Zugriffen, Arbeitsformen und Adressatengruppen psychosozialer Intervention läßt sich kaum auf einen gemeinsamen Nenner bringen. Wenn mit dem vorliegenden Buch gleichwohl die Form eines Handbuches dargeboten wird, läßt sich ein solcher Anspruch weniger aus dem Bestreben nach Repräsentativität und Vollständigkeit der Zusammenschau herleiten als aus dem Bemühen, disparate Bereiche, Trends und Arbeitszusammenhänge zusammenzuführen und den Ertrag bisheriger Aktivitäten sowohl durch theoretische Analysen als auch praxisbezogene Reflexionen zu bündeln und kritisch zu sichten, um Tragfähigkeit und Grenzen von Erscheinungsformen, Wirkungen und Methoden psychosozialer Intervention orten zu können.

Die Schwierigkeiten des Unterfangens zeigten sich nicht zuletzt bei der Durchführung des Projektes. Wenn trotz einiger Absagen, Veränderungen und zwischenzeitlich erforderlicher Umdisponierungen das Handbuch doch in Grundzügen dem ursprünglichen Plan entspricht und auch einigermaßen in der vorgesehenen Zeit fertiggestellt werden konnte, ist dies einmal der Disziplin der meisten Autoren zu danken, die ihre Beiträge rechtzeitig abgeliefert haben, besonders aber jenen Autoren, die angesichts unvorhersehbarer Absagen als Ersatz eingesprungen sind und geholfen haben, daß das Handbuch ohne allzu gravierende Verzögerungen rechtzeitig erscheinen kann und das zeitliche Gefälle zwischen den einzelnen Beiträgen nicht übermäßig wird.

Für Hinweise, Hilfestellungen und vor allem Geduld sei dem Lektorat des Westdeutschen Verlages gedankt.

Bielefeld, Frühjahr 1988 — Die Herausgeber

Psychosoziale Intervention: Einführung

Georg Hörmann, Frank Nestmann

„‚Intervention‘ ist in den letzten Jahren zu einem Modewort im pädagogischen Bereich geworden“ (Kleber 1980, 27), allerdings nicht nur in diesem, sondern in sozialwissenschaftlichen Disziplinen (Seidmann 1983) und psychosozialen Feldern überhaupt. Dabei hat es psychosoziale Arbeit offensichtlich schwer, sich ihrem Gegenstandsbereich in angemessener Sprachform zu nähern. Bereits früh hat Geib (1979, 171) das Problem der sprachlichen Wortwahl als Zeichen der Janusköpfigkeit von Psychotherapie/Beratung bemerkt und die Frage gestellt: „Warum ist bei Beratern soviel die Rede von ‚Intervention‘, ‚Strategie‘ und anderen durchaus kriegerischen Begriffen?“ Wenn auch Eisert (1981, 100) gegen solche Bedenken einwendet, daß ihm das Martialische der „Intervention“ um einiges lieber sei als das Bürokratische der „Versorgung (Ver-Sorgung)“, weist er nur auf die weitere Schwierigkeit der Begriffsbildung im psychosozialen Bereich hin.

Das Gemeinsame von Versorgung und Intervention scheint zunächst einmal darin begründet, daß der Klient in ein Objektverhältnis gebracht wird, lediglich die Perspektive erfolgt von verschiedenen Seiten: bei der Intervention ist der Eingreifende der aktive Teil, bei der Versorgung der Klient passiver Empfänger (oder mehr oder weniger bereitwilliger Dulder) von Maßnahmen. Während Seibert (1978, 193f.) die von der traditionellen Sozialarbeit und Medizin entwickelte Vorstellung einer Intervention als eines Eingriffs, einer „Behandlung“ oder eines – wie es im neumodischen Jargon heißt – „treatment“ für eine klientenorientierte Beratung ablehnt[1], greift Geib (1987) diese verräterische Sprache auf, um an ihr einerseits den Opportunismus zu verdeutlichen, welcher flinke Anpassungsstrategen als sorglose und willfährige Paktierer mit einem gängigen Machtapparat decouvriert. Andererseits zeigt er anhand der zunehmenden Bedeutungsentleerung des ursprünglichen Begriffs zugunsten diffuser Verallgemeinerung und formaler Universalisierung die zunehmende Verschleierung von herrschaftsbedingter Eingriffsdominanz, welche durch sprachliche Abstraktion von ihrer historischen Besonderheit als allgemeingültige Alltagsvariante gehandelt wird.

Daß ‚Intervention‘ zum Jargon-Wort in der Berater- und Therapeutensprache geworden ist, verwundert nämlich angesichts seiner historischen Herkunft und des bisherigen Bedeutungshorizontes durchaus. Geib skizziert in seinem Beitrag zum Thema: „Intervenieren? Zur Machtproblematik in Beratung und Therapie“ diese Entwicklung folgendermaßen: „Bis vor kurzem war [Intervention] ein Fachwort des Staatsrechts und der Börsensprache. Gemeint war entweder die militärische Einmischung eines Staates in die inneren Verhältnisse eines anderen oder es ging um Eingriffe interessierter Kreise in den Geldmarkt. Auch im Prozeßrecht gibt es eine Intervention, wenn zwei sich streiten und ein Dritter fährt dazwischen mit einem den Streit beendenden Rechtstitel (z.B. Eigentum). Im Psycho-Jargon geht es nicht um ein Sich-Einmischen mit den Machtmitteln Armee, Geld oder Titulus (Rechtsurkunde), natürlich nicht. Aber um Einmischung, Einflußnehmen geht es schon", wenngleich dies von fachpsychologischer Warte aus höchstens in schwammiger oder sozialpsychologisch verkürzter Weise in der Art einer als gegeben vorausgesetzten Experten-Macht wahrgenommen werde. Als möglichen Grund für den komentenhaften Aufstieg des Begriffes Intervention vermutet Geib die Analogie zum medizinischen Eingriff: während der Arzt Eingriffe mache, interveniere der Psychotherapeut. Im Unterschied zur offiziellen Abgrenzung gegenüber Ärzten und einem verfemten medizinischen Krankheitsmodell (Keupp 1972; Kardorff 1978) entspringe nämlich der okkupierte Begriff aus dem Wortschatz der terminologischen Aufrüstung eher der Konkurrenzhaltung und dem Neid gegenüber der privilegierten Gruppe der Ärzte als sachlogischen Gründen: Im Gefolge einer praktischen Medikalisierung des Lebens werde eine Vermehrung machtbefugter Jobs erwartet, welche sich mit dem Abglanz medizinischen Prestiges zu schmücken suchten (Hörmann/Nestmann 1985).

Was sich zunächst nur als Beispiel eines modischen Trendsetters anheimelnd einzuschleichen anschickte, entpuppte sich unter der Hand als ungestümer Drang um Teilhabe an der Macht. Doch kaum daß dieser Kontext in das Blickfeld gerät, gibt sich Intervention in der Pose des Biedermanns als harmlose Alltagshandlung, die die Bereiche des Lebens ubiquitär durchdringt und deshalb vorgibt, etwas von ihrem Schrecken verloren zu haben.

Allerdings gliche ein Verhalten, welches die Hypothek eines Begriffs per Konvention oder gedankenlosem Dekret aus der Welt zu schaffen verspricht, eher magischem Denken als nüchterner Wirklichkeitssicht. Mißtrauen ist daher gegenüber der Ausuferung von Intervention im Feld psychosozialer Praxis angebracht. Ob die Ironie der sozialen Intervention darin besteht, uns fatale Heilmittel zu liefern[2], werden weitere Diskurse zu klären haben. Sicherlich wird es jedoch nicht ausreichen, in einer Art Buchhalter-Mentalität lediglich Soll und Haben von psychosozialer Intervention zu bilanzieren oder sich durch ausgeklügelte Einteilungen von Ansatzebenen, Zielen oder Möglichkeiten einer psychosozialen Intervention[3] aus der Schlinge anstehender Entscheidungen ziehen zu wollen. So hilfreich solche Klärungen auch sein mögen, dispensieren sie gleichwohl nicht von der Aufgabe, aller Fortschrittseuphorie über die gewachsenen Eingriffsmöglichkeiten zum Trotz die gesellschaftsbedingte Einbettung und Formierung psychosozialer Intervention und deren Widersprüchlichkeit im Auge zu behalten. Die Frage „Intervention" oder „Nicht-Intervention" führt allerdings in eine Sackgasse: wird eine allgemein-gültige Antwort erwartet oder richtet sie sich lediglich auf Machbarkeit und pragmatisches Interesse am „Wie"? Stattdessen gilt es in einer an der ‚Lasswell-Formel' aus der Medienforschung angelehnten Form zu fragen: Wer interveniert, *in wessen Auftrag, mit welchem Ziel* und *in welcher rechtlichen* und *institutionellen Einbindung, wo, wann, in welcher Form* und bezüglich *welcher Personen, Gruppen, Organisationen, Lebensräume* etc.

Rahmenbedingungen sollen daher im ersten Teil dieses Handbuchs benannt und Entwicklungstrends in Theorie und Praxis medizinischer, juristischer, ökonomischer, administrativer, pädagogischer, sozialarbeiterischer und psychologischer Intervention mit fachspezifischem Schwerpunkt problematisiert werden. In den Einzelbeiträgen zu Interventionsformen werden Konzepte und Arbeitsweisen in Verbindung zu je spezifischen Interventionsprofessionen und -institutionen vorgestellt. In den Beiträgen im dritten Teil zu Interventionsfeldern und -klientelen werden die in

Frage stehenden „Risiko-“ bzw. „Problemgruppen“ in ihren spezifischen Konstellationen und Situationen ausgewiesen. In allen drei Zugängen zu psychosozialer Intervention bemüht sich der Band, ein breites Spektrum von Interventionskonzepten und -ansichten zum Ausdruck kommen zu lassen. Von Interventionsskeptikern bis zu Verfechtern eines forcierten „Sich-Einmischens“ in Einzelschicksale, interaktionelle Mikrostrukturen und gesellschaftliche Makroprozesse reicht die Palette der Autoren, die als Gemeinsamkeit oft nur die Beteiligung an einer in verschiedenen Disziplinen wachsenden wissenschaftlichen Auseinandersetzung mit psychosozialer Intervention verbindet.

Das Nebeneinander, aber auch Gegeneinander verschiedener psychosozialer Interventionsformen wird hier einerseits deutlich, andererseits werden Alternativen benannt und diskutiert. Eine zusammenfassende Übersicht über Intervention und Nicht-Intervention, professionelle und nichtprofessionelle Aspekte sowie Kritik und Perspektiven beschließen den Band.

Anmerkungen

1 Grenzen der Intervention wurden im Unterschied zur Psychologie bereits frühzeitig problematisiert im Bereich der Sozialarbeit/Sozialpädagogik (vgl. Hollstein 1977).

2 Vgl. den Buchtitel von Sieber (1982): „Fatal Remedies – The Ironies of Social Intervention“.

3 Einteilungen von Interventionen nach einem dreidimensionalen Würfelmodell etwa bei Heil/Scheller (1981, 190ff.) oder bei Uchtenhagen (1980).

Literatur

Eisert, H.G., Pädagogisch-therapeutische Interventionen bei hyperaktiven Kindern. Frankfurt: Phil. Diss., 1981.

Geib, N.W.H., Januskköpfige Psychotherapie/Beratung: Wer integriert wen? In: Psychologie und Gesellschaftskritik, 3 (1979) Heft 9/10, 171-189.

–, Intervenieren? – Zur Machtproblematik in Beratung und Therapie. In: Psychologie und Gesellschaftskritik, 11 (1987) Heft 42/43, 5-20.

Gerlicher, K. (Hg.), Prävention – vorbeugende Tätigkeiten in Erziehungs- und Familienberatungsstellen. Göttingen: Verlag Medizinische Psychologie 1980.

Heil, F.E./Scheller, R., Entwicklungsmöglichkeiten der gegenwärtigen Beratungspraxis. In: Baumann, U./Berbalk, H./Seidenstücker, G. (Hg.): Klinische Psychologie. Trends in Forschung und Praxis Band 4. Bern: Huber 1981, 180-208.

Hörmann, G./Nestmann, F., Die Professionalisierung der klinischen Psychologie und die Entwicklung neuer Berufsfelder in Beratung, Sozialarbeit und Therapie. In: Ash, M.G./Geuter, U. (Hg.): Zur Geschichte der deutschen Psychologie im 20. Jahrhundert. Opladen: Westdeutscher Verlag 1985, 252-285.

Hollstein, W., Grenzen und Möglichkeiten sozialpädagogischer Intervention. In: Hollstein, W./Meinhold, M. (Hg.): Sozialpädagogische Modelle: Möglichkeiten der Arbeit im sozialen Bereich. Frankfurt: Campus 1977, 13-36.

Kardorff, E. von, Modellvorstellungen über psychische Störungen: Gesellschaftliche Entstehung, Auswirkungen, Probleme. In: Keupp, H./Zaumseil, M. (Hg.): Die gesellschaftliche Organisierung psychischen Leidens. Frankfurt: Suhrkamp 1978, 539-588.

Keupp, H. (Hg.), Der Krankheitsmythos in der Psychopathologie. München: Urban & Schwarzenberg 1972.

Kleber, E.W., Prävention und Intervention im Schuleingangsbereich. In: Gerlicher, 1980, 27-42.
Seibert, U., Soziale Arbeit als Beratung. Weinheim: Beltz 1978.
Seidman, E. (Ed.), Handbook of Social Intervention. Beverley Hills: Sage Publications 1983.
Sieber, S.D., Fatal Remedies – The Ironies of Social Intervention. New York: Plenum 1982.
Uchtenhagen, A., Intervention und Prävention. In: Gerlicher, 1980, 9-26.

I. Interventionsdisziplinen und psychosoziale Felder

1.1. Psychosoziale Aspekte medizinischer Intervention

Georg Hörmann

1. Erscheinungsformen medizinischer Intervention

Interventionen im Bereich der Medizin sind vielfältig und allgegenwärtig. Eingriffe erfolgen nicht nur in Notsituationen als lebensrettende Maßnahmen (Operationen, chirurgische Anlässe), sondern tagtäglich in zahlreichen Routinehandlungen (Injektionen, körperliche Manipulationen). Neben dem Aspekt der Dringlichkeit (Erste Hilfe, Notfälle) spielt das Maß der Freiwilligkeit eine Rolle. Wenn auch üblicherweise das Recht der körperlichen Unversehrtheit einen Behandlungszwang verbietet, sind die Grenzen medizinischen Handelns im Einzelfall gleichwohl schwer bestimmbar. Mag etwa bei einem Unfallopfer, einer Verletzung oder einer Bewußtlosigkeit eine medizinische Intervention keiner Rechtfertigung bedürfen, gestaltet sich die Begründetheit medizinischer Eingriffe in Konfliktfällen weniger reibungslos. Ist Freiwilligkeit oder Einsicht in die Behandlungsbedürftigkeit auf der Seite des Betroffenen nämlich nicht zu erwarten, kann unter bestimmten Bedingungen gar Behandlungszwang (Behandlungspflegschaft) erfolgen. Die Unausweichlichkeit medizinischer Intervention wird dann entweder aus dem Schutzbedürfnis der Allgemeinheit (Bundesseuchengesetz, Gesetz zur Verhütung übertragbarer Geschlechtskrankheiten) oder aus einem unterstellten wohlverstandenen Eigeninteresse des Individuums (zwangsweise Unterbringung psychisch Kranker; → *Zwangsunterbringungen* 2.8.) abgeleitet. Unter diesen historisch variablen Kautelen des Schutzes der Allgemeinheit und der fürsorglichen Wahrnehmung des Selbstschutzes eines seiner geistigen Kräfte nicht für mächtig befundenen Individuums gewinnt medizinische Interventionsgewalt in sinnlicher Form handgreifliche Dimension.

Die Frage nach der Zulässigkeit und Rechtmäßigkeit medizinischer Intervention wird je nach vorgängiger normativer, kultureller, ethischer, politischer oder religiöser Option in disparaten Feldern uneinheitlich beantwortet. Im Vorfeld einer als Endstadium dienenden unfreiwilligen Unterwerfung unter eine Behandlung, oder wenn Behandlung mangels effektiver therapeutischer Strategien keine gangbare Alternative ist, stehen Überlegungen, Krankheit weder als individuelles Ereignis in das Belieben und die Verfügungsmacht des einzelnen zu stellen noch sie in der technokratischen Variante bloß als Domäne medizinischer Experten zu betrachten, sondern sie entsprechend der ihr zugemessenen Bedeutung einer Meldepflicht zu unterstellen, wie die Diskussion um die erworbene Immunabwehrschwäche AIDS belegt (Kathke 1985; vgl. auch die Beträge in der Zeitschrift AIDS-Forschung seit 1986). Während jedoch beim Beispiel AIDS das Ziel einer Bekämpfung solcher Krankheiten unbestritten ist, lediglich die zu verfolgenden Methoden und Mittel zur Eindämmung einer perhorreszierten Epidemie (Halter 1985) kontrovers diskutiert werden (Rosenbrock 1986), sprengt die Auseinandersetzung über Ziele medizinischer Interventionen im Bereich von Grenzsituationen bei der Frage der Verfügungsgewalt über Leben immanente Schranken einer Fachdisziplin. Manipulationen beim Beginn entstehenden Lebens sowohl durch invasive und gentechnische Intervention (extrakorporale Befruchtung, heterologe oder homologe Insemination, Samen- und Eizellbanken, Embryonenkonservierung, Leihmütter, Klonierung) als auch operative Elimination (Schwangerschaftsabbruch) spalten die Meinungen nicht minder (Daele 1986) als Fragen zur Beendigung des Lebens, sei es als technische Aufrechterhaltung elementarer Vitalfunktionen mittels apparativer und medikamentöser Polypragmasie (Intensivmedizin) oder als sanfte Beschleunigung des Finalzustandes (Sterbehilfe). Die psychosoziale Einbettung, Legitimierung und Abwägung derart existentieller Interventionsweisen ist allzu offenkundig, als daß sie sich mit organmedizinischer Beschränkung begnügen dürfte.

Medizinische Interventionen können weiter nach dem Gesichtspunkt der Zeitdauer und des Zeitpunktes unterschieden werden. Vorübergehende Eingriffe (etwa zur Wundbehandlung, infektiöse Krankheiten) erfordern ein anderes Vorgehen als langdauernde Maßnahmen (etwa die Substitution von Hormonen). Akute Störungen bedürfen folglich anderer Interventionsformen als chronische Beeinträchtigungen. Während sich kurzfristige Interventionen auf die Beseitigung der Störquelle, Reparatur des Defekts oder Wiederherstellung des Ausgangszustands, also im besten Falle der Heilung (restitutio ad integrum) widmen, wirken Interventionen bei chronischen Behinderungen des körperlichen oder seelischen Zustandes weniger kurativ im Sinne der Behebung eines postulierten Defekts oder der Beseitigung eines pathologischen Substrats, sondern eher im ursprünglichen kurativen Wortsinne (curare) als pflegend, begleitend, betreuend: „In den entwickelten Ländern ginge es um Verhaltensänderungen und eine neue Vorgehensweise bei personenbezogenen Gesundheitsdiensten, ausgehend von der Erkenntnis, daß der Anwendungsbereich therapeutischer Intervention gering ist und der Bedarf nach Pflege überwiegt" (McKeown 1982, 167). Die beim gegenwärtigen Krankheitspanorama zunehmenden Zivilisationskrankheiten (Herz-Kreislauf, Rheumatischer Formenkreis, Stoffwechselstörungen, Tumoren) bedingen somit eine neue Qualität medizinischer Intervention, was Weiner (1983, 30) folgendermaßen zu bedenken gibt:

„Jedem Arzt schwebt das Ideal vor, Krankheit zu heilen. Das ist eine Ideologie, die, wie viele Ideologien, zu einer übertriebenen und oft schlecht beratenen Handlungsweise führt. Wir sind noch weit davon entfernt, die vielfältigen Vorläufer, Auslösungsmechanismen und die psychologischen und körperlichen Anpassungen an diese Mechanismen zu verstehen; das gilt für die Mehrzahl der Krankheiten. Deshalb ist die Möglichkeit einer vollständigen Heilung ebenfalls noch weit entfernt. Das Ziel bleibt natürlich immer die Heilung, wenn diese möglich ist. Ist diese nicht möglich, so besteht das Ziel darin, Leiden zu mildern und dem Patienten Mut und Trost zuzusprechen. Dem Patienten soll dazu verholfen werden, mit seiner Krankheit oder seinem Zustand, seiner Behinderung und der Behandlung zu leben. Diese erzieherischen Ziele der Medizin werden oft in der Hitze des therapeutischen Übereifers, der oft gar nicht angebracht ist, übersehen."

Wenn auch medizinische Interventionen gelegentlich weit davon entfernt sind, diese Bescheidenheit und schwierige Aufgabe zu lernen, orientieren sie sich gleichwohl nicht mehr ausschließlich am Siechtum und Defekt, sondern haben auch eine präventive Stoßkraft erhalten. Bezogen auf die verschiedenen Altersgruppen kommt die präventive Sichtweise mehr oder weniger ausgeprägt zum Ausdruck. Wohl am ausgeprägtesten zeigt sich der prophylaktische Charakter medizinischer Interventionsbemühungen während der Schwangerschaft und im frühen Lebensalter (→ *Familie* 3.4.). Einmal wird die medizinische Schwangerschaftsüberwachung mit gewöhnlich zehn ärztlichen Untersuchungen mit zwei Ultraschalluntersuchungen empfohlen, wobei nicht nur die Kosten der Mutterschaftsvorsorge von der Krankenkasse getragen, sondern auch noch bei Vorlage der Bestätigungen im Mutterpaß ein Pauschbetrag ausgezahlt wird (Stoll 1986). Darüber hinaus wird ein fortlaufendes Untersuchungsprogramm mit acht Terminen für Neugeborene, Säuglinge und Kleinkinder (→ *Kinder* 3.1.) bis zum vierten Lebensjahr zur Überprüfung des allgemeinen Gesundheits- und Entwicklungsstandes von den Krankenkassen, die ursprünglich nur zur Abdeckung von Krankheitskosten geschaffen wurden, in der Bundesrepublik kostenlos angeboten (Schwartz u.a. 1979).

Schwangeren Frauen mit Risikomerkmalen (Erbkrankheiten, Alter in der vierten Dekade) wird nahegelegt, genetische Beratung in Anspruch zu nehmen, um sich gegebenenfalls einer medizinischen Intervention (Schwangerschaftsabbruch aus eugenischer Indikation) zu unterziehen.

Nach öffentlich empfohlenen Schutzimpfungen als primär präventiver Interventionsmaßnahmen (→ *Prävention* 2.1.) werden bei obligatorischen Einschulungsuntersuchungen, schulärztlichen und schulzahnärztlichen Untersuchungen (Hörmann 1986) und gesetzlich vorgeschriebenen Untersuchungen nach dem Jugendarbeitsschutzgesetz die Weichen gestellt für gegebenenfalls erforderliche weiterführende medizinische Interventionen. Nach einer bei Frauen und Männern unterschiedlich kurzen Latenzzeit werden Krebs-Früherkennungsuntersuchungen ab dem 20. bzw. 45. Lebensjahr (§ 181 RVO) als präventive Intervention dem sorglosen Alltag des unbekümmerten Bürgers als moralische Pflicht offeriert, ohne daß die Frage der Zweckmäßigkeit von Früherkennung, etwa die Folgen einer erheblichen Verschlechterung der Lebensqualität (Taylor 1979, 176ff.) oder das Verhältnis von Aufwand und Ertrag (Abholz 1977, 1985; Werner u.a. 1985) samt möglicher Nebenwirkungen einer „Mobilisierung" zur Vermeidung von Krankheit genügend reflektiert werden.

Da jedoch medizinische Interventionsmaßnahmen besonders zum Beginn und Ende des Lebens (etwa Implantation von Herzschrittmachern, Dauermedikation) massiv in Erscheinung treten, erhalten schon früh viele Kinder zur Rachitis- und Kariesprophylaxe kombinierte Vitamin-D-Fluor-Tabletten, ohne daß die Betroffenen über Hintergründe und teils widersprüchliche Argumente solcher medizinischer Interventionen hinlänglich aufgeklärt werden (WIdO 1986). Da offensichtlich das Einsichtsvermögen der Bevölkerung zumeist ohnehin nicht allzu hoch veranschlagt wird, wissen die Eltern beispielsweise meist nie, daß bei ihrem Neugeborenen routinemäßig und zumeist gänzlich unbemerkt bereits die erste zusätzlich medizinische Intervention vorgenommen wurde, nämlich die Credé-Prophylaxe (als vorbeugende Behandlung der Augenbindehaut des Neugeborenen mit einem Tropfen Silbernitratlösung gegen mögliche Gonorrhoekontamination). Sanfte Gewalt, welche in diesem Falle der Empfindlichkeit möglichen empörten elterlichen Protests gegen iatrogene Manipulation am hilflosen Geschöpf von vornherein aus dem Wege zu gehen versucht, legitimiert hier die Zweckmäßigkeit medizinischen Tuns.

Allerdings sind die Anlässe medizinischer Intervention nicht immer so harmlos, zweckmäßig und unbestritten wie bei dem ausgeklügelten Akt der Neugeborenenprophylaxe. Fast schon fatal mutet nämlich die Eigendynamik medizinischer Interventionsverheißungen im Transplantationswesen an. Nicht nur gefäßchirurgische Maßnahmen am Herzen und anderen Organen (Koronar-, Bypasschirurgie) huldigen der keine Kosten scheuenden Illusion grenzenlosen Machbarkeitskults, in einer fortgeschrittenen Ersatzteilmedizin werden nicht nur Tiere als Ausbeutungsobjekt für Organentnahmen hemmungslos ausgeschlachtet. Was allerdings in der Hochleistungsmedizin noch spektakuläre und sensationslüsterne Blüten treibt, gehört im paramedizinischen Betrieb bereits zum Alltagsbetrieb, wenn etwa in der Frischzellentherapie ganze Tierherdennachkommenschaften dem Wunschdenken altersflüchtiger Wohlstandsbürger als Garant ewigen Jungbrunnens und nicht nachlassender Leistungsfähigkeit mit zweifelhaftem Effekt (Oepen 1983) auf dem Altar menschlicher Eitelkeiten geopfert werden. Fast scheint es, als verkomme medizinisch verbrämte Intervention unter fadenscheinigen Rationalisierungen zum Selbstzweck, der vor keinem Mittel zurückschreckt. Medizinische Intervention beschränkt sich also keineswegs auf fachlich begründete Eingriffe, sondern gewinnt in einer Art Deutungsüberschuß (surplus meaning) magische Anziehungskraft, welche ihren psychosozialen Charakter als kollektives Bewältigungsmuster von Problemen sozialer und individueller Art offenbart (Attali 1981).

2. Reichweite und Ziele medizinischer Intervention

Nach Laaser (1981, 129) ist grundsätzlich „zwischen struktureller und verhaltensorientierter Intervention zu unterscheiden. Die strukturelle, primär nicht verhaltensorientierte Intervention kann unterteilt werden in interventive Maßnahmen, die die Arbeitsbedingungen (z.B. Verbot des Rauchens am Arbeitsplatz), die Produktgestaltung (z.B. Ausdruck von Gesundheitswarnungen auf Zigarettenpackungen) oder die Produktverteilung (z.B. Verbot von Zigarettenautomaten) betreffen. Die verhaltensorientierte Intervention gliedert sich in eine personelle und eine über Medien vermittelte Intervention. Bei den Medien kann unterschieden werden zwischen sogenannten großen Medien (Fernsehen, Rundfunk, Presse) und den sogenannten kleinen Medien (audiovisuelle Methoden, ‚persönliche' Briefaktionen). Die personelle Intervention kann individuell oder in Gruppen erfolgen. Dabei kann die individuelle Intervention (Kruse 1982) wiederum in aktive Maßnahmen (der Proband wird aufgesucht) oder passive (der Proband kann kommen) unterteilt werden. Bei der gruppenbezogenen Intervention kann es sich um Aktivitäten in vorgegebenen, stabilen (Betriebe, Schulen) oder nicht vorgegebenen, instabilen (Vorträge, Kurse) Gemeinschaften handeln. Ein Beispiel für das letztere wären Raucherentwöhnungskurse in der Volkshochschule, ein Beispiel für das erste wäre z.B. eine Unterrichtseinheit für gesundes Kochen im Rahmen des Berufsschulunterrichts".

In Anlehnung an weitere Gliederungsvorschläge aus sozialepidemiologischer (Greiser 1981, 36ff.; Assmann/Schettler 1987, 347) und präventiver Sicht (Karmaus 1981, 1982, 1985) lassen sich medizinische Interventionen nach der Art und dem Ziel des Eingriffs, der Berücksichtigung von Bedingungen und Umständen zu verändernder Verhaltensweisen oder Verhältnisse, der Wahl der Mittel und Vorgehensweisen, der Spezifität der Verfahren, dem Umfang des anvisierten Adressatenkreises und der Beteiligung personeller sowie institutioneller Ressourcen differenzieren. Werden exogene Bedingungen, d.h. Einwirkungen der Außenwelt auf den Gesundheits- und Krankheitszustand der Bevölkerung Anlaß für medizinische Eingriffsverpflichtung, läßt sich solche Expositionsintervention unterscheiden von einer Dispositionsintervention, einem Konzept, das an endogenen Faktoren, seien es angeborene oder erworbene Krankheits- und Verhaltensdispositionen, ansetzt.

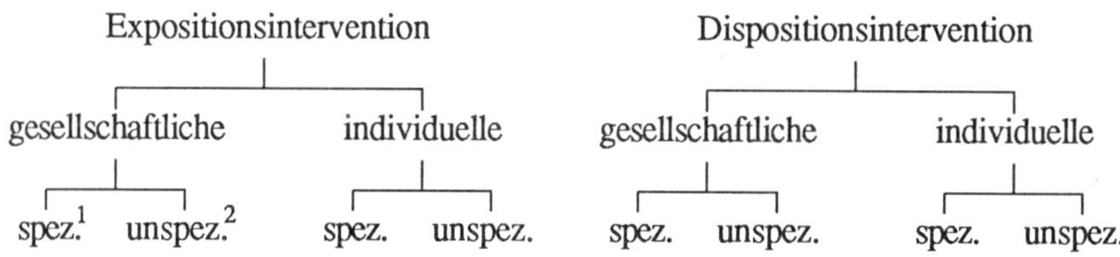

[1] spez. (spezifisch)
[2] unspez. (unspezifisch)

Abb. 1: Formen medizinischer Interventionen

Expositionsintervention kann ebenso wie Dispositionsintervention sowohl auf gesellschaftlicher versus individueller Ebene als auch nach dem Grad der Spezifität weiter unterteilt werden. So wird der Zustand eines Kranken zwar zunächst die unmittelbare Einleitung von Maßnahmen für die einzelne Person erforderlich machen, gleichzeitig jedoch nach Eingriffen verlangen, um die Aussetzung gegenüber pathogenen Bedingungen, welche den Krankheitsverlauf möglicherweise ausgelöst haben oder ihn weiter aufrechterhalten, zu unterbinden. Eine dispositive Intervention mit dem Schwerpunkt auf der individuellen Ebene wird etwa als spezifische Maßnahme eine gezielte antibiotische Behandlung gegen identifizierte Krankheitserreger veranlassen, als unspezifisches Vorgehen gegebenenfalls die Senkung hohen Fiebers oder die Steigerung der Immunabwehr anstreben. Eine gesellschaftlich orientierte Dispositionsintervention sorgt durch die Krankschreibung des Betroffenen für eine Entlastung von beruflichen und alltäglichen Rollenverpflichtungen als unspezifischer Voraussetzung für die Genesung. Durch Bereitstellung besonderer Hilfsmaßnahmen, wie beispielsweise Umschulung bei beruflich bedingten Lungenerkrankungen oder Allergien erfolgt eine spezifische gesellschaftliche Dispositionsintervention.

Da Krankheiten nicht selten den Rahmen individueller Disposition überschreiten, geraten unabdingbar auch gesellschaftliche Bedingungen als Objekt der Veränderung in das Blickfeld. So wird eine medizinische Expositionsintervention auf individuellem Niveau erforderlich etwa beim Asthmatiker; als spezifische Intervention könnte hier die Einführung eines Rauchverbots oder die Installierung von Luftreinhaltungseinrichtungen an gefährdeten Arbeitsplätzen erforderlich sein; als unspezifische Form wären die Einhaltung von Regeln (wie angemessene Durchlüftung und Temperierung von Räumen, Pausen) und sorgfältigen betriebsmedizinischen Kontrollen zu nennen. In spezifischer Weise wären im gesellschaftlichen Bereich als

Aufgabe der medizinischen Expositionsintervention Luftverschmutzungen und Schadstoffemissionen infolge ihres gesundheitlichen Risikos einzudämmen und in eher unspezifischer Weise Arbeits- und Wohnbedingungen so zu gestalten, daß Beeinträchtigungen im Nahbereich vermieden werden (etwa durch Wohnsanierungen).

Wie historische Beispiele sozialmedizinischer Tradition belegen, waren medizinische Interventionen zur Bekämpfung von Krankheiten wie Typhus (Virchow) oder Tuberkulose (McKeown 1982, 135ff.; Harmsen 1982) dann am erfolgreichsten, wenn sie sich nicht auf das Individuum beschränkten, sondern die Breite der Eingriffsmöglichkeiten nicht zuletzt begründet auf medizinischem Sachverstand (z.B. Eindämmung der Cholera durch Sanierung der Wasserversorgung als Quelle und Verbreitung eines Keimreservoirs) in umfassender Weise wahrnahmen. Eine Beschränkung auf den medizinisch ohnehin meist desolaten Eingriff bei Opfern von Strahlenschäden erwiese sich nicht nur als verhängnisvoll und blindäugig, sondern schlichtweg zynisch, wenn die Erkenntnisse über die sinnlich nicht erfahrbaren, unsichtbaren und schleichenden Schäden durch ionisierende Strahlenbelastungen nicht in medizinisch zwingende Expositionsinterventionen umgesetzt würden. Zwar können solche Interventionen ebensowenig gewaltsam durchgesetzt werden wie bei einzelnen Patienten, weil abgesehen von einschränkenden Bedingungen in beiden Fällen die Freiwilligkeit und Zustimmung zum Eingriff auf seiten der Betroffenen erforderlich sind. Je nach der Kollision mit Interessen werden zwar die Widerstände beträchtlich werden, allerdings geben die erwartbaren Schwierigkeiten bei der Wahrnehmung nötiger Handlungsbefugnisse keinen Anlaß, den Weg des geringsten Widerstands zu gehen und die Möglichkeiten medizinischer Intervention auf das vordergründig leichter erreichbare, zu beeinflussende oder unter Druck zu setzende Individuum zu beschränken (Lippert 1982).

Welche psychosozialen Konstellationen medizinische Interventionen außerhalb des Schonraums der klassischen Arzt-Patient-Dyade zu berücksichtigen hat, soll hier stellvertretend für andere Bereiche am Beispiel kardiovaskulärer Interventionsstudien zur Beeinflussung des hohen bzw. erhöhten Blutdrucks verdeutlicht werden.

3. Kommunale Interventionsstudien

Die im Laufe der letzten drei Jahrzehnte durchgeführten nationalen wie internationalen Bevölkerungsstudien zu Entstehung und Verlauf kardiovaskulärer Erkrankungen (Laaser/Allhoff 1986) haben zur Identifikation einer Reihe typischer Risikofaktoren bzw. nachweisbarer Risikoindikatoren geführt (Abholz u.a. 1982). Neben Zigarettenrauchen und hohen Blutfettwerten (Hypercholesterinämie) wird, worauf hier eine Beschränkung erfolgen soll, als gesicherter kardiovaskulärer Risikofaktor erhöhter diastolischer und systolischer Blutdruck konstatiert. Während die Ergebnisse zur Reduktion weiterer Risikofaktoren keineswegs einheitlich sind, ist gleichwohl der Schluß gerechtfertigt, daß vorliegende Behandlungsstudien den Stellenwert einer Blutdrucksenkung klar belegen. Über die Wirksamkeit der verschiedenen therapeutischen bzw. interventiven Verfahren liegen keine eindeutigen Ergebnisse vor, insbesondere wenn man den Ausgangsblutdruck und das Problem der milden bzw. Grenzwerthypertonie berücksichtigt (z.B. Keil/Hense 1985). Wenn auch aufgrund verfügbaren Wissens derzeit eine pharmakologische Behandlung der manifesten Hypertonie als einzige kurzfristige und unmittelbare Handlungsalternative gesichert scheint, so wird die Begrenztheit dieser Zugangsweise, deren mangelnde Übertragbarkeit auf primäre Interventionsprogramme, der fehlende Ausbau nicht-pharmakologischer Alternativen sowie die Gefahr einer vorzeitigen und dauerhaften Festschreibung einer nur kurzfristig gedachten Übergangsstrategie erkannt und ausdrücklich herausgestellt (Laaser 1982).

Die Umsetzung des Risikofaktorenkonzepts in Interventionsprogramme und präventive Strategien nach dem Motto „Prävention durch Intervention" (Laaser 1981, 128) wurde jedoch nicht nur wegen methodologischer und konzeptioneller Mängel einer Vielzahl groß angelegter epidemiologischer Studien (Korporal/Zink 1982) kritisiert, sondern besonders wegen der isolierten Betrachtung medizinischer Hauptrisikofaktoren. Wenn auch die Rolle pathogenetischer Mechanismen und somatischer Vorläufer für die Auslösung des Herzinfarkts unbestritten sind, rückten allmählich die Bedeutung vielfältiger Risikosituationen und Dispositionen als psychosoziale Risikokonstellationen zusehends in das Blickfeld (Siegrist u.a. 1980, 1982). Wenn daher Schäfer (1976) anläßlich der Erstellung einer Hierarchie von Risikofaktoren primäre von sekundären Faktoren unterscheidet, wobei letztere gesellschaftliche, soziale, emotionale und verhaltensmäßige Bedingungen umfassen, erfolgt eine solche Wortwahl ausschließlich mit Blick auf das Endereignis, nämlich den Infarkt oder pektanginöse Herzbeschwerden, ohne zu verkennen, daß die sogenannten primären Risikofaktoren in der Regel bereits das Spätprodukt lange vorausliegender Bedingungen darstellen.

Aus der Einsicht in die Einbettung gesundheitsschädlicher Aspekte des Rauch-, Ernährungs-, Bewegungs- und Streßverhaltens in komplexe Verhaltensmuster und Sozialerfahrungen wurde das Verhältnis von Lebensbedingungen, psychosozialen Determinanten, Gesundheitsverhalten, Risikofaktoren und Morbiditäts- bzw. Mortalitätsfolgen allmählich umfassender betrachtet. Um den Graubereich zu Beginn der pathogenetischen Kette nicht außer acht zu lassen, werden individuelle Verhaltensmuster nicht allein an der autonomen Entscheidungsfähigkeit des einzelnen festgemacht, wie dies lange Zeit im Konzept einer individualisierenden Gesundheitserziehung propagiert wurde (Henkelmann/Karpf 1983; Göpel 1979; Hörmann 1987), sondern in Abhängigkeit von der sozialen und physikalischen Umwelt gesehen. Individuelle, gruppenbezogen-kollektive und soziostrukturelle Momente im Umgang mit Risikobelastungen des täglichen Lebens werden in der neueren Deutschen-Herz-Kreislauf-Präventionsstudie (DHP) zwar nicht gleichrangig bzw. nach Gewichtung realer Einflußgrößen einbezogen, aber immerhin explizit erwähnt (Laaser 1986). Das Hauptinteresse liegt allerdings nach wie vor auf der Förderung individueller Handlungskompetenz und der Ausbildung von Bewältigungsfertigkeiten (coping skills). Unter kollektiv-gruppenbezogenen Bewältigungsstrategien wird die „wechselseitige Unterstützung bei der Instandsetzung und Befähigung des einzelnen zur autonomen Lebensgestaltung" (224) verstanden. Im Bereich der sozialen Bewältigung, welche sich auf die umweltliche Determinierung von dem unmittelbaren Zugriff des einzelnen im allgemeinen entzogenen Verhaltensspielräumen bezieht, wird unverblümt zugegeben, daß sich die DHP (dotiert mit einem Finanzvolumen von 61 Millionen DM; Halhuber/Traenckner 1986, 520) „ganz im Sinne der bisherigen klassischen Erfahrungen auf die Befähigung zu individueller Bewältigung konzentriert" (226). Die Beschränkung wird nicht nur konzediert, sondern gleichzeitig gerechtfertigt: „Eine unmittelbare Beeinflussung der umweltlichen Bedingungen von Verhaltensspielräumen liegt außerhalb der Möglichkeiten einer verhältnismäßig marginalen wissenschaftlichen Projektgruppe und wäre wegen der fehlenden demokratischen Legitimation solcher Einflußnahme auch nicht wünschenswert" (226).

Dank solcher pragmatischen Bescheidenheit wird auch die vereinfachende Annahme einer unmittelbaren Einwirkungsmöglichkeit interventiver Vorgehensweise auf den Lebensstil und die davon abhängigen Kettenglieder als technokratisches Modell charakterisiert und stattdessen die „interventive Einwirkung auf die klassischen psychosozialen Kategorien der sozialen Kompetenz und Unterstützung, realisierbar und transferierbar im Sinne einer Verselbständigung über die Nutzung oder – soweit defizitär – den Aufbau sozial interaktiver Netze" propagiert. Statt des plumpen direkten Weges wird der Vorteil einer indirekten Strategie betont, derzufolge „psychosoziale Faktoren nicht nur die Akzeptanz von Interventionsmaßnahmen determinieren, sondern auch unmittelbar als sekundäre Risikofaktoren auf kardiovaskuläre Komplikationen einwirken".

Zur Durchführung solcher vernetzter gesundheitsbezogener Interventionsmaßnahmen wird die Wohngemeinde als „ideale Zielpopulation" (218) entdeckt, weil sie eine Vielzahl von Vorteilen gegenüber traditionellen Zielgruppen aufweise. Damit jedoch das Unbehagen nicht sogleich sich ausbreitet, als werde die Gemeinde in der Unmittelbarkeit einer neuen empirischen Letztheit lediglich als Vehikel zur Durchsetzung wenn auch noch so tugendhaft anmutender Gesundheitslehrer instrumentalisiert, wird eine subtile Unterscheidung eingeführt. Demnach kann gemeindenahe Intervention in eine gemeindezentrierte (community centered) und gemeindetragende (community based) Form differenziert werden. Während die gemeindezentrierte Art unilateral direkt beim Verhalten ansetze und der Organisationsform nach die Anbieter dominierten (kommunale Variante des expertokratischen Modells), biete die gemeindetragende Version ein bilaterales Prinzip, die Arbeitsweise einer indirekten Motivierung und den Ansatz an den Verhältnissen, die Möglichkeit einer Beteiligung der Nachfrager, einer Laieninvolvierung statt bloßer Laienrekrutierung, einer selbst- oder wechselseitigen Hilfe statt eindimensionaler Beratung sowie schließlich kollektiv-soziale Bewältigungsfertigkeiten statt bloß individuellen Copings. Der weiter für die Interventionsstrategie maßgebliche Rahmen dieses Konzepts wird als kooperative Prävention, in welcher interventive Eingaben beschrieben und einem hypothetisch gegebenen Bedingungsgefüge ausgesetzt werden, dem Ansatz einer kommunalen Prävention gegenübergestellt, wonach die interventiven Eingaben nach Maßgabe der vorgängigen Festlegung bestimmter Determinanten erfolgen.

Zwar mag der Versuch, metropolitane Populationen nicht mehr „homogen-integrativ, z.B. über einige wenige, etwa ständische Macht- und Einflußträger in ihrem ganz unterschiedlichen, subkulturellen Einflüssen unterliegenden Verhalten" (231) beeinflussen zu wollen, ehrenwert anmuten. Sofern aber nur an die kooperative Gemeinschaftlichkeit von Trägern appelliert wird, ohne die Frage zu stellen nach realen Machtbefugnissen, Einflußgrößen und herrschaftlichen Bedingungen, wie sie sich aus den sozioökonomischen Strukturen ergeben, darf sich solche Forschung allerdings nicht wundern, daß beim Versäumnis einer Sozialstrukturanalyse der konkret-historischen Gesellschaftsformation und fehlenden Überlegungen für Strategien zur Bemächtigung (empowerment) der Adressaten (Rappaport 1985; Rose/Black 1985) noch so gut gemeinte Proklamatorik schließlich ob ihrer Unverbindlichkeit und Gleichgültigkeit gegenüber Machtverhältnissen gründlich konterkariert wird.

Sofern sich medizinische Intervention lediglich anschickt, Barrieren der Zugänglichkeit beim einzelnen zu verringern, ohne sich einzumischen in Strukturen und auch Konflikte mit herrschenden Interessenfraktionen auszutragen, wird sie sich kaum befreien können vom Odium der Verharmlosung und fremdbestimmender Direktive von oben. Sofern nicht in gleicher Weise versucht wird, Interventionsformen zugunsten einer Selbstorganisation von unten und der Unterstützung bei der Einflußnahme auf mächtige Apparaturen (z.B. Lebensmittelindustrie, Zigarettenwerbung, Pharmakampagnen etc.) zu entwickeln, wird der Rückgriff auf das Sozialgebilde Gemeinde und die Beschwörung kooperativer Gemeinsamkeit von Ungleichen lediglich einer soziopsychologischen Konfliktverschleierung dienen. Im schlimmsten Fall könnte dann die Vision zum Alptraum werden, daß das Resultat breit angelegter und umfassender kommunaler Interventionsprogramme lediglich zu einer unnötigen Medikalisierung und iatrogenen Manipulation ganzer Bevölkerungsteile führt. Medizinische Mobilmachung und Massenmusterung zur Eindämmung des Menschen als Risiko (Wambach 1983) würde dann zwar zu einer überzogenen Optimierung des diagnostischen und therapeutischen Arsenals verhelfen, ohne daß jedoch Maßnahmen zur Modifizierung des Lebensstils die Praktikabilität unter Abwägung unerwünschter Nebenwirkungen oder gar den Schaden durch blinden Gesundheitseifer etwa in Form von Stigmatisierung und Diskriminierung der dingfest gemachten Abweichenden und der Individualisierung von Gesundheitsproblemen (blaming the victim; Ryan 1971) in Rechnung stellen.

Literatur

Abholz, H.H., Der Nutzen der Früherkennungsuntersuchungen am Beispiel des Lungen-, Brustdrüsen- und Gebärmutterhalskarzinoms sowie polyvalenter Screenings. Jahrbuch für kritische Medizin Band 2. Argument-Sonderband 17. Berlin 1977, 55-80.

–, Vorsorge und Früherkennung als Prävention. In: Rosenbrock/Hauß, 1985, 101-116.

Abbolz, H.H./Borgers, D./Karmaus, W./Korporal, J. (Hg.), Risikofaktorenmedizin. Berlin 1982.

AIDS-Forschung (AIFO). Monatszeitschrift über Ätiologie, Diagnostik, Klinik, Therapie, Prophylaxe und Epidemiologie von AIDS und verwandten Viruserkrankungen. Percha, Jahrgang 1 (1986) ff.

Assmann, G./Schettler, G., Ein Strategie-Konzept der Europäischen Athereosklerose-Gesellschaft: Die Prävention der koronaren Herzkrankheit. In: Deutsches Ärzteblatt, 84 (1987) Heft 9 C, 347-350.

Attali, J., Die kannibalische Ordnung. Frankfurt 1981

Bock, K.D. (Hg.), Risikofaktoren-Medizin. Fortschritt oder Irrweg? Braunschweig 1982.

Daele, W. van den, Mensch nach Maß? Ethische Probleme der Genmanipulation und Gentherapie. München 1985.

Göpel, E., Gesundheitserziehung oder Didaktik der Medizin? In: Jahrbuch für kritische Medizin, Band 4. Berlin 1979, 42-54.

Greiser, E., Epidemologische Grundbegriffe und Methoden. In: Viefhues, 1981, 9-42.

Halhuber, C./Traenckner, K. (Hg.), Die koronare Herzkrankheit – eine Herausforderung an Gesellschaft und Politik. Erlangen 1986.

Halter, H. (Hg.), Todesseuche Aids. Reinbek 1985.

Harmsen, H., Die sozialhygienischen Forderungen zur Bekämpfung der Tuberkulose als Volkskrankheit. In: Abholz u.a., 1982, 7-16.

Henkelmann, T./Karpf, D., Gesundheitserziehung – gestern und heute. Stuttgart 1983.

Hörmann, G., Gesundheitsarbeit als pädagogische Innovation? In: Buddrus, V. u.a. (Hg.): Die Zukunft pädagogisch gestalten? Bielefeld 1988, 139-156.

Karmaus, W., Präventive Strategie und Gesundheitsverhalten. In: Abholz, H.H. (Hg.): Prävention. Argument-Sonderband 64. Berlin 1981.
–, Phasen präventiver Strategien. In: Abholz u.a., 1982, 27-36.
–, Volkskrankheiten: Exzessive Behandlungsmedizin oder vielleicht doch etwas Prävention? In: Rosenbrock/Hauß, 1985, 76-88.
Kathke, N., Aids. Percha 1985[2].
Keil, U./Hense, H., Erlebnisse der Münchner Blutdruckstudie (MBS) und des Münchner Blutdruckprogramms (MBP). In: Allgemeinmedizin, 14 (1985), 7-11.
Korporal, J./Zink, A., Zur theoretischen und empirischen Fundierung des Konzepts der Risikofaktoren koronarer Herzkrankheiten. In: Abholz u.a., 1982, 38-50.
Kruse, W., Individuelle Intervention. In: Bock, 1982, 158-169.
Laaser, U., Prävention: Gesunderhaltung – Krankheitsverhütung. In: Viefhues, 1981, 117-152.
–, Thesen zur Kontrolle des erhöhten Blutdrucks. In: Abholz u.a., 1982, 91-104.
–, Die Deutsche Herz-Kreislauf-Präventionsstudie: Das Modell einer kooperativen Prävention. In: Halhuber/Traenckner, 1986, 212-232.
Laaser, U./Allhoff, P., Cardiovascular Intervention Studies: Problems and Perspectives. In: Kaufmann, W. et al. (ed.), Primary Hypertension. Berlin 1986, 145-152.
Lippert, P., Kollektive Intervention. In: Bock, 1982, 170-179.
McKeown, Th., Die Bedeutung der Medizin. Frankfurt 1982.
Nüssel, E., Intervention – Das Modell Eberbach-Wiesloch. In: Bock, 1982, 180-194.
Oepen, I., Die Wahrheit über Frischzellen. In: Öff. Gesundheitswesen, 45 (1983), 445-450.
Rappaport, J., Ein Plädoyer für die Widersprüchlichkeit: Ein sozialpolitisches Konzept des „empowerment“ anstelle präventiver Ansätze. In: Verhaltenstherapie und psychosoziale Praxis, 17 (1985), 257-278.
Rose, S.M./Black, B.L., Advocacy and Empowerment. London 1985.
Rosenbrock, R., AIDS kann schneller besiegt werden. Gesundheitspolitik am Beispiel einer Infektionskrankheit. Berlin 1986.
Rosenbrock, R./Hauß, F. (Hg.), Krankenkassen und Prävention. Berlin 1985.
Ryan, W., Blaming the Victim. New York 1971.
Schaefer, H., Die Hierarchie der Risikofaktoren. In: Mensch-Medizin-Gesellschaft, 1 (1976), 141-146.
Schwartz, F.W./Holstein, H./Weidtmann, V., Ergebnisse der Früherkennungsuntersuchungen im Kindesalter. In: Deutsches Ärzteblatt 1979, Heft 13, 2341-2348.
Siegrist, J. u.a., Soziale Belastungen und Herzinfarkt. Stuttgart 1980.
–, The social context of active distress in patients with early myocardial infarction. In: Soc. Sci. Med., 16 (1982), 443-453.
Stoll, P., Die Bedeutung der Frau für das Gesundheitsbewußtsein. In: Gesundheitserziehung von A – Z. Bundesvereinigung für Gesundheitserziehung (Hg.), Bonn 1986 (37. Lieferung).
Taylor, R., Medicine out of Control. The Anatomy of a Malignant Technology. Melbourne 1979.
Troschke, J. von, Die Deutsche Herz-Kreislauf-Präventionsstudie (DHP). In: Bundesvereinigung für Gesundheitserziehung (Hg.): Lebe gesünder – es lohnt sich! Bonn 1986, 203-207.
Viefhues, H. (Hg.), Lehrbuch Sozialmedizin. Stuttgart 1981.
Wambach, M.M. (Hg.), Der Mensch als Risiko. Frankfurt 1983.
Weiner, H., Gesundheit, Krankheitsgefühl und Krankheit – Ansätze zu einem integrierten Verständnis. In: Psychother. med. Psychol., 33 (1983), 15-34 (Sonderheft).
Werner, B./Vogl, Ch./Funk, W., Die Dynamik des Krebsgeschehens. In: Münch. med. Wschr., 127 (1985), 163-166.
WIdO (Wissenschaftliches Institut der Ortskrankenkassen), Pro oder Kontra Fluorid? Diskussion und Schlußfolgerungen. Bonn 1986 (WIdO-Materialien Nr. 29).

1.2. Ökonomisierung und Verrechtlichung psychosozialer Versorgung

Gerd Mutz

1. Zur Begrifflichkeit

Die Begriffe *Ökonomisierung* und *Monetarisierung* als Ausdruck einer ökonomieorientierten Gestaltung sozialstaatlicher Institutionen und Maßnahmen wurden Ende der 50er Jahre von *Achinger* (1959) in die *sozialpolitische* Diskussion eingeführt. *Ökonomisierung* meint die Subsumption *sozialer* Verhältnisse unter *ökonomische* Denkmodelle. Dieser Begriff wurde kritisch verwendet, um sozialstaatliche Institutionen und Interventionen zu thematisieren, die prinzipiell den komplexen und mannigfaltigen Lebensverhältnissen nicht gerecht werden (Tennstedt 1976). Insbesondere die *Monetarisierung* von Sozialleistungen sei Ausdruck der vorherrschenden ökonomischen Orientierung von Sozialpolitik (v. Ferber 1967; Widmaier 1976).

Verrechtlichung meint – ganz allgemein formuliert – eine Vermehrung geschriebenen Rechts (Voigt 1980). Dieser Begriff wurde bereits in den 20er Jahren von Kirchheimer (1928) in die wissenschaftliche Diskussion eingeführt. In dieser ursprünglichen Verwendung wird die Ambivalenz von rechtlicher Absicherung und damit einhergehender Entpolitisierung beschrieben: die juristische Formalisierung der Arbeitsbeziehungen führe zu einer Neutralisierung genuin politischer Konflikte. In der aktuellen Verrechtlichungsdiskussion wird einerseits die Selbstüberforderung des politischen Systems thematisiert, weil Recht, das als sozialstaatliches Steuerungsmedium (Regulativ) eingesetzt wird, stets nur unangemessen auf die Ansprüche der sozialen Umwelt reagieren kann (Luhmann 1981b; 1986). Andererseits führe die zunehmende *Verrechtlichung* zu einer *„Kolonialisierung"* lebensweltlicher Zusammenhänge, zu einer sozial- und systemintegrativen Regelung bislang rechtlich nicht normierter Lebensverhältnisse (Habermas 1981; 1982).

Die Institutionen (bzw. Systeme, Medien) Recht und Ökonomie sind als Interventions- bzw. Regulationsinstanzen sozialer Verhältnisse nur in ihrer Interdependenz zu begreifen. Staatliche Sozialpolitik muß sich dieser beiden Medien bedienen, um soziale Notlagen zu regulieren. Trotz dieser „Gemeinsamkeit" von Recht und Ökonomie wurde die wissenschaftliche Diskussion um *Verrechtlichung* und *Ökonomisierung* mit unterschiedlichen Bezügen geführt: Mit dem Begriff der *Verrechtlichung* wird der gesamte Gestaltungsbereich von Politik, der sich auf das Zustandekommen und die Aufrechterhaltung von *sozialer Ordnung* bezieht, diskutiert. Nahezu alle Rechtsbereiche (Arbeits-, Wettbewerbs-, Sozialrecht usw.) sind Gegenstand theoretischer und empirischer Analysen. Mithin wird die Diskussion auch in so unterschiedlichen Disziplinen wie Ökonomie, Politologie, Soziologie und Rechtswissenschaft geführt. Der Ökonomisierungsbegriff hingegen wurde (nahezu) ausschließlich in der Sozialpolitikdiskussion verwendet, er bezieht sich also nur auf die Interventionsfelder der Sozialpolitik, oft auch nur eingegrenzt auf den monetären Aspekt sozialer Leistungen. Die analytische Diskussion um *Ökonomisierung* und *Monetarisierung* findet nur an den Rändern der soziologischen und ökonomischen Disziplin statt. Ist Verrechtlichung also ein Zentralbegriff zur Analyse staatlicher Regulierung sozialer Lebensverhältnisse, so beschreibt *Ökonomisierung/Monetarisierung* eher die konkrete Ausformung sozialpolitischer Maßnahmen.

Ausgangspunkt der nun folgenden Überlegungen ist die (theoretisch weiterführende) Annahme, daß sich die verschiedenen staatlichen Interventionsfelder (zur Regulierung sozialer Verhältnisse) und die Medien (bzw. Institutionen, Systeme) *Recht* und *Ökonomie* wechselseitig durchdringen und damit eine spezifische Bedingungskonstellation für psychosoziales Handeln bilden. Dem zugrunde liegt die Vorstellung eines *sozialen Raums* (Bourdieu 1985), in dem die Institutionen Politik, Recht und Ökonomie als höchst interdependente Teilsysteme ein spezifisches Kräftefeld bilden. Ökonomie und Recht wären dann nicht nur „Rahmenbedingungen" psychosozialer Intervention, weil sich diese Medien selbst wiederum durch den Interventionsprozeß verändern. Das Verhältnis Ökonomie/Recht und psychosoziale Intervention ist somit nicht einseitig determiniert. Psychosoziale Interventionsfelder lassen sich als Ausschnitt dieses gesamten „sozialen Raums" denken, in dem bestimmte soziale Problemlagen bearbeitet werden. Bezugspunkt ist einmal das *Wirtschafts*subjekt, zum anderen das *Rechts*subjekt. Als Teil eines Ganzen ist das Interventionsfeld psychosozialer Versorgung mit allen übrigen gesellschaftlichen Teilen bzw. Institutionen in einer jeweils näher zu bestimmenden Form „vernetzt". Der Handlungsrahmen psychosozialer Intervention (eine bestimmte Form und Inhalt psychosozialer Intervention) ist somit von der Art der Strukturierung (Vernetzung) dieses Feldes mit dem sozialen Raum als Ganzem abhängig.

Auf der Handlungs-/Interventionsebene ist zu den Stichwörtern *Ökonomisierung* und *Verrechtlichung* folglich der Frage nachzugehen, welche ökonomischen und juristischen „Aspekte" psychosoziale Felder und Intervention durchdringen (und umgekehrt). Gegenstand der folgenden Beschreibung sind demnach psychosoziale Interventionsfelder und die Intervention selbst; herauszuarbeiten ist ihr besonderes Verhältnis zu den Institutionen/Regulativen Recht und Ökonomie. Wenn im folgenden von psychosozialen Interventionsfeldern die Rede ist, so ist zunächst die Gesamtheit psychosozialer Interventionen gemeint, also die „klassischen" Bereiche, wie etwa die psychiatrische und psychosoziale Versorgung, weiterhin Felder, die ursprünglich „nur" eine pädagogische, sozialpädagogische oder polizeiliche Kompetenz verlangten, und auch Felder, die erst in jüngster Zeit von psychosozialen Maßnahmen erfaßt wurden: Familie, Alte, Arbeitslose (→ *Familie* 3.4.; → *Alte* 3.3.; → *Armut* 3.6.). Das hier zu thematisierende Spektrum des psychosozialen Feldes ist also äußerst heterogen, es umfaßt Bereiche leichter desintegrativer „Störungen", aber auch Institutionen und Maßnahmen, die mit schwerem, etwa chronischem psychischen Leiden umgehen.

2. Ökonomisierung psychosozialer Intervention

Bei der psychosozialen Intervention moderner, wohlfahrtsstaatlicher Prägung geht es um die Regulierung gesellschaftlicher Integrationsprozesse, deren Gelingen durch den Modernisierungsprozeß selbst permanent infragegestellt wird. Dieser Modernisierungsprozeß wird von einer Durchökonomisierung (ähnlich Hirsch 1980: „Durchkapitalisierung“) lebensweltlicher Strukturen getragen. Gleichzeitig unterliegt den sozialpolitischen Maßnahmen, so die allgemeine Annahme zur *Ökonomisierung*, ein ökonomisches „Denkmodell“ (Tennstedt 1976), das soziale Ansprüche in einer bestimmten Weise filtert. Es werden also soziale *Folge*probleme, die sich aus der Entwicklung des ökonomischen Systems ergeben, unter einer gleichfalls ökonomischen Perspektive einreguliert. Im folgenden werden die speziellen Vergesellschaftungsmodi des ökonomischen Systems beschrieben.

2.1. Ein entwickeltes marktwirtschaftliches System läßt sich durch folgende „Basisinstitutionen“ (Vergesellschaftungsmodi) charakterisieren:

a. *Dezentrale Marktbeziehungen* regulieren den Warenaustausch;
b. prinzipielle *Privatheit* gesellschaftlicher Beziehungen (z.B. Privateigentum, Individualisierung);
c. marktvermittelte *(Lohn-)Arbeit* als dominante Form reproduktionssichernden Erwerbsverhaltens.

Vor diesem Hintergrund einer *spezifischen* sozialen Struktur des Ökonomischen ist der Begriff der *Ökonomisierung* von Bedeutung. In der *Anwendung* dieses Begriffs wird – in der geläufigen Formulierung – unterstellt, daß das Ökonomische in basaler Form die soziale Vergesellschaftung (post-)moderner Gesellschaften dominiere, und damit die übrigen gesellschaftlichen Institutionen präge, deren Handeln bestimme, usw. Aus dieser Sicht erscheinen psychosoziale Maßnahmen und Interventionen als *abhängige Variable.* Der Begriff *Ökonomisierung* psychosozialer Intervention kann jedoch aus der oben zugrundegelegten Perspektive sehr unterschiedliche Phänomene, nicht nur in einer Wirkungsrichtung, beschreiben:

- Marktvergesellschaftung impliziert, daß auch psychosoziale Maßnahmen zur Bearbeitung sozialer Problemlagen *Warencharakter* annehmen. Psychosoziale Dienstleistungen lassen sich prinzipiell, wie alle anderen Waren auch, über den Markt- und Preismechanismus regulieren.
- Aus der Privatheit gesellschaftlicher Sozialbeziehungen folgt, daß soziale Problemlagen vorrangig Privatangelegenheiten sind, d.h. zunächst sind private (persönliche) Beziehungsnetze (→ *Alltägliche psychosoziale Intervention* 2.7.) zur Hilfe, Beratung, usw. zuständig, staatliche Intervention findet in der Regel erst dann statt, wenn soziale Integration durch die herrschenden Vergesellschaftungsmodi zu einem *gesellschaftlichen* Problem wird, d.h. die Gesellschaftlichkeit selbst gefährdet ist (Subsidiaritätsprinzip; siehe weiter unten).
- Individuelle Nicht-Reproduktionsfähigkeit durch den Einsatz des eigenen Arbeitsvermögens ist nahezu „Dreh- und Angelpunkt“ staatlicher Intervention, somit auch psychosozialer Maßnahmen („Normalität von Erwerbsarbeit“: vgl. Stahlmann 1985).

Vor dem Hintergrund des oben beschriebenen Vergesellschaftungsmodells sind auch jene Institutionen zu analysieren, die scheinbar systemfremd sind und vom „reinen“ Marktmodell abweichen. Das marktwirtschaftliche System Ökonomie (hier synonym: der Kapitalismus, die [post-]moderne Gesellschaft, die Industriegesellschaft, usw.) war zu keinem Zeitpunkt seiner historischen Genese in der Lage, soziale Problemlagen, die es selber generierte, angemessen zu bearbeiten bzw. zu lösen. Mit der Durchsetzung und Verbreitung von Sozial- und Wohlfahrtsstaatlichkeit entstehen „marktexterne" Institutionen, deren eindeutige Aufgabe darin besteht, *individuell* wahrgenommene Probleme als *soziale* Probleme zu regulieren (vgl. die umfangreiche *social-problems*-Literatur: Albrecht 1977; Haferkamp 1977; Kitsuse/Spector 1972; Spector/Kitsuse 1973). So sind eine nicht unerhebliche Zahl psychosozialer Institutionen halböffentlich (Wohlfahrtsverbände) und öffentlich (staatlich) organisiert. Gleichsam dazwischenliegend haben sich zwei weitere Institutionen durchgesetzt, die das Verhältnis von psychosozialer Intervention und Klientel bestimmen: das Versicherungssystem, das über Beiträge finanziert wird, und das Institut der Fürsorge, das sich über Steuern finanziert. Staatliche Versicherungssysteme (Gesetzliche Krankenversicherung, Unfall-, Renten- und Arbeitslosenversicherung) und das System der Fürsorge bestimmen, welche psychosoziale Institution zuständig ist, welcher Personenkreis behandelt (versorgt) wird, welche Leistungen und Maßnahmen angebracht sind, in welcher Intensität eine Problemlage behandelt wird, usw. Die These der *Ökonomisierung* besagt, daß die Gesamtheit dieser psychosozialen Institutionen und Maßnahmen zum System der Ökonomie in einem Abhängigkeitsverhältnis steht. Diese einseitige Determination wird auf verschiedenen Ebenen diskutiert.

2.2. Die historische Entwicklung zum sozialen Wohlfahrtsstaat, der soziale Regulative zur Durchsetzung und Aufrechterhaltung sozialer Ordnung einsetzt, impliziert und bedingt zugleich die Entwicklung eines *Steuerstaates,* der finanzielle Mittel vom gesellschaftlichen Reichtum abschöpft, um eigene Handlungsfähigkeit herzustellen (Goldscheid/Schumpeter 1976; Roloff 1978; zur Entwicklung des Gewalt- und Steuermonopols: Elias 1980; Matzner 1982). Die spezifische Ausformung des Staates als *Steuerstaat* ist Konsequenz wie Bedingung eines sozialen Wohlfahrtsstaates. Daraus folgt die Einsicht, daß der intervenierende Staat nur das verteilen kann, was auf der anderen Seite eingenommen wird (dasselbe gilt für die übrigen Versicherungssysteme), und er kann nur von dem abschöpfen, was real *erwirtschaftet* wurde; davon aber jeweils nur ein Bruchteil, nämlich soviel, daß die Dynamik des ökonomischen Systems nicht gefährdet wird. Es ergeben sich also Schranken für politische Intervention nicht aus eigenen Grenzen, sondern daraus, daß die Mittel zur Intervention immer außerhalb des politischen Systems liegen (Bieback 1984; Luhmann 1981b). Somit sind auch die staatlichen und semistaatlichen Einrichtungen der psychosozialen Versorgung von der Höhe und der Ausgestaltung des öffentlichen Budgets (Bund, Länder, Bezirke, Gemeinden) abhängig, d.h. von der Höhe der ihnen zugewiesenen Mittel (für die Errichtung, Unterhaltung, Personalausstattung, usw.). Ebenso ist das zur Verfügung stehende Finanzvolumen öffentlicher Versicherer direkt abhängig von der Höhe der erzielten Lohneinkommen (aus abhängiger Arbeit), mithin vom gesellschaftlichen Arbeitsvolumen bzw. salopp und allgemein ausgedrückt, von der „Wirtschaftskraft" einer Gesellschaft.

Ökonomisierung in diesem Zusammenhang meint also die Abhängigkeit des psychosozialen Feldes und intervenierender Maßnahmen von finanziellen Ressourcen und von politischen Prioritäten über die Verteilung des Abschöpfbaren. Vor diesem Hintergrund wird seit Ende der 70er Jahre die *Fiskal- bzw. Finanzkrise* thematisiert, die zu einer Einschränkung staatlicher Leistungen führe (O'Connor 1973, 1981; Grauhan/Hickel 1978). Es entstand eine heftig geführte Diskussion um die

Krise der Sozialpolitik, die *Grenzen des Sozialstaats* (Strasser 1979) und erneut die Frage um *„mehr oder weniger Staat"* (Deregulierung). An dieser Stelle ist jedoch kritisch einzuwenden, daß diese Diskussionen aufgrund des engen Bezugs auf das Ökonomische verkürzt abliefen und auf eine „falsche Fährte" (Pitschas 1980) lockten. Zum ersten deutet die Tatsache, daß nur das verteilt werden kann, was auch eingenommen wird, nicht auf eine *Krise* öffentlich finanzierter Sozialpolitik hin, sondern auf ein soziales Problem, das vom politischen System zu lösen ist: Denn es geht letztlich um die Frage, *wie* öffentliche Gelder auf die verschiedenen Interventionsfelder verteilt werden, es ist folglich ein *Verteilungsproblem*, das politisch gesetzte Prioritäten offenlegt. Wenn der Gesamthaushalt (bspw. des Bundes oder der Kommunen) weiterhin anwächst, aber die Höhe des Sozialbudgets dabei relativ konstant bleibt, so sagt dies etwas aus über die *„Resonanzfähigkeit"* (Luhmann 1986) des politischen Systems auf verschiedene soziale Problemlagen.

Zweitens bleibt eine so geführte Kritik an der Dominanz des Ökonomischen dem Ökonomischen selbst verhaftet, denn das ökonomische Denkmodell ist dann nicht nur Ausgangspunkt, sondern auch Referenzmodell der eigenen Argumentation. So werden *Grenzen* der Sozialstaatlichkeit nur als quantitative Grenzen formuliert, Sozialpolitik läßt sich auf eine bloß noch monetäre Dimension reduzieren. Schließlich steht nur noch das ökonomisch Machbare, das, was auch bezahlt werden kann, zur Diskussion. Diese Form der Selbstbeschränkung einer kritischen Analyse von Sozialpolitik erklärt auch, warum sich in der oben genannten Diskussion konservative und progressive Positionen merkwürdig annähern (vgl. dazu bereits Offe 1979; für die USA: Cohen 1985). Gerade im Bereich der psychosozialen Versorgung kann sich eine Diskussion um die *Ökonomisierung* psychosozialer Maßnahmen nicht auf ökonomisch-monetäre Aspekte beschränken. Wenn es, wie eingangs formuliert, bei der wohlfahrtsstaatlichen Politik, insbesondere bei der psychosozialen Intervention, um das Einregulieren von Prozessen sozialer Integration geht, so deutet Ökonomisierung sozialer Probleme allenfalls auf eine Krise gesellschaftlicher Integration hin („Integrationskrise": Pitschas 1980; s.a. Habermas 1981). In dieser Wendung würde *Ökonomisierung* auf das Dilemma hinweisen, daß Prozesse der Durchökonomisierung von Lebenswelt Prozesse sozialer Desintegration induzieren (Zerstörung lebensweltlicher Reproduktion), und sich aber psychosoziale Intervention ökonomischer Medien bedient, um soziale Integration zu bewirken.

Die Diskussion um die Krise des Sozialstaates als eine Fiskalkrise verengt die Sichtweise auch deshalb, weil sozialstaatliches Handeln *reaktiv* und *kompensatorisch* bestimmt wird (Bieback 1984; eine Kritik zur Kompensationsfunktion von Sozialpolitik: Rödel/Guldimann 1978). Wenn sich staatliches Handeln zunehmend auf die Vielfalt sozialer Integrationsprozesse bezieht, dann geht es nicht mehr nur um Kompensationsleistungen; staatliche Politik tendiert dann dazu, eine *„Universalzuständigkeit"* und *„Gesamtverantwortung"* für die Gesellschaft zu entwickeln (Luhmann 1981b). Gerade im psychosozialen Interventionsfeld geht es schon lange nicht mehr um eine *Reaktion* auf abweichendes Verhalten, sondern um *präventive* Eingriffe (→ *Prävention* 2.1., → *Straffällige und Diversion* 3.7.) im Vorfeld möglicher Desintegrationsprozesse (Albrecht 1986; Grimm 1986; Wambach 1983). Wenn es um Verhaltenssteuerung geht, d.h. um die Veränderung von Personen, sind die Grenzen eines reaktiven Einsatzes von rechtlichen und ökonomischen Medien erreicht. Es entsteht vielmehr ein *Mehrbedarf an Steuerung* (Albrecht 1986), der weder reaktiv noch repressiv (z.B. Psychiatrisierung durch Ausschluß) organisiert werden kann. Somit muß eine auf soziale Integration zielende psychosoziale Intervention eine Situation der Krisenentstehung vermeiden, sie muß bereits abstrakte Risiken in Betracht ziehen und präventiv bearbeiten. Nicht konkrete Gefahren stehen im Mittelpunkt, der Mensch selbst wird zum Risiko (Wambach 1983), der Staat muß „sozusagen vorbeugend nachlaufen" (Grimm 1986). Insbesondere bei der psychosozialen Versorgung geht es nicht nur um eine qualitative Erweiterung sozialer Kontrollprozesse, sofern die Ursachen sozialer Risiken in individuellen Persönlichkeitsstrukturen vermutet werden, die dann Gegenstand beratender und therapeutischer Intervention sind.

Schließlich greift der Begriff der *Ökonomisierung* – auch in seiner kritischen Wendung – natürlich zu kurz, wenn man nur die Abhängigkeit der psychosozialen Versorgung von finanziellen Ressourcen thematisiert, aber die zugrundeliegenden sozialen Prozesse, die Desintegration bewirken, systematisch außer Betracht läßt. Natürlich erfährt jeder Agent im psychosozialen Feld zunächst einmal die materielle und personelle Ausstattung psychosozialer Institutionen als manifeste Handlungsrestriktion. Aber die Entscheidung politischer Institutionen über den ökonomischen Handlungsrahmen ist dem Grunde nach eine *soziale* Entscheidung, denn es wird damit implizit festgelegt, ob ein sozialer Tatbestand als *soziales Problem* von gesellschaftlicher Bedeutung ist, und welche Wichtigkeit diesem Problem zugeschrieben wird (Albrecht 1977). Der Prozeß der *Ökonomisierung* psychosozialer Intervention verweist also – von dieser Seite her gesehen – auf den Entscheidungsprozeß (und seine Agenten) über die gesellschaftliche Konstruktion sozialer Problemlagen, auf das Verfahren ihrer gesellschaftlichen Anerkennung und die Legitimität ihrer Bearbeitung. Handlungsrestriktionen (formaler, inhaltlicher und finanzieller Art) psychosozialer Intervention sind als Folgen dieser Prozesse zu interpretieren.

2.3. Häufiger als der Begriff der *Ökonomisierung* wird in der Diskussion um soziale Probleme und deren angemessene Bearbeitung der Begriff der *Monetarisierung* verwendet. *Monetarisierung* bedeutet, daß soziale Problemlagen vorrangig mit dem Medium *Geld* reguliert werden. Dieser Begriff wurde in kritischer Absicht in die Sozialpolitikdiskussion eingeführt, um auf die bedenkliche Entwicklung hinzuweisen, daß sozialpolitische Maßnahmen zu einem großen Teil in Geldleistungen transformiert werden (Achinger 1959, 1971; v. Ferber 1967; Widmaier 1976). Somit liegt die ursprüngliche Verwendung dieses Begriffs zunächst „quer" zum thematisierten Gegenstand der psychosozialen Intervention, denn derartige Maßnahmen sind definitionsgemäß nicht materieller Natur. Psychosoziale Interventionsformen werden in der Regel ja erst dann aktuell, wenn das Medium Geld zur Einregulierung sozialer Probleme nicht (mehr) greift oder prinzipiell unangemessen ist.

Weiter gefaßt ist der Begriff der *Monetarisierung* jedoch auch für die Beschreibung des psychosozialen Interventionsfeldes von Bedeutung, denn er impliziert vor allem, daß nicht-materielle Hilfesysteme prinzipiell in *Konkurrenz* stehen zu den materiellen, geldlichen Ausgleichssystemen. Klassisches Beispiel hierfür ist die Dominanz der geldlichen Versorgung im System der Fürsorge und die Nachrangigkeit der psychosozialen Beratung und Betreuung. Sofern möglich, werden soziale Risiken innerhalb der verschiedenen Interventionsfelder monetär reguliert. Von diesem Bezugspunkt aus lassen sich verschiedene Abstufungen von Interventionsformen beschreiben: beratende, pädagogische, psychosoziale, psychiatrische Intervention und schließlich – nach wie vor – *Ausschluß durch Einschluß* (→ *Zwangsunterbringungen*

2.8.). Beide Hilfesysteme, psychosoziale und finanzielle Leistungen, können aber auch „nebeneinander", und dennoch in Konkurrenz zueinander, auftreten, wobei die geldliche Leistung als Grundversorgung fungiert, die psychosoziale Leistung als zusätzliche. Diese Form des konkurrierenden Nebeneinanders beider Hilfeprinzipien ist vor allem bei den ambulanten sozialen Diensten und den „selbstorganisierten" Hilfesystemen (→ *Alltägliche psychosoziale Intervention* 2.7.) von Bedeutung.

In dieser weiter gefaßten Begrifflichkeit wird *Monetarisierung* zum konkreten Ausdruck der *Ökonomisierung* sozialer Problemlagen. Die Monetarisierung sozialpolitischer Maßnahmen verweist auf die Gültigkeit und Bedeutung des Ökonomischen und seiner vergesellschaftenden Kräfte (ausgedrückt durch: Marktlichkeit, Privatheit, Lohnarbeit), denn auch von der gesellschaftlichen Normalität Abweichende werden durch das zentrale ökonomische Medium Geld – wenn auch nur zum Schein – wieder in die Normalität des Gesellschaftlichen eingebunden. So bleiben Alte und Sozialhilfeempfänger zumindest fiktiv Konsumenten, Arbeitslose bleiben Arbeitskraftanbieter, usw.

Die andere Seite der Medaille ist, daß die Hergabe von Geld zur sozialintegrativen Regulierung ihren rationalen Kern hat, denn Geldleistungen haben in dem Sinne freiheitsverbürgenden Charakter, als sie der Marktlichkeit von sozialer Reproduktion entsprechen. Die Monetarisierung von Sozialleistungen meint aus dieser Perspektive auch: *Rekonstruktion des Wirtschaftssubjekts,* denn Geld *ermöglicht* ja auch das Auftreten als Konsument – und, in dieser Eigenschaft, die *freie* Auswahl reproduktionssichernder Güter. Für die Personen, die von Fürsorgeleistungen (Sozialhilfe) abhängig sind, gibt eine Geldleistung mehr „Freiheit" als nur Naturalleistungen (z.B. in Form von Lebensmittelpaketen). Ob die materiellen Leistungen ausreichend sind, ist eine andere Frage. Aber es ist wichtig, im Auge zu behalten, daß Geldleistungen von den Klienten auch als Anschluß an die Normalität erlebt werden, als *eine* Form lebensweltlicher Qualität. Diese „andere Seite" der *Monetarisierung* ist für die Betroffenen psychosozialer Versorgung von Bedeutung, weil damit zumindest der ökonomische Druck genommen wird, die ökonomische Seite sozialer Desintegration. Ein weiterer Aspekt ist die monetäre Absicherung zur Finanzierung der Inanspruchnahme psychosozialer Versorgung. Es ist bekannt, daß gesetzliche Krankenversicherer in nur sehr eingeschränkten Fällen beratende und therapeutische Leistungen honorieren. Dies bedeutet aber eine Einschränkung für diejenigen, die eine psychosoziale Hilfe in Anspruch nehmen wollen, sie aber nicht finanzieren können.

Die Institutionen bzw. Maßnahmen der psychosozialen Versorgung, die öffentlich und/oder versicherungsrechtlich materiell abgestützt sind, sind in diesem ihrem Außenverhältnis (siehe oben) an das Ökonomische zurückgebunden. Die Zuweisung und Verwendung öffentlicher Gelder erfordert eine an ökonomischen Prinzipien orientierte „vernünftige" Mittelverwendung, ein Handeln nach Wirtschaftlichkeitsprinzipien. Davon sind ohne Ausnahme alle Institutionen psychosozialer Versorgung, auch noch so unterschiedlicher Art, betroffen (Krankenhäuser, Beratungsstellen, Psychosoziale Dienste, usw.). Dies hat natürlich entsprechende Auswirkungen auf die Binnenstruktur psychosozialer Intervention, d.h. auf Interventionsformen und -inhalte.

Als Illustration für das konkurrierende Nebeneinander der Medien Geld und therapeutische Intervention zur Regulierung sozialer Problemlagen sei auf die Diskussion um die Schließung psychiatrischer Großkrankenhäuser verwiesen (exemplarisch: Scull 1980; neuerlich: Hellerich 1986). In dieser Diskussion ging es nur an der Oberfläche um eine Reform der psychosozialen Versorgung; die Neuorientierung und interne Umstrukturierung psychiatrischer Versorgung wurde immer vor dem Hintergrund thematisiert, daß eine geschlossene Unterbringung der Gesellschaft zu teuer käme. Die Einrichtung eines Netzes ambulanter psychosozialer Dienste zur präventiven Intervention im Vorfeld und rehabilitativen Intervention bei der Nachsorge war in der sozialpolitischen Diskussion nur thematisierbar, weil es scheinbar die kostengünstigere Behandlungsform war, eine Interventionsform, die zudem öffentlichkeitswirksam inszeniert werden konnte. Therapeutische Hilfe auf der einen Seite und das Regulativ Geld auf der anderen Seite wurden so gegeneinander ausgespielt und abgewogen: keine weitere Psychiatrisierung, weil sie kostenexplosiv ist, aber therapeutische Hilfe nur dann, wenn sie sich zumindest als kostenneutral erweist. Im Resultat fand keine De-Institutionalisierung (in Form einer Schließung psychiatrischer Anstalten), sondern eine *„Transinstitutionalisierung"* (Mutz 1983) statt: bestehende Großkrankenhäuser wurden modernisiert und durch ein Netz ambulanter psychosozialer Einrichtungen ergänzt (Keupp/Koenen u.a. 1980).

2.4. Schließlich können die Interventions*inhalte* psychosozialer Maßnahmen nicht unabhängig von den dominierenden Vergesellschaftungsmodi gedacht werden: psychosoziale Maßnahmen richten sich prinzipiell auf das Private, Individuelle. Das zu regulierende soziale Verhalten der Klientel psychosozialer Behandlung ist eingebunden in eine waren- und tauschförmige Gesellschaftlichkeit, in der soziale Probleme notwendig als *individuelle* wahrgenommen werden. Psychosoziale Intervention bezieht sich in der Regel auf die Wiederherstellung der Tauschbarkeit von Arbeitsvermögen (rehabilitativer Aspekt) oder auf die Verhinderung einer eingeschränkten Verwertbarkeit von Arbeitskraft (präventiver Aspekt). Gesellschaftliche Veränderungen, der Umbruch der Lebenswelt durch das Ökonomische, werden nur mehr als individuelle, persönliche Konflikte erfahrbar. Psychosoziale Hilfe in Form von Beratung und Therapie sitzt diesem Schein der Individualisierung auf und reproduziert ihn, sofern das Leiden nur an privaten Personen-Geschichten zurückgebunden wird, ohne die sozial-historische Dimension derartiger Prozesse zu erkennen. Auch die lebhaft geführte Kritik an dem zugrundeliegenden medizinischen Modell therapeutischer Intervention (v. Kardorff 1978; Wambach/Hellerich 1980; Zaumseil 1978) führte nur zu einer *Hereinnahme* der Außenwelt als bedingende Variable in den therapeutischen Prozeß. Zwar wurde die Kritik, daß das gesellschaftliche Umfeld selbst therapeutisch relevante Probleme generiert, von einem großen Teil der Profession aufgenommen, die Anwendung dieser Einsicht in der therapeutischen Behandlung muß aber notwendig zu einem Dilemma führen: Derjenige, der bereits Probleme der sozialen Integration hat, soll nicht nur sich selbst verändern, sondern auch die Struktur der sozialen Vernetzung seiner eigenen Beziehungswelt. Es wird erwartet, daß der Klient *mit* seiner thematisch gewordenen Umwelt seine sozialen Beziehungen so einreguliert, daß soziale Integration möglich wird. Nach wie vor werden also Probleme sozialer Integration als Probleme des *individuellen* Umgangs mit der Außenwelt behandelt. Ein Dilemma, das die Problemstruktur in sich verdoppelt und zusätzlich dazu führt, daß *Umwelt* therapeutisierbar wird (→ *Systemische Intervention* 2.9.).

2.5. Eingangs wurde kritisch angemerkt, daß der Begriff der *Ökonomisierung* häufig in der Form verwendet wird, daß eine einseitige Wirkungsrichtung des Ökonomischen auf die sozialpolitische Intervention beschrieben wird. Dagegen wurde eingewendet, daß das ökonomische System und Institutionen zur Einregulierung sozialer Integration ein Kräfteverhältnis bilden, in denen diese Institutionen sich wechselseitig durchdringen und daß sie damit in hohem Maße interdependent sind. Somit macht die Rede von der *Ökonomisierung* des sozialen Intergrationsfeldes nur Sinn, wenn *„Gegenprozesse"*, wie solche der *Professionalisierung* und *Psychologisierung*, thematisiert werden. Diese Linie kann an dieser Stelle jedoch nur begrenzt verfolgt werden. Stichwort sei hier nur der Begriff der *Psychologisierung*, der eine Durchdringung alltäglicher Lebenswelten und gesellschaftlicher Systeme mit *psychologischen Deutungsmustern* beschreibt (Bopp 1979; Castel 1982; Donzelot 1979; Wambach 1983). Der sehr allgemeine und oberflächliche Gebrauch dieses Begriffs verschleiert natürlich den Blick darauf, wie sich Lebenswelt und soziale Systeme durch die Anwendung psychologischer Deutungsmuster verändern. Deshalb erscheint mir hier eine Illustration auf der Plausibilitätsebene am Beispiel des Umgangs mit dem sozialen Problem der Arbeitslosigkeit angemessen.

Arbeitslosigkeit ist zunächst – sehr allgemein formuliert – ein Problem bzw. Ausdruck besonderer ökonomischer Verhältnisse, sie verhindern, und hier liegt das *soziale* Problem, die Integration von Arbeitskraft über den Vergesellschaftungsmodus marktwirtschaftlich organisierter Arbeitsmärkte. In den 70er Jahren war man noch überzeugt, dieses Problem mit dem Medium Geld einregulieren zu können, man glaubte, wirtschafts- und finanzpolitische Mittel als Regulativ einsetzen zu können. Gleichzeitig wurde dieser Bereich juristisch „neu" normiert (AFG) und damit einer beratenden und psychologischen Perspektive zugänglich gemacht. Nach dem Scheitern des wirtschafts- und finanzpolitischen Instrumentariums (aus welchen Gründen auch immer) und der Implementierung von Haushaltsstrukturgesetzen, die eine Leistungsminderung zur Folge hatten (Bieback 1984), finden beratende und psychosoziale Interventionsmuster zunehmend Anwendung (Bonß/Riedmüller 1983). In der praktischen Beratungssituation in den Arbeitsämtern geht es schon lange nicht mehr um Stellenvermittlung (wenn es eben keine Stellen gibt), sondern um die Aufrechterhaltung der Fiktion, Arbeitslose dem Problem angemessen beraten zu können. Zu diesem Zweck erlernen Arbeitsvermittler und -berater sozialpädagogische und therapeutische Techniken. Reicht diese angelernte Kompetenz als „Arbeitsberatung" nicht hin, so gibt es schließlich in jedem örtlichen Arbeitsamt Psychologen, die nun nicht mehr nach Qualifikation und Leistung als einstellungsrelevante Variablen fragen, sondern nach Qualifikations- und Leistungs*bereitschaft*, nach Motivationen, Einstellungen, Verhaltensweisen usw. Durch psychosoziale Intervention wird hier also aus einem sozialen Problem, das primär besondere ökonomische Verhältnisse zum Ausdruck bringt, ein psychisches bzw. sozialpädagogisches Problem, dessen professionelle Bearbeitung eine *„Rückübersetzung"* in juristische oder ökonomische Kategorien erlaubt. Arbeitslose sind dann im juristischen und ökonomischen Sinne „nicht vermittlungsfähig" und werden damit gänzlich vom Arbeitsmarkt verdrängt. Im Resultat wurde durch eine psychosoziale Intervention das soziale Problem für alle relevanten Ebenen „wegdefiniert", aber gleichzeitig auch bearbeitbar, denn die Medien Recht und Ökonomie greifen erst nach diesem Prozeß der erfolgreichen Umdefinition eines sozialen Tatbestandes. In transformierter Gestalt kann das soziale Problem der Arbeitslosigkeit schließlich in anderen institutionellen Zusammenhängen adäquat bearbeitet werden: in Beratungsstellen, psychosozialen Diensten, sozialen Initiativen usw.

An diesem Beispiel wird deutlich, wie die verschiedenen Medien der sozialen Einregulierung, die zunächst in einem Konkurrenzverhältnis stehen, aufeinander angewiesen sind und sich ergänzen. Damit ist eingeschlossen (was hier nur aus Darstellungsgründen getrennt behandelt wurde), daß auch *Ökonomisierung* und das Medium Recht, damit notwendig auch *Verrechtlichungsprozesse,* als Einheit in dem gesamten Feld sozialintegrativer Maßnahmen figurieren.

3. Verrechtlichung

Verrechtlichung meint, so die eingangs referierte Definition, ganz allgemein eine Vermehrung geschriebenen Rechts. Die Beschäftigung mit dem Recht hat, weil es als ein allgemeines Regulativ zur Generierung und Aufrechterhaltung sozialer Ordnung interpretiert wurde, in sehr verschiedenen wissenschaftlichen Disziplinen seinen Platz. Damit ist auch gesagt, daß das Thema *Verrechtlichung* auf einem theoretisch höheren und abstrakteren Niveau, jeweils gebunden an gesellschaftstheoretische Denkmodelle („grand theories"), diskutiert wird. Anders als der Begriff der *Ökonomisierung* bzw. *Monetarisierung,* der nahezu ausschließlich in der Sozialpolitikdiskussion Verwendung findet, beschreibt der Begriff der *Verrechtlichung* die zunehmende Anwendung von Recht in verschiedenen sozialen Systemen und lebensweltlichen Zusammenhängen, wobei der Prozeß der *Verrechtlichung* im Sozialbereich, als Gegenstand der Anwendung des Mediums Recht, nur ein Interventionsfeld neben vielen anderen ist. Aus diesem Grunde ist es notwendig, bei der Erörterung des Begriffs der *Verrechtlichung* zwei thematische Einschränkungen vorzunehmen: ich beziehe mich hier nur auf Verrechtlichungsprozesse im Sozialbereich, speziell auf relevante Teile der psychosozialen Versorgung, und beschränke mich auf eine Referierung der Verrechtlichungsdiskussion in der sozialwissenschaftlichen Disziplin (i.w.S.).

3.1. Die Diskussion um Verrechtlichungsprozesse wird, aus der Perspektive der „grand theories", in der deutschsprachigen Diskussion im wesentlichen auf zwei Ebenen geführt.

Die zunehmende Inanspruchnahme des rechtlichen Systems sei, so in der einen Interpretation (Luhmann 1981b, vgl. auch: 1981a und v.a. 1983), zurückzuführen auf eine fürsorglich-etatistische Selbstüberforderung des politischen Systems. Aufgrund der funktionalen Differenzierung von Gesellschaft entwickelt das Teilsystem Recht eine wachsende Autonomie gegenüber den übrigen Teilsystemen *(„autopoietische Selbstreferenz"),* um seine eigene Wirksamkeit zu steigern. D.h. Recht wird unabhängig von den außerrechtlichen Bezügen anderer Teilsysteme. In seiner Autonomie und Abgeschlossenheit steigert Recht damit aber die Interdependenz zu anderen Teilsystemen, d.h. die Abhängigkeit zur übrigen gesellschaftlichen Umwelt. Sofern die übrigen Teilsysteme aufgrund der Ausdifferenzierung von Recht bestimmte Probleme nicht mehr bearbeiten können, steigen die Leistungsanforderungen an das Recht. Das politische System (als Adressat von Problemen gesellschaftlicher Integration und solchen, die anderswo nicht lösbar sind) instrumentalisiert die Leistungsfähigkeit anderer Teilsysteme – Ökonomie (siehe oben: 2.) und Recht –, um den Leistungsanforderungen seiner Umwelt gerecht zu werden. Sofern das politische System als Wohlfahrtsstaat dazu tendiert, eine Gesamtverantwortung für Gesellschaft zu übernehmen, ist es gerade dafür prädestiniert, „jeden Anspruch ... ernst zu nehmen ..." (1981b, 152).

Aus der zweiten Perspektive (Habermas 1981) wird thematisiert, daß der *Verrechtlichungsprozeß* zu einer „inneren Kolonialisierung" führe, womit gemeint ist, daß die zunehmend komplexer werdenden Subsysteme Wirtschaft und Staat immer „tiefer in die symbolische Reproduktion der Lebenswelt eindringen" (Habermas 1981, 539). Die Durchdringung symbolischer Lebenswelten sei vor allen Dingen dort von Relevanz, wo „die traditionalistischen Polster der kapitalistischen Modernisierung durchgescheuert sind" (1981, 539). Recht führe mit seinen Eingriffen in die bislang nicht rechtlich regulierten lebensweltlichen Bereiche zu deren Verfremdung und Zerstörung.

Damit sind die zentralen Fragen in der Verrechtlichungsdebatte genannt: Wie wirkt Recht auf andere Systeme und Lebenswelten? Wo sind die Grenzen des Rechts? Beide Fragen werden in der Literatur zur Verrechtlichungsproblematik – je nach definitorischer Abgrenzung von *Verrechtlichung* – unterschiedlich behandelt. Da die eingangs zitierte Vorstellung von *Verrechtlichung* (Zunahme geschriebenen Rechts) noch zu allgemein und undifferenziert ist, soll im folgenden der Frage nachgegangen werden, in welchen unterschiedlichen Dimensionen, Differenzierungen und Abgrenzungen der Begriff *Verrechtlichung* in der einschlägigen Literatur verwendet wird.

Ausgangspunkt der Verrechtlichungsdebatte ist die von den meisten Autoren geteilte Annahme, daß es eine *objektiv* feststellbare Vermehrung von Recht gebe. Bezugnehmend auf die verschiedenen Ebenen der Wirksamkeit ließen sich – so *etwa Voigt* (1980, 1983a, 1983b) – verschiedene Grundtypen von Verrechtlichung unterscheiden:

- Vergesetzlichung (Parlamentarisierung), als ansteigende Zahl von Gesetzen;
- Bürokratisierung, als zunehmende Steuerung durch Verwaltung;
- Justizialisierung, als Zuwachs der Gerichtsbarkeit.

Damit ist in einer sehr weit gefaßten Abgrenzung der quantitative, empirisch überprüfbare Aspekt von *Verrechtlichung* benannt. Ein Begriff von *Verrechtlichung*, der jedoch nur auf ein quantitatives Wachstum von Recht abstellt, hat die Therapie bereits mitgedacht (Teubner 1985): das Wachstum ist zu bekämpfen, notwendig wäre die Einleitung eines Entrechtlichungsprozesses, eine Rationalisierung des Rechts und Deregulierung. Die obige Typologisierung vernachlässigt zudem den qualitativen Aspekt von Verrechtlichungsprozessen. In einer weiteren begrifflichen Differenzierung, die freilich keinen empirischen Zugang mehr erlaubt, wird eine Gliederung in Regelungs*dichte*, Regelungs*besatz* und Regelungs*tiefe* vorgeschlagen (Böhret/Hugger 1980). Werle (1982) kritisiert die Vieldimensionalität und eine zu weite Fassung des Begriffs der *Verrechtlichung* im Hinblick auf seine empirische Überprüfbarkeit. Bereits der Bezug auf rechtliche Regelungen als quantiative Variable, wie etwa bei Black (1976) erschwere einen empirischen Zugang. Folglich sei es angebracht, soziale Tatbestände, die in dieser weiten Sicht mit dem Begriff der *Verrechtlichung* belegt werden, anders zu benennen. Diese Argumentation provoziert natürlich die Frage, ob denn die empirische Überprüfbarkeit (bspw. in Form einer Gesetzes- oder Rechtsverordnungszählung) Kriterium für die Tragfähigkeit eines

Verrechtlichungskonzepts sein kann. Gewichtiger ist *Werles* Einwand, daß weite Begriffsfassungen die Gefahr in sich bergen, definitorisch vorwegzunehmen, was empirisch erst nachzuweisen wäre (Werle 1982, 6). Sofern man beispielsweise eine zunehmende Normierung nicht-rechtlich regulierter Sozialbereiche unter den Begriff der *Verrechtlichung* fasse, setze man die Subsumtion nichtregulierter Bereiche unter das Recht bereits voraus – was aber in einer (empirischen?) Analyse erst zu zeigen wäre (Werle 1982, 6). Aus dieser Kritik wird gefolgert, daß es kein einheitliches Konzept theoretischer oder empirischer Analyse von *Verrechtlichungs*prozessen gebe (Werle 1982, 13), es sei vielleicht eine „heuristisch nützliche Klammer" (Reuter, zit. nach Voigt 1983a, 19), ein „Signal" (Werle 1982, 13), um auf die Folgen staatlicher Steuerungsaktivitäten in komplexen Wohlfahrtsgesellschaften hinzuweisen. Damit ist aber bereits ein spezieller Focus einer kritischen Diskussion von Verrechtlichungsprozessen benannt: Gegenstand ist die *Steuerung im Wohlfahrtsstaat.*

Aus einer weiteren, qualitativ orientierten Perspektive ginge es dann um *Verrechtlichungsprozesse* unter den *spezifischen Bedingungen* des modernen Sozial- bzw. Interventionsstaates. Theoretisch interessant wäre die „politische und soziale *Angemessenheit"* (Teubner 1985, 295) von Recht in den jeweiligen Sozialbereichen.

Mit dem Bezug auf die Steuerungsleistungen wohlfahrtsstaatlicher Politik wird gleichzeitig ein verändertes Verhältnis von Staat und Gesellschaft zum Ausdruck gebracht: von einem einst eher reaktiv orientierten (siehe oben: 2.), kontemplativen Staat zum „activist state" (Simitis 1985; siehe auch: Kaufmann 1983). Verrechtlichungskritik ist somit zugleich Kritik an die wohlfahrtsstaatliche Ausprägung von Politik, die interveniert und reguliert, eine Kritik daran, daß Recht nicht-formulierte Regeln ersetzt, daß der Staat Entscheidungen an sich zieht, die vordem gesellschaftsintern geregelt wurden (Zacher 1985). In einer solchen Beschreibung ginge es dann um das Problem der Geregeltheit und Nicht-Geregeltheit von Sozialbeziehungen, ob diese – unter Beachtung verschiedener Zwischenstufen – vorgerichtlich oder gerichtlich einreguliert werden (Blankenburg 1980). In diesem Sinne benennt *Verrechtlichung* einen Lebensweltеingriff, eine Entfremdung und Enteignung von Konflikten, eine Verstümmelung des sozialen Streits zum Rechtsfall, der eine adäquate Lösung ausschließt (Teubner 1985).

Die zunächst als Einschränkung erscheinende Verdichtung auf einen Verrechtlichungsbegriff, der von wohlfahrtsstaatlichen Steuerungs- und Regulierungsaktivitäten ausgeht (und damit auch die zunehmenden Verhaltenssteuerungen mit einbezieht), entspricht einer notwendigen Historisierung des Begriffs, denn *Verrechtlichung* dieses Typus ist kein historisch universales Problem. Der geschichtliche Hintergrund *verschiedener* Verrechtlichungsschübe wird in der Literatur mit dem Verweis auf *Habermas* (1981, 522ff.) referiert (vgl. auch Voigt 1983a, 1983b; Riedmüller 1980; Teubner 1985; Werle 1982).

Demnach seien vier *„epochale Verrechtlichungsschübe"* zu unterschieden: der erste führe zum bürgerlichen Staat, der zweite zum Rechtsstaat, der dritte zum demokratischen Rechtsstaat, der vierte schließlich zum sozialen und demokratischen Rechtsstaat (Habermas 1981, 524f.). Der hier interessierende letzte sozialstaatliche Verrechtlichungsschub konstitutionalisiert das Subsystem Wirtschaft und die in der Klassenstruktur verankerten Sozialverhältnisse; Recht „zähmt" das ökonomische Handlungssystem (1981, 531). Sofern der Sozialstaat klassenpolitische Konflikte eingrenzt, hat er zweifelsohne freiheitsverbürgenden Charakter, aber nur in der Ambivalenz eines gleichzeitigen Freiheitsentzugs, den oben bereits genannten Eingriffen in die Lebenswelt der Nutznießer von Sozialstaatlichkeit (1981, 531).

Die vorstehende Referierung der verschiedenen Diskussionslinien sollte verdeutlichen, wie verästelt und wenig eindeutig mit diesem Thema umgegangen wird. *Verrechtlichung* kann weit und eng gefaßt werden, quantitativ oder qualitativ erarbeitet werden, theoretisch und empirisch, schließlich aus einer rechtssoziologischen, -politischen und gesellschaftstheoretischen Perspektive formuliert werden. (Die ökonomische Analyse des Rechts sei hier des Umfangs wegen vernachlässigt.) Interessant ist, daß sich trotz dieser Unterschiedlichkeiten die Mehrzahl der einschlägigen Autoren letztendlich auf die Thematisierung von Steuerung bzw. Regulierung durch wohlfahrtsstaatlich organisierte Politik einläßt.

Im folgenden ist zu fragen, wie sich Recht selbst im sozialstaatlichen Verrechtlichungsschub verändert hat, *wie* es wirkt und *was* es bewirkt, jeweils konkret bezogen auf das Feld psychosozialer Maßnahmen, die als soziale Dienstleistungen soziales Verhalten einregulieren (sollen).

3.2. Bei der psychosozialen Intervention geht es darum, individuelles Personen- und Sozialverhalten zu steuern. In bezug gesetzt zu den Verarbeitungsmöglichkeiten eines rechtlichen Systems, um eine an Recht orientierte Intervention, ginge es um die Instrumentalisierung dezidiert *materialen* Rechts. Die Rationalität eines materialen Rechts in Abgrenzung zur Rationalität eines *formalisierten* Rechts besteht, in Anlehnung an *Weber* (1972), darin, daß (neuerlich) nichtrechtliche, „zweckmäßige" Regeln innerhalb des Rechts zum Tragen kommen, und formale, begrifflich abstrakte, rechtseigene Elemente von Recht (wieder) verdrängt werden. Gemeint ist hier ein Wandlungsprozeß, in dem soziale oder politische „Räsonnements" an die Stelle von juristischen treten, oder, systemtheoretisch formuliert, dem Recht werden – in eigentlich unangemessener Weise – sozialstaatliche Orientierungen aufgebürdet. Folge ist, daß das Recht nicht nach immanenten Begriffen urteilt, sondern nach *rechts- und sozialstaatlichem* Ermessen reguliert. Rechtsstaatliches Recht wird überlagert von einer materialen sozialstaatlichen Orientierung, einer Zweckorientierung des Rechts. Materiale Anforderungen an das Recht werden als soziale Forderungen an die Demokratie gestellt. Was bei Weber noch als marginal formuliert wurde, nämlich Materialisierung des Formalrechts, erscheint heute als dominanter Entwicklungstrend (vgl. bspw.: Eder 1978).

Im Bereich der psychosozialen Versorgung läßt sich diese Entwicklung besonders deutlich nachzeichnen; illustrativ ist die veränderte inhaltliche Ausgestaltung der Landesgesetze zur Unterbringung psychisch Kranker (PsychKG): Einerseits wird nach wie vor der polizeirechtliche Aspekt zur Regulierung öffentlicher Ordnung aufrechterhalten, andererseits tritt der fürsorgerechtliche Aspekt in den Vordergrund. (Auf die unterschiedliche Entwicklung und Ausformulierung in nördlichen und südlichen Ländern der BRD ist hier nicht weiter einzugehen.) Dieses *Recht auf Hilfe* hat natürlich zunächst freiheitsverbürgenden Charakter, erhöht aber zugleich die psychiatrischen Eingriffsbefugnisse (Schulte 1983). Dies gilt ebenfalls für den Bereich der Sozialgesetze, in denen das Medium *Beratung* neben der monetären Sicherung verwendet wird. Diese Form der Materialisierung von Recht beschreibt die Hereinnahme sozialpolitisch erwünschter Ziele in das Recht, was zur Folge hat, daß das Medium Recht, instrumentalisiert zur Durchsetzung von Behandlung, Beratung, Pflege usw., überfordert ist. Gleichzeitig kann dieser rechtliche Eingriff zur Entmündigung (im doppelten Sinne!) von lebensweltlicher Kompetenz führen. Des weiteren ist zu erwähnen, daß sich das Subsystem Politik auf diese Weise legitimatorisch entlastet, es kann immer darauf verweisen, den Handlungsanforderungen entsprochen zu haben, indem neue gesetzliche Formulierungen implementiert wurden. Wenn die Regulierung sozialer Probleme dennoch nicht in der geforderten Weise erfolgreich ist, dann liegt es am Recht (oder wahlweise der Bürokratie), nicht aber an einer schlechten Politik.

Teubner (1985, 313ff.) verknüpft die von *Weber* eingeführte Unterscheidung zwischen Formalisierung und Materialisierung des Rechts mit einer systemtheoretischen Interpretation. Aus dieser Perspektive wird ein Prozeß deutlich, in dem sich die oben beschriebenen gegenläufigen Trends verstärken. Im Sinne einer funktionalen Ausdifferenzierung steigert das Recht seine Autonomie und wird in der weiter oben beschriebenen Weise unabhängig von anderen Teilsystemen und außerrechtlichen Bezügen *(Formalisierung)*. Somit wird Recht aber zugleich in steigendem Maße abhängig von den Leistungsanforderungen seiner sozialen Umwelt *(Materialisierung)*. Wird Recht nun instrumentell zur sozialstaatlichen Regulierung eingesetzt, steht es zwischen den Anforderungen von Politik und Lebensbereichen. D.h. es gibt ein Spannungsfeld von steigender Autonomie und steigender Interdependenz, und genau dies begründe, so *Teubner*, die Notwendigkeit (und Problematik) moderner Verrechtlichung (1985, 315).

Wenn (auch die übrigen) gesellschaftlichen Teilbereiche so autonom sind, daß sie nur noch auf sich selbst reagieren, dann können sie sich nicht mehr einander vermitteln. Sie können ihre soziale Umwelt nur noch selektiv wahrnehmen; damit ist wirksame Fremdsteuerung nicht mehr denkbar, dann kann regulatives Recht nur Selbststeuerungsprozesse auslösen, deren Richtung und Wirkung nicht voraussehbar sind. Regulative sozialstaatliche Eingriffe sind also nur in den Bahnen der Selbststeuerung und der Selbsterhaltung möglich (am Beispiel der Resonanzfähigkeit sozialer Teilsysteme auf ökologische Gefährdungen wird diese Argumentationslinie sehr deutlich: Luhmann 1986). *Teubner* folgert nun daraus, daß jeder regulative Eingriff, der diese systemimmanente Selektivität und Resonanzfähigkeit nicht mitdenkt, in ein *„Trilemma"* gerät (1985, 316):

- entweder ist dieser Eingriff irrelevant, das Zielsystem reagiert indifferent, Ziel und Absicht der Regulierung gehen ins Leere;
- der Eingriff hat, etwa im Sinne von *Habermas* (1981), desintegrierende Wirkungen auf den lebensweltlichen Kontext;
- der Eingriff hat desintegrierende Wirkungen auf das Recht selbst, es stößt an Leistungsgrenzen, wenn es sowohl der Logik sozialstaatlicher Politik als auch der Logik der zu regulierenden Lebensbereiche angemessen sein soll.

Für jeden dieser drei Problemkreise lassen sich aus dem Bereich der psychosozialen Versorgung Beispiele finden, die die These des *regulatorischen Trilemmas* belegen können. So wird etwa Politik zu einem „Ritual" (Edelmann 1976), zu einer zwar politisch wirksamen, aber nur symbolischen Handlung, wenn in der rechtlichen Ausgestaltung der Psychiatrie„reform" nichts weiter übrig bleibt, als eine Psychiatrie*modernisierung* (Keupp/Koenen u.a. 1980); oder wenn, wie in den USA, De-Institutionalisierung zur totalen Desintegration der Betroffenen führt (Scull 1980; Cohen 1985). Letztgenanntes ist auch Beispiel dafür, daß eine auf Integration zielende regulierende Politik zu einer Verstetigung des Prozesses fortwährender Desintegration führen kann, oder, überspitzt formuliert: die Aufrechterhaltung sozialer Ordnung läuft in diesem Falle nicht mehr über Ausschluß durch Einschluß, sondern über Ausschluß in die Lebenswelt. Ein weiteres Beispiel ist der gesamte Bereich der beratenden und therapeutischen Hilfe, in dem die Anwendung von Recht (bspw. sozialversicherungsrechtliche Absicherung) zu einer Beschränkung von Selbst-Hilfe führt (vgl. bspw. Pitschas 1980; Reidegeld 1980; Schulte 1984; Voigt 1981; Zacher 1985; populär formuliert bei: Illich u.a. 1979). Die Zerstörung von selbstreproduktiven Sphären von Lebenswelt – Kolonialisierung – darf jedoch nicht als ein einseitiges Zwangsverhältnis gedacht werden (Mutz 1983), es setzt vielmehr voraus, daß relevante Teile nicht-regulierter Reproduktionsformen bereits an integrativer Kraft verloren haben (Habermas 1981) und aus der Lebenswelt heraus rechtsverbürgende Anforderungen gestellt werden. Offensichtlich stößt das regulierende Medium Recht an seine eigenen Grenzen durch Gefährdung selbstreferentieller Strukturen, wenn es sich auf Bereiche einläßt, in denen es um die Steuerung von Sozialverhalten geht (Luhmann 1981, 1984) – und genau dies ist ja Gegenstand jeglicher psychosozialer Intervention. Hierin mag auch der Grund liegen, warum so viele Bereiche der psychosozialen Versorgung mangelhaft bzw. gar nicht rechtlich reguliert sind. So ist beispielsweise das gesamte Feld der sozialen Dienste und Initiativen so geregelt, daß Leistungsanforderungen durch die rechtlichen Zuständigkeiten hindurchfallen (Schulte 1984). Weder das System der Fürsorge noch das System der Sozialversicherung würde den Bestand einer therapeutischen Wohngemeinschaft auf Dauer garantieren. Angesichts möglicher desintegrativer Wirkungen einer rechtlichen Regelung ist natürlich die Frage berechtigt, ob in diesen Arbeitsfeldern das Medium Recht überhaupt ein geeignetes Steuerungsmittel wäre.

3.3. Auch *Blankenburg* teilt, aus einer anderen, mikrotheoretischen, rechtssoziologischen Perspektive, die Ansicht, daß Recht unfähig ist, Sozialbeziehungen zu regeln (1980, 90). Ausgehend davon, daß Recht immer nur selektiv steuert und erst dann praktisch wird, wenn es zu Konflikten bzw. zum Abbruch von Sozialbeziehungen kommt, werden *Verrechtlichungsprozesse* thematisiert. Die Anwendung von Recht, d.h. das Einziehen einer formalisierten Ebene, sei schließlich nur dann von Relevanz, wenn die lebensweltlichen Regulative nicht mehr greifen. Die Aufrechterhaltung bzw. Kontinuität sozialer Beziehungen setze offensichtlich voraus, daß informelle Regelungen, d.h. informelle Sozialkontrollstrukturen, wirksam sind (vgl. auch Abel 1980). Dabei sei jedoch unentschieden, ob informelle Regulative nicht deshalb integrierend wirken, weil bestehende Rechtsregeln antizipiert werden. Je komplexer sich gesellschaftliche Sozialbeziehungen entwickeln, desto eher sei es denkbar, daß es notwendig wird, Konflikte auf eine abstraktere Ebene zu verlagern, Dritte zur Konfliktlösung hinzuzuziehen. Die Ebene Recht könne aber andererseits in ihrer Abstraktheit nicht der Spezifizität sozialer Konflikte gerecht werden, rechtliche Verfahren seien nur beschränkt thematisierungsfähig, eine Reduktion des Konfliktstoffes sei die Folge (Blankenburg 1980; vgl. auch Mückenberger 1976: „Abstraktions- und Ausblendungsmechanismus“ von Recht).

Mit dieser Argumentationslinie ist ein Kernproblem rechtlicher Normierung von Sozialbeziehungen angesprochen. Die oben bereits mehrfach angesprochene These von den desintegrativen Wirkungen rechtlicher Steuerung auf die soziale Lebenswelt berücksichtigt nicht in ausreichender Weise, daß es in lebensweltlichen Kontexten bereits Brüche gegeben hat, *bevor* rechtliche Regulierung praktisch wird. Gerade psychosoziale Intervention (Beratung, Therapie, Pflege) setzt in aller Regel voraus, daß informelle Regulierung nicht mehr greift, daß Personen, die sich an eine psychosoziale Institution wenden, individuell wahrgenommene soziale Probleme mit der existierenden Form von Konflikt-Regulierung ihrer Umwelt bereits haben. Die Lebenswelt, das soziale Umfeld der Klientel psychosozialer Intervention, ist eben nicht eine „heile Welt“, in die sozialstaatliche Regulierung eingreift. Dilemmatisch wird es aber gerade dann, wenn eine abstrakte, notwendig selektive rechtliche Ebene einbezogen wird, weil die Institution und das Medium Recht der Vielfalt psychosozialer Desintegrationsprozesse nicht gerecht werden kann. *Teubner* spricht hier treffend von einem *In-die-Zange-Nehmen* des Rechts, das lebensweltlichen und regulativen Anforderungen gerecht werden will (Teubner 1985, 323). *Verrechtlichung* kann hier dann also heißen, daß ungleiche psychosoziale Tatbestände rechtlich gleich gemacht werden und damit zu „Unrecht“ werden. Auch dann, wenn Recht den (sub-)kulturellen Eigenarten von desintegrativen Sozialbeziehungen (bspw. Drogenszene) nicht gerecht wird, führt Verrechtlichung zu einer Vergrößerung des sozialen Konflikts. Im Feld der psychosozialen Versorgung wird dieses Dilemma besonders deutlich, wenn eine sozialintegrative Regulierung bereits Recht geworden ist, und nun seine verwaltungsgemäße (bürokratische) Bearbeitung findet. Sofern Recht geschrieben (formuliert) ist, kommt es zu einem verwaltungsgemäßen Selbstlauf, der nicht nur das Recht selbst überfordert, sondern vor allem die Individualität wahrgenommener sozialer Desintegration überführt in eine *„aktenmäßige“* Bearbeitbarkeit (vgl. die *Bürokratisierungsdebatte,* auf die hier nicht weiter einzugehen ist; exemplarisch: Mayntz 1978). Die bürokratische (Re-)Konstruktion des *„Falls“* (Treutner u.a. 1978), die *„Produktion von Fürsorglichkeit“* (Wolff 1983), generiert wiederum eigene Regeln des Umgangs mit sozialer Desintegration (vgl. bspw. Funk u.a. 1984; Pitschas 1983).

Aus dieser mikrotheoretischen Perspektive, die dem psychosozialen Alltag näher kommt, wird deutlich, wie gefährlich es ist, auch in kritischer Absicht von *Verrechtlichung* sozialer Probleme und folgender Desintegration sozialer Lebenswelt zu sprechen, wenn der desintegrierende Zustand von Alltäglichkeit selbst Ausgangspunkt von beratender und therapeutischer Intervention ist. Denn wie auch bei der *„Ökonomisierung/Monetarisierung“* sozialintegrativer Wohlfahrtsleistungen, hat *Verrechtlichung* einen rationalen Kern darin, daß Recht *Rechtssubjektivität* rekonstruiert. Die Hereinnahme eines Rechts auf Fürsorge, Beratung und Behandlung in einschlägige Sozialgesetze bedeutet ja nicht nur eine (mögliche) Zunahme sozialkontrollierender Elemente (Albrecht 1986; Grimm 1986) – dies ist nur die eine Seite –, die (Wieder-)Herstellung von Rechtssubjektivität beinhaltet ja auch einen prinzipiell durchsetzbaren Rechtsanspruch. Aber eine aus dieser Einsicht folgende Forderung nach *„mehr Recht“* birgt die Gefahr in sich, daß sich Recht einerseits gegen die Betroffenen selbst wenden kann (Abstraktion, Selektivität) und andererseits eine angemessene (beratende, therapeutische, pflegerische) Bearbeitung des Problems unmöglich wird (Beispiel: Aktenführung, Einzelfallbearbeitung, usw.).

Gegen diese mikrotheoretische Orientierung der Analyse von Verrechtlichungsprozessen im oben genannten Sinne ist jedoch kritisch einzuwenden, daß es eben nicht nur um soziale Konfliktregulierung durch Recht auf personaler Ebene geht, sondern um gesellschaftliche Steuerung, was das Thema Verrechtlichung ja erst brisant macht. Im Bereich der psychosozialen Versorgung reguliert Recht als gesellschaftliches Steuerungsinstrument verschiedene Ebenen:

- es reguliert das Verhältnis der *Betroffenen* psychosozialer Hilfe zu den Leistungsanbietern, den Kostenträgern und den verwaltenden Stellen (bspw. Behörden);
- es reguliert das Verhältnis der Leistungsanbieter untereinander, die jeweils verschiedene Interessen verfolgen (bspw. positionale Stellung der Ärzte, Psychologen, des beratenden und pflegenden Personals);
- und es reguliert das Leistungs- und Abrechungsverhalten privater und öffentlicher Kostenträger.

Aus einer makrotheoretischen Perspektive wird deutlich, daß neben dem Problem einer adäquaten Steuerung des psychosozialen Feldes das „bereichsinterne" Problem einer möglichst reibungslosen „Ebenen"-Koordination besteht, denn es ist davon auszugehen, daß diese drei Ebenen prinzipiell miteinander konfligieren. Allein weil auf diesen Ebenen unterschiedliche Handlungsanforderungen relevant werden, kann Recht, das diesen gesamten Bereich abdecken will, *„versagen"* – ein Beispiel dafür, daß die rechtliche Regulierung eines in sich komplexen und widersprüchlichen Feldes desintegrative Wirkungen auf das Recht selbst haben kann.

Des weiteren ist zu beachten, daß politisch instrumentalisiertes Recht (wie auch Geld bzw. Ökonomie) die Materialisierung von Recht, das Funktionieren von Sozialsystemen in einem wechselseitigen Prozeß verändert. Rechts*institutionen* als gesellschaftliche Komponente von Lebenswelt geben in ihrer regulativen Funktion den informell strukturierten Handlungsbereichen eine verbindliche Form (Habermas 1981, 537). Aus dieser institutionellen Perspektive ist dann zu fragen, ob Verrechtlichungsprozesse an die vorgängigen Institutionen von Lebenswelt anschließen und diese rechtlich überformen oder nur verdichten. Das Sozialversicherungsrecht und das Fürsorgerecht als Grundpfeiler sozialer Sicherung schließt an vorgängige Formen solidarischer und fürsorglicher Reproduktionssicherung an (Solidargemeinschaften und Armenfürsorge) und überformt und verdichtet zugleich die lebenweltliche Reproduktion. Das System der sozialen Sicherung in der BRD geht von der prinzipiellen Möglichkeit bzw. Notwendigkeit aus, daß sich soziale Reproduktion über lohnarbeitsförmiges Arbeitseinkommen einreguliert. Nur in rechtlich normierten Ausnahmefällen werden Einkommens*ersatzleistungen,* soziale Sach- und Dienstleistungen gewährt (Leibfried/Tennstedt 1985; Schulte/Trenk-Hinterberger 1986; Stahlmann 1985; Zacher 1983), ein Anspruch auf Hilfe kann demgemäß nur individuell, d.h. bezogen auf den Einzelfall, formuliert werden (vgl. bspw. Barabas/Sachße 1976). In diesem Sinne „filtert" (Leibfried 1976, 1977) das soziale Sicherungssystem soziale Ansprüche auf eine spezifische Weise: es verweist auf die Dominanz lohnarbeitsförmiger Reproduktionssicherung und bestehende private Netze (Subsidiarität), es individualisiert und macht einen sozialen Tatbestand als Einzelfall bearbeitbar. Die Inanspruchnahme von sozialen Sach- und Dienstleistungen erzwingt das Manifestwerden einer bearbeitbaren sozialen Abweichung vom Regelfall gesellschaftlicher Integration (Schulte 1984), die der Inanspruchnehmende nachweisen muß. D.h. ein sozialer Tatbestand wird erst durch das Praktischwerden von Recht zu einem sozialen Problem, das individualisiert bearbeitet werden kann. Folge dieser Ausgestaltung des Sozialrechts ist freilich, daß die Inanspruchnahme sozialer Sach- und Dienstleistungen stigmatisierende Wirkung hat: soziale Leistungen (insbesondere beitragsfreie) erscheinen als *„unverdiente"* Leistungen (Schulte 1984), die soziale Desintegration voraussetzen. Dies bewirkt, daß die Möglichkeiten von Sozialrecht prinzipiell nicht voll ausgeschöpft werden (Leibfried 1976).

3.4. Abschließend sei die ursprüngliche Verwendung des Begriffs von Verrechtlichung als Neutralisierung genuin politischer Konflikte (Kirchheimer 1928: vgl. weiter oben) im Zusammenhang mit psychosozialer Intervention diskutiert (zu einer Problematisierung dieser Wendung siehe Simitis 1985). Thematisch werden damit zugleich mögliche Lösungsperspektiven von Verrechtlichung im Bereich der psychosozialen Versorgung.

Dieser ursprüngliche Aspekt ist *deshalb* für den Bereich der psychosozialen Versorgung von Bedeutung, weil die *moderne* Kritik an den Maßnahmen und Institutionen psychosozialer Versorgung als eine *soziale* und *politische* Kritik geführt wurde. Die *„Protagonisten"* europäischer Psychiatriekritik, hier seien stellvertretend Basaglia/Basaglia-Ongaro (1972) und Jervis (1978) genannt, nahmen zum Ausgangspunkt, daß individuell wahrgenommenes, psychisches Leiden Ausdruck besonderer sozialer und politischer Verhältnisse sei. Die Dominanz von Privatheit sozialer Beziehungen sei schließlich Ausdruck (siehe oben: 2.) einer spezifischen Gesellschaftlichkeit. Eine Gesellschaft, die aber soziale Desintegration mit sozialem Ausschluß durch psychiatrischen Einschluß beantwortet und damit gesellschaftliche Normalität herstellen will, verweigere im Grunde genommen die Bearbeitung genuin gesellschaftlicher Probleme. Die politischen und sozialen Forderungen dieser Psychiatriekritik sind bekannt: Schließung der *„totalen"* Institutionen und Aufbau einer gemeindenahen Versorgung, denn die Problematik individuellen Leidens sollte dort bearbeitet werden, wo sie entstanden ist, nämlich innerhalb der Gesellschaft. Schlagwörter waren *De-Institutionalisierung* und *Decarceration.*

Diese Kritik, die eine Lösung der Probleme zugleich mitformulierte, greift natürlich zu kurz. Zum einen wird impliziert, daß die soziale Problematik psychischen Leidens ein Problem der richtigen institutionellen Verankerung sei. Die Veränderung des psychosozialen Feldes auf der institutionellen Ebene provoziert jedoch Verschiebungen in anderen Systemen und Lebensbereichen, deren Wirkung nicht abzuschätzen ist. So wird bei einer De-Institutionalisierung die Problematik zunächst nur anderen Trägern *und* den Betroffenen selbst sowie den Angehörigen (bzw. dem weiteren Umfeld der *„Gemeinde")* zugeschoben. Sofern aber davon auszugehen ist, daß es, wie oben bereits ausgeführt, die soziale Umwelt selbst ist, die derartige Probleme generiert, wird die Forderung nach einer Politisierung und Sozialisierung psychischer Konflikte widersprüchlich. *Abel* nennt diese etwas romantisierend anmutende Forderung zurecht eine Rückkehr „to nineteenth century small town virtues" (1980, 29). Die Forderung nach einer De-Institutionalisierung und De-Regulierung setzt ein soziales Umfeld voraus, was genau nicht in einem marktwirtschaftlich organisierten Wohlfahrtsstaat vorausgesetzt werden kann: Gleichheit bezüglich politischer Macht, Wohlstand und sozialem Status; sozialer Konsens bezüglich der Gültigkeit außerrechtlicher materialer Normen, die Sozialverhalten steuern; Vorhandensein adäquater informeller sozialer Kontrollmechanismen bei Abwesenheit von rechtlicher Regulierung (Abel 1980, 39ff.). Sind die Bedingungen eines sozialen Disputs zwischen gleichen Individuen nicht erfüllt, so führt eine Informalisierung von wohlfahrtsstaatlicher Regulierung zu einer Ausdehnung sozialer Kontrolle (hier ohne weitere Begründung, vgl. bspw. Black 1984; Cohen 1985; Cohen/Scull 1983; Scull 1980), und die Forderung nach Entformalisierung, -rechtlichung und

-institutionalisierung wird zur Ideologie (Abel 1980).

Aus der zugrundeliegenden Perspektive, daß Recht (und Ökonomie) als sozialintegratives Steuerungsmedium wohlfahrtsstaatlicher Politik instrumentalisiert wird, stehen diese verschiedenen Formen der Entregulierung letztlich gar nicht zur Debatte. Dieser damit in Gang gesetzte spezifische Verrechtlichungsschub läßt sich nicht durch professionelle und politische Entscheidungen rückgängig machen. Alternativen, die dem zugrundeliegenden Sachverhalt angemessen sind, sind demnach innerhalb des Rechts und des Ökonomischen zu suchen, nicht außerhalb. Eine Entregulierungsdebatte, die die soziale Problematik in die Gesellschaft zurückverlagern will, führt in die falsche Richtung, nämlich möglicherweise zu einer präventiv orientierten psychosozialen Vernetzung, die soziale Kontrollstrukturen nur verdichtet (Albrecht 1986; Grimm 1986; Kreissl 1986; Mutz 1983). Aus dieser Sicht führt Entregulierung zu einem weiteren Lebenswelteingriff – nur anderer Qualität. *Kreissl* (1986) spricht hier treffend von einem Paradigmawechsel von repressiver zu präventiver sozialer Kontrolle.

Regulatorisches Recht, als Mittel einer präventiven und aktiven Sozialgestaltung instrumentalisiert, benötigt *soziales Wissen,* denn es ist als materiales Recht gleichsam auf Wirkung angelegt, die, wenn sie nicht eintrifft, Probleme politischer Legitimation aufwirft (so etwa: Teubner 1985). Aus diesem Grund wird die Verwendung von Sozialwissenschaft relevant, „insofern sozialwissenschaftliche Wirkungsanalysen die Effektivität des Rechts aufhellen können" (Teubner 1985, 312). Komplementär zu diesem Prozeß, in dem soziologisches, politologisches und ökonomisches Wissen die moderne Rechtswissenschaft durchdringt, ist eine Verwissenschaftlichung in Form von Professionalisierung im Bereich der psychosozialen Versorgung zu beobachten. Die Professionellen haben sich aus ihrer kritischen Position zur klassischen Psychiatrie heraus eigene Arbeitsmöglichkeiten geschaffen (Abel 1980). So durchdringt die Anwendung von Wissenschaft sowohl die regulierenden Medien wohlfahrtsstaatlicher Steuerung und sozialer Kontrolle als auch die Interventionsfelder sozialpolitischer Regulierung.

Der Frage nach einer angemessenen Bewältigung von Verrechtlichungs- und Ökonomisierungsprozessen kann an dieser Stelle verständlicherweise nicht nachgegangen werden. Das Problem einer *„strukturellen Kopplung"* von den Teilsystemen Politik, Recht, Ökonomie und den betreffenden gesellschaftlichen Lebensbereichen, hier dem Feld der psychosozialen Versorgung und deren Klientel, das sich aus dem oben beschriebenen Trilemma ergibt (Teubner 1985), ist nicht eindeutig zu lösen. Das Problem besteht ja darin, daß zur sozialen Regulation von Verhaltensweisen Schranken der benannten Art überschritten werden müssen, ohne sie eigentlich zu überschreiten; dieser Widerspruch deutet in der Tat auf eine *Krise* der *„Integrationskrise"* hin. Ob ein alternatives Steuerungsmittel, nämlich *Solidarität* (Kaufmann 1984) gesellschaftlich relevant werden kann, darüber kann nur spekuliert werden; im Bereich der psychosozialen Versorgung gibt es bereits erste schwache Schritte zu einem tragfähigen Selbsthilfekonzept. Recht und Ökonomie können sich nicht ohne weiteres aus der Verknüpfung mit sozialstaatlichen Imperativen und gesellschaftlichen Lebensbereichen lösen, die Geschichte dieses Verrechtlichungs- und Ökonomisierungsschubes läßt sich nicht umschreiben – schon gar nicht rückgängig machen.

Literatur

Abel, R. L., Delegalization. Jahrbuch für Rechtssoziologie und Rechtstheorie, 6, 1980, 27-47.
Achinger, H., Soziologie und Sozialreform. In: Soziologie und moderne Gesellschaft. Verhandlungen des 14. Deutschen Soziologentages Berlin. Stuttgart 1959.
–, Sozialpolitik als Gesellschaftspolitik. Von der Arbeiterbewegung zum Wohlfahrtsstaat. Frankfurt/M.: Suhrkamp 1971.
Albrecht, G., Vorüberlegungen zu einer „Theorie sozialer Probleme". In: Ferber, Chr. v./ Kaufmann, F.-X. (Hg.): KZfSS. Sonderheft 19. Soziologie und Sozialpolitik. Opladen: Westdeutscher Verlag 1977.
Albrecht, P.-A., Prävention als problematische Zielbestimmung im Kriminaljustizsystem. KritV, 1986, 55-82.
Barabas, F./Sachße, Chr., Bundessozialhilfegesetz: Sozialstaatliche Versorgung oder Armenpolizei? Kritische Justiz, 9/4, 1976, 359-376.
Basaglia, F./Basaglia-Ongaro, F., Die abweichende Mehrheit. Die Ideologie der totalen sozialen Kontrolle. Frankfurt/M.: Suhrkamp 1977.
Bieback, K.-J., Leistungsabbau und Strukturwandel im Sozialrecht. Kritische Justiz, 17/3, 1984, 257-278.
Black, D., The Behavior of Law. New York: Academic Press 1976.
–, Social Control as a Dependant Variable. In: Black, D. (Hg.): Toward a General Theory of Social Control. Vol. 1. Fundamentals. Orlando, San Diego etc.: Academic Press 1984, 1-36.
Blankenburg, E., Recht als gradualisiertes Konzept – Begriffsdimensionen der Diskussion um Verrechtlichung und Entrechtlichung. Jahrbuch für Rechtssoziologie und Rechtstheorie, 6, 1980, 83-98.
Böhret, C./Hugger, W., Entbürokratisierung durch vollzugsfreundlichere und wirksamere Gesetze. Speyerer Arbeitshefte, 35, 1980.
Bonß, W./Riedmüller, B., Ausgrenzung von Arbeitskraft und Psychiatrisierung – Zum sozialpolitischen Funktionswandel der Psychiatriereform. In: Matthes, J. (Hg.): Krise der Arbeitsgesellschaft? Verhandlungen des 21. Deutschen Soziologentages Bamberg 1982. Frankfurt/New York: Campus 1983, 622-640.
Bopp, J., Der linke Psychodrom. Kursbuch, 55 (1979), 73-94.
Bourdieu, P., Sozialer Raum und Klassen. Leçon sur la leçon. Frankfurt/M.: Suhrkamp 1985.
Castel, F. et al., Psychiatrisierung des Alltags. Produktion und Vermarktung der Psychowaren in den USA. Frankfurt/M.: Suhrkamp 1982.
Cohen, S., Visions of Social Control. Crime, Punishment and Classification. Cambridge: Polity Press 1985.
Cohen, S./Scull, A.T., Social Control and the State. London: Blackwell 1983.
Donzelot, J., Die Ordnung der Familie. Frankfurt/M.: Suhrkamp 1979.
Edelmann, M., Politik als Ritual. Die symbolischen Funktionen staatlicher Institutionen und politischen Handelns. Frankfurt/M.: Suhrkamp 1976.
Eder, K., Zur Rationalisierungsproblematik des modernen Rechts. Soziale Welt, 29, 1978, 247ff.
Elias, N., Über den Prozeß der Zivilisation. Soziogenetische und psychogenetische Untersuchungen. Zweiter Band. Frankfurt/M.: Suhrkamp 1980.
Ferber, Chr. von, Sozialpolitik in der Wohlstandsgesellschaft. Reinbek: Rowohlt 1967.
Funk, A. et al., Verrechtlichung und Verdrängung. Die Bürokratie und ihre Klientel. Opladen: Westdeutscher Verlag 1984.
Goldscheid, R./Schumpeter, J., Die Finanzkrise des Steuerstaates. Beiträge zur politischen Ökonomie der Staatsfinanzen. hg. von Rudolf Hickel, Frankfurt/M.: Suhrkamp 1976.
Grauhan, R.-R./Hickel, R. (Hg.), Krise des Steuerstaats? Opladen: Westdeutscher Verlag 1978.

Grimm, D., Verfassungsrechtliche Anmerkungen zum Thema Prävention. Kritische Vierteljahresschrift für Gesetzgebung und Rechtswissenschaft, 1/2, 1986, 38-54.
Habermas, J., Legitimationsprobleme im Spätkapitalismus. Frankfurt/M.: Suhrkamp 1975.
–, Theorie des kommunikativen Handelns. Band 2: Zur Kritik der funktionalistischen Vernunft. Frankfurt/M.: Suhrkamp 1981.
–, Stichworte zur „Geistigen Situation der Zeit". Frankfurt/M.: Suhrkamp 1982.
Haferkamp, H., Von der alltagsweltlichen zur sozialwissenschaftlichen Begründung der Soziologie sozialer Probleme und sozialer Kontrolle. In: Ferber, Chr. v./Kaufmann, F.-X. (Hg.): KZfSS. Sonderheft 19. Soziologie und Sozialpolitik. Opladen: Westdeutscher Verlag 1977.
Hellerich, G., Hilfe und Herrschaft. Eine Analyse des Wandels der psychosozialen Versorgung. Frankfurt/Bern/New York: Peter Lang 1986.
Hirsch, J., Der Sicherheitsstaat. Das „Modell Deutschland", seine Krise und die neuen sozialen Bewegungen. Frankfurt/M.: EVA 1980.
Illich, I. et al., Entmündigung durch die Experten. Zur Kritik der Dienstleistungsberufe. Reinbek: Rowohlt 1979.
Jervis, G., Kritisches Handbuch der Psychiatrie. Frankfurt: Syndikat 1978.
Kardorff, E. von, Modellvorstellungen über psychische Störungen: Gesellschaftliche Entstehung, Auswirkungen, Probleme. In: Keupp, H./Zaumseil, M. (Hg.): Die gesellschaftliche Organisierung psychischen Leidens. Frankfurt/M.: Suhrkamp 1978, 539-589.
Kaufmann, F.-X. Steuerungsprobleme im Wohlfahrtsstaat. In: Matthes, J. (Hg.): Krise der Arbeitsgesellschaft? Verhandlungen des 21. Deutschen Soziologentages Bamberg 1982. Frankfurt/New York: Campus 1983, 474-490.
–, Solidarität als Steuerungsform – Erklärungsansätze bei Adam Smith. In: Kaufmann, F.-X./ Krüsselberg, H.-G. (Hg.): Markt, Staat und Solidarität bei Adam Smith. Frankfurt/New York: Campus 1984, 158-184.
Keupp, H./Koenen, E. et al., Psychiatriereform in der Bundesrepublik: Die Verfallsgeschichte einer Reform. In: Scull, A.T., Decarceration. Frankfurt/New York: Campus 1980, 239-264.
Kirchheimer, O., Zur Staatslehre des Sozialismus und Bolschewismus. Zeitschrift für Politik, 1928, 596ff.
Kitsuse, J.I./Spector, M., Toward a Sociology of Social Problems: Social Conditions, Value-Judgements and Social Problems. Social Problems, 20, 1973, 407-419.
Kreissl, R., Soziologie und soziale Kontrolle. Die Verwissenschaftlichung des Kriminaljustizsystems. München: Profil 1986.
Leibfried, St., Armutspotential und Sozialhilfe in der Bundesrepublik. Kritische Justiz, 9/4, 1976, 377-393.
–, Vorwort. In: Piven, F.F./Cloward, R.A., Regulierung der Armut. Die Politik der öffentlichen Wohlfahrt. Frankfurt/M.: Suhrkamp 1977, 9-67.
Leibfried, St./Tennstedt, F. (Hg.), Politik der Armut und die Spaltung des Sozialstaats. Frankfurt/M.: Suhrkamp 1985.
Luhmann, N., Ausdifferenzierung des Rechts. Beiträge zur Rechtssoziologie und Rechtstheorie. Frankfurt/M.: Suhrkamp 1981a.
–, Politische Theorie im Wohlfahrtsstaat. München/Wien: Olzog 1981b.
–, Rechtssoziologie. Opladen: Westdeutscher Verlag 1983.
–, The Self-Reproduction of the Law and its Limits. In: Teubner, G. (Hg.): Dilemmas of Law in the Welfare State. Berlin/New York: de Gruyter 1984.
–, Ökologische Kommunikation. Opladen: Westdeutscher Verlag 1986.
Matzner, E., Der Wohlfahrtsstaat von morgen. Entwurf eines zeitgemäßen Musters staatlicher Interventionen. Frankfurt/New York: Campus 1982.
Mayntz, R., Soziologie der öffentlichen Verwaltung. Heidelberg: Müller 1978.
Mückenberger, U., Thesen zur Funktion und Entwicklung des Sozialrechts. Kritische Justiz, 9/4, 1976, 341-358.

Mutz, G., Sozialpolitik als soziale Kontrolle am Beispiel der psychosozialen Versorgung. München: Profil 1983.
O'Connor, J., The Fiscal Crisis of the State. New York: St. Martin's Press 1973.
–, The Fiscal Crisis of the State Revisited: A Look at Economic Crisis and Reagan's Budget Policy. Kapitalistate, 9, 1981, 41-62.
Offe, C., „Unregierbarkeit." Zur Renaissance konservativer Krisentheorien. In: Habermas, J. (Hg.): Stichworte zur „Geistigen Situation der Zeit". Frankfurt/M.: Suhrkamp 1979, 294-318.
Pitschas, R., Soziale Sicherung durch fortschreitende Verrechtlichung? In: Voigt, R. (Hg.): Verrechtlichung. Königstein/Ts.: Athenäum 1980, 150-169.
–, Entbürokratisierung durch Beratung? „Beratung" als bürokratisch-distanzierte Regulierungsform des Verwaltungsstaates. In: Voigt, R. (Hg.): Gegentendenzen zur Verrechtlichung. Jahrbuch für Rechtssoziologie und Rechtstheorie, Bd. IX, 1983, 225-241.
Piven, F.F./Cloward, R.A., Regulierung der Armut. Die Politik der öffentlichen Wohlfahrt. Frankfurt/M.: Suhrkamp 1977.
Reidegeld, E., Vollzugsdefizite sozialer Leistungen: Verrechtlichung und Bürokratisierung als Grenzen der Sozialpolitik. In: Voigt, R. (Hg.): Verrechtlichung. Königstein/Ts.: Athenäum 1980, 275-288.
Riedmüller, B., Evolution und Krise. Mit dem Recht ist in der Krise kein Staat zu machen. Frankfurt/New York: Campus 1980.
Rödel, U./Guldimann, T., Sozialpolitik als soziale Kontrolle. In: Starnberger Studien 2. Sozialpolitik als soziale Kontrolle. Frankfurt/M.: Suhrkamp 1978.
Roloff, O., Theorie und Praxis der Besteuerung. Opladen: UTB. Leske 1978.
Schulte, B., Die Rechte der psychisch Kranken: Das Unterbringungs- bzw. Psychischkrankenrecht. Recht und Psychiatrie, 1983, 17-57.
–, Das deutsche System der sozialen Sicherung im europäischen Vergleich. In: DPWV Fachtagung „Das gegliederte System der sozialen Sicherung – seine Möglichkeiten und Grenzen im Bereich der sozialen Psychiatrie". Bonn 1984.
Schulte, B./Trenk-Hinterberger, P., Sozialhilfe. Eine Einführung. Heidelberg: Müller 1986.
Scull, A.T., Die Anstalten öffnen? Decarceration der Irren und Häftlinge. Frankfurt/New York: Campus 1981.
Simitis, S., Zur Verrechtlichung der Arbeitsbeziehungen. In: Kübler, F. (Hg.): Verrechtlichung von Wirtschaft, Arbeit und Solidarität. Frankfurt/M.: Suhrkamp 1985, 73-165.
Spector, M./Kitsuse, J.I., Social Problems: A Re-Formulation. Social Problems, 21, 1973, 145-159.
Stahlmann, G., „Neue" Armut und sozialpolitische Perspektiven. Kritische Justiz, 18/2, 1985, 171-183.
Strasser, J., Grenzen des Sozialstaats? Soziale Sicherung in der Wachstumskrise. Köln/ Frankfurt 1979.
Tennstedt, F., Zur Ökonomisierung und Verrechtlichung in der Sozialpolitik. In: Murswieck, A. (Hg.): Staatliche Politik im Sozialsektor. München: Piper 1976, 139-165.
Teubner, G., Verrechtlichung – Begriffe, Merkmale, Grenzen, Auswege. In: Kübler, F. (Hg.): Verrechtlichung von Wirtschaft, Arbeit und sozialer Solidarität. Frankfurt/M.: Suhrkamp 1985.
Treutner, E. et al., Rechtsstaat und situative Verwaltung. Zu einer Theorie administrativer Organisationen. Frankfurt/New York: Campus 1978.
Voigt, R., Verrechtlichung in Staat und Gesellschaft. In: Voigt, R. (Hg.): Verrechtlichung. Königstein/Ts.: Athenäum 1980, 15-37.
–, Sozialpolitik zwischen Verrechtlichung und Entstaatlichung. Leviathan, 9, 1981, 62-86.
–, Gegentendenzen zur Verrechtlichung. Verrechtlichung und Entrechtlichung im Kontext der Diskussion um den Wohlfahrtsstaat. In: Voigt, R. (Hg.): Gegentendenzen zur Verrechtlichung. Jahrbuch für Rechtssoziologie und Rechtstheorie, IX. Opladen: Westdeutscher Verlag 1983a, 17-41.

–, Regulatives Recht im Wohlfahrtsstaat. In: Voigt, R. (Hg.): Abschied vom Recht? Frankfurt/M.: Suhrkamp 1983b.
–, Verrechtlichung. Königstein/Ts.: Athenäum 1980.
Wambach, M.M. (Hg.), Der Mensch als Risiko. Frankfurt/M.: Suhrkamp 1983.
Wambach, M.M./Hellerich, G., „Arme Irre" im Wohlfahrtsstaat: Decarceration, Deinstitutionalisierung und Entmarktung in den USA. In: Wambach, M.M. et al. (Hg.): Die Museen des Wahnsinns und die Zukunft der Psychiatrie. Frankfurt/M.: Suhrkamp 1980, 142-160.
Weber, M., Rechtssoziologie. In: Weber, M.: Wirtschaft und Gesellschaft. Tübingen: J.C.B. Mohr 1972, 387-513.
Werle, R., Aspekte der Verrechtlichung. Zeitschrift für Rechtssoziologie, 3, 1982, 2-13.
Widmaier, H.P., Sozialpolitik im Wohlfahrtsstaat. Reinbek: Rowohlt 1976.
Wolff, St., Die Produktion von Fürsorglichkeit. Bielefeld: AJZ 1983.
Zacher, H.F., Verrechtlichung im Bereich des Sozialrechts. In: Kübler, F. (Hg.): Verrechtlichung von Wirtschaft, Arbeit und sozialer Solidarität. Frankfurt/M.: Suhrkamp 1985, 11-72.
Zaumseil, M., Institutionelle Aspekte klinisch-psychologischer Arbeit. In: Keupp, H./Zaumseil, M. (Hg.): Die gesellschaftliche Organisierung psychischen Leidens. Frankfurt/M.: Suhrkamp 1978, 15-58.

1.3. Psychologische Intervention

Siegfried Grubitzsch

1. Einleitung

Psychologen haben es sich zur Aufgabe gemacht, so jedenfalls lautet die weit verbreitete Meinung, Menschen zu helfen, die unter ihrer seelischen Befindlichkeit leiden. Wer mit seiner Traurigkeit nicht mehr zu Rande kommt, wer bei seinem Kind Schlaflosigkeit und Schulversagen registriert, wer mit dem Ehepartner dauerhafte Konflikte hat – sie wissen inzwischen, daß es dafür Experten gibt (→ *Beratung* 2.2.; → *Kinder* 3.1.; → *Familie* 3.4.). Psychologen zählen als solche. Anders steht es mit Personen oder auch Institutionen, die die Hilfe und Beratung durch Psychologen suchen, nicht weil sie im engeren Sinne leiden, sondern weil sie Entscheidungsunsicherheiten haben: Firmen/Behörden/Industrieunternehmen etc., die beispielsweise die Eignung ihrer Arbeitsplatzbewerber fachgerecht beurteilt wissen wollen; Richter, die im Rahmen ihrer Sorgerechtsentscheidungen begutachtet wissen wollen, bei welchem Elternteil ein Kind wohl besser aufgehoben sei; Psychiater, die ihre Diagnose durch psychologische Testdaten unterlegt wissen wollen, um Rehabilitationsmaßnahmen gegenüber Krankenkassen argumentativ besser vertreten zu können; Anstaltsleiter, die die Angemessenheit von Strafvollzugsplänen oder vorzeitige Entlassungen für einzelne Häftlinge wissenschaftlich abgesichert wissen wollen.

Psychologen beraten und therapieren, sie geben Entscheidungshilfe, sie diagnostizieren und begutachten, sie prognostizieren menschliches Verhalten in künftigen Situationen, sie begründen menschliches Handeln, beurteilen und kontrollieren es, ja sie mischen sich auch oft genug entgegen den Interessen der Betroffenen in deren Leben ein (wenn beispielsweise vermeintliche Straftäter gegen ihren Willen psychologisch begutachtet werden, wenn Fahnenflüchtige auf ihren Geisteszustand hin untersucht werden), oder Psychologen bieten der Gesellschaft zur Befriedung von öffentlichen Konflikten ausdrücklich oder vermittelt ihre Dienste an (Terrorismusdebatten, Wahlen, Jugendrevolten etc.).

Erst seit wenigen Jahren, aber mit zunehmend größerer Beliebtheit, verwendet man in der Fachliteratur zur Beschreibung mancher der oben aufgezählten Tätigkeiten den Begriff der *psychologischen Intervention.* Seiner Neutralität wegen, sagen die einen; seiner Allgemeinheit wegen, sagen die anderen. Aber gerade darin liegt das Problem eines Begriffs, der die vielen Besonderungen psychologischer Tätigkeit gerade nicht erhellt, sondern abdeckt, sinnentleert, ja in ihrer Bedeutsamkeit für die betroffenen Personen/-gruppen verharmlost und sich der kritischen Analyse psychologischer Tätigkeit zu entziehen versucht. Ein Blick in die einschlägige Literatur verdeutlicht diese realitätsverzerrende Begriffskosmetik.

2. Begriffliches Einerlei

Fuerst (1982) ist in seinem Buch „Die psychologische Intervention" bemüht, zusammenfassende Erörterungen zum Begriff zu geben. Doch wer sich nun eine differenzierte Betrachtung zur Sache erhofft, sieht sich bald getäuscht. Zu seinen Ausführungen im einzelnen ist folgendes anzumerken: Unter *psychologischen* Gesichtspunkten sei die Intervention gerichtet „... auf Verhalten, Handeln, geistige Prozesse, Erleben und die vor- und unbewußten Vorgänge und Zustände des Seelenlebens des Klienten" (Fuerst 1982, 51). Ihr *Zweck* besteht darin, auf gestörte psychologische Zustände und Prozesse Einfluß zu nehmen in der Absicht, die „... Störungen zu verringern, zu überwinden oder ihnen vorzubeugen und die Persönlichkeitsentfaltung zu fördern" (51). Wenig wird über die *Mittel* dieser Einflußnahme gesagt: sie seien verbal und nonverbal; nun gut.

Die Durchsetzung der Zwecke erfolgt nach Fuerst innerhalb einer spezifischen *Struktur:*

1. „Ein Klient, der sich zumindest zum Teil bewußt ist, daß Aspekte seines Lebens vernachlässigt oder schlecht gehandhabt sind, und daß dieser Zustand ihm Leiden verursacht.
2. Ein Therapeut, dessen Lebenslauf verhältnismäßig unbelastet ist, der die Bedrängnisse und Leiden des Klienten mit größerer Schärfe, als dieser selbst erkennen kann, der die nötigen Fähigkeiten und den Glauben daran sowie den Willen hat, dem Klienten zu helfen.
3. Ein Verhältnis zwischen Klient und Therapeut, welches durch die gegenseitige Achtung gekennzeichnet ist.
4. Eine wohlwollende und einfühlende Haltung des Therapeuten, die der Klient wahrnehmen kann.
5. Eine Atmosphäre, die dem Klienten erlaubt, seine Gefühle auszudrücken.
6. Eine Struktur im Interventionsablauf, die es dem Klienten ermöglicht und ihn ermutigt, die durch die Intervention erworbenen Erfahrungen im täglichen Leben anzuwenden und in steigendem Maße das Neuerworbene weiter zu entwickeln und dadurch immer mehr von der Hilfeleistung des Therapeuten unabhängig zu werden."

Der Autor unterscheidet fünf Lebensbereiche, auf die sich psychisches Leid zumeist beziehe:

- Psychologische Unabhängigkeit (Ausbildung eines verantwortlichen Selbstinteresses);
- Selbstgefühl (Nicht-Abhängigkeit vom Urteil der anderen, sondern „... unbewertete Bewußtmachung und Akzeptierung der eigenen Existenz" (52);
- Gefühlsausgeglichenheit (ohne totale Unterdrückung der eigenen Affekte);
- Flexibilität (erhöhte Fähigkeit, neue Gesichtspunkte im Leben zu berücksichtigen!);
- Zwischenmenschliche Beziehungen.

Wozu nun soll nach Fuerst die Intervention dienen? Worin besteht ihre Funktion?

Der Autor nennt fünf Funktionsbereiche. Die *Beistands- und Bekräftigungsfunktion,* welche darauf abzielt, (a) „... die Klienten zu einer größeren Bereitschaft, sich im Interventionsprozeß zu engagieren, zu bewegen" (53). Hinzu kommt (b) die Schaffung eines guten Verhältnisses zwischen Klient und Therapeut und von Fall zu Fall (c) eine „... direkte Manipulation von Umweltsituationen", um den Klienten von anfänglich zu großem Druck zu befreien. Die *Informationsfunktion* dient dazu,

„... dem Klienten Informationen zu geben und solche von ihm zu bekommen“ (54). *Gegeben* werden ihm welche, wenn der Therapeut beispielsweise „... alternative Handlungsanweisungen vorschlägt“ oder dem Klienten „... zusammenfassende Erläuterungen“ (56) zu dessen psychischer Gesamtsituation gibt. Die Seite des *Bekommens* ist am besten mit dem Eitkett „Diagnose-Erstellung“ im herkömmlichen Sinne umschrieben (Datensammlung mit Hilfe von Gesprächsformen, Tests, Verhaltensbeobachtung usw.).

Die *Interpretationsfunktion* bedeutet, „... etwas durch bekannte Ausdrücke zu beschreiben und darzustellen oder die Bedeutung und Wichtigkeit von Daten zu finden und zu erklären“ (57) – so etwa über das Verhältnis des Klienten zu seiner Wirklichkeit.

Die *Korrektur- und Förderungsfunktion* hat eher begleitenden Charakter und verfolgt, wie ein Klient Probleme erkennt, neue und bessere Wege für deren Lösung findet und vor allem, die erarbeiteten Lösungsmöglichkeiten auch verwirklicht.

Es bleibt aus Sicht des Therapeuten, den Prozeß der Intervention einer laufenden Bewertung zu unterziehen *(Bewertungsfunktion)*, um Erfolg und Mißerfolge begründen zu können.

Mit diesen zusammenfassenden Ausführungen zu Fuerst wird deutlich, welche tatsächliche Position der Autor inhaltlich vertritt, wenn er von psychologischer Intervention spricht:

> „... erscheint es richtiger, von psychologischer Intervention und weniger von der Psychotherapie zu sprechen und somit eine Grundlage zu schaffen, um das medizinische Modell des Therapiebegriffs ausklammern zu können“ (1).

Er stimmt damit mit Aguilera/Messick überein, für die der Begriff ‚Intervention‘ geeigneter als der der ‚Behandlung‘ sei (1977, 8). Während Fuerst als Psychologe den Therapiesektor, wie es scheint, ungern in den Händen der ohnedies gut verdienenden Ärzteschaft sieht und deshalb diesen Etikettenschwindel propagiert, tun dies Aguilera/Messick in anderer Absicht. Sie wollen sich von den tradierten psychiatrischen Versorgungsmustern (Patient, medizinisches Krankheitsmodell, Mittelschichtorientierung psychiatrischer Versorgung etc.) in Richtung einer Entprofessionalisierung lösen, weil sie der Überzeugung sind, „... daß Helfer ohne abgeschlossene formale Ausbildung häufig den gestörten Menschen ebenso wirksam zu helfen vermögen wie die Fachleute – in manchen Fällen sogar besser“ (1977, 9). Damit bewirken sie letztlich zweierlei: Auf redliche Hilfe bedacht, öffnen sie das psychosoziale Interventionsfeld einem breiten „Laienspektrum“, das den Kontaktbereichsbeamten ebenso wie den Pfarrer, den Familienhelfer, Briefträger, Sozialarbeiter oder den Vertreter des Gesundheitsamtes einschließt (s. Anlage 1). Auf diese Weise bereiten sie die Versorgungsstrukturen des Alltags effektiv auf und schaffen damit wissenschaftlich legitimierte Voraussetzungen für wohlfahrtsstaatliche und institutionelle Eingriffe.

Anlage 1:

Der Briefträger bringt Briefe und holt Neuigkeiten

Die Ludwigshafener Post will ab Sommer dieses Jahres Briefträger versuchsweise mit zusätzlichen Aufgaben betrauen. Die Zusteller sollen ihren Zustellbereich intensiv beobachten und ihre vorgesetzte Dienststelle über auffällige Vorkommnisse informieren. Die Post leitet entsprechende Informationen an ihre Auftraggeber weiter. Als Auftraggeber kommen in Frage: Sozialverwaltungen, andere staatliche Stellen und private Institutionen. Es wird erwogen, diesen Dienst später im ganzen Bundesgebiet einzuführen.

Den Sinn des neuen Dienstes erläutert die Post an folgenden Beispielen:

- Jemand hat seit Tagen seinen Briefkasten nicht geleert. Der Briefträger teilt dies dem Dienstvorgesetzten mit.
- An mehreren Tagen hat jemand die Fensterläden nicht geöffnet. Ebenfalls: Mitteilung an den Vorgesetzten.
- Der Postbote stellt fest, daß ein Bürger erkrankt ist. Er soll – je nach Situation – entweder einen Arzt oder den Vorgesetzten informieren.

Neben der Informationsweitergabe kann z.B. der Transport von Medikamenten oder die Erledigung postalischer Dienstleistungen durch den Briefträger erfolgen.

Auftraggeber für solche Dienste können verschiedene Sozialbehörden sein. Über die Dienste für andere mögliche Auftraggeber, etwa ein Großunternehmen, das Finanzamt oder ein Geheimdienst, macht die Post keine Ausführungen.

Aus: päd. extra Sozialarbeit, Juli/Aug. 1978

„In der ‚metapsychiatrischen Wucherung' (Castel, 1976) – der Öffnung, Erweiterung, Verfeinerung und Mischung der Institutionen und Interventionen – gibt es kaum Personen oder Einrichtungen, die sich nicht am Screening und der Behandlung abweichenden Verhaltens beteiligen. Das zu detektierende Kontinuum erstreckt sich vom Neugeborenen bis zum Alten, die zu therapierende Kette vom lernschwierigen Kind bis zu verwitterten Greisen, wobei die therapeutische Verallgemeinerung ständig neue Anomalien erzeugt, die zur psychiatrisch/psychotherapeutischen Einkreisung des Menschen beiträgt" (Hellerich 1985, 39).

Um Risikopopulationen (z.B. lernschwierige Kinder, kriminelle Jugendliche, Alkoholiker oder Drogenabhängige usw.) auszuschalten und die familiäre Sozialisation zu einem kalkulierbaren Sachverhalt/Prozeß werden zu lassen, schlagen Lukesch u.a. (1980) Elterntrainings in der Absicht vor, Verhaltensstörungen bei Kindern und Jugendlichen zu vermeiden. Caesar (im gleichen Buch) strebt eine Optimierung der Entwicklungsmöglichkeiten bei Kindern an (387) (s. Anlage 2).

Anlage 2:

„An Normen gewöhnen"

Dr. Schäfer sprach in Bahnhofsgaststätte

th **Oldenburg. „Terroristen nutzen sog. Wundstellen der Gesellschaft für ihre Ziele": Das erklärte gestern abend Dr. Herbert Schäfer, Leiter des Landeskriminalamtes Bremen, bei einer Veranstaltung des Evangelischen Arbeitskreises der CDU/CSU, Kreisverband Oldenburg-Stadt, im Saal des Hauptbahnhofs. Schäfer sprach zum Thema „Die revolutionäre Gewalt – ein Bericht aus dem terroristischen Vorfeld".**

Der Leitende Kriminaldirektor verwies auf die vermehrte Tätigkeit des „terroristischen Vorfeldes". Grund dafür sei die „emanzipatorische Konfliktpädagogik", die die Jugend erst zu dem gemacht habe, was sie jetzt sei. Hinter dem Begriff Emanzipation verberge sich, so Schäfer, „Libertinismus, extremer Individualismus, utopischer Anarchismus und Nihilismus". Die Pädagogik müsse künftig die Jugend wieder an Normen der Gesellschaft gewöhnen. Begriffe wie Ehre, Arbeit und Pflichterfüllung müßten wieder mit Leben erfüllt werden. Dem einzelnen Jugendlichen dürfte nicht mehr die Freiheit gegeben werden, eine Norm der Gesellschaft zu hinterfragen und einfach abzulehnen, da damit die gemeinschaftsbildenden Säulen fallen würden.

Dr. Schäfer verwies darauf, daß beispielsweise Wohnungsnot nur eine „eingebildete Wunde der Gesellschaft" sei, die sich aber „hervorragend dazu eignet, Emotionen zu wecken". Diese Emotionen würden von den Terroristen für ihre kriminellen Ziele ausgenutzt. Das gleiche gelte auch für die Friedensbewegung, die Schäfer als „gefährlichen Irrweg" der Jugend bezeichnete. Infiltriert seien bereits sog. konservative Parteien, „von den Jugendorganisationen der Parteien ganz zu schweigen".

Aus: Nordwest-Zeitung Oldenburg (NWZ, 16.9.1981)

Auch Lüthi/Vuille (1980) diskutieren „... verschiedene Legitimationsargumente für präventive Maßnahmen im Bereich des elterlichen Erziehungsverhaltens" (385).

„Ich beschränke mich auf die Diskussion von Möglichkeiten zur direkten (!, S.G.) Einflußnahme auf die Interaktionsmuster der Familien" (397).

Bedenken wie etwa eine „Verletzung der Intimsphäre der Eltern oder sogar eine Entmündigung durch den" (400) in die familiäre Erziehungsarbeit intervenierenden Staat werden von den Autoren angeblich bedacht, aber als unproblematisch angesehen.

„Effiziente Prävention bedingt eine Umkehr des bisherigen, an marktwirtschaftlichen Prinzipien orientierten Vorgehens: Die primäre Initiative liegt bei denen, die Prophylaxe betreiben wollen. Aber: Wer gibt dem präventiv Tätigen das Recht, Menschen zu einem bestimmten Verhalten zu nötigen, die ihn nicht darum gebeten haben? In der modernen Gesellschaft ist jedes Individuum täglich bestimmten Nötigungen durch Erziehung, Werbung, Massenmedien usw. ausgesetzt" (Lüthi/Vuille 1980, 401).

Soziale Kontrolle und Normalisierungszwänge werden ausgeweitet und intensiviert (vgl. Wambach 1983; Hellerich 1985). Ohne hier noch weitere Belegstellen für die begriffliche Oberflächenkosmetik hinzuzufügen, bleibt eines festzuhalten: *Psycholo-*

gische Intervention als Therapie oder Behandlung erweckt den Anschein einer zweckneutralen, wissenschaftlich geleiteten Hilfsmaßnahme am Subjekt und verdeckt so eine Vielzahl anderer psychologischer Interventionsformen, die mit tatsächlicher Hilfe, Behandlung und Therapie nach dem bisherigen Sprachgebrauch nur wenig gemein haben. Gemeint sind hier psychologisch begründete und begründbare Maßnahmen, wo unter dem Deckmantel von Wissenschaft bzw. „expert power" die Durchsetzung von sozialen, politischen und ökonomischen Herrschaftsansprüchen angestrebt, die Normalisierung abweichenden Verhaltens praktiziert, die ‚Verankerung' individueller Besonderungen im Erleben und Verhalten (Pathologisierung) erwirkt werden, aber auch Maßnahmen der sozialen Kontrolle bzw. die Steuerung einzelner Menschen/-gruppen entgegen oft andersgearteter subjektiver oder intersubjektiver Interessen. Zur Illustration seien folgende Beispiele angeführt:

Beispiel 1:

W.H. ein politisch engagierter Lehrer, der nach Aufbau eines Jugendzentrums Berufsverbot erhalten hatte, überfuhr mit seinem Fahrrad eine rote Ampel. Ein ihm in Höhe von DM 20,- abverlangtes Verwarnungsgeld verweigerte er zu zahlen, weil ihn dieses Vorgehen zweier Polizeibeamter «an Polizeistaat- und Wegelagerer-Methoden» erinnere. Um Unrecht anzuprangern, legte er sich immer mehr mit Justiz und Polizei an. Schließlich wird vom Richter eine psychiatrische und psychologische Untersuchung angeordnet (Frankfurter Rundschau 1980, 14.4.).

Beispiel 2:

Hochschulzugangstests: Ressourcenknappheit im Bildungssektor und damit Stopp des Ausbaus der Universitäten; geburtenstarke Jahrgänge, Numerus-Clausus-Fächer, soziale Konflikte durch zentrale Studienplatzzuweisung zunächst, später wissenschaftliche Legitimation der Studienplatzvergabe.

Fuerst (1982), aber auch die meisten Autoren der mehr als 1000 Seiten umfassenden Teile zur psychologischen Intervention im Handbuch der Psychologie, Band 8 „Klinische Psychologie", 2. Halbband (1978), verschweigen diese und andere Gesichtspunkte der psychologischen Intervention bzw. reflektieren sie nicht einmal. Auf die Ausnahme wird weiter unten eingegangen. Stellvertretend für diese eingeschränkte Sichtweise psychologischer Intervention soll hier Fuerst kritisiert werden:

- Indem psychologische Intervention gleichgesetzt wird mit psychologischer Therapie, werden seelische Leidensprozesse zum Problem des einzelnen; die Leidtragenden werden zu Verursachern ihrer Misere abgestempelt ⇒ *Individualisierung.*
- Unberücksichtigt bleiben die gesellschaftlichen und institutionellen Rahmenbedingungen der Intervention: Therapie unter (Quasi-)Zwang; Therapie von Arbeitslosen, um ihnen ihre Situation erträglicher zu machen usw. ⇒ *Ausklammerung gesellschaftlicher Rahmenbedingungen.*
- Wer bzw. welche gesellschaftliche Interessengruppe schafft die definitorischen Voraussetzungen für eine Intervention (Kriterien für Krankheit, Abweichung, Störung), und wer setzt den Zeitpunkt und die Bedingungen in bezug auf welche Adressaten fest? ⇒ *Machtgefälle, Kontrolle, Zwang, Legitimation von einflußnehmenden Maßnahmen.*
- Der normative Stellenwert der Ziele einer Intervention wird nicht reflektiert (z.B. die Normalitätskonzepte hinsichtlich psychologischer Unabhängigkeit, Gefühlsausgeglichenheit etc.) ⇒ *normative Wertsetzung, mangelnde Transparenz.*
- Die in der Individualisierung enthaltene Ausklammerung der gesellschaftlich produzierten Lebensumstände läßt die Intervention zu einem Widerspruch in sich werden:

Individuelle Variationen im Verhalten machen Interventionen von außen erforderlich, ohne daß äußere Bedingungen als eigentliche Verursacher begriffen werden ⇒ *Verhältnis Individuum/Gesellschaft.*

Individualisierung, Anpassung, Machtstrukturen, Legitimation bestehender Herrschaftsstrukturen, fehlende Transparenz, Sozialkontrolle – dies sind allesamt Sachverhalte, die im Rahmen kritischer Auseinandersetzung mit der herkömmlichen Psychologie und ihrer gesellschaftlichen Funktion längst konstatiert, ja von dieser partiell sogar aufgegriffen bzw. vereinnahmt worden sind. Die eingeengte Benutzung des psychologischen Interventionsbegriffs bei Fuerst und vielen anderen kommt dagegen einem Rückfall in die Kinderstube psychologischen Denkens und Handelns gleich und ignoriert auf's Neue, was endlich der Ignoranz entrissen schien: die gesellschaftliche Praxis.

Dagegen nehmen sich die definitorischen Versuche anderer – auch gleichsam sachfremder Autoren – wirklichkeitsnah und progressiv aus insofern, als ihre Denkmodelle (1) gesellschaftliche Faktoren der seelischen Leidensverursachung ausdrücklich einbeziehen und (2) die gesellschaftliche Kontrollfunktion von Interventionsmaßnahmen benennen.

Meyer (1982) betrachtet seelisches Leid als Ausdruck einer gestörten Mensch-Umwelt-Beziehung bzw. als Ausdruck der Tatsache, daß die Subjekte (Kinder/Jugendliche) ihre Umwelt nicht mehr verstehen bzw. interpretieren können. Umgekehrt hinterlassen unzulängliche Sozialisations- bzw. Erziehungsprozesse „Lücken" in der Person (emotionale Verarmung, Unsicherheiten etc.), die zu bestimmten abweichenden Verhaltensweisen führen und durch eingreifende Maßnahmen (Intervention, Prävention, Therapie) unter Kontrolle zu bringen sind.

Brand (1984) sieht unter sozialarbeiterischen Gesichtspunkten Intervention zweigerichtet als „... Hilfe, die ein einzelner Sozialarbeiter einem Individuum leistet, bis hin zu den weitreichenden Bemühungen, eine Veränderung sozialer Verhältnisse herbeizuführen, die ganze Bevölkerungsgruppen betreffen" (21).[1]

Haines (1979) schließlich konstatiert im Vorwort seines einführenden Lehrbuches:

„Der Mensch hat seine Unfähigkeit bewiesen, Verhältnisse zu schaffen, in denen er mit seinen Mitmenschen harmonisch und glücklich zusammenleben kann, und stellt fest, daß er mit zwischenmenschlichen Unstimmigkeiten, mit Wettbewerben und Konflikten fertig werden muß ... Die meisten Gesellschaften hielten und halten es für nötig, die entstehenden Konflikte zu lösen, und sie tun dies zumeist mit Hilfe von Gesetzen, indem sie Militär- oder Polizeikräfte einsetzen und Menschen willkürlich inhaftieren oder gar beseitigen" (a.a.O., 12).

Die Sozialarbeiter sind eine Sparte von verschiedenen Fachleuten, die zur Beseitigung von Konflikten angetreten sind, andere sind Psychologen und Psychiater. Sie haben es sowohl mit der Gesellschaft zu tun wie mit dem einzelnen und „... besonders mit dem Verhältnis zwischen beiden" (15). Sie haben nicht nur praktischen Beistand und Erleichterung zu verschaffen.

„In bestimmten Situationen hat er auch gewisse Kontrollfunktionen und versucht sicherzustellen, daß keine Gesetze übertreten oder daß Auflagen erfüllt werden, und dies kann bedeuten, daß er das Verhalten anderer beeinflussen muß" (a.a.O., 15).

Verantwortung der Gesellschaft gegenüber stellt sich also als permanentes Wechselspiel zwischen sozialer Kontrolle und sozialer Veränderung dar.

„Zweifellos gehört soziale Kontrolle zu den legitimen Aufgaben des Sozialarbeiters, und zwar nicht nur in besonderen Situationen wie zum Beispiel der Überwachung von Straffälligen, sondern auch, wie bereits aufgezeigt, bei dem subtileren Bemühen, Klienten sozial anzupassen ... Vielleicht sieht er sich in diesem Falle als Vollstrecker einer sozialen Kontrolle, deren Aufgabe es ist, Arme, Benachteiligte und Behinderte davon abzuhalten, der übrigen Gesellschaft allzu große Schwierigkeiten zu bereiten" (a.a.O., 17).

Wo es um den Zugang zu menschlichen Verhaltensproblemen geht, bei dem „... die Mitwirkung von Umweltfaktoren bei ihrer Entstehung, gleichzeitig aber auch mögliche Beiträge solcher Faktoren zur Minderung dieser Probleme" gesehen wird, wird der Begriff der Gemeindepsychologie oder *gemeindepsychologischen Intervention* benutzt (Sommer u.a. 1978, 2915). Die Funktion der Umweltfaktoren in diesem Prozeß und die Meinung der Referierenden kommt im folgenden Zitat zum Ausdruck:

„Gemeindepsychologie muß sich mehr mit gesellschaftlichen als mit individuellen Problemen beschäftigen, Lebensqualität, Macht und Machtverteilung seien ihre zentralen Aufgabenbereiche" (a.a.O., 2915).

Und weiter:

„Gemeindepsychologische Konzepte fordern das *aktive Aufsuchen* von Betroffenen; d.h. präventive und therapeutische Angebote sollen zu den Zielpersonen, -gruppen und -institutionen gebracht werden. Diese *‚gemeindenahen'* Interventionen sollen die räumliche und psychologische Distanz der Betroffenen zu den Interventionsangeboten reduzieren und dadurch die ‚Ungleichheit in der Versorgung' vermeiden oder zumindest vermindern" (a.a.O., 2915f.).

Mitunter hat diese Intervention Folgen für andere soziale Gruppen:

„Die Realisierung von Planungsmaßnahmen impliziert die Veränderung einer bestehenden Ausgangssituation. Sofern dabei ökonomische, politische und soziale Strukturen verändert werden, ist mit der Opposition von gesellschaftlichen Gruppen zu rechnen, deren Situation sich durch die Veränderung verschlechtert ... Bei der Umsetzung gemeindepsychologischer Zielvorstellungen muß daher die politische Dimension dieser Arbeit mitberücksichtigt werden ... Wissenschaftliches und politisches Handeln treten hier in eine enge Wechselbeziehung und fordern zu politischem Engagement des Wissenschaftlers in Organisationen auf, die eine Humanisierung und Demokratisierung der Lebens- und Arbeitsbedingungen in allen gesellschaftlichen Teilbereichen anstreben" (a.a.O., 2924).

Damit ist ein begrüßenswerter Anspruch formuliert, der die individuenzentrierte psychologische Intervention durchbricht in Richtung auf gesellschaftliche Praxis. Aber wieso eigentlich ‚nur' in der gemeindepsychologischen Intervention, wieso wird diese Sicht nicht als notwendige für die Psychologie als Sozialwissenschaft überhaupt begriffen? Stattdessen wird ein neuer, ‚sozialpolitischer Interventionsbereich' in Form der Gemeindepsychologie installiert, der den indviduumszentrierten gleichsam unverbunden an die Seite gestellt wird. Und dennoch bleibt dieses Denken der therapeutischen Sichtweise verhaftet bzw. nimmt nach dem allgemeinen Sprachgebrauch nur von bestimmten Interventionsformen Kenntnis (z.B. Beratung, Therapie, Hilfe zur Selbsthilfe, Aufklärung) und schließt durch diese Focussierung andere Formen aus: Einmischung von Psychologen bei der staatlichen Durchsetzung von AKW-Konzepten; Mitwirkung bei der Zerschlagung und Integration von Jugendbewegungen, Internierung von politischen Störenfrieden, Ausgrenzung von ‚Panikpersonen' in militärischen Krisensituationen, therapeutische Maßnahmen zur Anpassung von Risikopersonen an herrschende Normen etc. (s. Anlage 3).

Anlage 3:

Neue Mittel gegen Kernkraftgegner

Psychologe entwickelt Strategie zum Abbau „irrationaler Angst"

Von unserer Korrespondentin Ruth Stephan

Hannover. Mit neuen Methoden bemüht sich derzeit die Deutsche Gesellschaft zur Wiederaufarbeitung von Kernbrennstoffen, jenen Bürgerinitiativen beizukommen, die in der Vergangenheit ihre Anhängerschaft im Kampf gegen den Bau von Kernkraftwerken ständig ausbauen konnten. Um eine langfristige „Strategie zum Abbau der Spannungen" zu entwickeln, ist der Sozialpsychologe Professor Dr. Hans Christian Röglin von der internationalen Universität in Rom gewonnen worden. Röglin vertritt die Ansicht, daß sich die Zugkraft der Bürgerinitiativen aus Unkenntnis und der daraus resultierenden Verunsicherung der Bevölkerung erklärt. In Hannover sagte er, deutlicher denn je zeige sich, daß die Entwicklung der Großtechnologie dem Wissensstand der Bevölkerung davongelaufen sei. Wörtlich betonte Röglin: „Es macht sich in den Köpfen der Menschen eine objektlose, diffuse Angst breit, weil sie die Entwicklung der Technik nicht nachvollziehen können." Angst wiederum erzeuge höchstes Mißtrauen. en.

Eine Testfrage habe seine Theorie erhärtet. Dabei wollte er wissen, was den Menschen lieber sei: ein Kernkraftwerk oder ein Atomkraftwerk. Ohne Zögern hätten die meisten ein Kernkraftwerk befürwortet, ein Atomkraftwerk hingegen abgelehnt. Dieses Beispiel ist für Röglin ein „eindeutiges Indiz" dafür, daß sich die Menschen nicht mehr mit der Technik und den damit verbundenen Entscheidungen identifizieren können. Deshalb reagierten sie feindlich und abstrakt.

Nach seiner Meinung ist es unumgänglich, zwei Voraussetzungen zu erfüllen, wenn sie von der Bevölkerung angenommen werden soll. Einmal müssen Problemlösungskompetenzen enthalten sein, die jeder mühelos versteht, zum anderen habe das Objekt glaub- und vertrauenswürdig zu sein, damit sich der Mensch damit identifizieren könne. Es sei unumgänglich, den Bürger in jeder Weise zu Befragten mit einem klaren Ja.

Die DWK hat übrigens in einer Umfrage vor den Sommerferien in den Landkreisen Lüchow-Dannenberg, Lüneburg und Uelzen eine Meinungsumfrage über das bei Gorleben geplante Entsorgungszentrum durchführen lassen. Auf die bei 1526 Personen gestellte Frage, ob Gorleben der geeignete Standort für eine Wiederaufbereitungsanlage und eine Deponie sei, antwortete rund die Hälfte der informieren.

Aus: Weser-Kurier, 3./4.9.1977

„... das Vorgehen gegen den Gründer des sog. Sozialistischen Patienten-Kollektivs (SPK) in Heidelberg, Wolfgang Huber", anläßlich dessen „... der damalige Heidelberger Ordinarius für Psychiatrie, W. v. Baeyer, Mitverfasser übrigens einer »Psychiatrie der Verfolgten« (1964), am 17. 8. 1971 vor der Polizei aussagte, der angeschuldigte Dr. med. W. Huber habe sich ihm gegenüber bei der Visite »respektlos und vorwurfsvoll verhalten«, Hubers Vorwürfe hätten sich aber »hauptsächlich gegen die an der Klinik betriebene Psychiatrie« gerichtet. W. v. Baeyer kam zu dem Schluß: »Hinsichtlich einer etwaigen psychischen Störung des Herrn Huber möchte ich *nicht sagen, daß er geisteskrank im engeren Sinne ist,* vielmehr *dürfte* seine Persönlichkeitsentwicklung abnorm verlaufen sein, *etwa* in der Entwicklung zu einem fanatischen Psychopathen.« ...

Das entspricht genau den Präzisierungen W. v. Baeyers, die übrigens auch in einer Aussage eines seiner Mitarbeiter vor dem Landeskriminalamt Baden-Württemberg vom 13. 8. 1971 erscheinen: »Es handelt sich bei Dr. Huber sicher um eine zu paranoid-projektivem Verhalten *neigende* Persönlichkeit, die von unbewußten Affekten gesteuert wird ... Allerdings kann man die politisch-ideologischen Zielsetzungen gerade auch im Bereich der Psychiatrie, die Dr. Huber vertritt, *nicht per se als krankhaft* bezeichnen, sie haben vielmehr, was zu seiner Person auch paßt, utopistischen Charakter.«"

Aus: Lüth 1975, 32f.

3. Versuch einer Neubestimmung des psychologischen Interventionsbegriffs

Im Jahre 1979 erschien die amerikanische Ausgabe des in Deutschland unter dem Titel „Die Zurichtung des Menschen: von der Verhaltenssteuerung durch die Wissenschaften" (1982) bekanntgewordenen Buches von St. J. Chorover, seinerzeit Mitglied eines wissenschaftlichen Kontrollausschusses des *National Institutes of Mental Health.* Diese Kommission sollte „... Vorschläge und Pläne zur Kontrolle der Gewalt mit psychotechnischen Mitteln" begutachten. Solcherart Vorschläge wurden zu Beginn der 70er Jahre in den USA wie angesichts der Terrorismusdebatten in der BRD Ende der 70er Jahre zunehmend häufiger gemacht.

„Wie die meisten Leser sich erinnern werden, erlebte das Land während des Indochina-Krieges eine lange Periode der sozialen Unruhe, und in den Monaten und Jahren, die der Ermordung von Martin Luther King und Robert Kennedy folgten, kam es in vielen Staaten und Städten zu Aufruhr, Krawallen und Gefängnisrevolten. In dieser Zeit meldeten sich immer wieder Psychotechniker mit der Empfehlung zu Wort, ihre wissenschaftliche Arbeit zur Basis für die Lösung des Gewaltproblems zu machen" (Chorover 1982, 9).

Ausgehend von der These, daß menschliche Gesellschaften von Alters her soziale und politische Herrschaftsstrukturen aufweisen, innerhalb derer Werte und Normen menschlichen Verhaltens bzw. die ‚menschliche Natur' gemäß herrschender Interessen definiert werden, bestehen Ansprüche und Maßnahmekataloge der Verhaltensmanipulation und -kontrolle einschließlich zugehöriger Rechtfertigungsmuster für diese Zurichtung.

„Die Feststellung, das Verhalten von Organismen könne durch Manipulation der äußeren Bedingungen gesteuert werden, ist bestenfalls eine nichtssagende Verallgemeinerung und schlechtestenfalls ein Trick, Verhaltenskontrolle als Wohltat erscheinen zu lassen. Was eine solche Definition gefährlich macht, ist, daß sie die Tatsache verkennt, daß nur ganz bestimmte Menschen stets und immer in der Position sind, die fragliche Manipulation vorzunehmen, daß die Manipulationen stets in einem sozialen Kontext erfolgen und daß das Ziel dieser Manipulationen häufig darin besteht, das Verhalten anderer Menschen zu reglementieren" (Chorover 1982, 14).

Auch wenn in diesem Buch der Begriff der psychologischen Intervention keinen herausragenden Stellenwert hat (er ist auch nicht im Stichwortverzeichnis enthalten), so sind doch die von Chorover aufgeführten und analysierten Beispiele der Verhaltensmanipulation nichts anderes als machtdurchtränkte und *machtsichernde Eingriffe* in soziale Prozesse und Konfliktbereiche. Sie zielen auf Verhaltensänderung ab, auf Verhaltenskontrolle, Verhaltensnormalisierung und deren Legitimation. Zu solchen Interventionsmaßnahmen zählt er u.a.: (1) die *Intelligenzmessung* als Mittel zur Steuerung des Einwanderungsflusses, um die intellektuelle Kapazität der amerikanischen Nation aufrechtzuerhalten.

„Die Schritte, die zur Erhaltung oder Steigerung unserer derzeitigen intellektuellen Kapazität unternommen werden sollten, müssen natürlich von der Wissenschaft und nicht von der politischen Nützlichkeit bestimmt sein. Die Einwanderung sollte nicht nur restringiert werden, sondern in höchstem Maße selektiv erfolgen ... Die wirklich wichtigen Schritte müssen auf die Verhinderung der fortgesetzten Reproduktion und Ausbreitung schlechter Erbanlagen in der gegenwärtigen Bevölkerung abzielen" (Brigham 1923, 210, nach Chorover 1982, 109).

Die mit dem Army-Alpha- und Beta-Test während des Ersten Weltkrieges an beinahe zwei Millionen amerikanischer Soldaten gewonnenen Testwertverteilungen, aufgelistet nach Herkunftsländern, erbrachte einen „enormen Intelligenzunterschied der Slawen und Romanen gegenüber den West- und Nordeuropäern. Deshalb erhielt unter Mitwirkung von Psychologen (Brigham, Thorndike, Yerkes, Terman u.a.) das Johnson-Lodge-Einwanderungsgesetz von 1924 eine Form, in der an den testgemessenen intellektuellen Fähigkeiten orientiert, nationale Immigrationsquoten festgelegt waren.

(2) Die *Anlage-Umwelt-Debatte zur Intelligenz* in der Soziobiologie mit ihren rassendiskriminierenden Inhalten, die soziale Ungleichheiten rechtfertigt, indem sie diese mit wissenschaftlichen Argumenten und Belegen untermauert.

„Sind diese Menschen [sozial Benachteiligte] erst in einer Weise eingestuft, die den neidvollen Vergleich anhand einer willkürlichen Skala erlaubt, dann können auch die Merkmale, in denen Individuen oder Gruppen differieren, leichter gemessen und kontrolliert werden, und eine Atmosphäre wissenschaftlicher ‚Objektivität' umgibt die Diskussionen, in denen Menschen so sehr als Rohmaterial betrachtet werden, daß man sie erzeugen, manipulieren, vermarkten oder (wenn mächtige Interessen es wünschen) nicht mitzählen, ausrangieren oder vernichten kann. Letztlich war es die soziobiologische Wissenschaft mit ihrem Anspruch, wissenschaftlich objektiv, moralisch neutral und ethisch wertfrei zu sein, die den Begriffsrahmen lieferte, mit dessen Hilfe die eugenische Theorie in die Praxis des Völkermordes umgesetzt wurde ..." (a.a.O., 161).

Chorover erörtert den (3) *Drogenmißbrauch* und die öffentliche Haltung dazu, (4) *psychochirurgische* (Gehirn-)*Operationen* und deren Verbreitung sowie sozialpolitische Nutzbarmachung durch Verhaltenstechnologen, Psychologen und Psychiater.

„Menschliches Verhalten, Gewalttaten eingeschlossen, ist Ausdruck der Gehirntätigkeit" (Mark/Ervin 1970, nach Chorover 1982, 199).

Deshalb empfehlen vor allem Psychiater Eingriffe ins Gehirn, um soziale Probleme und Konflikte unter Kontrolle zu bringen (vgl. dazu auch Sigusch 1977; Koch 1978).

„Die Vorstellung, Gewalt als soziales Phänomen sei ein Symptom für eine Funktionsstörung des Gehirns und müsse als solche behandelt werden, bestreitet implizit, daß solches Verhalten gerechtfertigt sein oder sogar ganz andere Gründe haben kann. Ein a priori-Urteil des Inhalts abzugeben, alle Menschen, die bestimmte Handlungen begehen, seien krank, heißt die Wissenschaft einer Gesellschaftsideologie unterzuordnen, die den wesentlichen sozialen Charakter vom abweichenden Verhalten nicht sehen will. Mehr noch, es zieht die Aufmerksamkeit vom sozialen Kontext weiter ab und verhindert die so dringende Beantwortung von Fragen wie ‚Wessen Verhalten wird als gewaltsam bezeichnet?' und ‚Gegen wen sind Gewaltakte gerichtet?' " (a.a.O., 200).

Aufgrund der Tatsache, daß sich über die (5) *elektrische Stimulation* von Gehirnbereichen Verhaltensweisen auslösen bzw. unterdrücken lassen, ist es zur Konstruktion von sogenannten „Stimocievern" gekommen, über die Menschen per Funksignal angepeilt werden und kontrollierbar sind. Delgado als Pionier dieser Technik sagte dazu in einem Interview:

„Die menschliche Rasse ist an einem Wendepunkt ihrer Entwicklung angelangt. Wir sind kurz davor, unsere eigenen geistigen Funktionen selbst konstruieren zu können ... weil wir die zerebralen Mechanismen kennen, die unserem Verhalten zugrundeliegen. Die Frage ist nun, welche Art von Menschen wir – im Idealfall – konstruieren" (Scarf 1970, nach Chorover 1982, 251).

Schließlich geht es Chorover auch noch um (6) *Chromosomentests* für potentielle kritische Neugeborene bzw. um Gefängnisinsassen, denen mit Behandlungsprogrammen (Gruppentherapie, Psychochirurgie bis hin zur Fernsteuerung über Überwachungssysteme) Hoffnungen auf vorzeitige Entlassung gemacht werden.

„Bewußte Steuerung und Kontrolle von menschlichem Verhalten vermittels elektrischer Hirnreizung, die über eingepflanzte Elektroden erfolgt, sind nicht länger Science-fiction. Der Vorschlag, elektronische Telemetriesysteme, die Gehirne und Computer miteinander verbinden, einzusetzen, um das Verhalten von Menschen zu überwachen und zu steuern, die bedingt aus der Haft entlassen sind, ist Wirklichkeit" (a.a.O., 252).

Angesichts dieser Ausführungen von Chorover (1982) oder auch jener Ausführungen von Geib (1986) wird wohl deutlich, wie dringlich ein die sozialpolitischen und ökonomischen Machtkonstellationen *einbeziehender* psychologischer Interventionsbegriff ist, der die tatsächlichen Funktionen und Anwendungen von Psychologie im Sinne einer Einflußnahme auf Individuen *und* gesellschaftliche Verhältnisse einbezieht.

Psychologische Intervention ist als ein psychologisches Mittel (Therapie, Rechtfertigung, Überwachung usw.) *zu begreifen, Inkongruenzen zwischen Subjekt(en) und objektiven Lebensumständen zu beseitigen.* Diese Inkongruenzen können durch zweierlei Ereignisse bedingt sein:

Entweder erweisen sich *subjektive* Handlungsmöglichkeiten, Interpretationsmuster und Wertmaßstäbe als nicht mehr tragfähig, unzulänglich oder ineffektiv für die Bewältigung der situativen Anforderungen (kritische Situationen nach [Früh-]Geburten, Todesfällen, Scheidungen usw.). Psychische Krisensituationen tauchen auf.

Oder: Die äußeren Bedingungen, die Lebensumstände, die *objektiven* Bedingungen haben einen Zustand erreicht, für den die in ihnen lebenden Menschen über keine adäquaten Handlungsmuster mehr verfügen, um diese Situationen zu durchstehen, ja in denen ihnen das Leben nicht mehr lebenswert erscheint (z.B. nach der Tschernobyl-Katastrophe). In beiden Fällen ist die Inkongruenz zwischen subjektivem Verhalten und objektiven Verhältnissen durch Veränderung mittels psychologischer Intervention oder breiterer Interventionsformen, an denen auch Psychologen direkt oder indirekt beteiligt sind, aufzuheben. Entweder ändert das Subjekt sein Verhalten (Lernprozesse, Anpassung) oder die gesellschaftlichen Verhältnisse werden unter weitestgehender Beibehaltung der subjektiven Verhaltensweisen grundlegend geändert. Gewiß, eine pointiert formulierte Alternative, die dem Grundsatz ‚keine Revolution ohne Emanzipation der Subjekte' ins Gesicht zu schlagen scheint, hier aber der besseren Darstellung wegen beibehalten wird.

Es drängt sich nun die Frage auf, ob und wenn ja, warum schließlich eine Intervention in welcher Richtung erfolgt. Darüber entscheidet nicht die Intervention als Mittel, sondern es entscheiden die ihr äußerlichen Zwecke. Es gilt also, nach den sich hinter einer Intervention befindlichen Interessen zu fragen, nach den gesellschaftlichen Möglichkeiten, sie durchzusetzen und schließlich nach der Funktion der Psychologen, die als Experten über das einschlägige Wissen im Falle psychologischer Interventionsmaßnahmen verfügen. In Fällen ausgeprägten psychischen Leids und bestehender Hilflosigkeit wird sich der einzelne selbst, in Fällen völliger Handlungsunfähigkeit und Desorientierung vielleicht ein Dritter (z.B. Eltern, Verwandte, Freunde) mit einem Hilfeersuchen an einen Experten wenden. Nicht immer jedoch ist diese dann gewährte Unterstützung in dieser Weise selbst gewollt, sondern ist oktroyiert, ja gewaltsam erzwungen (Zwangseinweisungen durch Polizei etc.) (→ *Zwangsunterbringungen* 2.8.). Auch umgekehrt gilt: Die objektiven Verhältnisse bedürfen für die Bewältigung der aufgetretenen gesellschaftlichen Konflikte bzw. die freie Entfaltung der in ihr lebenden Subjekte einer Veränderung (Zerschlagung polizeistaatlicher oder autoritärer Strukturen; Beseitigung des Atomstaatsprogramms, Veränderung des Bildungssystems etc.). Solche Veränderungen können freilich nur die Menschen vornehmen, die in diesen Verhältnissen leben, sie als unzulänglich erkannt haben und sich für deren Qualität verantwortlich fühlen und frei entscheiden können nach dem Motto der Ökologie-Bewegung: „Wir haben die Erde von unseren Kindern nur geborgt". Gesellschaftliche Interessendivergenzen jedoch, soziale, politische und ökonomische Machtverhältnisse stehen solchen Veränderungsversuchen oftmals entgegen (Umweltverschmutzung vs. Profitstreben; Vergesellschaftung des Eigentums vs. dessen Wahrung; Abbau der Arbeitslosigkeit vs. Beibehaltung der Mehrwertraten in der Produktion etc.), weshalb oft genug unter Gewaltanwendung gegen diejenigen, die solche Veränderungen anstreben, vorgegangen wird, nicht zuletzt unter Berücksichtigung der Ratschläge von Psychologen bzw. unter deren Mitwirkung.

Was hat diese politische Seite des Interventionsbegriffes mit Psychologie zu tun? Üblicherweise wird sie gerade nicht als einschlägig angesehen, denn das Metier der Psychologie – so heißt es – sei der Mensch, das Individuum und damit dessen Beratung oder Therapie. Die Veränderung der objektiven Verhältnisse – und das ist im eigentlichen Wortsinn Politik – sei Sache der Politiker. Dabei vergessen die Psychologen nur allzu oft, daß es gesellschaftliche Machtgruppen gibt, die sich um ‚Fachgrenzen' einen Teufel scheren und daher gerade psychologisches Fachwissen zur Aufrechterhaltung ihrer Macht in den gegebenen menschenverachtenden oder leidproduzierenden Verhältnissen benutzen. Dazu sei zweierlei bemerkt: Wenn, wie die jüngere Psychologie behauptet, menschliches Verhalten und Lebensumstände sich wechselseitig bedingen, dann haben die Verhältnisse und deren Gestaltung allemal etwas mit Psychologie zu tun. Und wenn dies der Fall ist, dann ist psychisches Leid nicht lediglich durch die Therapie der Individuen, durch Intervention in die Individuen, sondern zugleich durch Intervention in die Gesellschaft, durch die politische Aktion aufhebbar. Und zweitens sollten die Psychologen einmal Rechenschaft darüber ablegen, (a) über welche psychologischen und (b) welche politischen Möglichkeiten einer gesellschaftlichen Umgestaltung der realen Machtverhältnisse sie verfügen.

In einer Gesellschaft, in der wenige die Verfügungsgewalt über Mehrheiten haben, deren sozialpolitische und ökonomische Strukturen gesellschaftliche Macht erzeugen und erhalten helfen und deren Handlungsmaxime die Normen und Werte derjenigen sind, die aus den gesellschaftlichen Produktions- und Reproduktionsformen ihre Macht stets erneuern und zu festigen trachten, folgt jede Art der psychologischen Intervention Machtinteressen. Selbstredend dann, wenn Kritiker der Macht ausgegrenzt, verhaltenstherapeutischen Trainingsprogrammen oder ähnlichem unterzogen werden, um die Menschen den ,vernünftigen Verhältnissen' anzupassen, die es tatsächlich zu erhalten gilt, aber auch dann, wenn eine Person sich selbst an einen Experten wendet, um ihren Leidensdruck gemindert zu wissen (s. Anlage 4). Das psychische Leid entsteht letztlich durch das Zusammentreffen von fremd gesetzten verinnerlichten Normen einerseits und subjektiven Verhaltensansprüchen andererseits, wodurch das Erlebnis von Abweichung, Ausgrenzung und damit einhergehender Angst erzeugt wird, und – um es zu verhindern – permanente Selbstkontrolle die Folge ist: das Individuum fungiert „... als sein eigener Polizist" (Goffman 1980, 197).

Anlage 4:

„Die Frage, in welchem Maße die Bedingungen der politisch motivierten Gefangenen unter das Mandat von amnesty international zum Komplex »grausame, unmenschliche oder erniedrigende Behandlung oder Bestrafung« fallen, ist kompliziert, und gegen Ende 1977 gab das Internationale Exekutivkomitee eine Untersuchung in Auftrag, die die Haftbedingungen von Personen, die politisch motivierter Straftaten verdächtig oder überführt sind, die Anschuldigungen über Kontaktsperre und Isolation sowie deren Auswirkungen auf die Gesundheit einzelner Gefangener klären soll. Diese Untersuchung beschäftigte sich mit den Haftbedingungen von Mitgliedern der Rote Armee Fraktion, der Bewegung 2. Juni und einiger Mitglieder der Revolutionären Zelle. Im Februar 1979 sandte amnesty international ein Memorandum über die Haftbedingungen von Personen, die in der Bundesrepublik politisch motivierter Straftaten verdächtigt oder überführt sind, an Justizminister Dr. Hans Jochen Vogel. In einem Begleitschreiben wurde die Überzeugung vertreten, daß in einzelnen Fällen durch verlängerte Einzelhaft und Isolierung die Gesundheit von Gefangenen geschädigt worden sei und daß die Haftbedingungen derjenigen, die politisch motivierter Straftaten verdächtigt oder überführt sind, nach der internationalen Satzung von amnesty international als besorgniserregend angesehen werden.

amnesty international kam zu dem Schluß, daß pathologische Störungen in Form eines Isolationssyndroms bei vielen Gefangenen auftraten, die in Einzelhaft oder in kleinen Gruppen isoliert untergebracht waren. Bei einigen waren intellektuelle und emotionale Störungen sowie Störungen des vegetativen Nervensystems so ausgeprägt, daß sie an Symptome erinnerten, die bei Isolationsexperimenten auftraten."

Aus: amnesty international 1980, 218.

„Verstärkt wird die Isolation für den einzelnen Gefangenen durch andere administrative Maßnahmen, die gezielt auf die Zerstörung der Persönlichkeit des Gefangenen ausgerichtet sind. Dieser ,individuelle Behandlungsvollzug' wird u.a. durch das Einsetzen oder Mitwirken von Psychologen umgesetzt."

Aus: Reeb 1981, 37.

„Wir kamen bald darauf, daß sich Psychologie auch mit der Frage beschäftigt(e): Wie reagiert der Mensch auf oder in Isolation? Diese Forschungsrichtung heißt Deprivationsforschung. Wir wissen und spüren es täglich, daß wir abhängig sind von den Reizen unserer Umwelt, daß wir von und mit anderen leben. Wir wissen auch, daß Isolation – das Abschneiden von der Gemeinschaft – seit Menschengedenken als Strafe eingesetzt wird. Wir wissen auch, daß es in der Bundesrepublik in immer größer werdender Zahl Hochsicherheitsgefängnisse, Beruhigungszellen, Tote Trakte gibt.

Wir hörten damals von dem Skandal an der Hamburger Universitätsklinik um den SFB 115. Wurde da 1973/74 Folterforschung betrieben? Werden Forschungsergebnisse in den Hochsicherheitstrakten verwertet? Kann Isolation eine Persönlichkeit auslöschen? Ist Isolation Folter? Kann man mit dem Mittel des Reizentzugs Menschen ‚umdrehen'?

...

Die Erkenntnisse der Reizentzugsforschung wurden zu der Zeit schon längst mißbraucht. Ulrike Meinhof und Astrid Proll wurden 1972/73 in Köln-Ossendorf im Toten Trakt isoliert. Der Kölner Anstaltspsychiater, Regierungsmedizinaldirektor Dr. Bernd Goette, kannte ebenfalls die Ergebnisse der SD."

Aus: Hansen/Peinecke 1981, 68.

Die Psychologie – respektive die Psychologen – stellen entsprechendes Wissen zur Verfügung, das der Fremd- wie auch der Selbstkontrolle dienlich ist. So wird deutlich, „... daß die verschiedenen Expertokratien nicht nur (1) Definitionsmacht haben, also Normen, Regeln setzen, sondern auch Kontrolle ausüben: Sie untersuchen (2), wo normwidrig gehandelt oder gelebt wird; entsprechend ihren Urteilen wird dann (3) der Norm Geltung verschafft, auch gewaltsam oder durch Strafandrohung" (Geib 1986, 8).

Intervention dient der Befriedung gesellschaftlicher Konflikte mittels psychologischen Wissens und unter Nutzung psychologischer Praktiken, neben anderen. Mit Kardorff (1984) ist freilich zu fragen, ob Psychologen diese Eingriffsmöglichkeiten zum Zwecke der Sozialkontrolle, sozialer Befriedung, zur Ausgrenzung von Personen oder Personengruppen überhaupt haben. Chomsky (1969) wie auch Basaglia (1976) haben dazu bereits eine klare Position erarbeitet:

„Ihre Schlußfolgerung ist dieselbe: Während Basaglia von den ‚Befriedungsverbrechen' spricht, die Intellektuelle tagtäglich begehen, nennt Chomsky die sicht- und spürbare Gewalt ‚nur das brutale Äußere eines tieferliegenden Verbrechens, der Bejahung einer Gesellschaftsordnung, die endloses Leiden, Erniedrigung und die Verleugnung elementarer Menschenrechte mit sich bringt'. ... Dieses Verbrechen ist das tägliche Brot der Intellektuellen; solange sie ihre eigene Rolle und die Bedeutung ihrer Tätigkeit nicht hinterfragen, bleibt ihre Arbeit in diesem Sinne verbrecherisch" (Mattes/Rexilius 1986, 694).

Kardorffs Ansicht nach ist das Eindringen der Psychologie in den Alltag „... nicht so sehr als Ergebnis eines umfassenden Einflusses der psychologischen Disziplinen zu begreifen, sondern vielmehr als Prozeß einer Selbstpsychologisierung, der allerdings der wissenschaftliche Diskurs der Psychologie eine für die soziale Kontrolle wichtige Form und Richtung gibt" (Kardorff 1984, 93). Psychologisierung als Ergebnis der bürgerlichen Vergesellschaftung (quasi ‚naturwüchsig') und in der Form der disziplinären Verwissenschaftlichung erzeugt in ihrer Verschränkung zwei neue Phänomene: Durch den Kontakt von Klienten mit Psycho-Experten kommt es zu einer Art „Professionalisierung der Klienten" und zum zweiten zur Entstehung sogenannter „Populärsynthesen" (Versatzstücke psychologischer Theorien werden in diese Erklärungs- und Rechtfertigungsmuster der Alltagspraxis übernommen). Diese gehen dann beispielsweise „... in die Entscheidungen über die Wahl von Bildungswegen, die Verarbeitung von persönlichen und familiären Krisen, in die Bewältigung von Mißerfolgen und in die Planung von Lebensentwürfen ein" (Kardorff 1984, 100).

Zur Erklärung des Eindringens der Psychologie als Wissenschaft in den Alltag mögen diese Überlegungen einschlägigen Stellenwert haben. Gewiß sind sie auch im Hinblick auf den Begriff der sozialen Kontrolle angestellt worden – also einem

Anlage 5:

MEINUNG UND BERICHT

Frankfurter Rundschau · Seite 3

An vorderster Front standen sieben Psychologen

Aber auch damit konnte der Ausbruch von Gewalt in Nesselwang nicht verhindert werden

Von Roman Arens

Vor diesem Samstag hatte Nesselwang gst gehabt. Nicht das Treffen des ımeradschaftsverbandes" der 1. SS-zer-Division „Leibstandarte Adolf ‑nd der 12. SS-Panzer-Division Hotel „Krone" mitten -kirche St. An- ‑ idylli-

am Samstag von einem Stein getroffen, fest. Wie Sieger promenierten denn auch die alten „Leibstandarte"- und „Hitlerjugend"-Herren über den wieder von der Polizei abgesicherten Kampfplatz. Sie, die vorher die gewalttätigen Auseinandersetzungen markig oder verächtlich kommentierend begleitet hatte, freuten

Knüppeln und Farbbeuteln gegen die Wasserwerfer anrannten, meinte einer zu dem neben ihm stehenden „Kameraden": „Du, die haben aber Mut." Kerzengerade, ganz langsam und, ohne sich umzuschauen, schritt ein anderer hinter den Absperrgittern der Polizei durch vielfachen Eierhagel auf die Tagungsstätte zu, an der schon etliche Fensterscheiben zerbrochen waren, von der rote und schwarze Farbe, rohe Eier herabtropften und im‑er wieder Pflastersteine, Zaunlatten, ‑lzklötze, Bier- und Weinflaschen ‑ Insgesamt eine schau-

‑ter Seite

denen, die ihre Wut nicht mit Eier abreagieren konnten? Die versorgte in einem nahen Lebensmittelmark Alkohol und benutzten dann die Flaschen als Wurfgeschosse. Das wohl der Punkt, an dem die Eska unaufhaltsam wurde. „Jetzt sind Bestien geworden", meinte ein P ge, „nun gibt es kein Halten mehr

Unterdessen ging die DG bung im nahen Skistadion i entgegen, und die Teilnehme drucksvollen Veranstaltun zum Zug durch das ve fuhren die beiden W es wurde Befe Daraus

An vorderster Front versuchten sieben Polizeipsychologen die erhitzten Gemüter zu beruhigen und beeindruckten mit ihrem Geschick auch manche Jugendliche. Und als die ersten Eier flogen und jeder Treffer etwa in ein offenes Fenster der „Krone" mit freudigem Gejohle begrüßt wurde, schien sich die Situation auch etwas zu entspannen. Aber was war mit

Aus: Frankfurter Rundschau , 13.5.1985

Sachverhalt gewidmet, der seinerseits Bestandteil eines hier vertretenen weiten Interventionsbegriffes ist. Dennoch oder gerade deshalb spiegeln sie eine Position wider, die auf einem Auge blind ist und dazu führt, explizite psychologische Interventionsmaßnahmen (vgl. z.B. Chorover 1982) zu verharmlosen, als zufällige Auswüchse einer auf Kontrolle ausgerichteten Gesellschaft zu begreifen oder gar zu ignorieren (s. Anlage 5). Richtig ist wohl das Argument, daß Psychologen ja in der Regel nicht in gesellschaftlichen Positionen sind, innerhalb derer ihnen ein entsprechendes Ausmaß an Macht zukäme, gesellschaftliche Wirklichkeit nach ihrem Gusto zu ändern. Das sind vorerst nur Allmachtsphantasien von Psychologen und Psychiatern.

So etwa fordert der Psychiater Stransky in seinem politpsychiatrischen Programm, zuletzt 1952 in seiner Arbeit über „Staatsführung und Psychopathie" Gremien,

„... die sämtliche Personen von einer bestimmten Rangstufe ab, in der sie selbständig entscheidend Funktionen ausüben, in Staat, Gemeinde und öffentlicher Wirtschaft (so Banken, Großindustrien u.ä.) zu wirken bestimmt sind, obligatorisch von Gesetz wegen einer psychologisch-psychopathologischen Untersuchung unterwerfen, die dann auf exekutivem Wege regional oder über die UNO entfernt oder präventiv erfaßt werden könnten. Dasselbe gelte auch für diejenigen, die sich um ein parlamentarisches oder Gemeinde-Vertretungs-Mandat bewerben oder als Gemeindevorsteher oder -stellvertreter kandidieren. Den Psychiatern müßten von Amts wegen alle Akten und Unterlagen zugänglich gemacht sowie jede Auskunft erteilt werden" (nach Storz 1979).

Psychologen und Psychiater dienen sich mit ihren Kenntnissen und Praktiken für eine Gestaltung unseres Alltags, unserer gesellschaftlichen Verhältnisse, in der Hoffnung auf Teilhabe an der gesellschaftlichen Macht, in der Hoffnung auch auf gesellschaftliche Reputation an. So gesehen ist es nicht ihre unmittelbare Macht, sondern gerade ihre mittelbare, nämlich die Art der Wissensbildung, die sie zu Wasserträgern und Teilhabern an psychologischen Aspekten politischer Interventionsprozesse werden läßt, die der gesellschaftlichen Befriedung Vorschub leisten sollen. Und dies in zweierlei Hinsicht: Psychologen *schaffen* Wissen, das in *vergegenständlichter Form,* als materialisierte Bedingungen das Verhalten, Denken, Fühlen oder gar Ängste *steuern* sollen. Ob dies stets den gewünschten Erfolg hat, sei dahingestellt. Aber die Tendenz ist klar: Das Labor wird in die dann ‚rational' gestalteten Lebensumstände hinausverlagert *(primäre Intervention;* vgl. Grubitzsch 1985).

„Bei der Durchsicht der Teilnehmerliste eines Symposiums des Bundeskriminalamtes, das Ende 1978 zum Thema ‚Städtebau und Kriminalität' stattfand, wird mensch feststellen, daß sich hier tatsächlich nahezu alle maßgeblichen Spezialisten Deutschlands zum Thema Wohnen zusammenfanden. Psychologen (wie Kaminski und Strotzka), Soziologen (Friedrichs), Sozialarbeiter (Mangold) u.v.a. trafen sich in Wiesbaden, um sich Gedanken zu machen, ‚welche City-Funktionen im einzelnen es sind, die den spezifischen Einfluß auf die Häufung von Tatorten oder die Herausbildung einer Art von Tätern' (Herold 1979, 2) ausüben.

Das Generalthema ‚Städtebau und Kriminalität' enthält sonach eine Offerte an eine Vielzahl wissenschaftlicher Disziplinen, an der Erforschung dieses wichtigen Gebietes zwischen Kriminologie, Soziologie, Geographie, Architektur und Stadtplanung mitzuwirken. Deshalb freuen wir uns, zu diesem Symposium hervorragende Vertreter der genannten Wissenschaften aus dem In- und Ausland begrüßen zu können (a.a.O.)" (Piwowar 1984, 67).

Psychologen schaffen Wissen, das der *sekundären Intervention* dient bzw. dienen soll: beispielsweise der Begründung, warum Kernkraftwerke förderlich, wünschenswert und nützlich sind.

Ein anderes Beispiel:

Anlage 6:

Mittwoch, 1.8. 84 **taz** TAGESTHEMA 3

‚Psychopathie, Neurose oder Querulantentum'

Die psychiatrische Kaltstellung des politisch unbequemen Richters Dr. Rudolf Seebald durch seine eigene Kaste

Dr. Rudolf Seebald (Jahrgang 1930) ist seit 1970 Richter am Oberlandesgericht (OLG) in Saarbrücken. Seine Leistungen waren „immer überdurchschnittlich", heißt es offiziell. Als der junge Rudolf Seebald im Jahre 1959 sein zweites juristisches Staatsexamen erfolgreich ablegt, hat es die Justiz bei ihm besonders eilig. Noch im gleichen Jahr wird er zum Richter ernannt.

Heute haben es die Justizbehörden mit Dr. Rudolf Seebald erneut besonders eilig. Diesmal geht es dabei um sein Berufsverbot, sprich die vorzeitige Versetzung in den Ruhestand wegen „Dienstunfähigkeit infolge eines seelischen Defektes". Eine Funktionsstörung im medizinischen Bereich, so erfährt man aus saarländischen Justizkreisen, sei die Ursache.

Bereits vor seiner Denkschrift zur Nachrüstung hatte man dem Richter verschiedentlich bedeutet, er solle sich politisch mehr zurückhalten. Seebald kandidiert bei der Bundestagswahl 1980 für die Grünen. Zudem fällt er schon unangenehm während seiner Abordnung zum Bundesgerichtshof (BGH) auf. Dort unterstützt er eine Strafanzeige des Grünen Kreisverbandes Karlsruhe gegen Schmidt und Genscher wegen der beabsichtigten Nachrüstung der NATO. Seebalds Abordnung an den BGH wird deshalb auch auf ein Jahr verkürzt.

Mit der Denkschrift allerdings überspannt der Nachrüstungsgegner den Bogen für seine Richterkaste, zumal er seine Überlegungen zu allem Überfluß auch noch an Parteien, Kirchen und gesellschaftliche Gruppierungen im ganzen Bundesgebiet versendet. Auch bei der CDU-Fraktion im deutschen Bundestag trudelt eines Tages Post von ihm ein. Von dort erhält er durch den Vorsitzenden der Arbeitsgruppe 'Recht', Benno Erhard, zur Antwort, daß dieser seine Meinung nicht teilen könne und der Richter seinen Standpunkt noch einmal überdenken solle. Doch der CDU-MdB läßt es offensichtlich nicht bei dem Antwortschreiben.

In einem Brief des saarländischen Ministeriums für Rechtspflege (28.9.81) an den Saarbrücker OLG-Präsidenten Willi Gehrlein, wird dieser aufgefordert, zu stisch" komme in Frage: „Psychopathie, Neurose oder Querulantentum". Leppiens Beurteilung: „Ihn als gemeingefährlich zu bezeichnen, würde zu weit gehen, wohl aber ist er gemeinhin störend und lästig. Gefährlich an ihm ist nur, daß seine Krankheit immer wieder verkannt wird und daher niemand ihn daran hindert, mit seiner krankhaften großen inneren Unruhe seine Umgebung in Mitleidenschaft zu ziehen". Kritik gegenüber diesem Gutachten durch den OLG-Richter baut der Psychiater gleich vor. „Eine stationäre Behandlung wird dann erforderlich sein, wenn Herr Dr. Seebald - was zu erwarten ist - Einwände gegen dieses Gutachten erhebt".

Mit diesem amtsärztlichen Gutachten in der Tasche untersagt der OLG-Präsident Willi Gehrlein seinem Kollegen Seebald die Führung seiner Amtsgeschäfte. Beide saßen eine Zeit lang zusammen in einem Senat und gerieten dort mehrere Male aneinander. Gehrlein läßt ihn teilweise entmündigen und bestellt ihm den Richter Horst Hilpert, Mitglied des Dienstgerichtshofs beim OLG, zum Pfleger.

Die elegante Tour mißlingt

Am 29. November kommt es zwischen dem Ministerstellvertreter Wagner und Rudolf Seebald im Beisein von Pfleger Horst Hilpert zu einer Vereinbarung, die das gütliche Ausscheiden des Juristen aus dem Richterstand großzügig regelt: „1. Das Ministerium für Rechtspflege steht bei Bewerbungen von Herrn Dr. Seebald außerhalb der Justiz - insbesondere bei der Universität- als Referenz zur Verfügung, um die Bestrebungen von Herrn Dr. Seebald, in diesen Bereichen für eine weitere wissenschaftliche Tätigkeit Fuß zu fassen, zu fördern. 2. Herr Dr. Seebald wird ferner seine Zulassung zur Rechtsanwaltschaft anstreben. Das Ministerium wird die Zulassung zum frühestmöglichen Zeitpunkt aussprechen."

Als Gegenleistung soll der OLG-Richter auf Rechtsmittel gegen seine „Versetzung in den Ruhestand im Interesse der Rechtspflege" verzichten. Die Formulierung „im Interesse der Rechtspflege" wird mit

Dr. Seebald rechts beim Flugtag in Ramstein am 23. Juni 84 *Foto: Robert M. Schors*

punkt" sei Gehrlein bereit, mit ihr über ihren Gatten zu sprechen. Sie geht nach einigen Überlegungen auf das Angebot des Chefpräsidenten ein. Frau Seebald zur taz: „Der zog so über meinen Mann her, wie man es sich nicht vorstellen kann." Gehrlein bietet dann an, wenn ihr Gatte „alle politischen Tätigkeiten in Zukunft unterlassen" würde, sei er bereit, „einen Schwamm über die ganze Angelegenheit bis heute zu ziehen". Doch Seebalds Vorgesetzter äußert seine Zweifel an der Befolgung seines Vorschlages. So gibt er der verdatterten Ehefrau einen weiteren Tip.

aufgrund seiner Psychiatrisierung nicht weiter verfolgt wurde, tritt das Dienstgericht für Richter am Landgericht Saarbrücken erneut in Sachen Seebald zusammen. Diesmal geht es um die endgültige Versetzung in den Ruhestand, gegen den Willen des Betroffenen, der aufgrund seiner teilweisen Entmündigung nicht mehr selbst agieren darf, sondern sich auf den ihm in keiner Weise wohlgesonnenen Pfleger verlassen muß. Frau Seebald erscheint zum Prozeß gegen ihren Mann nicht. Sie hat „inzwischen genug von dieser ganzen Sache und hält das kaum noch aus". Unter-

Senatskollegen für willkürlich hält, verstößt gegen den Sittenkodex der Oberlandesrichter. Bereits in der mündlichen Verhandlung kann Seebald seinen Lösungsvorschlag mit den streitenden Parteien nicht erörtern. Der Vorsitzende Volb verbietet ihm das Fragerecht. Daraufhin steht der gemaßregelte Richter auf und verfolgt die Verhandlung bis zum Schluß stehend an der Tür. Casus belli der richterlichen Auseinandersetzung war die rechtliche Würdigung der Einjahresfrist in Scheidungsangelegenheiten. Danach können Scheidungsanträge frühestens eingereicht

Aus: taz, 1.8.1984

prüfen, „ob diziplinarrechtliche Schritte" gegen Seebald angezeigt sind. Als Anlage, fügt der ständige Vertreter des Justizministers, Ministerialdirektor Wagner die Denkschrift und eine Stellungnahme des CDU-MdB's Benno Erhard bei.
Am 22. März 82 beschließt das Dienstgericht für Richter beim Landgericht Saarbrücken (Akt.-Z.: DG 1/81) die Eröffnung eines förmlichen Disziplinarverfahrens gegen den OLG-Richter. Der Dienstgerichtshof des OLG bestätigt am 26.Mai 82 diesen Beschluß. In dem hochkarätigen Gremium sitzt unter anderem der Vorsitzende Richter am Landgericht Saarbrükken, Horst Hilpert. Er fungiert inzwischen als Seebalds Pfleger.
Doch nicht die Denkschrift soll Gegenstand des Disziplinarverfahrens werden, sondern eine Reihe von „Verfehlungen", die Rudolf Seebald seit dem ministeriellen Schreiben an den OLG-Präsidenten vorgehalten werden. Bis zu jenem Zeitpunkt war er „nicht in Erscheinung getreten", wie es in der Amtssprache heißt. Doch auf das förmliche Disziplinarverfahren wartet Rudolf Seebald noch heute.

Auf Psychiatrisierung umgestellt

Zwei Tage vor der Entscheidung des Dienstgerichtshofs kommt dem Saarbrükker OLG-Präsidenten Willi Gehrlein eine andere Idee. Er schickt als Dienstvorgesetzter von Rudolf Seebald diesen zur Untersuchung auf seinen geistigen und körperlichen Zustand zum Amtsarzt. Im staatlichen Gesundheitsamt Saarbrücken trifft Seebald auf den uralten Psychiater Dr. Leppien. Sein Gutachten über den atypischen OLG-Richter fällt verheerend aus.
Der Jurist sei „buchstäblich eigensinnig, gefährdet das Ansehen des Gerichts", sei „taub gegenüber Ermahnungen, will Zeichen setzen, erscheint nicht einsichtsfähig, redet mit Zeugen und Anwälten bis zur Konspiration, blockiert die Beschlußfähigkeit des Gerichts" und „ist stolz auf seine Opposition". Weiter heißt es an anderer Stelle: „Es kommt zu ungewöhnlichen Übergriffen, bei denen er sich auf seine Unabhängigkeit als Richter beruft; er versuchte einstweilige Verfügungen zu erwirken, sogar gegen seinen eigenen Justizminister; geht ständig in die höchsten Instanzen; kennt keine Scheu dieselben mit Einsprüchen in Anspruch zu nehmen" und „er verblüfft mit formal-juristischen Argumentationen, wobei querulatorische Züge auftauchen". Seitenweise liest sich das Gutachten des Dr. Leppien in dieser Weise. Sein Ergebnis: Dr. Seebald ist „gemütskrank". Er „leide an einer echten Manie mit starker Symtomatik". Sie trete in Phasen auf und heiße deshalb auch „Zyklothymie". Und „differentialdiagno-

Bedacht gewählt. Der §31 des deutschen Richtergesetzes regelt diesen Fall der Versetzung eines Richters in den Ruhestand

Sie soll ihrem Mann raten, sich pensionieren zu lassen und dann soll die Familie Seebald aus dem Saarland wegziehen. Das

analog der Versetzung eines politischen Beamten. Nachteile hat der Richter oder Beamte dabei nicht zu erwarten. Mit Cognac und shake-hands wird die Kungelei begossen.
Doch das Ministerium tritt von der unterschriebenen Vereinbarung wieder zurück. Mit Hilfe eines zweiten Gutachtens eines Mediziners der Saarbrücker Uni, das zwar mit anderer Begründung, aber im Ergebnis Seebald ebenfalls zum Psychopathen stempelt, glaubt man den unliebsamen Richter auch ohne Entgegenkommen loswerden zu können.
Parallel dazu wird auch die Ehefrau des Nachrüstungsgegners Seebald unter Druck gesetzt. Eines Tages wird sie durch den Präsidialrichter Pfau zu einem Gespräch mit Chefpräsident Gehrlein gebeten. „An jedem Ort und zu jedem Zeit-

sei für ihn und alle anderen das Allerbeste, macht er gegenüber Frau Seebald deutlich. Auch sie teilt im übrigen nicht die politischen Aktivitäten ihres Mannes. Doch seit sie erleben muß, wie ihr Gatte „kaltgestellt" werden soll, hat sie „die Nase von diesem Staat voll". Auch einflußreiche Bekannte der Familie ,alle aus dem saarländischen Establishment, suchen plötzlich das Gespräch mit ihr, bitten sie ebenfalls zu einem Stelldichein und raten ihr, mit ihrem Mann ein paar Monate Kururlaub zu machen. Diese Tips befolgt die Familie Seebald nicht.

Das Urteil in erster Instanz

Am 20. Juni 84, also mehr als zwei Jahre nachdem ein förmliches Disziplinarverfahren gegen Seebald eingeleitet und dann

stützt von zwei weiteren Gutachtern, die während der Verhandlung permanent auf ihr Opfer Seebald starren und sich Notizen anfertigen, machen sich die drei Richter über ihren hohen Kollegen her. Seit der ministeriellen Nachricht an den Chefpräsidenten Gehrlein, mit der dieser auf die Notwendigkeit eines Disziplinarverfahrens hingestoßen wurde, hat man in Justizkreisen emsig die „dienstlichen Verfehlungen" des OLG-Richters Seebald gesammelt. Sie wurden zwar alle für das beabsichtigte Disziplinarverfahren zusammengetragen, doch heute sind sie Gegenstand des Ruhestandsverfahrens. Der Leiter der Personalabteilung im Justizministerium leitender Ministerialrat Dr. Zieres: „Man hat all diese Dinge in das Ruhestandsverfahren herübergezogen, als Symptome dafür, daß hier ein Krankheitszustand gegeben ist." Für ihn ist klar, „ein normaler Richter macht das nicht".
Daß Rudolf Seebald kein „normaler" Richter sein wollte, machte er bereits 1980 deutlich, als er dem deutschen Richterbund den Rücken kehrte, weil durch diesen das Verbandsklagerecht, das vor allem Umweltschutzgruppen rechtlich mehr Möglichkeiten eröffnet hätte, verhindert wurde. Der Vorsitzende des deutschen Richterbundes ist der saarbrücker Landgerichtspräsident Helmut Leonardy. Er ist in der Angelegenheit Dr. Seebald telefonisch nicht zu erreichen, läßt er über seine Sekretärin wissen. Da soll man das Ministerium anrufen.
Für das Ruhestandsverfahren sind dagegen andere Vorfälle von Belang. Am 5.Oktober 81 geht Seebald anstatt zu einer Senatssitzung in die Kantine der Justizbehörden und zieht sich dort ein paar Schnäpse rein. Er redet dabei von einem „Scheißstaat". Auch in der mündlichen Verhandlung wiederholt er diesen Vorwurf zum Entsetzen seiner Richter. Zwei Tage nach dem Zwischenfall in der Kantine entfernt er im Landgerichtsgebäude ein Terroristenfahndungsplakat mit dem Hinweis, daß an diese Stelle eigentlich die Betreiber der Nachrüstung gehören.
In der Urteilsbegründung heißt es dazu später:„ Er glaubt im Dienst seine politischen Ziele statt durch sachliche Darlegung durch Beschimpfungen wie Scheißstaat oder in sonst unangemessener Weise - Abreißen eines Terroristenfahndungsplakats - durchsetzen zu müssen, lehnt sich gegen den demokratischen Staat auf und macht sich damit eines Dienstvergehens schuldig."
Unentschuldigtes Fernbleiben von Senatssitzungen gehört ebenfalls zu den gravierenden Vorwürfen seiner Kollegen. Aber auch die Weigerung, ein Urteil in einer Familienrechtssache zu unterschreiben, weil er die Entscheidung seiner beiden

werden, wenn man ein Jahr verheiratet ist. In der Regel bleiben die Anträge monatelang liegen, so daß Scheidungen manchmal erst nach drei, vier Jahren erfolgen. So hatte ein saarländisches Ehepaar, um die lange Wartezeit abzukürzen, bereits drei Monate vor der Frist mit dem Hintergedanken die Scheidung eingereicht, daß wenn der überarbeitete Familienrichter sich mit dem Verfahren beschäftigen werde, die Frist längst erreicht ist. Doch weit gefehlt. Der Familienrichter behandelte die Klage sofort und wies sie kostenpflichtig ab. Dagegen richtete sich die Beschwerde beim OLG. Seebald schlägt vor, die Sache erneut durch den Familienrichter behandeln zu lassen, da er die Jahresfrist immerhin jetzt als erfüllt anerkennen will. Im Ergebnis hätten die beiden Streitenden erheblich an Kosten gespart. Mit seinem Verhalten habe der Jurist dem Ansehen des Gerichts schweren Schaden zugefügt, urteilen seine Kollegen.
Zur Debatte in seinem Ruhestandsverfahren stehen weiter Anmeldungen von Demonstrationen oder seine eigenmächtige Bewerbung zum Bundesrichter. Da er mit seiner Beurlaubung vom Dienst gleichzeitig ein Hausverbot für die Gerichtsgebäude erhielt , das er mißachtet, ist ein weiteres Mosaiksteinchen in der Sammlung seiner Verfolger. Die beiden Gutachter in der Gerichtsverhandlung diagnostizieren bei ihm gar eine „hyperthyme Persönlichkeitsstörung mit querulatorischem Einschlag". Gutachter außerhalb des Saarlandes läßt das Gericht auch auf Antrag des Verteidigers Jochem nicht zu.
So liest sich das Urteil dann so:„ Sieht man das pflichtwidrige Verhalten des Antragsgegners im Zusammenhang mit den übereinstimmenden Ausführungen der Sachverständigen, so ergibt sich, daß der Antragsgegner infolge Schwäche seiner geistigen Kräfte zur Erfüllung seiner Dienstpflichten dauernd unfähig ist". Seebald habe „infolge eines seelischen Defektes die Fähigkeit, Entscheidungen nach Regeln und Maßstäben zu treffen, ganz oder teilweise eingebüßt", denn insgesamt sei sein Verhalten dazu angetan, „zu ständigen Konflikten mit der Umwelt zu führen". Für die Richter ist auch klar, daß ihrem Kollegen nicht mehr zu helfen ist. „Eine Behandlungsmöglichkeit sei aufgrund der mangelnden Einsicht in die Verhaltensweisen nicht gegeben", heißt es in dem Urteil des Dienstgerichts für Richter am Landgericht Saarbrücken (Akt.-Z. DG 2/83).
Als nächstes muß sich nun, da Seebald gegen das Urteil Beschwerde einlegte, der Dienstgerichtshof für Richter beim OLG Saarbrücken mit dem Fall ihres Kollegen beschäftigen.

Felix Kurz

Anlage 7:

Risikodedektierung als Auftragsforschung

Der Staat läßt es sich etwas kosten, seine Bürger kennenzulernen. Allein im deutschsprachlichen Raum sind seit 1977 26 Auftragstudien zum Thema Risikowahrnehmung und Akzeptanz erschienen. Auftraggeber sind:

- das Bundesministerium für Inneres
- das Bundesumweltamt
- die Atomindustrie

An der Spitze der beauftragten Institutionen befindet sich das deutsche Batelle Institution mit 5 Studien, gefolgt vom Institut für Zukunftsfragen Berlin, der Gesellschaft für Reaktorsicherheit, und der Kernforschunganlage Jülich mit je drei Aufträgen. Die weiteren Untersuchungen sind jeweils Einzelaufträge, von denen 4 an den Universitäten Essen, Bielefeld und Vechta durchgeführt wurden. Auch das Meinungsforschungsinstitut Allensbach darf in der illustren Reihe nicht fehlen.

Ziel und Strategie der Auftragsforschung

Ziel aller, wenn sich auch in unterschiedlicher Terminologie präsentierenden Untersuchungen ist die verschiedenen Grade der Akzeptanz von Kernkraftwerken (u.ä.) bei der Bevölkerung zu erkunden und darauf eine gezielte Taktik der Beeinflussung aufzubauen. Aus den Arbeiten, soweit zugänglich, lassen sich Tendenzen erkennen, die „... ein noch viel umfassenderes Vorhaben ansteuern, die *Beruhigung* und *Ablenkung* eines beginnenden Massenwiderstandes gegen die gesamte zivilisatorische und politische Entwicklung" (Jungk 1977, 95).

Psychologen versuchen auch herauszufinden, warum eine Person ein bestimmtes Verhalten gezeigt hat (z.B. ein Demonstrant, der sich der Einkesselung durch die Polizei entziehen oder sich gegen Übergriffe durch Polizei wehren wollte und gemäß dieser Zurichtung durch die Richter so oder so bestraft werden kann). Um noch ein Drittes zu nennen: Psychologen schaffen Wissen, wie dieses unerwünschte Verhalten durch direkte Intervention modifizierbar ist (etwa im Rahmen einer Therapie).

Anlage 8:

1. „Beim Schießen auf F-Scheiben (Mannsfigur) weigert sich ein bisher gut bewährter Rekrut, auf dieses Ziel anzulegen. Er müsse dabei an einen Menschen denken, und er könne nicht auf Menschen schießen.

Der Zugführer läßt ihn die Waffe entladen und beiseite treten. In einem kurzen Gespräch unter vier Augen erkennt der Vorgesetzte, daß hier ein echtes Problem vorliegt. Die vertiefte Diskussion mit dem Kompaniekommandanten klärt für beide Seiten die Lage.

Der Soldat sieht ein, daß er nicht jetzt in der Ausbildung, sondern erst in einem hoffentlich nie eintretenden Ernstfall den Entscheid treffen muß, ob er auf Menschen schießen kann. Er entschließt sich, mit der Schießausbildung fortzufahren und damit seinen Beitrag zur Kriegsverhütung in unserem Lande zu leisten".

2. „Ein selbstunsicher wirkender Rekrut äußert Angst schon am ersten Tag. Er ertrage das Schlafen in einem großen Raum mit vielen anderen Leuten zusammen nicht, er bekomme Angstzustände. Man könne sich nirgends mehr in einen stillen Winkel zurückziehen, sei nie mehr allein.

Auch hier stellt sich der Kommandant zuerst die Frage, ob dieses Verhalten Anzeichen einer psychischen Krankheit sei, die eine Dienstleistung ausschließe. Über den Arzt kommt eine Konsultation beim Waffenplatzpsychiater zustande, dessen Untersuchung aber keine wesentlichen abnormen Befunde ergibt. An der Diensttauglichkeit ist nicht zu zweifeln.

Die Zuwendung und Stütze durch Kommandant, Arzt und (bis jetzt nur in Thun möglich) Sozialarbeiter ermöglichen es, dem Mann über Anfangsschwierigkeiten hinwegzuhelfen.“
Aus: Guggenbühl u.a. 1980, 78.

Angesichts der genannten und weiterer möglicher Beispiele drängen sich schon Zweifel auf, ob die modernen Formen der Kontrolle und ihre Mittel der Intervention tatsächlich insofern *ent*politisiert worden sind, als „... sie in die Hand der wissenschaftlichen Experten gelegt worden sind“ (Kardorff 1984, 98). Meines Erachtens ist in den letzten Jahren das genaue Gegenteil der Fall.

4. Psychologische Intervention – ein politischer Begriff

Auch wenn Richter am Landesarbeitsgericht Hamm anläßlich einer Urteilssprechung im April 1974 von hoher Kanzel festgestellt haben, „... daß Beratung und Therapie ... eine Aufgabe von staatspolitischer Bedeutung“ (BVerG NJW 75/1139) sei, muß abschließend noch etwas mehr zum politischen Gehalt des Begriffs „psychologische Intervention“ ausgeführt werden; nämlich: worin gründet sich dieser politische Gehalt?

Die traditionelle akademische Psychologie meint gesellschaftlich relevant zu sein, insofern sie sich mit gesellschaftlich aufgeworfenen Problemen und Fragestellungen beschäftigt.

„So plädieren z.B. Innerhofer, Gottwald und Scharfetter (1976) ‚für ein funktionales Verständnis der Wissenschaft ...‘, die ‚... Werkzeug zur Beseitigung von Problemen ...‘ sein soll. Traditionelle Wissenschaft ist zum Mittel systemimmanenter Problem- und Konfliktlösungen avanciert. Theorie wird zur Praxisbewältigung“ (Grubitzsch 1985, 20).

Die Denk- und Handlungsrichtungen der Psychologie haben sich mehr und mehr auf diese pragmatische bzw. nützliche Zielsetzung hin ausgerichtet. Es geht nicht mehr um die gelegentliche Anwendung ihrer Resultate, sondern die gesellschaftlich produzierten Mängel oder Erfordernisse zur Bewältigung unserer Lebens- und Arbeitszusammenhänge diktieren, womit das Fach sich beschäftigt; sie diktieren die Entwicklungsrichtung der Psychologie. Das Bundeskriminalamt bittet zum Symposion „Städtebau und Kriminalität“ – Psychologen sind dabei. Die Internationale Akademie für Kriminalprophylaxe ruft die Grundlagenforscher zu aktuellen Kriminalitätsproblemen zusammen – Psychologen melden sich zu Wort. Die Bundesregierung führt eine Anhörung von Wissenschaftlern zum Terrorismus-Problem durch – Psychologen legen dar und bieten ihre Dienste an. Zum Beispiel auch dann, wenn das Bundesministerium der Justiz ein Forschungsprojekt zur Erfassung der „Sozialbiographischen Merkmale der terroristischen Gewalttäter und ihrer Unterstützer“ durchführen läßt. Die Gegner der Kernenergie sind zu beruhigen – Psychologen überlegen sich Strategien staatlicher Gegenmaßnahmen usw.

Wissenschaftsproduktion stellt sich ausdrücklich in den Dienst der Politik nicht ohne Hoffnung auf die anerkennende Unterstützung durch die Politiker und die gesellschaftliche Anerkennung. Gerade weil Psychologen ihre Wissenschaft für neutral und ihre Ergebnisse für rational begründbar halten, meinen sie, öffentlich Vorschläge unterbreiten zu können, wie der gesellschaftliche Alltag zu gestalten ist, um ein möglichst reibungsloses Funktionieren der gesellschaftlichen Verhältnisse zu gewährleisten. Daß solche Funktionsvorschläge, Planungskonzeptionen oder gesellschaftliche Organisationsmodelle auf die bestehenden Verhältnisse zurechtgeschnitten sind, kümmert die Psychologie dabei wenig. Denn ihr geht es ja um die Analyse und Beseitigung von Mängeln, nicht um Begründungszusammenhänge. Und Mängel lassen sich eben immer beseitigen, zum Beispiel dadurch, daß „... diejenigen Leute, die Schlüsselpositionen innerhalb der sozialen Gemeinschaft haben" (Caplan 1964 nach Storz 1979, 51), durch Interventionsmaßnahmen psychologisch bzw. psychiatrisch überwacht und kontrolliert werden. Die Rückführung der Psychologie in die Gesellschaft, ihre pragmatisch-sozialtechnologische Wende legitimiert nicht nur die Wissenschaftspolitik unseres Berufsstandes, sondern zugleich die auf die Aufrechterhaltung der bestehenden gesellschaftlichen Verhältnisse gerichtete und damit letztlich politische Tätigkeit der Psychologen. Wer zum Zweck der Mängelbeseitigung unter Hinzuziehung psychologischen Wissens interveniert, der handelt und denkt politisch; und wer diese Seite seines Denkens und Handelns ausklammert, der begeht in diesem Sinne ein „Befriedungsverbrechen" (Basaglia 1976).

Anmerkung

1 Daß diese breite Umschreibung sozialarbeiterischer Tätigkeit bei der gegenwärtigen Arbeitsmarktsituation auch unter dem Gesichtspunkt der professionellen Grenzziehung gesehen werden muß, versteht sich von selbst. Je breiter und umfassender ein Berufsfeld definiert wird, umso größer die Chance, vom Kuchen etwas abzubekommen.

Literatur

Aguilera, D.C./Messick, J.M., Grundlage der Krisenintervention. Freiburg i.Br.: Lambertus 1977.

amnesty international, Jahresbericht 1979. Frankfurt/M.: Fischer 1985.

Basaglia, F./Basaglia-Ongaro, F. (Hg.), Befriedungsverbrechen. Über die Dienstbarkeit der Intellektuellen. Frankfurt/M.: EVA 1980.

Brand, M., Erziehungsberatung im Spannungsfeld von Familie und Schule. Bad Heilbrunn/Obb.: Klinkhardt 1984.

Caesar, S.-G., Einige Überlegungen zur Konzeption von lerntheoretisch orientierten Elterntrainingsprogrammen mit dem Ziel der Prävention von Verhaltensstörungen und der Optimierung der Entwicklungsmöglichkeiten bei Kindern. In: Lukesch, H./Perrez, M./Schneewind, K.A. (Hg.): Familiäre Sozialisation und Intervention. Bern/Stuttgart/Wien: Huber 1980, 387-396.

Chorover, S.L., Die Zurichtung des Menschen. Frankfurt/M.: Campus 1982.

Fuerst, K.A., Die psychologische Intervention. Stuttgart: Enke 1982.

Geib, N., Gewalt, Macht und Herrschaft. Zur Machtproblematik in Forschung, Beratung und Therapie. Unveröff. Referat, gehalten auf dem Kongreß für Klinische Psychologie und Psychotherapie. Berlin, Feb. 1986.

Goffman, E., Die Verrücktheit des Platzes. In: Basaglia, F./Basaglia-Ongaro, F. (Hg.): Befriedungsverbrechen. Über die Dienstbarkeit der Intellektuellen. Frankfurt/M.: EVA 1980, 189-236.

Grubitzsch, S., Der Griff ins Leere oder: Von der Methode der Psychologie, den Gegenstand zu verlieren. In: Psychologie und Gesellschaftskritik Nr. 36, 4 (1985), 7-30.

Guggenbühl, D./Tuggener, H./Brun, E./Knoepfel, H.-K./Stucki, A. (Hg.), Truppenpsychologie. Frauenfeld: Verlag Huber 1980 (2. Aufl.).

Haines, J., Interventionsprozesse in der sozialen Arbeit. Freiburg i.Br.: Lambertus 1979.
Hansen, H./Peinecke, H., Reizentzug und Gehirnwäsche in der BRD. Hamburg: Libertäre Assoziation 1981.
Hellerich, G., homo therapeuticus. Der Mensch im Netz der Helfer. Bonn: Psychiatrie-Verlag 1985.
Innerhofer, P./Gottwald, P./Scharfetter, L., Anmerkungen zu einer pragmatisch orientierten Wissenschaftstheorie. In: Gottwald, P./Kraiker, C. (Hg.): Zum Verhältnis von Theorie und Praxis in der Psychologie. Sonderheft I/1976 der Mitteilungen der GVT.
Jungk, R., Unser Rechtsstaat. In: Kursbuch 56, Berlin 1976.
–, Der Atomstaat. München: Kindler 1977.
Kardorff, E. von/Projektgruppe für Sozialforschung, Soziale Kontrolle durch Psychologie und Psychologen. In: Psychologie und Gesellschaftskritik Nr. 31, 3 (1984), 87-107.
Koch, E.R., Chirurgie der Seele. Operative Umpolung des Verhaltens. Frankfurt/M.: Fischer 1978.
Lüth, P., Medizin als Politik. Darmstadt: Luchterhand 1975.
Lüthi, R./Vuille, J.-C., Präventives Elterntraining. In: Lukesch, H./Perres, M./Schneewind, K.A. (Hg.): Familiäre Sozialisation und Intervention. Bern/Stuttgart/Wien: Huber 1980, 387-417.
Lukesch, H./Perrez, M./Schneewind, K.A. (Hg.), Familiäre Sozialisation und Intervention. Bern/Stuttgart/Wien: Huber 1980.
Mattes, P./Rexilius, G., Über die Wissenschaft Psychologie und die, die sie betreiben. In: Rexilius, G./Grubitzsch, S. (Hg.): Psychologie. Reinbek: Rowohlt 1986, 681-688.
Meyer, E. (Hg.), Kinder und Jugendliche in seelischer Not. Braunschweig: Agentur Pedersen 1982.
Piwowar, S., Die geheime Pädagogik – Architektur und soziale Kontrolle. In: Psychologie und Gesellschaftskritik Nr. 31, 3 (1984), 67-86.
Reeb, W., Die Suche nach dem richtigen Vernichtungsbau. Geschichte der Knastarchitektur. Reutlingen: Trotzdem-Verlag 1981.
Sigusch, V., Medizinische Experimente am Menschen – das Beispiel Psychochirurgie. In: Argument, Beilage zum Sonderband 17 (Jahrbuch für kritische Medizin, Bd. 2), Berlin 1977.
Sommer, G./Kommer, B./Kommer, D./Malchow, C./Quack, L., Gemeindepsychologie. In: Handbuch der Psychologie. Bd. 8: Klinische Psychologie. 2. Halbbd. Göttingen: Hogrefe 1978, 2913-2979.
Storz, D., Psychiatrische Übermenschen und Orwells 1984. München (unveröff. Manuskript) 1979.
Wambach, M.M. (Hg.), Der Mensch als Risiko. Frankfurt: Suhrkamp 1983.

1.4. Intervention in der Sozialarbeit

Marianne Meinhold

1. Sozialarbeit zwischen spezialisierten Diensten und alltäglichem Handeln

Ein zentrales Merkmal aller Sozialarbeitsinterventionen ist das der Hilfe: Geholfen wird mit Geld- und Sachleistungen und mit sogenannten „persönlichen Hilfen".Da die Organisation der Hilfeprozesse durch vielfältige gesetzliche Vorgaben und Verwaltungsvorschriften gesteuert ist, werden Sozialarbeiter im Schnittpunkt zweier unterschiedlicher Kontrollstrukturen tätig (vgl. Olk 1986, 125). Als Angestellte in Behörden und behördenähnlichen Organisationen unterliegen sie den dort geltenden Vorschriften. Als Angehörige ihres Berufsstandes bewerten sie ihre Handlungen und Ergebnisse entsprechend den Regeln und Überzeugungen, die ihre berufliche Identität ausmachen. Diese beiden voneinander unabhängigen Regelsysteme wirken je nach Aufgabenfeld und Arbeitsplatz auf die einzelnen Hilfeleistungen und verformen diese, so daß es Beteiligten wie Außenstehenden schwerfällt, das spezifisch Sozialarbeiterische dieser Intervention übereinstimmend zu benennen. Immer werden sich spezialisierte Dienste finden lassen, wo andere Berufsgruppen herausgelöste Teilbereiche sozialarbeiterischer Tätigkeiten qualifizierter ausüben; d.h. die Dienstleistungen von Sozialarbeitern können sich mit den Angeboten von Psychotherapeuten, Juristen, Ärzten, Seelsorgern, Handwerkern, Künstlern, Verwaltungsfachleuten und Stadtplanern überschneiden und manchmal auch mit denen von Polizisten (→ *Ökonomisierung und Verrechtlichung psychosozialer Versorgung* 1.2.). Andererseits ähnelt das, was Sozialarbeiter tun, auch den alltäglichen Handlungen von Laien, von Nachbarn, Müttern und Freunden:

Sozialarbeiter *beraten* Mütter und Mieter, in Not geratenen Minderjährige, Schuldner, Behinderte, Unfallopfer, entziehungswillige Alkoholiker und entlassene Häftlinge.

Sie *überprüfen* Prostituierte und Pflegeeltern, die Bedürftigkeit von Armen und die Motivation von adoptionswilligen Paaren.

Sie *organisieren* Freizeiten für Kinder, Rockkonzerte für Jugendliche, Straßenfeste im Wohngebiet.

Sie *vermitteln* Erholungsaufenthalte, Schularbeitshilfen und Pflegeheimplätze für chronisch Kranke.

Sie *aktivieren* und *animieren* Senioren zu Freizeitaktivitäten, Alleinerziehende zur Selbsthilfe, arbeitslose Jugendliche zu weiterem Schulbesuch.

Sie *ermitteln* und *beantworten Fragen* von Familien-, Jugend- und Vormundschaftsgerichten. Sie *schreiben Stellungnahmen, verwalten, befürworten, erheben Einspruch* und *führen Akten.*

Die fehlende Spezialisierung sozialarbeiterischer Tätigkeiten darf nicht nur als ein Mangel gedeutet werden; denn dieser „Mangel" enthält auch die Chance, die

Hilfeleistungen dem jeweils unspezifisch artikulierten Bedarf der Adressaten anzugleichen. Für die größte Gruppe der Sozialarbeitsklienten – das sind Menschen, die in Not geraten sind (→ *Armut* 3.6.) – ist nämlich der Zugang zu den speziellen Diensten oftmals erschwert, wenn die soziale Distanz zwischen Klienten und Experten zu groß ist (vgl. Wirth 1982, Becher u.a. 1982). Aus Untersuchungen über die Abnehmer spezialisierter Dienste ist bekannt, daß gerade diejenigen Personen, die sich durch die meisten Risikofaktoren auszeichnen, das Angebot solcher Dienste nur unzureichend nutzen. Mit sinkendem Bildungsstand und Einkommen, mit ungünstigen Wohnverhältnissen und mangelndem Gesundheitszustand nimmt die Bereitschaft ab, spezialisierte Dienste, wie z.B. medizinische Vorsorgeuntersuchungen in Anspruch zu nehmen (vgl. Tietze 1979).

Aus diesem Grund ist es von zweitrangiger Bedeutung, aus welchen Anlässen Klienten die Sozialarbeiter aufsuchen, sei es freiwillig, um Geld zu erhalten, sei es unfreiwillig, weil andere Institutionen diese Besuche erzwingen (vgl. von der Haar 1984). Entscheidend ist, *daß* überhaupt ein Kontakt zustande kommt zwischen Sozialarbeitern und jenen Klientengruppen, die von sich aus spezialisierte Dienste nicht besuchen. Durch den Kontakt wird es den Sozialarbeitern möglich, diesen Klienten in Verbindung mit Geld- oder Sachleistungen vielfältige Informationen, Beratungs- und Vermittlungsdienste anzubieten. Ob Sozialarbeiter diese Möglichkeiten wahrnehmen, wird nicht nur von ihren fachlichen Kompetenzen abhängen (vgl. Abschnitt 4), sondern auch von dem Handlungsspielraum, der ihnen beim Erfüllen der offiziellen Arbeitsaufträge verbleibt (vgl. Abschnitt 3) und den verfügbaren Mitteln und Hilfsprogrammen.

2. Die Unbestimmbarkeit des Bedarfs nach Sozialarbeit

Eine gemeinsame Funktion von Dienstleistungen „wird in Bewachung und Reproduktion von Normalzuständen und Normalverläufen gesehen" (Olk 1986, 6). Da sich Bezugsgrößen, nach denen die „Normalzustände" zu bestimmen wären, inmitten wechselnder kultureller Deutungsmuster verändern, bleibt ungewiß, wann Sozialarbeit ihre Aufgaben hinreichend erfüllt hat. Die immense Expansion von sozialen Dienstleistungen in den 70er Jahren (vgl. Hegner 1985) hat im Erleben der Betroffenen und Beteiligten – aus unterschiedlichen Gründen – nachweislich *nicht* mehr Normalitätsverläufe hergestellt, sondern sie hat einen wachsenden Bedarf entdeckt und geweckt. Es ist ungeklärt geblieben, wieviel Sozialarbeit nötig oder gar schädlich sei. Diese Ungewißheit wird noch durch ein besonderes Merkmal personenbezogener Dienstleistungen verstärkt, und zwar die „Unbestimmbarkeit des Aufgabenanfalls" (Olk 1986, 9).

Auch bietet die Wissenschaft keine verläßlichen Bezugsgrößen, da Sozialarbeit sich mangels einer entwickelten Sozialarbeitswissenschaft auf Wissenbestände aus benachbarten Disziplinen bezieht (aus der Soziologie, Sozialpolitik und Psychologie) (→ *psychologische Intervention* 1.3.) und diese selektiv verarbeitet, weil die Aufgaben des systematischen Wissenstransfers und der Dissemination von Wissen bisher nicht annähernd gelöst wurden.

Auf dem Hintergrund solcher Ungewißheiten bilden sich übersteigerte Erwartungen, Mythen und Schuldzuweisungen sowie höchst widersprüchliche Aussagen über die Leistungsfähigkeit der Sozialarbeit. Da wird die Wirkungslosigkeit der Sozialarbeit beklagt, aber es wird auch vor deren Wirkungen gewarnt, durch welche die Klienten ihrer Fähigkeiten beraubt werden könnten (vgl. Marzahn 1979). Es wird von der Ohnmacht der Sozialarbeit gesprochen (Thiersch/Rauschenbach 1984), aber ebenso werden die Sozialarbeiter mit machtvollen Kolonialherren verglichen, die das Terrain der Klienten zu besetzen drohten (Müller/Otto 1984). Sind die Bewohner von Berlin (West) dem Normalzustand schon näher gekommen oder sind sie nur zu bedauern, wenn dort die Sozialarbeiterdichte in den 80er Jahren etwa doppelt so hoch ist wie im Bundesgebiet (Zinner 1981). Besonders mehrdeutig sind die impliziten Annahmen, die sich hinter dem Vorwurf verbergen, Sozialarbeit mildere nur die Symptome, ohne die Ursachen der Probleme ihres Klientels zu beeinflussen. Wenn mit „Ursachen" die Armut des Klientels gemeint ist und die mit der Armut verbundenen Benachteiligungen, dann wären nicht Sozialarbeiter, sondern eher Politiker, Wirtschaftsexperten oder Gewerkschaftsfunktionäre die Adressaten eines solchen Vorwurfs. Sozialarbeiter sind weder dafür ausgebildet, noch gibt es in den für sie typischen Arbeitsfeldern die Möglichkeiten, in den Verteilungskämpfen um Geld und Arbeit steuernd zu wirken. (Es werden ja auch nicht die Förster für das Waldsterben verantwortlich gemacht.)

Die anklagende Formel von den „Ursachen" verweist noch auf andere tiefe Überzeugungen, die unseren kulturellen Lebenszusammenhang jenseits von Gesellschaftssystemen und sozialpolitischen Entscheidungen kennzeichnen: Es ist der Glaube an die „Machbarkeit", der die prinzipielle Lösbarkeit von Problemen suggeriert (vgl. Pfeiffer 1987). Im Falle des Scheiterns fördert dieser Glaube eindimensionales Denken und vereinfachende Schuldzuweisungen. Es werden jeweils nur einzelne Teilbereiche komplexer Lebensstile isoliert betrachtet und deren negative Folgen angeprangert (vgl. Beck 1987). Welche „Ursachen" wären denn zu beseitigen, wenn man die Leistungen eines Sozialarbeiters kritisiert, der einen jener ältesten Alten in einem Pflegeheim mit knapp kalkulierten Versorgungsleistungen unterbringt; die Langlebigkeit, die Tatsache, daß Leben endet oder daß es in dieser Weise endet; die Berufstätigkeit der 50jährigen Tochter des Patienten, der es nach längerer Arbeitslosigkeit gelungen ist, ihren depressiven Verstimmungen zu entkommen; die Rentenhöhe des Patienten, die wie bei den übrigen 90 % der Betroffenen nicht ausreicht, um die Pflegekosten in Höhe von 4200,- DM zu decken; die Hauspflegerin einer Sozialstation, die es als am schlechtesten bezahltes Glied einer ambulanten Versorgungskette nicht mehr verantworten konnte, den Patienten für viele Stunden unversorgt zu lassen?

Die komplexen Ursachen der Notlagen von Klienten können nur selten durch Sozialarbeit erfaßt und beeinflußt werden, sei es weil dies in die Zuständigkeit anderer Berufsgruppen und Institutionen fällt (wie im Falle der Arbeitslosigkeit), sei es, daß sich die Notlagen psychosozialen Zugriffen vollständig oder teilweise entziehen (wie z.B. im Falle einer Mutter, die ihren 10jährigen Sohn auf Wunsch ihres Lebenspartners in ein Heim einweisen lassen möchte.)

Wenn Sozialarbeiter die Begrenztheit ihrer Wirkungsmöglichkeiten in diesen Bereichen erkennen, könnten sie resignieren und sich zu „hilflosen Helfern" erklären lassen oder aber ihre Ansprüche und Arbeitsziele verändern. Dabei ginge es nicht darum, Ansprüche „runterzuschrauben" oder aufzugeben, sondern darum, die Wirklichkeitsnähe dieser Ziele zu steigern (V. Satir in: Stahl 1983). Einen Schritt in diese Richtung stellen aufgabenfeld- und institutionsbezogene Zielpräzisierungen dar (vgl. 3); desweiteren

- die frühzeitige Kooperation mit Initiativgruppen, die eine bisher unerkannte Notlage entdecken und Bedarf anmelden (wie es z.B. beim Aufbau der Häuser für mißhandelte Frauen gelungen ist);
- das Sammeln von Daten über die besonderen Belastungen von Menschen in schwierigen Lebenslagen, mit dem Ziel, zuständige Stellen zu informieren und passende Hilfsangebote zu entwickeln (wie z.B. die Betreuung für Kinder alleinerziehender berufstätiger Eltern im Krankheitsfall);
- die Information von Politikern und Öffentlichkeit über die Folgekosten bei geplanten Einsparungen von öffentlichen Ausgaben im konkreten Einzelfall.

3. Die Bedeutung der institutionellen Rahmenbedingungen

Die meisten Sozialarbeiter sind entweder in Behörden tätig, wie dem Jugendamt oder dem Sozialamt, oder sie arbeiten in Verwaltungsorganisationen, wie sie die Einrichtungen der Freien Wohlfahrtsverbände darstellen. Die Freien Träger der Jugend- und Sozialhilfe sind von öffentlichen Mitteln abhängig. Ihre Verwaltungspraktiken ähneln in weiten Bereichen denen der Behörden (Bauer 1985), auch wenn die Freien Träger andererseits relativ autonom arbeitende Kleinstprojekte aufbauen und fördern können. Die gesetzlichen Vorgaben, die institutionelle Regeln und Selbstverständlichkeiten der Behörden und Verwaltungsorganisationen steuern, verändern und verhindern geplante Interventionen (→ *systemische Intervention* 2.9.). In der hierarchischen Gliederung der Organisation hat sich der Sozialarbeiter gegenüber einem zumeist fachfremden Vorgesetzten zu verantworten. Sozialpädagogisch gute Absichten müssen in eine verwaltungsgerechte Sprache übersetzt werden. Der Klient muß nicht nur sein Anliegen gemäß den vorhandenen Zuständigkeiten aufgeteilt vortragen: er hat darüber hinaus seine Lebensweise den in der Bürokratie erdachten Formen anzugleichen. Wenn er berechtigte Ansprüche auch Hilfen zum Lebensunterhalt geltend machen will, braucht er Miet- und Pflegeverträge; er darf nicht einfach vorübergehend die Wohnung eines abwesenden Freundes übernehmen, ohne dies vertraglich zu belegen; auch sollte er es unterlassen, für längere Zeit die Kinder seiner Nachbarin in Pflege zu nehmen, sofern es ihm nicht behagt, seine Lebensumstände zu offenbaren. In solchen Situationen vermitteln Sozialarbeiter zwischen den Ansprüchen der Klienten und den Forderungen der Institution. Sie stoßen dabei auf „Widerstände" der Klienten, die es nicht verstehen, weshalb sie ihre Entscheidungsfreiheit durch Verträge verlieren sollen. Zum zweiten wir die Vermittlungsbereitschaft der Sozialarbeiter durch einen Mangel an Mitteln und Hilfsprogrammen eingeschränkt. Ein weiteres Hindernis stellt die Regelung der Zuständigkeiten für bestimmte Problemtypen und Altersgruppen dar, da diese Bereichsunterteilung mehr nach administrativen Erfordernissen als nach sozialpädagogischen Vorschlägen erfolgt. Die dadurch bedingte „Zersplitterung" der Problembearbeitung oder Doppelbetreuung ist in der Fachliteratur häufig kritisiert worden. Durch die in den 70er Jahren durchgeführte Neuorganisation der sozialen Dienste konnten Teile dieses Dilemmas beseitigt werden (vgl. Ressortübergreifende Planung 1974). Aber auch in den damals entstandenen regionalen Arbeitsgruppen und dezentral eingerichteten Außenstellen der Ämter wirken die Regeln der Institution.

Die Vorschrift, alle Vorgänge aktengerecht und damit kontollierbar zu dokumentieren, begünstigt das Bearbeiten der Probleme in Form von „Einzelfällen"; sie behindert Arbeitsformen, bei denen der Einzelfall nicht erkennbar ist oder auch gar nicht gesucht wird, wie in der Gemeinwesenarbeit. Die Tatsache, daß Akten über den Klienten geführt werden, die von ihm nicht einmal gelesen oder korrigiert werden dürfen, ist ein sichtbares Zeichen für die Ungleichheit der Beziehung zwischen Sozialarbeiter und Klient.

Trotz dieser schon häufig erörterten ungünstigen Wirkungen durch bürokratische Organisation orientieren sich die meisten Sozialarbeiter weiterhin am Ideal ihres sozialpädagogisch geprägten Berufsbildes. Befragt man Sozialarbeiter nach den Erfolgen oder Mißerfolgen ihrer Arbeit, so fällt auf, daß bei der Bewertung konkreter Arbeitsergebnisse die Erfüllung administrativer Erfordernisse nur eine untergeordnete Rolle spielt (vgl. Meinhold 1982). Weder das ordnungsgemäße Beantworten von Anfragen noch das Aktenführen oder das regelrechte Befürworten von Anträgen des Klienten vermittelt den Sozialarbeitern das Gefühl, gute Arbeit geleistet zu haben. Es sind vielmehr die Ergebnisse ihrer Bemühungen, auf Klienten pädagogisch oder beratend einzuwirken, die sie berufliche Erfolge oder Mißerfolge erleben lassen. Neben den offiziellen Arbeitsauftrag der Institution stellt sich der Sozialarbeiter einen andersgearteten, sogenannten „inoffiziellen" Arbeitsauftrag, der seinem beruflichen Selbstverständnis als Pädagoge oder Berater nähersteht als die verwaltungskonforme Tätigkeit. Solange die offiziellen Arbeitsaufträge erfüllt und die Interessen der Institution respektiert werden, greift die Institution nicht störend in die Bearbeitung der mehr inoffiziellen pädagogischen Aufträge ein. Für einen im Sozialdienst eines Krankenhauses tätigen Sozialarbeiter könnte z.B. der offizielle Arbeitsauftrag lauten, möglichst schnell für eine chronisch kranke, pflegebedürftige Patientin außerhalb des Krankenhauses einen Pflegeplatz zu finden und die Kostenfrage zu klären. Neben diesem offiziellen Arbeitsauftrag verbleibt ein Handlungsspielraum für beliebig unterschiedliche inoffizielle Aufträge: Der Sozialarbeiter könnte die Entscheidungsprozesse der betroffenen Klientin gesprächstherapeutisch unterstützen; soll sie in die eigene Wohnung zurückkehren und sich von Mitarbeitern einer Sozialstation ambulant versorgen lassen, oder wird sie es vorziehen, in ein Heim zu gehen; er könnte die Angehörigen der Patientin zu vertieften Kontakten mit ihr motivieren; er könnte einen ehrenamtlichen Besuchsdienst für solche Klienten aufbauen oder nach passenden Angeboten im Wohngebiet der Klientin suchen.

Damit die Sozialarbeiter in den Behörden und Verwaltungsorganisationen die bestehenden Handlungsspielräume nutzen, bedarf es einiger günstiger Voraussetzungen:

- Absprache über die Richtziele der pädagogischen oder beratenden Arbeit in einer Gruppe von zwei oder mehr Sozialarbeitern; dabei können Arbeitsschwerpunkte und Prioritäten gemäß den vereinbarten Zielen eingerichtet werden. Die Mitarbeiter einer Arbeitsgruppe in der Familienfürsorge können sich z.B. dafür entscheiden, Stellungnahmen für Sorgerechtsregelungen nach einem vereinfachten Routineverfahren zu beantworten, wenn sich die betroffenen Parteien bereits vorab geeinigt haben, um die gewonnene Zeit zur intensiven Beratung jener ca. 20 % Scheidungsfamilien zu widmen, bei welchen die Sorgerechtsregelung konfliktreich verläuft.
- Kooperation mit anderen Berufsgruppen (z.B. Verwaltungsfachleuten des Amtes) und mit Sozialarbeitern anderer Dienststellen und Projekte im Wohngebiet, um den Klienten an bedarfsgerechten Hilfsprogramme *außerhalb* der Dienststelle heranzuführen;

- Information der Amtsleitung über Sinn und die Vorteile der gewählten Arbeitsschwerpunkte;
- vor allem aber eine Unterscheidung zwischen Aufgaben, die im Rahmen dieser Dienststelle bearbeitet werden und solchen, die in diesem Rahmen *nicht* gelöst werden können.

4. Das methodische Repertoire

Unter dem Begriff „Methoden" verstehen einige Autoren „Mittel und Wege zum Erreichen von Zielen". Für andere Autoren umfaßt der Methodenbegriff mehr, nämlich die Suche nach Problemdefinitionen und Zielen. Letzteres kommt aus der Erkenntnis, daß Wege selten unabhängig von Zielen existieren (vgl. Einsiedler 1976), d.h. die Methoden von Sozialarbeit sind nicht zielneutral, noch sind sie institutionen-, zeit- und personenneutral (vgl. C.W. Müller 1982).

Nach dem 2. Weltkrieg wurden in Deutschland die in den USA entwickelten sogenannten klassischen Methoden der Sozialarbeit, die soziale Einzelfallhilfe, die Gruppenarbeit und Gemeinwesenarbeit bekannt gemacht (vgl. Friedländer/Pfaffenberger 1966). Die größte Verbreitung fand die soziale Einzelhilfe, unter anderem, weil diese Methode zur administrativen Arbeitsorganisation von Sozialarbeit paßt. In der Mehrzahl der zur Einzelhilfe vorliegenden Literatur werden „psychosoziale Anamnese" und die „Behandlung" des Klienten als wesentliche Elemente hervorgehoben. Die vertrauensvolle Beziehung zwischen Sozialarbeiter und Klient wird als das entscheidende Instrument der Veränderung bezeichnet. Die Orientierung dieser Methode am medizinischen Modell – Armut als Krankheit – und die postulierte Vergleichbarkeit von Sozialarbeitsinterventionen mit psychotherapeutischen Arbeitsformen wurde in der Folgezeit häufig kritisiert (vgl. Hege 1974; Germain 1974; Meinhold/Guski 1984). Weitere Kritikpunkte betrafen die schwammige Definition der Begriffe und Handlungsanweisungen (vgl. Karberg 1973).

Bei der Weiterentwicklung dieser Methode lassen sich zwei Tendenzen voneinander unterscheiden, die Therapeutisierung von Sozialarbeit und die Entwicklung sozio-ökologischer Konzepte.

4.1. Die Therapeutisierung der Sozialarbeit

Das Handlungsrepertoire wird durch Arbeitsformen aus unterschiedlichen psychotherapeutischen Schulen (→ *Psychotherapie* 2.4.) angereichert, z.B. aus Beiträgen der Humanistischen Psychologie, der Verhaltenstherapie und der Familientherapie (→ *Familie* 3.4.) (vgl. Neue Praxis, Sonderheft 1978). Diese Arbeitsformen kommen den Ausbildungs- und Fortbildungsbedürfnissen vieler Sozialarbeiter entgegen sowie deren persönlichen Zielen nach Selbsterfahrung und Selbstarktualisierung. Kritische Stimmen verweisen in diesem Zusammenhang aus das sogenannte „Doppelmandat" der Sozialarbeit, auf den Widerspruch zwischen „Hilfe" und „Kontrolle". Abgesehen davon, daß jede Form der Hilfe von bevormundenden und kontrollierenden Elementen begleitet sein kann, bleibt die Kontrolle durch Sozialarbeiter in den meisten Fällen folgenlos, auch wenn sie das Mißtrauen der Klienten fördert. Außer wenigen spektakulären Fällen, in denen Kinder gegen den Willen ihrer Eltern in

Heime eingewiesen wurden, sind die tatsächlichen Eingriffsmöglichkeiten der Sozialarbeiter sehr beschränkt. Was auf Seiten der Klienten als Kontrolle erlebt wird, betrifft mehr die unerbetene Einmischung in das Innenleben einer Familie oder Person, auch wenn diese Einmischung von den besten pädagogischen Absichten geleitet ist. Die guten pädagogischen Absichten stützen sich weniger auf wissenschaftliche Erkenntnisse über seelische Gesundheit als auf subkulturelle Deutungsmuster und Überzeugungen von gelungenen Lebensformen. Der Eindruck von Kontrolle und Einmischung kann auch von dem Handlungsdruck herrühren, unter dem ein Sozialarbeiter steht wegen des Mangels an regionalen Einrichtungen, wie z.B. einem Pflegeeltern-Notdienst, die ohne bürokratische Vorläufe und Festlegungen genutzt werden können und die den ambivalenten Einstellungen und wechselnden Lebensumständen der Klienten angemessener sind.

4.2. Sozio-ökologische Konzepte

Es werden die unterschiedlichen Ebenen des Zugriffs auf die Probleme der Klienten thematisiert und entsprechende Arbeitsformen entwickelt. Während bei den therapieorientierten Arbeitsformen die vorliegenden Probleme als Folge von Klientenbedürfnissen, Kompetenzen und Verhaltensmustern gedeutet und bearbeitet werden, rückt die sozio-ökologische Sichtweise den Blick auf überindividuelle Merkmale und Bedingungen der Problemgenese. Bevorzugt werden Sprachregelungen, die es gestatten, die beteiligten Personen nicht sofort als Produzenten von Problemen zu stigmatisieren. Probleme werden dem Zusammenwirken von sozialen, institutionellen und räumlichen Umweltfaktoren mit den in dieser Umwelt typischen Verhaltensmustern zugeschrieben; es werden z.B. Belastungen durch Forderungen von Institutionen, durch kritische Lebensereignisse und durch einen Mangel an Ressourcen im Umfeld des Klienten als Entstehungsbedingungen von Problemen gewertet (vgl. Germain/Gitterman 1983; Buchholz 1984; Meinhold im Druck). Demzufolge zielen die Arbeitsformen darauf, den Klienten zu entlasten, seine Nahumwelt durch den Aufbau kleiner sozialer Netze zu bereichern (Biegel 1984) und die Ressourcen im Umfeld der Klienten dem ermittelten Bedarf anzupassen sowie den Zugang zu diesen Ressourcen zu erleichtern.

Auch wenn sich diese Arbeitsformen leichter in bürokratiefernen Organisationen und Projekten ausüben lassen, ist es prinzipiell möglich, sie im Rahmen der offiziellen Arbeitsaufträge großer Behörden zu praktizieren. Erforderlich ist ein Perspektivwechsel, bei dem sich die Prioritäten der mehr inoffiziellen Arbeitsaufträge verschieben. Die Sozialarbeitsinterventionen betreffen in diesem Fall die verfügbaren Hilfsprogramme einer Dienststelle, wie z.B. die Sozialpädagogische Familienhilfe (vgl. Nielsen u.a. 1986), deren Veränderung und Erweiterung, desweiteren eine Koordination und Förderung von Hilfsangeboten außerhalb der Behörden. Die Beziehung zwischen Sozialarbeiter und Klient würde in diesem Fall dazu genutzt, den Bedarf des Klienten zu erkunden und eine Annäherung zwischen dem Klienten und den bedarfsgerechten Hilfsangeboten zu fördern. Eine solche Annäherung gelingt nur, wenn auch die Anbieter von Hilfen zu einer Veränderung ihrer Angebote gemäß den Vorschlägen der Klienten bereit sind.

Da das Repertoire an Hilfen bei diesem Arbeitsansatz vielfältiger ist als im Rahmen von therapie-orientierten Interventionen, vergrößern sich Entscheidungsspielraum und Mitbestimmungschancen der Klienten. Vereinzelt werden dadurch die Besorgnisse bei Sozialarbeitern wachsen, in gravierenden Fällen, etwa bei schweren Kindesmißhandlungen, „nicht rechtzeitig eingreifen" zu können. Dabei wird es wenig Erleichterung bringen zu wissen, daß auch die herkömmlichen Verfahren, eine Mischung aus administrativen Regeln und Beratungen zwar die Zuständigkeiten regeln, nicht aber das Mißhandlungsereignis selbst verhindern können.

4.3. Verschränkungen zwischen Arbeitsformen und Handlungskompetenzen

Parallel zu den Auseinandersetzungen um Methoden der Sozialarbeit wurden im Verlauf der Aufwertung des Berufs die Frage der Handlungskompetenzen von Sozialarbeitern diskutiert (vgl Geißler/Hege 1978; S. Müller u.a. 1982). Wiederholt wurden in diesen Diskussionen zwei Kompetenztypen voneinander unterschieden: technisch-instrumentelle Kompetenzen (a) und reflexive Kompetenzen (b).

ad a)

Technisch-instrumentelle Kompetenzen im engeren Sinne sind jene methodischen Fertigkeiten, die relativ kontextfrei erlernt werden können. Hierzu gehören die in unterschiedlichen therapeutischen Schulen geformten Techniken, um Gespräche zu führen, Rapport zu Klienten herzustellen und aufrechtzuerhalten, Feedback zu geben, Selbstvertrauen zu stärken, Fähigkeiten schrittweise erlernen zu lassen, zwischen Beteiligten zu schlichten, weiterhin Fertigkeiten des Spielens, der Animation, des Aufbaus von Lerneinheiten, das mehrdimensionale Interpretieren des Vorgefundenen, außerdem das Errechnen von Bedarf nach dem Bundessozialhilfegesetz und das regelgerechte Erheben von Einsprüchen gegen Verwaltungsentscheidungen.

Im weiteren Sinne umfassen die technischen Kompetenzen alle handlungsstrukturierenden Regeln zum Erstellen von Zielkatalogen bis zur Selbstevaluation von Handlungsverläufen und Ergebnissen. Im Sinne von didaktischen Arrangements (vgl. Heimann u.a. 1965; C.W. Müller 1982) werden die dem Arbeitsfeld, den Interventionen der Sozialarbeiter und den Lebensbedingungen der Klienten angemessenen Arbeitsprinzipien und Ziele entworfen und modifiziert, einschließlich der passenden konkreteren Arbeitsformen und Dokumentationsmittel. Da die Kritik am technisch-instrumentellen Vorgehen meistens von Autoren geäußert wird, denen es an praktischen Erfahrungen mit diesen Arbeitsformen mangelt, werden deren Wirkungen dramatisch überschätzt. Er wird vor einer Sozialtechnologie gewarnt, durch welche Klienten gegen ihren Willen manipuliert und verändert werden, obwohl dergleichen noch nie gelungen ist. Auch wird unterstellt, diese Arbeitsformen würden blind und unkritisch wie Rezepte verwendet, selbst wenn jede Orientierung an Rezepten mehr einer kreativen Ausgestaltung der Vorlage als einer mechanischen Anwendung ähnelt.

ad b)

Die reflexiven Kompetenzen beinhalten das Nachdenken über Planung, Intentionen und Arbeitsprinzipien, um sich den Sinn der eigenen Anstrengungen plausibel zu machen und die Verträglichkeit der mögliche Folgen mit dem eigenen Menschenbild und Glaubenssätzen herzustellen. Im engeren Sinne sensibilisieren diese Kompetenzen für die Wirkung der eigenen Person als Interaktionspartner und erleichtern es, die Kommunikation zu anderen Menschen aufzunehmen und zu gestalten. Das in der Sozialarbeit verbreitete Nachdenken über die eigenen Person und Befindlichkeit kann die Handlungsmöglichkeiten der Sozialarbeiter erweitern, wenn dabei die projektiven Phantasien des Helfers beachtet und bearbeitet werden. Wenn aber diese subjektive Seite bei der Analyse der Hilfeprozesse überbewertet wird und andere objektive Hindernisse ausgeblendet werden, verarmen die Fähigkeiten zu helfen.

5. Aktuelle Tendenzen

Im Verlauf des Erstarkens der Selbsthilfebewegung werden die besonderen Leistungsmöglichkeiten der sogenannten kleinen Netze, wie Familien, Nachbarschaften und Freunde, nicht nur wiederentdeckt, sondern auch offensiv propagiert (vgl. Röhrle/Stark 1985; Hegner 1985). Der Verweis auf die Selbsthilfepotentiale von Klienten braucht Sozialarbeiter nicht zu schrecken, zumal die Formel von der „Hilfe zur Selbsthilfe“ von den Anfängen der Sozialarbeit an ein – wenn auch recht unkonkretes – Leitmotiv für Sozialarbeitsinterventionen darstellte. Bei einem Blick auf die Selbsthilfebewegung läßt sich erkennen, daß die typischen Klienten der Sozialarbeit nur selten Initiatoren von Selbsthilfegruppen sind. Es bedarf vielmehr einer langandauernden, vom Sozialarbeitern getragenen Übergangsphase, um eine Annäherung zwischen diesen Klienten und passenden Selbsthilfegruppen einzuleiten. Auch verlieren Sozialarbeiter durch Selbsthilfegruppen nicht ihre Arbeitsplätze, bietet doch die Beratung, Unterstützung, Koordination und sogar der Aufbau von Selbsthilfegruppen den Sozialarbeitern vielfältige Beschäftigungen. Somit entwertet die Selbsthilfebewegung nicht – wie befürchtet – die fachlichen Kompetenzen von Sozialarbeitern, sondern erfordert geradezu ein mehr an Professionalität. Was Sozialarbeitern Sorge bereiten könnte, ist das zeitliche Zusammentreffen von Arbeitsmarktproblemen in ihrem Beruf und der Propagierung von Selbsthilfe, um Einsparungen öffentlicher Mittel zu rechtfertigen.

Die Beschäftigungsprobleme von Sozialarbeitern und der Wunsch vieler Berufsanfänger nach autonomen Arbeitsplätzen jenseits der Sozialbürokratie haben vielfältige regionale Initiativen und mehr oder weniger langlebige Kleinstprojekte erzeugt, in denen eine vermuteter oder tatsächlicher Bedarf potentieller Klienten gedeckt werden soll. Außer den z.T. recht unsicheren Arbeitsplätzen, die hiermit für Sozialarbeiter geschaffen werden, liegen die Vorteile dieser Projekte in der Erfindung und Erprobung neuer Interaktionsformen zwischen Sozialarbeitern und Klienten, die nicht nur eine Bereicherung des sozialarbeiterischen Handlungsrepertoires bedeuten, sondern bis in die klienten-nahe Lebensweise von Sozialarbeitern hineinwirken (vgl. Thiersch 1981). Kritisch zu werten ist die häufig anzutreffende Selbstbezogenheit der Intitiativen, die eine Koordination mit ergänzenden Projekten im Wohngebiet und mit den behördlichen Diensten erschweren. Doppelversorgung oder ein Verfehlen der erwarteten Klienten sind dann die Folge.

Während das sozialpolitische Klima der 70er Jahre ein wohlwollendes Interesse für Sozialarbeit und die Belange ihrer Klientel geweckt hat, wird die Kürzung von Sozialausgaben heute von breiten Wählerschichten honoriert. Sozialarbeit bietet nicht länger eine Projektionsfläche für zukunftsweisende Gesellschaftsentwürfe. Damit wächst für Sozialarbeit die Chance, sich von überhöhten Erwartungen zu befreien und die postulierten Ziele auf ihre Wirklichkeitsnähe hin zu überprüfen. Zur

Zeit wird aber das Erkennen und Nutzen dieser Chance beeinträchtigt, weil sich sowohl die Lebensbedingungen der Klientel wie auch die von Sozialarbeitern durch Arbeitslosigkeit und Lücken der sozialen Sicherungssysteme verschlechtern.

Literatur

Bauer, R., Rechtlicher Status und Organisation von Wohlfahrtsverbänden. In: Maas, U. (Hg.): Sozialarbeit und Sozialverwaltung. Weinheim: Beltz 1985, 30-45.
Becher, U. u.a., Familienberatung als integrierter methodischer Ansatz in einem Gemeinwesenprojekt zur Bekämpfung der Armut. In: Neue Praxis 12, 1982, 333-344.
Beck, U., Die Zukunft der Familie. In: Psychologie Heute 14, 1987, 44-49.
Biegel, D.E., Building Support Networks For The Elderly. London: Sage, 1984.
Buchholz, W., Lebensweltanalyse. München: profil 1984.
Einsiedler, W., Lehrstrategien und Lernerfolg. Weinheim: Beltz 1976.
Eyferth, H. u.a. (Hg.), Handbuch zur Sozialarbeit/Sozialpädagogik. Neuwied: Luchterhand 1984.
Friedländer, W.A./Pfaffenberger, H., Grundbegriffe und Methoden der Sozialarbeit. Neuwied: Luchterhand 1966.
Geißler, K.A./Hege, M., Konzepte sozialpädagogischen Handelns. München: Urban & Schwarzenberg 1984.
Germain, C., Soziale Einzelhilfe und Wissenschaft.In: Roberts, R.W./Nee, R.H. (Hg.): Konzepte Sozialer Einzelfallhilfe. Freiburg: Lambertus 1974, 17-45.
Germain, C./Gitterman, A., Praktische Sozialarbeit – das „Life Model" der sozialen Arbeit. Stuttgart: Enke 1983.
Haar, E. von der (Hg.), Berufsalltag in der Familienfürsorge. Berlin: Verlag die Arbeitswelt 1984.
Hege, M., Engagierter Dialog. München: Reinhardt 1974.
Hegner, F., Sozialarbeit in der Phase des Übergangs von der Einbahn- zur Zweibahnstraßengesellschaft. In: Huster, E.-U. u.a. (Hg.): Sozioökonomische Rahmenbedingungen für die Sozialarbeit in den 80er und 90er Jahren. Frankfurt: ISS-Arbeitshefte 6, 1985, 113-144.
Heimann, P. u.a., Unterricht, Analyse und Planung. Hannover: Schroedel 1965.
Karberg, W., Soziale Einzelfallhilfe. In: Otto, H.-U./Schneider, S. (Hg.): Gesellschaftliche Perspektiven der Sozialarbeit. Bd. 2, Neuwied: Luchterhand 1973, 147-167.
Marzahn, G., Wer soll eigentlich die Probleme lösen? In: Brockmann, A.D. u.a. (Hg.): Jahrbuch der Sozialarbeit 3, Reinbek: Rowohlt 1979, 81-85.
Meinhold, M., Kognitive Komplexität in sozialpädagogischen Ausbildungsgängen. In: Hagemann, W. u.a. (Hg.): Kognition und Moralität in politischen Lernprozessen. Obladen: Leske 1982, 120-141.
–, Sozio-ökologische Konzepte – alternative Grundlagen für Familienarbeit. In: Hörmann, G./Körner, W. (Hg.), Familie und Familientherapie. Obladen: Westdeutscher Verlag, im Druck.
Meinhold, M./Guski, E., Einzelfallhilfe. In: Eyferth, H. u.a. (Hg): 1984, 271-281.
Müller, C.W., Wie Helfen zum Beruf wurde. Weinheim: Beltz 1982.
Müller, S. u.a. (Hg.), Handlungskompetenz in der Sozialarbeit/Sozialpädagogik I. Bielefeld: AJZ 1982.
Müller, S./Otto, H.-U., (Hg.), Verstehen oder Kolonialisieren? Bielefeld: Kleine 1984.
Neue Praxis, Sonderheft „Sozialarbeit und Therapie". 1978.
Nielsen, H. u.a., Sozialpädagogische Familienhilfe. Weinheim: Beltz 1986.
Olk, T., Abschied vom Experten. München: Juventa 1986.

Pfeiffer, W.M., Stellungnahme: Über Grundlagen einer klientenzentrierten Krebspsychotherapie. In: Zeitschrift für personenzentrierte Psychologie und Psychotherapie, 6, 1987, 199-201.

Ressortübergreifende Planung, Abschlußbericht, Neukonstruktion der sozialen Dienste. Berlin: Senator für Arbeit und Soziales, 1974.

Röhrle, B./Stark, W. (Hg.), Soziale Netzwerke und Stützsysteme. Tübingen: dgtv 1985.

Stahl, T., Interventionsmuster des NLP in der Familientherapie. In: Schneider, K., (Hg.): Familientherapie in der Sicht psychotherapeutischer Schulen. Paderborn: Junfermann 1983, 330-353.

Thiersch, H., Der mißverständliche Alltag – Rückfragen zum Konzept einer alltagsorientierten sozialen Arbeit. In: Literatur Rundschau, 5/6, 1981, 90-97.

Thiersch, H./Rauschenbach, T., Sozialpädagogik/Sozialarbeit: Theorie und Entwicklung. In: Eyferth, H. u.a. (Hg.), 1984, 984-1015.

Tietze, K.W., Soziale Bedingungen der Inanspruchnahme von Schwangerschaftsvorsorge. Abschlußbericht. Institut für Sozialmedizin und Epidemiologie des Bundesgesundheitsamtes, Berlin 1979.

Wirth, W., Inanspruchnahme sozialer Dienste. Frankfurt: Campus 1982.

Zinner, G., Sozialarbeit zwischen Anspruch und Wirklichkeit. Offenbach: Verlag 2000 1981.

1.5. Pädagogische Intervention

Klaus Hurrelmann / Birgit Holler

1. Theoretische Grundlegung

Soziale Intervention wird meist definiert als das „Eingreifen in die strukturierten Bedingungen, unter denen Menschen ihr alltägliches Leben führen. Hierzu gehören sowohl der Bereich der Produktion (Arbeit) als auch derjenige der Reproduktion (Sozialisation, Regeneration des Arbeitsvermögens, für außerökonomische Zwecke disponible Zeit)" (Kaufmann 1980, 63; Hurrelmann/Kaufmann/Lösel 1987).

Entsprechend ihrer Wirkungsweise lassen sich nach dieser Konzeption von Kaufmann folgende Formen sozialer Intervention unterscheiden:

a) rechtliche Intervention als Maßnahme zur Verbesserung des rechtlichen Status von Personen;
b) ökonomische Intervention als Maßnahme zur Verbesserung der Einkommensverhältnisse von Personen;
c) ökologische Intervention als Maßnahme zur Verbesserung der materiellen und sozialen Umwelt von Personen; sowie
d) pädagogische Intervention als Maßnahme zur Verbesserung der Handlungskompetenz von Personen.

Obwohl diese Wirkungsbereiche sich gegenseitig beeinflussen, soll in diesem Beitrag der Schwerpunkt auf die gesonderte Erörterung der pädagogischen Intervention gelegt werden.

Die Notwendigkeit pädagogischer Intervention ergibt sich aus dem normativen und faktischen Interesse einer Gesellschaft an der Steigerung der Handlungsfähigkeit aller Gesellschaftsmitglieder, zum mindesten so lange, als sich diese Handlungsfähigkeit in gesellschaftlich erwünschten Bahnen bewegt (Kaufmann 1980, 80). Pädagogische Intervention bedeutet demnach einen gezielten Eingriff in den Vermittlungsprozeß zwischen gesellschaftlichen Handlungsanforderungen und individuellen Handlungskompetenzen der Gesellschaftsmitglieder. Sie bewegt sich damit im Spannungsfeld des Funktionszusammenhanges des Sozialisationsprozesses: der Reproduktion der Gesellschaft und des Aufbaus der Persönlichkeit, der Aneignung der äußeren Realität und der Auseinandersetzung mit und produktiven Verarbeitung von sozialen und materiellen Lebensbedingungen (Hurrelmann/Ulich 1982; Hurrelmann 1986). Ziel jeder pädagogischen Intervention muß es sein, eine solche Verfügbarkeit und angemessene Anwendung von Verhaltensweisen zu ermöglichen, die eine Person zur effektiven Auseinandersetzung mit konkreten Lebenssituationen befähigen, die für diese Person und/oder ihre Umwelt relevant sind (Sommer 1977, 75). Je genauer die Bedingungen und Abläufe des Sozialisationsprozesses erforscht sind, desto effektiver kann pädagogische Intervention ansetzen. Bei der Implementation pädagogischer Interventionsmaßnahmen sind allerdings in verstärkten Maße nicht nur Fragen nach der Wirkungsweise und Wirksamkeit zu klären, sondern auch solche nach ihrer Angemessenheit und ihrer Berechtigung hinsichtlich ethischer und politischer Gesichtspunkte. Hierauf wird in der weiteren Diskussion über pädagogische Intervention intensiver als bisher einzugehen sein (Wambach 1983).

Entgegen dem extensiven Gebrauch des Präventionsbegriffes (→ *Prävention* 2.1.) in der Psychologie und Medizin hat sich in der Soziologie und Pädagogik eher eine Orientierung am Begriff der Intervention gehalten. Je nach Zeitpunkt des Eingriffs lassen sich die „präventiven Potentiale" unterscheiden, die der Eingriff hat: Unter Prävention werden ausschließlich solche Maßnahmen zusammengefaßt, die im Vorgriff auf eine absehbare (aber noch nicht eingetretene) Diskrepanz zwischen Handlungsanforderungen und Handlungskompetenz ansetzen, die also eine derartige Diskrepanz verhindern sollen. Alle anderen Formen der Intervention, die einen Eingriff zu einem Zeitpunkt bedeuten, zu dem bereits eine Diskrepanz eingetreten ist, fallen damit nicht mehr in den Bereich der Prävention. Mit dieser Begriffsverwendung wird die mißverständliche Klassifikation von primärer, sekundärer und tertiärer Prävention (Caplan/Grunebaum 1977) vermieden.

Die Ursachen für das Zustandekommen einer Diskrepanz zwischen Handlungsanforderungen und Handlungskompetenzen können sowohl in der Unterforderung bzw. Überforderung (Überbeanspruchung) der aktuellen individuellen Verhaltensdisposition und -kapazitäten als auch in der Unangemessenheit der Handlungsanforderungen der sozialen Umwelt liegen. Das Beziehungsverhältnis zwischen Anforderungen und Kompetenzen und insbesondere die Bestimmung der Angemessenheit von Handlungsanforderungen unterliegt normativen Gesichtspunkten und gesellschaftlichen Macht- und Herrschaftsstrukturen und ist somit kultur- und zeitgebunden. Definitionen der Angemessenheit und damit auch der „Normalität" individuellen Verhaltens differieren je nach sozialer Bezugsgruppe und sind außerdem auch alters- und geschlechtsspezifisch.

Wie eingangs betont, kann der pädagogischen Intervention arbeitsteilig neben anderen Formen nur ein begrenzter Stellenwert zugeschrieben werden. Ihr Schwerpunkt liegt darin, den Aufbau, die Aufrechterhaltung und/oder die Wiederherstellung der individuellen Handlungskompetenz zu gewährleisten. Im allgemeinen Begriffsverständnis soll hier unter Handlungskompetenz der Zustand der individuellen Verfügbarkeit von Verhaltens-, Interaktions- und Kommunikations-„Strategien" verstanden werden, die ein angemessenes Agieren in konkreten Handlungssituationen gestatten, die für die Person und/oder die Umwelt von Bedeutung sind.

Grundlage und Voraussetzung für die Entfaltung von Handlungskompetenzen ist die Entwicklung grundlegender Fertigkeiten und Fähigkeiten, die einem Menschen gestatten, sich die soziale und dinglich-materielle Umwelt anzueignen und sich mit ihr mit allen seinen Sinnen auseinanderzusetzen. Hierzu können sensorische und motorische, interaktive, kognitive und affektive Fertigkeiten gezählt werden, die sich in der Regel von den ersten Lebensjahren an entwickeln und deswegen auch als Basiskompetenzen bezeichnet werden können (Flavell/Ross 1981). Ihr Entwicklungsprozeß wird durch innerorganismische Reifungsprozesse ebenso gefördert wie durch Anregungen und Auseinandersetzung mit der sozialen und dinglichen Umwelt. Sobald ein selbstgesteuertes und selbständiges Interagieren und Kommunizieren möglich ist, kann von Handlungskompetenzen gesprochen werden (Hurrelmann 1986, 154 ff.).

Die Relation der einzelnen Fertigkeiten und Fähigkeiten zueinander bietet eine in sich strukturierte, wenn auch für Veränderungen stets offene Ausgangskonstellation für soziales Handeln. Diese *Struktur der Handlungskompetenzen* („Kompetenzstruktur") eines Individuums erfaßt die jeweilige Strukturiertheit der kognitiven, moralischen, ästhetischen, emotionalen, sprachlichen und sozialen Kompetenzen, ihren jeweiligen Entfaltungsgrad nach Differenziertheit und Komplexität und den jeweiligen Ausprägungsgrad von Reflexivität. Bei der Struktur der Handlungskompetenz handelt es sich damit um die zu einem bestimmten Lebenszeitpunkt verfügbaren und anwendbaren Potentiale der Umweltwahrnehmung, der Steuerung des Handelns nach ethischen und moralischen Prinzipien, des gefühlsmäßigen und genußorientierten Erschließens der sozialen und natürlichen Umwelt, des verbalen Benennens und Kodierens der äußeren Realität sowie der sozialen Kontaktfähigkeit und Verhaltenssicherheit.

2. Maßnahmen und Kontexte der pädagogischen Intervention

Der wohl wichtigste Wirkungsbereich pädagogischer Intervention liegt im Bildungs- und Ausbildungssektor. Daher wollen wir im folgenden typische Merkmale wie Unterrichtung, Förderung und Beratung ansprechen und als Praxisfelder (konkrete) Vorschuleinrichtungen und Schulen sowie Berufs-, Erwachsenen- und Weiterbildungseinrichtungen.

2.1. Unterrichtung, Förderung und Beratung in den Bereichen Vorschule und Schule

Mit der allgemeinen Schulpflicht und den steigendem Anteil von Vorschulbetreuung von Kindern ist im Bereich der Bildungseinrichtungen eine grundlegende Voraussetzung und breite Ausgangsbasis für vorbeugende (präventive), helfende und unterstützende pädagogische Interventionen gegeben.

2.1.1. Unterrichtung

Ein Grundelement jeder pädagogischen Intervention ist Information und Wissensvermittlung. Das zentrale Praxisfeld für einen systematisch trainierten und gesteuerten Wissenserwerb nach stringent aufgebauten Lehrplänen und Unterrichtsprogrammen (Curricula) ist die Institution Schule. Ihr offizieller Auftrag ist die Vermittlung von grundlegenden und speziellen Kenntnissen als Ausgangspunkt für intellektuelle und soziale Kompetenzen. Entsprechend umfaßt die schulische Unterrichtung neben der reinen Information auch die Routinisierung und Umsetzung des Wissens. Im Idealfall vermittelt schulischer Unterricht Kompetenzen, die sowohl in innerschulischen als auch außerschulischen Bereichen relevant sind, also Fähigkeiten und Fertigkeiten, die im Lebensalltag verlangt werden (life skills). Dabei sind verschiedene Wissensformen beteiligt: „Wissen über Sachverhalte, Wissen, das psychomotorischen und kognitiven Fertigkeiten zugrunde liegt, Wissen über Strategien zur Bewältigung von Problemsituationen sowie metakognitives Wissen, das die Reflexion über das eigene Wissen und über die eigene Handlung steuert" (Mandl/Friedrich/Hron 1986, 145). Grundsätzlich hat jeder Unterricht unmittelbar präventiven Charakter, wenn er lernzielorientiert und schülerzentriert konzipiert ist und auch psychologische und pädagogische Kenntnisse umzusetzen gestattet.

Möglichkeiten und Grenzen kognitiver Wissensvermittlung im Bildungsbereich geraten insbesondere dann ins Blickfeld, wenn aktuelle Defizite der Verhaltensentwicklung registriert und (öffentlich) thematisiert werden. Beispiele hierfür sind die Einführung von speziellen Unterrichtseinheiten und -programmen in den Bereichen der Verkehrserziehung, Sexualerziehung, der Drogen- und Gesundheitserziehung, die in den letzten Jahren von seiten der Schulaufsichtsbehörden eingeführt wurden, um auf aktuelle Gefährdungsbereiche der Entwicklung von Kindern und Jugendlichen zu reagieren. Hier zeigte sich, welche großen Multiplikatorwirkungen schulischer Unterricht haben kann. Zugleich wurde aber klar, z.B. im Bereich der Drogenerziehung, daß die aufklärerische Wirkung reiner Information – zumal dann, wenn sie in abschreckender Form vorgebracht wird – stark durch die Glaubwürdigkeit der Informationsquelle beeinflußt wird. Der ergänzende Einsatz trainingsorientierter Ansätze konnte die Erfolge der Unterrichtseinheiten erhöhen (vgl. Huber/Schlottke 1986). Außerdem erwies sich als wichtig, spezielle Unterrichtseinheiten auf das engste mit dem „regulären" Unterricht zu verbinden und spezielle Unterrichtsformen wie fachübergreifenden, Epochen- und Projektunterricht zu betreiben.

2.1.2. Förderung

Während die verschiedenen Formen der Wissenvermittlung im Rahmen schulischen Unterrichts in der Regel eher der Prävention dienen, beziehen sich Förderungsmaßnahmen auf spezifische „Risikogruppen", bei denen konkrete Anhaltspunkte für Entwicklungsprobleme der Kinder und Jugendlichen gegeben sind. Der Identifizierung solcher Risikogruppen können unterschiedliche Bezugsnormen zugrundeliegen: Soziale (interindividuelle) Bezugsnormen richten sich auf Vergleichsgruppen (z.B. Altersgruppen, Klassen); (intra-)individuelle Bezugsnormen liegen vor, wenn beispielsweise die von einem Schüler bisher erbrachten Leistungen nachlassen; kriteriumsbezogene (sachliche) Bezugsnormen rekurrieren auf vorgegebene Lernziele (Knapp 1986).

Im schulischen Bereich werden vor allem Förderungsgruppen bezüglich des Leistungsversagens eingerichtet. Vorliegende Bedingungsanalysen für Leistungs- und Entwicklungsschwierigkeiten bei Kindern und Jugendlichen zeigen, daß sich pädagogische Fördermaßnahmen im Schulbereich sowohl auf die vor- und außerschulische (insbesondere familiale) als auch auf die schulische Konstellation von Risiken für Leistungsstörungen beziehen müssen. Die Maßnahmen müssen einen „Doppelcharakter" haben, indem sie kompensierend und korrigierend auf ungünstige Ausgangslagen außerhalb der Schule einwirken und zum anderen prophylaktisch auch innerschulische Risiken berücksichtigen. Die eigentliche Wirksamkeit der Fördermaßnahmen liegt darin, daß sie das Diskrepanzverhältnis von schulischen und außerschulischen Handlungs- und Leistungsanforderungen und individuellen Kompetenzen der Schüler so weit wie möglich abbauen oder bewältigbar machen. Dazu ist einmal eine Veränderung des schulischen Anforderungsprofils und zum zweiten eine Verbesserung der individuellen Kompetenz zur Auseinandersetzung mit diesem Anforderungsprofil notwendig (Hurrelmann/Jaumann 1986).

Da sich Lernprozesse in der Schule immer im Medium sozialer Interaktion zwischen Lehrer und Schüler abspielen, müssen alle Maßnahmen hier ihren Ausgangspunkt nehmen. Auf der Linie der sozialisations- und interaktionstheoretischen Bedingungsanalyse müssen angemessene pädagogische Maßnahmen das soziale Beziehungsgefüge von Erzieher und Kind im Auge haben, sich also auf die Art und Weise und den Inhalt der Interaktion und Kommunikation von Lehrer und Schüler konzentrieren. So hat die Forschung in diesem Bereich zeigen können, daß eine Fixierung von auf die Person gerichteten Maßnahmen schnell ihre Effektivitätsgrenze erreicht, wenn nicht die gesamte soziale Struktur der Lernumwelt und die für die Vermittlung zentrale Lehrer-Schüler-Beziehung mit einbezogen werden. Hierzu gehören auch die subjektive Wahrnehmung und Interpretation der Unterrichtssituation des Schülers und des Lehrers (Arbeitsgruppe Schulforschung 1980).

„Interaktionszentrierte" Fördermaßnahmen stehen damit zwischen individuumzentrierten, die auf Beeinflussung der Schülerperson abzielen, und sozio-zentrierten Maßnahmen, die auf die Beeinflussung der sozialen Umwelt abstellen. Sie versuchen, die Zielrichtung beider in sich aufzunehmen und zu integrieren, indem sie auf eine Beeinflussung der Interaktion zwischen der Schülerperson und seiner sozialen Umwelt abzielen (Brandtstädter 1982). Zu den interaktionszentrierten Maßnahmen gehören etwa alle Formen des team-teaching, bei denen zwei Lehrkräfte im Unterricht eingesetzt werden. Aus dem Bereich der netzwerkorientierten Forschung wird auf den Einsatz von Schülern in helfender oder unterstützender Funktion hingewiesen (Franz 1986): Modell sind hier der Einsatz der ‚Schülertutoren' bzw. das ‚cross-age-teaching' und ‚peer-tutoring' im angelsächsischen Raum. Ebenso wird die Einführung von Bezugsschülern aber auch von selbstorganisierten Schülergruppen diskutiert, deren unterstützende Wirkung insbesondere in der Erweiterung und Stabilisierung als Bezugsgruppe liegt. Darüber hinaus liegt eine Vielzahl problemspezifischer Förderungskonzepte vor, die an Lehrer, Erzieher und Eltern gerichtet sind (z.B. Petermann 1986; Diamond 1985).

Von besonderer Bedeutung für den Einsatz präventiver und interventiver Maßnahmen sind evaluative Begleitstudien, die eine Kontrolle der erzielten Effekte ermöglichen sollen. In der Regel wird zwischen Maßnahmen unterschieden, die auf eine Verbesserung der Erziehungs- und Sozialisationsbedingungen gerichtet sind, und Maßnahmen, die die individuellen Fähigkeiten und Kompetenzen direkt verbessern sollen (Seidman 1983).

Für den *vorschulischen Bereich* liegen mehrere Wirkungsanalysen vor, die sich auf verschiedene Interventionsmaßnahmen im familialen und schulischen Sektor beziehen (Dollase 1978). Insbesondere aus den USA liegen inzwischen Berichte über die Langzeitauswirkungen der sogenannten Head-Start und Follow-Through Programme vor, die teilweise einen Zeitraum von über 15 Jahren umfassen. Es zeigt sich, daß die kognitiven Fördereffekte im Laufe der Jahre abklingen, die positiven Wirkungen auf den Schulerfolg der Kinder aber erhalten bleiben (Bronfenbrenner 1974; Schweinhart/Weikart 1980; Shure/Spivack 1982).

Viele der amerikanischen Vorschulprogramme sind als primäre Präventionsprogramme im engeren Wortsinn zu klassifizieren. Sie machen die Chancen und Gefahren eines solchen Ansatzes deutlich. Problematisch ist unter anderem das Fehlen eines differenzierten diagnostischen Instrumentariums, die theoretische Unklarheit über die Prädikatorvariablen, die Unzuverlässigkeit der bisher eingeführten Sondierungs-(„Screening-")Techniken und die Gefahr einer Stigmatisierung der Kinder aus vermeintlichen „Risikofamilien" (Hurrelmann/Jaumann 1984).

Die Erfahrungen mit vorschulischen Fördermaßnahmen sprechen dafür, die Bemühungen um schulische Förderung und zugleich um eine engere Kooperation von Kindergarten, Schulkindergarten, Grundschule und Sonderschule für Lernbehinderte zu verstärken.

Fördermaßnahmen im *schulischen Bereich* umfassen ein breites Spektrum von allgemeinen schulorganisatorischen und -ökologischen Maßnahmen (reformierte Schuleingangsstufe, innere Differenzierung usw.) bis hin zu eng spezifizierten didaktisch-methodischen Verfahren (remediales Lernen, schülerzentrierter Unterricht) (Klauer/Reinartz 1978; Reinartz/Sander 1981; Epstein 1981; Hamilton 1984).

Alle bisher gewonnenen Erkenntnisse weisen darauf hin, daß eine einzelne isoliert eingeführte Fördermaßnahme keinen nachhaltigen und langfristigen Effekt erreichen kann. Insbesondere lehrplanstrukturelle und inhaltliche sowie didaktische und methodische Maßnahmen verlieren ihre Wirkung, wenn sie nicht dauerhaft und umfassend durch das gesamte Arrangement der schulischen Unterrichts- und Lernorganisation und der Lehrer-Schüler-Interaktion „abgestützt" werden. Die soziale Lernsituation der Schule, zu der auch die räumliche Gestaltung beiträgt, und die spezifischen Anforderungen des Lehrplans müssen als eine Einheit betrachtet werden. Diese Erkenntnis wird auch durch die angelsächsischen Projekte unterstrichen, die besonders intensiv mit kompetenztheoretischen Konzepten arbeiten (Reiss/Dyhdalo 1975; McKinney/Feagans 1983).

In der Bundesrepublik Deutschland wurden intensive Erkenntnisse im Zusammenhang von Modellversuchen und ihrer wissenschaftlichen Begleitung gewonnen. Hier sind vor allem Projekte in Bayern, Hamburg, Nordrhein-Westfalen, Rheinland-Pfalz und Schleswig-Holstein zu nennen, die zum Teil verschiedene schulische Fördermaßnahmen vergleichend unter Einbeziehung von Kontrollgruppen evaluiert haben. In vielen Projekten stand dabei die Frage im Mittelpunkt, wie gezielte Fördermaßnahmen auf Dauer strukturell abgesichert werden können, ohne nachteilige Isolierungs- und Stigmatisierungseffekte für die geförderten Kinder zu bewirken. Hierdurch ist verstärkt Aufmerksamkeit auf solche Päventivmaßnahmen gelenkt worden, die in den regulären Unterricht der Grundschule integriert werden können (z.B. Dumke 1980; Springer 1982; Kleber 1983; Reiser et al. 1984).

2.1.3. Beratung

Ein weiterer Bereich pädagogischer Intervention, der sich in den letzten Jahren etabliert hat, ist die Beratung (→ *Beratung* 2.2.). Im Unterschied zu den bisher vorgestellten Maßnahmen setzt Beratung an der (einzelnen) Person des Schülers an, gegebenenfalls werden auch Eltern und andere Erzieher miteinbezogen: „Beratung ist eine freiwillige, kurzfristige, oft nur situative soziale Interaktion zwischen Ratsuchendem (Klienten) und Berater mit dem Ziel, im Beratungsprozeß eine Entscheidungshilfe zur Bewältigung eines vom Klienten vorgegebenen aktuellen Problems durch Vermittlung von Informationen und/oder Einübung von Fertigkeiten gemeinsam zu erarbeiten" (Schwarzer/Posse 1986, 634). Professionelle Beratung orientiert sich an vorher definierten Zielen, analysiert die gegebene Problemsituation unter Verwendung systematischen Wissens und entwickelt auf dieser Grundlage Handlungsmöglichkeiten zur Bewältigung der Problemsituation. Nach der Verlaufstruktur läßt sich der Beratungsprozeß in folgende Schritte unterteilen: a) allgemeine Orientierung, b) Problemanalyse, c) Erzeugung und Bewertung von Alternativen, d) Entscheidungs- und Handlungsplan, e) Durchführung der konkretisierten Lösungsstrategie, f) Evaluierung (Aurin 1984; Heller/Nickel 1982; Perrez et al. 1985).

Mit zunehmender Ausdifferenzierung des Bildungssektors haben sich sowohl schulform- als auch schulstufenspezifische Formen der Bildungs- und Laufbahnberatung herauskristallisiert. Darüber hinaus finden sich vielfach auch Angebote der Individualhilfe, z.B. in Gestalt der Lebens- und Erziehungshilfe (Hornstein 1976; Martin 1981). Naturgemäß gibt es hier zahlreiche Überschneidungen der Aufgabenfelder zu außerschulischen Einrichtungen, etwa der Erziehungs- und Jugendberatung, so daß vielfach nach Möglichkeiten der Zusammenarbeit der Beratungsinstitutionen gesucht wird, etwa in Feldern der Einschulungs- und Schullaufbahnberatung, der Einzelfallhilfe bei Lernschwierigkeiten, Leistungsdefiziten, Verhaltensauffälligkeiten, Berufs- und Studienberatung, Gesundheits- und Drogenberatung (Rutter 1980, 235 ff.).

In der erziehungswissenschaftlichen Fachliteratur wird in den letzten Jahren die wichtige Rolle der Schule für die Gestaltung von sozialen Unterstützungsleistungen neu diskutiert. In dem Maß, wie die Schule ihre schulpädagogische mit sozialpädagogischer Kompetenz anreichert, kann sie möglicherweise neben und in Kooperation mit Jugendarbeit und Jugendhilfe zu einem zentralen Bestandteil des sozialen Netzwerkes im Jugendalter und zu einem wichtigen Teilbereich des Systems der Jugendberatung werden (Hurrelmann/Wolf 1986, 190) (→ *Jugendliche* 3.2.).

Die folgenden Maßnahmen sind hierbei denkbar:

a) Soziale Beratung in der Schule. Dieser Bereich umfaßt die Aufgabengebiete Schullaufbahnberatung, Hilfe bei Leistungsstörungen und Schulschwierigkeiten, Beratungsangebote bei psychischen und sozialen Problemen u.a. im Rahmen von Einzelfallhilfe, Gruppenarbeit oder curricular abgesicherten Programmen.
b) Sozialpädagogische Jugendarbeit in der Schule. Dieser Bereich umfaßt eine lebensweltbezogene Jugendarbeit innerhalb des Schulsystems. Dabei geht es um die Erfüllung der Freizeit- und Kommunikationsbedürfnisse der Schüler und um das Angebot einer offenen Jugendarbeit, die auf die konkrete Lebens- und Sozialisationsproblematik der Jugendlichen des jeweiligen Stadtteils bezogen ist.

Maßnahmen dieser Art sind nur in Zusammenarbeit von Schule mit den für die Jugendhilfe, Jugendarbeit und Jugendberatung zuständigen Stellen des Jugendamtes und anderen kommunalen Einrichtungen zu realisieren. Besonders schwierig sind Maßnahmen und Modelle umzusetzen, in denen ein integrierter Arbeitsverbund zwischen Schulpädagogik und Sozialpädagogik praktiziert wird. Hier geht es um die Einbeziehung sozialpädagogischer Perspektiven in die Organisation des Schulalltags durch die Einrichtung offener Lernfelder und die sozialpädagogische orientierte Veränderung der Lehrplangestaltung durch die gleichwertige Betonung sozialer Lernprozesse gegenüber fachbezogenem Lernen. Voraussetzung ist die sozialpädagogische „Anreicherung“ der Lehrerrolle durch eine Erweiterung der sozialerzieherischen Handlungskompetenzen jedes einzelnen Lehrers. Organisationsstrukturell drücken sich solche integrierten Modelle etwa in der Einrichtung von Tutorensystemen in Schulen aus. Weitere Ansätze in dieser Tradition aus dem angelsächsischen Bereich sind u.a. das *Primary Mental Health Project, das Social Problem Solving Curriculum, das Behavioral Science Curriculum und das Community-School-Program* (vgl. Überblicke bei Sommer 1977; Brandtstädter 1982). Maßnahmen dieser Art verbinden die Vorteile der Interventionsweisen von Unterrichtung, Förderung und Beratung in einem integrierten Konzept.

2.2. *Unterricht, Förderung und Beratung im Bereich Berufs-, Erwachsenen- und Weiterbildung*

Unterricht, Förderung und Beratung als Maßnahmen der pädagogischen Intervention kommen auch in den nichtschulischen Bildungseinrichtungen der Berufs-, Erwachsenen- und Weiterbildung zum Einsatz. Je nach den spezifischen Anliegen und Zielgruppen dieser Bildungseinrichtungen liegen unterschiedliche Konzepte zugrunde. Ziel der Maßnahme in diesem Bereich ist nicht so sehr die direkte, sondern die indirekte Einflußnahme auf die „Klienten": Pädagogische Intervention in diesem Bereich richtet sich in erster Linie an Personen, deren Handlungskompetenz deshalb verbessert werden soll, weil sie „Multiplikatoren" im Erziehungsprozeß sind, also unterrichtende, fördernde und beratende Maßnahmen durchführen sollen. Dies trifft vor allem auf alle Bereiche der Ausbildung und Fortbildung in Berufen mit erziehender, heilender, beratender und allgemein helfender Funktion zu.

2.2.1. Lehrer und Erzieherfortbildung

Eine Schlüsselrolle für die einschlägige Fort- und Weiterbildung spielen Erzieher und Lehrer. Beim Training von Lehrern geht es vor allem um die Vermittlung von Kenntnissen und Fertigkeiten, von denen angenommen werden kann, daß sie für den Unterrichtsalltag von Bedeutung sind. Zusätzlich muß es darum gehen, das Verhaltensrepertoire von Lehrern zu erweitern und zu verändern. Trainiert werden insbesondere Fertigkeiten zur Gesprächsführung in der Klasse, zur Lenkung des Unterrichts, zur Reflexion des eigenen Verhaltens als Erzieher, zur Analyse von Konflikten, zum Motivieren von Schülern, zum Operationalisieren von Unterrichtszielen, zum expliziten Vereinbaren von Regeln in der Klasse u.s.w. (Huber/Schlottke 1986). Um der Komplexität des Schulalltags gerecht zu werden, werden oft situationsorientierte Programme durchgeführt, wobei konkrete Beispiele aus dem Schulalltag den Kern des Trainings bilden. Oft steht auch ein Methodentraining im Mittelpunkt, das übergreifende Lehr- und Lernformen vermitteln soll. Besondere Beachtung hat in den letzten Jahren die Fortbildung für Lehrer mit besonderen Funktionen in Schule und Unterricht gefunden. Hier geht es darum, jedes Schulkollegium mit einer oder mehreren Lehrpersonen zu versorgen, die durch wiederholte Fortbildung und entsprechende einschlägige Berufspraxis bei besonderen pädagogischen, psychischen und sozialen Problemen von Schülerinnen und Schülern kompetente Beratung und erste Hilfe leisten können. Diese Lehrpersonen behalten die Rolle „Lehrer" bei, verbleiben damit in einer den übrigen Lehrern und auch den Schülern vertrauten

Position, sind aber mit einem Teil ihres Unterrichtsdeputats freigestellt, um sich spezifischen Beratungs- und Hilfsaufgaben zuwenden können.

In verschiedenen Ländern der Bundesrepublik Deutschland ist diese Konzeption der Aus- und Fortbildung von „Beratungslehrern“ in den letzten Jahren fest institutionalisiert worden. Ziel ist die Vermittlung von Wissen und Fertigkeiten in den Bereichen Schullaufbahnberatung, Berufswahlberatung, Beratung bei psychosozialen Verhaltensproblemen bei Schülern, Beratung bei Lernschwierigkeiten und Schulversagen sowie Beratung bei Disziplinproblemen und Störungen der Lehrer-Schüler-Interaktion. Die Beratungslehrer werden so ausgebildet, daß sie in den genannten Aufgabenbereichen wichtige Grundkenntnisse und allgemeine Beratungskompetenzen erwerben. Sie sollen den voll professionalisierten Beratern in den schulpsychologischen Diensten und Erziehungsberatungsstellen keine „Konkurrenz“ machen, sondern in Zusammenarbeit mit diesen Institutionen für eine Verbesserung des Unterstützungsnetzwerkes sorgen, das die Schule im Kindes- und Jugendalter zur Verfügung stellen kann (Heller/Nickel 1982; Deutsches Institut für Fernstudien 1985). Noch in den Anfängen stehen Konzeptionen der Systemberatung, bei denen der oder die Leiter/innen einer Erziehungs- und Bildungsinstitution in Fortbildungsmaßnahmen einbezogen werden. Diese Form der Intervention hat noch stärker indirekte und vermittelte Wirkungen als die bisher besprochenen, muß aber auch gerade deshalb als eine potentiell besonders effektive Maßnahme angesehen werden.

2.2.2. Elternbildung und Elternberatung

Neben der Aus- und Fortbildung von professionellen Erziehern/Erzieherinnen und Lehrern/Lehrerinnen kommt der Weiterbildung von Eltern sowie der Elternberatung und -hilfe eine wichtige Bedeutung im Rahmen pädagogischer Intervention zu.

Auch unter veränderten historischen und sozialstrukturellen Bedingungen nimmt die Familie im Erziehung- und Sozialisationsprozeß der Kinder und Jugendlichen zumindest im ersten Lebensjahrzehnt die dominierende Position, anschließend zusammen mit Schule und Gleichaltrigengruppe immer noch eine herausragende Position ein. Die Eltern fungieren in den beiden ersten Lebensjahrzehnten als zentrale Bezugspersonen und nehmen in der Regel die Steuerung und Auswahl der außerfamilialen Betreuungs- und Erziehungsformen wahr. Von ihrer Kompetenz als Erzieher und als Vermittler im Sozialisationsprozeß hängt maßgeblich ab, wie die Persönlichkeitsentwicklung der Kinder und Jugendlichen verläuft.

Die soziale und psychische Belastbarkeit einer wachsenden Anzahl von Eltern ist durch die komplizierten Lebensanforderungen, denen sie sich gegenübersehen, offenbar bis an die Grenzen ausgeschöpft. Persönliche und Beziehungsprobleme der Eltern schlagen sich in Unsicherheiten, Autoritätsproblemen, Kontaktschwierigkeiten, Gewalthandlungen und Mißhandlungen von Kindern nieder. Diese Verhaltensweisen sind tief in der Beziehungsstruktur der betreffenden Familien verankert (Garbarino u.a. 1986). Der wachsende Druck, den Kindern eine hochwertige schulische Ausbildung zukommen zu lassen, um den sozialen und beruflichen Status der Eltern zu sichern, wirkt nachweislich als besonders starker Belastungsfaktor (Hurrelmann u.a. 1987).

Präventive Intervention ist in diesem Bereich vor allem in Gestalt von Maßnahmen der allgemeinen Elternbildung durch Beratung und Information über Erziehungs- und Jugendfragen in den Massenmedien, Elternseminaren in Volkshochschulen, Gruppenarbeit mit Eltern, Elternbriefen, Familienfreizeiten und ähnliche Maßnahmen möglich. Beim Eintreten von Problemsituationen sind Maßnahmen wie Erziehungsberatung und Elternhilfe notwendig. Ziel aller dieser Maßnahmen ist, aufzuklären und zu informieren, die Kompetenz der Eltern im sozialisationsrelevanten Umgang mit den Kindern und Jugendlichen zu stärken und ihnen Orientierungs-, Entscheidungs- und Planungshilfen zu vermitteln. Die Maßnahmen werden bevorzugt in Elterngruppen durchgeführt (Bäuerle 1971; Gordon 1972; Craft u.a. 1980).

3. Realisierungsmöglichkeiten pädagogischer Intervention

Die Umsetzung pädagogischer Maßnahmen ist in starkem Maße abhängig von den Rahmenbedingungen, denen sie unterliegen. Einerseits ist die pädagogische Intervention eingebunden in den Funktionszusammenhang der Bildungseinrichtungen, in denen sie eingesetzt wird. Für das Schulsystem können hier genannt werden a) die Qualifikationsfunktion b) die Selektions- und Allokationsfunktion c) die Integrations- und Legitimationsfunktion (Fend 1974). Zugleich sind Pädagogische Maßnahmen situationsgebunden, indem sie in den Interaktionsprozeß der Beteiligten und die jeweiligen subjektiven Deutungsmuster eingebettet sind, die ihrerseits wiederum kontextgebunden sind.

Diese Komplexität der Interventionsmaßnahmen erschwert ihre Steuerbarkeit und Kontrollierbarkeit. „In jedem Falle läßt sich festhalten, daß die staatlichen Einflußmöglichkeiten in diesem Bereich nicht nur umstritten, sondern auch weitgehend unkontrollierbar sind. Der Einfluß intervenierender und situativer Faktoren ist so hoch, daß auch evaluierende Studien hier wenig generalisierbare Resultate versprechen“ (Kaufmann 1980, 83). Um so notwendiger sind weitere Erfahrungen mit konkreten evaluativen Begleitstudien, die auch eine Bewertung von Handlungsalternativen ermöglichen.

Daneben sind methodologische Überlegungen weiterzuführen, die eine Klärung der komplizierten Ausgangs- und Wirkungsmechanismen von präventiven und interventiven Maßnahmen versprechen. So hat z.B. jede präventive Prognose mit immanenten Schwierigkeiten zu kämpfen: Das Problem der empirischen Berechnung der prognostischen Validität ist, „daß der Zweck der präventiven Prognose gerade darin besteht, das vorhergesagte Ergebnis zu verhindern“ (Knapp 1986, 629). Auch schon die Risikoprognose selbst birgt die Gefahr negativer Nebeneffekte, indem bereits die Etikettierung, einer Risikogruppe anzugehören, Prozesse auslösen kann, die den „Risikostatus“ nicht reduzieren, sondern verstärken. Ebenso kann auch die professionelle Etablierung pädagogischer Intervention kontraproduktive Effekte erzeugen, indem z.B. durch Diskriminierung und Stigmatisierung derer, die unterstützt und gefördert werden sollen, eine Verfestigung des unerwünschten Verhaltens erfolgt bzw. eine Verhaltensänderung blockiert wird und im Extremfall eine Ausgrenzung der Stigmatisierten begünstigt wird (Hurrelmann 1986, 188 ff.).

Noch auf einen weiteren kritischen Punkt sei hingewiesen: Interventionen können die Tendenz zu entmündigenden, reglementierenden und kontrollierenden Eingriffen in die Persönlichkeitsentwicklung haben.In den letzten Jahren ist vielfach ein Trend zur professionellen Pädagogisierung, Psychologisierung und Therapeutisierung der zwischenmenschlichen Beziehungen beklagt worden, der mit dem zunehmenden Potential an professioneller Hilfe einhergegangen ist (Wambach 1983).

Wird der Professionalisierungsgrad von interventiven Maßnahmen so hoch, daß die „Interventionslogik“ von der betreffenden Person, die Ziel der Maßnahme ist, nicht mehr nachvollzogen werden kann, dann können diese Maßnahmen tatsächlich in kontrollierende und disziplinierende Maßnahmen umschlagen. Im Mittelpunkt pädagogischer Intervention muß damit die Förderung der autonomen Handlungsfähigkeit stehen, indem die Intervention transparent gemacht wird und ein Mitspracherecht der Betroffenen ermöglicht wird. Wir haben in diesem Beitrag bewußt vor allem solche Maßnahmen der pädagogischen Intervention angesprochen, die diesem Postulat gerecht werden.

Literatur

Arbeitsgruppe Schulforschung (Ltg. K. Hurrelmann), Leistung und Versagen. Alltagstheorien von Schülern und Lehrern. München: Juventa 1980.

Aurin, K. (Hg.), Beratung als pädagogische Aufgabe. Bad Heilbrunn: Klinkhardt 1984.

Bäuerle, W., Theorie der Elternbildung. Weinheim: Beltz 1971.

Benz, E./Caroli, W., Beratung im Kontext der Schule. Ravensburg: Maier 1977.

Brandtstädter, J., Prävention von Lern- und Entwicklungsproblemen im schulischen Bereich. In: Brandtstädter, J./von Eye, A. (Hg.): Psychologische Prävention. Bern: Huber 1982, 275-302.

Bronfenbrenner, U., Wie wirksam ist kompensatorische Erziehung? Stuttgart: Klett 1974.

Caplan, M./Grunebaum, H., Perspektiven Primärer Prävention. In: Sommer, B., 1977, 51-69.

Craft, M./Raynor, J./Cohen, L. (Eds.), Linking Home and School. London: Harper and Row 1980.

Deutsches Institut für Fernstudien: Fernstudium „Ausbildung zum Beratungslehrer“. Studienbriefe 1-10, Tübingen 1985.

Diamond, S., Helping Children of Divorce. A Handbook for Parents and Teachers. New York: Schocken Books 1985.

Dollase, R. (Hg.), Handbuch der Früh- und Vorschulpädagogik (2 Bde.). Düsseldorf: Schwann 1978.

Dumke, D., Förderung lernschwacher Schüler. München: Reinhardt 1980.

Epstein, J.L., The Qualitiy of School Life. Lexington: Heath 1981.

Fend, H., Gesellschaftliche Bedingungen schulischer Sozialisation. Soziologie der Schule I. Weinheim/Basel: Beltz 1974. 2. Auflage 1975.

Flavell, J.H./Ross, L. (Eds.), Social Cognitive Development. Cambridge: Cambridge University Press 1981.

Franz, H.J., Bewältigung gesundheitsgefährdender Belastungen durch soziale Unterstützung in kleinen Netzen. Überlegungen der Relevanz eines sozialepidemiologischen Forschungsansatzes für das Erziehungswesen. Konstanz: Hartung-Gorre Verlag 1986.

Garbarino, J./Schellenbach, C.J./Sebes, J., Troubled Youth, Troubled Families. New York: Aldine 1986.

Hamilton, S.F., The Secondary School in the Ecology of Adolescent Developement. In: Review of Research in Education, 11 (1984), 227-258.

Heller, K./Nickel, H. (Hg.), Modelle und Fallstudien zur Erziehungs- und Schulberatung. Bern/Stuttgart/Wien: Huber 1982.

Hornstein, W., Beratung in der Erziehung. In: Zeitschrift für Pädagogik, 22 (1976), 673-697.

Huber, G./Schlottke, P., Prävention und Intervention. In: Weidenmann et al. (Hg.): Pädagogische Psychologie. München 1986, 667-702.

Hurrelmann, K., Einführung in die Sozialisationstheorie. Über den Zusammenhang von Sozialstruktur und Persönlichkeit. Weinheim/Basel: Beltz 1986.

Hurrelmann, K./Kaufmann, F.-X./Lösel, F. (Eds.), Social Intervention: Potential and Constraints. Berlin/New York: De Gryther 1987
Hurrelmann, K./Ulich, D. (Hg.), Handbuch der Sozialisationsforschung. Weinheim: Beltz 1982 (2. Auflage).
Hurrelmann, K./Jaumann, O., Sozialisations- und interaktionstheoretische Konzepte in der Behindertenpädagogik. In: Bleidick, U. (Hg.): Handbuch der Behindertenpädagogik. Berlin: Marhold 1984, 295-321.
–, Zur pädagogischen Prävention von frühem Schulversagen. Ein Überblick zum Stand der Forschung und Modellentwicklung. In: Bildung und Erziehung, 39, 1. (1986), 91-104.
Hurrelmann, K./Wolf, H., Schulerfolg und Schulversagen im Jugendalter. Fallanalysen von Bildungslaufbahnen. Weinheim/München: Juventa 1986.
Hurrelmann, K./Engel, U./Holler, B./Nordlohne, E., Jugendspezifische Belastungen und psychosomatische Störungen. In: Laaser, U. u.a. (Hg.): Prävention und Gesundheitserziehung. Berlin/Heidelberg: Springer 1987, 486-491.
Kaufmann, F.X., Elemente einer soziologischen Theorie sozialpolitischer Intervention. In: Kaufmann, F.X. (Hg.): Staatliche Sozialpolitik und Familie. München: Oldenburg 1980.
Klauer, K.J./Reinartz, A. (Hg.), Sonderpädagogik in allgemeinen Schulen. In: Handbuch der Sonderpädagogik, Bd. 9. Berlin: Marhold 1978, 256-269.
Kleber, E.W., Pädagogische Beratung. Weinheim: Beltz 1983.
Knapp, A., Diagnose und Prognose. In: Weidenmann et al., 1986, 565-630.
Mandl, H./Friedrich, H.F./Hron, A., Psychologie des Wissenserwerbs. In: Weidenmann et al. 1986, 143-218.
Martin, L.R., Schulberatung – Anlässe, Aufgaben, Methodenkonzeption. Stuttgart: Klett 1981.
McKinney, J.D./Feagans, L. (Eds.), Current Topics in Learning Disabilities. Norwood: Ablex 1983.
Perrez, M. et al., Erziehungspsychologische Beratung und Intervention. Bern: Huber 1985.
Petermann, U., Training mit sozial unsicheren Kindern. Einzeltraining, Kindergruppen, Elternberatung. München/Weinheim: Psychologie-Verlags-Union, Urban & Schwarzenberg 1986.
Reinartz, J.D./Sander, A. (Hg.), Schulschwache Kinder in der Grundschule. Weinheim: Beltz 1982.
Reiser, H. et al., Sonderschullehrer in Grundschulen. Weinheim: Beltz 1984.
Reiss, S./Dyhdalo, N., Persistance, achivement and openspace environment. In: Journal of Educational Psychology, 67 (1975), 506-513.
Rutter, M., Changing Youth in a Changing Society. Cambridge, Mass.: Harvard University Press 1980.
Schwarzer, Ch. /Posse, N., Beratung. In: Weidenmann et al., 1986, 631-666.
Schweinhart, E./Weikart, D.P., Young Children Grow up: The Effects of the Perry Prescholl Program on Youth Through Age 15. Ypsilanti: High Scope Press 1980.
Seidman, E. (Ed.), Handbook of Social Intervention. London: Sage 1983.
Shure, M.B./Spivack, G., Interpersonal Problem-Solving in young children: A cognitive approach to prevention. In: American Journal of Community Psychology, 10 (1982), 341-356.
Sommer, G., Kompetenzerwerb in der Schule als primäre Prävention. In: Sommer, G. et al., 1977, 70-98.
Sommer, G./Ernst, H. (Hg.), Gemeindepsychologie. München: Urban & Schwarzenberg 1977.
Springer, M., Die pädagogische Kompetenz von Lehrern. Weinheim: Beltz 1982.
Wambach, M. (Hg.), Der Mensch als Risiko. Frankfurt/M. 1983.
Weidenmann, B. et al. (Hg.), Pädagogische Psychologie. Ein Lehrbuch. München/Weinheim: Psychologie-Verlags-Union, Urban & Schwarzenberg 1986.

II. Psychosoziale Interventionsformen

2.1. Prävention

Gert Hellerich

1. Das konzeptionelle Problem der Prävention

Der Begriff „Prävention“ ist heute beinahe in aller Munde. Von der alltagspragmatischen Vorstellung „Vorbeugen ist besser als heilen“ über den angekündigten Kampf der WHO zur Verhütung von Krankheiten (Gesundheit 2000 – siehe O'Neill 1984) bis hin zur computerisierten, flächendeckenden Erfassung sozialabweichender Verhaltensweisen (DAZUSY, PSI und MOPPS – dazu Cobler 1981) erstreckt sich das breite Feld präventiver Konzeptionen und Praktiken. Die Prävention ist zu einer Art Zauberformel geworden und wird als Allheilmittel gehandelt. Auch in der psychosozialen Versorgung herrscht die Ansicht vor, man könne mit Hilfe dieser neuen Interventionsvariante eine grundsätzliche Wende bewirken und bisher unbewältigte Probleme, wenn nicht sofort, dann wenigstens langfristig lösen.

Wird Prävention als eine zuvorkommende Tätigkeit bezeichnet, so stellt sich die Frage des „Zuvors“ und „Davors“. Wo soll wann interveniert werden? Was sind die Interventionsbasen oder Bedingungsfaktoren für die präventiven Eingriffe? Soll den Manifestationen im Subjektbereich (dem Individuum) oder den Auswirkungen von Objektbereichen (den politischen, ökonomischen und sozialen Strukturen) zuvorgekommen werden? Betrachtet man Individuum und Gesellschaft, Subjekt und Objekt als eine in Wechselwirkung stehende Einheit, so wäre es völlig sinnlos, beim einzelnen Menschen zu prävenieren, ohne die objektiven, strukturellen Gegebenheiten der Gesellschaft einzubeziehen.

Eine weitere Frage bezieht sich hinsichtlich des „Zuvors“ oder „Davors“ auf die Ursachen-Wirkungssequenz von Krankheit: Läßt sich psychische Krankheit aus bestimmten gegenwärtigen Zuständen und Verhaltensweisen ableiten sowie mit Sicherheit prognostizieren, und welche spezifischen Situationen und Verhaltensweisen bedingen sie? Ingesamt stellt sich bei der konzeptionellen Erfassung von Prävention die Frage, ob diese darauf ausgerichtet sein sollte, das Auftreten von psychischen Krankheiten zu verhindern oder lediglich deren Verlauf zu beeinflussen.

Im folgenden soll versucht werden, diese konzeptionellen Probleme, die sich in Verbindung mit dem Vorstellungszusammenhang Prävention ergeben, einer Klärung näher zu bringen.

2. Die Suche nach der Präkrankheit: das Risikoparadigma

In der vorherrschenden Psychiatrie wird Prävention unterteilt in Primär-, Sekundär- und Tertiärprävention. Dabei soll die letztere die durch „psychische Störungen entstandenen Behinderungen verringern“, die Sekundärprävention „die weitere Ausprägung und Verfestigung früh erkannter psychischer Störungen verhindern oder ihre Verlaufsform und -dauer beeinflussen", und die Primärprävention soll „das Auftreten psychischer Störungen verhindern" (Psychiatrie-Enquête 1975, 245).

Zweifelsohne ist es für Professionelle wünschenswert und möglicherweise effektiver, Krankheiten zu verhindern als sie rückgängig zu machen bzw. zu beheben. Doch wie soll dieser primärpräventive Ansatz verwirklicht werden? Wie kann das professionelle Wirken dem Ausbruch von Krankheiten zuvorkommen?

Die primärpräventiven Ambitionen werden getragen von der gemeinsamen Recherche nach Faktoren, Ansätzen, Indizien, Signalen und Symptomen, die auf Krankheit hinweisen. Zwar sind sich die Präventologen einig, daß sich der psychiatrische Blick „von den Kranken auf die viel größere Zahl der Gesunden und möglicherweise Gefährdeten (Psychiatrie-Enquête 1975, 385) richten sollte, doch die Vorformen bzw. das Vorfeld von Krankheit – das Präkranke – zu erschließen, ist viel schwieriger als den simplen Wunsch zu äußern, präventiv tätig sein zu wollen.

Eine wesentliche und die extensive Form primärpräventiver Intervention ist die Äquivalierung von „Präkrankheit" und „Risiko". Primärprävention ist dann eine Maßnahme zur Identifikation der vor dem Auftreten von Krankheit konstruierten Risiken. Diese Risikoerfassung erstreckt sich nicht nur auf einzelne Individuen (Risikoindividuen), sondern auch auf ganze Populationen (Risikopopulationen), die noch nicht von Störungen betroffen sind (Task Panel 1978). „Der Blick ... verschiebt sich vom Einzelindividuum, das üblicherweise im Mittelpunkt medizinischer, psychiatrischer und psychotherapeutischer Bemühungen steht, weitgehend auf ganze Gruppen und Bevölkerungsteile bis hin auf die Gesellschaft als Ganzes" (Psychiatrie-Enquête 1975, 385) (→ *Systemische Intervention* 2.9.).

Während Störung auf etwas Vorhandenes, Manifestes, Konkretes – eine spezifische Verhaltensabweichung, die behoben werden soll – hinweist, bezieht sich die Kategorie „Risiko" dagegen auf eine Menge von abstrakten Faktoren, die miteinander verknüpft, das Risiko konstituieren (Castel 1983; Castel in: Wambach 1983). So können z.B. bestimmte Negativfaktoren wie ein Ausländer zu sein, ein Kind zu haben, ohne verheiratet zu sein, arbeitslos zu sein, geringe Schulausbildung zu haben, in Armut sein Leben fristen zu müssen etc. ein Risikobild von einzelnen, Gruppen, Populationen projizieren, das als Sortierungs- und Klassifikationsschema die Basis für präventive Interventionen bildet. Die Risikoträchtigkeit kann sich in allen sozialen Räumen und Zonen einstellen; die Konstruktion von Risikogruppen wird ausgeweitet, je mehr Phänomene als Risiken errechnet werden.

Werden z.B. Eheschwierigkeiten, Familien mit mehreren Kindern, alleinstehende Alte, Behinderungen verschiedener Art, Mobilität (häufiger Wohnortwechsel) auch als Risikofaktoren konstruiert, dann ergibt sich die Frage, ob nicht jetzt schon die Mehrheit der Bevölkerung Risikogruppen angehört (Ruesch in: Basaglia/Basaglia-Ongaro 1972).

3. Primärpräventive Strategien gegen die Prä-Krankheit: Interventionen gegen Risikofaktoren

3.1. Psychiatrische Epidemiologie

Als wesentlicher primärpräventiver Forschungsansatz, Ursachen (Vorfelder) der Präkrankheit aufzuspüren, entwickelte sich die Epidemiologie, deren Ziel es ist, bevölkerungsbezogene Angaben über Häufigkeit und Verteilung von Krankheiten zu erforschen, um auf diese Weise genauere Angaben machen zu können über die Korrelation von sozialen Strukturen und psychischen Störungen. „Im Gegensatz zur klinischen Forschung zielt das Interesse der Epidemiologie auf Gesamtpopulationen. Demgemäß richtet sich ihr Forschungsinteresse nicht auf den einzelnen als Träger von Krankheitssymptomen, sondern auf die Verteilung und Dynamik von in einem gewissen Zeitraum vorherrschenden Krankheiten in genau definierten Populationen. Dabei geht es der Epidemiologie im wesentlichen darum, diejenigen Faktoren und Einflüsse nachzuweisen, die das Auftreten von Krankheiten erklären“ (Lemke/Laaser 1986, 215).

Statt wie im medizinischen Modell die psychische Krankheit monokausal als biologisches Defizit des einzelnen zu erklären, steuert nunmehr die moderne Psychiatrie einen multifaktoriellen Interpretationsrahmen an und anerkennt, daß psychische Krankheiten auch sozialbedingt sind, d.h. häufiger in Unter- als in Mittel- oder Oberschichten auftreten und daher die psychosoziale Versorgung sich an der Mitarbeit bei Planungen im Bereich der Umweltgestaltung beteiligen müsse und Veränderungen in Arbeits- und Wohnbereich zur Verbesserung des Gesundheitszustandes, insbesondere der unteren Schicht, unverzichtbarer Bestandteil primärpräventiver Intervention zu sein habe (vgl. Psychiatrie-Enquête 1975, 385f.) (→ *Ökonomisierung und Verrechtlichung psychosozialer Versorgung* 1.2.).

Doch die mit Hilfe der Epidemiologie ins Visier gerückten unterschichtspezifischen Probleme der Arbeit und des Wohnens werden nicht als gesellschaftliche Problembereiche erfaßt und nicht auf gesellschaftliche Strukturebenen bezogen. Sie werden operationalisiert und treten als *soziale Vermittlungsinstanzen* in Erscheinung. So wird die reale objektive soziale Situation Arbeitslosigkeit, wirtschaftliche Deprivation, schlechte Wohnverhältnisse in sozialpsychiatrisch epidemiologischer Manier als Verletzbarkeitshypothese in „belastende Lebensereignisse“ übersetzt und durch additive Belastungen wie soziale Ressourcen (die familiale Belastungsfähigkeit) und individuelle Ressourcen (individuelle Belastungsfähigkeit) komplementiert (dazu Keupp 1982, 28 und 29) (→ *Existentielle Krisen und Krisenintervention* 2.3.).

Die Verwandlung des objektiven Risikofaktors „soziale Unterschicht“ in „Belastungsfaktoren“ „entgesellschaftlicht“ den primärpräventiven Begriff und transformiert ihn in zwischenmenschliche Beziehungen (z.B. Kommunikationsformen in der Familie) und subjektive Bewältigungsmöglichkeiten (kognitive und psychische Kompetenzen). Diese Entschärfung und Verflüchtigung des sozial definierten Risikos gipfelt in ihrer absoluten Unbedeutsamkeit in der „Drift-Hypothese“, die davon ausgeht, daß der Mangel an individuellen Ressourcen eigentlich erst den sozialen Abstieg bedingt (Cooper/Morgan 1977, 102).

3.2. Kompetenzepidemiologie

Zwar haben sozialpsychiatrische Untersuchungen immer wieder auf die Korrelation zwischen sozialer Unterschicht und ernsten Lebensereignissen bzw. Krisen hingewiesen (Hollingshead u.a. 1964; Häfner 1978), doch statt einer systematischen, analytischen Erfassung der gesellschaftlichen Dimension psychischer Krankheit wird – wie oben bereits erörtert – wieder der *Zwischenbereich* (der Bereich zwischen sozialer Unterschicht und Erkrankung) erforscht, nämlich die alltäglichen Lebensstile oder Lebensbewältigungsstrategien. Fehlen dem Unterschichtsangehörigen in Krisen – besonderen Formen psychischer Belastung – die Krisenbewältigungsmechanismen, dann sollen diese Beeinträchtigungen zu Erkrankungsrisiken führen. Die „Kompetenzepidemiologie – Überlegungen zu einer Epidemiologie psychosozialer Fertigkeiten“ (Kaiser 1977, 99f.) rücken in den Mittelpunkt primärpräventiver Strategien. Sie sollen die Unterschichtsangehörigen befähigen, ihre Risikoträchtigkeit nicht dadurch abzubauen, daß sie lernen, sich aus schwierigen, belastenden Lebensereignissen „herauszuhalten“, denn dazu müßten die sozioökonomischen Bedingungen verändert werden, sondern sie sollen die Kompetenz vermittelt bekommen, aus ernsten Lebenssituationen – Risikosituationen – „herauszukommen“, d.h. lebensbelastende Ereignisse „konstruktiv zu regulieren“ (Charny 1980, 37).

Die primärpräventiven Programme, die den Risikopopulationen die zur „Situationsbewältigung erforderlichen Fertigkeiten“ vermitteln und somit einem gesundheitsriskanten Verhalten zuvorkommen sollen, erstrecken sich von den Kompetenzen der *Streßbewältigung* (der Aneignung von Fertigkeiten und Techniken, mit denen Alltagsbelastungen besser bewältigt werden sollen – Kessler 1985), des *Problemlösetrainings* (dem Aufbau kognitiver und sozialer Fähigkeiten, um mit Konflikten ohne die Entwicklung psychischer Krankheiten fertig zu werden – Shure/ Spivack 1979) bis hin zur *Psycho-* (Fengler 1983) und *Kommunikationshygiene* (mit dem Zweck, eine optimale Eltern-Kind-Interaktion zu gewährleisten; Turner 1980; Lange 1984).

Das Focussing auf die Kompetenzen in der Primärprävention, so relevant es auch für die Verhinderung psychischer Krankheiten sein mag, bewegt sich doch auf einer Meta-Ebene. Diese Art primärpräventiver Maßnahmen zielt auf zu behebende individuelle oder zwischenmenschliche Kompetenzdefizite, intendiert auf lerntheoretischer Basis eine Sensibilisierung für einen risikofreien Alltag trotz der durch die untere soziale Schicht bedingten Risikovielfalt, will alternative Wahrnehmungs-, Erziehungs- und Interaktionsfähigkeiten bewirken, ohne soziale und politische Veränderungen in die Wege leiten zu müssen. Primärprävention wird ähnlich wie in der Medizin reduziert auf die Erhaltung der Gesundheit durch „Erhöhen der allgemeinen Widerstandskraft des Körpers“ (Ridder 1985, 77).

4. Sekundärpräventive Maßnahmen: die Früherkennung psychischer Krankheit

Die Sozialpsychiatrie prangert zwar diese und jene gesellschaftlichen Mißstände an und stellt deren Bezug zum Erkrankungsrisiko her, kann aber kaum – außer gewissen Beeinflussungsmöglichkeiten auf wirtschaftliche, politische und stadtplanerische Institutionen – reale soziale Veränderungen vornehmen. Diese Unfähigkeit, gesellschaftliche Institutionen verändern zu können, mündet oft in die Rechtfertigung, daß es ohnehin wenig Neues über Primärprävention zu berichten gibt und es daher sinnvoller sei, weniger darüber zu diskutieren oder gar auf den Tag der großen sozialen Revolution zu warten und mehr praktisch in der psychosozialen Versorgung tätig zu sein (Rudolf/Tölle 1984, Vorwort).

Nach den pragmatisch orientierten Psychiatern muß daher, um sinnvolle Prävention leisten zu können, die Risikofaktoren assessierende Primärprävention um die Sekundär- und Tertiärprävention erweitert werden, d.h. der Schwerpunkt der Prävention sollte auf der frühzeitigen Diagnose und Behandlung einer Störung zur Vermeidung weiterer Symptombildung liegen. Außerdem ist es zumeist die Aufgabe von Pädagogen, Sozialarbeitern u.a. Nicht-Psychiatern, primärpräventive Funktionen in den „sozialen Vermittlungsinstanzen" (Familie, Schule etc.) wie auch bei der „Kompetenzvermittlung" wahrzunehmen. Es besteht daher die Gefahr für die Psychiatrie, daß sie durch andere Professionen, die für pädagogische und soziale Interventionen zuständig sind, verdrängt wird und sie im präventiven Bereich an den Rand der Bedeutungslosigkeit gedrängt wird (Albee 1986, 231). Aus diesem Grunde konzentriert sich die psychiatrische Prävention mehr und mehr auf die „individuelle Prävention bezogen auf verschiedene Lebensphasen", wobei den präventiven Maßnahmen in der Kindheit die größte Bedeutung zukommt" (Psychiatrie-Enquête 1975, 395).

In ihrer Akzentuierung auf Früherkennung und -behandlung psychischer Krankheiten versucht sie durch das Screening flächendeckende Prävention zu praktizieren.

Die multiplen Vorsorge- und Früherkennungseinrichtungen und -dienste sollen die Spuren von Risikozuständen und -verhaltensweisen sichern. „Die Vorverlegung der Diagnose einer an sich symptomatischen Erkrankung in den *präsymptomatischen* Bereich" (Abholz 1985, 101) zeigt sich insbesondere im Kindheitsbereich, in welchem Entwicklungsrückstände so früh wie möglich festzustellen und auch rechzeitig zu behandeln sind, denn die Promotoren der spezifischen Prävention sind der Meinung, daß die Entwicklungsrisiken mit jedem Lebensjahr zunehmen. Aber auch die Mehrheit der in das gemeindepsychiatrische Netz eingebundenen Professionellen warten nicht, bis individuelle Anzeichen von möglichen Entwicklungsproblemen auftreten, sondern gehen in familiale Risikozonen hinein, nämlich dort hin, wo aufgrund zueinander in Beziehung gesetzter Faktoren (wie Familien ohne höhere Schulbildung, mit vielen Kindern; unvollständige, unterprivilegierte, alkoholabhängige Familien etc.) das Auftreten von Risikoverhaltensweisen mehr oder weniger wahrscheinlich ist. An Ort und Stelle wird dann in der praktizierten aktiven Institutionalisierung überprüft, ob das vermutete Risiko sich bestätigen läßt, ob aus der Risikogruppe eine Gefahr für die normale Entwicklung des Kindes ausgeht (Hellerich/ Wambach 1983) (→ *Pädagogische Intervention* 1.5., → *Alltägliche psychosoziale Intervention* 2.7.).

5. Prävention: eine interventionsstrategische Wende in der psychosozialen Versorgung?

Psychische Krankheit soll durch die präventive Alternative zurückgedrängt werden, der „Gesundheitsgrad unter der Bevölkerung einer Gemeinde steigen und die Zahl der Leidenden abnehmen" (Caplan 1964, VII). Dies ist die präventive gesundheitspolitische Prognose. Präventologen postulieren eine gewisse Reversibilität von einem präkranken zu einem normalen-gesunden Verhalten, wenn früh und rechtzeitig interveniert wird, denn, so die Präventionslogik, Eingriffe gegen Präkrankheit mindern die Risiken abweichender Handlungsweisen und wenden die Gefahr eskalierenden psychisch kranken Verhaltens ab.

Doch die präventive Praxis widerspricht den konzipierten Zielen. In der systematischen Gesundheitssicherung werden immer mehr Problemfälle konstruiert und ständig weitere Verhaltensmuster als risikoträchtig betrachtet. In der Psychiatrie-Enquête (1975) werden bereits etwa zwanzig Prozent der Bevölkerung als behandlungsbedürftig angesehen.

Die Präventologen propagieren ihre präventiven Interventionen mit dem zentralen Konzept der Hilfe. Das heißt, die Prävention finde im Interesse der Devianten statt und komme deren Bedürfnissen entgegen. Die Attitüde des „Helfen-Wollens", „Helfen-Müssens" und „Helfen-Könnens" bestimme das professionelle Selbstverständnis der präventiv orientierten psychosozialen Dienstleistenden und legitimiere ihr Handeln. Durch die Hilfe-Euphorie wird der Prävention die „moralische Ebene der Angreifbarkeit" (Herriger 1986, 75) entzogen. Gleichzeitig wird die nötige und mögliche Kontrolle in der Prävention als Diskussionsgegenstand irrelevant.

Doch die Präventologen intendieren mittels Kompetenzvermittlung wie auch durch früh- und rechtzeitige Eingriffe gegen Risiken Entwicklungshilfe qua Anpassungshilfe. Ob das mehr primärpräventive „Kompetenz-Modell" oder das mehr sekundärpräventive „Defekt-Modell" (Albee 1980), die Orientierung hat immer einen Fixpunkt: Präventive Eingriffe unterwerfen sich dem herrschenden Ordnungsprinzip der Gesellschaft, der Normalität (vgl. Foucault 1976). Es geht letztendlich bei den zuvorkommenden präventiven Interventionen gegen Risiken um die Systemerhaltung, um die Sicherung des Staates und weniger um die Sicherung der Subjekte (Staatssicherheit contra Subjektsicherheit; dazu Vobruba in: Wambach 1983).

Gerade die Subjektsicherheit müßte aber eine am Menschen und seinen Bedürfnissen ausgerichtete Prävention leisten: Sie hätte sich abzuwenden von der – wie die Epidemiologen zeigten – krankmachenden Systemperpetuierung und müßte sich ausrichten auf die Risiken, von denen die menschliche Existenz in Industriegesellschaften bedroht wird.

Die der menschlichen Existenz widersprechenden bzw. das Leben bedrohenden gesellschaftlichen Strukturen müßten schwerpunktmäßig erforscht werden, und es sollten Wege gefunden werden, sie zu beseitigen. D.h. das präventive Risikoparadigma müßte drastisch erweitert und transformiert werden. Statt wie bislang in der präventiven Intervention epidemiologisch Risikoindividuen und -gruppen sowie Risiko-Beziehungen zu konstruieren, aufzuspüren und zu beheben, müßte eine Epidemiologie der sozialen Umwelt die Lebensrisiken der Industriegesellschaften erfassen und auf lebensbejahende Wirtschafts-, Organisations-, Erziehungs- und Wissenschaftsstrukturen hinarbeiten. Wenn die Prävention von einer „leidenschaftlichen Liebe zum Leben und Lebendigen" (Fromm 1981, VI, 331) erfüllt wäre, dann würden die Lebensrisiken in allen Lebensabschnitten früh und rechtzeitig aufgegriffen, um Gefahren für den Menschen abzuwenden.

Literatur

Abholz, H.H., Vorsorge und Früherkennung als Prävention. In: Rosenbrock, R./Hauß, F. (Hg.): Krankenkassen und Prävention. Berlin: Wissenschaftszentrum 1985, 101-116.
Albee, G.W., A Competence Model to Replace Defect Model. In: Gibbs, M.S u.a., Community Psychology. New York: Gardner Press 1980.
Caplan, G., Principles of Preventive Psychiatry. New York: Basic 1964.
Castel, R., La gestion des risques. Paris: Grasset 1983.
Charny, I.W., Why are so many (if not really all) people and families disturbed? In: Journal of Marital and Family Therapy, 6 (1980), 37-47.
Cobler, S., DAZUSY, PSI und MOPPS, Compter auf den Spuren von Risikopersonen. In: Kursbuch 66 (1981).
Cooper, B./Morgan, H.G., Epidemiologische Psychiatrie. München: Urban & Schwarzenberg 1977.
Currier, R., Is early and periodic Screening, Diagnosis and Treatment (EPSDT) worthwhile? In: Public Health Reports, 6 (1977), 527-536.
Drews, B. u.a., Gefahrenabwehr. 9. Aufl., Köln: Heymann 1986.
Fengler, I., Psychohygiene. In: Gruppenpsychotherapie und Gruppendynamik, 19 (1983), 166-173.
Foucault, M., Überwachen und Strafen. Frankfurt: Suhrkamp 1976.
Fromm, E., Werke, Band 6. Stuttgart: Klett-Cotta 1981.
Häfner, H., Psychiatrische Epidemiologie. Berlin: Springer 1978.
Hellerich, G./Wambach, M.M., Risikoprognose als Prävention. Die systematisierte Antizipation von Delinquenz. In: Wambach 1983, 126-136.
Herriger, N., Präventives Handeln und soziale Praxis. Weinheim: Juventus Verlag 1986.
Hollingshead, A.B. u.a., Social Class and Mental Illness. 2. Aufl., New York: Wiley 1964.
Jervis, G., Kritisches Handbuch der Psychiatrie. Frankfurt: Syndikat 1978.
Kaiser, P.E., Kompetenzepidemiologie – Überlegungen zu einer Epidemiologie psychosozialer Fertigkeiten. In: Sommer, G./Ernst, H., Gemeindepsychologie. München: Urban & Schwarzenberg 1977.
Kessler, A., Der erfolgreiche Umgang mit täglichen Belastungen. München: Röttger 1985.
Keupp, H., Sozialepidemiologie. In: Keupp, H./Rerrich, D., Psychosoziale Praxis – gemeindepsychologische Perspektiven. München: Urban & Schwarzenberg 1982, 23-32.
Lange, K.J., Miteinander reden – miteinander leben. Eine Hamburger Aktion zur Primärprävention. In: Prävention, 7 (1984), 50-52.
Lemke, P./Laaser, U., Das epidemiologische Modell der Risikofaktoren und seine Umsetzbarkeit – die Epidemiologie in der Realität der Gesundheitspolitik. In: Medizin, Mensch, Gesellschaft, 11 (1986), 215-225.
O'Neill, P., Gesundheit 2000. Berlin: Verlagsgesellschaft Gesundheit 1984.
Psychiatrie-Enquête, Bericht über die Lage der Psychiatrie in der Bundesrepublik Deutschland ... Bonn: Deutscher Bundestag 1975.
Ridder, P., Prävention. In: Medizin, Mensch und Gesellschaft, 10 (1985), 77ff.
Rudolf, G.A.E./Tölle, R. (Hg.), Prävention in der Psychiatrie. Berlin: Springer 1984.
Ruesch, J., Die Zwangsjacke. In: Basaglia, F./Basaglia-Ongaro, F., Die abweichende Mehrheit. Die Ideologie der totalen sozialen Kontrolle. Frankfurt: Suhrkamp 1972.
Shure, M./Spivack, G., Interpersonal cognitive Problem-solving and Primary Prevention. In: Journal of Clinical Child Psychology, (1979), 89ff.
Task Panel, Reports on Prevention. In: The President's Commission on Mental Health. Washington: Government Printing Office 1978.
Turner, C., Resources for Help in Parenting. In: Child Welfare, 59 (1980), 178ff.
Wambach, M.M. (Hg.), Der Mensch als Risiko. Frankfurt: Suhrkamp 1983.

2.2. Beratung

Frank Nestmann

Beratung scheint heute in allen Feldern der sozialen, psychosozialen und gesundheitlichen Versorgung, in allen Bereichen schulischer und außerschulischer Sozialisation und Resozialisation, in Phasen der Prävention, Behandlung und Rehabilitation eine der weitverbreitetsten professionellen Interventionsformen. Auch im informellen Rahmen von alltäglicher Aufgabenbewältigung (→ *Alltägliche psychosoziale Intervention* 2.7.), Entscheidungsfindung, Problembearbeitung spielt Beratung in Form von ‚Ratsuchen und Ratbekommen' oder ‚sich mit anderen beraten' eine ähnlich zentrale Rolle, und in eigentlich keinem Lebensbereich, ob Wohnen und Freizeit, Arbeiten und Konsum etc. fehlen Beratungsangebote. Insofern ist nahezu von einer ‚Universalität' dieses Phänomens auszugehen. Dieser Eindruck wird noch verstärkt durch die Tatsache, daß ‚Beratungsanteile' auch zahlreichen anderen Berufssphären zugeschrieben werden und in vielen Aufgabengebieten integriert sind, die das ‚Beratungslabel' nicht für sich reklamieren.

Ob Bleifrei-, Steuer-, Pilz-, Verbraucher-, ob Berufs-, Gesundheits-, Schul- und Erziehungsberatung, der Beratungsbegriff signalisiert einem objektiv oder subjektiv von verschiedenen Entscheidungs-, Deutungs-, Handlungsanforderungen oder -möglichkeiten überforderten Individuum Hilfe in der Reduktion von Komplexität, in der Durchdringung von Unüberschaubarkeit, sei es durch gezielte Vereinfachung oder gezielte Erweiterung der Sicht und Interpretation sich stellender Probleme (s.a. Witte 1982).

Beratung verheißt überall dort, wo Menschen nicht selbst aufgrund eigener Erfahrungen, Kenntnisse, Kompetenzen urteilen und sich orientieren, planen, entscheiden oder handeln können (und dort, wo ihnen das unterstellt wird) Unterstützung durch einen Experten, den ‚Berater' oder die ‚Beraterin'. Diese Experten sind in den meisten alltäglichen wie professionellen Beratungsfeldern ‚Spezialisten', die den entsprechenden Gegenstands- und Problembereich – also die Steuergesetzgebung, Ausbildungswege und Berufskarrieren, physische und psychische Gesundheitsstörungen etc. – ‚beherrschen'. Auch, aber seltener sind es Laien oder Professionelle, die als ‚Generalisten' über allgemeine und eher inhalts*un*spezifische Qualifikationen der Problembewältigung, Entscheidungsfindung und Handlungsplanung verfügen (s.a. Caplan 1974).

Die Komplexität aller Lebensbereiche und die Universalität und ‚Normalität' von Beratung und Beratungsangeboten läßt ihre Inanspruchnahme heute kaum noch als Ausdruck von ‚peinlicher' Inkompetenz erleben und dämpft Stigmatisierungsfolgen auch in Bereichen, in denen immer noch Selbstregulationsideologien verbreitet sind (so z.B. in Eheproblemen, Erziehungsfragen etc.). Dies hebt Beratungsangebote in ihrer Attraktivität positiv von Interventionsformen ab, die weiterhin mit Besonderheit und Abweichung, ‚Beschädigtsein' und ‚nicht bestimmten Normen entsprechen und genügen' assoziiert werden (wie Therapie, psychiatrische Intervention etc.). Beratung unterscheidet sich auch von Interventionen, die auf Eingriff, Kontrolle und Zwang verweisen und wird so für breitere Bevölkerungskreise, die Durchschnittsperson und Durchschnittsfamilie attraktiv (s.a. Nestmann/Tappe 1979; → *Intervention in der Sozialarbeit* 1.4.).

Neben der Unterstützungsversprechung weckt der Beratungsbegriff im Gegensatz zu anderen Interventionsformen Assoziationen der Freiwilligkeit. Bis auf seltene Ausnahmen eines in sich widersprüchlichen ‚Beratungszwangs' (z.B. im Rahmen der § 218 Beratung), wird Beratung ‚freiwillig' in Anspruch genommen. Freiwillig scheint auch die Konsequenz, die der Betroffene aus der Beratung zieht – folgt er dem Rat des Steuerberaters, entscheidet er sich für die gemeinsam mit dem Berufsberater herausgearbeitete Studienrichtung, nutzt er die Gespräche mit der Erziehungsberaterin und verändert seinen Erziehungsstil etc.? In jedem Fall impliziert Beratung quasi das Vorliegen von Entscheidungsalternativen. Reicht bei einer einzigen Möglichkeit ‚Information' und bei fremdbestimmter Steuerung ‚Direktive', so vermittelt Beratung den Eindruck freier Entscheidungs- und Handlungsvielfalt. Diese wird kompetent im Interesse des Betroffenen gestützt, aber selbstbestimmt realisiert. Daß dieser Eindruck interesseloser Nichtdirektivität objektiver Realität nicht immer entspricht, zeigt sich am unverblümtesten dort, wo z.B. im Konsumbereich Beratungsangebote direkt an Steuerungs- und Verkaufsinteressen gebunden sind – sei es, daß ein Elektrizitätswerk Energieberatung, ein Reisebüro Reiseberatung oder ein Strumpfhersteller Strumpfberatung anbietet.

Nicht weit davon entfernt scheint allerdings eine marktgerechte Steuerung von Auszubildenden in bestimmte Ausbildungsgänge durch Bildungsberatung, eine berufsberaterische Lenkung von Arbeitskräften nach Interessen der Betriebe vor Ort, und auch die psychosozialen und gesundheitlichen Beratungsdomänen müssen sich einer solchen kritischen Analyse ihres libertären Anspruchs und Selbstbildes stellen (s.a. Nestmann 1984).

Beratung präsentiert sich in jedem Fall als ‚sanfte Intervention' oder begreift sich sogar als ‚Nichtintervention', welche lediglich durch Reflexions- und Selbstreflexionsanregung eine Grundlage für selbstkontrollierte Entscheidungs- und Problembewältigung schafft.

1. Beratung als psychosoziale Intervention

Beratung ist in den letzten zehn Jahren auch zu einem Schlüsselbegriff der psychosozialen Versorgung der Bevölkerung geworden. In den 70er Jahren wurde in den Human- und Sozialwissenschaften aus wenigen früheren theoretischen Auseinandersetzungen (Mollenhauer 1968; Bäuerle 1969; Mollenhauer/Müller 1965; Hornstein 1966 etc.) und aus vereinzelten praktischen Beratungsangeobten und -institutionen (Erziehungsberatung, Berufsberatung, Rechts- und Eheberatung etc.) eine ‚Beratungsflut' (b:e 1976; Honig 1976). Beraterisches Handeln erweiterte und differenzierte sich stetig. Sowohl hinsichtlich der theoretischen und praktischen Beschäftigung unterschiedlicher Disziplinen und Berufsgruppen mit Beratung (Mediziner, Psychologen, Soziologen, Pädagogen, Sozialarbeiter etc.) als auch hinsichtlich der Schaffung weiterer Beratungsfelder, vor allem dort, wo neue Probleme und Belastungen entstehen, zunehmen oder zunehmend registriert werden (z.B. im Fall der

Ausländerberatung, Umweltberatung, Aidsberatung, Krebsberatung etc.) kann man nicht behaupten, daß der Mitte der 70er Jahre ausgerufene und Anfang der 80er Jahre in seiner Zukunft angezweifelte (s.a. Nestmann 1983) ‚Beratungsboom' drastisch abgeflaut wäre.

Lag das Schwergewicht des pädagogischen und psychologischen Beratungsbooms im Zusammenhang mit Schulreformversuchen anfänglich allerdings im Bereich der Bildungsberatung (Aurin et al. 1973; Heller 1975; Martin 1974) und der Beratung in der Schule (Aurin et al. 1977; Benz/Caroli 1977), so verschob sich das fachliche und öffentliche Interesse an Beratung mit dem Scheitern vieler dieser Veränderungsversuche und den Enttäuschungen der in Beratungssysteme gesetzten Hoffnungen auf Abbau von Bildungsbarrieren und Bildungsungerechtigkeit, Erziehungskonflikten und Auffälligkeiten etc. deutlich auf Gebiete der Jugendhilfe, der psychiatrischen und psychosozialen Versorgung und der außerschulischen Sozialisation. Ausgehend von der gesellschaftlichen Notwendigkeit, die durch die zunehmende Veränderung traditioneller privater Beratungs-, Stützungs- und Kontrollinstanzen wie Familie, Nachbarschaft etc. bedrohten, aber andererseits zunehmenden Sozialisations- und Resozialisationsaufgaben öffentlich wahrzunehmen und zusätzlich auf breitere Bevölkerungsgruppen auszudehnen (s.a. Nestmann/Tappe 1979), fand Beratung ihren Niederschlag auch in der Sozialgesetzgebung (→ *Resozialisation* 2.5.).

Neben dem traditionellen Beratungsfeld Erziehungsberatung (Bommert/Plessen 1978; Hölzel 1981), das nach § 5 (1) Ziff. 1 des Jugendwohlfahrtsgesetzes (JWG) als Pflichtaufgabe der Jugendämter definiert ist, wurde Beratung in der bestehenden Sozialgesetzgebung u.a. als einklagbarer Anspruch im allgemeinen Teil des SGB § 14, im BSHG (§ 124) und in der Reichsversicherungsordnung (RVO § 368) als Beratung Behinderter, im Rahmen persönlicher Hilfe in Fragen der Sozialhilfe (BSHG § 8, 2) sowie im JWG als Aufgabe des Jugendamtes zur Beratung von Erziehungsbeistandschaften und Pflegepersonen (§ 60 und § 31) festgelegt (→ *Ökonomisierung und Verrechtlichung psychosozialer Versorgung* 1.2.).

Erst im Gesetzentwurf zu einem neuen Jugendhilfegesetz (1978) wurde Beratung allerdings zu einer durchgängigen Hilfeform erhoben und z.B. im Rahmen der Jugendhilfe als *Elternberatung*, in der Jugendarbeit als *Jugendberatung*, in der Familienerziehung als *Familienberatung* und sogar als *Institutionsberatung* für sozialpädagogische Organisationen als Aufgabe definiert (→ *Familie* 3.4.).

2. Psychosoziale Beratung als psychologische und pädagogische Intervention

Beschäftigt mit der Diskussion um Theorie, Methodik und Praxis von psychosozialer Beratung sowie ihrer Weiterentwicklung sind vor allem die Disziplinen Erziehungswissenschaften, Sozialarbeit/Sozialpädagogik und Psychologie.

2.1. Psychologie und Beratung

In der Psychologie, die lange ihre traditionellen Beratungsfelder wie z.B. die Erziehungsberatung in Lehre und Forschung sehr stiefmütterlich behandelte, war es u.a. sowohl die massive innerfachliche Diagnostikkritik (Grubitzsch/Rexilius 1978; Schmidt 1977; Pawlik 1976) und der starke Rückgang der ehemals zentralen psychologisch-diagnostischen Praxis als auch die gleichzeitige ‚Psycho'- und ‚Therapiewelle', waren es sowohl die mit der Stellenknappheit gekoppelten Zusatzausbildungsanforderungen als auch die Verbreitung der Einsicht um die Notwendigkeit einer weniger lebensfernen und mittelschichtzentrierten psychologischen Therapiepraxis im Zuge der Diskussion um die Psychiatrie-Enquête, die Beratung attraktiver machte. Außer im Ansteigen von Fachpublikationen zu psychologischer Beratung, fand dieser Trend auch Eingang in die Ausbildungsinstitute und in Versuche, eigene Ausbildungsgänge für Beratung zu installieren.

Die Entwicklung von Beratung in der Psychologie kann vor allem auf drei historische Wurzeln zurückgeführt werden, die in der ersten Hälfte des 20. Jahrhunderts die Basis für die Entstehung einer eigenständigen *‚Beratungspsychologie'* schufen. Zum ersten zu nennen ist hier die *Berufsberatung (vocational guidance),* die in Deutschland bereits 1922 durch Reichsgesetz geregelt war. In den USA entwickelte sich die Berufsberatung auch ‚industrialisierungsbegleitend', bekam aber in den 40er Jahren und in erster Linie nach Ende des Zweiten Weltkrieges mit der Heimkehr Tausender von Soldaten noch einen deutlichen Schub durch Aufgaben in der Berufswahl, Personalauslese und der sogenannten Karriereentwicklung und -planung (s.a. Whiteley 1984). Diese Beratungsbewegung wies bald schon sehr enge Bezüge zur zweiten Wurzel, der psychologischen Messung und *Diagnostik* auf, die psychologische Berater seit den 30er Jahren in den Stand stetzte, Entscheidungen, Vor- und Ratschläge durch ‚wissenschaftliche' Erfassung von Persönlichkeitszügen und Eigenschaften, Fähigkeiten, Leistungspotentialen etc. zu fundieren und zu legitimieren. Der *‚trait and factor-Ansatz'* der Beratung, in dem auf der Grundlage diagnostischer Informationen über den einzelnen bzw. die in Frage stehenden Persönlichkeitsfaktoren Auskunft, Rat oder Anweisung zur angemessenen Ausnutzung der Fähigkeiten und zu adäquaten Zielen, zu geeigneten Wegen der Zielerreichung und zu ‚richtigem' Handeln gegeben wird, ist ein sehr frühes Beispiel für die Konvergenz dieser Beratungsursprünge.

Bei dem auch ‚faktorentheoretischer' (Martin 1977) Ansatz genannten Konzept handelt es sich allerdings im engeren Sinne gar nicht um eine Theorie der Beratung, da hier der Prozeß der Beratung selbst nicht in seinen Grundlagen, Dimensionen, Zielen und Methoden reflektiert wird. Das Kernstück des Ansatzes bleibt die auf den Persönlichkeitstheorien der ‚Eigenschaften'-,traits'-,Faktoren' und auf der klassischen Testtheorie basierende psychologische Diagnostik. Die Beratungssituation selbst wird kaum thematisiert. Man geht davon aus, daß das ratsuchende Individuum vom diagnostischen Ratgeber vornehmlich über Testverfahren gewonnene ‚objektive' Informationen zu sich erhält, die es gemeinsam mit dem Berater in Beziehung zu seinen Fragen setzt, um sich entsprechend der Ergebnisse zu entscheiden. Diese Beratungskonzeption ist eine implizit direktive, geht man davon aus, daß ‚unzweideutige' Diagnoseergebnisse angestrebt werden, die, umgesetzt in einen Ratschlag, eine Handlungsanweisung oder ähnliches, alternative Entscheidungsfreiräume des Ratsuchenden stark einschränken.

Spätestens Ende der 40er Jahre (ebenfalls durch Kriegsheimkehrerprobleme aktiviert) wurde, vor allem beeinflußt durch die Arbeiten von Carl Rogers, die psychologische Beratungsentwicklung in den USA (ca. 15 Jahre später in Deutschland) maßgeblich durch nichtmedizinische *Psychotherapiekonzepte* geprägt.

Mit der wachsenden kritisch-theoretischen Auseinandersetzung um die klassische psychologische Testdiagnostik und dem reduzierten Einsatz aufwendiger, aber wenig hilfreicher psychometrischer Tests in der Praxis sowie mit einer Verschiebung psychologischer Tätigkeit von Selektions- auf Modifikationsaufgaben (s.a. Nestmann 1982) stieg die Bedeutung von Beratungsansätzen, die aus verschiedensten Therapieschulen abgeleitet werden. Waren es anfangs lediglich *psychoanalytische* und *verhaltenstheoretische* Einflüsse, so erweitert insbesondere die humanistische Psychologie durch *klientzentrierte Beratung* die konzeptionellen psychologischen Beratungsperspektiven.

Im Gegensatz zum diagnostischen Beratungsansatz werden hier auf der Grundlage unterschiedlicher Wissenschafts- und Persönlichkeitstheorien Modellvorstellungen der Erklärung, Einordnung und Bekämpfung menschlicher (vornehmlich psychologischer) Krisen, emotionaler und kognitiver Probleme und Zusammenbrüche, Verhaltensstörungen und Schwierigkeiten im Erleben und in der Verarbeitung von Erfahrung entwickelt. Diese unterschiedlichen Modellvorstellungen sind Hintergrund für die (wenn auch meist nicht stringent ableitbaren) jeweiligen Strategien, Methoden und Techniken der Problembearbeitung, der Interaktion und Kommunikation von Therapeut und Klient (→ *Existentielle Krisen und Krisenintervention* 2.3.).

Neben internen Differenzierungen und Erweiterungen der drei großen Therapiestränge traten mit dem Aufkommen kommunikationstheoretischer Reflexionen sozialer und psychosozialer Interaktionsprozesse *familientherapeutische* Beratungskonzepte (→ *Familie* 3.4.), die vornehmlich psychoanalytisch oder systemtheoretisch orientiert waren und humanistische Konzepte wie z.B. die *Gestalttherapie* (→ *Systemische Intervention* 2.9.). Diese beiden Therapiekonzepte beeinflußten die psychologische Beratungspraxis und Beratungstheorie nachdrücklich und entwickelten anders als viele der unzähligen ‚neuen' Therapien (s.a. Bach/Molter 1976; Kovel 1977; Kiernan 1978) explizite Beratungsformen. Psychoanalytische Beratung (Junker 1973; Lüders 1974; Seiß 1977; Pfeiffer 1980), klientzentrierte Beratung (Rogers 1972; Nickel/Borm/Fermer 1975), verhaltensorientierte Beratung und Verhaltensmodifikation (Krumbholtz 1966; Thorensen/Hosford 1973), Familienberatung (Richter 1976; Gerlicher et al. 1977) und Gestaltberatung (Rahm 1979) wurden somit die wichtigsten Beratungsableger psychologischer Therapien.

In der deutschen Psychologie wird Beratung in Theorie und Praxis der psychosozialen Intervention heute primär als ‚kleine Therapie' verstanden und behandelt. *Klientzentrierte Beratung* statt Gesprächstherapie, *Gestaltberatung* statt Gestalttherapie oder *psychoanalytische Beratung* statt Psychoanalyse signalisieren die Dominanz psychotherapeutischer Schulen in jenen Tätigkeiten, denen die ‚höhere Weihe' der Bezeichnung Therapie vorenthalten bleibt. Wie Untersuchungen von Beratungspraktikern belegen (Breuer 1979; Cramer 1981; Gerstenmaier/Nestmann 1984) ist Beratung zwar in ihrer praktischen Umsetzung weniger orthodox auf eine therapeutische Schulrichtung hin, sondern eher eklektisch orientiert (s.a. Hart 1983). Dieser oft ‚pragmatische' Eklektizismus erschöpft sich allerdings vorrangig in der Auswahl unterschiedlicher Interventionsstrategien aus dem ‚Supermarkt' traditioneller und neuer Therapieformen (→ *Psychotherapie* 2.4.).

Beratung wird in diesen Therapieablegern implizit als quasi ‚defizitäre' Form therapeutischen Handelns ausgewiesen. Es entsteht ein Bild von ‚therapeutischer' Beratung als ‚kleiner Therapie' für ‚weniger schwere' Störungen oder ‚weniger zentral desorientierte' Klienten, die im Zuge einer Erreichung breiterer Schichten und Problemkonstellationen etwas ihrer ‚Striktheit' und ‚Exaktheit' des Arrangements und der ‚technischen Ausgefeiltheit des Vorgehens' und damit verbunden der ausbildungs- und methodenspezifischen Qualifikationsanforderungen an die Helfer aufgibt, aber auf der theoretischen Basis und im Rahmen der grundlegenden praktischen Methodik der Ausgangstherapiekonzepte wirksam wird. Hinter dieser Ableitung von Beratung aus Therapie bei gleichzeitiger Differenzierung beider Interventionsformen verbergen sich professionelle und standespolitisch motivierte Interessen statt inhaltlich-fachlicher Argumentationen (s.a. Gerstenmaier/Nestmann 1984; Hörmann/Nestmann 1985).

Nach Heil/Scheller (1981) hat „die Entwicklung der psychologischen Interventionsmethodik zur Bedeutungserweiterung der Begriffe Beratung und Therapie geführt, die heute eine Unterscheidung nur noch auf der Basis schwammiger Akzentsetzung erlauben“ (182). Die Konsequenz entsprechender Auffassungen ist der häufig synonyme Gebrauch der Begriffe Beratung und Therapie, der allein jedoch ebenfalls keine ‚Emanzipation‘ der Beratung von therapeutischer Vorherrschaft einleiten kann. Die ‚Counselling Psychology‘ in den USA hat im Laufe ihrer Entwicklung ähnliche Abgrenzungsdiskussionen zur Erlangung und Stabilisierung einer eigenen Beratungsidentität immer wieder führen müssen, obwohl die therapeutischen Einflüsse auf die Theoriebildung nie so ausschließlich und dominant waren wie in der Bundesrepublik (s.a. Whiteley 1984).

Nachdem 1956 *‚Counselling Psychology‘* zu einer eigenständigen Division der American Psychological Association wurde und zu einer ebenso anerkannten wie umfassenden Disziplin der angewandten Psychologie avancierte, dehnte sich in den 60er und 70er Jahren der Einzugsbereich psychologischer Beratung auf die gesamte *Lebensspanne* aus (insbesondere auch auf die mittleren Altersstufen und das Alter), auf *Gruppen- und Familieberatung* sowie auf unterschiedliche *Rand-, Risiko- und Problemgruppen* (s.a. Strong 1982). Vertreter der Counselling Psychology haben jedoch seit eh und je darauf verwiesen, daß Beratung neben einer *klinisch-therapeutischen* Perspektive von *Heilung* und *Wiederherstellung* psychischer Gesundheit auf *Prävention* und *Entwicklung* konzentriert ist (s.a. Williams 1982; Strong 1982). Spätestens seit 1976 verweist das in den Aufgabenbeschreibungen von Beratungspsychologen formulierte Selbstverständnis der APA-Division Counselling Psychology auf die explizite *Vorrangigkeit* präventiv vorsorgender und erzieherisch-entwicklungsbezogener Tätigkeitselemente (→ *Prävention* 2.1.) gegenüber den Elementen von Heilung und Rehabiliation.

Erst in neuerer Zeit sind auch in den hiesigen psychologischen Beratungsdiskussionen im Zuge einer Umorientierung auf präventive und psychosoziale Interventionsansätze (→ *Alltägliche psychosoziale Intervention* 2.7.) Befreiungsversuche aus dem „Schlepptau psychotherapeutischer Konzepte“ (Röhrle 1983, 2) registrierbar. Zwar ist Beratungspsychologie in der BRD noch weit entfernt von einer Eigenständigkeit als Psychologiedisziplin mit eigenständigen Berufsfeldern, spezifischen Aus- und Fortbildungsrichtlinien und -programmen etc., doch verweisen die theoretischen Diskussionen auf ein verändertes ‚enttherapeutisiertes‘ und ‚entklinifiziertes‘ Selbstverständnis.

In dem bisher einzig umfassenden deutschsprachigen Werk zur allgemeinen Beratungspsychologie von Dietrich (1983) hat eine solche Orientierung zu einer umfassenderen Beratungsdefinition geführt. „Beratung ist in ihrem Kern jene Form einer interventiven und präventiven helfenden Beziehung, in der ein Berater mittels sprachlicher Kommunikation und auf der Grundlage anregender und stützender Methoden innerhalb eines vergleichsweise kurzen Zeitraums versucht, bei einem desorientierten, inadäquat belasteten oder entlasteten Klienten einen auf kognitiv-emotionale Einsicht fundierten aktiven Lernprozeß in Gang zu bringen, in dessen Verlauf seine Selbsthilfebereitschaft, seine Selbststeuerungsfähigkeit und seine Handlungskompetenz verbessert werden können" (2). Eine solche Konzeption von Beratung fördert statt einer bisher einseitig dominanten Ausrichtung an therapeutischen Modellen und an der diagnostiküberlasteten ‚trait-and-factor'-Theorie der Beratung die Ausarbeitung entwicklungs-, entscheidungs- oder handlungstheoretischer Beratungsmodelle, wie sie z.B. von Fleischer (1982), Heil/Scheller (1981), Jungermann et al. (1981) oder Brandstädter/Gräser (1985) vorgeschlagen werden.

2.2. Pädagogik – Sozialpädagogik – Sozialarbeit und Beratung

In der Erziehungswissenschaft (→ *Pädagogische Intervention* 1.5.) lagen die Wurzeln des Beratungsbooms vornehmlich in der Suche nach konturenstärkeren Berufsbildern. Zuerst in der Hoffnung auf Eröffnung möglicher Arbeitsfelder im Schulbereich (Schulberater, Beratungslehrer etc.), später verstärkt vor allem in der außerschulischen Bildung und Erziehung wurde über eine intensive Auseinandersetzung um Theorie und Methode von Beratung versucht, zu einer weiteren Differenzierung und graduellen Spezialisierung des Diplom-Pädagogen zu gelangen. Die Erlangung von Beratungsqualifikationen und -kompetenzen schien für Diplom-Pädagogen eine Möglichkeit, neben diagnostisch und therapeutisch ‚versierten' Psychologen und dem in Einzelfallhilfe, Gruppenarbeit und Gemeinwesenarbeit ausgebildeten Sozialarbeiter an der psychosozialen Versorgung zu partizipieren. Vor allem die Bindung begehrter Therapiezusatzausbildungen an das Psychologie-Diplom weist Diplom-Pädagogen mit Ambitionen zur psychosozialen Arbeit auch heute noch diesen Qualifikationsweg (s.a. Nestmann 1984). So wenig konturiert, wie das Berufsfeld des Diplom-Pädagogen insgesamt, bleibt allerdings bisher deren Verankerung im Beratungsbereich. Wenn auch gerade in dieser Disziplin die (schulische und außerschulische) Beratungsdiskussion mit am intensivsten geführt wird und universitäre Ausbildungsstätten Beratung zu einem möglichen Wahlschwerpunkt des Pädagogikstudiums machen, bleibt für die Anstellungsträger einerseits der ‚billigere' Sozialarbeiter und Sozialpädagoge, andererseits der vorgeblich besser methodisch-therapeutisch geschulte Diplom-Psychologe als Konkurrenz. Folglich sind noch relativ wenige Diplom-Pädagogen in den herkömmlichen Beratungseinrichtungen tätig; Diplom-Pädagogen werden auf Sozialarbeiterstellen im Beratungsbereich beschäftigt, und es gibt berufs-politisch motivierte Versuche der etablierten Helferprofessionen, den beratenden Diplom-Pädagogen (z.B. über ihn ausschließende Richtlinien für die Bewilligung von Landeszuschüssen zur Förderung von Beratungsstellen in NRW) aus dem begehrten Beratungsmarkt herauszuhalten.

In der Praxis des Diplom-Pädagogen hat Beratung aber dort eine große Bedeutung, wo sie in andere Aufgaben integriert wahrgenommen wird, so z.B. in Fort- und Weiterbildung, in Erwachsenen- und Elternbildung, in Heimerziehung, Freizeitpädagogik, Ausländerarbeit, im Schul- und Bildungsbereich etc., oder wo im Zuge einer Erweiterung und Ergänzung psychosozialer Versorgungsnetze neue Beratungsinstitutionen und Beratungsinitiativen entstehen, wie in Bereichen der Jugendberatung (Gluntz 1977; Troscheit 1978), der Unterschichtberatung (Koschorke 1972, 1975), der Familienberatung (Bookhagen 1976; Gröning et al. 1975) etc. Auch in der *Sozi-*

alarbeit/Sozialpädagoik (→ *Intervention in der Sozialarbeit* 1.4.) wurde die Beratungsdiskussion im Zusammenhang mit dem Ziel theoretisch-methodischer Qualifizierung der Disziplin geführt. Das Bestreben um „Systematisierung ihrer Wissensbasis und ihres Methodenistrumentariums" (Schumann 1979, 73) im Rahmen von Professionalisierungsbestrebungen in der Sozialarbeit scheint eine bedeutende Ursache für umfassende Versuche, die als Begriff durchaus ‚traditionelle' sozialarbeiterische Strategie (Bäuerle 1980) *Beratung* theoretisch und methodologisch zu untermauern und auszubauen. Hierbei waren Versuche zu erkennen, Beratung überhaupt zur grundlegenden Funktion und Methode der Sozialarbeit zu machen (Seibert 1978).

Beratung in Sozialarbeit und Sozialpädagogik ist jedoch auch im Spannungsfeld von Therapeutisierungsbestrebungen und gesellschaftskritischen Gegenbewegungen in der Sozialarbeit (Neue Praxis, Sonderheft 1979) zu einer Alternative ausgearbeitet worden, die methodisch und theoretisch fundierte und doch ‚nicht-psychologisierende' Hilfemöglichkeiten verspricht und somit auch den subjektiven und objektiven Bedürfnissen der Praktiker nach abgesicherterer Problembearbeitung im Rahmen von Casework, Gruppenarbeit und Gemeinwesenarbeit entspricht (Nestmann 1982).

Sozialarbeiter und Sozialpädagogen gehören zwar auch zum Mitarbeiterteam der klassischen Beratungseinrichtungen (wie z.B. der Erziehungsberatungsstelle), sie erfüllen Beratungsaufgaben jedoch in weit größerer Zahl im Rahmen ihrer Tätigkeiten als direkte Angestellte von Sozial- und Jugendämtern oder als Mitarbeiter von Trägern der freien Wohlfahrt in der Kinder-, Jugend-, Alten-, Ausländer-, Obdachlosen- etc. Arbeit.

Aus diesen Aufgabenstellungen und Arbeitsbereichen der Sozialarbeiter ergeben sich sowohl die besonders von Seibert (1978) problematisierte Kopplung von Beratungsfunktionen einerseits und Kontroll-, Gewährung- und Zwangsfunktionen der Sozialarbeit andererseits als auch bestimmte Beratungsklientele. Bedeutet Beratung für die Sozialarbeit auch eine scheinbare Möglichkeit, ihre Stigmatisierungsqualitäten, ihr caritatives Image, ihren Zwangscharakter im Zuge der Notwendigkeit „einer Einbeziehung des *Durchschnittsbürgers* in Programme öffentlicher Sozialisationshilfen (Nestmann/Tappe 1979, 158) (→ *Alltägliche psychosoziale Intervention* 2.7.) abzulegen oder auch nur zu verschleiern, so bleiben gerade in der Unterscheidung zu anderen Beratungsberufen doch vor allem Unterprivilegierte und verschiedenste Randgruppen ihre spezifische Zielklientel.

Einer methodischen Reduzierung der durch das Zusammen- und Ineinanderwirken materieller, alltagspraktischer, psychischer, physischer, sozialer etc. Belastungen bedingten Komplexität psychosozialer Problemlagen auf psychologische Schlüsselprobleme werden in Pädagogik und Sozialarbeit Entwürfe einer sozialpädagogischen Beratung entgegengestellt. Diese erweitern eine individuumzentrierte und kurative Interventionsperspektive vor allem um die gezielte Einbettung beraterischen Handelns in die soziale Umwelt, den Lebensraum von Helfern und Hilfesuchenden sowie um die Ausdehnung ihrer Aktivitäten auf diese sozialökologischen Lebensbezüge.

So definiert z.B. Seibert (1978) neben den Elementen der Problemartikulation, der Analyse der Problemstruktur und der Erweiterung von Handlungskompetenz auch die „Veränderung der äußeren Problemstruktur" (161) als Dimension des Beratungsprozesses, in dem der Berater neben *individuumbezogenen* Unterstützungen eine Vielzahl von *umgebungsbezogenen* Diagnose- und Interventionsaufgaben übernimmt. Der klientorientierte Berater hat im Rahmen von Selbstorganisation, Gruppen- und Einzelberatung die Funktion: „Informationen zur Problemanalyse geben (u.a. Informationen über institutionelle und rechtliche Bedingungen, politisch-strukturelle Zusammenhänge, psychologische Hintergründe)"; „Informationen zur Organisation geben (Möglichkeiten der Selbstorganisation, Methoden Störungen zu bekämpfen, Gruppenarbeit und Diskussion regeln etc.)"; „praktische Hilfe geben, gemeinsame Aktivitäten" (u.a. gemeinsame Gesprächspartner aufsuchen und Verhandlungen führen, Räume besorgen, Unterhalt errechnen etc.); „emotionale Unterstützung, Bezugsperson und Gesprächspartner sein, durch eigenes Verhalten Orientierungshilfe geben" (175). 1976 entwerfen Frommann u.a. auf dem theoretischen Hintergrund von Interaktionismus und Alltagstheorie eine sozialpädagogische Beratung, die „parteinehmende Praxis" sein soll, „die gestützt auf Persönlichkeits- und Gesellschaftstheorie durch reflektierte Beziehungen und Erschließen von Hilfequellen verschiedener Art das Unterworfensein von Menschen unter belastende Situationen verändern will" (Frommann et al. 1976, 739). Diese Form von Beratung, die aus der Tradition von sozialpädagogischem Handeln „Alltagsprobleme zugleich unverkürzt und professionell angehen soll" (717), definiert als ihre Aufgabe u.a.:

- eine an sozialen Situationen und am Handeln von Betroffenen ausgerichtete gemeinsame und beratungsbegleitende Erforschung von Problemen und Problembezügen;
- Training durch Aufklärung;
- Durchbrechen oberflächlicher Deutungen und Rationalisierungen;
- Problembearbeitung im Feld der Problementstehung;
- „Hilfe durch Umstrukturierung der Situation durch Erschließung materieller Ressourcen, Neudefinition sozialer Bezüge, Schaffen neuer sozialer Räumlichkeiten etc." (735).

Alle diese Beratungsansätze betonen die Notwendigkeit einer stärkeren Alltagsorientierung von beraterischem Handeln bezüglich der Beratungsorte, der Problemdefinitionen, der Beziehungen zwischen Berater und Ratsuchenden sowie des problem-, personen- und situationsangemessenen methodischen Vorgehens. An alltäglichen und nicht-professionellen Beratungsprozessen werden Ansatzpunkte gesucht und identifiziert, an denen professionelle psychosoziale Beratung ergänzend anknüpfen kann. Zudem wird bei aller struktureller Verschiedenheit nicht-professioneller Beratungsbezüge der Blick darauf gerichtet, wo Annäherungsmöglichkeiten für eine professionelle, aber alltagsnahe Beratung bestehen und wo die jeweiligen Vor- und Nachteile beider Formen jeweilige Optimierungen zulassen oder für eine gezielte wechselseitige Ergänzung sprechen (s.a. Galliker/Hochstrasser 1982; Nestmann 1982).

3. Perspektiven psychosozialer Beratung

Noch laufen theoretische wie praktische Entwicklungsstränge einer psychosozialen Beratung in den verschiedenen Fachdisziplinen eher nebeneinander her als zusammen. Es lassen sich jedoch einige offenbar übergreifende Entwicklungstendenzen ausmachen. Psychologische, pädagogische, sozialarbeiterische und gesundheitliche

Beratungsdiskussionen lösen sich (mehr oder weniger) von lange dominierenden individuumzentrierten und kurativen Perspektiven und realisieren nach einer familialen und gruppenorientierten Öffnung seit Ende der 70er Jahre zunehmend Aufgaben der Entwicklungsförderung und der Prävention (→ *Prävention* 2.1.). Auch werden zunehmend größere ökologische wie soziale Systeme als zumindest gleichbedeutende Interventionsperspektive für Beratung identifiziert (→ *Systemische Intervention* 2.9.). So befassen sich Beratungstheoretiker und -praktiker auch in psychosozialen, Gesundheits- und Bildungsbereichen zunehmend nicht nur mit der angesprochenen Lebensraum- und Alltagseinbettung von Beratungsprozessen, sondern auch mit der beratenden Einflußnahme auf größere gesellschaftliche und soziale Organisationen und Institutionen. *Institutionsberatung* definiert seit längerem im Bildungs- und Gesundheitswesen und neuerdings auch bezüglich sozialpädagogischer und psychosozialer Handlungsfelder die Versorgungsorganisationen und -institutionen (vom Heim bis zum Jugendamt, der psychiatrischen Klinik bis zum gesamten öffentlichen Hilfesystem einer Gemeinde) als geeignete Zielgrößen für Innovation und Veränderung.

Statt oder neben Interventionen auf der Ebene der Betroffenen bzw. der Betroffenen-Gruppen und zusätzlich zur *Praxisberatung* und Fortbildung von Mitarbeitern wird die Beratung von Institutionen bei institutioneller Neuentwicklung als *Planungsberatung*, im Rahmen institutioneller Umstrukturierung und Veränderung als *Innovationsberatung* oder in institutionellen Krisen als *Konfliktberatung* zu einer neuen Beratungsperspektive der 80er Jahre (s.a. Thiel 1983; Nestmann 1985). Allein aufgrund der wachsenden Einflüsse verschiedenster Institutionen auf das Leben des einzelnen bei gleichzeitiger Auseinanderentwicklung des Verhältnisses von zur Verfügung stehenden professionellen Helfern und wachsenden Zahlen beratungsbedürftiger Betroffener wird diese Beratungsperspektive noch an Bedeutung gewinnen.

Eine in der psychosozialen Versorgung zu weiterer Personaleinsparung und Ressourcenverknappung führende konservative sozialpolitische Entwicklung wird wie eine professionalisierungs- und institutionalisierungskritische Fachdiskussion auch dazu führen, daß *Beratung von informellen Helfern, Laien, Selbsthilfegruppen und -initiativen* (→ *Alltägliche psychosoziale Intervention* 2.7.) zu einem wichtigen Aufgabenbereich psychosozialer Intervention avanciert (s.a. Moeller 1981). Professionelle Beratung wird hier Funktionen der Initiierung, Stabilisierung und Stützung durch Information, Reflexion etc. übernehmen müssen, die die Laien- und Selbsthilfeaktivitäten nicht in ihrer Eigenständigkeit und Selbstbestimmung gefährden und nicht in ihren entscheidenden Charakteristika der Alltagsverankerung, Reziprozität, Gleichbetroffenheit, Gleichberechtigung etc. beeinträchtigen. Die in der BRD erst einsetzende Diskussion um Netzwerke, soziale Unterstützungssysteme und natürliche Hilfe (s.a. Keupp/Röhrle 1986; Klingemann 1985) läßt bereits den zentralen Stellenwert erkennen, der der Frage professioneller Beratung informeller Hilfebezüge und Versorgungsstrukturen in den nächsten Jahren zukommen wird.

Auch hier wird es für Beratung als psychosoziale Intervention insbesondere darum gehen, faktisch wie potentiell von Belastungen Bedrohten und Betroffenen die ökologischen Räume bereitzustellen, zu eröffnen oder zu erhalten, in denen mit ‚Störungen' und ‚Abweichungen' gelebt werden kann. Materielle wie soziale Ressourcen sind zu eröffnen, die problemspezifisch und problem*un*spezifisch Wohlbefinden fördern und Krankheit verhindern helfen. Nur in diesem Rahmen können dann auch über psychosoziale Beratung gezielte und angemessene Versuche unternommen werden, individuelle und kollektive Bewältigungskompetenzen dort zu schaffen, wo sie verschüttet sind und dort zu verbessern, wo sie sich als defizitär erweisen.

Literatur

Aurin, K. (Hg.), Beratung als pädagogische Aufgabe. Bald Heilbrunn: Klinkhardt, 1984.
Aurin, K./Gaude, P./Zimmermann, K. (Hg.), Bildungsberatung. Frankfurt: Fischer 1973.
Aurin, K./Stark, G./Stobberg, E., Beratung im Schulbereich. Weinheim: Beltz 1977.
Bach, G./Molter, H., Psychoboom. Düsseldorf: Diederichs 1976.
Bäuerle, W., Der Begriff der Beratung in der Jugendhilfe. In: Neues Beginnen, 20,5 (1969), 162-167.
–, Beratung. In: Kreft, D./Mielenz, I. (Hg.), Wörterbuch Soziale Arbeit. Weinheim: Beltz 1980, 65-70.
Benz, E./Caroli, W., Beratung im Kontext der Schule. Ravensburg: Otto Maier Verlag 1977.
betrifft: erziehung. Schwerpunktheft ‚Beratung', 2 (1976).
Bommert, H./Plessen, U., Psychologische Erziehungsberatung. Stuttgart: Kohlhammer 1978.
Bookhagen, R. et al., Treffpunkt und Beratung in Berlin. In: Theorie und Praxis der sozialen Arbeit, 11 (1976).
Brandstädter, J./Gräser, H. (Hg.), Entwicklungsberatung unter dem Aspekt der Lebensspanne. Göttingen: Hogrefe 1985.
Breuer, F., Psychologische Beratung und Therapie in der Praxis. Heidelberg: UTB 1979.
Brown, S.D./Lent, R.W. (eds.), Handbook of Counselling Psychology. New York: Plenum 1984.
Caplan, G., Support Systems and Community Mental Health. New York: Holt, Rinehart and Winston 1974.
Cramer, M., Gespräche mit Sozialarbeitern, Sozialpädagogen und Psychologen. Tübingen: DGVT-Verlag 1981.
Dietrich, G., Allgemeine Beratungspsychologie. Göttingen: Hogrefe 1983.
Fleischer, T., „Psychologische Beratung" versus „Psychotherapie". In: GwG-info 49 (Dez. 1982), 13-43.
Frommann, A./Schramm, D./Thiersch, H., Sozialpädagogische Beratung. In: Zeitschrift für Pädagogik, 22, 5 (1976) 715-741.
Galliker, M./Hochstrasser, F., Professionalisierte Alltagsberatung – Versuch, von der psychologischen Beratungspraxis zum Alltag zurückzukehren und daraus zu lernen. In: Psychologie und Gesellschaftskritik 22/23, 6. Jg. (1982), 51-75.
Gerlicher, K. et al., Familientherapie in der Erziehungsberatung. Weinheim: Beltz 1977.
Gerstenmaier, J./Nestmann, F., Alltagstheorien von Beratung. Opladen: Westdeutscher Verlag 1984.
Gluntz, U. et al., Jugendberatung. Ein Bericht aus dreijähriger Erfahrung. Berlin: KBB 1977.
Grubitzsch, S./Rexilius, G. (Hg.), Testtheorie – Testpraxis. Reinbek: Rowohlt 1978.
Hart, J., Modern Eclectic Therapy. A Functional Orientation to Counselling and Psychotherapy. New York: Plenum 1983.
Heil, F.E./Scheller, R., Entwicklungsmöglichkeiten der gegenwärtigen Beratungspraxis. In: Baumann, U./Berbalk, H./Seidenstücker, G. (Hg.): Klinische Psychologie. Trends in Forschung und Praxis Band 4. Bern: Huber 1981, 180-208.
Heller, K. (Hg.), Handbuch der Bildungsberatung, 3 Bde. Stuttgart: Klett 1975.
Hölzel, S., Erziehungsberatung. München: Kösel 1981.
Hörmann, G., Beratung zwischen Fürsorge und Therapie. In: Zeitschrift für Pädagogik, 31. Jg., 6 (1985), 805-820.

Hörmann, G./Nestmann, F., Die Professionalisierung der klinischen Psychologie und die Entwicklung neuer Berufsfelder in Beratung, Sozialarbeit und Therapie. In: Ash, M.G./Geuter, U. (Hg.): Geschichte der deutschen Psychologie im 20. Jahrhundert. Opladen: Westdeutscher Verlag 1985, 252-285.
Honig, M.S., Anmerkungen zum gegenwärtigen Beratungsboom. In: Neue Praxis 4 (1976), 342-352.
Hornstein, W., Beratung – ein Erfordernis unserer heutigen Gesellschaft. In: Jugendwohl, 9/10 (1966), 312 u. 360.
Hornstein, W. et al., Funkkolleg „Beratung in der Erziehung", 2 Bde. Frankfurt: Fischer 1976.
Jungermann, H., Entscheidungshilfe: Ansätze zur Therapie, Beratung und Analyse unter dem Aspekt der Entscheidung. In: Michaelis, W. (Hg.): Bericht über den 32. Kongreß der DGfP. Göttingen: Hogrefe 1981, 465-471.
Junker, H., Das Beratungsgespräch. München: Juventa 1973.
Keupp, H./Röhrle, B. (Hg.), Soziale Netzwerke. Frankfurt: Campus 1986.
Kiernan, T., Psychotherapie. Frankfurt: Fischer 1978.
Klingemann, H. (Hg.), Selbsthilfe und Laienhilfe. Alternativen einer Gesundheitspolitik der Zukunft? Lausanne: ISPA-Press 1986.
Koschorke, M., Unterschicht und Beratung. In: Wege zum Menschen, 3 (1973), 129ff.
–, Zur Praxis der Beratungsarbeit mit Unterschichtfamilien. In: Wege zum Menschen, 8 (1975), 315ff.
Kovel, J., Kritischer Leitfaden der Psychotherapie. Frankfurt: Campus 1977.
Krumbholtz, J.D., Behavioral Goals for Counselling. In: Journal of Counselling Psychology, 13 (1966).
Kunze, B. (Hg.), Beratung in der sozialen Arbeit. Kassel: GhK 1985.
Lüders, W., Psychotherapeutische Beratung. Göttingen 1974.
Martin, L.R., Bildungsberatung in der Schule. Bad Heilbrunn: Klinkhardt 1974.
–, Erziehung und Therapie. In: Schwarzer, R. (Hg.): Beraterlexikon. München: Kösel 1977, 60-64.
–, Beraten und Beurteilen in der Schule. München: Kösel 1980.
Moeller, M.L., Anders helfen. Selbsthilfegruppen und Fachleute arbeiten zusammen. Stuttgart: Klett 1981.
Mollenhauer, K., Einführung in die Sozialpädagogik. Weinheim: Beltz 1968.
Mollenhauer, K./Müller, C.W. (Hg.), ‚Führung' und ‚Beratung' in pädagogischer Sicht. Heidelberg: Quelle und Meyer 1965.
Nelson-Jones, R., The Theory and Practice of Counselling Psychology. London: Holt, Rinehardt and Winston 1982.
Nestmann, F., Beratung und Beraterqualifikation. In: Müller, S. u.a. (Hg.): Handlungskompetenz in der Sozialarbeit/Sozialpädagogik I. Bielefeld: AJZ-Verlag 1982, 33-64.
–, Beratung in den 80er Jahren. Versuch einer Situationsanalyse auf der Basis internationaler Erfahrungen. In: Archiv für Wissenschaft und Praxis der sozialen Arbeit, 3 (1983), 131-146.
–, Beratung in der Erziehungsberatung. In: Zygowski, H. (Hg.): Erziehungsberatung in der Krise. Tübingen: DGVT-Verlag 1984, 74-98 (a).
–, Psychologen in der Erziehungsberatung – an den Grenzen der Institutionalisierung und Professionalisierung. In: Psychologie und Gesellschaftskritik, 32, 8.Jg., 4 (1984), 24-59 (b).
–, Beratung von sozialpädagogischen Institutionen. Plädoyer für einen eklektischen Ansatz. In: Neue Praxis, 1 (1985), 12-25.
Nestmann, F./Tappe, U., Thesen zu einem besseren Verständnis von Beratung. In: Psychologie und Gesellschaftskritik, 9/10, 3. Jg., 1979, 153-170.
Neue Praxis, Sonderheft „Sozialarbeit und Therapie". 1978.
Nickel, N./Borm, R./Fermer, H.J., Das klientzentrierte Beratungsgespräch. In: Heller, K. (Hg.): Handbuch der Bildungsberatung. Stuttgart: Klett 1975, 939-961.

Pawlik, K. (Hg.), Diagnose der Diagnostik, Stuttgart: Klett 1976.
Pfeiffer, R., Konzepte psychoanalytisch orientierter Beratung. In: Psyche, 1 (1980).
Rahm, B., Gestaltberatung. Paderborn: Junfermann 1979.
Richter, H.E., Protokoll einer psychoanalytisch orientierten Familienberatung. In: Psychologie heute, 9 (1976).
Röhrle, B., Beratung: Im Spannungsfeld von therapeutischen Methoden und sozialpolitischen Tendenzen. Vortrag auf der Fachtagung der LAG für Erziehungsberatung in NRW. Köln 1983.
Rogers, C., Die nicht-direktive Beratung. München: Kindler 1972
Schmidt, R., Intelligenz- und Leistungsmessung. Frankfurt: Campus 1977.
Schumann, M., Professionalisierungsansätze und Vergesellschaftungsformen sozialer Arbeit. In: Brockmann, A.D. et al. (Hg.): Jahrbuch der Sozialarbeit 3, Reinbek: Rowohlt 1979.
Seibert, U., Soziale Arbeit als Beratung. Weinheim: Beltz 1978.
Seiß, R., Tiefenpsychologisch orientierte Beratungsansätze. In: Schwarzer, R. (Hg.): Beraterlexikon. München: Kösel 1977.
Strong, S., Counselling Psychology in the 1980's in the United States. Vortrag auf dem 20. Int. Kongreß für angewandte Psychologie in Edinburgh, 1982.
Thiel, H.U., Arbeits- und interaktionsbezogene Beratung pädagogischer Institutionen. In: Neue Praxis, 2 (1983), 106-124.
Thorensen, C.E./Hosford, R.E., Behavioral Approaches to Counselling. In: Thorensen, C.E. (ed.), Behavior Modification in Education. Chicago Ill: Chicago University Press 1973, 107-153.
Troscheit, P., Perspektiven und Grenzen der Jugendberatung. Berlin: KBB 1978.
Whitely, J.M., Counselling Psychology: A Historical Perspective. Sondernummer: The Counselling Psychologist, Vol. 12, 1 (1984).
Williams, C., Counselling Psychology in the 1980's in Australia. Vortrag auf dem 20. Int. Kongreß für angewandte Psychologie in Edinburgh. 1982.
Witte, E., Zur Integration psychotherapeutischer Maßnahmen auf der Basis sozialpsychologischer Konzepte. In: Petzold, H. (Hg.): Methodenintegration in der Psychotherapie. Paderborn: Junfermann 1982.

2.3. Existentielle Krisen und Krisenintervention

Peter Fiedler

Krisenintervention bezeichnet eine Form der Frühbehandlung und Vorbeugung psychischer Störungen, Krankheiten und Fehlhaltungen, deren Auftreten in engem Zusammenhang mit Krisen steht. Ihr Ziel ist die professionelle Intervention und Hilfe bei Menschen in akuter Notlage und Krisensituation, um eine Zuspitzung der Problematik und ihre potentielle Chronifizierung zu verhindern (Michelitsch-Traeger 1981; Sonneck 1982).

1. Auslöser und Eigenarten persönlicher Krisen

Die Auslöser und Eigenarten psychischer Krisen sind vielfältig. Sie reichen von sogenannten *traumatischen Krisen* (durch Katastropen, Krankheit, plötzliche Invalidität, Vergewaltigung) bis hin zu Krisen, die sich durch mehr oder weniger plötzlich eintretende *Lebensveränderungen* ergeben (wie Verlassen des Elternhauses, Heirat, Geburt, Tod einer nahestehenden Person). Für Eigenarten und Ausmaß der individuellen Krisenentwicklung spielt die *subjektive Bedeutung* des Krisenanlasses eine beträchtliche Rolle (Herausforderung, Bedrohung, Schädigung [un]ersetzbarer Verlust); und sie ist weiter nicht unabhängig von den *sozialen Auslösern* und Begleiterscheinungen der Krise (z.B. Statuswechsel, Arbeitsplatzverlust) und von der *sozialen Situation* der Betroffenen (wie Verarmung, zerrüttete Familienverhältnisse) (→ *Armut* 3.6.).

Zur Krise kann es kommen, wenn eine Person ein Mißverhältnis erlebt zwischen situativen und sozialen Anforderungen und ihm zur Verfügung stehenden Handlungsmöglichkeiten. Ereignisse und Erfahrungen können von den Betroffenen nicht mehr sinnvoll bewältigt und verarbeitet werden, weil die ihnen bisher bekannten und bewährten Lösungsstrategien nicht mehr hinreichen. Eine Krisenentwicklung kann sich schließlich drastisch verschärfen, wenn andere Menschen fehlen, und damit soziale Hilfestellungen und die Möglichkeit zur Kommunikation.

Viele Krisen gehören zum normalen Leben dazu und treten in jedem Lebensalter auf. Betroffen sind vor allem jene Phasen der Entwicklung, in denen zentrale Bereiche des Lebens und der Lebensauffassung berührt werden (Sich-Infragestellen, gravierende Veränderungen im Selbstwertgefühl, Enttäuschungen, äußere und innere Einsamkeit). Aus der Suizidforschung ließe sich folgern, daß diese *Sinnkrisen des Lebens* bei Jugendlichen (Pubertät) und im hohen Alter besonders häufig zu finden sind (z.B. Kuitert 1986).

Bei weitem nicht alle Krisen stellen eine erhöhte Gefahr psychischer Verletzlichkeit dar, sondern sie sind im Sinne der Persönlichkeitsentfaltung des Menschen zugleich eine *Chance für persönliches Wachstum* (Reiter 1975; Riegel 1981). Die meisten Menschen bewältigen traumatische Erfahrungen und Lebensveränderungskrisen, ohne etwa die professionelle Hilfe einer Krisenintervention in Anspruch nehmen zu müssen. Im ungünstigen Fall jedoch wird die Lösung einer Krise nicht erreicht oder unangemessen sein und im Extrem die *Entwicklung psychischer Störungen* begünstigen.

In dem eben angedeuteten Sinne wäre es falsch, den Beginn des Krisengeschehens auf bestimmte Anlässe festzulegen. Von wenigen Ausnahmen abgesehen (etwa Naturkatastrophen) haben sowohl innere wie äußere Veränderungen ihre „Geschichte“ (Riegel 1985, Kap. 5). Zum Verständnis einer Krise muß also eine *Doppelperspektive* eingenommen werden: Die Wechselbeziehungen zwischen Person in der Krise und Krisenanlässen können auch „als etwas Gewordenes aufgefaßt und im Hinblick auf dieses Geworden-Sein untersucht“ werden (Ulich et al. 1985, 15).

2. Systematisierung der Krisenanlässe

Die orientierende Krisenbestimmung im vorherigen Abschnitt steckt ein weites Feld ab. So scheint es nicht weiter verwunderlich, daß das Konstrukt „Krise“ in der Psychologie bislang weder eine inhaltlich konvergente Bedeutung noch eine formal ausreichende theoretische Basis hat. Operationalisierungen reichen von allgemeinen Definitionsversuchen (etwa als „persönliche Reaktionen auf traumatische Ereignisse“ bei Lindemann 1944 und Caplan 1964; oder als „Phasen der Lebensentwicklung und Identitätsfindung“ bei Erikson 1966) bis hin zu den unterschiedlichsten Typologisierungen: Die gebräuchlichste Einteilung greift die gerade erwähnten Definitionsversuche auf und ordnet Krisen hinsichtlich ihrer Unerwartetheit *(accidental crisis)* bzw. Entwicklungsperspektive *(developmental crisis;* z.B. Morrice 1976; Aguilera/ Messick 1977; Killilea 1982).

Becker (1978) differenziert vier Krisenarten: (a) Krisen als Veränderungen in sozialen Beziehungen, (b) Krisen als berufliche Veränderungen, (c) Krisen als Veränderungen des Gesundheitszustandes und (d) Krisen als Katastrophen. Baldwin schlägt eine sechsgliedrige Systematisierung vor, die aus der Kriseninterventions*praxis* hervorgegangen ist, also aus der Notwendigkeit, auf Krisen in begründet-systematischer Weise therapeutisch unterschiedlich reagieren zu müssen (1979, 47-49):

(a) *Dispositionelle Krisen* lenken den Blick auf Eigenarten und Vorerfahrungen der Person, bereits mehrfach auf ähnliche oder unterschiedliche Krisenanlässe in gleicher Weise mit Hilflosigkeit und Verletzlichkeit reagiert zu haben.

(b) *Krisen bei antizipierbaren Lebensveränderungen* reflektieren schwierige Krisenphasen und einschneidende Veränderungen im Lebensverlauf (Verlassen des Elternhauses, Elternwerden, Zeit der Berentung, unheilbare Erkrankung, usw.).

(c) *Krisen in der Folge unerwarteter und traumatischer Belastungen* sind charakterisiert durch einschneidende, zumeist äußerlich ausgelöste und unerwartete Ereignisse (wie Vergewaltigung, plötzlicher Tod des Partners, plötzliche Invalidität) und durch die Unfähigkeit des Betroffenen, angesichts einer überstarken emotionalen Betroffenheit ihm vertraute Bewältigungsstrategien nicht angemessen einsetzen oder nutzen zu können.

(d) In *Reifungs- und Entwicklungskrisen* stehen Fragen nach dem Sinn und Stellenwert für die Betroffenen im Vordergrund. Sie entstehen zumeist in der Folge unerwarteter interpersoneller Erfahrungen (zumeist bei Ablehnung und Zurückweisung der eigenen Person) und führen zu einer Infragestellung eigener Fähigkeiten und Rechte, Ziele und Hoffnungen, aber auch von Gegenwart und Zukunft. Anlässe stehen häufig im Konfliktfeld zwischen Autonomiebestrebungen und dem Wunsch nach sozialer Anerkennung (wie Finden einer sexuellen Identität, Wunsch nach emotionaler Geborgenheit, Streben nach sozialer Überlegenheit, Versuche der Abgrenzung, Erleben von Ausgrenzung).

(e) *Krisen im Zusammenhang mit psychischen Störungen* kennzeichnen eine bereits länger währende Krisenentwicklung, deren bisherige Nichtklärung sich in einer deutlichen Chronifizierung psychischer Abweichung niedergeschlagen hat (etwa in einer Depression und Suchtproblematik). Ablehnung aber auch übermäßige Zuwendung der Bezugspersonen auf psychische Störungen führen möglicherweise zur Krisenzuspitzung, die in aller Regel die neurotischen oder psychotischen Auffälligkeiten noch deutlicher hervortreten läßt.

(f) Sogenannte *psychiatrische Notfälle* bezeichnen jene Krisen, die Betroffene in extreme Hilflosigkeit führen und in denen unmittelbare professionelle Hilfe sinnvoll, wenn nicht gar zwingend notwendig erscheint (insbesondere bei Gefahr selbst- oder fremdschädigenden Verhaltens).

Kritisierbar an diesen Systematisierungsversuchen ist, daß sie recht pragmatische Setzungen enthalten, ohne gleichzeitig etwa mit Blick auf eine theoretische Ordnung stringent begründbar zu sein. Die Akzentuierungen des Krisenverständnisses lassen sich darauf reduzieren, (a) ob Krise zur Kennzeichnung von Situationsmerkmalen oder ob sie (b) zur Beschreibung von Zuständen der Person herangezogen wird oder (c) welches relative Gewicht einer „objektiven" Identifikation von Krisen gegenüber der subjektiven Krisenentwicklung beigemessen wird. Filipp und Gräser (1982) weisen anhand solcher „Bedeutungsfacetten von Krisen" darauf hin, daß bei der Bestimmung jener Elemente, die eine Krise konstituieren, der Systemcharakter der Person-Umwelt-Beziehung berücksichtigt werden muß, vor dessen Hintergrund der Begriff Krise dann als „relationaler Begriff" gebraucht werden könne (→ *Systemische Intervention* 2.9.).

3. Konzepte der Krisenentwicklung

Im Unterschied zu den Systematisierungsversuchen scheint unter Autoren eine grössere Übereinstimmung hinsichtlich der Beschreibung des „typischen" Krisenverlaufs zu bestehen (vgl. Aguilera/Messick 1977; Morrice 1976; Michelitsch-Traeger 1981; Sonneck 1982a). Bei genauem Hinsehen findet sich bei vielen lediglich eine recht unkritische Bezugnahme auf Caplan (1964). Dieser hatte versucht, den Krisenverlauf mit vier zeitlich aufeinanderfolgenden Phasen zu beschreiben:

- In der ersten Phase erlebt das Individuum emotionale Spannung und Verwirrung, versucht aber, die Situation durch früher gelernte Mechanismen zu bewältigen.
- In der zweiten Phase ist – nachdem diese Bewältigungsstrategien mißlungen sind – eine verstärkte Desorganisation zu verzeichnen.
- In der dritten Phase nimmt deshalb das Spannungsniveau noch zu. Das Individuum unternimmt weitere Lösungsversuche; diese können interner oder externer Art sein: intern etwa durch Umdefinieren persönlicher Ziele, extern etwa durch das Aufsuchen fachmännischer Beratung.
- Die vierte und letzte Phase tritt ein, wenn auch diese Versuche des Problemlösens gescheitert sind. Es kommt zur völligen Persönlichkeitsdesorganisation oder zum emotionalen Zusammenbruch.

Von den meisten Autoren wird nun weiter den Krisen nicht nur weitgehend unhinterfragt jener Phasenverlauf Caplans unterstellt, sondern auch, daß etwa sechs bis acht Wochen nach Beginn der Krise eine „Lösung" eintritt, entweder in Form von Beruhigung, Stabilisierung des emotionalen Zustandes oder Anpassung, oder in Richtung „Fehlanpassung", weitere Destabilisierung mit Gefahr der Entwicklung psychischer Störungen (z.B. Taplin 1971; Halpern 1973; Morrice 1976; Caplan/Grunebaum 1977).

Auf der Grundlage eines Überblicks über empirische Untersuchungen (z.B. bei Silver/Wortman 1980) weisen Ulich et al. (1985) die Gültigkeit solcher allgemeiner Verlaufsmodelle von Krisen entschieden zurück. Im Gegenteil müssen erhebliche *intra- und interindividuelle Unterschiede im Krisenverlauf* angenommen werden. Weder gibt es „einheitliche" Emotionen auf vergleichbare Krisen noch ähnliche Bewältigungsformen, bezogen auf vergleichbare Problemanforderungen (Silver/Wortman 1980, 332). So fordern Kommer und Röhrle (1981), daß Krisenmodelle einen dynamischen Charakter von Krisenentwicklungen ausdrücklicher berücksichtigen müßten. Für sie bildet sich unter handlungstheoretischer Perspektivierung eine Krisenentwicklung in je spezifischen Verhältnissen krisenhafter Person-Umwelt-Beziehungen ab. Generelle, sehr bedeutsame Ziele einer Person werden als zunehmend weniger, schließlich als nicht mehr erreichbar erlebt. So führen zunächst Handlungsunsicherheiten, später der Zusammenbruch von Handlungsmöglichkeiten etwa mit „reduktiv kompensierenden Bewältigungsversuchen (Zielverzicht, Zieländerung)" zu bedeutsamen Begleit- und Folgeeffekten:

„So kann es sein, daß der Handlungsspielraum so eingeengt wird (z.B. auf den Bereich der Arbeitswelt beschränkt), daß etwa dauerhafte Zielobjektverluste (z.B. Verlust des Bekanntenkreises) die Folge sein können. Auf diese Weise entfallen wesentliche ‚sozial stützende Systeme' (Umweltverarmung), die bei anderen Umweltanforderungen die notwendige krisenvorbeugende Wirkung nicht mehr erbringen" (Kommer/Röhrle 1981, 138).

Aus einem ähnlichen Verstehenskontext heraus haben Ulich et al. (1985, 22f.) eine Neubestimmung des Krisenbegriffs angeregt. Sie schlagen vor, Krise aus einer Abgrenzung zu anderen psychologischen Konstrukten heraus näher zu bestimmen. Sie versuchen, „Krise" zwischen „Streß" und „Depression" einzuordnen:

- *Streß* entstehe (in Anlehnung an eine Auffassung von Lazarus 1981) aus einem Mißverhältnis zwischen einerseits Ansprüchen und Anforderungen und andererseits Handlungsmöglichkeiten, wenn dieses Mißverhältnis zugleich bedrohlich erlebt werde.
- Anders als bei Streß sei in der *Krise* das erlebte Mißverhältnis nicht nur auf Leistungssituationen (im weitesten Sinne) bezogen, sondern auf die ganze Person (negative Grundstimmung, Selbstwertzweifel). Außerdem sei eine bestimmte dynamische Entwicklung mitzudenken, die eine zeitweilige Destabilisierung der Person-Umwelt-Beziehung und des intrapsychischen Gleichgewichts beinhalte.
- In der *Depression* schließlich finde sich kein vorübergehender Zustand mehr. Vielmehr habe eine, wenn auch negative Stabilisierung (einer negativen Grundstimmung) stattgefunden. Interessen und Zielbezüge fehlten, eine Mobilisierung zusätzlicher Energien sei nicht möglich, die Entwicklung neuer Einsichten und Fertigkeiten erschwert.

Auf der Grundlage dieser Einordnung definieren Ulich et al. (1985, 24) Krise folgendermaßen:

„Krise ist ein belastender, temporärer, in seinem Verlauf und in seinen Folgen ‚offener' Veränderungsprozeß der Person, der gekennzeichnet ist durch eine Unterbrechung der Kontinuität des Erlebens und Handelns, durch eine partielle Desintegration der Handlungsorganisation und eine Destabilisierung im emotionalen Bereich mit dem zentralen Merkmal des Selbstzweifels."

Da es leichte bis schwere Krisen gibt, legen die Autoren nahe, von vornherein eine große Bandbreite, d.h. sehr unterschiedliche Grade von „Unterbrechung der Kontinuität", „Desintegration" und „Destabilisierung" anzunehmen. Schließlich sei die individuumzentrierte Akzentuierung um wichtige Einflußfaktoren der Umwelt und Gesellschaft zu erweitern.

4. Allgemeine Ziele der Krisenintervention

Die Entwicklung der Krisenintervention hat ihre Ursprünge in der Erforschung menschlicher Trauerreaktionen im Anschluß an eine Brandkatastrophe in Boston (durch Lindemann 1944), in der Behandlung traumatischer Neurosen während des Zweiten Weltkrieges (Grinker/Spiegel 1945), in den Bemühungen zur Selbstmordprävention (Ringel 1969) sowie in der Free-Clinic-Bewegung (vgl. Butcher/Maudal 1976). Für Minsel, Lohmann und Bente (1980) macht die stark präventive Ausrichtung individueller Krisenintervention die Berücksichtigung des sozialen Umfeldes, damit weiter eine interdisziplinäre Zusammenarbeit und schließlich eine Bezugnahme zur Gemeindepsychologie geradezu zwingend notwendig. Dieser letzte Aspekt führt nun in aller Regel dazu, daß sich Krisenintervention als pragmatisch-eklektisches Behandlungskonzept darstellt, für das sich übergreifend lediglich recht grobe Zielsetzungen ergeben. So betrachtet beispielsweise Sonneck (1982a, 229), der hier stellvertretend für andere Autoren zitiert wird, als allgemeines Ziel der Krisenintervention

„... die Unterstützung der eigenen Fähigkeiten des Betroffenen und seiner Umgebung, sich selbst zu helfen. Nicht der Ersatz von Verlorenem oder die Verleugnung von schmerzlicher Realität, sondern die Stütze und das Mitgefühl (Empathie), sowie die Ermutigung, Gefühle von Trauer, Schmerz, Feindseligkeit und Aggression zu zeigen, ist die Funktion des Helfers."

In dieser Allgemeinheit kann diese Zielformulierung jedoch für viele Arten psychotherapeutischer Intervention stehen. Dabei könnten – gerade wegen der Unterschiedlichkeit, mit der Interventionsprogramme etwa in regionale Versorgungsangebote einzubeziehen sind – Zielsetzungen durchaus differenzierter auf je vorliegende Anforderungsstrukturen abheben. Minsel et al. (1980) geben hierfür zwei Beispiele: Für eine *individuumzentriere Krisenintervention* erwähnen sie die Zielstellungen von Butcher und Maudal (1976): (a) Symptomerleichterung, (b) Hilfe bei der Wiederherstellung des Gleichgewichtes von Anpassungsmechanismen, (c) Verstehen der Faktoren, die die Krise ausgelöst haben, und (d) Kenntnis der Ursprünge der Krise aus den vergangenen Erfahrungen und aus bestehenden persönlichen Problemen heraus. Für *kontextbezogene Kriseninterventionsprogramme,* die gleichzeitig ausdrücklicher auf die Gemeinde abgestimmt sind, werden anhand einer Arbeit von Korchin (1976) vier instrumentelle Ziele genannt: (a) Nähe zur Gemeinde, (b) sofortige Verfügbarkeit der Versorgungsdienste, (c) Mobilität der Versorgungseinrichtungen und (d) Flexibilität und Vielseitigkeit der beruflichen Rolle der intervenierenden Personen.

5. Grundsätze personzentrierter Krisenintervention

Generell ist zu beachten, daß Krise eine Ausnahmesituation bedeutet, welche die Gefahr zu Kurzschlußhandlungen (Suizid) miteinschließen kann. So wird verständlich, warum die meisten individuumzentrierten Konzepte hinsichtlich der Vorgehensweisen *zu Beginn* der Krisenintervention konvergieren: Angestrebt wird fast immer zunächst, eine Balance herzustellen zwischen (a) Analyse und Bewertung des Krisenanlasses bei (b) gleichzeitig einsetzender therapeutischer Hilfestellung. Es gibt zwar therapieschulen-spezifische Interventionsentwürfe (z.B. der Psychoanalyse bei Glick/Meyerson 1980 sowie Talbot 1980; oder der Gesprächspsychotherapie bei Gutberlet 1985); die in der Praxis eingeführten Kriseninterventionskonzepte sind in aller Regel jedoch keiner psychiatrischen oder psychotherapeutischen Richtung und Schule vorrangig verpflichtet (vgl. Butcher/Maudal 1976; Fliegel/Röhrle/Stark 1983; McGee 1983). Aus den methodischen Vorschlägen unterschiedlicher Konzepte (z.B. Rusk 1971; Häfner 1974; Reiter 1975; Ciompi 1977; Sonneck/Ringel 1977; Cullberg 1978; Baldwin 1970; Sonneck 1982a, 1982b) lassen sich denn auch recht übereinstimmend folgende konkrete *Leitlinien für den Interventionsbeginn* ableiten:

(a) Grundsätzlich geht es zunächst um die Herstellung einer tragfähigen Beziehung (durch Vermittlung von Präsenz, Empathie, Hilfsbereitschaft und Zuversicht) und

(b) gleichzeitig um Anregung und Aufrechterhaltung eines therapeutischen Zwiegesprächs des Helfers mit dem Betroffenen (mit dem Ziel der Entlastung von emotionalem Druck durch Aus- und Besprechen von Ängsten, Gefühlen der Hoffnungslosigkeit, Suizidgedanken usw.).

(c) Eine Abschätzung der Suizidalität und Abklärung der aktuellen Krisensituation dient der ersten Bewertung der Krise und der eventuell notwendigen Suizidprophylaxe (dazu gehören Fragen nach der existentiellen Bedeutung des Krisenanlasses, nach früheren Krisen und deren Bewältigung, nach bisher gescheiterten wie erfolgreichen Versuchen von Krisenbewältigung, nach dem Vorhandensein von sozialer Unterstützung und von Selbsthilfemöglichkeiten). Schließlich wird als Ziel der Frühintervention die

(d) Thematisierung der Selbstwertproblematik und zunehmende Stützung des Selbstwertgefühls sinnvoll (mit dem Ziel der Anregung und Förderung von Eigeninitiative als ein erster Schritt hin zu konkreter Krisenüberwindung sowie auch, um der Entwicklung einer Abhänigigkeitsbeziehung zum Helfer vorzubeugen).

Zumeist werden solcherart prinzipielle Leitvorstellungen durch konkrete Handlungsanweisungen weiter differenziert. Butcher und Maudal (1976) haben die am häufigsten verwendeten Interventionstechniken zusammengetragen und beschrieben. Sie unterscheiden 17 *technische Aspekte der Krisenintervention* – nachfolgend geordnet hinsichtlich ansteigender Nachdrücklichkeit und Direktheit des therapeutischen Vorgehens und Verhaltens (vgl. auch die Zusammenstellung und inhaltliche Ausfüllung dieser Systematik bei Michelitsch-Traeger 1980):

- emotionale Unterstützung anbieten
- kathartische Reaktionen für den Klienten ermöglichen
- Hoffnung und Optimismus vermitteln
- Interesse und aktives Involvement zeigen
- selektives (problem-fokussierendes) Zuhören
- fehlende Information geben
- Problemsituation formulieren und Krise konzeptualisieren
- konzentrierte Aufmerksamkeit, Direktheit und Sachbezogenheit

- Konsequenzen aufzeigen
- adaptiv günstige Strategien klären und bekräftigen
- konfrontieren
- konkrete Ratschläge erteilen und Vorschläge unterbreiten
- konkrete Anforderungen stellen, therapeutische Kontrakte schließen
- Grenzen setzen
- eventuell abrupte Beendigung von Gesprächen
- sich der Mithilfe anderer Personen versichern

6. Verläufe personzentrierter Krisenintervention

Einer der Versuche, den Verlauf der Krisenintervention zu beschreiben, stammt von Baldwin (1979). Es handelt sich dabei um ein Vier-Phasen-Modell, mit dem der Autor zugleich versucht, Aufgaben des Therapeuten im affektiven und kognitiven Bereich zu differenzieren (vgl. nachfolgend „Der Prozeß der Krisenintervention").

Der Prozeß der Krisenintervention

Phase 1: Katharsis/Diagnostik

Interventionsbereich: Affekt

1. Der Klient sollte ermutigt werden, Gefühle auszudrücken, die im Zusammenhang mit der Krise stehen.
2. Der Klient sollte in dem Bemühen unterstützt werden, die emotionale Bedeutung der Krisenauslöser zu klären.
3. Der Therapeut sollte dem Klienten in direkter Weise eine erste Hilfestellung und Unterstützung anbieten.

Interventionsbereich: Kognition

1. Der Therapeut unterstützt den Klienten in dem Bemühen, sich eine realistische Perspektive der Krisensituation zu erarbeiten sowie erfolgversprechend Alternativen für eine mögliche Krisenüberwindung.
2. Der Klient sollte zu einem Versuch angeregt werden, sich die Unerwartetheit oder psychodynamische Bedeutung der Krise zu erklären.
3. Dazu sind wesentliche Hintergrundinformationen zu explorieren, die zu einer Klärung des Krisenanlasses beitragen könnten.

Phase 2: Focusing/Kontrakt

Interventionsbereich: Affekt

1. Der Klient sollte darin unterstützt werden, jene Gefühle genauer wahrzunehmen, die eine adaptive Bewältigung der Krise verhindern oder erschweren.
2. Der Therapeut ist um den Aufbau einer therapeutischen Allianz mit dem Klienten bemüht, um die Bereitschaft des Klienten zu stärken, eine adaptive Veränderung und Krisenlösung anzustreben.

Interventionsbereich: Kognition

1. Der Therapeut versucht, mit dem Klienten zu einer gemeinsamen Definition des Konfliktes oder Problems zu kommen, der/das die Krise ausgelöst hat.
2. Therapeut und Klient legen gemeinsam den Zeitraum und das Ziel des Krisenlösungsprozesses fest.
3. Schließlich verständigen sich beide über ein spezifisches therapeutisches Vorgehen, mit dem die Krisenbewältigung angestrebt werden sollte.

Phase 3: Intervention/Bewältigung

Interventionsbereich: Affekt

1. Der Therapeut überwacht und unterstützt die Konsequenz und Angemessenheit der Krisenbewältigung durch den Klienten.
2. Der Klient wird bei seinen Bemühungen unterstützt, die gefühlsmäßigen Barrieren (z.B. Widerstände) zu überwinden, die günstige Bewältigungsversuche behindern.
3. Der Klient wird unterstützt, in direkter und gefühlskongruenter Weise auf die Krisenanforderungen zu antworten (z.B. Anregung zu direkter Kommunikation und Klärung gegenüber mitbetroffenen Bezugspersonen).

Interventionsbereich: Kognition

1. Der Therapeut unterstützt den Patienten in der Entwicklung neuer, adaptiver Bewältigungs- und Problemlösungsfertigkeiten.
2. Der Therapeut hilft dem Klienten, Kriterien für Erfolg (wie Mißerfolg) bezogen auf die angestrebte Krisenbewältigung festzulegen.
3. Eine wichtige Funktion therapeutischer Unterstützung liegt darin, den Prozeß der Krisenbewältigung auf wesentliche Punkte und definierte Ziele zu fokussieren und ihn von Diffusion freizuhalten.

Phase 4: Beendigung/Integration

Interventionsbereich: Affekt

1. Der Therapeut thematisiert die Beendigung der Krisenintervention und regt zur Besprechung der damit verbundenen Affekte an, ohne jedoch dem eventuellen Wunsch des Klienten, die Krisenintervention auszudehnen, zu entsprechen.
2. Der Therapeut bekräftigt Änderungen im Bewältigungsverhalten und in der gefühlsmäßigen Krisenverarbeitung und bezieht sie möglichst auf Änderungen der Krisensituation und Krisenanlässe.

Interventionsbereich: Kognition

1. Der Therapeut bewertet das Erreichen wie Nichterreichen angestrebter Ziele der Krisenintervention.
2. Der Therapeut regt eine Planung/Prävention zukünftiger Krisen an und erarbeitet mit dem Klienten Lösungen, wie zukünftig in ähnlichen Situationen angemessener reagiert werden könnte.
3. Gegebenenfalls gibt der Therapeut Informationen über weitere Möglichkeiten sozialer wie professioneller Stützung im zukünftigen Krisenfall; u.U. schlägt er dem Klienten vor, eine Psychotherapie an die Krisenintervention anzuschließen.

(zitiert nach Baldwin 1979, 49).

Die vordergründige Plausibilität dieser oder ähnlicher Darstellungen über die Prozessierung der Krisenintervention und für die Gestaltung der therapeutischen Beziehung im Prozeß darf nicht darüber hinwegtäuschen, daß es bislang kaum Konzepte gibt, die Entscheidungshilfen für den Therapeuten abgeben könnten, bei welcher Person wann im Prozeß etwa welche prinzipielle Differenzierung des therapeutischen Vorgehens zu bevorzugen wären. Das gleiche gilt für eine spezifische Bestimmung und Begründung konkreter Interventionstechniken.

Dabei gibt es u.E. durchaus Ansätze, die für eine konzeptuelle Differenzierung *adaptiver Entscheidungen im Prozeß* herangezogen werden könnten (vgl. Strauß 1987). Ein Beispiel hierfür ist die oben erwähnte Krisentypologie Baldwins (1979, 47f.). Die Vorschläge des Autors eignen sich recht gut als Grundlage für die Entwicklung einer *differentiellen Krisenintervention,* die wir hier abschließend kurz andeuten möchten. Baldwin schlägt vor, im Verlauf der Krisenabklärung eine differentialätiologische Beurteilung nach den von ihm beschriebenen 6 Krisenanlässen vorzunehmen und dann im Prozeß folgende Interventionsdifferenzierungen zu beachten (vgl. 2 zur Systematisierung von Krisen):

(a) Bei Vorliegen *dispositioneller Krisen* ist zu fragen, ob angesichts der Eigenart dispositioneller Hilflosigkeit und Vulnerabilität des Betroffenen überhaupt sinnvoll mit der üblichen Kriseninterventionsstrategie (gemeint ist die personzentrierte „Hilfe zur Selbsthilfe") gearbeitet werden könne. In den meisten dispositionellen Krisen seien vielmehr „grundlegendere Hilfen" ins Auge zu fassen, wie etwa direkte Hilfestellungen, Information und Aufklärung, konkrete psychoedukative Unterstützung, eventuell medizinisch-medikamentöse Hilfe).

(b) Im Falle von aktuen *Lebensveränderungskrisen* schlägt Baldwin eine sorgfältige Exploration und Analyse der psychologischen Implikationen der gegebenen Lebensveränderung vor. In den meisten Fällen sei eine „nüchterne" Bestandsaufnahme sinnvoll und eine gründliche Planung der individuell notwendig werdenden Lebensveränderungen indiziert. Gute Möglichkeiten werden weiter in der Zusammenstellung von Gruppen mit ähnlich betroffenen Personen (als therapeutische oder auch Selbsthilfegruppen) gesehen, etwa bei Arbeitslosigkeit, Trennung vom Partner, nach Krebserkrankung usw.

(c) In *traumatischen* Krisen und nach Schockerfahrungen steht zunächst (v.a. auch zur Suizidprophylaxe) eine möglichst ununterbrochene Betreuung im Vordergrund, bis sich die unmittelbaren emotionalen Verunsicherungen (Hilflosigkeit, Angst, Verzweiflung) beruhigen. Dabei muß dem Klienten zunächst vor allem hinsichtlich einer Entlastung und Gefühlsstabilisierung geholfen werden. In aller Regel erfordert dies vom Helfer ein recht pragmatisches Vorgehen und eine ermutigende wie stützende Haltung, bis deutliche Weichen für eine Neuorientierung gestellt sind. Hilfreich erscheinen eine Reflexion der Krisenanlässe und das Besprechen von Strategien einer möglichen Krisenbewältigung, auch wie früher Krisen gelöst wurden. Dies alles sind bereits – wie Sonneck (1982b) feststellt – konkrete Hilfen zu einer inneren Distanzierung vom Krisenerleben und Festigung des emotionalen Befindens.

(d) Im Falle von *Reifungskrisen in der Lebensentwicklung* steht die Besprechung der für den jeweiligen Lebensabschnitt typischen Selbstwertzweifel im Vordergrund. Mehr als bei den genannten anderen Krisenanlässen kann es im Falle von Sinnkrisen hilfreich sein, die psychodynamische und soziale Seite der Krisenentwicklung anzusprechen. Dabei liegt der „Schlüssel" für eine Neuorientierung zumeist in der Thematisierung der in dieser Phase des Zweifelns schwierigen Frage nach dem Sinn und Zweck des Lebens. Über eine helfende Stützung des Selbstwertgefühls und Ermunterungen zu mehr Realitätsorientierung werden pragmatische Wege der Krisenbewältigung gesucht.

(e) Krisen, die sich als *Zuspitzung psychischer Störungen* herausstellen, erfordern recht frühzeitig die Perspektivierung einer längerfristigen Hilfe und Therapie, eventuell gar eine „Überweisung". Baldwin ist sich mit anderen Autoren jedoch eher einig darin, eine Überweisung eher nicht anzustreben, weil sich nur so der nicht ganz unproblematische Eindruck vermeiden läßt, man wolle den Klienten „abschieben", etwa, weil man ihm nicht recht zu helfen wüßte. Andererseits erfordert die längerfristige Therapie eine zunehmende Problemorientierung der Behandlung, daß heißt, sie hat sich konzeptuell zunehmend an der spezifischen Eigenart der psychischen Störung auszurichten.

(f) *Psychiatrische Notfälle* schließlich erfordern allgemein die schwierigsten Entscheidungen und Initiativen, ist hier ja zumeist eine plötzliche und unmittelbare Fremd- oder Selbstgefährdung eingetreten oder zu erwarten. Psychiatrische Krisenintervention und psychiatrische Notfallbehandlung setzt zumeist eine gut organisierte und sachbezogene Zusammenarbeit unterschiedlicher Instanzen voraus: Polizei, Sozialdienste, Krisenzentren, Psychiatrie. Die häufig vorliegende Dringlichkeit erfordert zwischen ihnen eine wirkungsvolle, und das heißt regional gut durchdachte, möglichst erprobte Kooperation, von der Sozialarbeit über die psychologische bis hin zur pflegerischen und medizinischen Intervention.

7. Zur Institutionalisierung von Krisenintervention

Diese groben Orientierungshilfen, die Baldwin mit seiner Unterscheidung von Interventionsmöglichkeiten bei unterschiedlichen Krisen vorgibt, machen deutlich, daß es nicht nur sinnvoll, sondern fast schon zwingend notwendig wäre, von der Einheitsvorstellung einer Krisenintervention wegzukommen. Ein chronisch hilfloser Krisen-Klient bedarf einer aktiv-helfenden Unterstützung, ein Mensch in der Sinnkrise eines geduldigen Zuhörers. Je mehr eine Krise Gefahr für Leben oder Gesundheit bedeutet, umso mehr geht sie in einen „Notfall" über. Für all diese notwendigen Differenzierungen im Sinne einer *differentiellen Indikation in der Krisenintervention* fehlen gegenwärtig Vorschläge, nicht zuletzt eben auch, weil es vor allem auf Seiten vieler Professioneller an der Bereitschaft mangelt, von einem Einheitskonzept „Krise" und „Krisenintervention" abzulassen. Die Folgen können, wie sich immer wieder zeigen läßt (vgl. Sonneck 1982b), für den einzelnen Menschen verheerend sein. Vor Ort nämlich bleibt vielfach völlig unreflektiert, ob ein Patient mit traumatischer Krisenreaktion der Notfallpsychiatrie oder dem Krisenzentrum zugewiesen werden soll, oder ob ein Patient, dessen Suizidversuch im Zusammenhang mit einer psychischen Störung zu sehen ist, nach einer Kurzzeit-Krisenintervention (wie sie allenthalten in der Suizidprophylaxe üblich ist) wieder entlassen werden kann.

Ein weiterer Problempunkt betrifft die zumeist aus dem engen Praxisverständnis, aber auch aus Handlungszwängen resultierende Beschränkung auf die individuellen Aspekte von Krise. Individuelle Hilfe ist natürlich notwendig, wenn sich die betroffene Person in der Krise befindet und aktiv Hilfe sucht – aber sie hat auch ihre Grenzen: Nimmt man die soziale Bedingtheit vieler Krisen ernst, so erweist sich eine auf das Individuum ausgerichtete Interventionsstrategie als zu eng, ja gelegentlich geradezu als falsch (Faltermaier 1982). In diesem Sinne beinhaltet Krisenintervention auch eine Berücksichtigung des Klienten*systems*, und damit dort – wo es geht – das Zusammenbringen von Menschen, die ein gemeinsames Problem auch gemeinsam lösen sollten (→ *Systemische Intervention* 2.9.).

Welche praktischen Lösungen angestrebt werden sollten und möglich sind, läßt sich gut an einigen Beispielen der nordamerikanischen (z.B. McGee 1974, 1983) sowie an Beispielen der institutionell und regional gut strukturierten niederländischen Kriseninterventionspraxis aufzeigen (vgl. Beenackers 1983; Heugten 1986). In aller Regel erfordert die Intervention im Lebenskontext der Klienten eine gut durchorganisierte *Betreuungsarbeit im Team*, dessen wesentliche Aspekte des Funktionierens im kontinuierlichen Gespräch der Teammitglieder untereinander als wechselseitige Information und interpersonelle Supervision betrachtet werden. Verschiedentlich liegen auch wichtige Erfahrungen mit einer sogenannten *„mobilen" Krisenintervention (Krisenbereitschaftsdienst)* vor: Schon 1971 hatte Hansell vorgeschlagen, wann immer dies möglich sei, die Krisenintervention nicht nur im Krisenzentrum oder in der Klinik, sondern möglichst unmittelbar vor Ort in der familiären oder sozialen Umgebung und im Beisein der mitbetroffenen Angehörigen/Partner/Freunde des (plötzlich) in Not geratenen Betroffenen durchzuführen oder dies zumindest im späteren Verlauf anzustreben (vgl. Richard/McGee 1973; McGee 1974).

Die Diskussion darüber, ob Krisenintervention günstiger von Laien oder professionellen Helfern durchgeführt werden sollte, wurde vor allem zu Beginn der siebziger Jahre kontrovers geführt (vgl. McColskey 1973; Knickerbocker/McGee 1973). Inzwischen ist dies kein Thema mehr, zumal sich ganz bestimmte Formen der Krisenintervention fast ausschließlich auf nichtprofessionelle Helfer stützen (z.B. die Telefonseelsorge, verschiedentlich auch die institutionalisierte Nachsorge im Lebenskontext der Betroffenen, v.a. durch Selbsthilfegruppen). Je ausdrücklicher dabei die Laienhilfe institutionalisiert ist, umso mehr wird jedoch auf eine vorbereitende Ausbildung der Laienhelfer Wert gelegt (vgl. Ewing 1978).

8. Wirkungsforschung und Evaluation

Es gibt bis heute nur wenige Forschungsarbeiten, aus denen sich gesicherte Schlußfolgerungen über Wirksamkeit und Erfolg von Krisenintervention ziehen lassen. Dies liegt unter anderem an einer Reihe von Problemen, die eng mit dem heterogenen Praxisverständnis von Krisenintervention zusammenhängen. So führt etwa die Zusicherung von Anonymität nicht nur bei den Ratsuchenden, sondern auch bei vielen Institutionen zur Zurückhaltung bis Ablehnung gegenüber dem Forscher. Zudem wird eine sinnvolle Forschungsplanung und Designbildung durch die Heterogenität der Krisenanlässe und der Klientengruppen, schließlich die Vergleichbarkeit unterschiedlicher Studien durch die vorfindbare Vielfalt und geringe Differenziertheit der Praxiskonzepte erschwert.

In ihren Übersichtsdaten über Kriseninterventionforschung kommen Auerbach und Kilmann (1977) sowie Kolotkin und Johnson (1984) zu einigen übereinstimmenden Einschätzungen der Wirksamkeit von Krisenintervention: Die allgemeine Effizienzrate läßt sich danach etwa auf 50 bis 60 Prozent schätzen. Sie bezieht sich auf günstige Effekte von in der Regel kurzzeitigen Hilfsangeboten und darauf, daß keine längerfristige psychotherapeutische Weiterbehandlung im Anschluß an die Krisenintervention notwendig wurde. Günstige Effekte betreffen zumeist eine vom Klienten subjektiv als erfolgreich erlebte Krisenhilfe bzw. eine Krisenbewältigung sowie die Wiederaufnahme von Lebensgewohnheiten, wie sie vor Krisenbeginn üblich waren. Allgemein scheint weiter eine Intensivbetreuung zu Beginn oder im Verlauf einer Krisenentwicklung günstiger als eine zeitlich gestreckte Beratungsfolge. In den besser kontrollierten Erfolgsstudien finden sich jedoch auch immer wieder ungünstige Auswirkungen professioneller Krisenhilfe, insbesondere bei extremen Krisenbelastungen oder wenn psychiatrische Auffälligkeiten das Krisenverhalten bestimmen. Zudem scheint eine allgemein ungünstige Lebenssituation der Klienten (etwa das Leben ohne familiäre und soziale Bindungen, Arbeitslosigkeit, gleichzeitige Krankheit) mit dem Behandlungserfolg zu interferieren.

Die Befundlage unterstreicht die Notwendigkeit einer differenzierenden Analyse und Bewertung der individuellen Krisenanlässe sowie die Entwicklung differentieller Versorgungsangebote. Zu fordern wäre deshalb ein Aufgeben der bisherigen Zurückhaltung gegenüber einer Praxisevaluation; vielmehr scheint die Institutionalisierung einer Effizienzüberprüfung der Behandlungskonzepte durch die Praxiseinrichtungen selbst unerläßlich, da sie ein wichtiges Korrektiv für die je gewählte Struktur der Krisenintervention bereitstellt. Ungünstige Auswirkungen von Begleitforschung und zeitlich von der Krisenintervention abgesetzten Nachuntersuchungen auf die Krisentherapie und den Krisenverlauf, mit der die bisherige Evaluationszurückhaltung häufig begründet wird, haben sich bislang nicht finden lassen (vgl. Murphy et al. 1969; Slaiken et al. 1975).

Literatur

Aguilera, D.C./Messick, J.M., Grundlagen der Krisenintervention. Freiburg i.Br.: Lambertus 1977; 2. Aufl. 1980.

Auerbach, S.M./Kilmann, P.R., Crisis intervention: A review of outcome research. Psychological Bulletin, 84 (1977), 1187-1217.

Baldwin, B.A., Crisis intervention: An overview of theory and practice. The Counceling Psychologist, 8 (1979), 43-52.

Becker, P., Prävention psychischer Störungen. In: Schmidt, L.R. (Hg.): Lehrbuch der Klinischen Psychologie. Stuttgart: Enke 1978, 361-378.

Beenackers, A.A.J.M., Das Krisenzentrum Utrecht. In: Fliegel, S./Röhrle, B./Stark, W. (Hg.): Gemeindepsychologische Perspektiven 2: Interventionsprinzipien. Tübingen: dgvt-Verlag 1983, 73-85.

Butcher, J.N./Maudal, G.R., Crisis intervention. In: Weiner, I.B. (Ed.): Clinical methods in psychology. New York: Wiley 1976, 591-648.

Caplan, G., Principles of Preventive Psychiatry. New York: Basic Books 1964.

Caplan, M./Grunebaum, H., Perspektiven Primärer Prävention. In: Sommer, B./Ernst, H. (Hg.): Gemeindepsychologie. München: Urban & Schwarzenberg 1977, 51-69.

Ciompi, L., Krise und Krisenintervention in der modernen Psychiatrie. Schweiz. med. Wschr., 107 (1977), 893-898.

Cullberg, J., Krisen und Krisentherapie. Psychiatrische Praxis, 5 (1978), 25-34.

Donker, M.C.H., Krisenintervention in den Niederlanden. In: Fliegel, S./Röhrle, B./Stark, W. (Hg.): Gemeindepsychologische Perspektiven 2: Interventionsprinzipien. Tübingen: dgvt-Verlag 1983, 63-72.

Erikson, E.H., Identität und Lebenszyklus. Frankfurt/M.: Suhrkamp 1966, 7. Aufl. 1981.

Ewing, C.P., Crisis Intervention as Psychotherapy. New York: Oxford University Press 1978.

Faltermaier, T., Belastende Lebensereignisse und ihre Bewältigung. In: Keupp, H./Rerrich, D. (Hg.): Psychosoziale Praxis. München: Urban & Schwarzenberg 1982, 33-42.

Filipp, S.-H., Ein allgemeines Modell für die Analyse kritischer Lebensereignisse. In: Filipp, S.-H. (Hg.): Kritische Lebensereignisse. München: Urban & Schwarzenberg 1981, 3-52.

Filipp, S.-H./Gräser, H., Psychologische Prävention im Umfeld kritischer Lebensereignisse. In: Brandstädter, J. (Hg.): Psychologische Prävention: Grundlagen, Programme, Methoden. Bern: Huber 1982, 155-196.

Fliegel, S./Röhrle, B./Stark, W., Krisenintervention – einführende Bemerkungen und Überblick. In: Fliegel, S./Röhrle, B./Stark, W. (Hg.): Gemeindepsychologische Perspektiven 2: Interventionsprinzipien. Tübingen: dgvt-Verlag 1983, 59-62.

Glick, R.A./Meyerson, A.T., The use of psychoanalytic concepts in crisis intervention. International Journal of Psychoanalytic Psychotherapy, 8 (1980/81), 171-188.

Grinker, R.R./Spiegel, J.P., Men Under Stress. Philadelphia: Blakiston 1945.

Gutberlet, M., Entwurf zu einem Krisenmodell in der Gesprächspsychotherapie/Klientenzentrierten Psychotherapie. GwG-info 61 (Informationsblätter der „Gesellschaft für wissenschaftliche Gesprächspsychotherapie e.V.“), Dezember 1985, 51-62.

Häfner, H., Krisenintervention. Psychiatrische Praxis, 1 (1974), 139-150.

Halpern, P.D., Crisis Theory: A Definitorial Study. Community Mental Health Journal, 9 (1973), 342-349.

Hansell, N., Casualty management method: An aspect of mental health technology in transition. In: Barten, H.H. (Ed.): Brief Therapies. New York: Behavioral Publications 1971.

Heugten, P. von, Das Krisenzentrum Rotterdam. Vortrag, Kongreß für Klinische Psychologie der „Deutschen Gesellschaft für Verhaltenstherapie e.V." in Berlin 1986.

Killilea, M., Interaction of crisis theory, coping strategies, and social support systems. In: Schulberg, H.C./Killilea, M. (Eds.): The Modern Practice of Community Mental Health. San Francisco: Jossey-Bass 1982, 163-214.

Knickerbocker, D.A./McGee, R.K., Clinical effectiveness of non-professional and professional telephone workers in a crisis intervention center. In: Lester, D./Brockopp, G.W. (Eds.): Crisis Intervention and Counseling by Telephone. Springfield, Ill.: Thomas 1983.

Kolotkin, R.L./Johnson, M., Crisis intervention and measurement of treatment outcome. In: Lambert, M.J./Christensen, E.R./DeJulio, S.S. (Eds.): The Assessment of Psychotherapy Outcome. New York: Wiley 1984, 132-159.

Kommer, D./Röhrle, B., Handlungstheoretische Perspektiven Primärer Prävention. In: Minsel, W.-R./Scheller, R. (Hg.): Prävention. Brennpunkte der Klinischen Psychologie, Band II. München: Kösel 1981, 89-151.

Korchin, S.J., Modern Clinical Psychology. New York: Basic Books 1976, 501-509 (zitiert nach Minsel et al. 1980).

Kuitert, H.M., Das falsche Urteil über den Suizid. Stuttgart: Kreuz Verlag 1986.

Lazarus, R.S., Streß und Streßbewältigung – ein Paradigma. In: Filipp, S.-H. (Hg.): Kritische Lebensereignisse. München: Urban & Schwarzenberg 1981, 198-232.

Lindemann, E., Symptomatology and Management of Acute Grief. American Journal of Psychiatry, 101 (1944), 141-148.

McColskey, A.S., The use of the professional in telephone counseling. In: Lester, D./Brokkopp, G.W. (Eds.): Crisis Intervention and Counseling by Telephone. Springfield, Ill.: Thomas 1973.

McGee, R.K., Crisis Intervention in the Community. Baltimore: University Park Press 1974.

–, Crisis intervention and brief psychotherapy. In: Hersen, M./Kazdin, A./Bellack, A.S. (Eds.): The Clinical Psychology Handbook. New York: Pergamon 1973, 759-781.

Michelitsch-Traeger, I., Krisenintervention. In: Mai, K. (Hg.): Psychologie hinter Gittern. Weinheim: Beltz 1981, 49-84.

Minsel, W.R./Lohmann, J./Bente, G., Krisenintervention. In: Wittling, E. (Hg.): Handbuch der Klinischen Psychologie 2: Psychotherapeutische Interventionsmethoden. Hamburg: Hoffmann & Campe 1980, 78-101.

Morrice, J.K.W., Crisis Intervention. Studies in Community Care. London: Pergamon 1976.

Murphy, G.E./Wetzel, R.D./Swallow, C.S./McClure, J.N., Who calls the suicide prevention center: A study of 55 persons calling on their own behalf. American Journal of Psychiatry, 126 (1969), 314-324.

Reiter, L., Krisenintervention. In: Strotzka, H. (Hg.): Psychotherapie: Grundlagen, Verfahren, Indikationen. München: Urban & Schwarzenberg 1978, 412-425.

Richard, W.C./McGee, R.K., Care team: An answer ot need for suicide prevention center outreach program. In: Lester, D./Brockopp, G.W. (Eds.): Crisis Intervention and Counseling by Telephone. Springfield, Ill.: Thomas 1973.

Riegel, K.F., Psychologie, mon amour (Kapitel 15). München: Urban & Schwarzenberg 1981, 173-224.

Ringel, E. (Hg.), Selbstmordverhütung. Bern: Huber 1969.

Rusk, T.N., Opportunity and Technique in Crisis Psychiatry. Comprehensive Psychiatry, 12 (1971), 249-263.

Silver, R./Wortman, C.B., Coping with undesirable life events. In: Garber, J./Seligman, M.E.P. (Eds.): Human Helplessness. New York: Academic Press 1980, 279-340.

Silverman, W.H., Planing for Crisis Intervention with Community Health Concepts. Psychotherapy: Theory, Research and Practice, 14 (1977), 293-297.

Slaiken, K./Tulkin, S.R./Speer, D.C., Process and Outcome in the Evaluation of Telephone Counseling Referrals. Journal of Consulting and Clinical Psychology, 43 (1975), 700-707.

Sonneck, G., Krisenintervention. In: Bastine, R./Fiedler, P./Grawe, K./Sommer, G./Schmidtchen, S. (Hg.): Grundbegriffe der Psychotherapie. Weinheim: edition psychologie 1982(a), 228-231.

–, Krisenintervention und Suizidverhütung: II. Standortbestimmung der Krisenintervention. Psychiatria Clinica, 15 (1982), 28-59.

Sonneck, G./Ringel, E., Technik der Krisenintervention. Psychiatria Clinica, 10 (1977), 85-95.

Strauß, H., Großer Spielraum in engen Grenzen. Plädoyer für ein spezifisches Gesprächsmodell in der Krisenintervention/Telefonseelsorge. Wege zum Menschen, 39 (1987), 2-13.

Talbot, J.A., Crisis Intervention and Psychanalysis: Compatible or Antagonistic? International Journal of Psychoanalytic Psychotherapy, 8 (1980/81), 189-196.

Taplin, J.R., Crisis Theory: Critique and Reformulation. Community Mental Health Journal, 7 (1971), 13-23.

Ulich, D./Haußer, K./Mayring, Ph./Strehmel, P./Kandler, M./Degenhardt, B., Psychologie der Krisenbewältigung. Weinheim: Beltz 1985.

2.4. Psychotherapie

Hans Zygowski

Die Nachfrage nach psychotherapeutischen Angeboten ist anhaltend hoch, da das Ressentiment gegenüber traditionell stigmatisierender psychotherapeutischer Intervention vor allem in den sozialen Mittelschichten deutlich zurückgegangen ist. Zugleich führen sozioökonomische und soziokulturelle Belastungen zu einem Anstieg psychischer Störungen. Ein Teil der im „Psychoboom" (Nagel/Seifert 1979) neu propagierten Therapiemethoden hat mittlerweile Eingang in den Kanon „seriöser" Verfahren gefunden. Psychotherapeutische Methoden werden in psychosomatischen Kliniken, Einrichtungen der stationären und ambulanten Psychiatrie, Beratungsstellen und Privatpraxen angewendet. Gesetzgeber und Krankenkassen erklären sich – wenn auch zögernd – bereit, psychotherapeutischen Leistungen ihre Bedeutung zu bescheinigen. Eine generelle gesetzliche Regelung der Psychotherapieausübung von Diplom-Psychologen (als „Nicht-Heilkundlern") steht allerdings noch aus.

Im Zuge der „therapeutischen Generalisierung" (Hellerich 1985a) haben nichttherapeutische Berufsgruppen wie Sozialarbeiter, Sozialpädagogen, Diplom-Pädagogen u.a. eine partielle Therapeutisierung ihrer Profession vollzogen (vgl. Gröschke 1982). Laienhelfer, Selbsthilfegruppen und der „aufgeklärte" Durchschnittsbürger neigen verstärkt zu therapeutischen Selbst- und Fremdinterpretationen bzw. fungieren subsidiär als „Mini"- und Hilfs-Therapeuten (Hellerich 1985b).

Kritische Analysen dieser Tendenzen diagnostizierten nach dem „therapeutischen Staat" (Szasz 1974) auch eine „Therapie-Gesellschaft" (Kursbuch 82), deren Kontrollstrategien zur Integration und Reintegration in politische und ökonomische Dienstbarkeit sich auch der „weichen" psychotherapeutischen Interventionen bedienen. Psychotherapie als professionelle Einflußnahme auf die psychischen Bedingungen gestörter oder abweichender Subjektivität ist so zu einem wichtigen Medium ökonomischer und politischer Integration geworden (vgl. Zygowski 1986; 1987).

Im folgenden sollen die wesentlichen Bestimmungsstücke des Modells der Therapeutisierung benannt, die psychotherapeutischen Interventionstechniken den jeweils vorrangig bearbeiteten Dimensionen individueller Subjektivität zugeordnet und der Stellenwert psychotherapeutischer Leistungen für eine psychosoziale Praxis bestimmt werden.

1. Das Modell der Therapeutisierung

Die Ausbreitung psychotherapeutischer Interventionen vollzieht sich auf Grundlage eines Modells, das sich auf die Logik und die Strategien der Psychologisierung, Technisierung, Klinifizierung und Klientelisierung der angetragenen psychosozialen Probleme bzw. ihrer Träger stützt.

1.1. Psychologisierung

Der Aufschwung psychotherapeutischer Methodik fand weniger innerhalb der Psychiatrie als innerhalb der Klinischen Psychologie statt, die sich unter Zuhilfenahme psychologischer Grundprinzipien (→ *Psychologische Intervention* 2.4.) bemühte, als „Therapietheorien" die wissenschaftlichen Grundlagen psychotherapeutischer Interventionen zu bestimmen. Aus ihnen sollten sich im Sinne eines Ableitungszusammenhangs psychotherapeutische Einzelmaßnahmen rechtfertigen lassen – ein uneingelöster Anspruch. Unter Abstraktion von ihrer Bestimmtheit durch gesellschaftliche Objektivität wird eine Parzellierung individueller Subjektivität in ihre Individualitätsdimensionen (Verhalten, Kognitionen, Gefühle, Körperlichkeit, Spiritualität) vorgenommen. Ihre Analyse, Modifikation und Kontrolle ist zum Hauptanliegen Klinischer Psychologie geworden. Parallel zur Segmentierung des monadologisch gefaßten Individuums in seine psychischen Teilfunktionen werden soziale Probleme des Individuums zu Störfällen oder Defekten dieser Dimensionen erklärt. Auch die Einbeziehung über das einzelne Individuum hinausreichender Gruppenphänomene, die sich therapeutisch als „Gruppentherapien" darstellen, bricht die Individualisierung nicht, sondern bereichert sie um die Variante des „Soziopsychologismus" (vgl. Baran 1972; Hörmann 1975).

1.2. Technisierung

Der instrumentellen Logik empirisch-analytischer Psychologie folgend wird das therapeutische Geschehen nach Gesichtspunkten einer Zweck-Mittel-Logik formiert. Anstelle der noch in der psychoanalytischen Tradition beheimateten Hermeneutik als sinnverstehender Rekonstruktion der Subjektentwicklung, die ihre Angemessenheit angesichts objektivierender Evaluationsmethoden in der Klinischen Psychologie immer weniger ausweisen konnte, verbreitete sich ein offenes oder implizites Verständnis psychotherapeutischer Praxis als handwerklich-instrumenteller Pragmatik. Nicht Sinnverständnis, Reflexion oder Erklärung sind die Garanten der Veränderung, sondern die regelgeleitete oder einfühlsame Anwendung therapeutischer Techniken.

In dem Maße, wie die wissenschaftliche Legitimation psychotherapeutischer Interventionen mißlang, verfiel die noch in der Verhaltenstherapie dominierende technologische Orientierung einer nicht-direktiven „Haltung", die sich der therapeutischen Techniken unterschiedlichster Therapieschulen „eklektisch" zu bedienen weiß, die technische Qualität der eigenen Praxis jedoch negiert.

1.3. Klinifizierung

Die Verbreitung psychotherapeutischer Interventionen ging einher mit der Krise des „medizinischen Modells" (Keupp 1972; v. Kardorff 1978) der Erklärung und Behandlung psychischer Störungen. Psychotherapie, dem Alleinvertretungsanspruch der Medizin einmal entzogen, verstand sich zunehmend als Disziplin, die abweichendes Verhalten mit psychologischen Mitteln zu normalisieren wußte, ohne sich den somatopsychischen Prinzipien und Definitionen psychiatrischer Therapeutik zu unterwerfen. Gleichwohl nutzte die Klinische Psychologie im Zuge ihrer Professionalisierung die „Faszination der Klinik" (Hörmann/Nestmann 1984), um an das Renommee und die finanzielle Begünstigung der etablierten Heilberufe anzuknüpfen.

Die Konsequenzen dieser klinischen Orientierung, die sich häufig im Rahmen institutioneller Praxis noch mit einem „administrativen Blick" (v. Kardorff 1978) verband, bestätigen Psychotherapie als psychologisierende Intervention. „Der gebannte Blick auf die Klinik verhindert eine psychosoziale und politische Orientierung, welche Lebensumstände, Tätigkeitsbereiche und Problemorientierungen im sozialen und gesellschaftlichen Kontext alltäglicher Lebensvollzüge aufgreift und thematisiert" (Hörmann/Nestmann 1984, 110).

1.4. Klientelisierung

In Abhebung vom klinischen Paradigma ist in der psychotherapeutischen Begriffsbildung der „Patient" aus seiner passiven Krankenrolle entlassen und zur aktiven Beteiligung als ratsuchender „Klient" aufgefordert. Selbst in den umstrittenen Formen der „Zwangstherapie" (Hellerich 1985a) (→ *Zwangsunterbringung* 2.8.) bzw. der „Therapie im geschlossenen Milieu" (Egg 1985) wird auf Motivation, Mitarbeit und Mitverantwortung der Klienten großer Wert gelegt. Das traditionell hierarchische Arzt-Patient-Verhältnis soll über die Vereinbarung eines „Arbeitsbündnisses", die weitgehende Transparenz des Therapieprozesses, die Beteiligung des Klienten an der Zielbestimmung u.a. „demokratisiert" werden.

Das „Psychotherapieziel Selbstbehandlung" (Fiedler 1981) meint die Anleitung des Klienten zur selbstkontrollierten und eigenaktiven Lösung seiner psychischen Probleme. Der „Weg von der unauffälligen ‚Normalperson' zum Klienten" (v. Kardorff 1986) schafft jedoch ein Kompetenz- und Machtgefälle zwischen Therapeut und Klient, das eine „kooperative Psychotherapie" (Fiedler 1981) illusionär werden läßt.

Die Entalltäglichung und methodenspezifische Zurichtung der Probleme des Klienten (vgl. Bittner 1981) ist in der technisch-klinischen Qualität des therapeutischen Modells schon angelegt. Die therapeutische Kontrolle über das Therapiegeschehen schließt verbale Konditionierungen des Klienten (vgl. Kanfer 1968), die Verwendung spezifischer Sprachspiele (vgl. v. Kardorff 1979) und machtstrategische Interventionen (vgl. Zygowski 1988) ein.

Die Anforderungen an Verbalisierungsfähigkeit, Problemoffenlegung, Terminorientierung u.a. erschweren den Therapiezugang für Angehörige unterer Sozialschichten (vgl. Gmür u.a. 1984).

Obwohl die therapeutische Beziehung als professionelle Beziehung einen sachlichen Dienstleistungscharakter aufweist, wird die Herstellung einer „echten" und „authentischen" Zwischenmenschlichkeit nicht selten zum eigentlichen Wirkfaktor im therapeutischen Prozeß erklärt. Dem „cooling-out" des Therapeuten in der Alltagsroutine steht das „burning-out" der Überidentifikation gegenüber. Grenzenloser Änderungsoptimismus und therapeutische Allmachtsphantasien paaren sich mit skeptischer Selbstbeschränkung und Resignation.

2. Zentralbereiche psychotherapeutischer Intervention

In einer kritischen und notwendig verkürzten Darstellung psychotherapeutischer Interventionen nach *den* Dimensionen individueller Subjektivität, die vorrangig Gegenstand therapeutischer Veränderung werden, ist zu berücksichtigen, daß vor allem in der Ganzheitlichkeitsideologie humanistischer und transpersonaler Psychologie die Beeinflussung weiterer Individualitätsdimensionen berücksichtigt ist bzw. Methoden unterschiedlicher Zielgerichtetheit gemeinsam verwendet werden.

2.1. Die Konditionierung des Verhaltens

Die „Verhaltenstherapie“ (Watson; Pawlow; Wolpe; Skinner; Eysenck) glaubt, mit der Ablehnung mental-kognitiver Prozesse und der alleinigen Bearbeitung offenen Verhaltens den Anforderungen empirisch-analytischer Psychologie am ehesten gerecht zu werden. Die im wesentlichen aus Tierexperimenten gewonnenen Modelle organismischer Subjektivität legen in Lerntheorien fest, auf welche Weise psychische Störungen als „Problemverhaltensweisen“ durch äußere, physikalische Umgebungsbedingungen hervorgerufen und aufrechterhalten werden.

Im Modell des klassischen Konditionierens (Pawlow 1972) als „Lernen von Signalen“ kontrollieren vorausgehende Stimuli das nachfolgende Verhalten (Beispiel: „Angst“ als klassisch konditionierte Reaktion), im Modell des operanten Konditionierens (Karoly 1977) als Lernen an den Konsequenzen die nachfolgenden Reize (Beispiel: operante Aufrechterhaltung der „Depression“). Genauere Auskünfte über die Zusammenhänge zwischen den Problemverhaltensweisen und den kontrollierenden Stimuli geben Verhaltensbeobachtung und Verhaltensanalyse.

Therapeutische Interventionen setzen sich demgemäß das Ziel, durch Manipulation der kontrollierenden Bedingungen eine Verhaltensänderung einzuleiten. Im operanten Modell soll durch den Entzug angenehmer Verhaltenskonsequenzen (Löschung) oder das Setzen aversiver Reize (Bestrafung) das „störende Verhalten“ reduziert, durch das Setzen angenehmer Reize (positiver Verstärkung) oder den Entzug aversiver Konsequenzen (negative Verstärkung) ein Alternativverhalten aufgebaut oder bekräftigt werden.

Im klassischen Modell beabsichtigt die „systematische Desensibilisierung“ über den Einsatz von Entspannung und abgeschwächten Angstreizen eine „klassische Löschung“ der Angstreaktion als „Gegenkonditionierung“ oder „konditionierte Hemmung“.

2.2. Die Manipulation der Kognitionen

Tiefenpsychologische Interventionen verfolgen das Ziel einer Beseitigung psychischer „Symptome“ durch Aufdeckung der ihnen zugrunde liegenden unbewußten Prozesse.

In der „Psychoanalyse“ (Freud 1969ff.) werden frühkindliche Störungen in der „Libido“-Entwicklung des Individuums für die Entstehung psychischer Störungen verantwortlich gemacht. Über den Einsatz von „Abwehrmechanismen“ wie „Verdrängung“, „Sublimierung“ u.a. gelingt es dem „Ich“, angetrieben von einem kontrollierenden „Über-Ich", nur um den Preis des Symptoms die im „Es" angesiedelten psychodynamischen Konflikte an der Bewußtwerdung zu hindern. Die psychoanalytische Behandlungstechnik bemüht sich darum, durch „Deutung" der „frei assoziierten" Äußerungen des Patienten die Symptome auf ihre zugrunde liegenden psychosexuellen Konstellationen (z.B. den „Ödipuskomplex") zurückzuführen und „Widerstände" des Patienten in einer „Übertragungsbeziehung" aufzulösen. Die zurückhaltend einzusetzenden Interventionen des Analytikers bedienen sich auch der Träume und „Fehlleistungen" des Patienten.

Die „Individualpsychologie" (Adler 1974) basiert auf der Annahme einer angeborenen oder erworbenen „Minderwertigkeit", die das Individuum durch „Geltungsstreben" zu „kompensieren" versucht. In den teleologischen Konzepten „Lebensstil" und „Lebensplan" werden unbewußte Strategien der persönlichen Lebensführung in der Auseinandersetzung mit der Umwelt zugrunde gelegt. Die neurotischen Symptome dienen dem „Machtmenschen" als Schutz vor dem Erleben von Minderwertigkeit und Unterlegenheit. Die individualpsychologischen Interventionen sind als Ermutigung des Patienten zu verstehen, sich den eigenen Lebensplan bewußt zu machen und den Zweck der Symptome neu zu deuten.

In der „komplexen Psychologie" (Jung 1971) wird zwischen einem „persönlichen Unbewußten" als Träger individuell verdrängten Materials und einem „kollektiven Unbewußten", das Sitz der „Archetypen" ist, unterschieden. Mit „Archetypen" sind unbewußte interkulturelle und vererbbare Grundbilder (der Drache, die große Mutter, der Held u.a.) gemeint, durch deren beiden wichtigste Motive „Animus" und „Anima" jedes Individuum auch unbewußte Anteile der Gegengeschlechtlichkeit in sich trägt. Die wichtigste therapeutische Intervention ist die Deutung und „Amplifikation" der Träume des Patienten, die über die Aufklärung von „Komplexen" (seelische Traumata) zur Selbstverwirklichung führen soll.

Die in der „Transaktionsanalyse" (Berne 1967) hypostasierten Ich-Zustände (Erwachsenen-Ich, Eltern-Ich, Kind-Ich) lassen sich als „vulgarisierte" Nachbildungen des Freudschen Strukturmodells interpretieren. Die „Transaktionen" zwischen den Ich-Zuständen interagierender Personen werden in der „Spielanalyse" aufgeklärt. Eine Einflußnahme auf den Partner wird durch „Gefühlsmaschen" (rackets) oder „Ränkespiele" (games) versucht. Die Botschaften eines „Skripts" als frühkindlich erworbene Lebenseinstellung (z.B. „Ich bin okay, du bist okay") lassen sich in einer „Skriptmatrix" abbilden. Als „Skripttypen" werden „der kleine Professor", „der Frosch", „die Prinzessin" u.a. unterschieden. Die Interventionen der Transaktionsanalyse berücksichtigen auch gefühlsaktivierende Methoden (s. Abschnitt 2.3.).

Die „kognitiven Therapien" stellen Weiterentwicklungen oder Ergänzungen der Verhaltenstherapie dar. Sie legen ebenfalls Lernkonzepte zugrunde, integrieren die vordem ausgeschlossene kognitive Dimension individueller Subjektivität und unterwerfen die Kognitionen einer technischen Neustrukturierung.

Im „Modellernen" (Bandura 1976) erwirbt ein Beobachter über „Imitationslernen" Verhaltensweisen, die in seinem Verhaltensrepertoire bisher noch nicht vorhanden waren. Die Wahrnehmung negativer oder positiver Verhaltenskonsequenzen beim Modell hemmt bzw. erleichtert die Verhaltensübernahme.

Das Modell der „kognitiven Konditionierung" (Mahoney 1977) sieht innere Ereignisse als verdeckte Formen offener Phänomene an, die somit den gleichen Lerngesetzen gehorchen. Die „kognitive Konditionierung" (verdeckte Gegenkonditionierung, Gedankenstopp u.a.) modifiziert diese „coverants" (= covert operants) mittels

„verdeckter Verstärkung", „verdeckter Löschung" etc.

Das „Selbstregulationsmodell" (Kanfer/Goldstein 1977) will „Selbstkontrolle" über die Anleitung des Klienten zu „Selbstbeobachtung", „Selbstbewertung" und „Selbstverstärkung" aufbauen und so vor allem Arbeits- und Lernstörungen, übermäßigen Alkohol-, Zigaretten- oder Nahrungsmittelkonsum, Zwänge u.a. eliminieren.

Der Wirkmechanismus des „Selbstinstruktionstrainings" (Meichenbaum 1977), das besonders bei „hyperaktiven" Kindern und zur „Streßimpfung" (stress inocculation) Anwendung findet, ist die therapeutische Veränderung eines selbstreflexiven „inneren Dialogs". Dazu sollen kognitive „Coping"-Fertigkeiten angeeignet und erprobt werden.

Die „kognitive Therapie" (Beck 1979) wird vor allem zur Behandlung depressiver Klienten eingesetzt. Eine „kognitive Triade" (negative Sicht der Welt, der Zukunft und der eigenen Person) löst über generalisierende, magnifizierende oder selektiv abstrahierende Kognitionen „automatische Gedanken" aus, die einer Protokollierung, Überprüfung und Veränderung unterzogen werden sollen.

Praktiken der kognitiven Umstrukturierung sind auch Bestandteil der „Rational-Emotiven Therapie" (Ellis 1977). Auf Grundlage einer „rationalen Lebensphilosophie" entwirft Ellis ein A-B-C-D-E-Modell der Erklärung und Überwindung psychischer Störungen. Problematische Ereignisse (A) rufen ihre negativen psychischen Konsequenzen (C) erst über die vermittelnden Variablen (B) „irrationale Gedanken" und „irrige Grundüberzeugungen" (z.B. „Ich muß von allen Menschen geliebt werden") hervor. Über die „Disputiermethode" (D), die als „didaktisches Gespräch" zu verstehen ist, sollen die gewünschten positiven Effekte (E) ausgelöst werden.

Das „problem-solving" (D'Zurilla/Goldfried 1971) bietet ein in fünf Phasen (allgemeine Orientierung, Problemdefinition, Generierung von Alternativen, Bewertung und Entscheidungsfindung, Verifikation) untergliedertes Problembewältigungstraining an.

2.3. Die Aktivierung der Gefühle

Die „humanistischen" Therapiemethoden erhoffen sich eine Förderung von Wachstum und Selbstverwirklichung über eine Freilegung verschütteter Emotionen.

Die „Gesprächspsychotherapie" (Rogers 1973; Tausch/Tausch 1981) operiert mit einer „optimistischen" Anthropologie, nach der der Mensch als gut, vorwärtsgerichtet und auf Selbstverwirklichung angelegt ist. Das „Selbst" organisiert und integriert die Erfahrungen des Individuums, das durch eine „Selbstaktualisierungstendenz" zu Reife und Selbstbereicherung geführt wird. Eine „Inkongruenz" zwischen dem Erleben des Organismus und dem „Selbstkonzept" kann zu psychischen Störungen führen. Durch „nicht-direktives" bzw. „klient-zentriertes" Vorgehen hilft der Gesprächstherapeut dem Klienten, die blokkierten Wachstumskräfte zu befreien, um seine „Selbstakzeptanz" zu erhöhen. Um dem Klienten einen vertieften Kontakt zu seinen Gefühlen zu ermöglichen, richtet der Therapeut seine Interventionen an den Basisvariablen „positive Wertschätzung", „Echtheit und Selbstkongruenz" und „einfühlendes Verstehen" (Verbalisierung emotionaler Erlebnisinhalte) aus.

Im „experiencing" (Gendlin 1982) soll der Klient lernen, seine ganze Aufmerksamkeit auf seine innersten Gefühle zu „fokussieren".

Die „Gestalttherapie“ (Perls 1975) sieht den Menschen als prinzipiell selbstverantwortlich für seine Selbstverwirklichung. Die „Gestalttechniken“ („leerer Stuhl“, „Identifikation mit der Angst“, „innerer Dialog“ u.a.) sollen als „support“ dem Klienten im „Hier-und-Jetzt“ eine neue „Assimilation“ mit der Umwelt, eine größere „Bewußtheit“ (awareness) und damit die Bewältigung seiner neurotischen Abwehrformen („Projektion“, „Introjektion“, „Retroflexion“ u.a.) ermöglichen.

Wie in der Gestalttherapie finden sich auch in der „Primärtherapie“ (Janov 1972) ergänzende körperbezogene Interventionen. Die Primärtherapie will einen früherlebten und verdrängten Urschmerz durch u.U. heftige emotionale Reaktionen („Urschrei“) kathartisch auflösen.

2.4. *Die Vitalisierung des Körpers*

Die körperorientierten Interventionen verstehen sich als Bestandteile eines ebenfalls erlebnisaktivierenden und zugleich ganzheitlichen Therapiemodells.

Die „Bioenergetik“ (Lowen 1979) zielt unter Berufung auf eine leiblich-seelische Ganzheit („Ich bin mein Körper“) auf die Aufdeckung und Beseitigung muskulärer Spannungen, die auf negative Erlebnisse und psychische Konflikte zurückgeführt werden. Je nach Art der muskulären Spannungen bzw. der vom blockierten Energiefluß betroffenen Muskelgruppen unterscheidet Lowen einen schizoiden, oralen, psychopathischen, masochistischen und rigiden Charakter. Das Repertoire bioenergetischer Interventionen beinhaltet direkte Manipulationen an der verspannten Muskulatur, Aktivitäts- und Spannungsübungen, aber auch gefühlsaktivierende Gespräche. In der „Grounding“-Übung (Verbesserung des Bodenkontaktes z.B. durch Gewichtsverlagerung) soll das Gegründetsein des Organismus in der Realität dokumentiert werden.

Die Bioenergetik ist als Erweiterung der „Orgon“- oder „Vegetotherapie“ (Reich 1972) zu verstehen, die in der Tradition der Psychoanalyse ihren Schwerpunkt auf die Beeinflussung körperlicher Energieprozesse legte. Psychische Störungen gelten als Produkt eines gehinderten Flusses der Orgonenergie, die körperliche und kosmische Potentiale verbindet. Sie manifestieren sich in einem „muskulären Charakterpanzer“ und spezifischen Charakterstrukturen. Die Orgontherapie zielt vor allem auf die Ausbildung einer „orgastischen Potenz“, der freien Entladung der „Orgonenergie“ im „Orgasmusreflex“.

Im „Rebirthing“ (Orr/Ray 1977) steht die auch in anderen Körpertherapien angestrebte Beeinflussung des Atmungsvorgangs im Mittelpunkt. Durch vertieftes und ununterbrochenes Ein- und Ausatmen soll die Regression des Klienten in frühe Kindheitserfahrungen gefördert und nach Zurücklassen der „alten Negativität“ eine körperlich-spirituelle „Wiedergeburt“ ermöglicht werden.

2.5. *Die Transzendierung des Selbst*

Als „esoterische“ und „transpersonale“ Verfahren bemühen sich sogenannte „New Age-Therapien“ um die spirituelle Dimension individueller Subjektivität. Es dominieren fernöstliche Meditationsübungen, die das individuelle Selbst mit kosmischen Größen zu verbinden suchen und auch okkulte Erfahrungen anstreben (Reinkarnation, Hypnose, Tantra, Shiatsu, Schamanismus, Astrologie, Tarot-Kartenlegen u.a.). Sie integrieren vor allem gefühls- und körperorientierte Techniken. In der „Initiatischen Therapie“ (Dürkheim 1982) werden mystische, philosophische und religiöse Elemente mit körperlichen und meditativen verbunden, um Wiedergeburt und neue Seinserfahrungen zu ermöglichen.

2.6. Soziopsychologische Konzepte therapeutischer Intervention

Soziopsychologische Therapieansätze beziehen die Interaktionspartner des Individuums entweder als *Rahmen* bzw. Katalysator weiterhin individuumzentrierter Interventionen oder als eigentlichen *Gegenstand* der therapeutischen Aktionen mit ein.

So läßt sich in Paartherapien mit den Partnern getrennt, in gemeinsamer Therapie (häufig mit einem Therapeutenpaar) oder auch in Paargruppentherapien arbeiten. Ihr Ziel kann einerseits die Entfaltungsmöglichkeit beider Partner, andererseits die Entwicklung der Beziehung selbst sein.

„Partnerschaftstrainings“ (Lederer/Jackson 1972) beabsichtigen weniger die Beseitigung tieferliegender Beziehungsstörungen als die Vermittlung kommunikativer Kompetenzen.

Die „Kollusionstherapie“ (Willi 1975) wird den im analytischen Sinne konfliktverarbeitenden Konzepten zugerechnet. Das von den „Interaktionspersönlichkeiten“ in der Paarbeziehung uneingestanden praktizierte Zusammenspiel (Kollusion) ist durch die Projektion eigener unterdrückter Anteile des Selbst gekennzeichnet, wobei ein Partner in regressives, kindhaftes Abwehrverhalten gedrängt wird. Die therapeutischen Interventionen zielen auf die Bewußtmachung dieser Paardynamik und die Integration der auf den Partner gerichteten Tendenzen in das eigene Selbst.

Die „Sexualtherapie“ von Masters und Johnson (1970) bearbeitet sexuelle Funktionsstörungen auf verhaltenstherapeutischer Grundlage mittels Techniken der systematischen Desensibilisierung und des operanten Konditionierens (s. Abschnitt 2.1.).

Mandel/Mandel (1975) verbinden verhaltenstherapeutische, psychoanalytische und gesprächspsychotherapeutische Techniken zu einer „Kommunikationstherapie“, die Ängste und Aggressionen abbauen und positive Verstärkungen etablieren will.

Die „Familientherapien“ transformieren die soziopsychologische Modifikationsperspektive in einen (zumeist systemischen) Familialismus, der eine Neustrukturierung dysfunktionaler Transaktions- und Kommunikationsmuster vorsieht (→ *Familie* 3.4.).

Die zahlreichen „Gruppentherapien“ werden von Heigl-Evers/Schultze-Dierbach (1985) gegliedert in sozialkommunikative Methoden (therapeutische Gemeinschaften, sozialtherapeutische Gruppen und Selbsthilfegruppen für Alkohol- und Medikamentenabhängige), Aktivitätsgruppenmethoden (Übungs- und Gestaltungsgruppen, z.B. als Musiktherapie), körperorientierte Verfahren (konzentrative Bewegungstherapie, Pantomime und Psychogymnastik, Bioenergetik), kognitive Methoden (Assertive-Trainings-Gruppe, multimodale Verhaltenstherapie, interaktionelle Problemlösegruppe, rational-emotionale Gruppenarbeit), Rollenspielmethoden (Handpuppen- und Märchenspiele, Psychodrama), Wachstums- und Begegnungsgruppen (gestalttherapeutische, transaktionsanalytische und gesprächspsychotherapeutische Gruppen, Encounter-Gruppen) und psychoanalytische Methoden (psychoanalytisch-interaktionelle Gruppenpsychotherapie, analytische Gruppenpsychotherapie).

Das „Assertive-Training-Programm“ (Ullrich de Muynck/Ullrich 1976) stellt als Variante des „Selbstsicherheitstrainings“ eine verhaltenstherapeutische Standardmethode dar. Durchsetzungsschwache Klienten werden nach Schwierigkeiten gestuften sozialen Situationen ausgesetzt, um in Verhaltensübungen ihre Angst abzubauen, soziale Fertigkeiten zu vermitteln und ihr Selbstbild zu korrigieren.

Das tiefenpsychologische Konzept einer „aktionszentrierten Gruppe mit soziodynamischer Funktionsverteilung“ (Heigl-Evers/Heigl 1979) verbindet die individuelle mit der sozialpsychologischen Dynamik als „endogene“ und „exogene“ Motivation der Teilnehmer, die durch Übernahme von Rollenpositionen ein gemeinsames Ziel erreichen sollen.

Die „Encountergruppe“ (Rogers 1974) geht über die Grundprinzipien der klientzentrierten Psychotherapie hinaus. In der „Begegnung“ im aktuellen Erleben, die gelegentlich zum „Marathon“ ausgedehnt wird, bezieht sich der Therapeut durch das Aussprechen eigener Empfindungen mit ein und wirkt so als Modell für die Gruppe, deren Entwicklung er zusätzlich durch Konfrontation, Übungen und Spiele fördert.

Das „Psychodrama“ (Moreno 1959) organisiert ein therapeutisches Rollenspiel, in dessen Verlauf lebensgeschichtliche Erfahrungen des Klienten nachgespielt werden. Der „Protagonist“ erfährt dabei Unterstützung durch „Hilfs-Ichs“, der Therapeut fungiert als „Spielleiter“, die Gruppe fördert das spontane Geschehen als „Resonanzboden“. „Rollentausch“, „Doppeln“ und „Spiegeln“ gelten als zentrale Psychodrama-Techniken.

3. Psychotherapie und psychosoziale Praxis

Die im Modell der Therapeutisierung angelegten Rahmenbedingungen psychotherapeutischer Intervention lassen den Blick auf übergreifende gesellschaftliche Determinanten individueller Subjektivität nicht zu.

Die verhaltensorientierten Interventionen, deren vermeintlich überlegene Ökonomie, Wirksamkeit und Stringenz sich weder in Therapievergleichsuntersuchungen noch in der therapeutischen Alltagspraxis bestätigen lassen, vollziehen eine Reduzierung individueller Subjektivität auf organismische Reaktionen. Die angestrebte Effektivierung und Kontrolle parzellierter Subjektivität wurde nicht in erhofftem Maße erreicht.

Auch die der Individualitätsdimension „Kognitionen“ verpflichteten Modelle ignorieren die psychosoziale Vermittlung individueller Strukturen. Sie lassen sich unabhängig von der Art der jeweils verwendeten Kategorien, die einen mythisch-metaphorischen („Ödipuskomplex“, „große Mutter“), spekulativ-technischen („Libidoenergie“), naiv-pragmatischen („kleiner Professor“) oder technisch-instrumentellen („automatische Gedanken“, „Selbstinstruktionen“) Charakter haben, als „Therapien beschränkter Einsicht“ zusammenfassen.

Die gefühls- und körperzentrierten Interventionen nehmen die reale Unterwerfung der Gefühle und des Körpers unter die kapitalistische Rationalität versachlichter und konkurrenzorientierter Beziehungen nicht zum Anlaß einer Aufklärung dieses psychosozialen Zusammenhangs, sondern bieten eine nur temporäre Lockerung der ins Individuum verlegten „Blockierungen“.

In den spirituell-transpersonalen Therapien soll der durch gesellschaftliche Rationalisierungsprozesse bewirkten Entpersönlichung des Subjekts mit einem irrationalen Kult der Subjektivität begegnet werden, der sich über die Grenzen der Person hinaus in kosmische Dimensionen erstreckt.

Obgleich die soziopsychologischen Ansätze den sozialen Nahraum des Individuums thematisieren, modellieren sie ihn jedoch als Raum scheinbarer Unmittelbarkeit nach dem Muster zwischenmenschlicher und nicht gesellschaftlicher Verhältnisse (vgl. Hörmann 1987).

Auch die im Gefolge der Psychiatriereform entwickelten Beispiele gemeindenah arbeitender und multiprofessionell besetzter Einrichtungen, die therapeutische und präventive Aufgaben zu einem Konzept psychosozialer Praxis verbinden wollten, bewirkten keine Abkehr vom Modell der Therapeutisierung (vgl. Hansen/Zygowski 1986). Die traditionelle Psychologisierung, Technisierung und Klinifizierung psychosozialer Probleme konnte nicht überwunden werden.

Eine praktische Alternative zum psychotherapeutischen Interventionsmodell ist gegenwärtig am ehesten von *den* Varianten „psychosozialer Beratung" (→ *Beratung* 2.2.) zu erwarten, die in Orientierung auf die sozialen Lebensbedingungen des Individuums psychosoziale Bewältigungsfertigkeiten für belastende Lebensbedingungen vermitteln und Alltagsberatung, soziale Stützsysteme und Selbsthilfegruppen mit einbeziehen.

Als Strategien der Gegenwehr gegen die mit der Klientelisierung einhergehende Abhängigkeit und Entpolitisierung der Therapiesuchenden wurden Konzepte der „Konsumentenkontrolle" (consumers control) und der „advokatorischen Interessenvertretung" (client advocacy) entwickelt (Rerrich 1982; Herriger 1985). Als gegenläufige Tendenz ist jedoch eine Ausdehnung des Modells der Therapeutisierung auf neue Bevölkerungsgruppen wie auffällige Kinder (vgl. Hellerich 1984), abweichende Jugendliche (vgl. Bruder-Bezzel/Bruder 1984) oder Erwerbslose (vgl. Körner/Zygowski 1985a) zu beobachten.

Literatur

Adler, A., Theorie und Praxis der Individualpsychologie. Frankfurt/M.: Fischer 1974.

Bandura, A. u.a. (Hg.), Lernen am Modell. Stuttgart: Klett-Cotta 1976.

Baran, P.A., Marxismus und Psychoanalyse. In: Baran, P.A., Unterdrückung und Fortschritt: Essays. Frankfurt/M.: Suhrkamp 1972, 71-98.

Beck, A.T., Wahrnehmung der Wirklichkeit und Neurose. Kognitive Psychotherapie emotionaler Störungen. München: Pfeiffer 1979.

Berne, E., Spiele der Erwachsenen. Psychologie der menschlichen Beziehungen. Reinbek: Rowohlt 1967.

Bittner, U., Ein Klient wird „gemacht". In: Kardorff, E. von/Koenen, E. (Hg.): Psyche in schlechter Gesellschaft. Zur Krise klinisch-psychologischer Tätigkeit. München: Urban & Schwarzenberg 1981, 103-137.

Bruder-Bezzel, A./Bruder, K.J., Jugend. Psychologie einer Kultur. München: Urban & Schwarzenberg 1984.

Dürkheim, K. Graf (Hg.), Der zielfreie Weg: Im Kraftfeld initiatischer Therapie. Freiburg: Herder 1982.

D'Zurilla, T.J./Goldfried, M.-R., Problem Solving and Behavior Modification. J. abnorm. Psychol., 78 (1971), 107-126.

Egg, R., Therapie im geschlossenen Milieu – Alptraum oder Lösungsansatz? In: Körner/Zygowski 1985, 42-47.
Ellis, A., Die rational-emotive Therapie. Das innere Selbstgespräch bei seelischen Problemen und seine Veränderung. München: Pfeiffer 1977.
Fiedler, P.A. (Hg.), Psychotherapieziel Selbstbehandlung. Grundlagen kooperativer Psychotherapie. Weinheim: edition psychologie VCh 1981.
Freud, S., Gesammelte Werke. Frankfurt/M.: Fischer 1969ff.
Gendlin, E.T., Focusing. Salzburg: Otto Müller 1982.
Gmür, W./Buchholz, W./Höfer, R./Straus, F., Zu den Zugangsproblemen von Unterschichtfamilien. Der Beratungszugang als Entscheidungsprozeß. In: Zygowski 1984, 137-159.
Gröschke, D., Kritik der Therapeutik in der Sozialarbeit – Wiederaufnahme eines unerledigten Themas. Neue Praxis, 2 (1982), 160-171.
Hansen, H.P./Zygowski, H., Psychotherapie im Kontext der Psychiatriereform. Blätter der Wohlfahrtspflege, 10 (1986), 235-237.
Heigl-Evers, A./Heigl, F., Konzepte der analytischen Gruppenpsychotherapie. In: Heigl-Evers, A. (Hg.): Die Psychologie des 20. Jahrhunderts. Bd. 8: Lewin und die Folgen. Zürich: Kindler 1979, 763-777.
Heigl-Evers, A./Schultze-Dierbach, E., Gruppenpsychotherapie. In: Toman, W./Egg, R. (Hg.): Psychotherapie: ein Handbuch. Stuttgart: Kohlhammer 1985, 154-189.
Hellerich, G., Hyperaktivität. Zur Verkrankung abweichender Verhaltensweisen von Kindern. In: Zygowski 1984, 176-188.
–, homo therapeuticus. Der Mensch im Netz der Helfer. Bonn: Psychiatrie-Verlag 1985a.
–, Hilfe und Herrschaft. Eine Analyse des Wandels der psychosozialen Versorgung. Frankfurt/M.: Peter Lang 1985b.
Herriger, N., Offensive Behindertenpolitik. Strategien der Selbstvertretung und der autonomen Lebensgestaltung. In: Körner/Zygowski 1985a, 91-97.
Hörmann, G., Gruppendynamik und Gruppenideologien. Zur Kritik des Soziopsychologismus. Phil. Diss., Universität Münster 1976.
–, Gruppentherapien. In: Zygowski 1987, 235-260.
Hörmann, G./Nestmann, F., Die Faszination der Klinik. Neun Thesen zur Professionalisierung von Psychologen. Psychologie und Gesellschaftskritik, 32 (1984), 102-111.
Janov, A., Der Urschrei. Ein neuer Weg der Psychotherapie. Frankfurt/M.: Fischer 1972.
Jung, C.G., Gesammelte Werke. Olten: Walter 1971ff.
Kanfer, F.H., Verbal Conditioning: A Review of Its Current Status. In: Dixon, T.R./Horton, D.L. (Hg.): Verbal Behavior and General Behavior Theory. Englewood Cliffs/New Jersey: Prentice-Hall 1968.
Kanfer, F.H./Goldstein, A.P. (Hg.), Möglichkeiten der Verhaltensänderung. München: Urban & Schwarzenberg 1977.
Kardorff, E. von, Auf dem Weg zur Therapeutisierung der Gesellschaft. In: Winter, M. u.a., Venusfliegenfalle. Sozialarbeit – Geometrisierung der Nächstenliebe. Frankfurt/M.: Syndikat 1979, 206-264.
–, Modellvorstellungen über psychische Störungen: Gesellschaftliche Entstehung, Auswirkungen, Probleme. In: Keupp, H./Zaumseil, M. (Hg.): Die gesellschaftliche Organisierung psychischen Leidens. Frankfurt/M.: Suhrkamp 1978, 539-590.
–, Klienten. In: Rexilius/Grubitzsch 1986, 121-143.
Karoly, P., Operante Methoden. In: Kanfer/Goldstein 1977, 220-260.
Keupp, H. (Hg.), Der Krankheitsmythos in der Psychopathologie. München: Urban & Schwarzenberg 1972.
Körner, W./Zygowski, H., Durch Arbeit zur psychischen Gesundheit? Kritische Anmerkungen zur akademischen Idealisierung der Arbeitswelt. In: Keupp, H./Kleiber, D./Scholten, B. (Hg.): Im Schatten der Wende. Helferkrisen – Arbeitslosigkeit – berufliche Rehabilitation. Tübingen: dgvt 1985a, 138-146.

Körner, W./Zygowski, H. (Hg.), Psychotherapie in der Sackgasse. Gesellschaftliche Aspekte psychosozialer Praxis. Tübingen: dgvt 1985b.
Lederer, W.J./Jackson, D.D., Ehe als Lernprozeß. Wie Partnerschaft gelingt. München: Pfeiffer 1972.
Lowen, A., Bio-Energetik. Therapie der Seele durch Arbeit mit dem Körper. Reinbek: Rowohlt 1979.
Mahoney, W.J., Kognitive Verhaltenstherapie. Neue Entwicklungen und Integrationsschritte. München: Pfeiffer 1977.
Mandel, K.-H./Mandel, A., Einübung der Liebesfähigkeit. Praxis der Kommunikationstherapie für Paare. München: Pfeiffer 1975.
Masters, W.H./Johnson, V.E., Impotenz und Anorgasmie. Frankfurt/M.: Goverts Krüger Stahlberg 1973.
Meichenbaum, D., Methoden der Selbstinstruktion. In: Kanfer/Goldstein 1977, 407-450.
Moreno, J.L., Gruppenpsychologie und Psychodrama. Stuttgart: Thieme 1959.
Nagel, H./Seifert, M., Inflation der Therapieformen. Gruppen- und Einzeltherapien in der sozialpädagogischen und klinischen Praxis. Sinn und Unsinn der Psycho-Industrie. Reinbek: Rowohlt 1979.
Orr, L./Ray, S., Rebirthing is the New Age. Milbrae/Calif.: Celestial Arts 1977.
Pawlow, I.P., Die bedingten Reflexe. München: Kindler 1977.
Perls, F., Grundlagen der Gestalttherapie. Einführung und Sitzungsprotokolle. München: Pfeiffer 1975.
Reich, W., Die Entdeckung des Orgons I: Die Funktion des Orgasmus. Frankfurt/M.: Fischer 1972.
Rerrich, D., Nutzerkontrolle. In: Keupp, H./Rerrich, D. (Hg.): Psychosoziale Praxis – gemeindepsychologische Perspektiven. München: Urban & Schwarzenberg 1982, 229-237.
Rexilius, G./Grubitzsch, S. (Hg.), Psychologie. Theorien – Methoden – Arbeitsfelder. Ein Grundkurs. Reinbek: Rowohlt 1986.
Rogers, C.R., Encounter-Gruppen. Das Erlebnis der menschlichen Begegnung. München: Kindler 1974.
–, Therapeut und Klient. Grundlagen der Gesprächspsychotherapie. Frankfurt/M.: Fischer 1983.
Szasz, Th., Die Fabrikation des Wahnsinns. Olten: Walter 1974.
Tausch, R./Tausch, A.-M., Gesprächspsychotherapie: Einfühlsame hilfreiche Gruppen- und Einzelgespräche in Psychotherapie und alltäglichem Leben. Göttingen: Hogrefe 1981.
Ullrich de Muynck, R./Ullrich, R., Das Assertiveness-Training-Programm (ATP). Einübung von Selbstvertrauen und sozialer Kompetenz, 3 Bde. München: Pfeiffer 1976.
Willi, J., Die Zweierbeziehung. Spannungsursachen – Störungsmuster – Klärungsprozesse – Lösungsmodelle. Reinbek: Rowohlt 1975.
Zygowski, H. (Hg.), Erziehungsberatung in der Krise. Analysen und Erfahrungen. Tübingen: dgvt 1984.
–, Einzeltherapie. In: Rexilius/Grubitzsch 1986, 201-222.
– (Hg.), Psychotherapie und Gesellschaft. Therapeutische Schulen in der Kritik. Reinbek: Rowohlt 1987.
–, Familienintervention als Machtstrategie. In: Hörmann, G./Körner, W./Buer, F. (Hg.): Familie und Familientherapie. Probleme – Perspektiven – Alternativen. Opladen: Westdeutscher Verlag 1988, 185-212.

2.5. Rehabilitation

Georg Hörmann

1. Rehabilitation und Behinderung

Rehabilitation, verstanden als Wiedereingliederung in Arbeit, Beruf und Gesellschaft, hat sich in der neueren Literatur international eingebürgert. Verwandte Begriffe, wie Reedukation, Readaptation oder Resozialisation (→ *Resozialisation* 2.6.) umfassen entweder nur Teilbereiche oder beziehen sich wie der Begriff Resozialisation primär auf die Rückführung von Delinquenten (→ *Straffällige und Diversion* 3.7.), Rauschmittelabhängigen (→ *Drogen und Alkohol* 3.8.) oder sonstige Devianztypen in das Leben der Gemeinschaft. Während in den Begriffen Reedukation, Readaptation und Resozialisation die interventive Absicht des Eingriffs in Lebensverhältnisse, die als gestört wahrgenommen werden, mit dem Ziel einer Rückführung zur Normalität unmittelbar augenfällig ist, legt die Weiterentwicklung neuerer Modelle von Resozialisation in Richtung auf eine Sozialtherapie (→ *Straffällige und Diversion* 3.7.) die Annahme nahe, als behandle man Straftaten als „soziale Krankheiten". Dabei wird der Krankheitsbegriff auf Bereiche ausgedehnt, welche als soziale Konflikte eigentlich anderer Lösungsmöglichkeiten bedürften.

Gegenüber einer fragwürdigen Ausdehnung der Krankheitsmetapher und ausufernden Therapeutisierungsstrategien setzt jedoch Rehabilitation einen krankhaften Befund offensichtlich voraus, wie es in der Definition der Weltgesundheitsorganisation (WHO 1969) zum Ausdruck kommt. Rehabilitation wird dort charakterisiert als „die Anwendung einer koordinierten Gesamtheit medizinischer, sozialer, pädagogischer und beruflicher Maßnahmen, die darauf abzielen, den Behinderten eine möglichst vollständige Wiederherstellung einer oder mehrerer beeinträchtigender Funktionen zu sichern" (Paul 1981, 153). Solche Kranken, die im Ausmaß und der Dauer der Beeinträchtigung schwer und chronisch krank sind sowie besonders gearteter Maßnahmen zur Wiedereingliederung in die Gesellschaft bedürfen, gelten als Behinderte (→ *Behinderte* 3.5.). So heißt es im Landesbehindertenplan von Nordrhein-Westfalen (1978, 77): „Behindert ist derjenige, der nicht nur vorübergehend infolge eines regewidrigen körperlichen, geistigen und/oder seelischen Zustandes in der Fähigkeit zur Daseinsbewältigung im Sinne einer sozialstaatsgerechten Denkweise wesentlich beeinträchtigt ist und deshalb besonderer Maßnahmen zur Eingliederung in Arbeit, Beruf/Schule und/oder Gesellschaft bedarf. Den Behinderten stehen diejenigen gleich, denen eine Behinderung droht". Um möglichen Mißverständnissen und verfehlten Schlußfolgerungen hinsichtlich der Art und des Umfangs von Interventionsmaßnahmen einen Riegel vorzuschieben, erfolgt an der gleichen Stelle die keineswegs überflüssige Ergänzung: „Die Behinderten wollen aus guten Gründen nicht als ‚abnorm', sondern als ‚normale' Mitglieder der Gesellschaft gelten, die lediglich einen Startnachteil zusätzlich zu bewältigen haben".

An dieser Stelle wird deutlich zum Ausdruck gebracht, daß Behinderten zwar Interventionen in der Form von Nachteilsausgleichen als wirtschaftliche, materielle und juristische Hilfen zukommen sollen, daß aber unangemessene psychosoziale Interventionen abzulehnen sind. Statt einer Sonderbehandlung, die zur Behandlung in Sondereinrichtungen wie Heimen, Sonderkindergärten und Sonderschulen sowie eigenen Werkstätten zur Ausgrenzung und Ausgliederung unter dem wohlmeinenden Deckmantel besonderer Schutzbedürftigkeit und Überfürsorglichkeit führen, wird eher das Prinzip der Nicht-Intervention favorisiert und ein unverstellterer und unvoreingenommener Umgang mit den Betroffenen im alltäglichen Lebensfeld gefordert. Das aus skandinavischen Ländern (Adam 1978; Dreyer 1981; Kasztantowicz 1986) entlehnte Programm der „Normalisierung" (Nirje 1974; Thimm u.a. 1985) wird hier nicht verstanden als der normative Anspruch der Anpassung einer Minderheit an gängige Normalitätsvorstellungen (→ *Behinderte* 3.5.), sondern vielmehr als Bereitschaft, die Grenze enger Normalitätsauffassungen zu durchbrechen und die Möglichkeit zu weitgehend normalen Lebensvollzügen (vgl. Adam 1978, 47f.) auch Menschen mit einer Andersartigkeit und eingeschränkten Funktionsfähigkeit zuzugestehen (Depner u.a. 1983, 170) (→ *Behinderte* 3.5.). Folglich kann der Trugschluß der Verwechslung einer Differenz mit einem Defizit, besonders wenn äußerliche Leistungseinbußen eine solche Schlußfolgerung nahelegen, mitnichten die willkommene Legitimation liefern, die Beeinträchtigten in Ghettos oder Asylen zu isolieren.

Angeprangert wird allerdings bereits die Bezeichnung „Behinderte" als unzulässige Verkürzung und Verabsolutierung eines herausgehobenen Merkmals. Da sich nämlich Behinderung erst aus dem Zusammenwirken individualer und außerindividualer, sozialer und gesellschaftlicher Momente ergibt, wäre statt des bedenklichen Begriffs „Behinderte" nach Bach (1985, 3) richtiger die umständliche Bezeichnung „Menschen, Kinder, Jugendliche usw., für die sich häufig Behinderungen ergeben", da niemand in allen Situationen, immer und angesichts sämtlicher Erwartungen behindert sei. Sofern diese Abstraktion als Verallgemeinerung eines Merkmals gedankenlos und leichtfertig gebracht wird, ist bereits lautlos die Grundlage gelegt zur Stereotypenbildung und Klischeehaftigkeit mit der Konsequenz von Stigmatisierung und Diskriminierung, sei es in negativer Hinsicht (Vorurteilsbildung) oder Übersteigerung der Behütung (Overprotection, Bemitleidung und Bevormundung, Verhinderung von Eigenständigkeit und Selbsthilfe).

Wenn auch Behinderung als soziales Phänomen anerkannt ist, erschöpft sich der Startnachteil von Menschen mit Behinderungen freilich nicht bloß in den sozialen Auswirkungen und Reaktionen der Gesellschaft. Gegenüber dem deutschen Wort Behinderung werden in der International Classification of Impairments, Disabilities and Handicaps (WHO 1980) durch die Dreiteilung im englischen Sprachgebrauch unterschiedliche Aspekte deutlicher zum Ausdruck gebracht. Impairment bezieht vorzüglich den medizinischen, disability den psychologischen und handicap den soziologischen Aspekt ein. Impairment, im Deutschen am ehesten zu übersetzen mit Schädigung oder Beeinträchtigung (functional limitation), tendiert zwar auf eine Störung der organischen Ebene, umfaßt aber auch zeitlichen oder dauerhaften Verlust, Anomalie oder Defekt einschließlich der geistigen und psychischen Funktionen. Disability betrifft im engeren Sinne Behinderung auf der Ebene der Person und ihrer Fähigkeiten, alltägliche Verrichtungen und persönliche Selbstversorgungsaufgaben zu bewältigen. Handicap, als Hindernis und Belastung im Sinne von Benachteiligung zu verstehen, repräsentiert den gesellschaftlichen Umgang mit der Beeinträchtigung und Behinderung und spiegelt ihre kulturellen, sozialen und ökonomischen Folgen wider.

2. Rehabilitative Interventionsvoraussetzungen

Die Berücksichtigung der Schädigungsursachen spielt in der historischen Entwicklung staatlicher Interventionsmaßnahmen eine große Rolle, da die Behindertenpolitik zunächst lediglich an der Wiedereingliederung von Kriegsopfern (Veteranen) und im Arbeitsprozeß Geschädigten ausgerichtet war. Ein systematischer Ausbau von staatlichen Eingriffen ergab sich besonders nach den beiden Weltkriegen durch das Bedürfnis zur Wiedereingliederung einer großen Zahl Versehrter, Amputierter, Hirnverletzter und sonstiger Geschädigter. Entsprechend der kausalen Orientierung der Rehabilitationspolitik erhielten zunächst jene Entschädigung (Versorgung), die ihre Gesundheit für den Staat (als Kriegsteilnehmer) oder die Produktion (Invalidität, Unfall) geopfert hatten. Neben der ausschließlichen Berücksichtigung körperlicher Behinderungen wurden zunächst auch lediglich materielle Gratifikationen gewährt.

Im Zuge der Abkehr vom Kausalitätsprinzip und der Hinwendung zu einer finalen Betrachtung (Finalitätsprinzip) am Ziel und Zweck von Rehabilitationsmaßnahmen, nämlich der Wiedereingliederung in die Gesellschaft unabhängig von der Schädigungsursache (schädigungsadäquate bzw. behinderungsadäquate Gleichbehandlung) erfolgte in der bundesrepublikanischen Rehabilitationsgesetzgebung seit den siebziger Jahren eine Ausweitung der Behindertengruppen sowie der jeweiligen Leistungen. Die zunächst nicht ohne Widerstände durchsetzbare Einbeziehung der seelisch Behinderten findet etwa ihren Ausdruck im § 1 des Rehabilitationsangleichungsgesetzes von 1974, in dem es heißt: „Die medizinischen, berufsfördernden und ergänzenden Maßnahmen und Leistungen zur Rehabilitation im Sinne dieses Gesetzes sind darauf auszurichten, körperlich, geistig oder seelisch Behinderte möglichst auf Dauer in Arbeit, Beruf und Gesellschaft einzugliedern. Den Behinderten stehen bei der Anwendung dieses Gesetzes diejenigen gleich, denen eine Behinderung droht". Neben der Betonung der präventiven Komponente ist die Einteilung des Rehabilitationsprozesses in die Stadien der medizinischen, beruflichen und ergänzenden Maßnahmen, worunter soziale Hilfen und psychosoziale Unterstützung fällt, zu erwähnen. Wenn auch die am Modell der Körperbehinderung orientierte Gliederung des üblichen Rehabilitationsprozesses nicht allen Behindertengruppen angemessen ist, bleibt gleichwohl festzustellen, daß das Erfordernis psychosozialer Interventionen unbestritten ist, wenn auch im Leistungsrecht der Anteil solcher Maßnahmen unterschiedlich verankert ist, am umfassendsten bisher im Bundessozialhilfegesetz (BSHG) und ihrer zugehörigen Eingliederungsverordnung, welche allerdings infolge ihres subsidiären Charakters in Umfang und Reichweite beschränkt sind.

3. Interventionstypen in der Rehabilitation

Unabhängig von aktuellen Trends lassen sich idealtypisch vier Interventionsformen staatlichen Handelns im Umgang mit Behinderten skizzieren, welche sich analog auch in Formen individuellen oder gruppenspezifischen Verhaltens widerspiegeln:

1) Nichtbeachtung, Ablehnung der Verantwortlichkeit, Verweigerung einer (Sonder)behandlung;
2) Aussonderung, Asylierung, physische Vernichtung (bis hin zu Euthanasie);
3) Entschädigung, Befreiung von Rollenverpflichtungen, Privilegierung;
4) Anpassung, Normalisierung, Eingliederung.

Historisch gesehen sind nach Haaser (1975, 49ff.) alle vier Typen von (Nicht-)Interventionen zum Zuge gekommen. Die Ausklammerung des Behindertenproblems aus der Verantwortlichkeit staatlicher Regulierung zeigt sich in „traditionellen Formen der Behindertenfürsorge und Versorgung durch Familienmitglieder, kirchliche und private Mildtätigkeit, genossenschaftliche Selbsthilfe, subsidiäre öffentliche Unterstützung durch die kommunale Armenpflege, punktuelle Initiativen der staatlichen Obrigkeit" (Haaser 1975, 19). Vor der großflächigen Reglementierung und Modifizierung der traditionellen Fürsorge und der strikten Unterwerfung unter staatliche Kontrolle zielen vor allem im 18. und 19. Jahrhundert obrigkeitliche Bestrebungen auf Absonderung und Asylierung ab. Eine Welle von Anstaltsgründungen betraf neben den Körperbehinderten und Krüppeln in gleicher Weise geistig und seelisch Behinderte. Ob diese Aussonderung nun damit begründet wird, daß man den Behinderten einen Schonraum geben wollte, der sie vor verletzenden Akten einer behindertenfeindlichen Umwelt bewahren soll, oder ob man umgekehrt die Gesellschaft vor dem Anblick und der Gefährlichkeit Behinderter zu schützen vorgab, ist dabei eine zweitrangige Frage, die wenig an der Tatsache der objektiven Isolierung und Ausgliederung ändert.

Prinzipien der Entschädigung und Wiedergutmachung kommen besonders gegenüber unfallverletzten und kriegsbeschädigten Behinderten zum Tragen. Der Ausbau von Versorgungswerken bestimmte sich neben der lange vorherrschenden kausalen Orientierung an den Schädigungsursachen und einer Hierarchisierung von Behinderungsarten nicht zuletzt am Interesse an einer Wiederverwertung der Arbeitskraft für den Produktionsprozeß. Stand wiederum anfangs hauptsächlich die Eingliederung der wachsenden Gruppe arbeits- und leistungsunfähiger, für die industrielle Produktion untauglicher Individuen im Vordergrund, so rückt, als ohnehin eine Sättigung des Arbeitsmarktes abzusehen oder eingetreten war, die Rückführung in die Lebensformen der Normalbevölkerung als erstrebenswerte Perspektive langsam in den Vordergrund.

Ohne daß die phasen- und zyklenspezifische Entwicklung der Rehabilitationspolitik in Abhängigkeit von wirtschaftlichen Prozessen nachgezeichnet werden kann (Schildmann 1977), gilt es, die Ambivalenz im Normalisierungskonzept zu beachten. Wurde Normalisierung anfänglich eher despektierlich als bloße Anpassung an die Normalität beargwöhnt, wird neuerdings stärker der befreiende Charakter gegenüber Aussonderung und Asylierung gewürdigt. Die Niederreißung unnötiger Schranken, die Respektierung von Grundbedürfnissen von Menschen mit unterschiedlichen Ausstattungen und Fähigkeiten sowohl physischer als auch psychischer Art hat dazu geführt, daß der Fokus psychosozialer Intervention sich nicht allein auf behinderte Menschen richtet, sondern die Bedeutung der sozialen Umwelt und gesellschaftlicher Faktoren stärker berücksichtigt. Folglich wenden sich psychosoziale Interventionen statt an die Behinderten deutlicher an die Vertreter einer Normalität mit der Anforderung, Ängste im Umgang mit Behinderten wahrzunehmen, eigene Unbeholfenheiten und Verdrängungen einzuräumen, Unsicherheiten durch das Eingeständnis eigener Behinderung im Verhalten gegenüber andersartigen Formen physischer wie psychischer Identität zu bekennen, also insgesamt einen vorurteilsfreieren und unbefangeneren Umgang mit Krankheit und Behinderung als wesentlichen Teilen der conditio humana zu erlernen. Solche perspektivischen Überlegungen und praktischen Schlußfolgerungen als Kennzeichen einer aktuellen „Rehabilitationsphilosophie"[1] werden gar als Modell für die Entwicklung einer humaneren Gesellschaft insgesamt bewertet (Talbot 1984).

4. Reichweite psychosozialer Intervention in der Rehabilitation

Allerdings muß sich die Propagierung des Normalisierungsprinzips davor hüten, einer Nivellierung jeglicher Behinderung das Wort zu reden mit der Folge einer Interventionsvermeidung oder gar Interventionsangst. Angsichts von Spannungen etwa zwischen supportiver, restriktiver und kompensatorischer Intervention stellt es keine Lösung dar, Intervention zu verleugnen, abzuwehren oder zu verschieben. Da nämlich Nichthandeln auch ein Handeln ist, sind Interventionskonflikte in der Rehabilitation weder zu verharmlosen noch durch Ignorierung schlicht aus der Welt zu schaffen (Hartmann 1986).

Psychosoziale Interventionsmaßnahmen sind demnach in der Verschränkung von Prävention (→ *Prävention* 2.1.) und Rehabilitation zu orten. Gegenüber dem Präventionsaspekt, wie er in Früherkennung und Vorsorgeuntersuchungen zur Geltung kommt, betont allerdings der Begriff Rehabilitation das Begrenzte, Relative, nicht vollständig Durchführbare. So berücksichtigt Wing (1959) diesen Aspekt der Beschränktheit aller Bemühungen, wenn er Rehabilitation umschreibt als einen „Prozeß der Wiederherstellung einer behinderten Person – wenn schon nicht zu dem Funktionsniveau vor Ausbruch der Krankheit, so doch wenigstens in dem Sinne, daß diese Person den besten Nutzen aus den verbleibenden Fähigkeiten in einem sozialen Kontext ziehen kann, der so normal wie möglich ist" (zit. nach Cooper/Kunze 1980, 248).

Wenn im Auge behalten wird, daß Krankheit und Behinderung als Ausgangspunkt für Rehabilitationsmaßnahmen häufig bereits Schlußpunkt und Resultat vielerlei vorausgegangener Einwirkungen sind (Jantzen 1974) sowie weitgehend überhaupt nicht heilbar sind, werden die erforderlichen psychosozialen Interventionsformen primär eher soziologischer und pädagogischer als (psycho)therapeutischer Art sein müssen. Während nämlich der therapeutische Blick (→ *Psychotherapie* 2.4.) in klinifizierender Weise (Hörmann/Nestmann 1984) auf den Mangel und den Defekt hin orientiert ist, dessen Behebung beabsichtigt wird, kümmert sich eine pädagogische Sichtweise[2] (→ *Pädagogische Intervention* 1.5.) vorrangig darum, Lernchancen und Trainingsmöglichkeiten zu eröffnen. Denn welcher Lehrer sieht schon im Kind zunächst ein Mängelwesen und nicht vielmehr ein Wesen mit positiven Lern- und Entwicklungschancen? Die verkümmerte Betrachtung der Rehabilitation als Defektologie im russischen Sprachraum (vgl. Bleidick 1981, 71) bietet jedenfalls keine günstigen Voraussetzungen für ein angemessenes Verständnis psychosozialer Interventionsstrategien.

Statt einer Überbewertung von Psychologen (Depner u.a. 1983, 178) oder der schematisch erfolgenden Anwendung herkömmlicher therapeutischer Methoden im

Rehabilitationsbereich sind daher Konzepte etwa von Entwicklungsberatung/-intervention (Brandstädter 1985, 1986) weiter zu verfolgen. Auch der Vorschlag von Koch (1981), anstelle des Therapiebegriffes, welcher Heilung oder Beseitigung von Mängeln suggeriert, lediglich das Konzept einer psychologischen Betreuung, verstanden als hilfreiche Zuwendung zu verwenden, bedarf weiterer Ausfaltungen. Am Beispiel chronisch psychisch kranker Menschen hat Kitzig (1983) einem auf Therapie und Wiederherstellung der Leistungsfähigkeit gerichteten Rehabilitationskonzept das Konzept des „Aushaltens" und „Ertragens" psychischen Leidens gegenübergestellt und dessen Auswirkungen für die Betreuung der betreffenden Personen erörtert. Schließlich sind gegenüber der Orientierung am Individuum, welche sich im Blick auf den behinderten Menschen verdichtet, vermehrt die Reaktionen der Umwelt zu gewichten, welche sich in der Form unangemessener oder fehlender Zuwendung als Deprivationen auswirken. Statt also bloß Menschen, für die sich häufig Behinderungen ergeben, im Rehabilitationsprozeß mit Hilfe ausgeklügelter Interventionstechniken an die Umwelt zu akkomodieren, ist es nicht minder bedeutsam, die Umwelt an die Besonderheiten des Behinderten anzupassen. Im Wechselverhältnis von Akkomodation und Assimilation als der nach Piaget gleich wichtigen Adaptationsformen sind also angemessene Interventionsformen nicht nur in Richtung auf das Individuum, sondern in gleicher Weise auch auf die engere (z.B. Familienangehörige, Schule, Arbeitsplatz) und weitere soziale Umwelt (z.B. Ermöglichung gesellschaftlicher Eingliederung durch Bereitstellung materieller, technischer und sozialer Unterstützungsangebote) zu entwickeln.

Anmerkungen

1 Zu weiteren Merkmalen einer aktuellen Rehabilitationsphilosophie vgl. Wiedl 1985, 34f.

2 Um die Beschränkung auf das Kindes- und Jugendalter zu vermeiden, wie es durch das ursprüngliche Wort ‚Pädagogik' nahegelegt wird, wäre es angemessener, von Andragogik, oder, um nicht in den Verdacht geschlechtstypischer Ausdrucksweisen zu gelangen, schlicht von Agogik zu sprechen.

Literatur

Adam, H., Curriculum-Konstruktion für Geistig-Behinderte. Oberbiel 1978.

Bach, H., Grundbegriffe der Behindertenpädagogik. In: Bleidick, U. (Hg.): Theorie der Behindertenpädagogik. Handbuch der Sonderpädagogik. Band I. Berlin 1985, 3-24.

Bleidick, U., Pädagogik der Behinderten. Berlin 1984[4].

Brandtstädter, J., Entwicklungsberatung unter dem Aspekt der Lebensspanne: Zum Aufbau eines entwicklungspsychologischen Anwendungskonzepts. In: Brandstädter, J./Gräser, H. (Hg.): Entwicklungsberatung unter dem Aspekt der Lebensspanne. Göttingen 1985, 1-15

–, Normen und Ziele in der Entwicklungsintervention: Probleme der Konstruktion und Kritik. In: Wiedl 1986, 194-206.

Budde, H.G., Rehabilitation. In: Baumann U. u.a. (Hg.): Klinische Psychologie – Trends in Forschung und Praxis. Band 5, Bern 1982, 129-153.

Bundesarbeitsgemeinschaft für Rehabilitation (Hg.), Die Rehabilitation Behinderter. Köln 1984.

Bundesminister für Arbeit und Sozialordnung. Behinderte und Rehabilitation. Bonn 1984.

–, Leitfaden für Behinderte. Bonn 1985.

Bundesvereinigung für geistig Behinderte (Hg.), Normalisierung – eine Chance für Menschen mit geistiger Behinderung. Berichtsband über den 1. Europäischen Kongreß der Internationalen Liga von Vereinigungen für Menschen mit geistiger Behinderung vom 14.-18. 10. 1985 in Hamburg. Marburg 1986 (Große Schriftenreihe Band 14).
Cooper, D./Kunze, H., Sozialpsychiatrie. In: Peters, U.H. (Hg.): Psychologie des 20. Jahrhunderts. Ergebnisse für die Medizin 2. Psychiatrie. Zürich 1980, 225-255.
Depner, R./Linden, H./Menzel, E., Chaos im System der Behindertenhilfe? Weinheim 1983.
Dreyer, A. u.a., Warum nicht so? Geistig Behinderte in Dänemark. Oberbiel 1981.
Ferber, Chr. von/Thimm, W., Integration geistig Behinderter durch Normalisierung der Hilfen. Oldenburg 1981.
Gärtner, F., Rehabilitationspolitik in der Bundesrepublik Deutschland – ein Überblick. In: Runde/Heinze 1979, 65-82.
Haaser, A., Entwicklungslinien und gesellschaftliche Bedingungen der Behindertenpolitik in Deutschland. Diss. Konstanz 1975.
Hartmann, K., Das Problem der Intervention in der Rehabilitation. In: Prax. Kinderpsychol. Kinderpsychiat., 35 (1986), 146-149.
Hörmann, G., Die zweite Sozialisation. Opladen 1985.
Hörmann, G./Nestmann, F., Die Faszination der Klinik – Zu Professionalisierungsaspekten von Psychologen (Neun Thesen). In: Psychologie und Gesellschaftskritik, 8 (1984), H. 4, 102-111.
Hohmeier, J., Bemerkungen zum gegenwärtigen Stand wissenschaftlicher Begriffe von Behinderung. In: Heinze, R./Runde, P. (Hg.): Lebensbedingungen Behinderter im Sozialstaat. Opladen 1982, 7-23.
Jantzen, W., Sozialisation und Behinderung. Gießen 1974.
Kasztantowicz, U. (Hg.), Wege aus der Isolation: Konzepte und Analysen der Integration Behinderter in Dänemark, Norwegen, Italien, Frankreich und Schweden. Heidelberg 1986[2].
Kitzig, P., Chronisch psychisch krank zu sein: was das wohl ist? In: Psyche, 9 (1983), 442-446.
Klee, E., Behindert. Ein kritisches Handbuch. Frankfurt/M. 1980.
Koch, U., Aufgaben einer Rehabilitationspsychologie in Lehre, Forschung und Versorgung. In: Rehabilitation, 20 (1981), 107-113.
Landesbehindertenplan 1978. Herausgeg. vom Minister für Arbeit, Gesundheit und Soziales des Landes Nordrhein-Westfalen. Krefeld 1979.
Nirje, B., Das Normalisierungsprinzip und seine Auswirkungen in der fürsorgerischen Betreuung. In: Wolfensberger, Kugel 1974.
Paul, H.A., Rehabilitation. In: Viefhues, H. (Hg.): Lehrbuch Sozialmedizin. Stuttgart 1981, 152-210.
Runde, P./Heinze, R.G. (Hg.), Chancengleichheit für Behinderte. Neuwied 1979.
Schildmann, U., Zur politischen und ökonomischen Funktion der Rehabilitation Behinderter in der BRD und Westberlin. Rheinstetten 1977.
Talbot, H.S., A concept of rehabilitation. In: Retrospective, 45 (1984), 152-155.
Thimm, W., Das Normalisierungsprinzip. Eine Einführung. Marburg 1984 (Bundesvereinigung für geistig Behinderte, Kleine Schriftenreihe Band 5).
Thimm, W. u.a., Ein Leben so normal wie möglich führen ... Zum Normalisierungskonzept in der Bundesrepublik Deutschland und in Dänemark. Marburg 1985.
Wiedl, K.H. (Hg.), Rehabilitationspsychologie. Stuttgart 1986.
Wolfenberger, W., The Principles of Normalization in Human Services. Toronto 1972.
–, A reconceptualization of normalization as social role valorization. In: Canadian Journal of Mental Retardation, 34 (1984), 22-26.
Wolfenberger, W./Kugel, B. (Hg.), Geistig Behinderte – Eingliederung oder Bewahrung? Stuttgart 1974.
World Health Organziation (WHO), International Classification of Impairments, Disabilities and Handicaps. Geneva 1980.

2.6. Resozialisation

Helmut Kury

Der Begriff der Resozialisierung (Resozialisation) wird zwar nicht nur in der juristischen und sozialpädagogischen Fachsprache, sondern auch im Alltag im Zusammenhang mit sozialabweichendem Verhalten und Möglichkeiten der Reaktion hierauf oft gebraucht, ist aber keineswegs klar definiert und umschrieben. Böttcher (1983, 523) beispielsweise versteht darunter die „Wiedereingliederung eines zeitweilig aus seinem gesellschaftlichen, beruflichen oder familiären Leben ausgegliederten Menschen". Während Rehabilitation (→ *Rehabilitation* 2.5.), womit der Begriff oft synonym gebraucht wird, sich mehr auf die Wiederherstellung eines zufriedenstellenden gesundheitlichen Zustandes bei Kranken bezieht, bezeichnet Resozialisierung ein Ziel „gesellschaftlicher Reaktion" auf sozialabweichendes Verhalten (vgl. Mesle 1978; Schellhoss 1985, 357f.). Vor allem wird von Resozialisierung seit Jahren im Zusammenhang mit der Behandlung Straffälliger gesprochen. Im kriminologischen Bereich meint Resozialisierung alle Maßnahmen – wie (psycho)therapeutische Behandlung, soziale Trainingsprogramme, schulische und berufliche Aus- und Fortbildung, Anleitung zu einer sinnvollen Freizeitgestaltung –, von denen begründet angenommen wird, daß sie der (Wieder)Eingliederung eines (offiziell) straffällig Gewordenen und der Vermeidung eines Rückfalls dienen.

Stand hinsichtlich der Bemühungen um Strafgefangene sowie der Reform des Strafvollzugs bis ins vorige Jahrhundert der Besserungszweck im Vordergrund, so gewann Anfang dieses Jahrhunderts der Erziehungsgedanke starken Einfluß. Dieser spezialpräventive Ansatz hat insbesondere durch den bekannten Strafrechtler Franz v. Liszt und seine Schule zunehmend an Einfluß gewonnen. Nach ihm hat das klassische Tatvergeltungsstrafrecht bei der Bekämpfung der Kriminalität versagt. Bereits 1900 betonte er, gestützt auf Rückfalluntersuchungen, daß es, wenn ein Jugendlicher oder auch Erwachsener ein Verbrechen begeht, für eine Rückfallverhütung günstiger ist, ihn laufen zu lassen, als ihn zu bestrafen, ein Gedanke, der in der heutigen Diskussion um Diversionsmaßnahmen (→ *Straffällige und Diversion* 3.7.) wieder sehr aktuelle geworden ist (vgl. Kury/Lerchenmüller 1981). Nach dem Zweiten Weltkrieg wurde in der Diskussion um eine Strafrechtsreform der Erziehungsgedanke unter dem allerdings ebenso mißverständlichen wie ungenauen Stichwort der „Resozialisierung" wieder aufgegriffen. Ziel war die Verhinderung des Rückfalls und die soziale Eingliederung des Straftäters (vgl. Calliess/Müller-Dietz 1986, 7f.). Einen wesentlichen Fortschritt des Resozialisierungsgedankens bei Straffälligen brachte in der Bundesrepublik die Diskussion um die Einführung des § 65, welcher die Unterbringung von Straffälligen in besonderen sozialtherapeutischen Anstalten regelt, in das Strafgesetzbuch durch das erste Strafrechtsreformgesetz von 1969. In diesem Zusammenhang wurden auch inzwischen 11 sozialtherapeutische Modellanstalten eingerichtet. Ferner wurde die Resozialisierungs- und Behandlungsidee durch die

Auseinandersetzungen um die Schaffung des Strafvollzugsgesetzes (StVollzG), das zum 1.1.1977 in Kraft trat, gefördert. Aufgegriffen und unterstützt wurde der Behandlungsgedanke bei Straffälligen vor dem Hintergrund gesetzlicher Änderungen konsequenterweise auch durch verschiedene Entscheidungen des Bundesverfassungsgerichts. 1970 wurde in einem Bundesverfassungsgerichtsurteil der Resozialisierungsgedanke erstmals an erster Stelle neben Sühne und Vergeltung für vergangenes Unrecht genannt (Bundesverfassungsgericht 1970, 1731). Drei Jahre später hat dasselbe Gericht in einer weiteren Entscheidung, dem sogenannten „Lebach-Urteil", der Aufgabe, den Täter zu befähigen, künftig sein Leben ohne Straftaten zu führen, Verfassungsrang verliehen. Ausdrücklich wird hier erstmals die „Resozialisierung oder Sozialisation als das herausragende Ziel namentlich des Vollzugs von Freiheitsstrafen" bezeichnet (Bundesverfassungsgericht 1973, 1231; vgl. zusammenfassend Kury 1986a, 15ff.).

Das Strafvollzugsgesetz verwendet den heute durchgängig gebrauchten Begriff der Resozialisierung kaum, so beispielsweise in § 9 Abs. 1, wonach ein Gefangener mit seiner Zustimmung in eine sozialtherapeutische Anstalt verlegt werden kann, „wenn die besonderen therapeutischen Mittel und sozialen Hilfen dieser Anstalt zu seiner Resozialisierung angezeigt sind". Nach Ansicht vieler Kriminologen ist diese Zurückhaltung insofern gerechtfertigt, als Inhalt und Grenzen einer Resozialisierung in den relevanten Bezugswissenschaften keineswegs einheitlich definiert werden (vgl. Schöch 1982, 86f.). Unabhängig hiervon geht jedoch der Gesetzgeber zumindest nach Ansicht der meisten Kommentatoren von einem eindeutigen Vorrang des Zieles der sozialen Integration vor den sonstigen Aufgaben des Strafvollzuges, wie etwa dem Schutz der Allgemeinheit vor weiteren Straftaten, aus. § 2 StVollzG definiert als Aufgaben des Strafvollzuges, also nicht nur der sozialtherapeutischen Anstalten, den Gefangenen zu befähigen, „künftig in sozialer Verantwortung ein Leben ohne Straftaten zu führen". Dieses Vollzugsziel ist „oberste Richtschnur für die Gestaltung des Vollzuges im allgemeinen und einzelnen" (Calliess/Müller-Dietz 1986, 25). Nach Schneider (1981, 899f.) respektiert der Resozialisierungszweck „allein die Würde des Menschen und dient zugleich der Gesellschaft, weil er noch am ehesten geeignet ist, Verbrechen vorzubeugen. Die Strafanstalt kann nur einem Vollzugsziel dienen: der Resozialisierung". Daneben hätten alle anderen Strafzwecke, wie Abschreckung oder Unschädlichmachung, zurückzutreten. Trotz dieser klaren Forderung des Gesetzes nach einer Resozialisierung der Straftäter ist dieser Resozialisierungsanspruch in der Praxis „noch wenig mit Leben erfüllt" (Lösel 1983a, 21).

Im Zusammenhang mit der Diskussion des Resozialisierungsgedankens in der Kriminologie und Sozialpädagogik/Sozialarbeit wird zu Recht darauf hingewiesen, daß der Begriff insofern einen falschen Akzent setzt, als es bei Straftätern in der Regel weniger um eine „Re-Sozialisierung" als vielmehr um eine erstmalige Sozialisierung gehe. Straffällige haben, wie zahlreiche empirische Untersuchungen zeigen (vgl. Kury 1980c, 1982), meist erhebliche Sozialisationsdefizite bzw. -mängel, die in aller Regel in ursächlichem Zusammenhang mit dem abweichenden Verhalten gesehen werden. Hierbei ist jedoch zu beachten, daß als Richtschnur für eine „gute" Sozialisation ein mittelschichtorientiertes Erziehungsverhalten in einem entsprechenden „ungestörten" familiären Milieu betrachtet wird. Unterschichtkinder werden nach Unterschichtnormen sozialisiert, was aus der Sicht dieser unteren sozialen Schicht effizient, aus der der Mittelschicht jedoch ineffizient sein kann. Innerhalb jeder Gesellschaft bestehen unterschiedliche soziale und sonstige Gruppen mit definierten Wert-, Normen- und Interessensystemen sowie Verhaltensmustern. Hinsichtlich der eigenen Bezugsgruppe kann jemand durchaus sozialisiert sein, hinsichtlich einer anderen jedoch als „re-sozialisierungsbedürftig" erscheinen. „Insoweit sollte ... Klarheit darüber bestehen, daß bisher unter ‚Resozialisierung' eine Sozialisation im Sinne der Mittelschichtsnormen und -werte verstanden wird" (Schwind 1986, 142). Entsprechend wird die Notwendigkeit einer Resozialisierung auch nicht bei Straffälligen generell gesehen, sondern nur bei bestimmten Gruppen, vor allem eben Angehörigen der unteren sozialen Schichten, nicht etwa aber bei Wirtschaftsstraftätern oder politischen Kriminellen. „‚Resozialisierung' richtet sich damit gegen unterschichtsspezifische Lebensstile und Verhaltensmuster" (Schellhoss 1985, 360). Bei Straftätern, insbesondere Strafvollzugsinsassen, geht es also weniger um eine Re-Sozialisation als vielmehr um eine „Ersatz-Sozialisation" im Hinblick auf eine Angleichung des Sozialverhaltens an Mittelschichtsnormen (vgl. Schöch 1982, 87; Calliess/Müller-Dietz 1986, 25). Andere Autoren sprechen in diesem Zusammenhang von einer „Nacherziehung" bei Straffälligen (vgl. Bickel 1976, 338; Seibert 1980, 472) bzw. einer „Umerziehung" (Krause/Simons 1978, 2889) oder „Neueingliederung" (Kaiser 1972, 7; 1982, 29; vgl. zur Begriffsgeschichte der Resozialisierung etwa Schüler-Springorum 1969, 157ff.). „Soweit bei einem Teil der Gefangenen von Sozialisationsdefiziten auszugehen ist, kommt es nicht auf eine Wiederherstellung, sondern auf eine Nachholung von Sozialisation an. Die Bestimmung von Sozialisationsdefiziten setzt allerdings ihrerseits eine Bewertung voraus" (Eisenberg 1985, 423).

Vor dem Hintergrund der unklaren Definition und Abgrenzung des Resozialisierungsbegriffes verwundert es nicht, daß die hierunter subsumierten Programme und Maßnahmen inhaltlich breit streuen. Unter dem Stichwort „Resozialisierung (von Straftätern)" wird inzwischen relativ vieles und unterschiedliches angeboten und durchgeführt. In der Regel wird zwischen stationären und ambulaten Resozialisierungsprogrammen unterschieden. Stationäre Resozialisierungs- und Behandlungsprogramme bei Straffälligen werden in der Bundesrepublik vor allem in den inzwischen 11 sozialtherapeutischen Modellanstalten, ambulante Programme vor allem von der Bewährungshilfe durchgeführt. Hier darf nicht übersehen werden, daß die sozialtherapeutischen Anstalten lediglich über knapp mehr als ein Prozent der Belegungskapazität des bundesdeutschen Strafvollzugs verfügen. Das bedeutet, daß nur eine extreme Minderheit der Inhaftierten überhaupt die Chance einer sozialtherapeutischen Behandlung hat. Die gesetzliche Grundlage für diese sozialtherapeutischen Anstalten sollte § 65 StGB bilden, der 1969 im Zuge des 1. Strafrechtsreformgesetzes (StrRG) in das Strafgesetzbuch eingeführt wurde. Das Inkrafttreten dieser gesetzlichen Regelung wurde jedoch zweimal verschoben. 1985 wurde § 65 StGB wohl aus finanziellen Gründen, aber auch aufgrund der kontroversen Diskussion um die Möglichkeiten und Wirksamkeit einer intramuralen Behandlung bzw. Resozialisierung dann endgültig aus dem Gesetz gestrichen.

Nunmehr ist die sozialtherapeutische Anstalt zu einer besonderen Vollzugsart im Rahmen des Strafvollzugs geworden und ist entsprechend im StVollzG (§§ 123-126) geregelt. Die Einführung der sozialtherapeutischen Anstalten war stark durch entsprechende Entwicklungen im Ausland, insbesondere Dänemark und Holland, geprägt. Teilweise wurde hier, so in Dänemark, der Gedanke einer Behandlung im Strafvollzug inzwischen ebenfalls in Frage gestellt (vgl. ausführlich Egg 1984). Eine ähnliche Entwicklung zeichnete sich auch in den USA ab, wo bis etwa Mitte der

70er Jahre der Resozialisierungsgedanke im Strafvollzug ebenfalls eine zentrale Rolle in Kriminologie und Kriminalpolitik gespielt hat, dann aber zunehmend der Kritik ausgesetzt wurde (vgl. vor allem Lipton u.a. 1975). Der Grund für die kritischere Sichtweise des Resozialisierungsansatzes im Strafvollzug liegt einerseits in den inzwischen mehr und mehr vorliegenden Evaluationsstudien, welche die zum Teil überhöhten Erwartungen insbesondere hinsichtlich einer Senkung der Rückfallquoten nach Haftentlassung nicht bestätigen konnten, andererseits aber auch darin, daß zunehmend deutlich wurde, welch immensen Schwierigkeiten die sinnvolle Implementation von Resozialisierungsprogrammen in dem nach wie vor behandlungsunfreundlichen Klima einer Strafvollzugsanstalt ausgesetzt ist. Hinzu kam, daß insbesondere von soziologischer Seite, so etwa im Umfeld des Labeling Approach, täterorientierte Resozialisierungsprogramme stets heftigst kritisiert wurden und vor allem gesellschaftsorientierte Maßnahmen bzw. eine Änderung der Strafverfolgungspraktiken gefordert wurden (vgl. Sack 1978).

Inzwischen liegen auch in der Bundesrepublik zahlreiche Erfahrungen mit der Behandlung (Resozialisierung) von Straftätern in Vollzugsanstalten, insbesondere der Sozialtherapie, vor. Zum Teil wurden die Behandlungsprogramme in den sozialtherapeutischen Anstalten durch umfangreiche Evaluationsstudien, die zumindest eine Abschätzung der Wirksamkeit dieser Behandlungsmaßnahmen erlauben, überprüft. Die durchgeführten Behandlungsprogramme bzw. Resozialisierungsmaßnahme sind keineswegs einheitlich, sondern streuen sehr breit. Das verwundert insofern nicht, als eine konsistente Resozialisierungstheorie, ja selbst eine umfassende Sozialisationstheorie nach wie vor fehlt (vgl. Schellhoss 1985, 359; Geulen/Hurrelmann 1980). Ebenso ist der Begriff der Sozialtherapie, den der Gesetzgeber in der Bundesrepublik für die Behandlung von Straftätern vorgesehen hat, unklar.

Ein einheitliches Konzept sozialtherapeutischer Behandlung ist nicht vorhanden (Krause/Simons 1978, 2980). Das führte von Anfang an dazu, daß die Behandlungsprogramme in den einzelnen Anstalten weitgehend eklektisch konzipiert und zusammengestellt wurden. So waren die ersten Anstalten noch stark an den Vorbildern des dänischen und holländischen Behandlungsvollzugs orientiert und die Behandlungsprogramme entsprechend psychoanalytisch beeinflußt. Mit dem Ausbau des Behandlungsvollzugs fanden mehr und mehr Psychologen Eingang in die Fachteams der einzelnen Anstalten. So hat sich die Zahl der im Vollzug beschäftigen Psychologen von 1970 bis 1980 vervierfacht und beträgt heute etwa 270 (vgl. Dünkel/Rosner 1982, 277f.; Kury 1983c). Die Aufgabe dieser Psychologen ist neben diagnostischen und prognostischen Untersuchungen, der Aus- und Fortbildung der Bediensteten, insbesondere auch die Durchführung von Behandlungsmaßnahmen. Das setzt in aller Regel jedoch eine psychotherapeutische Ausbildung voraus. Da die eingestellten Psychologen unterschiedliche Ausbildungen hatten, verwundert es nicht, daß diese auch Eingang in die Behandlungsprogramme der einzelnen Anstalten fanden. Heute sehen diese Behandlungsprogramme von Anstalt zu Anstalt sehr unterschiedlich aus, selbst wenn sie dasselbe Label wie etwa „Soziales Training" tragen. Es ist keineswegs sicher, daß darunter jeweils dasselbe verstanden wird. Sozialtherapie ist, wie erwähnt, zu einem Sammeltopf unterschiedlichster (psycho)therapeutischer Ansätze geworden. Der ursprünglich dominierende psychoanalytische Behandlungsansatz ist bei uns inzwischen etwa im Gegensatz zu Holland, wo er immer noch eine große Rolle spielt, stark in den Hintergrund getreten. Nach Schmitt (1981, 148f.), der einen Überblick über die Art der Therapie in 10 der deutschen sozialtherapeutischen Anstalten gibt, wird nur in 4 Anstalten Psychoanalyse praktiziert, jedoch in 7 Verhaltenstherapie und gar in 9 Gesprächspsychotherapie. Versuchte man zu Beginn der Behandlung Straffälliger im Vollzug in der Regel noch, einzelne therapeutische Ansätze zu übertragen, hat sich das in den letzten Jahren zumindest teilweise geändert. Psychotherapeutische Behandlung (→ *Psychotherapie* 2.4.) hat heute nicht mehr den zentralen Stellenwert wie zu Beginn der Modellversuche, sondern wird lediglich noch als ein Baustein innerhalb einer Kette von Resozialisierungsmaßnahmen verstanden, die vorwiegend der Vermittlung von mehr sozialpraktischen Fähigkeiten dienen und zu denen nach einer ersten in der Regel geschlossenen Behandlungsphase insbesondere die zunehmende Öffnung und Lockerung des Vollzugs durch Ausgang, Urlaub und Freigang gehört (vgl. Nellessen 1982; Driebold u.a. 1984; Kury 1986a, 28ff.).

So werden beispielsweise in der größten bundesdeutschen sozialtherapeutischen Anstalt in Berlin-Tegel (Haus IV), die über ca. 250 Haftplätze verfügt, nicht weniger als drei unterschiedliche Behandlungsmodelle praktiziert. Der Fachbereich Sozialtherapie besteht aus zwei Wohngruppen mit je 32 Haftplätzen. Angewandt werden die unterschiedlichsten (psychotherapeutischen) Behandlungsmethoden, die sich im Laufe der Zeit, beeinflußt von der Ausbildung des Behandlungspersonals (vor allem Psychologen), teilweise änderten (nichtdirektive Therapie, Social Case Work, Sensitivity Training, Gestalttherapie, Psychodrama, Gruppendynamik, Group Counseling, Partnertherapie, Hypnotherapie, Bioenergetik, Autogenes Training). Der Fachbereich Schule mit 32 Haftplätzen bietet vor allem einjährige Lehrgänge zur Erreichung des Haupt- oder Realschulabschlusses an. Daneben werden einzel- und gruppentherapeutische Angebote gemacht. Der Fachbereich Soziales Training, der mit 85 Haftplätzen der größte ist, bietet ein differenziertes Trainingsprogramm an. Auf ein Binnentraining in der Anstalt (Einzel- und Gruppentherapie, Trainingsgruppe, Kontaktgruppe u.ä.) folgt ein Außentraining mit zunehmenden Vollzugslockerungen (Einzel- und Gruppenausführung bzw. -ausgang, Regel- und Sonderurlaub, Strafunterbrechung aus therapeutischen Gründen), das kontinuierlich in eine Freigangsphase (Arbeitsverhältnis außerhalb der Anstalt) übergeht und die Entlassung vorbereitet. Die Freigänger aller drei Fachbereiche sind in einem gemeinsamen Freigängerbereich, der über etwa 80 Haftplätze verfügt, untergebracht (vgl. Dünkel 1980, 131ff.). Die zu Recht kritisierte, in aller Regel mangelnde oder gar überhaupt nicht vorhandene Entlassungsvorbereitung und -nachbetreuung ist hier relativ gut gelöst. Die Haftentlassenen können sich bei Schwierigkeiten zumindest Rat in einer Kontaktgruppe außerhalb der Anstalt holen.

Mit zunehmenden Erfahrungen in der Behandlung Straffälliger wurden die eingeschränkten Möglichkeiten psychotherapeutischer Resozialisierungsprogramme deutlich, insbesondere wenn man berücksichtigt, daß diese in einem ausgesprochen therapiefeindlichen Klima und Setting stattfinden und daß Straffälligkeit nicht nur als Folge psychischer Persönlichkeitseigenschaften, vor allem -störungen gesehen werden kann. Hinzu kommt, daß nahezu alle Psychotherapien an einer Mittelschichtklientel entwickelt und orientiert sind und deren Übertragung auf in aller Regel verbal ungeübte Unterschichtangehörige nicht unproblematisch ist. So zeigten die Erfahrungen, daß einzelne psychotherapeutische Vorgehensweisen nicht ohne Änderungen auf Straffällige anwendbar sind (vgl. z.B. Leky/Mohr 1977; Kury 1983b; Minsel/Howe 1983; Böllinger 1983; zusammenfassend Kury 1986a). Strafvollzug ist, wie bereits der Name sagt, nach wie vor primär an Strafe und Sicherung der Insassen orientiert, Resozialisierungsprogramme sind hier vielfach nur „aufgepfropft". Zu Recht weist Kaiser (1982, 30) darauf hin, daß es fraglich ist, ob Resozialisierung durch Strafe überhaupt möglich ist. „Durch die im StVollzG genannten Zwecke der Resozialisierung und des Schutzes der Allgemeinheit ist der Zielkonflikt vorprogrammiert. Doch kann das Ziel der Resozialisierung in einem Klima des durch sichere Verwahrung erzeugten Mißtrauens und der Furcht vor Risiko nicht erreicht werden." Alle Programme der Resozialisierung gehen von der Annahme aus, der erwachsene Mensch könne seine Normorientierung und insbesondere sein sich daraus ergebendes Verhalten ändern (vgl. Lüderssen 1984, 113). Wenn überhaupt, dürfte das jedoch nur graduell, langfristig und unter großem Aufwand möglich sein.

Unter dem Stichwort „Prisonisierung" wurden in den Vereinigten Staaten bereits vor Jahrzehnten Untersuchungen durchgeführt, welche die schädliche Wirkung einer Inhaftierung deutlich machen und darauf hinweisen, daß vor allem ein langer Gefängnisaufenthalt zunächst keine, wie teilweise angenommen, resozialisierende, sondern eher eine entsozialisierende Wirkung hat (vgl. etwa Goffman 1961). Bei der Prisonisierung handelt es sich um einen negativen Sozialisationsprozeß. Inzwischen liegen eine Fülle empirischer Untersuchungen hierzu vor, die deutlich die schädliche Wirkung einer Inhaftierung belegen (vgl. z.B. Wheeler 1961; Sykes 1958; Irwin/Cressey 1964; Cloward 1975; Harbordt 1972; Klingemann 1975; Leky 1983; Schneider 1987, 849). Behandlungsprogramme finden somit in einem sozialen Umfeld ab, dessen Wirkung dem Ziel der Programme entgegenläuft und deren Effekt unter Umständen neutralisiert. Diese Erkenntnis trug mit dazu bei, daß in den letzten Jahren zunehmend eine Reduzierung, teilweise sogar Abschaffung des Strafvollzugs zugunsten ambulanter (Resozialisierungs)Maßnahmen gefordert wurde.

Trotz aller sicherlich weitgehend berechtigter Kritik am Behandlungsvollzug und Resozialisierungskonzept sozialtherapeutischer Anstalten darf jedoch nicht übersehen werden, daß diese geforderte Abschaffung des Strafvollzugs zumindest gegenwärtig utopisch ist. So weist Böhm (1980, 95f.) zu Recht darauf hin, daß ein freiheitsentziehender Strafvollzug unvermeidlich ist. Von daher müssen, auch schon aus humanitären Gründen, intramurale Resozialisierungskonzepte weiterentwickelt werden. Hinzu kommt, daß die Wirkungslosigkeit der strafvollzugsinternen Resozialisierungsprogramme keineswegs, wie Kritiker teilweise behaupten, belegt ist. Im Gegenteil weisen einzelne auch empirisch gut durchgeführte Evaluationsstudien inzwischen auch in der Bundesrepublik deutlich auf einen Behandlungserfolg, allerdings offensichtlich nur unter sehr günstigen Vollzugsbedingungen, hin. So liegen zur Wirkungsweise sozialtherapeutischer Behandlung inzwischen zum Teil sehr ausführliche wissenschaftliche Erfolgskontrollen vor, etwa zu den Modellanstalten in Düren (Rasch 1977; Rasch/Kühl 1978), Hamburg (Rehn 1979), Erlangen (Egg 1979), Berlin-Tegel (Dünkel 1980; Waxweiler 1980), Bad Gandersheim (Baulitz u.a. 1980) und Ludwigshafen (Schmitt 1980) (vgl. zusammenfassend Egg 1984). Kury (1986a; 1986b; 1987) berichtet über eine umfangreiche Evaluationsstudie zu einem Behandlungsprogramm bei jungen Untersuchungshäftlingen. Hier wird ausführlich auch auf die methodischen Probleme solcher Erfolgskontrollen eingegangen (vgl. auch Kury 1983a). Angewandt wurde vor allem Gesprächspsychotherapie (→ *Psychotherapie* 2.4.) und ein verhaltenstherapeutisches Modellernprogramm, das nach Vorbildern aus den USA entwickelt wurde (Pielmaier 1980; Sarason/Ganzer 1973; s.a. Steller u.a. 1978).

Zumindest ein Teil dieser Untersuchungen weist deutlich auf einen Erfolg sozialtherapeutischer Resozialisierungsprogramme hin, gerade auch in bezug auf das in aller Regel als maßgeblich betrachtete Kriterium der Legalbewährung nach Haftentlassung. Das belegt auch die sehr informative Metaevaluation zu den Ergebnissen der Behandlungsforschung in den sozialtherapeutischen Anstalten von Lösel u.a. (1985). Die Autoren haben insgesamt neun Einzelstudien zur Behandlungsforschung reanalysiert und deren Ergebnisse vergleichend gewichtet. Es zeigte sich auch hier, wie vorher bereits bei Sekundäranalysen in den USA festgestellt wurde (vgl. die Überblicksarbeiten von Bailey 1966; Logan 1972; Lipton u.a. 1975), daß die einzelnen Untersuchungen (erhebliche) methodische Schwächen aufweisen, die deren Resultate teilweise gar in Frage stellen (vgl. auch Kury 1983a). Hier setzen oft auch Kritiker des Resozialisierungskonzepts an, indem sie darauf hinweisen, daß Schwächen in den Designs zwangsläufig sind, da es sich hier um eine außerordentlich komplexe Forschungsproblematik handelt und die Ausschaltung einer Gefährdungsquelle der Validität oft eine andere eröffnet. Die Metaevaluation von Lösel u.a. (1985) macht jedoch deutlich, daß zumindest einige der berücksichtigten Studien einen Erfolg der Behandlung durchaus valide belegen können (vgl. zu den USA etwa Ross/Gendreau 1980). Die Autoren wandten in ihrer Metaevaluation mehrere statistische Rechenmodelle an und kamen zu dem Ergebnis, daß immerhin bei durchschnittlich 8 % bis max. 14 % mehr Probanden der Versuchsgruppe (sozialtherapeutisch Behandelte) im Vergleich zur nicht behandelten Kontrollgruppe eine Verbesserung nach sozialtherapeutischer Behandlung eintritt (Lösel u.a. 1985, 371ff.). Im Gesamtmittel über alle neun Studien und eingesetzten Rechenmodelle zeigt sich ein durchschnittlicher Behandlungserfolg von immerhin 11 bis 12 %.

Die pauschale Ablehnung des Resozialisierungskonzepts im Strafvollzug ist somit nicht gerechtfertigt. Resozialisierungsprogramme dürften jedoch in aller Regel unter ambulanten freiheitlichen Bedingungen wesentlich erfolgversprechender sein als im Strafvollzug. Von daher ist die Forderung nach einer weiteren Öffnung des Vollzugs, nach einer Verkürzung der Inhaftierungszeit und einer Reduzierung der Inhaftiertenzahlen zugunsten ambulanter Maßnahmen zu unterstützen. So arbeitete beispielsweise die Forschungsgruppe „Sozialtherapeutische Anstalten im Justizvollzug", die ab 1980 im Zentrum für interdisziplinäre Forschung (ZiF) in Bielefeld eingerichtet wurde, ein Modell für die Weiterentwicklung der Sozialtherapie und des Strafvollzugs aus, in welchem eine größere Öffnung des Vollzugs, kürzere Zeiten im geschlossenen Vollzug, konkrete Übergangsregelungen und eine kontinuierliche Rückführung in die menschliche Gemeinschaft eine zentrale Rolle spielen (vgl. Driebold 1983; Driebold u.a. 1984). Vorgeschlagen wird u.a. eine Dezentralisierung und die Schaffung kleiner Vollzugseinheiten, in welchen eine individuelle Behandlung möglich ist, die Einrichtung von Übergangshäusern, in welche die Insassen nach relativ kurzem geschlossenem Aufenthalt in den offenen Vollzug überwechseln, der Aufbau eines psychosozialen Versorgungssystems, die „Normalisierung" des Vollzugsalltags etwa in den Wohngemeinschaften der Gefangenen, die sich selbst verpflegen, einkaufen, kochen, waschen und ihr Geld selbst verwalten, was die Behandlung im engeren Sinne betriff, der Abbau klassischer Therapie und die Entwicklung alternativer Behandlungswege. Hier wird insbesondere eine „therapeutisch gewendete Sozialarbeit bzw. Sozialpädagogik [gefordert], die dem Klienten hilft, sein für ihn materiell so wichtiges Umfeld selbständig zu gestalten" (Quensel 1983, 67) (→ *Intervention in der Sozialarbeit* 1.4.).

Vor dem Hintergrund der Erkenntnis der Schädlichkeit des Strafvollzugs, zumindest des Regelvollzugs, und der Schwierigkeit und Begrenztheit der Möglichkeiten einer Resozialisierung in dieser totalen Institution, selbst in sozialtherapeutisch eingerichteten Anstalten, ist verständlich, daß ambulante Sanktionen, wie beispielsweise die Unterstellung unter einen Bewährungshelfer, seit Jahrzehnten, insbesondere aber in den letzten Jahren stark an Bedeutung gewonnen haben. Auch Präventionsprogramme, etwa auf Gemeindeebene oder im Schulbereich, werden seit Mitte der 70er Jahre intensiv diskutiert, nicht nur bei uns, sondern auch in den USA (vgl. z.B. Lerchenmüller 1986; Retzmann 1986; Lurigio/Rosenbaum 1986). Seit Anfang der 80er Jahre wurden in der Bundesrepublik, angeregt durch die Entwicklung in den Vereinigten Staaten, zunehmend Diversionsprogramme installiert (vgl. Kury/Lerchenmüller 1981; Kaiser 1985).

Was ambulante Resozialisierungsprogramme betrifft, spielt bei uns nach wie vor die Bewährungshilfe eine zentrale Rolle. Diese wurde 1953 zusammen mit der Strafaussetzung und der Strafrestaussetzung zur Bewährung sowohl im allgemeinen als auch im Jugendstrafrecht gesetzlich verankert. Aufgrund der positiven Erfahrungen hat der Gesetzgeber durch das Erste und Zweite Strafrechtsreformgesetz von 1969 die ambulanten Sanktionen des Strafrechts weiter ausgebaut. Der Anwendungsbereich der Strafaussetzung und der Strafrestaussetzung zur Bewährung wurden erweitert. Ausgebaut wurde insbesondere auch die Sozialarbeit in der Strafrechtspflege. Die Praxis hat die Strafaussetzung und die Strafrestaussetzung zur Bewährung voll akzeptiert. Im allgemeinen als auch im Jugendstrafrecht hat sich der Anteil der ausgesetzten Freiheitsstrafen seit 1953 mehr als verdoppelt. Auch die Aussetzung des Strafrestes bei vollzogenen Freiheitsstrafen hat eine zunehmende Bedeutung erhalten. Dieser begrüßenswerte Wandel der Sanktionspraxis hin zu mehr ambulanten Maßnahmen hat die Bewährungshilfe allerdings vor neue Aufgaben und Probleme gestellt. Nicht nur die Probandenzahlen nahmen zu, sondern es änderte sich dadurch, daß immer „schwierigere" Tätergruppen unterstellt wurden, auch deren Struktur. Der Ausbau der Bewährungshilfe wurde insbesondere auch durch die im Vergleich zum Strafvollzug wesentlich niedrigeren Kosten pro Proband unterstützt (vgl. Niedersächsisches Ministerium der Justiz 1979; Kunert 1978; Heinz 1982).

Die Möglichkeiten resozialisierender Maßnahmen bzw. entsprechender Unterstützung und Hilfe für die unterstellten Probanden sind in der Bewährungshilfe jedoch durch die relativ hohe Fallzahl, die Zahl der einem Bewährungshelfer unterstellten Straftäter, die von Heinz (1982, 160) für die Bundesrepublik auf ca. 60 geschätzt wird, erheblich eingeschränkt. Eine intensive unterstützende Hilfe kann von seiten der Bewährungshelfer damit, wenn überhaupt, nur kurzfristig, etwa in der Zeit direkt nach der Haftentlassung, die in aller Regel besonders krisenhaft und in welcher die Rückfallgefahr besonders hoch ist, geleistet werden. Dabei zeigt sich, daß der Großteil der der Bewährungshilfe unterstellten Probanden erhebliche soziale, insbesondere auch finanzielle Probleme hat, welche die Rückfallgefahr bedeutend erhöhen (vgl. Spieß 1986). Seit Jahren bildet die hohe Arbeitslosenquote, die insbesondere auch die Straftäter trifft, ein zusätzliches, oft kaum zu lösendes Problem.

Eine intensivere Betreuung über längere Zeit, insbesondere auch die oft erforderliche Einbeziehung der Bezugspersonen des Betroffenen, wie beispielsweise des (Ehe)Partners, ist für den Bewährungshelfer, wie erwähnt, vielfach nur in Einzelfällen möglich. Mehr und mehr wurden seit Jahren dennoch etwa familien- und gruppentherapeutische Ansätze bzw. die Übernahme von an einzelnen Psychotherapien angelehnten Behandlungsverfahren, wie die nichtdirektive Gesprächsführung, diskutiert.

Was den „Erfolg" der Bewährungshilfe, etwa auch im Vergleich zu stationären Maßnahmen (Strafvollzug) betrifft, ist eine Beurteilung sehr schwierig. Das hängt insbesondere damit zusammen, daß kein klar definiertes und eindeutig meßbares Erfolgskriterium vorliegt, worin ein grundlegendes Problem der gesamten Sanktionsforschung zu sehen ist (vgl. ausführlich Kury 1983a; 1986a, 109ff.). Bisher wurde zur Bewährungshilfe auch nur relativ wenig empirische Forschung durchgeführt (vgl. Kury 1980a; Hesener 1986). Aufgrund vorliegender Untersuchungen ist jedoch davon auszugehen, daß die Rückfallrate von Strafgefangenen höher ist als diejenige von Bewährungsprobanden (vgl. Spieß 1981; Albrecht u.a. 1981). Nach Heinz (1982, 167) rechtfertigt selbst die vorsichtigste Wertung der vorliegenden Befunde der in- und ausländischen Forschung „immerhin noch die Aussage, daß sowohl bedingte Entlassung gegenüber voller Strafverbüßung als auch Strafaussetzung zur Bewährung gegenüber stationärem Vollzug spezialpräventiv keine negativen Effekte hat". Zu Recht wird von daher der weitere Ausbau der Straf(rest)aussetzung zur Bewährung und der Bewährungshilfe gefordert, gerade auch aus Gründen der Humanität und der Verhältnismäßigkeit des strafrechtlichen Eingriffs. Nach Heinz (1982, 163) können als ausbaufähige und bedürftige Bereiche der Bewährungshilfe beispielsweise die Einzelfallhilfe, die Gruppenarbeit (Familientherapie, Wohngemeinschaften, offene Heime), eine Verstärkung der Öffentlichkeitsarbeit, insbesondere auch ein vermehrter Einsatz ehrenamtlicher und freiwilliger Mitarbeiter, die Gewährung einer durchgehenden sozialen Betreuung und schließlich die Einbeziehung des Opfers in die Bemühungen um Resozialisierung gelten. Gerade der letzte Aspekt wurde unter dem Stichwort des Täter-Opfer-Ausgleichs in den letzten Jahren in der Kriminologie vermehrt diskutiert (vgl. Janssen/Kerner 1985).

Resozialisierungsprogramme sind in aller Regel täterorientiert, setzen sich damit heftigster Kritik insbesondere von kriminalsoziologischer Seite aus. Hier wird teilweise davon ausgegangen, daß Straffälligkeit ausschließlich gesellschaftlich bedingt ist bzw. durch Definitions- und Stigmatisierungsprozesse der Strafverfolgungsbehörden geschaffen wird und von daher spezialpräventive Resozialisierungsansätze grundsätzlich abzulehnen seien. Diese rigorose Ansicht ist zweifellos nicht haltbar, dafür liegen inzwischen zu viele auch methodisch sehr gute Untersuchungen vor, die auf eine persönlichkeitsspezifische Komponente straffälligen Verhaltens hinweisen (vgl. beispielsweise Schuessler/Cressey 1950; Waldo/Dinitz 1967; Lösel 1975; Lösel/Wüstendörfer 1976; Tennenbaum 1977; Villmow/Stephan 1983; Villmow-Feldkamp/Kury 1983; Furnham 1984; zusammenfassend Lösel 1983b). Es muß davon ausgegangen werden, daß Straffälligkeit und im weiteren Sinne sozialabweichendes Verhalten durch persönlichkeitsspezifische *und* soziale Merkmale bedingt ist. Das begründet einerseits die Berechtigung für spezialpräventive Resozialisierungsprogramme, macht andererseits aber auch deren begrenzte Möglichkeiten deutlich, vor allem, wenn nicht zumindest versucht wird, diese sozialen Aspekte, die eine Straffälligkeit etwa in Form eines Rückfalls nach Haftentlassung mitbedingen, soweit es überhaupt möglich ist, zu berücksichtigen. So können etwa Stigmatisierungsprozesse von seiten der Öffentlichkeit und/oder der Strafverfolgungsbehörden bzw. eine selektive Strafverfolgung kriminelles Verhalten mit verursachen und verfestigen (vgl. Sack 1978; Kury 1980b). Täterorientierte Resozialisierungsprogramme stellen daher in den Bemühungen um eine Vermeidung von Straffälligkeit und sozialabweichendem Verhalten nur eine, allerdings eine wichtige Komponente dar. Diese Programme sind unbedingt durch gesellschaftliche Maßnahmen etwa zum Abbau der genannten Stigmatisierung und der Benachteiligung Unterprivilegierter zu ergänzen.

Literatur

Albrecht, H.-J./Dünkel, F./Spieß, G., Empirische Sanktionsforschung und die Begründbarkeit von Kriminalpolitik. In: Monatsschrift für Kriminologie und Strafrechtsreform, 64 (1981), 310-326.

Bailey, W.C., Correctional outcome: An evaluation fo 100 reports. In: Journal of Criminology, 57 (1966), 153-160.

Baulitz, U./Driebold, R./Eger, H./Flöttmann, U./Kober, B./Kollwitz, N./Lohse, H./Specht, F., Integrative Sozialtherapie. Innovation im Justizvollzug. Ein Bericht über den Modellversuch einer sozialtherapeutischen Anstalt in der Justizvollzugsanstalt Bad Gandersheim 1972-1977. Bad Gandersheim: Selbstverlag 1980.

Bickel, A., Sozialtherapeutische ‚Behandlung' innerhalb und außerhalb einer Strafvollzugsanstalt. In: Gruppendynamik, 5 (1976), 332-341.

Böhm, A., Gedanken zur Rückfallprävention durch Strafvollzug. In: Schwind, H.-D./Berckhauer, F./Steinhilper, G. (Hg.): Präventive Kriminalpolitik. Heidelberg: Kriminalstatistik 1980, 91-101.

Böllinger, L., Psychoanalytisch orientierte Sozialtherapie. In: Lösel, F. (Hg.): Kriminalpsychologie. Weinheim, Basel: Beltz 1983, 239-247.

Böttcher, H.-R., Resozialisierung. In: Clauss, G./Kulka, H./Lompscher, J./Rösler, H.-D./Timpe, K.-P./Vorwerg, G. (Hg.): Wörterbuch der Psychologie. Köln: Pahl-Rugenstein 1983, 523-524.

Bundesverfassungsgericht, Bundesverfassungsgerichtsbeschluß vom 26.05.1970, 1. BvR 668, 710/68, E 28,264. Urteil. In: Neue Juristische Wochenschrift, 23 (1970), 1731.

–, Interessenabwägung zwischen Rundfunkfreiheit und Persönlichkeitsschutz – Lebach-Fall. BVerfG, Urteil vom 05.06.1973, 1 BvR 536/72. In: Neue Juristische Wochenschrift, 26 (1973), 1226-1234.

Calliess, R.-P./Müller-Dietz, H., Strafvollzugsgesetz. Kommentar. München: Beck 1986, 4. Aufl.

Clauss, G./Kulka, H./Lompscher, J./Rösler, H.-D./Timpe, K.-P./Vorwerg, G. (Hg.), Wörterbuch der Psychologie. Köln: Pahl-Rugenstein 1983, 3. Aufl.

Cloward, R.A., Social control in the prison. In: Cloward, R.A. et al. (Eds.): Theoretical Studies in Social Organizations of the Prison. New York: Social Science Research Council 1975, 20-48.

Driebold, R. (Hg.), Strafvollzug. Erfahrungen, Modelle, Alternativen. Göttingen: Vandenhoeck & Ruprecht 1983.

Driebold, R./Egg, R./Nellessen, L./Quensel, St./Schmitt, G., Die sozialtherapeutische Anstalt. Modell und Empfehlungen für den Justizvollzug. Göttingen: Vandenhoeck & Ruprecht 1984.

Dünkel, F., Legalbewährung nach sozialtherapeutischer Behandlung. Berlin: Duncker u. Humblot 1980.

Dünkel, F./Rosner, A., Die Entwicklung des Strafvollzugs in der Bundesrepublik Deutschland seit 1970. – Materialien und Analysen –. Freiburg: MPI für Strafrecht, Selbstverlag 1982.

Egg, R., Sozialtherapie und Strafvollzug. Eine empirische Vergleichsstudie zur Evaluation sozialtherapeutischer Maßnahmen. Frankfurt/M.: Haag/Herchen 1979.

–, Straffälligkeit und Sozialtherapie. Konzepte, Erfahrungen, Entwicklungsmöglichkeiten. Köln: Heymanns 1984.

Eisenberg, U., Kriminologie. Köln: Heymanns 1985.
Furnham, A., Personality, social skills, anomie and delinquency: A self-report study of a group of normal nondelinquent adolescents. In: Journal of Child Psychology und Psychiatry, 25 (1984), 409-420.
Geulen, D./Hurrelmann, K., Zur Programmatik einer umfassenden Sozialisationstheorie. In: Hurrelmann, K./Ulich, D. (Hg.): Handbuch der Sozialisationsforschung. Weinheim/Basel: Beltz 1980, 51-67.
Goffman, E., Asylums. Essays on the Social Situation of Mental Patients and Other Inmates. New York: Praeger 1961.
Harbordt, St., Die Subkultur des Gefängnisses. Eine soziologische Studie zur Resozilisierung. Stuttgart: Enke 1972.
Heinz, W., Bewährungshilfe im sozialen Rechtsstaat. In: Bewährungshilfe, 29 (1982), 154-173.
Hesener, B., Die Arbeitsbeziehung Bewährungshelfer – Proband. Eine Evaluationsstudie. Köln u.a.: Heymanns 1986.
Irwin, J./Cressey, D.R., Thieves, convicts and the inmate culture. In: Social Problems, 10 (1962), 142-155.
Janssen, H./Kerner, H.-J. (Hg.), Verbrechensopfer, Sozialarbeit und Justiz. Das Opfer im Spannungsfeld der Handlungs- und Interessenkonflikte. Bonn-Bad Godesberg: Schriftenreihe der Deutschen Bewährungshilfe, 1985.
Kaiser, G., Strategien und Prozesse strafrechtlicher Sozialkontrolle. Frankfurt/M.: Athenäum 1972.
–, Begriff, Ortsbestimmung, Entwicklung und System des Strafvollzugs. In: Kaiser, G./Kerner, H.-J./Schöch, H., Strafvollzug. Ein Lehrbuch. Heidelberg: Müller 1982, 1-18, 203-255.
–, Diversion. In: Kaiser, G./Kerner, H.-J./Sack, F./Schellhoss, H. (Hg.): Kleines Kriminologisches Wörterbuch. Heidelberg: Müller 1985, 72-76.
Klingemann, H., Die kulturelle Übertragungstheorie als Erklärungsmodell der Insassensubkultur im Strafvollzug. In: Zeitschrift für Soziologie, 4 (1975), 183-199.
Krause, R./Simons, D., Sozialtherapeutische Ansätze im Strafvollzug. In: Pongratz, L.J. (Hg.): Handbuch der Psychologie. Bd. 8/2: Klinische Psychologie. Göttingen: Hogrefe 1978, 2980-3001.
Kunert, K.-H., Alternativen zum Freiheitsentzug nach deutschem Recht. In: Bewährungshilfe, 25 (1978), 23-36.
Kury, H., Zur Notwendigkeit und Problematik empirischer Forschung in der Bewährungshilfe. In: Bewährungshilfe, 27 (1980a), 278-289.
– (Hg.), Strafvollzug und Öffentlichkeit. Freiburg: Rombach 1980b.
–, Sozialstatistik der Zugänge im Jugendstrafvollzug Baden-Württemberg 1976-1979. Berichte aus dem Max-Planck-Institut für ausländisches und internationales Strafrecht. Freiburg: MPI für Strafrecht, Selbstverlag 1980c.
–, Familiale Erziehungsbedingungen und Kriminalität. In: Kury, H. (Hg.): Ist Straffälligkeit vermeidbar? Möglichkeiten der Kriminalprävention. Bochum: Brockmeyer 1982, 72-219.
– (Hg.), Methodische Probleme der Behandlungsforschung – insbesondere in der Sozialtherapie. Köln u.a.: Heymanns 1983a.
–, Verhaltenstherapie bei Delinquenten – unter besonderer Berücksichtigung des Trainings sozialer Fähigkeiten. In: Lösel, F. (Hg.): Kriminalpsychologie. Weinheim/Basel: Beltz 1983b, 259-271.
–, Psychologie im Bereich der Kriminologie: Chancen und Probleme. In: Psychologische Rundschau, 34 (1983c), 1-14.
–, Die Behandlung Straffälliger. Teilband 1: Inhaltliche und methodische Probleme der Behandlungsforschung. Berlin: Duncker & Humblot 1986a.

- (Hg.), Prognose und Behandlung bei jungen Rechtsbrechern. Ergebnisse eines Forschungsprojektes. Freiburg: MPI für Strafrecht, Selbstverlag 1986b.
–, Die Behandlung Straffälliger. Ergebnisse einer empirischen Untersuchung zum Behandlungserfolg bei jugendlichen und heranwachsenden Untersuchungshäftlingen. Berlin: Duncker & Humblot 1987.
Kury, H./Lerchenmüller, H. (Hg.), Diversion. Alternativen zu klassischen Sanktionsformen. Bochum: Brockmeyer 1981, 2 Bde.
Leky, L.G., Prisonisierung. In: Seitz, W. (Hg.): Kriminal- und Rechtspsychologie. München u.a.: Urban & Schwarzenberg 1983, 146-152.
Leky, L.G./Mohr, H., Gesprächspsychotherapie in Gruppen. In: Rasch, W. (Hg.): Forensische Sozialtherapie. Karlsruhe: Müller 1977, 113-128.
Lerchenmüller, H., Evaluation eines sozialen Lernprogramms in der Schule mit delinquenzpräventiver Zielsetzung. Köln u.a.: Heymanns 1986.
Lipton, D./Martinson, R./Wilks, J., The Effectiveness of Correctional Treatment: A Survey of Treatment Evaluation Studies. New York u.a.: Praeger 1975.
Lösel, F., Handlungskontrolle und Jugenddelinquenz. Stuttgart: Enke 1975.
–, Einführung. In: Lösel, F. (Hg.): Kriminalpsychologie. Weinheim/Basel: Beltz 1983a, 9-25.
–, Empirische Persönlichkeitsforschung und Delinquenzerklärung. In: Lösel, F. (Hg.): Kriminalpsychologie. Grundlagen und Anwendungsbereiche. Weinheim/Basel: Beltz 1983b, 29-40.
Lösel, F./Wüstendörfer, W., Persönlichkeitskorrelate delinquenten Verhaltens oder offizieller Delinquenz? In: Zeitschrift für Sozialpsychologie, 7 (1976), 177-191.
Lösel, F./Köferl, P./Weber, F., Meta-Evaluation der Sozialtherapie. Qualitative und quantitative Analysen und Vorschläge zur Behandlungsforschung in sozialtherapeutischen Anstalten des Justizvollzugs. Bielefeld: Selbstverlag 1985.
Logan, C., Evaluation research in crime and delinquency: A reappraisal. In: Journal of Criminal Law, Criminology and Police Science, 63 (1972), 378-387.
Lüderssen, K., Kriminologie. Baden-Baden: Nomos 1984.
Lurigio, A.J./Rosenbaum, D.P., Evaluation research in community crime prevention. A critical look at the field. In: Rosenbaum, D.P. (Ed.): Community Crime Prevention. Does it Work? Beverly Hills u.a.: Sage 1986, 19-44.
Mesle, K., Sozialarbeit im Resozialisierungsbereich als Anpassung an Mittelschichtsnormen. In: Bewährungshilfe, 25 (1978), 235-243.
Minsel, W.-R./Howe, J., Gesprächspsychotherapie bei Delinquenten. In: Lösel, F. (Hg.): Kriminalpsychologie. Weinheim/Basel: Beltz 1983, 248-258.
Nellessen, L., Soziale Therapie als Kritik der institutionellen Therapieformen. In: Gaertner, A. (Hg.): Sozialtherapie. Konzepte zur Prävention und Behandlung des psychosozialen Elends. Neuwied/Darmstadt: Luchterhand 1982, 170-191.
Niedersächsisches Ministerium der Justiz (Hg.), Empfehlungen zur Bewährungshilfe, Führungsaufsicht, Gerichtshilfe. Bericht der Planungskommission für den Sozialdienst in der niedersächsischen Strafrechtspflege. Hannover: Selbstverlag 1979.
Pielmaier, H. (Hg.), Training sozialer Verhaltensweisen. München: Kösel 1980.
Quensel, St., Gibt es eine Alternative zum Strafvollzug? In: Driebold, R. (Hg.): Strafvollzug. Erfahrungen, Modelle, Alternativen. Göttingen: Vandenhoeck & Ruprecht 1983, 55-70.
Rasch, W. (Hg.), Forensische Sozialtherapie. Karlsruhe: Müller 1977.
Rasch, W./Kühl, K.-P., Psychologische Befunde und Rückfälligkeit nach Aufenthalt in der Sozialtherapeutischen Modellanstalt Düren. In: Bewährungshilfe, 25 (1978), 44-57.
Rehn, G., Behandlung im Strafvollzug. Weinheim/Basel: Beltz 1979.
Retzmann, E., Familiäre Interaktion und delinquentes Verhalten bei Kindern. Eine explorative Studie zur Planung und Durchführung eines Elterntrainings. Köln u.a.: Heymanns 1986.
Ross, R.R./Gendreau, P. (Eds.), Effective Correctional Treatment. Toronto: Butterworth 1980.

Sack, F., Probleme der Kriminalsoziologie. In: König, R. (Hg.): Handbuch der empirischen Sozialforschung, Bd. 12. Stuttgart: Enke 1978, 192-492.

Sarason, J.G./Ganzer, V.J., Modeling and group discussion in the rehabilitation of juvenile delinquents. In: Journal of Counseling Psychology, 20 (1973), 442-449.

Schellhoss, H., Rehabilitation, Resozialisierung. In: Kaiser, G./Kerner, H.-J./Sack, F./Schellhoss, H. (Hg.): Kleines Kriminologisches Wörterbuch. Heidelberg: Müller 1985, 357-361.

Schmitt, G. Sozialtherapie, eine Gratwanderung im Strafvollzug. Konzepte, Alltag und Organisationsstruktur einer sozialtherapeutischen Anstalt. Frankfurt/M.: Haag & Herchen 1980.

–, Sozialtherapie im Überblick. In: Bundeszusammenschluß für Straffälligenhilfe (Hg.): Sozialtherapie als kriminalpolitische Aufgabe. Bonn-Bad Godesberg: Selbstverlag 1981, 123-165.

Schneider, H.J., Behandlung des Rechtsbrechers in der Strafanstalt und in Freiheit. In: Schneider, H.J. (Hg.): Die Psychologie des 20. Jahrhunderts. Bd. XIV: Auswirkungen auf die Kriminologie. Zürich: Kindler 1981, 899-935.

–, Kriminologie. Berlin/New York: de Gruyter 1987.

Schöch, H., Vollzugsziele und Recht des Strafvollzugs. In: Kaiser, G./Kerner, H.-J./Schöch, H., Strafvollzug. Ein Lehrbuch. Heidelberg: Müller 1982, 81-201.

Schüler-Springorum, H., Strafvollzug im Übergang. Studien zum Stand der Vollzugslehre. Göttingen: Vandenhoeck & Ruprecht 1969.

Schuessler, K.F./Cressey, D.R., Personality characteristics of criminals. In: American Journal of Sociology, 55 (1950), 476-484.

Schwind, H.-D., Kriminologie. Heidelberg: Kriminalstatistik, 1986a.

Seibert, U., Sozialtherapie. In: Asanger, R./Wenninger, G. (Hg.): Handwörterbuch der Psychologie. Weinheim/Basel: Beltz 1980, 451-454.

Spieß, G., Wie bewährt sich die Strafaussetzung? Strafaussetzung zur Bewährung und Fragen der prognostischen Beurteilung bei jungen Straftätern. In: Monatsschrift für Kriminologie und Strafrechtsreform, 64 (1981), 296-308.

–, Soziale Integration und Bewährungserfolg: Aspekte der Situation nach Haftentlassung und ihre Bedeutung für die Legalbewährung. In: Kury, H. (Hg.): Prognose und Behandlung bei jungen Rechtsbrechern. Ergebnisse eines Forschungsprojektes. Freiburg: MPI für Strafrecht, Selbstverlag 1986, 511-580.

Steller, M./Hommers, W./Zienert, H.J. (Hg.), Modellunterstütztes Rollentraining (MURT). Verhaltensmodifikation bei Jugenddelinquenz. Berlin u.a.: Springer 1978.

Sykes, G.M., The Society of Captives. Princeton/N.J.: Princeton University Press 1958.

Tennenbaum, D.J., Personality and Criminality. In: Journal of Criminal Justice, 5 (1977), 225-235.

Villmow, B./Stephan, E., Jugendkriminalität in einer Gemeinde. Eine Analyse erfragter Delinquenz und Viktimisierung sowie amtlicher Registrierung. Freiburg: MPI für Strafrecht, Selbstverlag 1983.

Villmow-Feldkamp, H./Kury, H., Delinquenz und Persönlichkeit – Zusammenhänge bei Jugendlichen auf der Basis von Dunkelfeldergebnissen. In: Monatsschrift für Kriminologie und Strafrechtsreform, 66 (1983), 113-117.

Waldo, G.P./Dinitz, S., Personality attributes of the criminal: An analysis of research studies 1950-1965. In: Journal of Research in Crime and Delinquency, 4 (1967), 185-202.

Waxweiler, R., Psychotherapie im Strafvollzug. Weinheim/Basel: Beltz 1980.

Wheeler, St., Socialization in correctional communities. American Sociological Review, 26 (1961), 697-712.

2.7. Alltägliche psychosoziale Intervention

Frank Nestmann

1. Die Bedeutung informeller psychosozialer Intervention

Wenn Dörner u.a. (1979) meinen, „Angesichts der großen Häufigkeit seelischen Leidens kann man davon ausgehen, daß der allergrößte Teil ohne professionelle Hilfe zu einer Lösung kommt. Das heißt, die meisten psychosozialen Probleme werden im Familien-, Verwandten-, Freundes-, Bekannten-, Nachbar- oder Kollegenkreis gelöst“ (19), und Keupp (1982) postuliert, daß „nur ein mittlerer Prozentsatz der real vorhandenen psychischen Probleme professioneller Bearbeitung zugeführt wird ...“ (45f.), wird deutlich, daß ein von Cowen (1982) kritisierter ‚Mythos‘ ins Wanken geraten ist. Eine bislang offenbar oft unreflektiert von vielen geteilte Ansicht, daß Menschen mit psychosozialen Problemen diese zu professionellen Helfern tragen, daß diese die Probleme lösen und die Betroffenen danach unbeschwert weiterleben, scheint zu schwinden. Spätestens seit einer rapiden Expansion der Netzwerk-, sozialen Unterstützungs- und informellen Hilfeforschung (s.a. Keupp/Röhrle 1987) sind die Autoren nicht mehr auf Vermutungen und unsystematische Alltagsbeobachtungen angewiesen, wenn sie die These vertreten, daß informelle und alltägliche psychosoziale wie medizinische Intervention (→ *Psychosoziale Aspekte medizinischer Intervention* 1.1.) als das „Normale“ und „Übliche“, die Inanspruchnahme des professionellen Versorungssystems (→ *Psychologische Intervention* 1.3.) hingegen als das „selten Vorkommende“ zu betrachten ist (s.a. Grunow u.a. 1983, 4).

Bereits in den 60er und 70er Jahren haben zahlreiche Untersuchungen zur subjektiven Beurteilung von Lebensqualität und zur Hilfesuche in verschiedensten sozialen, psychischen, physischen Belastungssituationen belegen können, wie dominant informelle und nicht-professionelle Hilfeleistungen und Unterstützungsinterventionen sind. So zeigte die Repräsentativstudie von Gurin et al. (1960) ‚Americans view their mental health‘ und deren Replikation durch Veroff et al. (1981) ‚The inner American‘, daß von den Personen, die in Lebenskrisen und Sorgen sowie in Phasen des Unglücklichseins bei anderen Hilfe suchen, nur ein recht kleiner Prozentsatz dies bei professionellen psychosozialen Helfern tut, hingegen 80 Prozent und mehr informelle Hilfen und Unterstützungsquellen wie Ehepartner, Familienmitglieder, Freunde, Nachbarn und Angehörige anderer Berufen (wie Pfarrer, Ärzte etc.) vorziehen (Nestmann 1988). In der Folge dieser Untersuchungen konnten Studien in verschiedenen Ländern insbesondere die verschiedenen Unterstützungsbeiträge unterschiedlicher informeller Helfergruppen bei unterschiedlichen Problemstellungen differenzieren, bestätigt wurde jedoch immer wieder die generelle Tendenz der überwältigenden Mehrzahl der Untersuchten, nicht-professionelle Hilfe aus alltäglichen Bezügen bevorzugt in Anspruch zu nehmen (s.a. Booth/Babchuk 1972; Litman 1974; Quarantelli 1960; Srole et al. 1977; Warren 1981). Dies gilt ebenso für amerikanische und ungarische Hausfrauen in verschiedenen Krisenkonstellationen (Litwak/Szelenyi 1969) wie für Männer nach Herzinfarkt (Croog/Lipson/Levine 1972), für Menschen nach einer Scheidung (Chiriboga/Coho/Roberts 1979), für Eltern nach Verlust eines Kindes (Sherman/Lieberman 1981) wie für Personen in ökonomischen und finanziellen Problemen (Burchinal 1959; Sussman 1960), für problembelastete Städter (Koyama 1970; Wellman 1979; Lieberman/Mullan 1978; Pearlin/Lieberman 1979) und Bewohner von Hochhausneubauten (Korte 1983) wie für die Landbevölkerung (Young/Giles/Plantz 1982) und beschränkt sich, wie Grunow et al. (1983) in einer Repräsentativuntersuchung zur *Gesundheits*selbsthilfe in der BRD belegen, nicht auf den Bereich *psychosozialer* Belastungen. Während im Rahmen organischer Gesundheitsprobleme und Krankheiten (vor allem bei schweren und anhaltenden gesundheitlichen Beeinträchtigungen) allerdings oft zu irgendeinem Zeitpunkt doch auch professionelle Hilfe gesucht und in Anspruch genommen wird, beschränken sich viele Betroffene in Ehe-, Partner-, Familien-, Berufs-, etc. Schwierigkeiten und Konflikten offenbar auf unterschiedliche ‚natürliche' Hilferessourcen (Lieberman 1982; D'Augelli 1983). Zu professioneller Intervention scheint es im psychosozialen wie im medizinisch-gesundheitlichen Bereich vor allem auch dann zu kommen, wenn bereits mehrere informelle Hilfesuchen gescheitert sind, wenn Unterstützungsinterventionen aus den sozialen Netzwerken fehlen, versagen oder nicht ausreichen und/oder die Schwere einer Belastung die subjektiven und objektiven Leistungsgrenzen der informellen Hilfeinstanzen überschreitet (Kadushin 1969). Die Arbeiten von Beck (1961), Kammeyer/Bolton (1968) und Lurie (1974) deuten zudem darauf hin, daß professionelle Hilfe verstärkt dann gesucht wird, wenn die Probleme, Belastungen und Krisen selbst aus den potentiellen informellen Hilfesystemen (z.B. der Familie oder der Nachbarschaft etc.) resultieren.

Nun erfolgen alltägliche psychosoziale Interventionen (ähnlich, und doch aus anderem Grunde als manche professionellen psychosozialen Interventionen der Sozialarbeit, Pädagogik oder Psychiatrie etc.) nicht nur aufgrund einer expliziten Hilfesuche der jeweils Betroffenen. Es scheint nach Collins/Pancoast (1981) gerade ein Spezifikum von in andere alltägliche Beziehungen ‚eingebetteten' (embedded) Hilfebezügen und ein Beweis ihres Funktionierens, daß informelle psychosoziale Intervention ohne explizite Aufforderung oft unreflektiert, unthematisiert und vom Unterstützungsbereitsteller wie vom Rezipienten nicht als besondere Hilfe interpretiert erfolgt. Autoren wie Cohen/Wills (1985) und Thoits (1985) gehen davon aus, daß diese in anderen alltäglichen Interaktionen verwobenen Elemente der psychosozialen Hilfe oft die effektivsten problemspezifischen und problem*un*spezifischen Stützen und Sicherungen des individuellen Wohlbefindens darstellen. Vor allem die neueren Modellentwicklungen zu ‚sozialer Unterstützung' versuchen diesem besonderen Strukturmerkmal informeller psychosozialer Intervention gerecht zu werden.

2. Das Konzept des ‚social support'

Zu kaum einem bis dahin eher ‚randständigen' Bereich der Sozial- und Gesundheitswissenschaften ist in den letzten Jahren – im angloamerikanischen Sprachraum – mehr geforscht, diskutiert, publiziert worden als zu ‚social support', der psychosozialen Unterstützung in nicht-professionellen Hilfebezügen zwischen Menschen in alltäglichen Netzwerken (s.a. Sarason/Sarason 1985; Cohen/Syme 1985; Nestmann

1988). Badura (1981) definiert soziale Unterstützung als „Fremdhilfen, die dem einzelnen durch Beziehungen und Kontakte in seiner sozialen Umwelt zugänglich sind und die dazu beitragen, daß die Gesundheit erhalten, bzw. Krankheiten vermieden, psychische oder somatische Belastungen ohne Schaden für die Gesundheit überstanden und die Folgen von Krankheit bewältigt werden" (157). Im Rahmen eines wachsenden Interesses an zwischenmenschlichen Bezügen aus der (‚präventiven') Perspektive (→ *Prävention* 2.1.) des Bewahrens und des Schutzes vor möglichen pathogenen Effekten von belastenden Lebensereignissen, steht ‚social support' für die Mechanismen, durch die Individuen von ihrer sozialen Umwelt gegen bedrohliche und beeinträchtigende Erlebnisse und Erfahrungen abgeschirmt werden können. Es gilt heute als ausreichend erwiesen, daß die Belastungen (→ *Existentielle Krisen und Krisenintervention* 2.3.), denen Menschen ausgesetzt sind, und die Häufigkeit von Krankheiten und Gesundheitsstörungen miteinander korrelieren. Da allerdings davon auszugehen ist, daß das ‚einem stressenden Ereignis Ausgesetztsein' nur 4 % der Varianz der Krankheitsanfälligkeit klären kann (s.a. Lin et al. 1979), muß neben einem individuellen persönlichkeitsspezifischen Immunsystem ein ‚soziales Immunsystem' als Erklärungsmöglichkeit herangezogen werden. ‚Social support' aus verschiedenen Quellen alltäglicher Beziehungsnetzwerke rückt als Puffer zwischen belastende Lebensereignisse und psychische und physische Folgen für die Gesundheit.

Der Epidemiologe Cassel kommt bereits 1974 auf breiter sekundäranalytischer Datenbasis zu dem Schluß, daß eine enge Beziehung zwischen individueller Selbsthilfe, individuellen Bewältigungskompetenzen und dem Zur-Verfügung-Stehen von sozialer Unterstützung vor allem aus primären Bezügen (wie z.B. der Familie) besteht, die beide der Erhaltung von Gesundheit und dem Widerstand gegen Krankheit dienlich sind. Seines Erachtens steigert die Auflösung sozialer Beziehungen, vor allem einhergehend mit belastenden Umweltkonstellationen und kritischen Lebensereignissen, die Anfälligkeit für psychische und physische Krankheit. Demgegenüber bieten Unterstützung und Hilfe durch andere Menschen Schutz vor schädlichen Konsequenzen aufgrund dieser verschiedenen psychischen und physischen Belastungen. Vor allem dem faktischen *Vorhandensein* und dem *Ausmaß* an Unterstützung durch andere, insbesondere durch die Hauptbezugsgruppe der Betroffenen, wird hier besondere Bedeutung zugemessen. Social support wird als Rückmeldung in verbalen wie non-verbalen Signalen der signifikanten Primärgruppenmitglieder verstanden, die Abweichungen auf emotionaler, kognitiver und Verhaltensebene insbesondere in Belastungs- und Krisensituationen durch ihre alltäglichen Interventionen korrigieren.

Demgegenüber unterstreicht in einer weiteren ‚frühen' social support-Konzeption der Epidemiologe Cobb (1976) die Bedeutung der *subjektiven* Erfahrungsqualitäten sozialer Unterstützung. Die Information und die subjektive Interpretation des Betroffenen, soziale Unterstützung zu erhalten oder sie im Bedarfsfalle erhalten zu können, steht hier im Mittelpunkt entlastender und schützender Wirkungen, während Aspekte faktischer und praktischer Hilfe oder die einfache Anwesenheit von möglichen Unterstützungsquellen in den Hintergrund treten. Beide Ansätze formulieren trotz ihrer Differenzen bereits zwei Kernthesen später ausdifferenzierterer Modelle sozialer Unterstützung, nämlich einmal die Bedeutung von *Umgebungs-* und *Situationsressourcen* für Belastungs- und Streßresistenz, und zum anderen die die social support-Forschung lange dominierende *‚Pufferhypothese'*, die soziale Unterstützungseffekte durch alltägliche Interventionen vor allem in *Belastungskonstel-*

lationen postuliert.

Caplan integriert und erweitert (1974; 1976) diese Konzeption insbesondere durch die These, daß soziale Unterstützung nicht nur für die Problembewältigung in Belastungskonstellationen relevant wird, sondern vor allem auch für die *generelle* Gesunderhaltung. Unterstützungssysteme haben für Caplan gesundheitsfördernde und ‚Ich-stärkende' Effekte einerseits, und puffern Individuen andererseits gegen Streß und seine negativen Folgen ab. Die alltäglichen unterstützenden Interventionen erfolgen auch problem- und belastungs*un*spezifisch, z.B. dadurch, daß ein Individuum Wertschätzung erfährt, daß persönliches Interesse an ihm gezeigt wird, daß es Rückmeldung zu sich und seinem Verhalten erhält, daß es Gemeinschaft findet, in der ähnlich gefühlt, gedacht, gehandelt wird, daß auch Erwartungen an es herangetragen werden, es beobachtet, beurteilt, geleitet wird, seine persönlichen Bedürfnisse respektiert und befriedigt werden etc. Soziale Beziehungen werden also nicht mit Blick auf Problembewältigung aufgenommen, sondern mit der generellen Motivation, Zuwendung, Intimität, Geselligkeit, Sicherheit, Akzeptanz, Vertrautheit etc. zu erhalten und dienen dann auch der Abschirmung und Absicherung in eintretenden Krisen. Diese belastungsunspezifischen Wirkungen sozialer Unterstützung werden in den meisten aktuellen multidimensionalen Modellen von social support als ‚direkte' oder ‚Haupt'-Effekte neben den ‚Puffereffekten' diskutiert (s.a. Gottlieb 1981, 1983; Cohen/McKay 1984; Cohen/Wills 1985; Shumaker/Brownell 1984 etc.).

So geht z.B. Gottlieb (1983) davon aus, daß sozial unterstützende Interventionen im Alltag sich *‚direkt'* positiv auswirken, weil verhindert wird, daß ein Individuum einem Stressor überhaupt ausgesetzt wird, oder weil durch unterstützende soziale Einflüsse eine weniger bedrohliche Beurteilung und Interpretation der existierenden Belastung nahegelegt wird. Ebenfalls *‚direkt'* kann social support ein Gefühl des Wohlseins oder Wohlbefindens fördern und Zuversicht und positive Stimmungen begünstigen. Neben diesen beiden direkten Wirkungen auf die Belastung oder auf die Gesundheit und das Wohlbefinden lassen sich *‚indirekte'* oder *‚interaktive'* soziale Unterstützungseffekte als ‚Puffer' entweder im Prozeß vom Stressor zur Streßreaktion oder im Prozeß von der Streßreaktion zur Auswirkung auf Gesundheit und Wohlbefinden charakterisieren. Hierbei können die alltäglichen psychosozialen Interventionen der Netzwerkmitglieder z.B. dazu führen, daß Selbstwertgefühle und der Bewältigungsoptimismus des Betroffenen in einer Streßsituation erhöht wird, oder dadurch, daß ein Abrutschen in Verzweiflung und Depression vermieden wird, wenn eine Belastungsreaktion erfolgt ist.

Gottlieb geht davon aus, daß diese vier möglichen Wirkungsmodi in der Realität vor allem auch kombiniert auftreten. D.h., daß z.B. das Eingebettetsein eines Individuums in ein potentiell unterstützendes Netzwerk den möglichen Einfluß von Belastungen, extremen Anforderungssituationen und Lebenskrisen etc. abpolstern kann und die Unterstützungsbezüge *auch* dann mobilisiert werden können, wenn Hilfe bei akuter Streß- und Problembewältigung, bei Anpassungen an neue Situationen nach einschneidenden Lebensereignissen oder in einer Krisensituation nötig wird. Die sozial unterstützenden alltäglichen Interventionen führen also zu weniger Belastungen und Krisen, tragen ‚allgemein' zu besserer Gesundheit und Wohlbefinden bei und helfen im Fall von eingetretenem Streß, diesen und die Belastungen anders zu interpretieren, besser zu bearbeiten und besser zu überwinden. Schließlich kann nach diesem Modell allein das Vorhandensein von sozialen Unterstützungsbezügen als positiv betrachtet werden bzw. deren Nichtvorhandensein oder Zerfall und entsprechende Gefühle und Befürchtungen zu einer Belastung in sich werden.

3. Formen alltäglicher psychosozialer Intervention und ihre Quellen

Die differenzierten Wirkungsmodelle sozialer Unterstützung haben sich zum großen Teil auch mit empirischen und theoretischen Versuchen beschäftigt, verschiedene Dimensionen und Formen von alltäglicher psychosozialer Intervention zu identifizieren. So definiert House (1981) in einer vielbeachteten Klassifikation social support als „... an interpersonal transaction involving one or more of the following: (1) emotional concern (liking, love, empathy), (2) instrumental aid (goods and services), (3) information (about the environment) and (4) appraisal (information relevant to self evaluation)" (39). Emotionale, informative, materielle und praktische, problemlösende und auf Umwelt- und Selbstbewertung bezogene Interventionen der Bereitsteller von sozialer Unterstützung werden in nahezu allen Klassifikationsversuchen von social support oder informeller Hilfe, wenn auch mit unterschiedlichen Schwerpunktsetzungen, berücksichtig (s.a. Barrera/Ainlay 1983; Froland et al. 1981; Moos/Mitchell 1981; Pearson 1982 etc.). Informelles Hilfeverhalten, welches nach Gottlieb (1981) im Zentrum sozialer Unterstützung liegt, läßt sich über solche, recht umfassende Dimensionen hinaus in einzelnen alltäglichen Interventionsstrategien konkretisieren. Gottlieb selbst entwickelt (1978) aus einer Interviewstudie mit alleinerziehenden Müttern als Hilferezipientinnen ein umfassendes Klassifikationsschema aus 26 verschiedenen Hilfeformen. Diese umfassen sowohl *aktive* Interventionen der alltäglichen Helfer als auch andererseits die oben angeführte Vermittlung von Gefühlen der Gemeinsamkeit, des Angenommenseins, der Verläßlichkeit von Zuwendung und Hilfe bei Bedarf etc. In vier großen Kategorien werden u.a. als (1) *‚emotionally sustaining behaviors':* eine ganze Reihe ‚klassischer' (vor allem nicht-direktiver) Berater- und Therapeutenstrategien herausgearbeitet – so z.B. Zuhören, Verständnis zeigen, Vertrautheit, Achtung und Anteilnahme signalisieren, Ermutigen etc., aber auch Aspekte wie das bloße ‚Dasein' einer Person, die Schutz gewährt oder zeigt, man ist nicht allein, für entscheidend gehalten. Als (2) *‚problem solving behaviors'* gelten Interventionen, die individuelle Bewältigungsressourcen des Betroffenen durch die Bereitstellung von neuer Information, durch Eröffnung neuer Perspektiven und Alternativen oder gar durch persönliche praktische Interventionen des Helfers erweitern (z.B. Informationen zur Belastungsquelle geben, Rat und Direktiven geben, von eigener Erfahrung berichten, Materialien oder Dienstleistungen bereitstellen etc.). Schließlich werden als (3) *‚indirect personal influence'* latente Wirkungen charakterisiert, die nicht auf einer aktuellen Intervention beruhen, sondern nur auf der Überzeugung des Betroffenen, daß eine Unterstützungsquelle da ist, wenn man sie braucht, gleichgültig, was passiert. Und als (4) *‚environmental action'* gelten alle Hilfeinterventionen, die sich auf eine ‚Anwaltschaft' für die Betroffenen und auf eine z.B. direkt auf die Belastungsquelle gerichtete Intervention des Helfers beziehen.

Wie die unterschiedlichen Interventionsformen sind auch die unterschiedlichen Unterstützungsgruppen hinsichtlich ihrer potentiellen alltäglichen Hilfeleistungen und Funktionen weiter zu differenzieren. Standen im Mittelpunkt der Aufmerksamkeit lange die ‚primären' und eher engen persönlichen Bezugsgruppen und Netzwerke, wie vor allem Partner, Familie, Verwandtschaft und Nachbarschaft, so führen offenbar u.a. die veränderten Lebens-, Wohn- und Arbeitsverhältnisse zu einer Erweiterung und zum Teil schwerpunktmäßigen Verschiebung der potentiellen und in Anspruch genommenen Hilfe- und Unterstützungsquellen. Hierbei scheinen weitere und weniger dichte Netzwerkbezüge (s. Granovetter 1972, 1982) wie Freunde, Bekannte, Kollegen ‚natürliche' Helfer einer Gemeinde in verschiedenen Rollen oder Berufen (s.a. Cowen 1982; Nestmann 1986, 1988) die ‚traditionellen' Unterstützungsressourcen weniger abzulösen und zu ersetzen als vielmehr zu ergänzen.

Tendenziell ‚starke', stabile und dichte Bindungen erfüllen unterschiedliche alltägliche Hilfefunktionen im Vergleich zu eher ‚schwachen', fluktuierenden, lockeren Bezügen, und sie tun dies jeweils auf dem Hintergrund völlig unterschiedlicher Grenzen und Möglichkeiten, die im Charakter der jeweiligen zwischenmenschlichen Beziehung, den Rollen der Beteiligten, den Settings der Interaktionen etc. begründet sind. Partnerschafts- und enge Familienbezüge (→ *Familie* 3.4.) (insbesondere Frauen und Mütter) scheinen generell weiterhin dominierende Unterstützungsinstanzen, vor allem auch im Rahmen zeitlich und engagementbezogen aufwendiger Interventionen (z.B. der Pflege etc.), die Verwandtschaft bleibt auch über örtlich größere Entfernungen z.B. wichtig im Bereich finanzieller Hilfen, Nachbarn helfen offenbar weiterhin bei akuten Krisenfällen und in kleineren alltäglichen Dienstleistungen, Freunde werden zur Bearbeitung emotionaler Probleme und familieninterner Konflikte gewählt und sorgen wie entferntere (z.T. ‚fremde') Helfer für hinreichende Informationen oder für Kontakte zu anderen potentiellen Hilfequellen (s. Mitchell/Trickett 1980; Grunow et al. 1983; Procidano/Heller 1983; Wilcox/Birkel 1983 etc.).

4. Gefahren und Probleme alltäglicher psychosozialer Intervention

Zahlreiche Autoren verweisen wie Gottlieb (1981, 1983) nach einem Abklingen der ersten ‚social support-Euphorie' auf die Gefahren einer unreflektierten Idealisierung und Generalisierung von alltäglichen psychosozialen Interventionen. Die Postulierung von Unterstützungssystemen und -netzwerken (s.a. Caplan 1974) gerät in die Gefahr, die unterstützenden Elemente von zwischenmenschlichen Beziehungen und Bindungen zu verabsolutieren und, wie eine an Einsparungen öffentlicher Sozialleistungen interessierte konservative Sozialpolitik, die immer auch vorhandenen Belastungen in und durch soziale Netzwerke zu negieren. Insbesondere die auch „regulativ normierenden Funktionen" (Keupp 1974, 20) von Netzwerken, Gefahren sozialer Kontrolle und von den Betroffenen unerwünschte alltägliche psychosoziale Interventionen vor allem in traditionellen und engen Beziehungsstrukturen sind bei aller Attraktivität des social support-Konzepts nicht aus den Augen zu verlieren. ‚Moderne' lockere Netzwerkbezüge dürfen andererseits nicht in ihren Interventionsmöglichkeiten überschätzt werden, insbesondere dort, wo es um langfristige, verbindliche, aufwand- und kostenintensive Versorgungsleistungen geht (Allan 1984).

Neue social support-Ansätze wie die von Shumaker/Brownell (1984) oder Cohen/McKay (1984) gehen davon aus, daß die alltäglichen psychosozialen Interventionen und die bereitgestellten Unterstützungsressourcen auf die Erwartungen und Bedürfnisse der Betroffenen und auf die situationalen wie inhaltlichen Bedingungen der Problemstellung *‚passen'* müssen, wenn von ihrem ‚subjektiven' wie ‚objektiven' ‚Hilfreichsein' ausgegangen werden soll. Hierbei kann es zu einer ganzen Reihe von Ungleichgewichten kommen – sei es, die hilfreich gemeinten Interventionen werden als nicht hilfreich empfunden, sei es, vordergründig für die Beteiligten unterstützende Interventionen wirken sich letztlich schädigend aus, sei es, der potentielle Helfer ist nicht bereit oder fähig, die erwartete oder erwünschte Art der Hilfe zu gewähren etc.

Wortman/Lehman (1985) verweisen auch auf Probleme alltäglicher psychosozialer Intervention, z.B. insbesondere dort, wo es um die Bearbeitung oder Bewältigung schwerer Belastungen (z.B. lebensbedrohlicher Krankheiten, tiefer Verzweiflung etc.) geht. Neben faktischer Hilflosigkeit der potentiellen Helfer können hier Ängste vor eigener Betroffenheit oder vor der Konfrontation mit starken Gefühlsbewegungen alltägliche Unterstützung behindern. Unsicherheiten bezüglich des ‚richtigen' Hilfeverhaltens, bezüglich einer möglicherweise noch verschlimmernden und belastungssteigernden Intervention und der weiteren Problementwicklung sowie dem eigenen Tangiertsein in der Zukunft können Hilfeanstrengungen verhindern oder zu eher automatisiert-pragmatischen Beschwichtigungsversuchen werden lassen. Falsche Vorstellungen von Problem- und Krisenverarbeitungsprozessen (z.B. hinsichtlich ihrer ‚normalen' und ‚akzeptablen' Dauer) können zu ‚drängenden' und auf schnelle Besserung und Veränderung gerichtete Interventionen führen, die den Betroffenen überfordern und ihn ebenso entmündigen und in noch größere Hilflosigkeit treiben wie alltägliche psychosoziale Interventionen, die bereits einsetzen, bevor erste *eigene* Bewältigungsanstrengungen erfolgt sind oder wenn gar keine Unterstützung von anderen mehr gebraucht oder gewünscht wird.

Zudem ist es notwendig, vermehrt auch die Seite der Bereitsteller sozialer Unterstützung in den Mittelpunkt der Aufmerksamkeit zu rücken. Die für diese im Interventionsprozeß anfallenden Kosten (des Engagements, der eigenen Betroffenheit, der Zeit etc.) sind über den für sie resultierenden Nutzen (der Befriedigung durch das Helfen-Können, der möglichen Reziprozität der Hilfe etc.) nicht zu vergessen (s. Nadler 1984). Dies gilt insbesondere dann, wenn Bereitsteller- und Rezipientenrollen, wie z.B. im Familiennetzwerk eindeutig zu Ungunsten bestimmter Personen (hier wie vielerorts der Frauen) verteilt scheinen (s.a. Belle 1982; Grunow et al. 1983).

Alle diese Aspekte kehren sich nicht gegen die Berechtigung und die Vorteile einer psychosozialen Unterstützungsperspektive, sondern verdeutlichen die Notwendigkeit einer differenzierten Analyse unterschiedlicher Quellen und Strukturen, Inhalte und Formen, Prozesse, Qualitäten und Funktionen von alltäglicher psychosozialer Intervention.

Daß ihr gerade in den professionell chronisch unterversorgten Wirkungsbereichen der Prävention (→ *Prävention* 2.1.), der akuten Unterstützung, der Krisenintervention (→ *Existentielle Krisen und Krisenintervention* 2.3.), der längerfristigen Versorgung/Pflege wie der Rehabilitation (→ *Rehabilitation* 2.5.) und auch gerade bezüglich der Betroffenengruppen, die professionelle Hilfeangebote nicht nutzen (können oder wollen) eine entscheidende Bedeutung zukommt und zukommen muß, wird weder durch ihre Schwachstellen und Gefahren noch durch die Versuche, sie professionell zu funktionalisieren und sozialpolitisch zu vereinnahmen (→ *Intervention: Kritik und Perspektiven* 4.1.) in Frage gestellt.

Literatur

Allan, G., Informal networks of care: Issues raised by Barclay. In: British Journal of Social Work, 13 (1984), 417-433.

Badura, B. (Hg.), Soziale Unterstützung und chronische Krankheit. Frankfurt/M. 1981.

Barrera, M./Ainlay, S.L., The structure of social support: A conceptual and empirical analysis. In: Journal of Community Psychology, 11, 2 (1983), 133-143.

Beck, D.F., Patterns of use of family agency service. Paper: Family Service Association of America. Biennial Meeting 1961.

Belle, D., The stress of caring. Women as providers of social support. In: Goldberger, L./ Bresnitz, S. (Eds.): Handbook of Stress. New York 1982.

Booth, A./Babchuk, N., Seeking health care from new resources. In: Journal of Health and Social Behavior, 13 (1972), 90-99.

Burchinal, L.G., Comparisons of factors related to pregnancy-provoked and non-pregnancy-provoked youthful marriages. In: Midwest Sociologist, 21 (1959), 92-96.

Caplan, G., The family as support system. In: Caplan, G./Killilea, M. (Eds.): Support Systems and Mutual Help – Multidisciplinary Explorations. New York 1976a.

–, Support systems (1972). In: Caplan, G. (Ed.): Support Systems and Community Mental Health. New York 1974b.

Cassel, J., Psychological processes and „stress". Theoretical formulations. In: International Journal of Health Services, 4 (1974), 471-482.

Chiriboga, D.A./Coho, A./Roberts, J., Divorce, stress, and social support: A study in help-seeking behavior. In: Journal of Divorce, 3 (1979), 121-135.

Cobb, S., Social support as a moderator of life stress. In: Psychosocial Medicine, 38, 5 (1975), 300-314.

Cohen, S./McKay, G., Social support, stress and the buffering hypothesis: A theoretical analysis. In: Baum, S./Singer, J.E. et al. (Eds.): Handbook of Psychology and Health, 4. Hillsdale 1984.

Cohen, S./Syme, S.L. (Eds.), Social Support and Health. New York 1985.

Cohen, S./Wills, T.A., Stress, social support, and the buffering hypothesis. In: Psychological Bulletin, 98, 2 (1985), 310-357.

Collins, A.M./Pancoast, D.L., Das soziale Netz der Nachbarschaft als Partner professioneller Hilfe. Freiburg 1981.

Cowen, E.L., Help is where you find it. Four informal helping groups. In: American Psychologist, 37, 4 (1982), 385-395.

Croog, S./Lipson, A./Levine, S., Help patterns in severe illness: The role of kin network, non-family measures, and institutions. In: Journal of Marriage and the Family, 34 (1972), 32-41.

D'Augelli, A., Social support networks in mental health. In: Whittaker, J.K./Garbarino, J. (Eds.): Social Support Networks. New York 1983.

Dörner, K., u.a., Gemeindepsychiatrie. Stuttgart 1979.

Froland, C./Pancoast, D./Chapman, N./Kimboko, P., Helping Networks and Human Services. London 1981.

Gottlieb, B.H., The development and application of a classification scheme of informal helping behaviors. In: Canadian Journal of Behavioral Science, 10 (1978), 105-115.

–, Social networks and social support. Sage studies in community mental health. Vol. 4, London 1981.

–, Social Support Strategies – Guidelines for Mental Health Practice. London 1983.

Granovetter, M.S., The strength of weak ties: A network theory revisited. In: Marsden, P.V./ Lin, N. (Eds.): Social Structure and Network Analysis. Beverley Hills 1982.

–, The strenght of weak ties. In: American Journal of Sociology, 78 (1973), 13-60.

Grunow, D., u.a., Gesundheitsselbsthilfe im Alltag. Stuttgart 1983.

Gurin, G./Veroff, J./Feld, S., Americans View Their Mental Health: A Nationwide Interview Survey. New York 1960.
House, J.S., Work Stress and Social Support. Reading 1981.
Kadushin, C., Why People Go to Psychiatrists. New York 1969.
Kammeyer, K./Bolton, C., Community and family factors related to the use of a family service agency. In: Journal of Marriage and the Family, 30 (1968), 488-498.
Keupp, H., Psychisches Leiden und alltäglicher Lebenszusammenhang aus der Perspektive sozialer Netzwerke. Beitrag zum Kongress für klinische Psychologie und Psychotherapie. Berlin 1981.
–, Soziale Netzwerke. In: Keupp, H./Rerrich, D. (Hg.): Psychosoziale Praxis. München 1982.
Keupp, H./Röhrle, B. (Hg.), Soziale Netzwerke. Frankfurt 1987.
Korte, C., Help-seeking in the city. Personal and organizational sources of help. In: Nadler, A./ Fisher, J.D./de Paulo, B.M. (Eds.): New Directions in Helping. New York 1983.
Koyama, J., Rural-urban comparison of kinship relations in Japan. In: Hill, R./Konig, R. (Eds.): Families in East and West. Hague 1970.
Lieberman, M.A., The effect of social support on responses of stress. In: Goldberger, L./Bresnitz, S. (Eds.): Handbook of Stress: Theoretical and Clinical Aspects. New York 1982.
Lieberman, M.A./Mullan, J.T., Does help help? The adaptive consequences of obtaining help from professionals and social networks. In: American Journal of Community Psychology, 6, 5 (1978), 499-517.
Lin, N./Simeone, R./Ensel, W.M./Kuo, W., Social support, stressful life events, and illness: A model and an empirical test. In: Journal of Health and Social Behavior, 20 (1979), 108119.
Litman, Th.J., The family as a basic unit in health and medical care: A social behavioral overview. In: Social Science and Medicine, 8 (1974), 495-519.
Litwak, E./Szelenyi, I., Primary group structures and their functions: Kin, neighbours, and friends. In: American Sociological Review, 34 (1969), 465-481.
Lurie, O.R., Parents' attitudes toward childrens' problems and toward use of mental health services: Socioeconomic differences. In: American Journal of Orthopsychiatry, 44 (1974), 109-120.
Mitchell, R.E./Trickett, E.J., Task force report: Social networks as mediators of social support: An analysis of the effects and determinants of social networks. In: Community Mental Health Journal, 16 (1980), 27-44.
Moos, R.H./Mitchell, R.E., Social network resources and adaptation: A conceptual framework. In: Wills, T.A. (Ed.): Basic Processes in Helping Relationships. New York 1982.
Nadler, A., Social psychology and social issue: Research and theory on help-seeking and -receiving in applied settings. In: Nadler, A./Fisher, J.D./de Paulo, B.M. (Eds.): New Directions in Helping, Vol. 3. New York 1984.
Nestmann, F., ‚Macht vierzehnachtzig – Beratung inclusive'. Natürliche Helfer in Kneipe, Taxi und Frisiersalon. In: Keupp, H./Röhrle, B. (Hg.): Soziale Netzwerke. Frankfurt/M. 1987.
–, Die alltäglichen Helfer. Berlin 1988.
Pearlin, L.I./Lieberman, M.A., Social sources of emotional distress. In: Simmons, R. (Ed.): Research in Community and Mental Health. Greenwich 1979.
Pearson, R.E., Support: Exploration of a basic dimension of informal help and counseling. In: Personnel Guidance Journal, 61 (1982), 83-87.
Procidano, M.E./Heller, K., Measures of perceived social support from friends and from family: Three validation studies. In: American Journal of Community Psychology, 11, (1983), 1-14.
Quarantelli, E.L., A note on the protective function of the family in disasters. In: Journal of Marriage and Family Living, 22 (1960), 263-264.

Sarason, J.G./Sarason, B.R. (Eds.), Social Support: Theory, Research and Applications. Dodrecht 1985.
Sherman, B.R./Lieberman, M.A., Effective social support for bereaved parents. Manuscript, Committee on Human Development. University of Chicago 1981.
Shumaker, J.A./Brownell, A., Toward a theory of social support: Closing conceptual gaps. In: Journal of Social Issues, 40, 4 (1984), 11-36.
Srole, L. et al., Mental Health in the Metropolis: The Midtown Manhattan Study (Vol. 2). New York 1977
Sussman, M.B., Intergenerational family relationship and social role change in middle age. In: Journal of Gerontology, 15 (1960), 71-75.
Thoits, P.A., Social support and psychological well-being: Theoretical possibilities. In: Sarason, I.G./Sarason, B.R. (Eds.): Social Support: Theory, Research, and Applications. Dodrecht 1985.
Veroff, J./Douvan, E./Kukla, R.A., The Inner American: A Self Portrait from 1957 to 1976. New York 1981.
Warren, D.I., Helping Networks: How People Cope with Problems in the Urban Community. Notre Dame 1981.
Wellman, B., The community question: The intimate networks of east Yorkers. In: American Journal of Sociology, 84 (1979), 1201-1231.
Wilcox, B.L./Birkel, R.C., Social networks and the help-seeking process: A structural perspective. In: Nadler, A./Fisher, J.D./de Paulo, M.B. (Eds.): New Directions in Helping, Vol. 3. New York 1983.
Wortman, C.B./Lehman, D.R., Reactions to victims of life crisis: Support attempts that fail. In: Sarason, I.G./Sarason, B.R. (Eds.): Social Support: Theory, Research, and Application. Dodrecht 1985.
Young, C.E./Giles, D.E./Plantz, M.C., Natural networks: Help-giving and help-seeking in two rural communities. In: American Journal of Community Psychology, 10, 4 (1982), 457-469.

2.8. Zwangsunterbringungen

Gunter Herzog

Unter den Begriffen „Zwangsunterbringung" bzw. „Unterbringung" soll hier der Bereich der rechtlich verfaßten „stationären Maßnahmen" (Kerner 1985) dargestellt werden, mit denen über auffällige, gefährliche oder bedrohte Personen soziale Kontrolle ausgeübt wird. Es kennzeichnet diese Zugriffsweise, daß sie die Freiheit der körperlichen Bewegung und der Wahl des Aufenthaltsortes einschränkt und daß sie gegen den Willen des Betroffenen mit staatlichen Zwangsmitteln durchgesetzt werden kann.

Gegenüber den Begriffen „Freiheitsentziehung" bzw. „Freiheitsbeschränkung", die auch für Restriktionen unter Privatpersonen gelten, soll hier der institutionelle Aspekt hervorgehoben werden. Andererseits klammert die rechtswissenschaftliche Verwendung des Begriffs „Unterbringung" manchmal den Strafvollzugsbereich aus, weil er nicht zum Unterbringungsrecht im engeren Sinne gehört, während hier neben den zivil- und öffentlich-rechtlichen auch die strafrechtlichen Maßnahmen berücksichtigt werden sollen (zu den Begriffen Freiheitsentziehung, Freiheitsbeschränkung, Unterbringung vgl. Baumann 1966).

Auf dem institutionellen und rechtlichen Gebiet der Zwangsunterbringungen drängen sich scheinbar auseinanderliegende Zwecke wie Strafe, Heilung, Schutz, Erziehung und Gefahrenabwehr zusammen. Historisch sind diese Funktionen aus der Verantwortungs- und Zugriffsvielfalt zentralistischer Fürsten gegenüber den Untertanen hervorgegangen. Die Bündelung der verschiedenen Funktionen fand ihren Niederschlag zunächst in einer einheitlichen Institution: dem Zuchthaus, wie es 1555 in London und 1556 in Amsterdam entstand und 1604 in Bremen zuerst für Deutschland übernommen wurde. Nach dem 30jährigen Krieg verbreitete sich das Zuchthaus in Deutschland. Die französische Entwicklung kennt eine ähnliche Einrichtung, das hôpital général. Foucault hat den Ausdruck „große Gefangenschaft" gewählt, um den umfassenden Zugriff der Institution zu beschreiben. In ihr wurden unterschiedslos Bettler, Arme, Behinderte, Alte, Irre, „sittenlose" Personen, Kinder zum Zweck der Zwangserziehung, Waisen und Kriminelle festgehalten. Das hervorstechende Merkmal dieser Institutionen war eine Disziplin, die von der Idee der Erziehung und Besserung beherrscht war. Die Ausbreitung der Institution fällt mit der Verbreitung und Differenzierung fixierter Gesetze und der Entfaltung und Kodifizierung des Gerichtswesens sowie des gerichtlichen Untersuchungswesens zusammen (vgl. Foucault 1976; Herzog 1984).

Das historische Zuchthaus umschloß bereits die Personengruppen, für die noch heute Zwangsunterbringungen verhängt werden:

- Kinder und Jugendliche, wenn sie vernachläßigt sind, als auffällig gelten oder Delikte begangen haben,
- erwachsene Delinquenten,

- psychisch Kranke, Suchtkranke und andere als gefährlich oder lästig geltende Personen.

Die Institutionen, in denen Zwangsunterbringungen vorgenommen werden, dienen nicht immer ausschließlich der Ausübung von Zwang. Sowohl Kinder- (→ *Kinder* 3.1.) und Jugendheime (→ *Jugendliche* 3.2.) als auch Altenpflegeheime (→ *Alte* 3.3.), psychiatrische Krankenhäuser etc. sind oft nicht oder nicht insgesamt als Zwang ausübende Institutionen konzipiert. Bisweilen haben sie besonders gesicherte Bereiche.

Gefängnisse, Jugendgefängnisse und Anstalten für „psychisch kranke Rechtsbrecher" dienen dagegen insgesamt der Ausübung von Zwang und sind mit entsprechenden Sicherungsmaßnahmen versehen.

1. Das besondere Gewaltverhältnis

Die relative Einheitlichkeit des Zugriffs und die ursprüngliche Zuordnung zu den Herrschaftsfunktionen des historischen Souveräns hat sich für alle Arten von Zwangsunterbringung durchgehalten in ihrer einheitlichen Zusammenfassung unter das sogenannte besondere Gewaltverhältnis. Mit diesem Konstrukt beschreibt die Rechtslehre die Unterwerfung der untergebrachten Person unter gesetzlich nicht geregelte Verfahrensweisen der Institution. Die besondere Gewalt wird gedacht als Entfesselung des Staates zum Zweck der besseren Handlungsfähigkeit. Sie bildet eine „rechtsverdünnte Sphäre", in der die untergebrachten Personen einer Art Elternrecht unterstellt werden, mit dem auch die Gewaltausübung der historischen Souveräne oft verglichen wird. Das besondere Gewaltverhältnis gilt als Relikt des Obrigkeitsstaates, das durch Gesetze „verrechtlicht" werden muß. Für den Bereich der Gefängnisse hat diese Verrechtlichung durch den Erlaß des Strafvollzugsgesetzes 1976 nach Aufforderung durch das Bundesverfassungsgericht begonnen. Die übrigen Gebiete der Zwangsunterbringung kennen zwar gesetzliche Regelungen für den Akt der Unterbringung, nicht jedoch für das Binnenverhältnis zwischen Untergebrachtem und Institution. Allerdings gelten die Garantien des Grundgesetzes auch hier, so daß man nicht von einem „rechtsfreien" Raum sprechen kann. Wie schon im Fall des Strafvollzugs muß die Gültigkeit des Grundgesetzes in den einzelnen Institutionen häufig jedoch durch Anrufung von Gerichten durchgesetzt werden (zum besonderen Gewaltverhältnis vgl. Bernsmann 1982; Evers 1972; Herzog 1982, 1984; Mayer 1969, 101f.; Merten 1985).

2. Der Umkreis des Elternrechts (Kinder und Jugendliche)

Kinder (→ *Kinder* 3.1.) und Jugendliche (→ *Jugendliche* 3.2.) gelten als noch nicht entfaltete Rechtssubjekte. Sie unterstehen ihren Eltern, deren Verfügungsrecht durch Art. 6 des Grundgesetzes geschützt ist. Der Staat hat hier nur „Wächterfunktion" und darf allenfalls unter besonderen Bedingungen und hilfsweise eingreifen. Zur Unterbringung eines Kindes oder Jugendlichen müssen Eltern Teile ihrer Rechte auf eine Institution übertragen, oder der Staat muß die Elternrechte ganz oder teilweise außer Kraft setzen. Bis zum Erlaß des Gesetzes zur Neuregelung der elterlichen Sorge 1979 konnten Eltern ohne Genehmigung Unterbringungen vornehmen (vgl. Baumann 1966, 165f.). Lediglich Vormünder oder Pfleger brauchten die Genehmigung des Vormundschaftsgerichts. Seit 1980 muß auch bei einer Unterbringung durch Eltern die Zustimmung des Vormundschaftsgerichts eingeholt werden.

Bei der Unterbringung eines Minderjährigen tritt die Institution gleichsam in Elternrechte ein. Sie kann ebenso wie die Eltern über das Kind oder den Jugendlichen verfügen, ohne daß der Minderjährige selbst Rechte gegenüber der Institution geltend machen könnte. Generell wird am Jugendrecht kritisiert, daß es den Minderjährigen kaum Handhaben zur aktiven Inanspruchnahme ihrer Rechte bietet, trotz einiger Mitsprachemöglichkeiten, die das erwähnte Gesetz von 1979 ihnen einräumt (vgl. DGSP 1981, 49ff.; Walter 1985).

Haben Eltern eine Unterbringung selbst betrieben, so sind ihre eigenen Rechte gegenüber dem untergebrachten Minderjährigen nicht außer Kraft gesetzt. Die Eltern bleiben Rechtssubjekte. Sie beauftragen die Institution, die ihnen gegenüber verantwortlich ist. Dabei ist unerheblich, um welche Art von Institution es sich handelt und ob in ihr Zwang ausgeübt wird. Die erforderliche Zustimmung durch das Vormundschaftsgericht scheint sich jedoch auf Institutionen zu beziehen, denen die Ausübung von Zwang im Sinne von Freiheitsentziehung zugeschrieben wird. Die Frage, ob z.B. die Unterbringung in einem psychiatrischen Krankenhaus oder in einer Einrichtung für Behinderte ohne vormundschaftsrichterliche Genehmigung Freiheitsberaubung darstellt, hat Gerichte beschäftigt, ohne daß bündig geklärt werden konnte, ob und inwieweit solche Institutionen oder Abteilungen in ihnen freiheitsentziehend funktionieren bzw. welche Maßnahmen im Anstaltsbetrieb als Freiheitsentziehung zu betrachten sind (vgl. z.B. Sack/Denger 1982; Baumann 1966, 165f.).

Wegen dieser grundsätzlichen Schwierigkeit ist kein besonderer Institutionstyp benennbar, in dem eine Unterbringung Zwang oder keinen Zwang bedeutet. Auch gibt es keinen grundsätzlichen Unterschied zwischen Institutionen, in denen Unterbringungen auf Betreiben der Eltern oder auf Betreiben von Behörden oder Gerichten durchgeführt werden (vgl. Kerner 1985, 430f.).

Eltern können bei Problemen, die ihnen das Kind oder der Jugendliche bereiten, die Behörden um Hilfe bitten und gleichsam Teile ihrer Rechte auf die Behörde übertragen. In solchen Fällen kann die Behörde auf Antrag „freiwillige Erziehungshilfe“ (FEH) gewähren, d.h. sie betreibt die Unterbringung formell im Auftrag der Eltern. Häufig geht jedoch der Anstoß zur FEH von der Behörde aus, und die Eltern stimmen zu, um Nachteilen zu entgehen, mit denen ihnen die Behörde droht. Das Ausmaß des bei solchen Unterbringungen angewandten Zwanges gegenüber den Untergebrachten ist auch hier unbestimmt. Schon Baumann bezeichnet es als ungereimt, der freiwilligen Erziehungshilfe eine weniger grundrechtseinschränkende Wirkung züzuschreiben als der Fürsorgeerziehung (vgl. Baumann 1966, 165).

Die freiwillige Erziehungshilfe stellt bereits eine Übergangserscheinung zu Unterbringungsmaßnahmen dar, mit denen der Staat gleichsam an den Eltern vorbei soziale Kontrolle auffälliger Kinder und Jugendlicher ausübt. Dabei geht es häufiger als bei Erwachsenen um außerstrafrechtliche Probleme. Die Behörden können nicht erst bei tatsächlich eingetretener Schädigung, Verwahrlosung oder Delinquenz eingreifen, sondern haben schon bei der angenommenen Gefahr solcher Entwicklungen bei Minderjährigen vielfältige Eingriffsmöglichkeiten (→ *Prävention* 2.1.).

Das Vormundschaftsgericht kann bei Gefährdung des Minderjährigen durch Fehlverhalten der Eltern nach teilweisem oder völligem Entzug des Personensorgerechts gemäß § 1666 BGB über den Minderjährigen eine „Fremdplazierung" in einem öffentlichen Heim verfügen. Die Jugendbehörden können solche Maßnahmen bei Zerrüttung des häuslichen Milieus nach §§ 5 und 6 des JWG als „Fürsorgeerziehung" beim Vormundschaftsgericht beantragen. Ebenso können Fremdplazierungen durch die Jugendbehörden veranlaßt werden, wenn Minderjährige im Rahmen des Jugendschutzgesetzes (JSchÖG) oder des sogenannten Schmutz- und Schundgesetzes (GjS) öfter auffallen, d.h. wenn sie z.B. bei Glücksspielen, Branntweingenuß in der Öffentlichkeit oder Weitergabe pornographischer Schriften an andere Minderjährige angetroffen werden. Auch Zeichen von „Dissozialität" oder „Verwahrlosung" gehören zu den Unterbringungsgründen: z.B. Umherstreunen, Schuleschwänzen, „sexuelle Haltlosigkeit", die öfter Mädchen, und Bandenbildung, die öfter Jungen zugeschrieben wird. Die Unterbringung in einem Fürsorgeerziehungsheim kann auch bei erheblicher Delinquenz für Minderjährige unter 14 Jahren angeordnet werden, die an sich strafunmündig sind. Es scheint nicht recht ersichtlich, was diese Maßnahme von einer Strafe unterscheidet (vgl. Kerner 1985, 432).

Gegen minderjährige Straftäter von 14 bis 18 Jahren kann zunächst die vorübergehende Unterbringung in einer psychiatrischen Anstalt zu Gutachtenzwecken angeordnet werden: Zur Ermittlung der Schuldfähigkeit bzw. Verantwortungsreife oder bei 18- bis 21jährigen zur Klärung der Frage, ob eine Einstufung nach Jugenstrafrecht oder allgemeinem Strafrecht vorzunehmen ist (§ 105 JGG). Die hieraus entstehende spezielle Problematik wird gewöhnlich weder in der juristischen noch in der psychiatrischen Literatur angeschnitten, obwohl sie in der Anstaltspraxis öfter merklich hervortritt (Sicherungsmaßnahmen der entsprechenden Stationen oder Häuser) und die Betroffenen erheblich einschränkt.

Jugendliche können ebenso wie Erwachsene vor Prozeßbeginn in Untersuchungshaft genommen werden (vgl. Kreuzer 1985). An stationären Maßnahmen kann das Jugendgericht verfügen: Fürsorgeerziehung, stationären Jugendarrest (als Freizeitarrest, als Kurzarrest bis zu 6 Tagen oder als Dauerarrest bis zu 4 Wochen) und Jugendstrafe (Freiheitsentzug in der Jugendhaftanstalt). Hierbei muß das Gericht neben der Schwere der Schuld die „schädliche Neigung" des Jugendlichen beurteilen (§ 17 JGG). Jugendstrafen sollen in erster Linie erzieherisch wirken. Sie können von 6 Monaten bis zu 5 Jahren verhängt werden, bei Mord bis zu 10 Jahren. Sind die schädlichen Neigungen ungewiß, so kann auf eine Strafe von unbestimmter Dauer erkannt werden, d.h. die Dauer der Strafe richtet sich nach dem Wohlverhalten des Jugendlichen in der Haft bzw. nach den Haftumständen (vgl. Kerner 1985, 432). Im Gegensatz zum allgemeinen Strafvollzug ist der Vollzug der Jugendstrafe nicht durch ein Gesetz geregelt. Den Unterbringungsakt reguliert der § 91 JGG; der Vollzug selbst unterliegt einer Strafvollzugsordnung (einer Regelung auf Verwaltungsebene) aus nationalsozialistischer Zeit (vgl. Bulczak 1976).

Bei psychischer Krankheit oder Drogenabhängigkeit eines straffälligen Jugendlichen kann die Unterbringung in einem psychiatrischen Krankenhaus oder einer Entziehungsanstalt angeordnet werden. Der entsprechende § 93 a JGG sieht dabei die Unterbringung in besonderen „sozialtherapeutischen Anstalten" vor, deren Einrichtung jedoch weitgehend in der Planung steckengeblieben ist. Daher werden solche Unterbringungen häufig in forensisch-psychiatrischen Abteilungen (Abteilungen für „psychisch kranke Rechtsbrecher") von psychiatrischen Anstalten oder im allgemeinen Strafvollzug durchgeführt. Daraus ergibt sich eine Reihe von Problemen für die Minderjährigen, z.B. die Gefahr von Vergewaltigungen. Die Literatur zum Strafvollzug geht auf solche Probleme kaum ein (vgl. z.B. Volckart 1986; Blau/ Kammeier 1984; kritisch dagegen DGSP 1981, 50f.).

Sieht man von den Haftanstalten ab, so berühren sich die verschiedenen Institutionen, in denen Minderjährige untergebracht werden, in vielfältiger Weise. Verschiedenartige Maßnahmen werden in derselben Institution durchgeführt (Unterbringung durch Eltern, freiwillige Erziehungshilfe, Fürsorgeerziehung), und ungeachtet der rechtlich verschiedenartigen Aufnahmemechanismen ist der Übergang von einem Institutionstyp zum anderen auch unter Wechsel des rechtlichen Vorgangs möglich und die Regel. Ihre „Karrieren" führen die betroffenen Minderjährigen öfter vom Heim in die Psychiatrie oder umgekehrt, von der Psychiatrie oder dem Heim in eine Behinderteneinrichtung oder umgekehrt usw., in allen denkbaren Kombinationen. Die Einrichtungen für Behinderte und für Kinder- und Jugendpsychiatrie fehlen oft in den juristischen Darstellungen der Unterbringungsproblematik, obwohl in diesen Einrichtungen vielfach Freiheit entzogen oder eingeschränkt wird. Diese Einrichtungen nehmen keineswegs nur kranke oder behinderte Minderjährige auf, sondern „flankieren" vielfach die Einrichtungen für lediglich sozial auffällige Minderjährige. Das ist möglich, weil viele Diagnosen im psychiatrischen und Behindertenbereich selbst nur soziale Auffälligkeiten beschreiben (vgl. Herzog 1984; zum Problem des Übergangs zwischen Jugendhilfe und Psychiatrie vgl. Cobus-Schwertner 1984).

Einrichtungen desselben Typs bilden untereinander informelle Hierarchien, bei denen die „Lebensqualität" in den Einrichtungen (z.B. Essen, Taschengeldregelung, Freizeitangebot, Wohnen), das pädagogische Angebot, die Handhabung der inneren Zwangsmittel und der Sicherung gegen Entweichungen maßgeblich zu sein scheinen und von den Mitarbeitern der Jugendbehörden oft nach individueller Kenntnis berücksichtigt werden (vgl. Cobus-Schwertner 1984, 123ff.). Eine gesetzliche Regelung insbesondere der Sicherung gegen Entweichen („geschlossene Heime", „Kinderknäste") ist seit Mitte der 70er Jahre in der Diskussion und umstritten. Sie ist bislang ins Belieben der Heime bzw. der Jugendbehörden gestellt (vgl. Möllhof/Möllhof 1979; Senator f. Schulwesen Berlin 1983; Freyberg 1984).

Zu den im hier dargestellten Bereich tätigen Berufsgruppen gehören allgemeines Aufsichtspersonal, pädagogisches und heilpädagogisches Personal (Lehrer, Erzieher, Heil-, Sonder- und Sozialpädagogen), Sozialarbeiter, Mediziner (Psychiater, Kinder- und Jugendpsychiater), medizinisches Pflege- und Hilfspersonal, Psychologen und Psychotherapeuten. Das allgemeine Problem einer Erziehung und Therapie unter Zwangs-, Unfreiwilligkeits- oder Restriktionsbedingungen schlägt in unterschiedlicher Weise auf die Arbeitsbedingungen, die Arbeitsweise, Arbeitszufriedenheit und Ausbildung aller beteiligten Berufsgruppen durch.

Als Alternativen zu den stationären Unterbringungen stehen im Bereich der allgemeinen Erziehungshilfen vor allem Erziehungsberatungsstellen zur Verfügung, ferner bei psychischen Störungen und Behinderungen niedergelassene Ärzte und (selten) spezielle Beratungsstellen. Die Einrichtung von Sonderkindergärten und Sonderschulen für Behinderte bzw. in einigen Bundesländern die Einrichtung von Integrationskindergärten und -klassen für Behinderte bieten Eltern eine gewisse Hilfe, wenn sie ihr behindertes Kind nicht in eine stationäre Einrichtung geben wollen (vgl. Herzog 1987).

Die Jugendgerichte können sogenannte Erziehungsbeistandschaften anordnen oder Minderjährige in Pflegefamilien bzw. heilpädagogischen Pflegefamilien unterbringen. Die Jugendbehörden oder freie Träger betreiben mancherorts Jugendwohngemeinschaften, in die Jugendliche auf eigenes Verlangen bei Fehlverhalten ihrer Eltern aufgenommen werden können. In Hamburg hat die Jugendbehörde ein „Weglaufhaus“ für Minderjährige organisiert. Hier zeigen sich Ansätze zu einem eigenen Rechtszugang für Kinder und Jugendliche.

Ambulante Maßnahmen sind über den Bereich der Erziehungsberatung hinaus nicht weit ausgebaut. Vielfach scheinen die Mechanismen des BSHG, nach dem Unterbringungseinrichtungen überwiegend finanziert werden, den stationären Bereich gegenüber den ambulanten Hilfsmöglichkeiten zu bevorzugen. Gemeindepsychologische Ansätze, die im Sinne „primärer Prävention“ an den Selbsthilfepotentialen eines Stadtteils oder bestimmter subkultureller Gruppen ansetzen, sind in der BRD noch nicht entfaltet (vgl. v. Kardorff 1986, 37f.).

3. Der Umkreis der Strafe

Die Verurteilung eines Delinquenten zu einer Strafe setzt voraus, daß er als verantwortliches Rechtssubjekt betrachtet wird. Der Staat verfolgt mit der Inhaftierung eines Straftäters seine Bestrafung und Besserung sowie die Sicherung der Allgemeinheit vor ihm. Der § 2 des Strafvollzugsgesetzes formuliert als Aufgabe des Strafvollzuges allerdings nur die Wiedereingliederung des Verurteilten und den Schutz der Allgemeinheit.

Vor Eröffnung des Gerichtsverfahrens kann die Unterbringung des Beschuldigten in einer Untersuchungshaftanstalt erfolgen. Das Gericht kann den Beschuldigten für bestimmte Delikte zu einer Haftstrafe verurteilen. Für Vergehen werden Strafen von einem Monat bis zu 5 Jahren verhängt. Das Strafmaß für Verbrechen reicht von einem bis zu 15 Jahren. Bei Mord und besonders schwerem Totschlag droht das Gesetz lebenslange Haft an.

Ergänzend zur Strafe können „Maßnahmen zur Besserung und Sicherung“ verhängt werden. Sie sind nicht mit dem Schuldvorwurf verbunden, den die Bestrafung voraussetzt („Zweispurigkeit“ des Strafrechts, vgl. Hassemer 1985, 379; Volckart 1986, 1). Als solche Maßnahmen gelten „sozialtherapeutische Maßnahmen“ für schwer persönlichkeitsgestörte Rückfalltäter, gefährliche Sexualtäter und junge „Hangtäter“. Im Strafvollzugsgesetz sind für diese Zwecke sozialtherapeutische Anstalten vorgesehen, die jedoch nur in geringem Maß errichtet wurden. Sozialtherapeutische Maßnahmen finden daher meist in den Strafanstalten selbst statt („Vollzugslösung“, vgl. Dünkel 1985, 421). Als Besserungsmaßnahme kann ferner die Unterbringung in einem psychiatrischen Krankenhaus oder in einer Entziehungsanstalt (bei straffälligen Alkoholikern und Drogenabhängigen) angeordnet werden (→ *Drogen und Alkohol* 3.8.) Diese Maßnahmen sollen, sofern es das Urteil nicht anders bestimmt, vor der eigentlichen Strafverbüßung erfolgen und werden auf sie angerechnet („Vikariierung“, vgl. Blau/Kammeier 1984, 183f.). Schließlich gehört zu den Maßnahmen der Besserung und Sicherung auch die Sicherungsverwahrung von sogenannten gefährlichen Hangtätern und mehrfach erheblich vorbestraften Rückfalltätern (vgl. Meyer-Velde 1976). Sie wurde in nationalsozialistischer Zeit eingeführt und gilt als umstritten, da sie eine unbefristete Maßnahme nach Verbüßung der eigentlichen Strafe darstellt. Ihre Bedeutung hat allerdings sehr abgenommen (vgl. Brand u.a. 1982, 527ff.).

Die Haftstrafe hat die vom Bundesverfassungsgericht für nichtig erklärten Unterbringungen nach dem Sozialhilferecht ersetzt, ebenso die bis 1968 strafrechtlich verankerte Unterbringung im Arbeitshaus. Diese Maßnahmen richteten sich gegen „gemeinlästige" Personen (z.B. Bettler, Landstreicher). Nach Entfallen der älteren Regelungen erfolgen nunmehr Verurteilungen etwa wegen Kleindiebstählen, verbotenem Aufenthalt auf Bahnhöfen (Hausfriedensbruch) etc. (vgl. Kerner 1985, 428f.; zur Unterbringung nach BSHG vgl. Baumann 1966, 154ff.; zum Arbeitshaus ebd., 74ff.).

Mit dem 1. Strafrechtsreformgesetz hat die Gefängnisstrafe 1969 als „Einheitsstrafe" die älteren Abstufungen zwischen Strafarrest, Haft, Einschließung, Gefängnis und Zuchthaus ersetzt. Die Schwere der Tatschuld sollte nur noch in der Länge der Haftzeit berücksichtigt werden. Die vielfältigen Abstufungen des heutigen Strafvollzugs von der „Regelhaft" in der Einzelzelle über verschiedene Arten von Gruppenvollzug, Trainingsmaßnahmen, Freigang, offenen Vollzug sollen nur noch der Wiedereingliederung, nicht der Strafdifferenzierung dienen. Allerdings sind die Strafanstalten vielfach dazu übergegangen, solche Lockerungen wegen der Schwere einer Tatschuld von sich aus zu verweigern, also die Strafe härter zu vollziehen als es das Urteil vorsah. Diese „Rückkehr der Zuchthausstrafe", die verfassungsgerichtlich legitimiert wurde, erscheint bedenklich, umso mehr als sie auf Verwaltungsakten, nicht auf richterlichen Entscheidungen beruht (vgl. Volckart 1987, 4).

Die ältere Handhabung des Strafvollzugs durch Verwaltungsanordnungen im Rahmen des besonderen Gewaltverhältnisses wurde durch das Strafvollzugsgesetz ersetzt. Insbesondere war in den §§ 109 ff. vorgesehen, alle Vollzugsmaßnahmen auf Antrag durch die Strafvollstreckungskammern als besonderen Verwaltungsgerichten überprüfbar zu machen. Demgegenüber hat die verwaltungsgerichtliche Rechtsprechung den Strafanstalten oft einen „Beurteilungsspielraum" zugebilligt, wenn sie Vollzugslockerungen oder Urlaub wegen mangelnder persönlicher Zuverlässigkeit eines Gefangenen abgelehnt haben. Das Strafvollzugsgesetz hat demnach die Verfügung der Anstalten über die Gefangenen nicht durchgängig verrechtlichen können. Volckart (1987, 6) spricht sogar von Tendenzen, die Bemühungen der Strafvollzugsreform rückgängig zu machen.

Ohne gesetzliche Regelung ist bislang der Vollzug der Untersuchungshaft. Er wurde in das Strafvollzugsgesetz nicht miteinbezogen. Den Unterbringungsakt regelt die Strafprozeßordnung, den Vollzug selbst eine „Untersuchungshaftvollzugsordnung" auf Verwaltungsebene.

Ferner richten sich Unterbringungen in psychiatrischen Krankenhäusern und Entziehungsanstalten nach den Unterbringungsgesetzen der Länder, die ihrerseits nicht die Verfahrensregeln in der Anstalt zum Gegenstand haben, sondern wiederum nur den Akt der Unterbringung (vgl. dazu weiter unten).

Schließlich ist der Vollzug von Militärfreiheitsstrafen zugunsten der Bundeswehrvollzugsordnung aus dem Strafvollzugsgesetz ausgespart (vgl. Brand 1982, 4f.).

Die Strafanstalten werden in relativ strenger hierarchischer Gliederung durch einen Anstaltsleiter geführt (Jurist, bisweilen Psychologe). Das Strafvollzugsgesetz hat ein eher teambezogenes Führungsmodell favorisiert. Meist sind die Zuständigkeiten in der Anstalt unterteilt etwa in Sicherheits- und Ordnungsdienst, Arbeitsbereich, Wirtschaftsverwaltung und Vollzugsgruppenarbeit. Jedem Bereich steht gewöhnlich ein Leiter aus dem mittleren oder gehobenen Justiz- oder Verwaltungsdienst vor.

Unter den im Strafvollzug beschäftigten Berufsgruppen tritt stärker als in den übrigen Unterbringungsbereichen das Aufsichtspersonal (Justizvollzugsbedienstete) in den Vordergrund. Diese Berufsgruppe handhabt die Anstaltsgewalt in ihrer greifbarsten Form mit ihren zahlreichen Problemen und Konflikten (Auf- und Einschluß, körperliche Gefangenen- und Besucherkontrolle, unmittelbarer Zwang und Schußwaffengebrauch).

In den verschiedenen Aktivitätsbereichen zur Wiedereingliederung der Gefangenen sind u.a. beschäftigt: Sozialarbeiter, Lehrer, Psychologen, Soziologen, Pastoren. In den medizinischen Diensten der Anstalten arbeiten hauptamtliche Vollzugsärzte und Vertragsärzte verschiedener Fachrichtungen incl. Psychiatrie sowie medizinisches Pflegepersonal (zur Situation der einzelnen Berufsgruppen vgl. Schwind/ Blau 1976, 109-235).

Die Wiedereingliederungsbemühungen in den Strafanstalten sind erschwert durch den Widerspruch zwischen Zwang und den erstrebten Einstellungsänderungen bei den Gefangenen, die nicht erzwingbar sind – das Problem jeder Zwangstherapie, die sich nicht ausschließlich auf isolierte körperliche Phänomene richtet (vgl. Balloff 1986, 182).

In den Ansätzen zur Strafrechtsreform der 50er bis 70er Jahre standen unter dem Motto „Behandlung statt Strafe" eher die innere Umgestaltung der Anstalten, weniger die Alternativen zu ihnen im Vordergrund. Sozialstaatliche Regelungen als ausdrückliche Maßnahmen zur Kriminalitätsprävention fanden bislang nur Aufnahme in die Gesetzgebung der skandinavischen Länder.

„Entkriminalisierung", d.h. Abschaffung bestimmter Straftatbestände hat sich in der BRD auf einige Gebiete des Sexual-, Moral- und Drogenstrafrechts berschränkt.

Alternativen zur Anstalt (Wohngemeinschaften, Selbsthilfegruppen, ambulante Beratung und Therapie) sind in der BRD nicht über das Diskussionsstadium hinausgekommen, wobei auch auf Gefahren einer Verfeinerung sozialer Kontrolle hingewiesen wird (→ *Straffällige und Diversion* 3.7.). Hierher gehören spektakuläre Versuche in den USA, Haftstrafen als Hausarrest zu vollziehen, mit elektronischen Meldegeräten am Körper des Verurteilten.

Kriminologisch bekannt, aber praktisch nicht ausgebaut sind Ansätze zur informellen Konfliktbewältigung im Alltag (Schadenswiedergutmachung, Einschreiten der Polizei und Anzeige ohne Anklageerhebung). Der Europarat hat in diesem Zusammenhang eine Studie zur Bewältigung von Eigentumsdelikten erstellt.

Insgesamt ist die Diskussion in der BRD im Fluß (vgl. Steinert 1985). Gemeindepsychologische Alternativen sind auf dem Gebiet des Strafrechts bzw. der Straffälligkeit bislang wenig erprobt (vgl. v. Kardorff 1986).

4. Der Umkreis von Krankheit, Verwahrlosung und psychischer Auffälligkeit

Bei Unterbringungen wegen Seuchengefahr, Verwahrlosung oder psychischer Auffälligkeit gilt der Betroffene als eingeschränktes Rechtssubjekt. Das kann so weit gehen, daß ihm wie einem Kind die Fähigkeit zum eigenverantwortlichen Handeln abgesprochen wird und andere Personen für ihn verantwortlich sind. Aber auch ohne solche Maßnahmen müssen die Untergebrachten mehr oder weniger einschneidende Eingriffe in ihre Rechte hinnehmen. Es ist dies der Bereich der eigentlichen Unterbringungsgesetze, die zum Verwaltungsrecht gehören und von den Bundesländern erlassen werden. Sie betreffen Geisteskranke, Geistesschwache und Suchtkranke, wenn sie „für sich oder andere gefährlich oder für die öffentliche Sittlichkeit anstößig oder ohne Anstaltspflege der Gefahr der Verwahrlosung oder der Gesundheitsschädigung ausgesetzt sind“ (Baden-Württembergisches Unterbringungsgesetz, vgl. Kerner 1985, 427f.). Unter diesen Voraussetzungen, die in den Unterbringungsgesetzen einheitlich auftauchen, können nicht nur psychisch Kranke und Süchtige, sondern z.B. auch alte Menschen untergebracht werden. In erster Linie werden solche Unterbringungen in psychiatrischen bzw. geronto-(alters-)psychiatrischen Einrichtungen vorgenommen. Die Unterbringung nach dem Bundesseuchengesetz kann als gesundheitspolizeilicher Spezialfall von unterbringungsgesetzlichen Maßnahmen gelten (Baumann 1966, 30f.).

Die Unterbringungsgesetze werden durch Art. 104 des Grundgesetzes kontrolliert (Festlegung der richterlichen Zuständigkeit bei Freiheitsentziehung). Viele Bundesländer haben in ihre älteren, ordnungspolizeilich orientierten Gesetze mittlerweile Regelungen über den Rechtsschutz der Patienten, über Vor- und Nachsorgemaßnahmen etc. eingefügt. Gewöhnlich heißen die Unterbringungsgesetze dann „Gesetze über Hilfen und Schutzmaßnahmen bei psychischen Krankheiten“. Die Abkürzung „PsychKG“ hat sich eingebürgert. Die Entwicklung solcher Gesetze ist noch nicht in allen Bundesländern abgeschlossen. Eine Übersicht über die älteren Unterbringungsgesetze gibt Baumann 1966.

Gerade im Hinblick auf psychisch Kranke, für die ursprünglich die Unterbringungsgesetze in erster Linie vorgesehen waren, hat sich die Erkenntnis durchgesetzt, daß sie auch bei schweren Störungen (Psychosen) nicht gefährlicher sind als andere Menschen (vgl. Böker/Häfner 1973). Die meisten Anstaltsaufnahmen solcher Patienten erfolgen heute auf freiwilliger Basis.

Die freiwillige Aufnahme stellt den Patienten rechtlich anderen Krankenhauspatienten gleich: Er ist Auftraggeber des Krankenhauses, dessen Dienstleistungen er bezahlt (meist über seine Krankenkassenzugehörigkeit); er kann von sich aus die Behandlung beenden. Die Psychiatrie hat allerdings eine Doppelfunktion als Krankenhaus und als hoheitlich verfaßte Unterbringungsinstitution. Diese Zwieschlächtigkeit ist historisch verwurzelt (vgl. Herzog 1984). Ihre Aspekte schlagen sich im Unterbringungsrecht nieder und verschränken sich in einer für die Beteiligten oft schwer entwirrbaren Weise: Wenn ein freiwillig aufgenommener Patient im Sinne des Unterbringungsrechts als gefährlich oder etwa von Verwahrlosung bedroht erscheint, so kann der Psychiater aus seiner Rolle als Krankenhausbediensteter gleichsam in die des Ordnungsfunktionärs hinüberwechseln und die Umwandlung des freiwilligen Aufenthalts in eine Zwangsunterbringung veranlassen.

Die Doppelfunktion der Psychiatrie als Krankenhaus und obrigkeitliche Sicherungsanstalt zeigt sich auch, wenn eine Unterbringung direkt, ohne Umweg über einen freiwilligen Aufenthalt, vorgenommen wird. Dies kann geschehen, wenn eine Person in irgendeiner Weise auffällt; entsteht der Eindruck, sie sei psychiatrisch behandlungsbedürftig und sie willigt nicht in eine freiwillige Aufnahme ein, so kann eine Unterbringung gegen ihren Willen erfolgen. In der Praxis ist die Entscheidung zwischen freiwilliger Aufnahme und Unterbringung eher vom Gelingen oder Scheitern der „Beziehungsaufnahme“ zwischen einweisendem Arzt und Patient als von der angenommenen Gefährlichkeit oder Gefährdung des Patienten abhängig (vgl. Spengler 1983; 1986).

Unter den genannten Bedingungen von Auffälligkeit kann die Überstellung in die Psychiatrie direkt durch die Polizei als Eingriff zur Gefahrenabwendung nach allgemeinem ordnungspolizeilichem Recht vorgenommen werden. Die Polizei darf dabei vom Augenschein ausgehen. Der aufnehmende Psychiater hat alsbald nach dem im jeweiligen Bundesland geltenden Unterbringungsgesetz zu verfahren. Er muß (nach eventuellen Hilfsmaßnahmen oder Maßnahmen zur Gefahrenabwehr) eine Untersuchung vornehmen und den Festgehaltenen entweder entlassen oder in die Anstalt aufnehmen. Scheidet die freiwillige Aufnahme aus, so muß der Psychiater spätestens am nächsten Tag einen richterlichen Einweisungsbeschluß herbeiführen. Die Modalitäten dieses Akts sehen gewöhnlich den persönlichen Augenschein des Richters vor. Gegen diese Regel wird gelegentlich verstoßen. Mindestens ebenso problematisch erscheint die Stellung des aufnehmenden Arztes bei diesem Verfahren, weil er seine Einschätzung zur Beurteilung darbieten und sich zugleich als sachverständiger Berichterstatter äußern muß. Ähnlich ist die Problematik bei allen rechtlichen Auseinandersetzungen zwischen Patienten und Anstalt.

Die Unterbringungsgesetze sehen von Land zu Land unterschiedliche Rechte und Vertretungsmechanismen für die Betroffenen bei der richterlichen Einweisungsprozedur vor. Mit der Aufnahme in die Anstalt ist der Patient den Regeln der ärztlichen Kunst anheimgegeben. Dieser Grundsatz ist einheitlich. Das besondere Gewaltverhältnis der Anstalten wurde in keinem Landesgesetz aufgehoben. Trotz eines gewachsenen Problembewußtseins gerade bei Psychiatern zeigt sich die Problematik dieses Mangels an immer wiederkehrenden Grund- und Menschenrechtsverletzungen in psychiatrischen Anstalten, die oft nicht in Einzelfällen auftauchen, sondern in Alltagsroutinen eingebaut sind. Abhilfe können in solchen Fällen gerichtliche Schritte (bis hin zur Verfassungsklage) schaffen.

Die Rechtsstellung der Untergebrachten ist unterschiedlich. Zunächst sind sie den Hausregeln der Anstalt unterstellt, die mehr oder weniger einschränkend sein können. Sodann können die Patienten durch das Vormundschaftsgericht entmündigt oder unter Pflegschaft gestellt werden. Ihre Rechtsgeschäfte besorgt dann der Vormund oder Pfleger. Das kann eine Privatperson sein (auch ein Verwandter des Patienten), oder die Sozialbehörde übernimmt eine „Amtsvormundschaft" bzw. -pflegschaft.

Als Unterbringung gilt auch die strafrichterliche Einweisung von psychisch Kranken oder Drogenabhängigen in eine Anstalt als Maßregel der Sicherung und Besserung nach einem Delikt („Zweisträngigkeit"). Solche Unterbringungen können ergänzend zu einer Strafe erfolgen („vikariierend", vgl. weiter oben), oder sie erfolgen nach Freispruch wegen Schuldunfähigkeit aufgrund der psychischen Krankheit („Exkulpation"). Die Problematik dieser scheinbar gegenüber der Strafe milderen Maßnahme liegt wieder in der Doppelgesichtigkeit der Unterordnung allein unter ärztliches Handeln: In der Praxis bedeutet das oft eine gravierende Schlechterstellung gegenüber den Strafgefangenen, weil die Lebensbedingungen in den forensisch-psychiatrischen Abteilungen („festen Häusern") der psychiatrischen Anstalten oft erbärmlich sind, vor allem aber, weil die Maßnahme unbefristet verhängt wird. Daraus wird im „Maßregelvollzug" oft ein lebenslanger Einschluß, auch und überwiegend nach Delikten, die nicht unbedingt „Gefährlichkeit" im Sinne einer Gefährdung von Leib und Leben oder größerer Vermögenswerte enthalten hatten. In einigen Bundesländern wird versucht, diesen Mißständen abzuhelfen sowie die Anstaltsverhältnisse für den Bereich des Maßregelvollzugs durch entsprechende Gesetze zu verrechtlichen (vgl. Blau/Kammeier 1984; Volckart 1986).

Unter den Berufsgruppen, die im Bereich der hier behandelten Unterbringungen tätig sind, steht das psychiatrische Pflegepersonal zusammen mit den Fachärzten für Psychiatrie bzw. Neurologie an erster Stelle. Hinzu kommen Angehörige von Heilhilfsberufen: Krankengymnasten, Bademeister, Masseure, Beschäftigungs-, Bewegungs-, Musiktherapeuten etc. Die psychotherapeutische Betreuung liegt in den Händen von Ärzten und Psychologen, in der Regel mit entsprechenden Zusatzausbildungen (analytische Psychotherapie, Verhaltens- und Gesprächspsychotherapie, Gestalttherapie etc.). Sozialarbeiter sind in letzter Zeit von der älteren „Fürsorgerfunktion" zum Teil in therapeutische Kooperationen einbezogen worden; das gleiche gilt für das Pflegepersonal. Die Erkenntnis hat sich durchgesetzt, daß isolierten therapeutischen Maßnahmen ein „therapeutisches Milieu" unter Zusammenarbeit aller Betreuungskräfte vorzuziehen ist (vgl. Herzog 1986; Dörner/Plog 1984, 27-65).

An Alternativen zur Unterbringung stehen in erster Linie niedergelassene Nervenärzte und Psychotherapeuten zur Verfügung. Letztere beschäftigen sich jedoch selten mit den vielfach sozial verelendeten, verwirrten, oft auch älteren psychiatrischen „Notfällen". In den Bundesländern sind in unterschiedlicher Ausprägung „sozialpsychiatrische Dienste" als ambulante Angebote entstanden, die jedoch meist aufgrund des ärztlichen Standesrechts nur eingeschränkte Behandlungsbefugnisse haben. An Selbsthilfegruppen haben solche für Alkoholiker („Anonyme Alkoholiker", „Blaukreuz") eine gewisse Tradition. Nach ihrem Vorbild haben sich mancherorts Selbsthilfegruppen für Drogenabhängige, psychisch Kranke oder deren Angehörige gebildet. Bisweilen organisieren psychiatrische Krankenhäuser solche Gruppen.

Eine Stärkung der Rechtsstellung von Untergebrachten (etwa durch Landes-Psychiatriebeauftragte oder Obleute) wird diskutiert und in Ansätzen erprobt. Die Gesetzgebung hinsichtlich einer Verrechtlichung der Anstaltsverhältnisse ist über die genannten Maßregelvollzugsgesetze hinaus noch nicht in Gang gekommen. Primärpräventive Gemeinwesenarbeit konnte sich ebenfalls noch nicht entfalten.

Zur Gefahrenabwehr bei bestimmten Infektionskrankheiten (Seuchen) sieht der Gesetzgeber neben einer Meldepflicht die Möglichkeit der Unterbringung bzw. „Absonderung" in geschlossenen Krankenhäusern oder geschlossenen Krankenhausabteilungen nach dem Bundesseuchengesetz bzw. dem Geschlechtskrankengesetz vor. Diese Unterbringungen sind mit einer Reihe von Grundrechtseinschränkungen verbunden. Maßnahmen dieser Art sind wegen des weitgehenden Erlöschens der meisten gefährlichen Seuchen bzw. wegen der Möglichkeit von wirksamen ambulanten Behandlungen mit Antibiotika z.B. bei Tripper, Syphilis und Tuberkulose etwas in Vergessenheit geraten. Sie verdienen aber angesichts der aktuellen Pläne der bayrischen Staatsregierung von Absonderungsmaßnahmen bei AIDS erneute Beachtung (vgl. „AIDS-Infizierte können abgesondert werden", Der Spiegel 20, [1987] 132ff.).

Das Bundesseuchengesetz unterscheidet zwischen Krankheit, Krankheitsverdacht, Ansteckungsverdacht, Ausscheiden von Erregern und Ausscheidungsverdacht. Der § 36 sieht die Möglichkeit vor, Betroffene unter Beobachtung zu stellen. § 37 macht die Absonderung zwingend, wenn eine Erkrankung an Cholera, Pest, Pocken oder virusbedingtem hämorrhagischem Fieber vorliegt. Die Absonderung kann erzwungen werden, wenn der Erkrankte sie nicht freiwillig auf sich nimmt. Die Unterbringung setzt einen richterlichen Beschluß voraus und unterwirft den Kranken der besonderen Gewalt des Krankenhauses, das sich auch in diesem Fall gleichsam in eine obrigkeitliche Sicherungsanstalt verwandelt: Der Untergebrachte muß Maßnahmen zur Aufrechterhaltung des ordnungsgemäßen Anstaltsbetriebs und zur Sicherung des Unterbringungszwecks dulden; seine Post kann zu diesem Zweck geöffnet bzw. zurückgehalten werden etc. (§ 37 Abs. 2).

Von besonderer Bedeutung für eventuelle Maßnahmen bei AIDS ist hier, daß der Bundesminister für Jugend, Familie und Gesundheit den Katalog der einschlägigen Krankheiten mit Zustimmung des Bundesrats per Rechtsverordnung aufheben oder erweitern kann (§ 7). Er darf dies auch ohne die Zustimmung des Bundesrats für die Dauer von drei Monaten tun (§ 7 Abs. 2). Schließlich dürfen Landesregierungen von sich aus diesen Katalog erweitern (nicht aber einschränken) und die Ermächtigung hierzu per Rechtsverordnung an nachgeordnete Behörden übertragen (§ 7 Abs. 3) (vgl. Bundesseuchengesetz 1980).

Literatur

Balloff, R., Die Gesetze. In: Rexilius, G./Grubitzsch, S. (Hg.): Psychologie. Ein Grundkurs. Reinbek: Rowohlt 1986, 179-199.

Baumann, J., Unterbringungsrecht. Tübingen: Mohr (P. Siebeck) 1966.

Bernsmann, K., Grundrechtswahrung in staatlichen Verwahrungsverhältnissen – ein Vergleich von Strafvollzugsgesetz und PsychKG. In: Dörner, K. (Hg.): Edelpsychiatrie oder Armeleutepsychiatrie? Rehburg-Loccum: Psychiatrie-Verlag 1982, 74-84.

Blau, G./Kammeier, J., Straftäter in der Psychiatrie. Stuttgart: Enke 1984.

Böker, W./Häfner, W., Gewalttaten Geistesgestörter. Berlin: Springer 1973.

Brand, E., u.a., Kommentar zum Strafvollzugsgesetz. Neuwied/Darmstadt: Luchterhand 1982.

Bulczak, G., Jugendanstalten. In: Schwind, H.-D./Blau, G., Strafvollzug in der Praxis. Berlin/New York: de Gruyter 1976, 96-106.

Bundes-Seuchengesetz mit amtlicher Begründung und ausführlichen Erläuterungen für die Praxis sowie ergänzenden Rechtsvorschriften (Geschlechtskrankengesetz, Trinkwasserverordnung) bearb. v. W. Schumacher und E. Meyn. Köln: Kohlhammer 1980.

Cobus-Schwertner, I., Von der Jugendhilfe in die Psychiatrie. München: Deutsches Jugendinstitut 1984.

DGSP – Deutsche Gesellschaft für soziale Psychiatrie (Hg.), Soziale und psychische Not bei Kindern und Jugendlichen. Rehburg-Loccum: Psychiatrie-Verlag 1981.

Dörner, K./Plog, U., Irren ist menschlich. Lehrbuch der Psychiatrie/Psychotherapie. Rehburg-Loccum: Psychiatrie-Verlag 1984.

Dünkel, F., Sozialtherapie. In: Kaiser, G., u.a. (Hg.): Kleines kriminologisches Wörterbuch. Heidelberg: Müller 1985, 420-427.

Evers, H.-U., Das besondere Gewaltverhältnis. Frankfurt/M.: Athenäum 1972.

Foucault, M., Überwachen und Strafen. Frankfurt: Suhrkamp 1976.

Freyberg, W., Geschlossene Unterbringung im Rahmen öffentlicher Erziehung. In: Sozialpädagogik, 1 (1984), 19-23.

Hassemer, W., Schuld und Verantwortung. In: Kaiser, G. u.a. (Hg.): Kleines kriminologisches Wörterbuch. Heidelberg: Müller 1985, 376-380.

Herzog, G., Besondere Gewalt. Das Gefängnis als eine Wurzel der Psychiatrie. In: Dörner, K. (Hg.): Edelpsychiatrie oder Armeleutepsychiatrie? Rehburg-Loccum: Psychiatrie-Verlag 1982, 62-73.

–, Krankheits-Urteile. Rehburg-Loccum: Psychiatrie-Verlag 1984.

–, Gesellschaftliche Institutionen. In: Rexilius, G./Grubitzsch, S. (Hg.): Psychologie. Ein Grundkurs. Reinbek: Rowohlt 1986, 144-149.

–, Behinderte Vorschulkinder in Bremen. München: Deutsches Jugendinstitut 1987.

Kardorff, E. von, Soziales Feld. In: Rexilius, G./Grubitzsch, S. (Hg.): Psychologie. Ein Grundkurs. Reinbek: Rowohlt 1986, 23-48.
Kerner, H.-J., Stationäre Maßnahmen. In: Kaiser, G., u.a. (Hg.): Kleines kriminologisches Wörterbuch. Heidelberg: Müller 1985, 427-433.
Kreuzer, A., Jugendkriminalität. In: Kaiser, G., u.a. (Hg.): Kleines kriminologisches Wörterbuch. Heidelberg: Müller 1985, 160-167.
Mayer, O., Deutsches Verwaltungsrecht Bd. I. Berlin: Duncker & Humblot 1969 (Nachdruck der 3. Aufl. 1924).
Merten, D., Das besondere Gewaltverhältnis. Berlin: Duncker & Humblot 1985.
Meyer-Velde, H., Sicherungsverwahranstalten. In: Schwind, H.D./Blau, G., Strafvollzug in der Praxis. Berlin/New York: de Gruyter 1976, 65-70.
Möllhof, B./Möllhof, M., Geschlossene Unterbringung von Kindern und Jugendlichen. Institut für Sozialarbeit und Sozialpädagogik (ISS) – Materialien 9, o. Ort und Jahr (Frankfurt 1979).
Sack, H.-J./Denger, B., Freiheitsberaubung bei ungenehmigter Unterbringung von Kindern in jugendpsychiatrischen Heimen? In: MDR (Monatsschrift für deutsches Recht), 12 (1982), 972-974.
Schwind, H.-D./Blau, G., Strafvollzug in der Praxis, Berlin/New York: de Gruyter 1976.
Senator f. Schulwesen, Jugend u. Sport Berlin (Hg.), Erziehen statt Strafen. Dokumentation einer Tagung. Berlin 1983.
Spengler, A., Behandlung bei psychiatrischen Notfällen. In: Psychiatrische Praxis, 10 (1983), 200-208.
–, Invasive Therapiemaßnahmen. Eingriff und Zwang in der Notfallpsychiatrie. In: Sozialpsychiatrische Informationen, 3 (1986), 59-74.
„Aids-Infizierte können abgesondert werden". In: Der Spiegel, 41 (1987), 132ff.
Steinert, H., Alternativen zum Strafrecht. In: Kaiser, G., u.a. (Hg.): Kleines kriminologisches Wörterbuch. Heidelberg: Müller 1985, 9-14.
Volckart, B., Maßregelvollzug. Neuwied/Darmstadt: Luchterhand 1986.
–, Zehn Jahre Rechtsprechung zum Strafvollzugsgesetz. In: Info für Strafvollzug in Praxis und Rechtsprechung, 1 (1987).
Walter, M., Jugendrecht, Jugendhilfe, Jugenschutz. In: Kaiser, G. u.a. (Hg.): Kleines kriminologisches Wörterbuch. Heidelberg: Müller 1985, 167-172.

2.9. Systemische Intervention

Hans-Jürgen Kurtz

1. Was ist ein System?

Klaus (1971, 634) definiert ein System als „eine Menge von Elementen und eine Menge von Relationen, die zwischen diesen Elementen stehen. Alle isomorphen Ganzheiten dieser Art werden als ein und dasselbe System betrachtet. Die Menge der Relationen zwischen den Elementen macht die *Struktur* des Systems aus." Verwenden wir diese allgemeine, abstrakte Definition für (Wirtschafts-)Organisationen bzw. Institutionen (z.B. Heime, Schulen), dann sind diese begrifflich ebenfalls entsprechend faß- und konkretisierbar. In dem Realitätsausschnitt Wirtschaft haben wir es mit Organisationen zu tun, die als System, bestehend aus einer Menge von Elementen und einer Menge von Relationen, die zwischen den Elementen bestehen, beschreibbar sind. Diese umfassende Definition hat vorteilhafte Konsequenzen in der Diagnose von und Intervention in Systemen, weil sie Interdependenzen im In- und Umsystem des Systems „Organisation" zu betrachten erlaubt.

2. Was sind systemische Interventionen?

Interventionen sind Einmischungen, also Maßnahmen, die ein oder mehrere Systemelemente oder die Relation(en) zwischen Elementen beeinflussen. Wenn wir uns hier mit systemischen Interventionen in bezug auf Wirtschaftsorganisationen befassen, dann gilt es zu betrachten:

- warum wird interveniert?
- welches Element bzw. welche Relation zwischen Elementen ist Gegenstand der Intervention?
- wer interveniert?
- wie kann interveniert werden?

Diese Fragen gilt es zu beantworten, um Möglichkeiten und Grenzen systemischer Interventionen aus heutiger Sicht deutlich werden zu lassen.

Im Wirtschaftsleben spricht man in der Regel nicht von einem System, sondern die Organisationslehre – Teildisziplin der Betriebswirtschaftslehre – hat den Begriff „Organisation" geprägt. Nichtsdestotrotz ist eine Organisation (Betrieb, Unternehmung, Institut) als ein System zu definieren, „... an organized or complex whole – an assemblage or combination of things or parts performing as a complex or unitary whole" (Hodge/Anthony 1984, 46). Diese Definition impliziert ein Konzept der Interdependenz, der Ganzheitlichkeit und der Synergie. Jede Organisation besteht aus den Elementen

Organisationsziele/-zwecke,
Organisationsmitglieder,
Organisationsstrukturen,
Organisationsleistung.

Die Relationen lassen sich wie folgt beschreiben: „Die *Organisationsziele* werden *Organisationsmitgliedern* gesetzt und/oder anerkannt und zu erreichen versucht. Die *Organisationsstrukturen* sind das Ergebnis des Organisierens durch die Mitglieder und sind auf die Zielerreichung ausgerichtet. Die *Organisationsleistung* ergibt sich aus dem zielorientierten und durch Strukturen koordinierten Arbeitsprozeß der Mitglieder. Die Organisation als Totalität oder System weist *Grenzen* gegenüber der ... *Organisationsumwelt* auf" (Aregger 1976, 42). Mit dieser Beschreibung einer Organisation werden die Zugänge für systemische Interventionen deutlich, aber auch die Notwendigkeit, die Interdependenzen der Elemente zu betrachten.

3. Warum wird interveniert?

Gründe für Interventionen können im Detail so vielfältig sein, wie es Motive der Organisationsmitglieder nahelegen. Ausgangspunkt jedoch ist in der Regel eine Problemsituation, die

- mangelnde Effektivität, bedingt durch falsche Ziele, nicht ausreichend qualifizierte Organisationsmitglieder oder nicht geeignete Organisationsstrukturen/ Technologien oder mangelnder Organisationsleistung und/oder
- mangelnde Koordination der Systemelemente und damit mangelnde Synergie und/oder
- falsche Berücksichtigung von Einflußfaktoren aus der Organisationsumwelt

berücksichtigt. Ein anderer Ausgangspunkt ist die Ausweitung des Potentials der Systemelemente.

Ein wesentlicher Maßstab für Wirtschaftsorganisationen ist genannt worden: Effektivität. Hodge/Anthony (1984, 301; s.a. Reddin 1977, 21) definieren „effectiveness" als „doing the right things". Wenn die richtigen Dinge getan werden, dann sind sie systemerhaltend. Es geht nicht vordergründig darum, Dinge richtig zu tun (= Effizienz). Eine Organisation ist exzellent, wenn sie die richtigen Dinge richtig tut. Effektivität bedarf bezüglich systemischer Interventionen der Konkretisierung, um zu wissen, ob es sich um Kosten, Deckungsbeiträge, Gewinn oder andere Effektivitätskriterien handelt.

4. Welche(s) Element(e) bzw. welche Relation(en) von Elementen sind interventionsrelevant?

Wenn vorangehend gesagt wurde, daß die Existenzsicherung durch Effektivität maßgebendes Kriterium für systemische Interventionen ist, dann ergibt sich, daß alle Systemelemente und deren Relationen Gegenstand von Interventionen sind. Dennoch möchten wir es bei der einfach klingenden Beantwortung der Frage nicht bewenden lassen. Vielmehr wollen wir bewußtmachen, daß unsere Antwort keineswegs selbstverständlich ist.

Betrachten wir die wissenschaftlichen Disziplinen, die sich mit Organisationen befassen, dann müssen wir verallgemeinert feststellen, daß die Betriebswirtschaftslehre sich vorrangig mit der wirtschaftlichen[1] Beziehung der Systemelemente befaßt und einzelne Produktionsfaktoren untersucht. Die Organisationslehre behandelt vornehmlich Organisationsstrukturen (Ablauf- und Aufbauorganisation unter Berücksichtigung arbeitstechnischer Mittel, z.B. EDV).

Je nach Organisationsleistung leisten technisch-naturwissenschaftliche oder sozialwissenschaftliche Disziplinen ihren Beitrag zur Effizienz und Existenzerhaltung einer Organisation. Die Psychologie, Sozialpsychologie und Soziologie interessieren sich vor allem für das Systemelement „Organisationsmitglied" und haben da ihren Schwerpunkt. Alle (Teil-)Disziplinen betonen ihren jeweiligen Blickwinkel. Darin liegt nun eine generelle Problematik der Entwicklung, Anwendung oder Bewertung von Erklärungsmodellen und Interventionsstrategien. Je nach Standpunkt findet man die unterschiedlichsten Aussagen und Empfehlungen. Nur eine systemische, alle Elemente und Relationen umfassende Aussage – abgesehen von der generellen Betrachtung einer Organisation als System – findet man selten. Es gibt nämlich keine auf Konsens beruhende Zielrichtung der Forschungsdisziplinen.

5. Wer interveniert?

Theoretisch denkbar ist, daß jedes Organisationsmitglied intervenieren kann. In der Praxis wird in der Regel der unmittelbar für eine Funktion oder Funktionsgruppe Verantwortliche intervenieren. Mittelbar wird der übergeordnete Funktionsinhaber (z.B. der Vorstand) den Anstoß zur Intervention geben (z.B. bei mangelnder Effektivität oder durch Änderung der Ziele). Um in schwierigen Problemsituationen adäquat zu intervenieren, ziehen Funktionsverantwortliche seit geraumer Zeit Berater hinzu (z.B. Berater für technische Innovationen, für Wirtschaftlichkeitsfragen oder Ökonomiesysteme, für Personal- und Personalentwicklungsfragen). Ein Berater-Klientensystem birgt neue Chancen für qualifizierte Problemlösungen, aber auch Risiken für den Funktionsverantwortlichen in sich (vgl. z.B. Wohlgemuth 1982, 115ff.).

6. Wie kann interveniert werden?

Generell sind Interventionen auf die Veränderung des Status quo von Systemelementen, Relationen zwischen Systemelementen oder des Gesamtsystems ausgerichtet. Dies geschieht in der Regel, um Probleme zu lösen (Defizitausgleich) oder Potential auszuweiten (Potentialentwicklung). Das bedeutet, daß jeder Intervention eine Situationsdiagnose vorangehen sollte, um den Typ der Veränderung und dessen Richtung zu bestimmen. Hier existieren unterschiedlichste Heuristiken der Problemerkennung, -diagnose und -lösung (siehe z.B. Brauchlin 1984). In bezug auf die einzelnen Systemelemente werden spezielle Interventionsformen angewendet. Sie werden ihnen nur grob zugeordnet.

Je nach Systemelement können wir folgende Interventionsformen nennen:

Systemelement „Organisationsziele“:
Je nach Zeithorizont können strategische, taktische und operative Zielsetzungssysteme Platz greifen (vgl. Hodge/Anthony 1984, 277ff.). Ein in der Praxis häufig anzutreffendes Konzept ist das des Management by Objectives (Führen durch Zielvereinbarung) (vgl. Moring et al. 1978, 68ff., 124ff.).

Systemelement „Organisationsstrukturen“:
Konzepte zur Aufbau- und Ablauforganisation (siehe Hodge/Anthony 1984; Autorengruppe Organisation 1978; Engel/Riedmann 1982, 77ff.), zu Personal- und Personalentwicklungssystemen (z.B. Marr/Stitzel 1979; Koch 1981; Kurtz/Stiefel 1986), zur Technologie (z.B. Produktionswirtschaft, Beschaffungs-, Lagerhaltungs-, Versandwirtschaft, EDV) sind hier relevant.

Systemelement „Organisationsmitglieder“:
Hier sind Interventionen auf dem Gebiet der Personalrekrutierung und -selektion, -qualifizierung, -entwicklung sowie Managementkonzepte und Informations- und Kommunikationskonzepte anzusiedeln (siehe z.B. Kompa 1984; Triebe/Ulich 1977; Jeserich 1981; Strube 1982; Stiefel 1975, 1978; Malik 1984; Zand 1969; Bosler/Kurtz 1982).

Systemelement „Organisationsleistung“:
Das Leistungsobjekt ist der Ausstoß der Organisation. Es kann nach neuen Leistungsobjekten gesucht werden (Methoden hierfür siehe z.B. Schlicksupp 1977). Es kann die Qualität eines Produkts verbessert werden (siehe z.B. Bednarek 1984).

Umsystem:
Zum Umsystem zählen der Markt mit den Kunden/Klienten/Patienten, die Gesellschaft mit ihren unterschiedlichen Orientierungen, das juristische System usw. Auch hier wird partiell zu intervenieren versucht, z.B. durch Public Relations- Instrumentarien (Hundhausen 1969; Armbrecht 1985) oder Marketinginstrumente (Weinhold-Stünzi 1979) oder Formen des Lobbyismus.

Relationen zwischen Systemelementen:
Gegenstand der Analysen sind Moderatorvariablen wie Synergie, Partizipation, Kommunikation, Kapazität oder Offenheit und Dynamik. Hier werden insbesondere Systemanalysen (Churchman 1970), Organisationsklimadiagnosen (siehe Handy 1981; French/Bell 1978; Jun/Storm 1973) oder Mitarbeiterbefragungen (Töpfer/Zander 1985) verwendet.

Systembezogene Interventionen lassen sich auch nach anderen Kriterien differenzieren:
- Interventionen können auf Partial- oder Totalsysteme ausgerichtet sein (z.B. wird nur der Außendienst neu organisiert oder aber das gesamte Unternehmen).
- Zeitlich betrachtet kann präventiv, kontinuierlich oder postventiv interveniert werden.
- Interventionen können initiiert werden von der Spitze aus, von der Basis aus, von der Spitze und von der Basis aus, von der Mitte aus oder von verschiedenen Zentren aus.
- Ziele der Intervention können auf kurzfristigen oder langfristigen Erfolg ausgerichtet sein (von der troubleshooter-Intervention bis hin zur geplanten kontinuier-

lichen Veränderungsstrategie). Erfolge sind dabei unterschiedlich gut einschätzbar. Leider gibt es nicht immer genügend vorzeigbare Evaluierungsstudien.

Es können hier nicht alle Detailkonzepte von Interventionen niedergelegt werden. Zudem fühlt der Autor sich nicht berufen, alle Detailkonzepte kritisch würdigen zu können. Deshalb sollen hier nur ein paar grundsätzliche, kritische Überlegungen angestellt werden.

7. Kritische Überlegungen

(1) Valide Systemdiagnosen sind Voraussetzung für adäquate systemische Interventionen. Einen hoffnungsvollen Ansatz der Systemdiagnose hat in jüngster Zeit Malik (1984) vorgelegt. Das Wissen, wie Mensch-Technik-Systeme funktionieren und wie sie lebensfähig bleiben können, hat er verstärkt untersucht (anregende Impulse hierfür lieferten Bateson 1981, 1984; Ashby 1974 u.a.). Die Frage, warum sie in dieser oder in jener Weise funktionieren, ist wesentlich abhängig von den Relationen der Elemente zueinander. Bevor wir diese nicht hinreichend erkennen, können wir sie nicht systemkonform gestalten, müssen damit Interventionen ungenügend sein. U.E. bedarf es auf dem Gebiet der Relationen und Prozesse und deren Wirkungen weiterer Forschungen. Ferner müssen verstärkt Evaluierungsstudien über Interventionen erarbeitet werden, um deren Erfolg einschätzen und die Sphäre des spekulativen Erfolgs verlassen zu können.

(2) In der Realität beobachtbar ist, daß partialsystemische Interventionen häufig nur Partialsysteme optimieren, nicht aber das Totalsystem. Es wird in der Praxis die Komplexität des Gesamtsystems nicht erfaßt, und damit werden nur bedingt adäquate Lösungsstrategien ausgewählt.

(3) In der Unternehmenspraxis verlangen Problemsituationen häufig schnelle Problemlösungen. Funktionsverantwortliche neigen dazu, „schnelle Lösungen" herbeizuzaubern, um das Problem erst einmal vom Tisch zu haben. Der zeitliche und soziale Druck verengen Problemsichten und Lösungsräume.

(4) Interventionen richten sich auch nach der Qualifikation des Intervenierers. Möglicherweise favorisiert er bestimmte Interventionsformen, einerlei ob sie problemadäquat sind oder nicht.

(5) Einige Interventionsformen sind vergänglich wie Moden oder Ideologien. Deshalb ist es wichtig, „die Genese der Präferenzordnungen der potentiellen Anwendergruppe und der beteiligten Wissenschaftler in ihrem gesellschaftlich-historischen und individual-biographischen Entstehungszusammenhang zu rekonstruieren" (Greif 1983, 53).

(6) Interventionen werden von Menschen nicht nur nach ihrem objektiven Lösungsgehalt beurteilt, sondern subjektive Momente beeinflussen den Grad der Akzeptanz. Schuler/Stehle (1983) plädieren deshalb z.B. für eine „soziale Validität" im Rahmen der eignungsdiagnostischen Situation, die diese zu einer akzeptablen macht, und versteifen sich nicht auf eine technisch-empirische Validität von eignungsdiagnostischen Verfahren.

(7) Für die „richtige" Wahl von Interventionen bedarf es eines Entscheidungsmo-

dells, wie Greif (1984, 77ff.) es auch für Führungssituationen fordert. Er schlägt dazu den Ansatz „subjektiver Handlungsfelder" vor.

Zusammenfassend läßt sich sagen, daß sowohl in den theoretischen Ansätzen als auch in der Praxis noch große Defizite vorhanden sind, deren Beseitigung verstärkte Anstrengungen erfordert.

8. Zum Ansatz von Malik

Malik unterscheidet zwei grundlegend verschiedene Theorietypen (1984, 49): den konstruktivistisch-technomorphen und den systemisch-evolutionären Ansatz. Beiden Ansätzen liegen andere Prämissen zugrunde, die er grob in folgender Weise dichotomisch zusammenfaßt:

Konstruktivistisch-technomorph	Systemisch-evolutionär
Management ...	Management ...
1. ... ist Menschenführung	... ist Gestaltung und Lenkung ganzer Institutionen in ihrer Umwelt
2. ... ist Führung Weniger	... ist Führung Vieler
3. ... ist Aufgabe Weniger	... ist Aufgabe Vieler
4. ... ist direktes Einwirken	... ist indirektes Einwirken
5. ... ist auf Optimierung ausgerichtet	... ist auf Steuerbarkeit ausgerichtet
6. ... hat im großen und ganzen ausreichende Information	... hat nie ausreichende Information
7. ... hat das Ziel der Gewinnmaximierung	... hat das Ziel der Maximierung der Lebensfähigkeit

Die Prämissen des systemisch-evolutionären Ansatzes stellen einen Beurteilungsraster dar, vorhandene Interventionsformen auf deren Adäquanz hin zu prüfen.

Betrachten wir Maliks Ansatz etwas genauer, dann ergeben sich folgende strukturelle Aussagen:

(1) Das Modell des lebensfähigen Systems[2] beinhaltet zwei Grundprinzipien: Zum einen muß das System in solchen Bereichen gegliedert werden, die selbst wiederum lebensfähig sind (Viabilitätsprinzip). „Es ist somit keine beliebige, willkürliche Gliederung eines Systems in Subsysteme möglich, sondern die Bereichs- oder Subsystemgliederung muß dem Prinzip der Lebensfähigkeit genügen" (1984, 87). Das hat Konsequenzen für Interventionen auf der Organisationsstrukturebene. Zum anderen muß jedes lebensfähige Subsystem eine strukturelle Kopie des lebensfähigen (Total-)Systems sein (Prinzip der Rekursion; 1984, 87).

(2) Jedes Subsystem hat im Prinzip völlige Verhaltensfreiheit. Da es jedoch einem umfassenderen System angehört, muß der Verhaltensspielraum zugunsten des größeren Ganzen eingeschränkt werden. Dazu sind Abstimmungs- und Harmonisierungsregeln notwendig.

(3) Um die größtmögliche Effektivität des Gesamtsystems zu erreichen, ist die Allokation von Ressourcen und deren Zuteilung an die Subsysteme sowie die

Überwachung der Verwendung zu gewährleisten. Dazu sind sowohl systeminterne als auch -externe Informations- und Kommunikationsflüsse notwendig.

(4) Zur Maximierung der Lebensfähigkeit bedarf es von Zeit zu Zeit der Erarbeitung genereller Verhaltensalternativen zur aktiven Gestaltung der Zukunft des Gesamtsystems. Das gelingt nur bei offenem Informationsfluß zur Entscheidungsinstanz des Systems.

Aus dem Gesagten lassen sich zwei weitere notwendige Prinzipien für systemisch-evolutionäre Systeme ableiten:

- Das relative Autonomieprinzip. Hier geht es nicht – wie in der betriebswirtschaftlichen Literatur häufig diskutiert – um Zentralisation vs. Dezentralisation als Lösungsmuster auf einem Kontinuum, sondern um das individuelle Lösungsmuster eines Systems. Dabei gilt es, Komplexität durch Ordnung und durch Problemlösen zu beherrschen (210ff., 248ff.).
- Das Feedback-Prinzip. Permanente Rückkopplungen sind die Grundlage für Soll-Ist-Vergleiche, die lebenswichtig aufgrund der Systemkonnektivität sind, und das Neukalibrieren[3] des (Partial-)Systems.

Übertragen wir den Ansatz Maliks auf bisherige Interventionsformen, dann müssen wir konstatieren, daß die uns bekannten Konzepte eher konstruktivistisch-technomorph und nicht systemisch-evolutionär eingesetzt werden.

9. Einige Beispiele für nicht systemisch-evolutionäre Interventionen

(1) In Seminaren werden Problemlösungsheuristiken und Kreativitätstechniken vermittelt, die Anwendung wird den einzelnen Seminaristen überlassen. Das systematische Problemlösen oder Generieren von Ideen entsteht am Arbeitsplatz nicht aufgrund des vorhandenen Systembedarfs. Der Kontext zwischen Seminarteilnehmer und Arbeitsplatz/Arbeitsgruppe blieb vermutlich unbeachtet.

(2) Für eine Abteilung wird ein Workshop „Teamentwicklung" realisiert. Der Workshop verläuft erfolgreich für alle Beteiligten. Der Vorstand löst ein halbes Jahr später die Abteilung auf: eine ineffektive Intervention.

(3) Im Rechnungswesen wird ein neues EDV-System in recht kurzer Zeit eingeführt, ohne daß die Betroffenen beteiligt oder wenigstens frühzeitig informiert wurden. Zudem stehen Arbeitsplätze auf dem Spiel. Größte Verunsicherung der betroffenen Organisationsmitglieder führt zur Leistungsminderung.

(4) Vor einem Jahr beschließt der Vorstand, eine neue Abteilung „Qualitative Personalplanung" für das Unternehmen einzuführen. Mangelnde Unterstützung im Rahmen der Implementierung durch ihn, falsche Personalauswahl und Gewährenlassen von Kämpfen zwischen der neuen Abteilung und anderen tangierten Abteilungen führt zur Aufgabe der Abteilung. Die strukturelle Intervention basiert offensichtlich auf einer mangelnden Systemdiagnose.

(5) Aufgrund allzu optimistischer Einschätzung des Marktes durch den Vorstand werden zu hohe Umsatzziele den dezentralen Einheiten gegeben. Diese fügen sich den Vorgaben. Die Motivation zur Erreichung der Ziele erlahmt zusehends. Demotivationen führen sogar zur erhöhten Fluktuation. Eine Intervention unterbleibt.

Die Beispiele sollen zeigen, daß offensichtlich keine ausreichenden Diagnosen erstellt wurden, die dann auch zu inadäquaten – weil nicht das System ausreichend berücksichtigenden – Interventionen führten.

Malik (1984, 472ff.) schlägt vor, mit Hilfe eines Fragebogens lebensfähige Systeme zu analysieren, um die treffenden Interventionen zu entwickeln. Der Fragebogen bezieht sich auf die Analyse des Totalsystems. Für Fragestellungen in der Praxis – häufig partialsystemische – bedarf der Fragebogen der Modifikation, um handhabbar zu sein.

Aus dem bisher Gesagten ergibt sich, daß wir einen neuen Typus von Berater brauchen, der nicht nur Fachmann einer Spezialdisziplin ist, sondern auch Wissen über die Lebensqualität bzw. Weiterentwicklung von Totalsystemen besitzt, damit er systemisch analysiert und interveniert. Die Anforderungen an einen „Systemberater“ bedürfen noch einer genaueren Analyse.

10. Zwei Beispiele für Interventionen im Bereich psychosozialer Versorgung

Schmuck et al. (1977, 205ff.) beschreiben einen Lehrkörper einer Schule, der organisatorische Probleme zu lösen hat. Als erste Intervention wählen sie ein Training zur Erhöhung der zwischenmenschlichen Kommunikationsfertigkeit als Voraussetzung zur Lösung von Sachproblemen. Nachdem der Lehrkörper in der Schulpraxis teilnehmend beobachtet wird und sich zeigt, daß kommunikative Probleme zum Teil verringert auftreten, folgt die zweite Intervention: ein Training in Problemlösung und Entscheidungsfindung sowie Gruppenbeobachtung und Gruppenfeedback. Eine dritte Intervention beinhaltet eine Bestandsaufnahme und Aktionsplanung für die folgende Zeit.

Ziel ist, die Effektivität der Gesamtgruppe und der Untergruppen zu steigern. An den Trainings nehmen gleichermaßen Lehrer der Schule, Verwaltungspersonal einschließlich Hausmeister teil. Als Ergebnis zeigen sich nach den Interventionen organisatorische Veränderungen: Eine beauftragte Lehrergruppe verändert Stundenpläne und Klassengruppierungen sowie die Zuweisung von Lehrern zu bestimmten Klassen. Einige gelernte Kommunikationsübungen und Problemlösetechniken werden mit Schülern erprobt, die Sitzordnungen verändert. Aus Mitgliedern der Verwaltung und des Lehrkörpers wird ein Beratungsausschuß mit eindeutigen Aufgaben gegründet.

An diesem Beispiel wird deutlich, daß vordergründig auf der Sachebene liegende organisatorische Probleme zunächst auf der Beziehungsebene angegangen werden. Die Verbesserung der Gruppenbeziehungen führt zur Lösung der organisatorischen Probleme und setzt zusätzlich noch nicht genutzte Ressourcen der Gruppe frei, löst Innovationen aus, die auch die an der Intervention nicht beteiligten Schüler betreffen.

Buchinger/Graupe (1980, 168ff.) beschreiben eine Intensivstation, die jährlich 33 % ihrer Schwestern durch Fluktuation verliert. Die Situation ist in Kürze so zu skizzieren:

- Die Intensivstation ist im Gesamt des Krankenhauses eine Spezialeinheit, die Patienten speziell überwacht und pflegt, dann an eine andere Station weiterleitet. Das Behandlungsziel ist nicht Heilung, sondern Rückführung an eine andere Station.

- Die Arbeitsbelastung der Schwestern ist sehr hoch und eine äußerst hohe Verantwortung vonnöten.
- Erfolgserlebnisse sind gering, sie werden permanent mit dem Tod konfrontiert, eine erhöhte Aufmerksamkeit ist nötig, Fehlgriffe können schnell zum Tode des Patienten führen usw.

Das Ziel der Intervention soll sein, die Patientenbehandlung zu verbessern, die Arbeitszufriedenheit des Personals zu erhöhen, eine Gruppenkohäsion zu erzielen, die Konfliktaustragung ermöglicht und organisatorisch sinnvolle Regelungen zu finden.

Die Schritte der Intervention waren:
- Gespräche mit dem Leiter der Station und mit einigen Mitarbeitern sowie Beobachtungen an Arbeitsplätzen.
- Qualifizierte Feldbeobachtungen, Tiefeninterviews mit dem gesamten Personal, ehemaligen Patienten, Besuchern sowie Fragebögen und psychologische Tests und Gruppengespräche zur Datensammlung.
- Vorlage der Ergebnisse der Untersuchung und Diskussion mit den Mitarbeitern der Station.

Das Ergebnis: Die Intervention kam zum Erliegen, weil die Interventionsstrategie im Sinne empirischer „objektivierender“ Sozialforschung angelegt war und die Betroffenen sich „vermessen“ fühlten. Die Intervention hätte – wie die Autoren selbstkritisch anmerken – die Betrofffenen zu Beteiligten machen sollen, um gemeinsam an die Problemlagen heranzugehen. Nicht eine distanzierte *Forschungs*strategie führt zur Veränderung des Systems „Intensivstation“, sondern eine durch die Beteiligten bestimmte *Handlungs*strategie im Sinne der Aktionsforschung (siehe z.B. Haag et al. 1972).

Anmerkungen

1 Wirtschaften heißt, entweder mit gegebenen Mitteln ein optimales Ergebnis oder mit den geringsten Mitteln ein bestimmtes Ergebnis zu erzielen (vgl. Kostol 1966, 13).

2 Unter „Lebensfähigkeit ist ... zu verstehen, daß Systeme, die die entsprechende Struktur aufweisen, sich an wandelnde Umstände in ihrer Umgebung anpassen, daß sie Erfahrungen aufnehmen und verwerten – also lernen, daß sie ihre Identität bewahren und sich entwickeln können“ (Malik 1984, 80).

3 Im Rahmen vieler Diskussionen mit Herrn Dr. Schmidt über die Veränderung von Systemen entwickelte er diesen Begriff.

Literatur

Aregger, K., Innovation in sozialen Systemen. Band 1/2. Bern: Haupt 1976.

Armbrecht, W., Öffentlichkeitsarbeit und Organisationsentwicklung. Analyse einer Funktionalität. In: Kurtz, H.-J./Stiefel, R.Th., Organisationsentwicklung für Management-Andragogen. Planung, Durchführung und Evaluierung von problemorientierten Veränderungsprozessen. München: Edition Academic 1985.

Ashby, W.R., Einführung in die Kybernetik. Frankfurt/M.: Suhrkamp 1974.

Autorengruppe Organisation, Organisation in Wirtschaft und Verwaltung. Wiesbaden: Gabler 1978.

Bateson, G., Ökologie des Geistes. Anthropologische, psychologische, biologische und epistemologische Perspektiven. Frankfurt/M.: Suhrkamp 1981.
–, Geist und Natur. Eine notwendige Einheit. Frankfurt/M.: Suhrkamp 1982
Bednarek, E., Veränderungen der Arbeitsmotivation durch Qualitätszirkel und Lernstatt. München, Diss. 1984.
Bosler, R./Kurtz, H.-J., Training der betrieblichen Information und Kommunikation. Herford: Maximilian 1982.
Brauchlin, E., Problemlösungs- und Entscheidungsmethodik. Bern: Haupt 1984.
Buchinger, K./Graupe, S., Gedanken zur Organisationsentwicklung einer Intensivstation. In: Strotzka, H., Der Psychotherapeut im Spannungsfeld der Institutionen. München: Urban & Schwarzenberg 1980.
Churchman, C.W., Einführung in die Systemanalyse. München: Moderne Industrie 1970.
Engel, P./Riedmann, W., Die neuen Managementtechniken in Fällen, Band 1/2. München: Moderne Industrie 1982.
French, W./Bell, C., Organization Development. Behavioral Science Interventions for Organizational Improvement. Englewood Cliffs: Prentice-Hall 1978
Greif, S., Konzepte der Organisationspsychologie. Berln: Huber 1983.
–, Evaluation von Mikroprozessen in Führungssituationen. In: Kurtz, H.-J./Marcotty, A./ Stiefel, R.Th., Neue Evaluierungskonzepte in der Management-Andragogik. München: Edition Academic 1984.
Haag, F./Krüger, H., et al., Aktionsforschung. München 1972.
Handy, Ch.B., Understanding Organizations. Harmondsworth: Penguin 1981.
Hodge, B.J./Anthony, W.P., Organization Theory. Boston: Allyn and Bacon 1984.
Holl, H.G., Das lockere und das strenge Denken. Essays über Gregory Bateson. Weinheim: Beltz 1985.
Hundshausen, C., Public Relations. Theorie und Systematik. Berlin: de Gruyter 1969.
Jeserich, W., Mitarbeiter auswählen und fördern. Assessment-Center-Verfahren. München: Hanser 1981.
Jun, J.S./Storm, W.B., Tomorrow's Organizations: Challenges and Strategies. Glenview: Scott, Foresman and Company 1973.
Klaus, G. (Hg.), Wörterbuch der Kybernetik, Band 1/2. Frankfurt/M.: Fischer 1971.
Koch, H.-E., Grundlagen und Grundprobleme einer betrieblichen Karriereplanung. Frankfurt/ M.: Peter Lang 1981.
Kompa, A., Personalbeschaffung und Personalauswahl. Stuttgart: Enke 1984.
Kostiol, E., Die Unternehmung als wirtschaftliches Aktionszentrum. Reinbek: Rowohlt 1966.
Kurtz, H.-J./Stiefel, R.Th., Laufbahn und Laufbahngestaltung. Englischsprachige Arbeitsmaterialien für Life Styling-Trainer. München: Edition Academic 1985.
– (Hg.), Organisationsentwicklung für Management-Andragogen. Planung, Durchführung und Evaluierung von problemorientierten Veränderungsprozessen. München: Edition Academic 1985.
Malik, F., Management-Systeme. Bern: Schweizerische Volksbank 1981.
–, Strategie des Managements komplexer Systeme. Ein Beitrag zur Management-Kybernetik evolutionärer Systeme. Bern: Haupt 1984.
Marr, R./Stitzel, M., Personalwirtschaft. Ein konfliktorientierter Ansatz. München: Moderne Industrie 1979.
Moring, K.-E., et al., Management, Band 1/2. Wiesbaden: Gabler 1978.
Reddin, W.J., Das 3-D-Programm zur Leistungssteigerung des Managements. Managerial Effectiveness. München: Moderne Industrie 1977.
Schlicksupp, H., Kreative Ideenfindung in der Unternehmung. Methoden und Modelle. Berlin: de Gruyter 1977.
Schmuck, R.A./Runkel, P.J./Langmeyer, D., Die Verbesserung des Problemlösungspotentials von Organisationen im Lehrerkollegium einer Schule. In: Sievers, B. (Hg.): Organisationsentwicklung als Problem. Stuttgart: Klett-Cotta 1977.

Schuler, H./Stehle, W., Neuere Entwicklungen des Assessment-Center-Ansatzes, beurteilt unter dem Aspekt der sozialen Validität. In: Psychologie und Praxis, 27 (1983), 33-44.
Stiefel, R.Th., Humanistische Management-Schulung. Ansätze zu einer management-andragogischen Neuorientierung im Unternehmen. Frankfurt/M.: RKW 1975.
–, Erfolgreiche Management-Schulung im Unternehmen. Beiträge zur Theorie und Praxis der betrieblichen Management-Andragogik. Königstein: Hanstein 1978.
Strotzka, H., Der Psychotherapeut im Spannungsfeld der Institutionen. München: Urban & Schwarzenberg 1980.
Strube, A., Mitarbeiterorientierte Peronalentwicklungsplanung. Berlin: Schmidt 1982.
Töpfer, A./Zander, E. (Hg.), Mitarbeiterbefragungen. Frankfurt/M.: Campus 1985.
Triebe, J.K./Ulich, E. (Hg.), Beiträge zur Eignungsdiagnostik. Bern: Haupt 1977.
Weinert, A.B., Lehrbuch der Organisationspsychologie. München: Urban & Schwarzenberg 1981.
Weinhold-Stünzi, H., Die Marketingstrategie. Langfristige Ziele und Verhaltensweisen im Markt. Bern: Schweizerische Volksbank 1979.
Wohlgemuth, A., Das Beratungskonzept der Organisationsentwicklung. Bern: Haupt 1982.
Zand, D., Information, Organization and Power. Effective Management in the Knowledge Society. New York: McGraw-Hill 1981.

III. Ausgewählte Interventionsfelder/ -bereiche/-klientele

3.1. Kinder

Georg Hörmann

1. Kindheit als Problem

Ob, seit wann und in welcher Weise Kindheit als eigenständiges Entwicklungsstadium existiert, wird unter Historikern, Ethnologen, Kultur- und Sozialwissenschaftlern kontrovers diskutiert. In der historischen Kindheitsforschung steht etwa die zivilisationskritische Arbeit „Geschichte der Kindheit" von Philippe Ariès (1975) der eher evolutiven Sichtweise einer „psychogenetischen Geschichte der Kindheit" von Lloyd de Mause (1977) gegenüber. Während ersterer die Geschichte der Kindheit als eine fortschreitende Einengung der kindlichen Lebenswelt sowie als eine Tendenz zunehmender Kontrolle und Überwachung sieht, betrachtet der letztere die Eltern-Kind-Beziehung als Prozeß zunehmender Liberalisierung und Anerkennung des Kindes als eigene Person. Kaum jedoch, daß die Kindheit entdeckt scheint, wird auch bereits ihr Verschwinden verkündet (Postman 1983). Ohne auf die Gegensätzlichkeit, Unvereinbarkeit oder Zuspitzung jeweiliger Positionen (vgl. Hengst 1981, 14ff.) oder deren Fragwürdigkeit angesichts von Überzeichnungen und unzulässigen Verallgemeinerungen (vgl. Ewert 1986) eingehen zu können, bleibt zunächst festzuhalten, daß eine beim ersten Zugriff scheinbar als selbstverständlich unterstellte Lebensphase und deren besonderer sozialer Status in Frage gestellt sind.

Am augenfälligsten ist die Verunsicherung am Beispiel der Erziehung geworden (→ *Pädagogische Intervention* 1.5.). Die Konfrontation mit deren zwielichtiger Vergangenheit und die Decouvrierung ihres wohltönenden Gehabes haben zur Propagierung einer Antipädagogik geführt (Braunmühl 1975), die sich abzuheben beansprucht gegen den destruktiven Charakter einer „Schwarzen Pädagogik" (Rutschky 1977) und eine Verwissenschaftlichung der Erziehung, welche angeschuldigt wird, in opportunistischer Legitimierung forscher Interventionsoffensiven lediglich den Totalitätsanspruch über okkupierte Lebensbereiche einzulösen.

Unabhängig von der Berechtigung und Stichhaltigkeit entsprechender Konzeptionen (vgl. Flitner 1982; Oelkers/Lehmann 1983) ist im Gefolge solcher und verwandter (z.B. Miller 1980) Richtungen die Sensibilisierung gegenüber jedweder Form von Eingriffen in kindliche Lebenswelten gewachsen. Allerdings dürfte diese gewachsene Allergie gegen uferlose Pädagogisierung des Sich-Belehren-Lassens durch Experten und professionelle Spezialisten, also der Protest gegen infantilisierende Zumutungen und Entmündigungen (Illich 1979) weniger aus historischen Überlegungen oder literarischer Erkenntnis resultieren, vielmehr spiegelt solche Wachsamkeit das Unbehagen an Entfremdung und Erfahrungsverlust wider, welche den Erwachsenen selbst zusehends stärker drohen. „Indem sie bevormundet und verwaltet werden, machen die Erwachsenen Kindheitserfahrungen und können deshalb – sofern sie sie als Zumutungen und nicht als Entlastungen registrieren – leichter als in vergangenen Zeiten jene Empathie entwickeln, die eine der Voraussetzungen für die Herstellung authentischer, d.h. nichtpädagogischer Beziehungen zwischen den Generationen darstellt" (Hengst 1981, 28). Bevor jedoch die Ambivalenz von Eingriffen in kindliche Entwicklungsverläufe weiter thematisiert wird, sei die Alltäglichkeit von Interventionen gerade im kindlichen Lebensbereich erörtert.

2. Alltägliche Interventionen in der Kindheit

Interventionen im Kindesalter lassen sich nach medizinischen, juristischen, pädagogische, sozialpolitischen und psychosozialen Anlässen trennen (→ Teil I.). Von medizinischer Seite aus wären die pränatalen (Hadorn u.a. 1987) und mit der Geburt einsetzenden Vorsorgeuntersuchungen (§ 181 RVO) zu erwähnen. In der Bundesrepublik werden bis zum vierten Lebensjahr acht Untersuchungen kostenlos angeboten und propagiert, um frühzeitig erkennbare Störungen der körperlichen, geistigen und sinnlichen Entwicklung herauszufinden und gegebenenfalls erforderlicher Frühbehandlung zuführen zu können (Trüb 1979, 378ff.; Hartung 1981; Regenspurger 1985). Neben den üblichen Verrichtungen der Pflege und Körperhygiene des Kleinkindes wird ein Impfprogramm öffentlich empfohlen, um möglichen Schädigungen durch Kinderkrankheiten zuvorzukommen (Olbing 1984).

Im Unterschied zu den bisherigen Maßnahmen, die immer nur einen Teil der Kinder aufgrund der Freiwilligkeit der Untersuchungen erreichen, erfolgt spätestens mit dem Schuleintritt eine obligatorische allgemeine körperliche Untersuchung zur Überprüfung der Schulreife (Hörmann 1986). Je nach Befund können entweder weitere medizinische Maßnahmen veranlaßt oder die Überweisung an Beratungsstellen eingeleitet bzw. empfohlen werden. Gegenüber bisherigen präventiv orientierten Interventionen greift mit der Erreichung eines bestimmten Alters die Schulpflicht als staatlich verordnete Intervention in den familiären Lebenszusammenhang ein. Weniger massiv, sondern in subtilerer Art werden Erziehungsmittel zur Modellierung des Kindes angewandt, um den Prozeß der Sozialisation, Enkulturation und Personalisation spezifisch zu gestalten.

Ein Verbot „entwürdigender Erziehungsmaßnahmen" (§ 1631, II BGB) signalisiert den Hintergrund zur Verrechtlichung der Kindheit (Riedmüller 1981). Mit der Neuformulierung der „elterlichen Gewalt" in der Form des elterlichen Sorgerechts werden die Eingriffsvoraussetzungen und Eingriffsstufen der öffentlichen Erziehung zwar in justiziabler Weise geregelt: Durch die Orientierung am „Kindeswohl" verliert etwa das Jugendwohlfahrtsgesetz seinen vordergründigen Eingriffscharakter, seine klassische Polizei- und Ordnungsfunktion. Allerdings gewährleistet die Neuregelung des elterlichen Sorgerechts weniger die subjektiven Rechte des Kindes als die Inpflichtnahme der Eltern. So sichert der Staat seinen Interventionsspielraum für den Fall, daß die Familie ihr vorgegebenes Soll nicht erfüllt, gleichzeitig modernisiert er die Mittel seiner Intervention. Wenn nämlich Jugendhilfe mittels Ausweitung des Beratungs- und Bildungsangebots für Kinder/Jugendliche (→ *Jugendliche* 3.2.) und deren Eltern die Funktionsdefizite und Störanfälligkeiten der Sozialisation in Familien zu kompensieren versucht, wird die Allianz von rechtlicher und pädagogischer Intervention inniger, so daß sich zwar die Schärfe der Intervention, nicht aber der grundsätzliche Interventionstyp ändert. Bestand folglich die angebotene Intervention des Jugendamtes früher bei Kindesmißhandlungen, Verwahrlosung oder

Vernachlässigung des Kindes in der Heimeinweisung, soll jetzt die pädagogische oder therapeutische Hilfe einspringen, der Interventionsraum wird also ausgedehnt in das Vorfeld der Störung (→ *Prävention* 2.1.).

Hatte sich die Liberalisierung des familialen Innenraumes (→ *Familie* 3.4.) einst mit Hilfe fürsorgerischer Interventionen auf administrativem Wege durchgesetzt, wobei flankierende sozialpolitische Maßnahmen in Form von Geldleistungen, materiellen Hilfen und gesetzlichen Regelungen (Arbeitsschutzgesetze, Schwangeren- und Kinderfürsorge) auch weiterhin eine bedeutende Rolle spielen, tritt gegenüber der Bevorzugung ökonomischer Interventionsformen (finanzieller Leistungen wie Kindergeld, Steuervergünstigungen) zur Stabilisierung des familialen Unterstützungssystems gegen Erosionstendenzen und Zerfallserscheinungen (wie steigenden Scheidungsraten, „unvollständigen Familien") zweckgebundene pädagogische, therapeutische und ökologische Intervention in den Vordergrund. Allerdings wird die mögliche Befreiung der Familienmitglieder selbst wieder Ansatzpunkt für neue Kontrollstrategien. Wo das Kind nicht nur gegen mörderische Praktiken der Kinderaufzucht oder Kindesmißhandlung (Büttner u.a. 1984; Kindesmißhandlung 1979; Trube-Becker 1982; Zenz 1979; Bast 1980) geschützt wird, sondern auch gegen die Eltern freier wird, gerät es gleichzeitig in andere Abhängigkeiten, nämlich der staatlichen Sozialpolitik sowie der Einflüsse der schulischen und beruflichen Sozialisation.

Statt der administrativen Handhabbarkeit eines Falles wird die „psychosoziale Diagnose" zum Kriterium von Maßnahmen mit der Konsequenz einer Aufwertung der pädagogischen und psychotherapeutischen Professionellen. Eine leistungsrechtliche Ausweitung der Jugendhilfe (→ *Intervention in der Sozialarbeit* 1.4.) in Richtung präventiver und „offener" Eingriffsmöglichkeiten kann daher dem Dilemma nicht entkommen, das Riedmüller (1981, 83) folgendermaßen beschreibt: „Die Einbindung des Professionellen in administrative Kontrollfunktionen hat also keineswegs die Funktion, die Kontrolle zu reduzieren, sondern sie führt umgekehrt zu einer Verfeinerung und Ausweitung der Intervention in den bisher unkontrollierten individuellen Lebensraum des Kindes und der Familie. Die Funktion der Beratung als Bestandteil der administrativen Maßnahme ist es, die Schwelle für eine Intervention vorzuverlegen und damit die Effektivität der Maßnahme zu garantieren". Wo die Intervention nicht mehr allein der Aufrechterhaltung der familiären Ordnung dient, der Erziehung zur Arbeit und Disziplin sowie der Verpflichtung zur Reproduktion von Individuen, nistet sich die neue Vormundschaft in Gestalt des Beraters und Therapeuten in die familiäre Binnenstruktur ein. Welche Eigendynamik professionelle Intervention zu entfalten vermag, sei anschließend an einigen Bereichen verdeutlicht.

3. Kindheit als Normalitätsrisiko

Wie Kinder als Objekte bestimmter Eingriffe nur dem Namen nach noch Kinder sind, belegen vielfältige Feldzüge von Pädagogisierung, Medikalisierung, Therapeutisierung und Psychiatrisierung. War medizinische Früherkennung und Frühbehandlung unter der Devise einer Verhinderung von Schädigungen in präventiver Absicht aufgetreten, führt die Installierung einer vagen und biegbaren Normalität zur ausufernden Pathogenisierung der Anormalität. Aus Angst vor Abweichung wird Normalität selbst zur fiktiven Schimäre. Da deviante Episoden überall unterstellt werden, nimmt ihre verstärkte Wahrnehmung zu und folglich die Vielzahl angebotener Interventionen. Grob werden kindliche Abweichungen nach den vier Grundkategorien der Auffälligen, Störer und Gestörten, Behinderten und Kranken eingeteilt. Statt altmodischer Bezeichnungen werden fortwährend neue Sachverhalte entdeckt und wissenschaftliche Begriffe eingeführt. Anstelle der antiquiert anmutenden Beschwerden über Rüpel, Flegel, Trotzköpfe oder Frechdachse werden in pädagogisch aufgeklärten Kreisen vornehmere Bezeichnungen wie Schulversager, Schulphobiker, Problemschüler oder das aus dem Sprachschatz der Polizei stammende Wort „Störer" eingeführt. Dank eines wendigen Sprachgebrauchs handelt es sich beim Schulversager natürlich nicht um ein Versagen der Schule (Zurek 1985), sondern des Schülers, Ursachen werden individualisiert und in den Schüler hineingelegt, die Institution ist entlastet. Aus dem altehrwürdigen Zappelphilipp (Hartmann 1987) wird unter Rückgriff auf fortschrittliche medizinische Terminologie das Kind mit ‚minimal brain dysfunction'; Nichtstillsitzenkönnen, nervöses Gezappel, Konzentrationsschwierigkeit, Dazwischenrufen und unaufgeforderte Kommunikation im Unterricht werden zur Hyperaktivität (Grissemann 1986; Schrag/Divoky 1975), die Bündelung entsprechender Symptome bei fachmännischem Kennerblick zum hyperkinetischen Syndrom (Steinhausen 1982, 26ff.; Hellerich 1984) hochstilisiert.

Entsprechend der gelehrigen Diagnose werden medizinisch-psychiatrische Interventionen mit pseudowissenschaftlicher Begründung eingesetzt. „Pillen für den Störenfried" (Sichrovsky 1984, 89ff.; Voß 1983) oder Hilfe auf Rezept (Voß 1984) geben dem Arsenal medizinischer Interventionen neue Anwendungsbereiche. Statt behutsamer Wahrnehmung somatischer Verletzlichkeiten und organischer Bedingungen (Hörmann 1984) sowie angemessener Umgangsformen galoppiert die Therapeutisierung in Form medizinisch-pharmakologischer oder psychotherapeutischer Intervention auf das dingfest gemachte Individuum los. Wo der Konformismus zur Normalbedingung des Mitmenschen geworden ist, avanciert die auffällige Menge von Kindern und Jugendlichen zur behandlungsbedürftigen Wachstumszone. Mit der diffusen Rede von Auffälligkeiten, welche keine Annahme über eine spezielle Ätiologie oder Pathogenese präjudiziert, ergeben sich für Medizin, Psychiatrie, Psychologie, Sonder-, Heil- und Sozialpädagogik, Justiz und Verwaltung ständig neue, bislang ungeahnte Interventionsmöglichkeiten und Verwissenschaftlichungsschübe. Ein geballter Komplex von Institutionen und Interventionsmethoden hat sich daher besonders auf Kinder und Jugendliche ausgerichtet. Anstelle bisheriger institutioneller Strukturen (wie Industrieschule, Korrektions- und Beschäftigungsanstalten) ist die Institutionalisierung psychologischer und therapeutischer Beziehungen getreten, eine Änderung, die weniger als Entinstitutionalisierung denn als Modifikation der Interventionsmodi, als „metapsychiatrische Wucherung" (Wambach 1981, 207) zu bezeichnen ist.

Wie verzahnt und engmaschig das Netz zu schaffender Institutionen ausgelegt werden soll, belegen die „fortschrittlichen" Pläne zum Ausbau der Erziehungsberatungsstellen, wie sie in der Aufbruchstimmung der Psychiatrie-Enquête (1975) vorgeschlagen wurden. Die zu Beratungsstellen für Kinder, Jugendliche, Eltern und Familien umgewandelten Erziehungsberatungsstellen sollen auf der Basis einer Konzentration von Spezialisten aus dem psychologischen, psychotherapeutischen, medizinischen, sozial- und heilpädagogischen Bereich das Gerüst der ambulanten Versorgung „in der zweiten Linie" ausmachen. Die „erste Linie" oder das „Vorfeld" (239), wie es die verräterische paramilitärische Diktion unbefangen zur Sprache bringt, bilden demnach herkömmliche medizinische und psychotherapeutische Berufe (→ *Psychotherapie* 2.4.) in freier Praxis zusammen mit „unmittelbar im Wohnbereich sozialer Randgruppen“ angesiedelten Kontaktstellen, Gruppen von Sozialarbeitern/Sozialpädagogen und schulpsychologischen Diensten. Zur Transferierung der per Dauerbeobachtung inspizierten Risikopersonen in die geeigneten Institutionen stehen in „dritter Linie“ Sondereinrichtungen, Heime, Tages- und Nachtkliniken bereit, in „vierter Linie“ endlich das kinder- und jugendpsychiatrische Zentrum als Kerninstitution des Verbundes. Die konzentrische Anordnung auf die psychiatrische Klinik, die ihre Filialen über „klinische Psychologen“ in Beratungsstellen (Hörmann/Nestmann 1985) bis hin zur feldnahen Spähtruppe der Kontaktstelle ausstreckt, läßt einen klinischen Zentralismus triumphieren, der höchstens durch die eigentlich noch zentralere Einrichtung des Gefängnisses relativiert wird. Denn dank großflächiger Vorbeugung detektivischer Präventionsstrategien führt Primärprävention (→ *Prävention* 2.1.) zur frühzeitigen Etablierung von Polizeistaatlichkeit bereits in dem seiner Unschuld beraubten kindlichen Alltag: „Interveniert wird nicht, um mit Einzelmaßnahmen konkrete Gefahren abzuwenden, sondern Eingriff, Zugriff, Registrierung erfolgen bereits im Vorfeld abstrakter Gefährdungslagen. Da das Feld der primären Prävention Schule, Familie, Gemeinde sein werden, wird eine Horrorszene vorstellbar, wo Schulpsychiater, Familien- und Kinderdienste in geheimpolizeilicher Sichtweise nach dem kindlichen Perspektiv-Gangster, dem künftigen Flugzeugentführer, Terroristen und Kernkraftwerksgegner fahnden, eingebettet in die großflächige Suche nach kindlichen Risikopopulationen“ (Wambach 1981, 233). Im Konzept der Prädelinquenz kommt zur Vorverlegung der Kriminalisierung die Kriminalisierung auf Vorrat hinzu. Um dem Ziel der großflächigen Bereinigung von antizipierten Devianzrisiken näherzukommen, wird die frühe Intervention in generalstabsmäßiger Manier zu einem „Kleinstkinder-TÜV“ (Hellerich 1983) ausgebaut.

Von Propagandisten der „early intervention“ (Tjoessem 1976) wird von der vorgeburtlichen Fahndung über das Screening von Geburt an, wo neben physiologischen und anatomischen Strukturmerkmalen des Säuglings zunehmend psychologische und soziologische Perspektiven, Neugeborenentests und Elternbefragungen als Kleinkindertests bis hin zur psychosozialen Familiendiagnose als präventive Maßnahme einbezogen werden, ein ganzes Bündel von Interventionsprogrammen begründet. Wo Differenz zum Risiko wird, gilt das Ziel der Anstrengung der Korrektur der Andersartigkeit: Intervention im globalen Maßstab wird unausweichlich und universal.

Wenn daher die große Plastizität und Steuerbarkeit von Kindern verschiedene wissenschaftliche Disziplinen ermunterte und herausforderte, ihr Inventar an individuumszentrierten bzw. kleingruppen(familien)bezogenen (→ *Familie* 3.4.) Interventionsformen explosiv auszubauen, weist gerade die Kritik an allzu umstandsloser Pädagogisierung, Verrechtlichung, Medikalisierung und Therapeutisierung in ihren verschiedenen pharmakologischen oder psychotherapeutischen Varianten im kindlichen Lebensalter exemplarisch auf die Grenzen einer zügellosen Interventionseuphorie.

Da die Problematik professioneller Intervention und pseudowissenschaftlicher Okkupation am Beispiel der Kindheit in aller Schärfe deutlich wird, ist es wohl kein Zufall, daß in diesem Sektor die Problematisierung nicht nur medizinischer und (psycho)therapeutischer, sondern in gleicher Weise auch sozialwissenschaftlicher und psychosozialer Interventionsstrategien in vielfältiger und differenzierter Weise reflektiert wird.

Literatur

Ariès, Ph., Geschichte der Kindheit. München 1975.
Bast, H. u.a. (Hg.), Gewalt gegen Kinder. Reinbek 1980[3].
Braunmühl, E. von, Antipädagogik. Weinheim 1975.
Büttner, Chr. u.a., Wenn Liebe zuschlägt. Gewalt in der Familie. München 1984.
De Mause, L. (Hg.), Hört ihr die Kinder weinen. Eine psychogenetische Geschichte der Kindheit. Frankfurt 1977.
Ewert, O., Einige Nachgedanken zum Verschwinden der Kindheit. In: Bildung und Erziehung, 39 (1986), 127-132.
Flitner, A., Konrad, sprach die Frau Mama ... Über Erziehung und Nicht-Erziehung. Berlin 1982.
Grissemann, H., Hyperaktive Kinder. Bern 1986.
Hadorn, H.B. u.a., Pränatale Diagnostik. Empfehlungen des Wissenschaftlichen Beirats der Bundesärztekammer. In: Deutsches Ärzteblatt, 84 (1987), Heft 10 C, 392-394.
Hartmann, J., Zappelphilipp-Störenfried. Hyperaktive Kinder und ihre Therapie. München 1987.
Hartung, K., Die Bedeutung der frühen Kindheit für die Gesamtentwicklung – Chancen und Hilfen zur Gesundheitsvorsorge. In: Bundesvereinigung für Gesundheitserziehung (Hg.): Gesundheit für alle bis zum Jahr 2000. Bonn 1981, 123-128.
Hellerich, G., Screening in den USA: Der Kleinstkinder-TÜV. In: Wambach, M. (Hg.): Der Mensch als Risiko. Frankfurt 1983, 137-148.
–, Hyperaktivität. Zur Verkrankung abweichender Verhaltensweisen von Kindern. In: Zygowski, H. (Hg.): Erziehungsberatung in der Krise. Tübingen 1984, 176-188.
Hengst, H./Köhler, M./Riedmüller, B./Wambach, M., Kindheit als Fiktion. Frankfurt 1981.
Hörmann, G., Frühkindliche Hirnschädigung und Verhaltensstörungen. In: Zeitschrift für Heilpädagogik, 35 (1984), 340-348.
–, Zur gesundheitlichen Situation von Kindern. In: Bildung und Erziehung, 39 (1986), 197-215.
Hörmann, G./Nestmann, F., Die Professionalisierung der Klinischen Psychologie und die Entwicklung neuer Berufsfelder in Beratung, Sozialarbeit und Therapie. In: Ash, M.G./Genter, U. (Hg.): Geschichte der deutschen Psychologie im 20. Jahrhundert. Opladen 1985, 252-285.
Illich, I. (Hg.), Entmündigung durch Experten. Reinbek 1979.
Kindesmißhandlung. Erkennen und helfen. Herausgeg. vom Bundesministerium für Jugend, Familie und Gesundheit. Bonn 1979.
Miller, A., Am Anfang war Erziehung. Frankfurt 1980.
Oelkers, J./Lehmann, Th., Antipädagogik. Herausforderung und Kritik. Braunschweig 1983.
Olbing, H., Aktuelle Aufgabe: Patienten noch besser zur Impfung motivieren! In: Deutsches Ärzteblatt, 31 (1984), 2790-2792.
Postman, N., Das Verschwinden der Kindheit. Frankfurt 1983.
Psychiatrie-Enquête 1975. Bericht über die Lage der Psychiatrie in der Bundesrepublik Deutschland – Zur psychiatrischen und psychotherapeutisch/psychosomatischen Versorgung der Bevölkerung. Bonn 1975 (Bundestags-Drucksache 7/4200).
Regenspurger, O. (Beauftragter der Bundesregierung für die Belange der Behinderten, Hg.), Vorsorge – Früherkennung – Frühförderung. Bonn 1985.
Riedmüller, B., Hilfe, Schutz und Kontrolle. Zur Verrechtlichung der Kindheit. In: Hengst 1981, 132-190.

Rutschky, K. (Hg.), Schwarze Pädagogik. Quellen zur Naturgeschichte der bürgerlichen Erziehung. Frankfurt 1977.
Schrag, P./Divoky, D., The Myth of the Hyperactive Child. London 1975.
Sichrovsky, P., Krankheit auf Rezept. Köln 1984.
Steinhausen, H.C. (Hg.), Das konzentrationsgestörte und hyperaktive Kind. Stuttgart 1982.
Tjossem, Th. (Hg.), Intervention Strategies for High Risk Infants and Young Children. Baltimore 1976.
Trüb, C.L.P. (Hg.), Grundriß der Gesetzes- und Verwaltungskunde zum Gebrauch an Medizinal-Lehranstalten und für Studierende der Medizin. Bielefeld 1979.
Trube-Becker, E., Gewalt gegen das Kind. Heidelberg 1982.
Voß, R. (Hg.), Pillen für den Störenfried. Hamm 1983.
–, Helfen – aber nicht auf Rezept. Hamm 1984.
Wambach, M.M., Kinder als Gefahr und Risiko. Zur Psychiatrisierung und Therapeutisierung von Kindheit. In: Hengst 1981, 191-241.
Zenz, G., Kindesmißhandlung und Kindesrechte. Frankfurt 1979.
Zurek, A., Wenn Schüler zu „Dingen" werden, gehen „Sachen" kaputt. In: Psychologie heute, 12 (1985), Nr. 1, 56-62.

3.2. Jugendliche

Klaus-Jürgen Bruder/Walter Schurian

Im folgenden Beitrag versuchen wir, das Thema „Jugend" aus zwei unterschiedlichen Perspektiven darzustellen. Gegenstand des ersten Teils sind die sozialpsychologischen Bedingungen jugendlichen Verhaltens. Mit ihrer Hilfe soll die spezifische Differenz von Jugendlichen zum Verhalten Erwachsener und zu deren Erwartungen gegenüber Jugend erklärbar werden. Die Andersartigkeit jugendlichen Verhaltens wird als Ausdruck jugendlicher Eigenständigkeit gesehen, die ihre volle Entfaltung in einer von Jugendlichen selbst mitgeschaffenen Jugendkultur erfährt.

Im zweiten Teil wird versucht, beispielhaft ein besonderes Verhalten einiger Jugendlicher heute herauszugreifen, das sich zunächst nicht in diesem Horizont von Jugendkultur erklären zu lassen scheint, das eher Ausdruck ihres Fehlens bzw. der Zerschlagung jugendkultureller Initiativen in den letzten Jahren zu sein scheint, nämlich die Desorientierung. Diese wird in drei Erscheinungsformen beschrieben.

1. Jugend als Problem

Für viele ist Jugend in erster Linie die Gruppe, die – den Erwachsenen – Probleme macht, die der Gesellschaft zur Last fällt. Der Ausbruch der Jugend aus den Fesseln der Kindheit erscheint dem „jugendschützerischen" und „polizeilichen Blick" (Zinnecker 1981), den Eltern, Lehrern, Sozialarbeitern, Psychologen und der Polizei als Problem, das in Institutionen wie Beratungsstellen, therapeutischen Einrichtungen und Knast, mit Disziplin und Moral zu beseitigen sei. Jugend ist für sie gleichbedeutend mit Devianz, mit jugendlicher Widersetzlichkeit in der Schule und im Elternhaus, jugendlicher Gewalt in der Schule, auf der Straße, im Fußballstadion, Jugendkriminalität, Drogenkonsum, Jugendreligionen, Rechtsextremismus. Jugendliche erscheinen als „psychisch Kranke, Kriminelle und als manipulierte Opfer" (Zinnecker 1981, 424f.). Diese Probleme gibt es zweifellos, aber sie werden zugleich in der Schwere und im Ausmaß übertrieben, und es wird übersehen, daß auch nur eine Minderheit in dieser Weise auffällig wird und daß andererseits die Zwänge der Erwachsenengesellschaft, die ungelösten sozialen Probleme und die jugendfeindlichen Interventionen der Erwachsenen gerade diese „Probleme" (mit)produzieren.

Wollen wir diese Zusammenhänge näher verstehen, müssen wir auf die Seite der Jugendlichen gehen. Was als Problem mit den Jugendlichen erscheint, ist in der Tat „Sozialisationsdefizit" als nicht abgeschlossene Übernahme „gesellschaftlicher" Forderungen, nicht vollendeter sozialer Zwang, der die Menschen von innen heraus beherrscht, wie man Sozialisation mit Durkheim umschreiben kann. Der Jugendbegriff war bereits in seiner Entstehung an die Notwendigkeit der Kontrolle und Disziplinierung gebunden (Trotha 1982), jenen vorbehalten, denen man zubilligt, daß sie erst noch lernen müssen, diese Disziplinierung und Kontrolle zu akzeptieren.

Adolesenz beginnt, so jedenfalls erscheint es den Erwachsenen, in der Pubertät mit kleinen Ausbrüchen, mit Widersetzlichkeiten gegen die Eltern und Lehrer, mit Bockigkeiten oder Protest, mit denen Heranwachsende sich gegen Einschränkungen zur Wehr setzen. Dieses Nichterfüllen der Forderungen/Erwartungen der Erwachsenen, dieses Übertreiben, Über-die-Stränge-schlagen, ist zunehmend mehr selbstbewußt, kreativ, ja Erdheim spricht auch von der „innovatorischen Kraft" der Jugend. Das wird gern quasi biologisch begründet als Folge der körperlichen Veränderungen, als Zeichen eines „Triebdurchbruchs". Überzeugender ist es, nach den (wechselseitigen) sozialen Beziehungen zu suchen, die in dieser Zeit entstehen.

Auch die „Krise" der Jugend, sichtbar als Aufbegehren oder als depressive Stimmung, als Krise aus der Suche nach Identität, aus Unsicherheit des jugendlichen Status des Nicht-mehr-Kind-Seins und Noch-nicht-Erwachsen-Seins, oder als Krise aus der Ablösungsschwierigkeit von den Eltern, scheint so selbstverständlich oder quasi-naturwüchsig nicht zu sein, wie es gern dargestellt wird. Die Erwachsenen, ihre Zumutungen, Verbote, Einschränkungen spielen dabei eine wichtige Rolle. Von den Jugendlichen werden die „Krisen" (Schurian 1976) als fremdverursacht, als von außen auferlegt erlebt. Die Jugendlichen wollen – noch und wieder neu – sich ablösen und werden gebunden; sie wollen ihre eigene Welt, wollen weiterdenken und neu planen und werden behindert, eingepfercht, als Phantasten verhöhnt, denen „es auch so gehen wird" wie es dem Erwachsenen ergangen ist:

Ist nicht das die Krise? Oder: Ist nicht das die „Krisensituation", aus der es nur „gewaltsame" Auswege gibt? Vielleicht aber wird die „Krise" der Jugend auch übertrieben. Es gibt familiäre, individuelle, historische, klassenmäßige u.a. Unterschiede darin, wie stark die Zumutungen sind und durchgesetzt werden sollen und wie stark das Autonomiestreben der Jugendlichen ist. Es muß zur Krise nicht kommen. Degenhardt (1971) bestreitet überhaupt, daß Krisen etwas Jugendspezifisches seien. Wie in anderen Lebensabschnitten auch gebe es Krisen bei neuen Entscheidungen, wenn Neues, Negatives vor allem, bevorsteht.

Auch scheint die Darstellung des Beginns der Jugend als Aufbruch im Entwicklungsprozeß vom Kind zum Jugendlichen, als Diskontinuität, übertrieben zu sein. Gewiß sind die Autonomiebestrebungen des Jugendlichen besonders auffällig, gleichwohl sind sie keine neuen Erscheinungen innerhalb des Entwicklungsprozesses. Das Kind erlangt (wieder) Selbstvertrauen, die Möglichkeit, sich zu entziehen, das Vertrauen, zu widersprechen, zu rebellieren.

In diesen entdeckten Freiräumen spielen die Peers (die Gleichaltrigen) eine größere Rolle als die Erwachsenen. Sie regen an durch ihre anderen Erfahrungen, Berichte, Werte. Sie stiften an zu aufregenden Experimenten, sie muntern auf zu Entdeckungen. In diesen Räumen, frei von Macht, entsteht Jugendkultur; sie wird ausgedehnt in der Schule, in den Pausen, unter der Bank. Sie fördert nicht nur die Emanzipation von den Erwachsenen, sondern auch von der Schule (und steht somit dafür, daß Jugend in den Peergruppen nicht einfach die Tradition fortsetzt). Jugendliches Verhalten ist ohne die jugendliche Gruppe überhaupt nicht zu verstehen. Nur hier und innerhalb dieses Horizonts eignet sich der Jugendliche neuen Raum an, findet er Identität und Solidarität. Das Rumalbern, Schwarzfahren, Was-los-Machen, das die Shell-Studie (1981, 1985) mit „Alltagsflips" bezeichnet, auch Tanzen, Musik-Hören, Ideen-Ausspinnen und natürlich auch Protest, all dies findet vornehmlich in Gruppen statt, und in diesen bewegen sich die Jugendlichen weit mehr als die Erwachsenen.

Die Jugendlichen suchen einen Raum, frei von Macht, frei von der Kontrolle durch die Erwachsenen. Sie probieren in der Gruppe gemeinsam neue Angebote, die sich ihnen eröffnen, sie experimentieren mit den Gegenständen des Alltags, mit den Normen, den Verboten, tasten die Grenzen aus. Sie erproben ihren Körper und ihre Sinne, erproben neue Beziehungen. Sie wollen Spaß, wollen genießen, solange sie noch können (und dürfen), denn sie sehen ja an den Erwachsenen, daß es damit später aus ist. Sie suchen Zärtlichkeit und gemeinsame Erlebnisse, und sie sehen die Verantwortlichkeit anderswo als dort, wo sie die Erwachsenen ihnen vorleben. Die Jugendlichen brauchen ihre Peer-Beziehungen auch als Unterstützung in ihren Problemen, in ihren Krisensituationen. Man sollte das aber keineswegs mitleidig betrachten, sondern sehen, daß sie, im Unterschied zu vielen Erwachsenen, damit konstruktiv ihre Bedürfnisse befriedigen, ihre Probleme in die Hand nehmen, Spannungen und Unsicherheiten produktiv und kollektiv zu wenden versuchen.

2. Schule

Die Peer-Beziehungen werden ermöglicht wie auch behindert durch die Schule. Die Schule dient als organisatorischer Rahmen und erster inhaltlicher Bezugspunkt der Peergruppen. Schule ist der Ort, an dem sich Kinder und Jugendliche regelmäßig, zu festgesetzten Zeiten treffen. Sie treffen sich dort, relativ frei von der Umklammerung und den Verboten der Eltern auf einem geschlossenen Territorium, zu dem ihnen niemand den Zutritt verwehren und von dem sie niemand verscheuchen kann. Sie sind dort zugleich „gemeinsamen bedrohlichen Erfahrungen" ausgesetzt (s. Zinnecker 1979, 42). Der Schulalltag und die Schulklasse sind zwar auf den Lehrer, auf Leistung, Noten, Konkurrenz hin zentriert, aber es gibt auch Möglichkeiten des informellen Kontakts zwischen den Schülern. Es entsteht neben der „Vorderbühne" eine „Hinterbühne" (s. Zinnecker 1978), die ihr Leben im Unterricht selbst, in kurzen und langen Pausen, auf dem Hof, auf dem Klo entfaltet – zum Schrecken der Lehrer. Das sind die Gespräche, von denen die Lehrer ausgeschlossen sind, das sind die Prügeleien, Störungen des Unterrichts durch Reden, Lachen, Wurfgeschosse, das ist Rauchen, und das sind sexuelle Kontakte.

Die „Hinterbühne" hängt natürlich mit dem Schulbetrieb zusammen, mit Konkurrenz und Hierarchie, die die Schüler in ständige Konfrontation mit den Lehrern treiben. Aber es ist nicht nur der Druck von Prüfungen, Noten, von Ordnungen und Verboten, es ist auch die „entfremdete Lernarbeit" (Beck 1974, 59), die sinnlosen Aufgaben, die Verbannung von tatsächlichen Erfahrungen, die Vertreibung von Fragen etc., die den Spaß vertreiben und emotionale Beziehungen erstarren lassen – vom Verbot der Sexualität ganz zu schweigen. Das macht Schule eher zu einem Kampfplatz als zu einem Lernort. „Es ist die Wiederkehr des immer Gleichen, ein vorprogrammierter Ablauf, mit dem Antriebsmotor Noten und Schulabschluß, der die Macht der Schule als ‚pädagogischer Maschine' ausmacht. Und es ist vor allem der Zwang zu als sinnlos empfundenen Tätigkeiten, die mit den eigenen Wünschen in keiner Verbindung stehen, die die Schule fast als ‚totale Institution' (Goffman 1975) erscheinen läßt" (Helsper/Bietau 1984, 37).

Schule ist also nicht nur der Ort, an dem sich Peergruppen, Subkulturen, Cliquen bilden können, sie produziert sie auch. Disziplin und Leere stacheln auch die Kreativität an. Abwechslung und Spaß werden als Gegenmittel nötig, um zu überstehen. Es ist u.a. auch deshalb eine Chance, eine „lange Jugend" zu haben, im „psychosozialen Moratorium", d.h. lange von der disziplinierenden Arbeitswelt befreit zu sein, die Schulzeit über die Pflichtzeit auszudehen, was ja immer noch Klassenprivileg ist. Eine lange Jugend ist Bedingung für die Entfaltung von Autonomie, des Ausprobierens von Ideen, der Entwicklung reflexiver Sensibilität – und hierbei spielen zwar auch die Vermittlungen von Informationen, Kenntnissen, Techniken des Lernens eine Rolle, aber wesentlich ist die freie Zeit in der Peergruppe. Es ist die eher unfreiwillige Funktion der Schule (und Universität), die Chance dazu zu geben, unterschiedlich für verschiedene Klassen, unterschiedlich zu verschiedenen historischen und politischen Zeiten.

Schule ist aber in erster Linie die Institution der Anpassung, der Eingliederung, der „Entwaffnung der Heranwachsenden" (→ *Pädagogische Intervention* 1.5.). Sie vermittelt Kultur, die Herrschaft in sich aufbewahrt (Brückner 1967). Sie stachelt zu Leistung und Konkurrenz an, bricht die Solidarität der Gleichaltrigen. In ihr wird die „Mehrheit" hergestellt, durch Drohung und Verführung, Bestrafung und Belohnung, Stigmatisierung und Bevorzugung. Die Schule ist die entscheidende Instanz, die die jugendliche Identität bricht, die die Jugendlichen dazu auffordert, ihre Erfahrung von Glück aufzugeben zugunsten eines „starken Ich", zugunsten der Anpassung, der Übernahme der Kontrolle in eigene Regie – das erst nennen die Erwachsenen „Identität". Nach getaner Erziehungsarbeit spricht man von Erwachsensein, das sich als „Mehrheit" bereits bei den Jugendlichen herstellt: Die Mehrheit der Jugendlichen ist bereits „erwachsen" in diesem Sinn. Gewalt und Unterdrückung sind die Mittel zur Herstellung dieser „Mehrheit", aber die Jugendlichen selbst arrangieren sich auch mit der Macht, um daran teilzuhaben. Sie sind „realistisch" genug, die individuelle Berufszukunft durch Leistung vorauszuplanen und „realistisch" genug zu beobachten, daß die Revolte ja nichts „bringt", zerschlagen wird von Erziehern, Polizei und Justiz. Der Druck zur Anpassung „erzeugt" aber auch die „Minderheit", indem er bei ihr Verweigerung und Widerstand hervorruft. Aber auch sie unterliegt der Versuchung zur Anpassung. Anpassung und Autonomie laufen auch bei ihr als zwei Tendenzen immer nebeneinander her, nicht zuletzt deshalb, weil Autonomie immer auch (ein Stück weit) Anpassung voraussetzt – und das gilt für die politisch mobile Jugend bürgerlicher Herkunft sogar in besonderem Maß aufgrund ihrer Übernahme der herrschenden Kultur. Es gewinnt immer nur vorübergehend eine Tendenz die Oberhand, nie endgültig und nie umfassend („Halbemanzipation"). Brückner (1970) spricht auch von einem „Anpassungsdefizit" der Jugend: Nicht stillgestellt durch Besitz, Disziplin, Karriere und schließlich Familie, ist es der Jugend noch möglich, immer wieder die Tendenz zur Anpassung aufzubrechen – auch das ist ihre „Krise" und erscheint als Krise: Es gibt bei ihr tatsächlich noch Brüche. Dann ist Jugend vorbei, wenn es diese Brüche nicht mehr gibt, wenn sie endgültig ihren Träumen abgeschworen hat. „Die Maske des Erwachsenen heißt ‚Erfahrung'. Sie ist ausdruckslos, undurchdringlich, die immer gleiche" (Benjamin 1913, 15).

3. Jugendkultur

Werden Jugendliche in irgendeiner Weise auffällig, so sind sie in aller Regel nicht allein, sondern mit anderen zusammen und bewegen sich im Medium der von ihnen akzeptierten Jugendkultur. Diese Jugendkulturen zeichnen sich durch Merkmale aus, die insgesamt dazu angetan sind, Ordnungshüter auf den Plan zu rufen, zumindest aber Ärger oder Sorge bei den Erwachsenen. Jugendliche schaffen sich in ihren kulturellen Aktivitäten einen Lebensraum (1), provozieren (2), machen Spaß (3) –

(1) Sie suchen sich einen Raum, der frei vom kontrollierenden Zugriff der Erwachsenen ist; sie besetzen symbolisch – die Straße als Treffpunkt der Clique, die Brandmauer für Graffitis, die Kneipe oder Disko zum Musikhören, Quatschen, Tanzen. Auch die Eroberung von Zeit, das Durchbrechen des vorgegebenen Tagesablaufs und die Aneignung von Rechten und Genüssen der Erwachsenen spielen für ihren Lebensraum eine Rolle, in der Distanz zur herrschenden Konvention und zu Ordnung und Regeln steckt. In diesen Punkten brechen ständig Konflikte mit Eltern, Lehrern, Passanten (und der Polizei) aus, und gerade deshalb haben Jugendliche diese Dinge auch als Mittel der Provokation und des Spaßes entdeckt und setzen sie als solche auch ein.

(2) Diese Aneignung ist häufig eine Provokation der Erwachsenen, eine Provokation, die aus der Enge der Gebote und Verbote entspringt, die aber bewußt auch Protest ausdrückt gegen die herrschenden Normen von Leistung, Ordnung, Routine, Sitte, Eigentum, ästhetischen Maßstäben. Man will mit ihnen nichts zu tun haben, will sich abgrenzen, eigene Maßstäbe aufstellen. Provokation, schreibt Brückner (1970) anläßlich der Aktionen der Studentenbewegung, ist „Aufstand gegen innere wie äußere Fesseln des Individuums".

(3) Schließlich ist der Witz, Spaß, auch das Albernsein bei vielen jugendkulturellen Äußerungen auffällig, spielt in Jugendgruppen, in Subkulturen, in der Schule, eine ungeheure Rolle. Spaß und Witz vertreiben Langeweile und Furcht, überwinden Schwierigkeiten und Peinlichkeiten. Es ist Mittel „getarnter Auflehnung" (Willis) und Mittel der Solidarisierung und Abgrenzung. Witz und Spaß schütteln Herrschaft und Wohlanständigkeit ab und setzen damit Kräfte frei zu kreativer Entfaltung. Langeweile, Probleme, Peinlichkeiten werden vertrieben. Der Ernst der Alltagssituation wird in Frage gestellt, man verweigert die Identifikation, man benimmt sich daneben – all dies ohne direkten Angriff.

Jugendkultur als Freizeit- und Peerkultur hat sich auf der Grundlage der Ausgrenzung der Jugend aus dem Produktionsprozeß und ihrer Zusammenfassung in Schulen und Freizeiteinrichtungen entwickelt. Jugendkultur ist auch Ausdruck eines Generationsbewußtseins, aber sie selbst, unter Mithilfe von Industrie und Organen sozialer Kontrolle (Polizei, Sozialarbeit) verstärkt dieses Bewußtsein. Die Jugendlichen haben eine Kultur, die von den Erwachsenen getrennt ist und die partiell und vorübergehend auch Klassengrenzen überschreitet.

Wir können nun vieles am auffälligen Verhalten Jugendlicher besser verstehen als Ausbruch aus den Zwängen, als Erscheinungen einer anderen Lebensweise, auch als Erscheinung von jugendkultureller Aneignung, Provokation, Witz. Von einem anderen Blickwinkel her wird das als Desintegration, als Problem gesehen. Vieles davon ist harmlos, manches geht darüber hinaus, gewiß. Aber ist das der Grund, daß man „Jugendprobleme" derart ins Zentrum der Jugenddiskussion rückt? Vermutlich spielen hier andere Dinge eine Rolle:

- Jedes dieser „Jugendprobleme" ist ein Problem des gesellschaftlichen Konsens, das zutiefst beunruhigt, denn es steckt in ihm die Verweigerung von Loyalität, wenn auch vielleicht nur partiell, ein bewußtes Nichtbeachten oder Beiseiteschieben von Normen, Gesetzen, Verboten. Selbst wenn es einfach „nur" die Inanspruchnahme von eigenem Raum ist, die Eroberung von Neuem, Aufregendem, ist das bereits eine „Gefahrenzone", ein Sich-Entziehen aus der Kontrolle der Erwachsenen. Die – wie immer auch vielleicht verfehlte – Suche nach einem eigenen Bereich, nach Autonomie, ist es, die bedrohlich erscheint und unterbunden werden muß.
- Ein Grund liegt sicher darin, daß Jugendprobleme „Symptome für ungelöste gesellschaftliche Probleme" sind (Hornstein 1979). Sie sind auch Folge von zerstörerischen Arbeits- und Lebensbedingungen, von gesellschaftlicher Perspektivlosigkeit oder politisch hergestellter Resignation und als solches Folgeprobleme dieser „erwachsenen" Gesellschaft.

Jugendprobleme sind von der Gesellschaft geschaffen, das gilt auch für die Freisetzung von Gewalt, die in steigendem Maß zu beobachten ist. Allerdings ist Gewalt gerade nicht nur bei der Jugend zu finden und entstanden als Ausdruck „ihrer" Probleme. Die Gewalt geht in einem sehr konkreten Sinn „vom Zentrum der Gesellschaft aus" (Negt 1981, 56), wird vorgeführt durch die staatliche Gewalt, gefahrlos für die Täter. Wenn beispielsweise neofaschistische Schlägerbanden Hausbesetzer überfallen, wenn Jugendliche Türken verprügeln, dann ging dem die Diskriminierung von Hausbesetzern und Türken und die polizeiliche Räumung von Häusern voraus. In anderen Fällen wird Gewalt auch hergestellt durch die Inszenierung einer „gewalttätigen" Situation oder Aufstachelung von Emotionen, wie im Fußballstadion, und „politische Gewalt" wird regelmäßig erzeugt duch die Unnachgiebigkeit der staatlichen Organe und durch provokatives Auftreten der Polizei (Bruder u.a. 1987).

Die „Lösung" all dieser „Probleme" wird aber nicht in der Beseitigung der sie verursachenden Faktoren gesucht, sondern durch Beratungsstellen, therapeutische Einrichtungen und Knast (Hornstein 1979, 685). Verursachende gesellschaftliche Probleme sind hier ausgeblendet, die Jugendlichen werden zu (Einzel)Fällen.

Im folgenden wollen wir darstellen, wie jugendliches (abweichendes) Verhalten aus dieser Perspektive erscheint. Dabei wollen wir auch diskutieren, ob und wie weitgehend diese Perspektive jugendlichem „Problem"-Verhalten gerecht wird, wie weitgehend das Verhalten einzelner Jugendlicher dieser Perspektive tatsächlich entspricht.

4. Einzelgänger

Es hat sich eingebürgert, Jugendliche in bezug auf ihre psychische und soziale Entwicklung als „dazwischen"-stehend zu bezeichnen; „Zwischenland", „Übergang", „Nicht-mehr-noch-nicht", „Moratorium" u.ä. sind derartige Begriffe dafür. Das wechselseitige Verhältnis zwischen psychischen und epochalen Bedingungen wird dabei als ausschlaggebend angesehen. Das Eingebundensein des einzelnen in seine

Jugendkultur und deren Rückwirkungen auf ihn kennzeichnet dies heute vielleicht mehr als zuvor. Dennoch ist dabei der einzelne psychologisch nicht zu vernachlässigen, da dieser immer mehr und auch weniger ist in seinem Verhalten und Handeln als ein typologischer Begriff dies ausdrücken könnte. Und wenn wir in den Institutionen zur „Verarbeitung von Jugendproblemen" einen einzelnen Jugendlichen vor uns haben, so fällt der verhaltensbestimmende Horizont der Jugendkultur weg – für unsere Interpretation jugendlichen Verhaltens und für den Jugendlichen selbst, der uns als einzelner gegenübertritt.

Die Frage ist, ob dieses Wegfallen des jugendkulturellen Orientierungsrahmens nicht auch für manche Jugendliche selbst bereits bestimmend geworden ist, ob für manche nicht selbst Jugendkultur ihre Bedeutung der Orientierung ihres Handelns verloren hat. Es drängt sich der Eindruck auf, als sei das Verhalten nicht weniger heutiger Jugendlicher – mit Vorsicht und Abstrichen – als einzelgängerisch zu bezeichnen, wenn dabei an die Verbreitung des Borderline-Syndroms gedacht wird.

Einzelgänger siedeln zwischen dem Normalen und dem Neurotischen auf einer Skala typischen, statistischen Verhaltens. Trotzdem ist es stets riskant, das Verhalten von Jugendlichen auf einem Raster pathologischer Kategorien zu begründen, wenn nicht ausdrücklich auf die Typologie hingewiesen wird. Das Borderline-Syndrom soll demnach nur als ein Begriff herangezogen werden, der eine Zwischenstellung andeutet und nicht ein abweichendes Verhalten im Verhältnis zum nichtabweichenden.

Ist man sich dieser Einschränkung gegenwärtig, dann eröffnet ein solcher Begriff Ebenen des Verhaltens und Handelns heutiger Jugendlicher, die mit den üblichen Zuschreibungen nicht faßbar sind. Es wird denn auch die Zwischenstellung vom Einzelnen nicht mehr so sehr als Schicksal erlebt, das so ist, wie es ist und dem man sich nicht entziehen kann – verkörpert durch die Gegebenheiten und Zuschreibungen wie Rolle, Status, sozialer Zwang, Trieb, Norm, Regel usw. –, sondern die man bewußt erlebt. Die Abstände des Einzelnen sowohl zu seinem eigenen psychischen Erleben auf der einen Seite, als auch zu dem und den anderen auf der anderen Seite, vergrößern sich. Das macht die erwähnten Verhaltensmuster wahrnehmbar und hilft gleichzeitig aber auch, sich ihnen dadurch zu entziehen, daß der Abstand gewahrt und Engagement vermieden wird.

Wie kommt es zu einem solchen Distanzverhalten? Von Seiten der Entwicklungspsychologie bieten sich dafür folgende Gesichtspunkte an: Ausgehend von einer normativen Begründung von Verhaltensmustern Jugendlicher, welche sich zwischen assoziativen und dissoziativen Normensystemen bewegen, zeichnet sich gegenwärtig für viele Jugendliche eine zunehmende Desorientierung ab (Schurian/ter Horst 1976). Was Mitte der 70er Jahre zu beobachten war, scheint sich Mitte der 80er Jahre wieder zu zeigen. Nachdem die Jugendkultur einen Großteil ihrer Faszination eingebüßt hat, gewaltsam beraubt worden ist durch die Zerschlagung der Bewegung der „Jugend 80", scheinen vielen Jugendlichen zunächst keine orientierenden Perspektiven mehr zur Verfügung zu stehen. Das desorientierte Verhalten ist zum Standardverhalten geworden, das nicht-desorientierte stellt demgegenüber die Ausnahme dar. Verschiebt man nun noch die Maßstäbe zueinander, dann ergeben sich die Dimensionen der neuen Grundlegung.

Als Folge der Desorientierung heutiger Jugendlicher wurde das aggressive Verhalten in seinen unterschiedlichen Formen beschrieben: „sinnlose" Brutalität, Apathie, Selbstmord. Rechnet man noch gegenwärtig damit, daß sich diese Desorientierung inzwischen zu erweitern scheint zu einem allgemeinen und nicht mehr nur zu einem besonderen Verhalten von Jugendlichen als Grenzverhalten, dann lassen sich dazu einige besondere Erscheinungsformen ausmachen: autonomisiertes, funktionierendes und extremes Verhalten.

5. Autonomisierung

Es ist zu beobachten, daß das Distanzverhalten das grenzgängerische und einzelgängerische Verhalten Jugendlicher darstellt. Es wird versucht, sich selbst zu genügen, ohne andere auszukommen. Dabei wird aus einem Mangel eine Tugend. Das dissoziative Verhalten erwächst zu einem integralen Teil der Desorientierung. Als Unfähigkeit zu tieferen Beziehungen zu anderen ist es als eines der herausragenden Merkmale des Borderline-Syndroms darstellbar. Mit ihm scheint eine der wesentlichen Aspekte der ontogenetischen und phylogenetischen Entwicklung, nämlich die Fähigkeit zur Kooperation, zu einem Wendepunkt gekommen zu sein. Die Leistung, und zwar die des einzelnen, rückt in den Mittelpunkt; dies wird zunehmend verstärkt durch Ideologien, Institutionen, Interessengruppen und die Erziehung. Und es wird wissenschaftlich mitbegründet etwa durch ein Konzept der Identität in der herkömmlichen Auffassung (vgl. Bruder-Bezzel/Bruder 1984) und ausgelebt in den Umweltbedingungen wie der Architektur (Einzelzimmer, fehlendes Milieu wie Straße und Plätze, fehlende Stadtmitte), Freizeit (Einzelbeschäftigungen mit Video, Walkman, in Discos), Kleinfamilie (Ein-Kind-Familie, fehlende Verwandtschaftsbeziehungen und Nachbarschaften), Erziehung (geforderte Einzelleistungen, dadurch Konkurrenzverhalten) und Instrumentalisierung von psychischen Erfahrungen (Steuerung durch äußere, z.B. therapeutische Institutionen).

Solche Tendenzen in die Richtung auf Isolierung des allgemeinen Verhaltens und Handelns bestätigen einerseits die Aspekte der Individuation, das Komplement zur Sozialisation (Schurian 1986). Die Individuation impliziert das Anzeichen von Ichstärke, Reife, integraler Identität. Andererseits beinhaltet sie aber auch den Faktor der Unberechenbarkeit. Wenn der Einzelne aus sich heraus, wenngleich von außen in vielfältiger Art beeinflußt, entscheidet, sich so und so zu verhalten, dann sind neben abgewogenen Entscheidungen, die sich in Übereinstimmung mit anderen befinden, immer auch Überraschungen zu erwarten. Dann tritt das anscheinend so motivlose Verhalten in Erscheinung, wenn z.B. der bekannte ‚angenehme Nachbar' sich plötzlich als ein seltsamer Mensch entpuppt, von dem man ‚das nie erwartet hätte', oder wenn der unauffällig angepaßte ‚Junge von nebenan' für die anderen unverständlich in einem Kaufhaus eine Bombe zündet, ohne daß ein für sie wie auch für ihn selbst erkennbarer Grund dafür bestanden hätte.

Diese Unberechenbarkeit stellt nicht nur einen problematischen Faktor im Zusammenleben dar, sondern er bedeutet für die Entwicklungspsychologie selbst eine Novität. Denn insbesondere sie geht davon aus, daß in der menschlichen Entwicklung ein mehr oder weniger ausgeprägtes Kontinuum von Wachstum und Reife besteht. Kommt da die Unberechenbarkeit hinzu, dann ist dies dem Faktor des Zufalls verwandt, unvorhersehbar und unkontrollierbar. Doch schon Freud (1920) hat diese Unvorhersehbarkeit bereits ausdrücklich betont. Die Isolierung hängt mit der Unvereinbarkeit zusammen, woraus sich keine Gesetzmäßigkeiten und Reihenbildungen ergeben. Isolierte Jugendliche lassen sich nicht leicht zueinander in Verbindung bringen in ihren Verhaltensmustern, die fehlen.

Dennoch birgt das isolierte Verhalten von heutigen jugendlichen Grenzgängern gerade wegen seiner Unberechenbarkeit auch eine Chance (Schurian/Offe 1984). Wenn die Entwicklung nach vorne hin sich offen gestaltet, dann sind auch Änderungen unerwarteter Art möglich. Obwohl sich in dem bekannten motivlosen Verhalten heutiger Jugendlicher (etwa bei „sinnloser" Brutalität und Zerstörung) auch spektakuläre und für eine besorgte Öffentlichkeit beunruhigende Äußerungen zeigen, so ist doch auch nicht auszuschließen, daß sich noch gar nicht ersichtliche andere Verhaltensweisen dahinter verbergen und eröffnen, die sich in der nach außen hin abgeschlossenen Individualität ausbilden, reifen und in Zukunft zutage treten können. Der Unsicherheitsfaktor, der sich aus der isolierten Haltung ableitet, stellt dann das Reservoir von noch nicht beobachtetem Verhalten und Handeln dar, das neue Möglichkeiten der Analyse wie auch der Behandlung bedeuten kann.

Dem isolierten Verhalten mit seiner Unberechenbarkeit liegt ein Muster von Autonomisierung zugrunde. Diese meint, eine größtmögliche Distanz zu den gesellschaftlichen Normen und Werten einzuhalten. Jugendliche dieser Art sind jedoch keine Aussteiger, sondern sie sind gar nicht erst eingestiegen. Die Umwelt erscheint ihnen so abstoßend mit ihrem parteipolitischen Gehabe, mit Ver- und Geboten, zerstörerischen und selbstzerstörerischen Aktivitäten und den fehlenden Angeboten, daß sie sich, wie bei Kindern, die in Ghettos und Slums von Großstädten aufwachsen müssen, zu beobachten ist, von klein auf nicht nach außen hin öffnen, sondern in sich selbst mehr und mehr verschließen; Mißtrauen allem und allen gegenüber ist ihr hervortretendes Verhaltensmerkmal.

Während die Entwicklungspsychologie bisher von jenem „autonomen" Verhalten ausging (wie etwa bei der moralischen Entwicklung), das sich aus einem heterogenen Angebot der Umwelt herausbildet, bei dem die äußeren Muster verinnerlicht und sich zu eigen gemacht werden, so resultiert das nunmehr zu verzeichnende autonomisierte Verhalten aus der völligen Ablehnung aller Angebote. Es basiert auf egozentrischen Gefühlen, Vorstellungen und Wahrnehmungen des Isoliertseins. Wie beim speziellen isolierten Verhalten kann indessen nicht ausgeschlossen werden, daß sich daraus neue Verhaltensmuster ergeben können, die sich auf keiner Tradition mehr begründen, ja diese bewußt ablehnen.

6. Funktionieren

Ein anderes, zum erwähnten in gewisser Weise konträres Erscheinungsbild jugendlichen Verhaltens ist das Funktionieren, und zwar um jeden Preis. Die Angebote der Umwelt werden so wie sie sind übernommen, und man begegnet ihnen mit eigenen Plänen, denen man handlungsstrategisch folgt. Nicht weil man die Umwelt akzeptiert, werden deren Regeln geachtet, sondern weil sie einem nutzt. Wenn ein so denkender und handelnder Student sich heute sagt, daß er, wenn er schon studiert, das auch mit den höchsten Erfolgsaussichten betreiben werde, um so reibungslos wie nur möglich alle Hürden zu nehmen, dann wird er sich diesen Erfordernissen funktional anpassen. In einem solchen Fall werden die latenten dissoziativen Verhaltensmuster erweitert bis hin zur Akzeptierung aller anstehenden Normen und deren Anforderungen. Auch hier zeigen sich veränderte Verhaltensformen: Gefühle und Empfindungen werden nicht verdrängt, sondern ausgegrenzt und privatisiert. Schule, Studium, Lehre, Position usw. sind die eine Sache, das Privatleben, oder was dafür zu gelten hat, eine andere. Beide werden sorgsam auseinander gehalten, damit das eine das andere nicht beeinflussen kann, wodurch nur Reibungsflächen entstünden. In Harigs „Ordnung ist das ganze Leben" (1986) ist die Rede von dem „Funktionieren nach Maschinenart" und einer Vorliebe für „Marschmusik, Gleichschritt, Spalierobst, das Fernsehballett". Das trifft heute bildlich auf das Funktionieren mancher Jugendlicher zu.

In der Akzeptierung des Bestehenden, auch der bestehenden Grenzen, entsteht die latente Bereitschaft zur kritiklosen Anpassung mit den größtmöglichen Aussichten auf Erfolg. Gleichzeitig ist es dadurch aber erst möglich, innerhalb solcher Grenzen die eigenen Freiräume zu erkennen, um diese sich bestmöglich anzueignen. Außerdem kann das Anerkennen bestehender Grenzen (Normen, Gebote, Verbote) die Wahrnehmungen überhaupt erst freigeben für die darin angelegten Gegebenheiten materieller, sozialer und emotionaler Art. Anders als der autonome Jugendliche, der aus der völligen Ablehnung aller gesellschaftlichen Grenzen diese ununterbrochen wahrnehmen und begutachten muß, diese ihn also vollauf beschäftigen, kann der funktionierende Jugendliche davon frei bleiben: Da er die Grenzen als solche hinnimmt, nehmen ihn diese nicht ununterbrochen in Anspruch, er kann sich anderem widmen. Damit macht er aus dem Gegebenen das für ihn psychisch Beste.

Bei solchem Funktionieren steht die Handlung im Vordergrund, die Überlegungen dazu treten zurück. Hinterfragungen sind nicht gefragt, die Aktion zählt mit dem, was sich daraus einem auszahlt. Dabei werden auch die sozialen Beziehungen instrumentalisiert, d.h. es wird abgewogen, was sie denn bringen. Zweckbündnisse entstehen mit einer gewissen Berechenbarkeit; aber auch mit dem Ausbleiben der üblichen Enttäuschungen, dann nämlich, wenn jene nicht erwogen, sondern erfühlt wurden. Daher werden die äußeren Angebote, die die Beziehungen entproblematisieren, wahrgenommen und erprobt.

Psychotherapien bieten sich in vielfältigen Angeboten an; selbst zum Unglücklichsein wird man noch angeleitet. So wie die Schul- und Studienanforderungen klaglos befolgt werden, so die Außenlenkungen der psychischen Erfordernisse. Nun ist diese sogenannte Angestelltenmentalität gerade auch von der Psychologie untersucht worden. Aber übersehen wurde dabei manchmal doch, daß sich ein solches Funktionieren im vorgegebenen Rahmen auch so deuten läßt, daß es dem Einzelnen einen psychischen Nutzen gewährt. Auch hier, wie bei der Isolierung und Autonomisierung, zeigen sich nämlich Freiräume für latente Wahrnehmungen und Verhaltensweisen. Wenn man sich freimacht von äußeren Zwängen, indem man sie als solche etwa gar nicht wahrnimmt, dann kann sich der Blick auf anderes richten, auch auf sich selbst als einen Einzelgänger. Dann kann das Potential ausgeschöpft und in Aktion gebracht, Neues erprobt und erweitert werden. Aus einem Zwang zur Anpassung erwächst die Nische für Freiräume.

7. Extremisierung

An den Formen der Extremisierung des Verhaltens wird am deutlichsten auch die Grenzgängersituation erkenntlich. Wo eine Mitte sich durch das funktionierende Verhalten abzeichnet, da bilden die extremen Formen die Antipoden. Der Einzelgänger begibt sich auf Scheidewege, auf Gratwanderungen; dort herrscht Absturzgefahr, und es zeigen sich weiterführende Perspektiven. Der Einzelgänger als Grenzgänger lebt die Extreme der Borderline voll aus, kompromißlos, absichtslos; und ohne die gewohnte Erfolgsaussicht wie der Funktionalist. „Alles oder nichts" lautet die bewußte und unbewußte psychische Devise der Funktionierer, „Nichts, nicht alles", die der Extremen. Durch nichts real motiviert, suchen sie ihr Verhalten in der Destruktion, der Radikalisierung und auch der Auslöschung, sogar ihrer selbst. Vielleicht hatten sie keine Gelegenheit gehabt, sich psychisch Gegebenes anzueignen und soziale Beziehungen so zu erlernen, daß sich daraus emotionale Bindungen ergaben und sie die Umwelt als erlebenswert erfahren konnten. Auf alle Fälle handeln sie so, als sei alles wert, daß es zugrunde gehe.

Es kann dabei zu einer Drapierung mit zur Verfügung stehenden Ideologien kommen. Doch die Wahrnehmungen richten sich stromlinienförmig auf die Umwelt und vereinfachen, wo diese sich komplex darbietet. Wenn diese Jugendlichen durch gesellschaftliche Repräsentanten noch unterstützt werden, und wo martialisch gestählte Filmhelden gegen die „Reiche des Bösen" zu Felde ziehen und dabei noch von der Freiwilligen-Film-Selbstkontrolle (FSK), wie bei dem vom US-Verteidigungsministerium gesponserten Film „Top Gun" geschehen, der ab 12 (!) Jahre freigegeben wurde, unterstützt werden, dann wird die Tendenz zur Radikalisierung noch bekräftigt.

Diese Extrembildungen werden außerdem gefördert durch die mediale Vereinfachung des Denkens. Das binäre Muster von Entscheidungsprozessen, wie: ja oder nein, entweder so oder so – und nicht anders, prägt sich dem ein, der ihnen z.B. in den Spielen der Automaten ausgesetzt ist. „Basic" ist die Sprache der Gegenwart, gefördert von den Kulturinstitutionen. Projiziert auf das gesamte Verhalten ergibt sich dann notwendigerweise die Vereinfachung, die Aufteilung in nur zwei Möglichkeiten und die Nichtbeachtung von allen anderen.

Aber hier kann es jedoch auch anders kommen. Die Extremisierung des Denkens und Fühlens zeitigt auch hier Unerwartetes. Neue Denkmuster können sich dem zeigen, der erst einmal das Wahrgenommene in seine einfachsten Bestandteile zerlegt. Zwischen der künstlichen Intelligenz der Automaten und den damit Beschäftigten ergeben sich neue Schaltkreise, welche noch nicht absehbare Möglichkeiten bergen. Das Abdriften in verschiedenartige Extreme bei heutigen Jugendlichen stellt also auch eine Reaktion auf die zugrunde liegenden Muster gesellschaftlicher und lernender Art dar, es ist die Folge von den Vereinfachungen der Institutionen. Gleichzeitig stellen diese jedoch die Voraussetzung dafür dar, daß die gängigen Muster verlassen werden und an den Rändern der Wahrnehmungsfelder nach Neuem gesucht wird.

Literatur

Beck, J., Lernen in der Klassenschule. Reinbek 1974.

Benjamin, W. (1913), Erfahrung. In: ders., Über Kinder, Jugend und Erziehung. Frankfurt 1969.

Bruder, K.J., u.a., Gutachten „Fankultur und Fanverhalten". Vorabdruck aus Bd. 60 der Schriftenreihe des Bundesinstituts für Sportwissenschaft. Köln 1987.

Bruder-Bezzel, A./Bruder, K.J., Jugend. Psychologie einer Kultur. München 1984.

Brückner, P., Die Transformation des demokratischen Bewußtseins (1967). In: Agnoli, J./ Brückner, P., Die Transformation der Demokratie. Frankfurt 1968.

–, Provokation als organisierte Selbstfreigabe (1970). In: ders., Selbstbefreiung. Berlin 1983.
Degenhardt, A., Zur Veränderung des Selbstbildes von jungen Mädchen beim Eintritt in die Reifezeit. Zeitschrift für Entwicklungspsychologie und Pädagogische Psychologie 3, 1 (1971), 1-13.
Freud, S. (1920), Über die Psychogenese eines Falles von weiblicher Homosexualität. In: Ges. Werke Bd. 12. London 1947, 296f.
Habermas, J., Die Scheinrevolution und ihre Kinder (1968). In: ders., Protestbewegung und Hochschulreform. Frankfurt 1969.
Harig, L., Ordnung ist das ganze Leben. München 1986.
Helsper, W./Bietau, A., Zur Dynamik von Macht und Ohnmacht im Jugendalter. In: Psychologie und Gesellschaftskritik 29/30 „Mythos Jugend?“, 1984, 18-49
Hornstein, W., Jugend als Problem. In: Zeitschrift für Pädagogik, 25 (1979), 671-696.
Schurian, W., Jugendfeindlichkeit. Weinheim 1976.
–, Psychologie ästhetischer Wahrnehmungen. Opladen 1986.
Schurian, W./Offe, S., Desorientierung von Jugendlichen als Chance für Veränderung. In: Stiksrud, A. (Hg.): Jugend und Werte. Weinheim 1984.
Shell, Jugend ’81. Lebensentwürfe, Alltagskulturen, Zukunftsbilder. (Hg. von Fischer, A./Fischer, R./Fuchs, W./Zinnecker, J.), Hamburg 1981.
Trotha, T. von, Zur Entstehung von Jugend. In: Kölner Zeitschrift für Soziologie und Sozialpsychologie, 2 (1982), 254-277.
Willis, P., Spaß am Widerstand. Gegenkultur in der Arbeiterschule. Frankfurt 1979 (1977).
Zinnecker, J., Die Schule als Hinterbühne oder Nachrichten aus dem Unterleben der Schüler. In: Reinbert, G.B./Zinnecker, J. (Hg.): Schüler im Schulbetrieb. Reinbek 1978.
–, Im Schulbunker wimmelt es nur so von „fiesen Hunden“, „Drachen“ und „alten Knakkern“. Aus der Welt der Schülersubkultur. In: päd. extra, 4 (1979), 38-43.
–, Jugendliche Subkulturen. Ansichten einer künftigen Jugendforschung. In: Zeitschrift für Pädagogik, 3 (1981), 421-440.

3.3. Alte

Werner Schreiber

1. Impressionen zum Alter

Der Bericht eines Spiegel-Reporters (Preute 1985) über den Alltag alter Menschen in einer Straße eines Kölner Arbeiterviertels enthüllte Bestürzendes:

Tiefe Einsamkeit und kaum Kontakte zu anderen Bewohnern der Straße, Armut insbesondere der alten alleinstehenden Frauen, die sich mit Hunde- oder Katzennahrung behelfen muß, Depressionen, die mit Alkohol und Tabletten bekämpft werden, Scham und Verbitterung über die dahingegangene Würde und immer die Angst, in quälender Einsamkeit wegzudämmern.

Die Lebenssituation alter Menschen in Altersheimen und Pflegestationen erscheint ähnlich bedrückend. Reportagen und Fallstudien (Alteninitiativen 1983; Schreiber 1986) zeigen ein vom Leben getrenntes Ghetto, in dem alte Menschen apathisch und verwirrt, unter oft so inhumanen Bedingungen leben, daß Baudrillard (1982) zu Recht von der ‚Liquidierung des Greisentums' spricht.

Beide Lebensbereiche zeigen typische Stationen im Lebenslauf insbesondere armer alter Menschen in dieser Gesellschaft und Kultur, in Kontexten, die bestimmt sind durch materielle Not, Vereinsamung, psychologische und gesundheitliche Schäden und Krisen oder Verkettungen dieser belastenden Momente (→ *Existentielle Krisen und Krisenintervention* 2.3.).

Eine praktische Altenarbeit, deren allgemeines Ziel die Unterstützung alter Menschen ist, bedarf eines Bündels von Maßnahmen, die – ungeachtet ihrer theoretischen Begründung, ihrer methodologischen und technischen Ausrichtung und ihrer Zielsetzungen – hier zunächst in ihrer Gesamtheit mit dem Begriff der Intervention bezeichnet werden sollen.

2. Intervention ohne Kontext

In dieser weit gefaßten Form entspricht der Begriff der Definition von Lehr (1979), die ihn in einem Übersichtsartikel zum Stand der Interventionsgerontologie als das Insgesamt der ‚Maßnahmen zur Herbeiführung eines größeren psychophysischen Wohlbefindens des alternden Menschen' bezeichnete. Um diesen formalen und weit gespannten Begriff inhaltlich zu füllen, schließt Lehr sich den von Baltes (1978) formulierten Aufgaben von Interventionen an:

- der Optimierung der Entwicklung durch Förderung (enrichment)
- Prävention von Krankheit und Abbau (→ *Prävention* 2.1.)
- Korrektur von Schäden
- Rehabilitation (→ *Rehabilitation* 2.5.)

Um ökologischen Gesichtspunkten Rechnung zu tragen, wie z.B. der Wohnsituation alter Menschen, führt Lehr einen weiteren Zielbereich hinzu, ‚das Managen von Problemsituationen'.

Rund um diese Grobziele gruppiert Lehr eine Vielzahl von Interventionstechniken höchst unterschiedlicher Konzepte und Reichweiten. Einheitliche Klassifizierungen existieren nicht, werden wohl auch dadurch erschwert, daß sowohl die angegebenen Zielbereiche von Interventionen (medizinisch, psychologisch, sozial, ökologisch) als auch Aufgaben und Grobziele (wie z.B. Remotivation, Remobilisation, Verhaltensmodifikation u.a.m.) sich bestenfalls zu analytischen Zwecken auseinanderdifferenzieren lassen. Bezeichnend für den von Lehr zusammengefaßten Stand der Interventionsansätze ist es, daß sie großenteils mit institutionalisierten alten Menschen in geriatrischen Stationen von Krankenhäusern, in Alten- und Pflegeheimen stattfanden, also in relativ geschlossenen, überschaubaren und vor allem leicht kontrollierbaren Kontexten. In keinem Fall waren die Alltagsorientierungen alter Menschen in ihren alltäglichen Lebensfeldern Teil des Interventionsansatzes. Es kann vermutet werden, daß auf diese Weise durch die nicht thematisierte Normalform der Ansätze immer auch die Normalform der Sichtweise auf Alte als Ghettoisierte, Vereinzelte und in ihren Möglichkeiten bereits stark Eingeschränkte mitproduziert wird.

Der von Lehr entfaltete komplexe und auf interdisziplinäre Zusammenarbeit angewiesene Interventionsansatz bezieht seine Legitimation aus einer kognitiv orientierten psychologischen Grundlagenforschung. Deren Ergebnisse werden in aufklärerischer Absicht einem defizitären Altersbild entgegengesetzt. Da es nach dem Stand dieser Forschung weder einen generellen noch einen universellen Altersabbau gibt, Altersprozesse und Alterszustände vielmehr mehrfach determiniert sind, sind auf das einzelne Individuum abgestimmte Interventionsprogramme prinzipiell sinnvoll. Dabei wird der fürsorgliche, intervenierende Eingriff mit dem Ziel des psychophysischen Wohlbefindens zum Topos einer Perspektive, die mit großem Engagement auf die Korrektur von Störungen im Altersprozeß setzt – ohne ein sozialwissenschaftlich begründetes Konzept des interaktiven Gesamtzusammenhangs zu besitzen, in dem alte Menschen existieren und dessen Teil sie sind. Im Begriff der „kognitiven Repräsentanz" versucht die „Bonner Altersforschung" zwar, das subjektive Erleben alter Menschen zu berücksichtigen, nähert sich der Subjektivität alter Menschen aber – methodologisch naiv – über Fragebögen und Meinungsskalen. Trotz der von Lehr geforderten interdisziplinären Zusammenarbeit in der Konzeptionalisierung von Interventionen, werden Sichtweisen z.B. reflexiver Soziologie, Psychoanalyse, humanistischer Psychologie nicht rezipiert.

Die Lernzielkategorien der von Lehr erwähnten und beschriebenen Interventionsstrategien und -techniken vor allem US-amerikanischer Interventionsansätze beziehen sich vor allem auf den kognitiven und soma-motorischen Bereich. Offenbar wird angenommen, daß in diesem Bereich erzielte Veränderungen – z.B. der Selbsteinschätzung, des Selbstwertgefühls, der Kontaktfähigkeit – einen Ausstrahlungseffekt auf andere Bereiche der Persönlichkeit und des Lebens der alten Menschen haben würden. Jedoch wird in ihrem Ansatz kein systematischer Bezug genommen auf Lernzielkategorien im affektiven und sozialen Bereich, wie sie etwa von Petzold/Bubolz (1979) für den Bereich agogischer, psychotherapeutischer (→ *Psychotherapie* 2.4.) und soziotherapeutischer Interventionen entwickelt und in bezug auf den jeweiligen Lern- und Lebenskontext alter Menschen ergänzt wurden. Ebenso werden Beiträge anderer Disziplinen – kommunikativer Sozialforschung, interpretativer Soziologie, psychoanalytischer Konzepte zum Verständnis des Alters kaum zur Kenntnis genommen. Sie treten zurück gegenüber einem dominanten lerntheoretischen Zugang zum Alter, mit einer Tendenz, Störungen im Verhalten alter Menschen verhaltenstheoretisch zu erklären als Resultat der kognitiven Strukturierung des lebenslangen Lernprozesses. Die dabei auftretenden komplexen Wechselwirkungen zwischen sozialem und ökologischem Umfeld und Persönlichkeitsstruktur werden ebenfalls in Verhaltenskategorien gefaßt. Im Rahmen dieses Denkmodells richtet sich das Interventionsinteresse zum einen darauf, das aktuelle Verhalten alter Menschen zu verstehen durch eine umfassende Diagnose verhaltenswirksamer Variablen des jeweiligen Lernprozesses, und dann darauf, wünschenswertes Verhalten durch entsprechende Verhaltensprogramme zu produzieren. Die Interventionsziele werden dabei von den intervenierenden Personen bestimmt, ohne daß die Betroffenen in den Zielfindungsprozeß mit einbezogen werden.

Ein solches Interventionskonzept erscheint problematisch, da es

- über beobachtbares Verhalten hinaus kein Modell zum Verständnis der im Alter auftretenden Störungen und Schwierigkeiten besitzt, d.h. die Persönlichkeitsdynamik alter Menschen einschließlich ihrer unbewußten Aspekte nicht berücksichtigt hinsichtlich der Deutung des aktuellen Verhaltens und der Formulierung von Interventionszielen;
- kein Modell des alltäglichen Interaktionskontextes besitzt, innerhalb dessen die Alltagswelt alter Menschen im aktiven Handeln konstituiert wird und und Bedeutung erhält. Handlungsmuster, Orientierungen, Defizite alter Menschen erhalten jedoch erst einen Sinn, wenn sie auf den spezifischen Handlungskontext, in dem sie stehen, bezogen werden. Sie sind auch erst verstehbar, wenn die Handlungskontexte alter Menschen auf die Elemente hin analysiert werden, die für das Verstehen von Lebensäußerungen benötigt werden. Es sollte deshalb eher davon gesprochen werden, daß Handeln alter Menschen nicht nur in einem Kontext steht, sondern vielmehr erst diesen Kontext mitproduziert. Und in diesem Sinne müssen Interventionen in der Altenarbeit kontextsensibel sein.

3. Kontext und Identität

Die Identität und das Identitätserleben alter Menschen ist gebunden an die Dynamik des Entwicklungsgeschehens im Laufe ihres Lebens. Sie sind keine statischen Größen, sondern werden getragen oder beeinträchtigt durch den Zustand und die Dynamik von identitätstragenden Bereichen, von denen Petzold (1984) in einer Art sensibilisierendem Konzept folgende herausgearbeitet hat (→ *Existentielle Krisen und Krisenintervention* 2.3.):

- Den Leib als Grundlage des wahrnehmenden Handelns, als Träger sozialer Rollen, organismisch und sozial bestimmter Bedürfnisse und Triebe.
  Die Beeinträchtigung des Leibes (Krankheit, Schwäche, Tod) bedeutet auch die Bedrohung von Identität bis hin zur existentiellen Vernichtung.
- Den sozialen Kontext, der bei Petzold als soziales Netzwerk verstanden wird.
- Arbeit und Leistung, in denen das Individuum sich handelnd verwirklicht, in denen es von anderen anerkannt und von sicht selbst erkannt wird.

- Materielle Sicherheit, d.h. ein Mindestmaß an Sicherheit gewährenden Ressourcen, an Geld, Nahrung, Wohnung und Gütern.
- Werte, die – sofern sie im Alltag gelebt werden können – auch unter schwierigen Bedingungen noch identitätstragend wirken können.

In diesem Konzept beziehen sich Körper, Psyche und Umfeld im Prozeß der lebensweltlichen Erfahrungen eines Menschen aufeinander. Ein solcher ganzheitlicher Ansatz setzt sich ab von einem isolierenden Denken, das die Wirklichkeit von Menschen in eine Reihe äußerlich miteinander verknüpfter Faktoren zergliedert. Im Schnittpunkt ihrer geschichtlichen Kontinuität und ihres gegenwärtigen Kontextes aktualisieren Menschen ihre Identität. Hier verkörpern sie die ihnen angetragenen und die gewählten Rollen; hier entwickeln sie ihre Deutungsmuster und ihre Realitätsentwürfe. Kontext darf nicht nur begriffen werden als soziales Netzwerk, d.h. als System sozialer Beziehungen, in die ein Mensch eingebunden ist. Kontext bedeutet auch Alltag (→ *Alltägliche psychosoziale Intervention* 2.7.), verstanden als unmittelbare Wirklichkeit, in der Menschen im fraglosen Vertrauen auf eingespielte Problemlösungen handeln (Thiersch 1978). In diesem Alltag stellen sich Konflikte und Probleme, die nur pragmatisch angegangen und bewältigt werden können. In diesem Alltag können aber auch hemmende und unterdrückende Strukturen angelegt sein. Es muß also nach den im Alltag alter Menschen geltenden Definitionen und Erwartungen gefragt werden und nach Möglichkeiten, hier ihr eigenes Selbstverständnis durchzusetzen. Weiterhin stellt sich die Frage, ob ihre lebensgeschichtlich erworbenen Handlungsmöglichkeiten und Bewältigungsstrategien unter dem Druck alltäglicher Lebensverhältnisse noch greifen. Auch ist zu prüfen, ob ihre Möglichkeiten zur Selbsterfahrung nicht blockiert werden durch Leidenserfahrungen, die sich in unterschiedlichen Formen physischen und psychischen Rückzugs in einer Art ‚Demoralisierungssyndrom' ausdrücken (Angst, Apathie, Hilflosigkeit, Depression und Krankheit).

Die für sie typischen Lebenskrisen erleben alte Menschen im Alltag ihrer Lebenswelten, innerhalb ihrer soziale Netzwerke. Dies sind daher die Bezugspunkte für psychosoziale Interventionen und eine vorangehende, feldorientierte Diagnose.

Das Identitätserleben alter Menschen ist stark beeinflußt durch Prozesse des Verlusts und der Trauer. Deren gelungene Bewältigung ist eine der wesentlichen entwicklungsbedingten Aufgaben alter Menschen. Und Aufgabe einer intervenierenden Altenarbeit ist es, dies in ihren Handlungskonzepten zu berücksichtigen.

4. Alter als Krise (→ *Existentielle Krisen und Krisenintervention* 2.3.)

4.1. Verlust

Der Alternsprozeß kann als Statuspassage begriffen werden, in der Individuen innerhalb ihres Lebenszyklus durch mehr oder weniger geregelte Übergangsrituale von einer sozialen Gruppe zur anderen und von einer sozialen Phase zur nächsten hinübergehen. Das Konzept der Statuspassage, wie es von A. Strauss ausgearbeitet wurde, erlaubt es, sowohl die sozialen Bedingungen des Übergangs als auch die Gefühle der vom Übergang Betroffenen und die Interaktionen zwischen Individuen und sozialem Kontext in die Analyse des Alternsprozesses mit einzubeziehen. Dies kann verdeutlicht werden am Beispiel der vielfältigen Verlusterfahrungen alter Menschen. Diese summieren sich im Alter in allen identitätstragenden Bereichen. Der Verlust an körperlicher Gesundheit (Verschleißerscheinungen, Funktionsstörungen) und körperlicher Integrität (Prothesen) schränkt den Aktionsradius alter Menschen ein und reduziert ihr Rollenpotential.

Der Verlust des Arbeitsplatzes bedeutet oft einen dramatischen Wechsel des Selbstverständnisses, wenn mit der Berufsposition und den hier erbrachten Leistungen auch identitätstragende Rollen verbunden waren, wenn das Selbstwertgefühl, die Anerkennung durch die Umgebung und der Austausch mit den Arbeitskollegen durch den Statuswechsel verlorengehen.

Damit verbunden sind Verluste materieller Sicherheit. Bujard/Lange (1978) haben auf die Folgen materieller Armut bei alten Menschen hingewiesen, deren Identitätserleben durch unzureichende Kleidung, Wohnung und Nahrung beeinträchtigt wird, und die der Identifizierung als arm und bedürftig durch Rückzug und Isolation zu entkommen suchen.

Mit dem Verlust von gewachsenen Nachbarschaften und Quartieren durch Sanierung und Verkehrsplanung und durch den Umzug ins Altenheim geht eine Sicherheit gewährende, vertraute Umgebung verloren.

Der einschneidenste Verlust geschieht aber im Bereich des sozialen Netzwerkes, durch den Tod nahestehender und geliebter Menschen. Die gesamte Fülle von Beziehungen, die alte Menschen mit ihren Lebenspartnern oder Freunden verbunden hatten, ist abrupt abgebrochen. Unmittelbar wird der Verlust des intimen und angstfreien Austausches erfahren. Auch die Verbindung zur eigenen Vergangenheit, an der der Verstorbene Anteil hatte, ist zerstört und damit die Kontinuität des Lebens. Die Gemeinsamkeit der Lebensgestaltung fehlt, und die Anerkennung, das Verständnis durch den anderen, der einen so lange Zeit kannte. Es fehlen oft auch die sozialen Welten – Freundeskreise, Vereine –, die mit der Existenz des anderen verbunden waren und die mit ihm gestorben sind. Ein solcher Verlust berührt in hohem Maße den Sinn, den alte Menschen ihrem Leben gaben, das oft einen Inhalt erst durch das gemeinsame Handeln und durch das gemeinsame Leben erfuhr, und durch die Aufgaben, die der verstorbene Mensch der Existenz des Überlebenden gegeben hatte (Spiegel 1986).

Durch den Verlust nahestehender Menschen zerbricht oft die „Daseinswelt“ alter Menschen, die ihre Wirklichkeit erst durch die Koexistenz mit den anderen erhielt. Dieser Verlust zerbricht das bislang geordnete, psychosoziale Umfeld und erzwingt oft radikale Neuorientierungen auf so breiter Ebene, daß alte Menschen allein nicht selten damit überfordert erscheinen.

4.2. Stigmatisierungsprozesse

Das interaktionale Feld alter Menschen ist strukturiert durch Einstellungen anderer zum Alter, durch kulturell tief verankerte, negative Bewertungen des Verhaltens alter Menschen (Stearns 1977), durch Definitionen und Interpretationen, die sich in ihrer Gesamtheit zu einem Altersstigma verdichten. Dieses Altersstigma ist in seinen Strukturmerkmalen durchaus ähnlich den Stigmata, mit denen andere Randgruppen (Behinderte, psychisch Kranke) ausgegrenzt werden. Es bildet einen in sich geschlossenen Interpretationsrahmen, einen Bedeutungskontext, in dem alte Menschen in Interaktionen mit ihrer Umwelt erfahren, daß sie alt sind (Hohmeier/Pohl 1977). Nicht die Vielzahl der unstrukturierten, biologisch bedingten Merkmale (weißes Haar, langsamer Gang etc.) bedingen das soziale Konstrukt „Alter". Diese sind vielmehr im Sinne „Primärer Devianz" die Auslöser für zuschreibende, pathologisierende Definitionen (isoliert, hilfsbedürftig, schwach, passiv etc.).

Solche Definitionen differieren zwar, je nach Situation und Lebenswelt, orientieren sich jedoch insgesamt an einem defizitären „master status" Alter, unter das schließlich sämtliche Verhaltensweisen generalisierend subsumiert werden. Selbstwahrnehmung und von außen kommende Identifizierungen alter Menschen klaffen dann soweit auseinander, daß es für sie anstrengend wird, in der Begegnung mit anderen die Kontinuität der eigenen Identität zu bewahren. Dies trifft vor allem dann zu, wenn die Definitionsmacht des Altersstigmas nicht durch funktionierende identitätstragende Bereiche abgewehrt werden kann. In alltäglichen Sozialisationsprozessen gleiten dann alte Menschen im Sinne einer Alterskarriere in die ihnen zugeschriebene Altersrolle hinein und interpretieren sich selbst so, wie ihre Umwelt sie definiert – wobei ihre Verwundbarkeit schichtspezifisch variiert. Unterschichtangehörige, und unter ihnen alte, alleinstehende Frauen, sind in besonderem Maße einem solchen Stigmatisierungs- und Ausgrenzungsprozeß unterworfen.

Sowohl mit Prozessen der Verlustverarbeitung als auch mit Stigmatisierungserfahrungen sind typische Bewältigungsmuster alter Menschen verbunden.

4.3. Bewältigungsmuster bei Verlust und Trauer

Verlusterlebnisse und die Erfahrung einer feindlich abweisenden Umwelt bewirken bei alten Menschen eine Reihe von Bewältigungsstrategien. Deren Klassifizierung hängt vom jeweils zugrundegelegten Theoriekonzept ab. Hier sind zum einen die dem alten Menschen nicht oder nur schwach bewußten psychischen Prozesse gemeint, deren Funktion es ist, Angst und Konflikte abzuwehren und zumindest vorübergehend Stabilität zu schaffen. Darüber hinaus sind die bewußten oder bewußtseinsfähigen Handlungsstrategien alter Menschen gemeint, deren Funktion darin besteht, sich gegenüber einer stigmatisierenden Umwelt zu behaupten.

Die von Spiegel (1986) herausgearbeiteten innerpsychischen Mechanismen der Abwehr bzw. Bewältigung von Trauererfahrungen erscheinen besonders hilfreich zur Deutung alterstypischer Handlungsprozesse. Sie erlauben eine Einteilung in:

a) primär defensive Reaktionsmuster. Hierzu gehören Mechanismen der Verleugnung und Verdrängung sowie der Vermeidung all dessen, was den alten Menschen an die Wirklichkeit von Verlust und bevorstehendem Tod erinnern könnte. Im Sinne pathogener Trauerbewältigung können sich defensive Mechanismen in Form psychosomatischer Erkrankungen zeigen. Auch der weitgehende Rückzug alter Menschen von ihrer Umwelt und – bei geringen persönlichen und sozialen Ressourcen – Muster der Apathie, des Verstummens und der Erschöpfung sind depressiv orientierte Bewältigungsformen alter Menschen. Sie erscheinen problematisch, da sie der Umwelt die Zuschreibung negativer Altersbilder erleichtern. Bei der Frage, ob es sich um pathologische, selbstzerstörerische Bewältigungsformen handelt, muß allerdings gefragt werden, ob es nicht auch realitätsangemessene Reaktionen auf eine übermächtige Umwelt sein können, die keine positive Selbsteinschätzung mehr gestattet.

b) Aggressive Bewältigungsmuster zeigen sich häufig in der Form von abweisend nörglerischem, abwertendem Verhalten alter Menschen. Sie dienen der Abwehr und Zerstörung kränkender Umwelteinwirkungen. Zeman (1983) berichtet z.B. von Klagen und Entrüstung alter Menschen über Jugendliche, deren Verhalten von ihnen als anstößig, beleidigend und respektlos empfunden wird. Hier zeigt sich die Kränkung, die alten Menschen durch den Verlust ihrer eigenen Jugend widerfährt. Jugend wird vor allem im Vergleich mit der eigenen Jugendzeit abgewertet, wodurch sich der Verlust leichter ertragen läßt. Obwohl in der Folge aggressiver Bewältigungsformen zunehmend Isolation und Ablehnung erfahren werden, liegen im Protest, der Klage und dem Vorwurf durchaus auch konstruktive Möglichkeiten. Sie können Impulse dazu geben, sich als Gruppe gegen eine als feindselig empfundene Umwelt zusammenzuschließen (Graue Panther). Hazan (1980) berichtet von Gruppen, die rigide ausgrenzende Gegenwelten mit eigenem Werte- und Normensystem aufgebaut hatten, angesichts der zahlreichen Verluste von Selbstachtung und Selbstbestimmung, die sie als einzelne erfuhren.

c) Ein drittes Bewältigungsmuster ist die Erinnerung an vergangene, glücklichere Erfahrungen. Sie stärkt das Selbstwertgefühl alter Menschen. Die Problematik des Erinnerns liegt jedoch in drei Momenten: (a) In der oft idealisierenden, verklärenden Erinnerung der eigenen Jugend, Arbeit, Beziehungen liegt die Möglichkeit der belastenden Abwertung der Gegenwart, die den Verlust nicht ersetzen kann. (b) Die Erinnerung an Vergangenes und Verlorenes beinhaltet nicht notwendigerweise deren erneutes Erleben mit der Möglichkeit der kreativen Bewältigung, Verarbeitung und Lösung bereits früh angelegter Konflikte. Sie kann in ihrer problematischsten Form der quälende Zwang zur bloßen Wiederholung des Vergangenen sein, um den Stillstand der subjektiven Zeit zu erreichen. (c) Die Erinnerung alter Menschen hat oft keine kommunikative Funktion in dem Sinne, daß gespeicherte Kenntnisse und Erfahrungen auf jüngere Menschen übertragen werden könnten. Angesichts einer computerisierten Umwelt sind sie als Lehrer und Bewahrer von Wissen funktionslos geworden. Die bloß wiederholende Verhaftung des alten Menschen an seine Vergangenheit mag ihn seiner eigenen Kontinuität versichern, sie bringt ihn aber nicht in Beziehung zu seiner Umwelt.

4.4. Bewältigungsmuster bei Stigmatisierungserfahrungen

Interpersonale Bewältigungsformen geben alten Menschen die Möglichkeit, sich gegen die Zuweisung der negativen Altenrolle zu schützen. Es sind, im Sinne Goffmans, Techniken der Bewältigung beschädigter Identität. Die Beschreibung dieser Techniken richtet die Aufmerksamkeit auf die im Lebensfeld alter Menschen geltenden Definitionen und Erwartungen und auf die Interaktionsprozesse zwischen Normalen und den im Sinne geltender Altersstereotype abweichenden Alten. Diese wissen, daß sie übliche Normen (der Leistung, der Beweglichkeit, der Ästhetik) nicht erfüllen, daß sie hinter dem Anspruch anderer zurückbleiben. Aber die Standards der Normalen sind auch ihre Standards, und da sie von den Normalen nach eben diesen Standards abgelehnt werden, empfinden Alte ihr eigenes Altsein oft genug als etwas

Negatives, Schädliches. Durch ihr bloßes Sein sind sie Diskreditierte und zugleich unbegrenzt diskreditierbar.

Als Diskreditierte versuchen sie ihr Alter erstens zu kaschieren. Aktiv zu sein, „trotz des Alters noch flott tanzen zu können" und dabei „nett auszusehen" können zu hoch bewerteten Attributen werden. Zwar schafft dies eine sichere Distanz gegenüber den degradierenden Attributen des Alternsstereotyps. Jedoch verhindert die Anstrengung, den eigenen Aktivitätsansprüchen nachzukommen, auch die Möglichkeit, sich gelassener und streßfreier mit der eigenen Situation auseinanderzusetzen. Und obwohl aktiv zu sein die Belohnung enthält, noch dazuzugehören, so kann dieses Image doch immer durch Krankheit und Abbauerscheinungen bedroht werden. Das schafft ein angstvolles Klima, zumal gerade die demonstrative Kaschierung von Altersattributen im Umgang mit Normalen das Stigma erst produzieren kann. Selbst innerhalb der eigenen Altersgruppe fördert die ambivalente Haltung zur eigenen Identität Bestrebungen, sich gegenüber anderen Alten scharf und stigmatisierend abzugrenzen („die hier haben doch alle nichts mehr im Kopf", „wer noch etwas machen will, kommt nicht in die Seniorentagesstätte"). Die Möglichkeit, sich mit der eigenen Altersgruppe zu solidarisieren, wird dadurch erschwert, ebenso aber auch die Möglichkeit, sie zu verlassen.

Zweitens ist Täuschen in der Kategorie Goffmans ein anderer Weg alter Menschen, ihrem Stigma zu entgehen. Die Technik besteht darin, alle Alterszeichen, die diskreditierbar sein könnten und denen als Zeitgeber besondere Bedeutung zukommt, zu verstecken: graue oder weiße Haare, Hör- und Sehschwächen, Bewegungsstörungen, Gedächtnisausfälle. Kleider, die die Assoziation „alt" wecken könnten, werden ebenso vermieden wie jede Thematisierung des Alters im Gespräch. Dabei sind, wie Zeman (1983) beschreibt, alte Menschen besonders dann auf die Toleranz ihrer Altersgruppe angewiesen, wenn Täuschungsmanöver versagen: wenn etwa beim Tanzen ein altes Paar stürzt, wenn das weiße Haar unter der Perücke hervorschaut, wenn die Kleidung nicht mit dem Körperbild abgestimmt ist etc. Häufen sich derartige Peinlichkeiten, können sie ihrerseits als Indikatoren für fortgeschrittenes Alter angesehen werden.

Ein drittes Bewältigungsmuster besteht im Vermeiden aller potentiell diskreditierenden Kontakte und Kontaktpersonen. Da im Umgang mit Instanzen der Sozialadministration das ganze verletzende Ausmaß von Hilfebedürftigkeit aufgedeckt würde, verzichten viele am Rande der Armutsgrenze lebende Alte auf Kontakte mit dem Sozialamt oder karitativen Einrichtungen. Besuche von Verwandten oder professionellen Helfern, denen der Verfall innerer und äußerer Ressourcen nicht verborgen bliebe, werden schroff abgewiesen. Plätze öffentlicher Sichtbarkeit (wie Cafés, Kneipen, Einkaufszonen etc.) werden gemieden. Gerade diese Abkapselungsstrategien beeinträchtigen aber die Möglichkeit der Wahrnehmung und der Selbstdarstellung. Wenn keine sozialen Informationen mehr an andere gegeben werden, gibt es auch keine Möglichkeiten mehr, als der erkannt zu werden, der man ist oder sein möchte.

5. Diagnose

Zur Erfassung eines so komplexen interaktiven Kontextes bedarf es einer feldorientierten, prozessualen Diagnostik, mit Hilfe derer die Exploration individueller und kontextabhängiger Bedingungen von Hilfebedürftigkeit durchgeführt und Interventionsziele entwickelt werden können. Gegenstandsbereich einer solchen Diagnostik ist der lebensweltliche Kontext alter Menschen – wobei der Begriff ‚Lebenswelt' hier die räumlich und zeitlich überschaubare Sozialstruktur alter Menschen (Wohnmilieu, Nachbarschaften) meint sowie ihren Erfahrungshintergrund, ihre Bewältigungsmuster und aktuelles Erleben. Die Syntax dieses Kontextes muß entschlüsselt und verstanden werden. Beeinflußt durch verschiedene Ansätze der interpretativen Soziologie (symbolischer Interaktionismus, Ethnomethodologie) und deren Forschungstraditionen werden zunehmend Feldstudien über die Lebenswelt von gesellschaftlichen Randgruppen vorgelegt. Der Alltag alter Menschen als heuristischer Gesamtzusammenhang ist jedoch bis auf wenige Ausnahmen (Hazan 1980; Unruh 1983; Lessing 1984) bislang nicht Gegenstand einer qualitativen empirischen Untersuchung geworden. Ziel einer solchen Forschungspraxis ist es, in unmittelbarer Vertrautheit mit der Lebenswirklichkeit alter Menschen Zugang zu ihren Erfahrungen zu gewinnen. Die systematische Anwendung qualitativer Forschungsmethoden soll dabei helfen,

- bislang nicht bekannte Wissensbestände alter Menschen, ihre Handlungs- und Deutungsmuster, ihre Situationsdefinitionen und lebensgeschichtlich vermittelten Realitaätsansichten zu erfassen und zu verstehen;
- ihre Handlungszusammenhänge verstehend zu rekonstruieren unter der Frage nach dem Prozeß, innerhalb dessen sich Situationsdefinitionen entwickeln, und dem Verhältnis von Selbstverständnis und Handeln alter Menschen.

Unter dieser Perspektive wird zum einen der alte Mensch als prinzipiell orientierungs- und deutungsfähiges Subjekt behandelt. Die ermittelten Daten werden jedoch nicht ungeprüft übernommen, sondern auf ihre Kontextbedingtheit und Plausibilität hin untersucht.

Die Frage nach der Kontextbedingtheit verweist auf die Konsistenz des sozialen Netzwerkes alter Menschen, d.h. auf Quantität, Qualität und Stabilität der für alte Menschen bedeutsamen Beziehungsstruktur, die ihnen die Möglichkeit gibt, sich im sozialen Rollenspiel darzustellen und zu erleben (Keupp 1982; Petzold 1979). Sie verweist auch auf die im Lebensfeld alter Menschen geltenden Rollen- und Definitionsmuster, auf Stigmatisierungspotentiale der mit ihnen befaßten professionellen Dienstleistungssysteme (Sozialadministration, Wohlfahrtsverbände) und auf Problementeignungen und Kompetenzdegradierungen alter Menschen durch professionelle Hilfe (z.B. Pflegepersonal), auf Interessenkonstellationen zwischen alten Menschen und den Handlungsinstanzen ihres Kontextes. Unter der Perspektive der Plausibilität muß gefragt werden, ob die Interpretationsmuster alter Menschen mit objektiven Sachverhalten übereinstimmen, ob Inkonsistenzen und Widersprüche auftauchen. Hier wäre auch die Frage von Bedeutung, inwieweit die Äußerungen alter Menschen auf mitschwingende, latente Gefühle, Wünsche, Bedürfnisse und Konflikte verweisen und insofern auf eine verschüttete Subjektivität, die erst noch entschlüsselt werden muß.

Zur Diagnose von Handlungskontexten alter Menschen, von ihren Interpretationsleistungen und deren Plausibilität stehen Verfahren kommunikativer Sozialforschung und therapeutischer, phänomenologischer Diagnostik zur Verfügung, auf die hier stichwortartig hingewiesen werden soll:

- Verfahren und Techniken *teilnehmender Beobachtung*, bei denen in unmittelbarer Vertrautheit mit der Lebenswirklichkeit von Betroffenen deren Sichtweisen systematisch erfaßt werden (Bogdan/Taylor 1975; Burgess 1982; Lofland 1971; Schreiber 1985). Dazu gehören auch Formen unstrukturierter Interviews, die auf die Produktion offener Deskriptionstexte abzielen (Schütze 1978; Witzel 1982). Die so gewonnenen Daten müssen jedoch immer bezogen werden auf den sozialen Kontext, den Alltag und das Geflecht sozialer Beziehungen der Betroffenen und deren Geschichte.
- Zur Erfassung des sozialen Milieus alter Menschen einschließlich ihrer Beziehungen stehen zum einen *rollentheoretische Konzepte* (Moreno) und darauf fußende *soziometrische Verfahren* bereit. Petzold (1979a) konnte auf diese Weise in der Analyse der sozialen Mikrostruktur alter Menschen die allmähliche Reduktion und Verödung natürlich gewachsener, sozialer Netze nachweisen. Zum anderen sind auch hier Techniken teilnehmender Beobachtung einsetzbar, z.B. als Beobachtung bei der Erhebung von Indikatoren der Teilhabe alter Menschen an ihrem Milieu (Kneipenbesuch, Altentreffs, karitative Gruppen, Vereinsleben), des Konsums und der Aneignung (Benutzung von Einrichtungen im Quartier wie z.B. Haustreppen, Kioske, Vorgärten, Treffpunkte für Alte, Veranstaltungen im Freien etc.). Auch Intensivinterviews mit Schlüsselpersonen, die seit langem im Quartier leben, sind Dokumente für die im sozialen Milieu geltenden Sozialbeziehungen und Abhängigkeitsverhältnisse. Die in den Interviews gegebenen Selbstdarstellungen verdeutlichen immer auch kollektive Verhältnisse (Keim 1979).
- Zur Einschätzung des subjektiven Stellenwertes von Sichtweisen hat insbesondere die Diagnostik der *Gestaltarbeit* Verfahren entwickelt und in therapeutischen und geragogischen Settings mit alten Menschen erprobt (Petzold 1979b). Auf der Grundlage gestalt- und feldtheoretischer Überlegungen (Walter 1977) wird hier Diagnose als Interaktionsprozeß zwischen Therapeut und altem Menschen verstanden, unter Berücksichtigung des gesamten situativen Kontextes und der Einbeziehung der Lebensgeschichte der Betroffenen. Dabei werden sowohl kognitive als auch emotionale, körperliche, soziale, kontextbezogene und biographische Bereiche berücksichtigt. Zu den diagnostischen Verfahren gehören u.a. Arbeit mit Bild- und Tonmaterial, Rollenspiele anhand von aktuell und biographisch relevanten Lebensszenen, Arbeit mit Träumen und Phantasien u.a.m. (Rahm 1979; Heinl/Petzold 1983).

6. Interventionsziele

Interventionen in der Altenarbeit beziehen sich somit in fließenden Übergängen insbesondere auf zwei Ebenen:

1. den sozialen Kontext (Netzwerke, Alltag, Milieu) und
2. das im sozialen Kontext handelnde Subjekt.

Aus beiden Ebenen lassen sich folgende Grobziele von Interventionen ableiten:

6.1. Kontextebene

a) Prophylaxe, d.h. präventive Interventionen zur Verhinderung von Ausdünnung und Verarmung sozialer Netzwerke alter Menschen, zur Vermeidung ausgrenzender und destabilisierender Stigmatisierungsprozesse im Handlungsfeld.
b) Restitution, d.h. Interventionen zur Wiederherstellung sozialer Netzwerke, zum Abbau von stigmatisierenden Definitionen im Handlungsfeld, die die Möglichkeiten alter Menschen, sich selbst zu realisieren und sich selbst mit ihren Problemen im Alltag zu arrangieren, blockieren.

6.2. Subjektebene

a) Prophylaxe, d.h. präventive Interventionen zur Erhaltung und Stabilisierung der Interaktionsfähigkeit alter Menschen in ihrem sozialen Kontext und damit ihrer Möglichkeiten der Teilhalbe an gesellschaftlichen Angeboten und Leistungen.
b) Restitution, d.h. reparative, rehabilitative und therapeutische Interventionen zur Wiederherstellung der Interaktionsfähigkeit alter Menschen in ihrem Kontext.
c) Support, d.h. unterstützende Interventionen, um alten Menschen bei der Bewältigung besonderer Störungen und Probleme zu helfen.

Dabei müssen die auf das Subjekt zielenden Interventionen sämtliche Dimensionen des personalen Systems berücksichtigen, d.h. sowohl den kognitiven Bereich als auch den affektiven Bereich, den körperlichen und den sozialen Bereich.

Voraussetzung jeder Intervention ist dabei eine Analyse des Lebenszusammenhanges alter Menschen, die Aufschluß gibt über die im sozialen Kontext existierenden Konfliktbereiche und Ressourcen, sowie über die vom alten Menschen im Verlauf seines Lebens aufgestauten Defizite, Konflikte und die ihm zur Verfügung stehenden personalen Ressourcen und Bewältigungsstrategien (Petzold 1979a).

Ein solches umfassendes Interventionskonzept erscheint aufwendig und methodologisch anspruchsvoll, zumal es im Ansatz interdisziplinär und zweifellos auf die Kooperation vieler Instanzen angewiesen ist. Aber auch wenn ein solches Konzept im konkreten Fall vielleicht nur selten in der geforderten Breite durchgeführt werden kann, so gibt es doch die Zielsetzung vor.

7. Kontextorientierte Ansätze in der Altenarbeit

Exponent kontextbezogener Konzepte und Verfahren in der Altenarbeit im deutschsprachigen Raum ist *Petzold.*

Vor einem außerordentlich breiten, durch Existentialismus, Phänomenologie, Tiefen- und Gestaltpsychologie und verschiedene identitätstheoretische Ansätze geprägten Hintergrund vertritt Petzold (1984) ein umfassendes Konzept ‚integrativer Intervention' in der Altenarbeit. Beeinflußt durch Moreno, Perls und Iljine gibt Petzold der Gruppe und gestalttherapeutischen sowie psychodramatischen Verfahren der Gruppenarbeit besondere Bedeutung als Interventionsform der Altenarbeit. Die vielfältige Verwendbarkeit dieser Verfahren in den Bereichen von Psychotherapie, Soziotherapie und Geragogik begründet Petzold mit der Multifunktionalität von

Gruppen für die Entwicklung und Stabilisierung beschädigter oder gefährdeter Identität:

- Gruppen können die verringerte Leistungsfähigkeit des sozialen Netzes alter Menschen auffangen.
- Gruppen können Felder für Rolleninteraktionen bieten, in denen der im Alter auftretende, typische Rollenverlust ausgeglichen werden kann. In ihnen können neue Rollen geschaffen und alte, verlorene, wieder aufgegriffen werden.
- Gruppen können die vom Umfeld oftmals erfahrenen kränkenden Definitionen und Identitätszuschreibungen auffangen.
- In der Solidarität der Gruppe kann das Bewältigungspotential alter Menschen vergrößert und verstärkt werden.
- Die Gruppe kann – als ‚Matrix der Identität' – besonders in psychosozialen Krisen die Verletzbarkeit und Beeinträchtigung alter Menschen verhindern (→ *Alltägliche psychosoziale Intervention* 2.7.).
- Die Gruppe kann zur Selbsthilfegruppe werden, in der die Gruppenmitglieder wechselseitig voneinander lernen und sich Hilfeleistungen geben.
- In der aktiven Mitgestaltung von Gruppensituationen können alte Menschen sich als aktiv und kompetent erfahren und damit ihre oft eingeschränkten Handlungsspielräume erweitern.
- Die Gruppe kann zur ‚sozialen Welt' werden, in der alte Menschen eine gemeinsame Perspektive, eine Vielzahl von Sozialbezügen entwickeln und ihre Lebensqualität verbessern können.

Petzold (1981) berichtet über verschiedene Felder praktischer Erprobung des von ihm entwickelten Ansatzes:

- in therapeutischen Wohngemeinschaften mit alten Menschen,
- in freier Praxis bei Kriseninterventionen (→ *Existentielle Krisen und Krisenintervention* 2.3.), auch unter Einbeziehung von Familienmitgliedern,
- in gruppentherapeutischen Sitzungen in so unterschiedlichen Settings wie geriatrische Stationen, VHS-Wochenenden, Altenheimen.

Die Breite, Vielschichtigkeit und Flexibilität gestalttherapeutischer (Rahm 1979) und psychodramatischer Verfahren leitet sich aus einem Kontext-Konzept ab, das die Mikrostruktur des Handelns von Menschen ebenso berücksichtigt wie ihre Lebensfelder (Arbeit, Freizeit, Stadtteil, Nachbarschaften) im Kontinuum ihrer Geschichte. Dies sind auch wesentliche Bestandteile einer umfassenden Lebenswelt- und Ressourcenanalyse, auf deren Notwendigkeit Petzold immer wieder verweist.

Vor diesem Hintergrund hat Petzold (1979c) auch Stadtteilarbeit als Interventionsform mit alten Menschen konzipiert und in einem langfristig und kooperativ angelegten Projekt durchgeführt.

Auf das Gemeinwesen bezogene Ansätze der Altenarbeit liegen auch im Bereich der Altenbildungsarbeit vor. Sie sind in jüngster Zeit insbesondere durch Bubolz-Lutz (1984) konzeptionalisiert worden, die von einem ähnlichen Theoriehintergrund aus diskutiert. Im Bereich institutionalisierter Altenarbeit hat Hummel (1982), ebenfalls beeinflußt durch gestalt- und feldtheoretische und gestalttherapeutische Überlegungen, in dem von ihm geleiteten Alten- und Pflegeheim umfassende Veränderungen mit dem Ziel der institutionellen Vernetzung eingeleitet. Im Verlauf langfristiger Organisationsentwicklungen soll das Altenheim zu einem lebendigen Lebensraum gestaltet werden, der einen intensiven Austausch aller Bewohner miteinander ermöglicht und offen ist auch gegenüber Nachbarschaften und Gemeinde. Einen systemischen und interaktionalen Kontextbegriff benutzen Weakland und Herr (1984) in einem Beratungskonzept für ältere Menschen. Beeinflußt durch die Erforschung charakteristischer familialer Interaktionsmuster bei jugendlichen Delinquenten und bei Schizophrenen, u.a. durch Minuchin et al. und die Vertreter der Palo-Alto-Gruppe (Bateson, Jackson, Watzlawick u.a.), entwickeln sie eine systemorientierte Perspektive, in der Probleme alter Menschen als integraler Bestandteil des jeweiligen Familiensystems gesehen werden. Dabei geht es weniger um die Aufarbeitung intra- und interpsychischer Konflikte, sondern um die behutsame Veränderung von Verhaltensweisen innerhalb des familialen Interaktionssystems, die das Problemverhalten hervorrufen und aufrechterhalten. Ihre Nähe zum kommunikationstheoretischen Ansatz von Watzlawick et al. ist nicht zu übersehen.

Bemerkenswert scheinen mir auch die von der Arbeitsgruppe ‚Interpretative Altenforschung‘ herausgegebenen Beiträge (1983), weil hier erstmalig in der gerontologischen Forschungspraxis ein alltags- und lebensweltliches Konzept interpretativer Soziologie systematisch verwendet wird. Hier wird ebenso wie in den feldorientierten Ansätzen der Gestaltarbeit das Verhalten alter Menschen als Interpretationsleistung verstanden, in ihrem lebensweltlichen Bedeutungszusammenhang und ihrer Geschichte. Das läßt hoffen, daß auf diesen Konzepten beruhende Interventionen in der Altenarbeit schließlich beitragen werden zum Verständnis und zur Wertschätzung alter Menschen.

8. Zusammenfassung

Der gegenwärtig dominierende Interventionsansatz der ‚Bonner Schule der Altenforschung‘ erscheint doppelt verkürzt: Weder verfügt er über ein Modell zum Verständnis der Persönlichkeitsdynamik alter Menschen noch über ein Modell ihres Lebenskontextes. Kontext und Person bilden jedoch eine untrennbare Einheit. Beide müssen daher in ihrer historischen und aktuellen Verflochtenheit die Bezugspunkte für kontextsensible Interventionen in der Altenarbeit ein. Feld- und alltagsorientierte Konzepte und Theorien, auf die sich Interventionsansätze stützen könnten, liegen bereits vor, sind jedoch bislang kaum in der praktischen Altenarbeit aufgegriffen worden. Dies mag auch daran liegen, daß kontextsensible Interventionen immer auch eine sorgfältige, verstehende Diagnose des Lebenszusammenhanges und der Lebensgeschichte alter Menschen erfordern und insofern auf die Kooperation und die Partizipation alter Menschen angewiesen sind. Kontextorientierte Modelle der Altenarbeit, denen entsprechende Konzeptionen zugrundeliegen und denen Verfahren zugeordnet sind, liegen zur Zeit vor in den Bereichen: Einzel- und Gruppentherapie mit alten Menschen in unterschiedlichen Settings, Altenbildung, Stadtteilarbeit mit alten Menschen, Altenheimarbeit und Altenberatung.

Literatur

Alteninitiativen (Hg.), Morgens um sieben ist der Tag schon gelaufen. Der alltägliche Skandal im Pflegeheim. Frankfurt/M. 1983.

Arbeitsgruppe Interpretative Alternsforschung, Alltag in der Seniorenfreizeitstätte. Soziologische Untersuchungen zur Lebenswelt älterer Menschen. Berlin 1983.
Baltes, P.R., Intervention in Life-span Development and Aging: A Preliminary Catalogue of Issues and Concepts. Paper presented at the conference „Interventionsgerontologie". Heidelberg 1978.
Baudrillard, J., Der symbolische Tausch und der Tod. München 1982.
Bogdan, R./Taylor, St., Introduction to Qualitative Research Methods. New York 1975.
Bubolz-Lutz, E., Bildung im Alter. Eine Analyse geragogischer und psychologisch-therapeutischer Grundmodelle. Freiburg 1984.
Bujard, O./Lange, V., Armut im Alter. Weinheim/Basel 1978.
Burgess, R.G., Field Research: A Soucebook and Field Manual. Boston/Sidney 1982.
Gaertner, A./Hering, S. (Hg.), Regionale Sozialforschung. Kassel 1978.
Goffman, E., Stigma. Über Techniken der Bewältigung beschädigter Identität. Frankfurt/M. 1977.
Hazan, H., The Limbo People. A Study of the Constitution of the Time Universe Among the Aged. London/Boston/Henley 1980.
Heinl, H./Petzold, H., Gestalttherapeutische Fokaldiagnose und Fokalinterpretation bei Störungen aus der Arbeitswelt. In: Petzold, H./Heinl. H. (Hg.): Psychotherapie und Arbeitswelt. Paderborn 1983, 178-219.
Hohmeier, J./Pohl, H.-J. (Hg.), Alter als Stigma oder Wie man alt gemacht wird. Frankfurt/M. 1978.
Hummel, K., Öffnet die Altersheime. Weinheim/Basel 1982.
Keim, D.K., Milieu in der Stadt. Stuttgart 1979.
Keupp, H., Soziale Netzwerke. In: Keupp, H./Rerrich, D. (Hg.), Psychosoziale Praxis. Ein Handbuch in Schlüsselbegriffen. München/Wien/Baltimore 1982, 43-53.
Knopf, D., Gesellungs- und Aktivitätsformen von Besuchern zweier Berliner Seniorenfreizeitstätten unter dem Einfluß eines „aktivierenden Angebots". In: Arbeitsgruppe Interpretative Alternsforschung 1983.
Lade, E. (Hg.), Handbuch Gerontagogik. Obrigheim 1986.
Lehr, U. (Hg.), Interventionsgerontologie. Darmstadt 1979.
–, Gero-Intervention – Das Insgesamt der Bemühungen, bei psycho-physischem Wohlbefinden ein hohes Lebensalter zu erreichen. In: Lehr, U. (Hg.): Interventionsgerontologie. Darmstadt 1979.
Lofland, J., Analyzing Social Settings. Belmont/Cal. 1971.
Petzold, H., Die Rolle der Gruppe in der therapeutischen Arbeit mit alten Menschen – Konzepte zu einer „Integrativen Intervention". In: Petzold, H./Bubolz, E., Psychotherapie mit alten Menschen. Paderborn 1979, 237-293.
–, Psychodrama, Therapeutisches Theater und Gestalt als Verfahren der Interventionsgerontologie und Alterspsychotherapie. In: Petzold, H./Bubolz, E., Psychotherapie mit alten Menschen. Paderborn 1979, 147-259.
– unter Mitarbeit von B. Zander, Stadtteilarbeit mit alten Menschen – ein integrativer Ansatz zur Verhinderung von Segregation. In: Petzold, H., 1985, 159ff.
–, Wohnkollektive – eine Alternative für die Arbeit mit alten Menschen. In: Petzold, H./Vormann, H.G. 1981.
–, Vorüberlegungen und Konzepte zu einer integrativen Persönlichkeitstheorie. In: Integrative Therapie, Heft 1-2 (1984), 73-115.
– (Hg.), Mit alten Menschen arbeiten. Bildungsarbeit, Psychotherapie, Soziotherapie. München 1985
Petzold, H./Bubolz, E. (Hg.), Psychotherapie mit alten Menschen. Paderborn 1979.
Petzold, H./Vormann, H.G. (Hg.), Therapeutische Wohngemeinschaften. Erfahrungen – Modelle – Supervision. München 1981.
Petzold, H./Heinl, H. (Hg.), Psychotherapie und Arbeitswelt. Paderborn 1983.
Preute, M., „Dat Leben lohnt nich mehr". In: Spiegel, Nr. 14 (1985).

Rahm, D., Gestaltberatung. Grundlagen und Praxis integrativer Beratungsarbeit. Paderborn 1979.
Schreiber, W., Ansätze einer verstehenden Feldforschung in der Sozialpädagogik. In: Psychologie und Gesellschaftskritik, 36 (1985), 82-97.
–, Alltag in der Altenpflegestation. In: Handbuch Gerontagogik. Obrigheim 1986.
Schütze, F., Was ist „kommunikative Sozialforschung"? In: Gaertner, A./Hering, S. (Hg.): Regionale Sozialforschung. Kassel 1978.
Spiegel, Y., Der Prozeß der Trauerns. München 1986[4].
Stearns, P.M., Old Age in European Society. The Case of France. London 1977.
Thiersch, H., Alltagshandeln und Sozialpädagogik. In: Neue Praxis, Heft 1 (1978), 6-25.
Unruh, D.R., Invisible Lives. Social Worlds of the Aged. 1983.
Walter, H.-J., Gestalttheorie und Psychotherapie. Darmstadt 1977.
Watzlawick, P./Beavin, J.H./Jackson, D.D., Menschliche Kommunikation. Bern/Stuttgart 1969.
Weakland, J.H./Herr, J.J., Beratung älterer Menschen und ihrer Familien. Bern/Stuttgart/Wien 1984.
Witzel, A., Verfahren der qualitativen Sozialforschung. Frankfurt/New York 1982.
Zeman, P., Vom Alltag des Älterwerdens – Alterbezogene Orientierungsmuster in zwei Seniorentagesstätten. In: Arbeitsgruppe Interpretative Alternsforschung 1983, 147-224.

3.4. Familie

Wilhelm Körner / Hans Zygowski

1. Familialismus

Die bürgerliche Kleinfamilie stellt trotz aller Kritik auch weiterhin die dominierende Form individueller Reproduktion dar. Obwohl sie wesentliche Funktionen abgeben mußte, gilt sie nicht nur als Ideal des Zusammenlebens, sondern prägt als zentrale Sozialisationsinstanz die Subjektivität ihrer Mitglieder. Gleichwohl lassen familiale Krisen und Belastungen, gewaltförmige Auseinandersetzungen zwischen den Familienmitgliedern, dysfunktionale Sozialisationsergebnisse und vor allem materielle Beschränkungen die familiale Harmonie zur Fassade gerinnen. Vor allem sozio-kulturelle Perioden der Betonung individueller Interessenorientierung gegenüber einer Unterordnung unter familiale Belange führen zum Rückgang von Eheschließungen und Kinderzahlen, späterem Heiratsalter und höheren Scheidungsraten.

Die bürgerliche Kleinfamilie kann darüber hinaus die ihr zugedachten Anforderungen des „psychosozialen Temperaturausgleichs" (Gottschalch 1979), d.h. der emotionalen Entlastung und psychischen Wiederherstellung nicht mehr in dem nötigen Maße erfüllen, da ihr Binnenraum selbst „dysfunktionale" oder „pathogene" Züge angenommen hat. So gesellte sich zum „ideologischen Familialismus" konservativer Sozialpolitik ein „interventionistischer Familialismus", der über Familientherapie, pädagogische Elternarbeit und sozialpädagogische Familienhilfe klassen- und schichtspezifische Angebote zur Refunktionalisierung familialer Reproduktion anbietet.

Die bürgerliche Kleinfamilie als „Keimzelle des Staates" gilt zwar weiterhin als im Kern „gesund", aber sie ist auf „Hilfe" angewiesen. Die Wirksamkeit familieninterventionistischer Maßnahmen, die zudem noch umfangmäßig beschränkt und nicht selten allein auf die „Produktion von Fürsorglichkeit" (Wolff 1983) begrenzt sind, ist beständig durch die rein symptomatische Bearbeitung außerfamilial entstandener Widersprüche und Beschädigungen in Frage gestellt. Ja, sie kann unter Umständen durch das Hereintragen einer sachlich-technischen Rationalität in die auf Intimität und Privatheit gegründeten Familienbeziehungen die Krise der Familie noch vertiefen (vgl. Zygowski 1986).

2. Familientherapie

Die Entwicklung familientherapeutischer Ansätze gilt unter Familientherapeuten als geniale Leistung hervorragender Wissenschaftler und Psychotherapeuten (Bloch 1982; Hoffman 1982). Als Fortschritt wird die Ablösung einer individuumzentrierten Sichtweise durch eine Systemperspektive (→ *Systemische Intervention* 2.9.) gefeiert, die als kleinster gemeinsamer Nenner unterschiedlichster familientherapeutischer Spielarten anzusehen ist.

Die Entwicklung familientherapeutischer Interventionskonzepte vollzug sich in den USA auf dem Hintergrund familiendynamischer Modell der Schizophrenieerklärung (Bateson u.a. 1969). In der BRD fand die Familientherapie in den Erziehungsberatungsstellen ein bevorzugtes Anwendungsfeld, wobei in der Krise der Erziehungsberatung (Zygowski 1984) Familientherapie als neues Interventionsmodell zum Mittel psychologischer Professionalisierung geriet. Nachdem H.E. Richter schon seit 1960 Familientherapien durchführte und H. Stierlin gegen Ende der 60er Jahre zu ihrem zweiten bundesdeutschen Verfechter wurde, trat 1976 die erste familientherapeutische Zeitschrift auf den Markt. Eine 1980 veröffentlichte Liste (Ammann 1980) enthält schon elf Ausbildungsinstitute für den deutschsprachigen Raum. Sie wurde von v. Schlippe (1984) um sechs weitere Institute ergänzt. Die Deutsche Arbeitsgemeinschaft für Familientherapie (1984) nennt zwanzig Ausbildungsinstitute. Es läßt sich so zu Recht von einem Boom familientherapeutischer Schulen und Konzepte sprechen.

2.1. Methoden der Familientherapie

Die familientherapeutischen Interventionen zielen nicht allein auf die isolierte Arbeit mit dem Symptomträger (identifizierter Patient), sondern auf die Neueinrichtung des familialen „Systems".

Im *joining* schließt sich der Therapeut so an das Familiensystem an, daß er Führung und Kontrolle, d.h. die Macht zur Beeinflussung der Systemregeln erwirbt. Schon in der ersten Familiensitzung gilt es, zu allen Anwesenden eine tragfähige Beziehung aufzubauen. Ihre Voraussetzungen sind soziale und mimetische Fähigkeiten des Therapeuten zur Reduzierung von Angst- oder Schuldgefühlen und zur Förderung des Selbstwertgefühls der Familienmitglieder.

Das *reframing* beabsichtigt eine strategische Umdeutung des präsentierten Problems. Im Sinne einer kognitiven Umstrukturierung soll eine Veränderung der Bewertungsmaßstäbe und des Bezugsrahmens der Familie erreicht werden, wozu positive Bewertungen des symptomatischen Verhaltens, paradoxe Strategien oder auch hypnotische Interventionen gehören.

Metakommunikation meint das Verfahren, Widersprüche zwischen zwei Kommunikationsebenen oder zwischen dem Inhalts- und Beziehungsaspekt einer Mitteilung auf einer abstrakteren Ebene zu diskutieren und aufzulösen.

In der *paradoxen Intervention* wird der Symptomträger aufgefordert, sein Problemverhalten fortzuführen oder gar zu verstärken. Da es nun auf Anweisung des Therapeuten ausgeführt wird, verliert es seine Widerstandsfunktion im Familiensystem. Eine paradoxe „Doppelbindungsfalle" (Watzlawick/Weakland/Fisch 1974) zwingt den Klienten, die Möglichkeit eigener Kontrolle über das Symptom anzuerkennen.

Der *Arbeit an den Grenzen* zwischen Individuen, Subsystemen und Familiengesamtsystem wird in vielen familientherapeutischen Schulen eine große Bedeutung beigemessen. Besonders die strukturelle Familientherapie (s.u.) betont bei „Loslösung" (starker Abgrenzung) oder „Verstrickung" (schwacher Abgrenzung) der Familienmitglieder die Errichtung klarer Grenzen über Manipulationen der Sitzordnung, Konfrontationen, Rollenspiele u.a.

Die *Familienskulptur* versinnbildlicht die Familienbeziehungen in räumlichen Zuordnungen der Familienmitglieder zueinander, in „Standbildern" oder in einer bewegten „Familienchoreographie" (Papp 1976).

Im *Genogramm* als Form der Familienanamnese werden Familienkonstellationen über mehrere Generationen hinweg verfolgt und graphisch dargestellt.

2.2. *Schulen der Familientherapie*

Das systemische Grundprinzip findet in den als „Systemtherapien" (Minuchin, Selvini Palazzoli, Haley) klassifizierten Schulen seine deutlichste Ausprägung.

In der *strukturellen Familientherapie* (Minuchin 1977; Minuchin/Fishman 1983) bemüht sich der Therapeut nach Erstellung einer „Landkarte" über die familialen Transaktionen und Subsystembeziehungen um den „Anschluß" an das familiale System und die Durchführung „neustrukturierender Manöver" (Aktualisierung der transaktionalen Muster; klare Kennzeichnung der Grenzen; gewollte Eskalation von Belastungen; Erteilung von Aufgaben; bewußter Einsatz der Symptome; Manipulation der Gemütslage; Unterstützung, Erziehung, Anleitung).

Das *Mailänder Modell* (Selvini Palazzoli u.a. 1977, 1981) gründet seine strategischen Interventionen (paradoxe Anweisungen, positive Konnotationen, orakelhafte Botschaften u.a.), die das „Familienspiel" unterbrechen sollen, auf Beobachtungen und Hypothesen, die über speziell vermittelte Fragetechniken (zirkuläres Fragen) zustandekommen. Die obligatorische Neutralität des Therapeuten, die Bündnisse mit einzelnen Familienmitgliedern weitgehend ausschließt, wird durch Kontrolltherapeuten abgesichert.

Grundlage der *strategischen Therapie* (Haley 1977, 1978), die sich als problemlösendes Verfahren versteht, ist die gegen familiale Widerstände aufzubauende therapeutische Kontrollmacht. Sie bedient sich direktiver Anweisungen, paradoxer Interventionen und auch hypnotischer Strategien.

Die psychoanalytisch orientierten Familientherapien (Bowen, Boszormenyi-Nagy, Wynne, Framo, Stierlin, Richter, Bauriedl u.a.) bearbeiten die unbewußte und oft konflikthafte Dynamik zwischen den Familienangehörigen. Ihr Ansatz ist „sinnverstehende Methode und Beziehungspraxis zugleich" (Buchholz 1983, 194).

Zentrale Bestandteile der *dynamischen Familientherapie* nach Stierlin (1977, 1978) sind die Herstellung eines spezifischen Verhältnisses von Distanz und Nähe zwischen den Familienmitgliedern (bezogene Individuation), die Erfüllung unbewußter elterlicher Aufträge durch die Nachkommen (Delegationen) und die Dynamik von „Bindung" und „Ausstoßung", die sich auch in einer „Mehrgenerationenperspektive" wiederfinden läßt.

Auch Boszormenyi-Nagy (Boszormenyi-Nagy/Spark 1981) bezieht die Großeltern-Generation in die Analyse ein. Es werden zwischen den Familienmitgliedern „Schuldverschreibungen" ausgetauscht, „Konten" geführt und ein „Gerechtigkeitshauptbuch" angelegt.

Die „humanistischen Familientherapien" (Satir, Bosch, Whitaker, Kempler, Papp u.a.) orientieren sich an einer Förderung individuellen und familialen Wachstums.

So dominieren in der *entwicklungsorientierten Familientherapie* (Satir 1973,

1975) die Konzepte Wachstum, System und Selbstwert. Durch „Beschwichtigen", „Beschuldigen", „Rationalisieren" und „irrelevant Reagieren" wehrt das betroffene Familienmitglied eine Bedrohung seines Selbstwertgefühls ab. Die therapeutischen Interventionen, die sich auch körperorientierter Techniken bedienen, stützen sich auf eine Erhebung der Familiengeschichte und sind als „erlebnisaktivierend" zu kennzeichnen.

Die familientherapeutischen Interventionen erweitern die auf das Einzelindividuum gerichtete Perspektive, sind allerdings weiterhin unter das Modell der Therapeutisierung (→ *Psychotherapie* 2.4.) zu subsumieren. Die Individualisierung sozialer Probleme erfährt im familientherapeutischen „Soziopsychologismus" (Baran 1972; Hörmann 1976) eine zusätzliche Bekräftigung, d.h. „außerfamilialen Systembelastungen" kommt in familientherapeutischen Problemanalysen nur eine periphere Bedeutung zu. Ein „negativer Familialismus" (Zygowski 1987) bindet vielmehr psychische Störungen und Familienkonflikte an dysfunktionale familiale Systementwicklungen.

Die Dürftigkeit familientherapeutischer Theoriebildung (vgl. Rexilius 1984), die auch von Familientherapeuten selbst beklagt wird (z.B. Ludewig 1983), ist Konsequenz einer weitverbreiteten, rein pragmatischen Handlungsorientierung („Die Wahrheit interessiert mich nicht, nur der Effekt"; Selvini Palazzoli 1983).

Ihre technisch-instrumentellen Interventionen dienen dem Ziel der Etablierung einer therapeutischen Machtposition. Die im Rahmen eines machtstrategischen Settings verwendeten kommunikativen Taktiken und kognitiven Manipulationen schließen Tricks, Täuschungen und sogar körperliche Gewalt ein (vgl. ausführlicher Zygowski 1988). Der strategische Zweck der Erzwingung einer neuen familialen Ordnung leitet sich aus den Merkmalen und Idealen der bürgerlichen Kleinfamilie ab. Eine patriarchalisch-hierarchische Geschlechter- und Generationenbeziehung gilt den meisten Familientherapeuten als implizites Handlungsziel. Die bürgerliche Kleinfamilie wird zum gattungsgerechten System der Organisation zwischenmenschlichen Zusammenlebens.

Die systemtheoretische „Sucht nach Generalität und ‚Durchanalogisierung' des Daseins von der Natur bis zur Gesellschaft" (Narr 1967, 403) führt zur weitgehenden Formalisierung familialer Prozesse, wodurch das Familiengeschehen auf einen autonom wirkenden Regelkreismechanismus reduziert wird. Die Unzulänglichkeiten im Systembegriff selbst (vgl. Warnke 1974) wie in der Erklärung des Zustandekommens systemischer „Dysfunktionen" prägen die familientherapeutischen Systemdiskussionen (vgl. Körner 1988).

Die systemische Verquickung von Kontrolle und Hilfe, die sich nicht auf einen abstrakten Mechanismus wechselseitiger Beeinflussung reduzieren läßt (vgl. Geib 1985), ist Kennzeichen einer modernisierten Form sozialer Integration. So finden über den engeren klinisch-therapeutischen Bereich hinaus familientherapeutische Interventionen auch in präventiv-polizeilichen Strategien Anwendung (vgl. Bard 1973; Herriger 1980; Watzlawick/Weakland/Fisch 1974). „Die Verschmelzung und Verallgemeinerung des privaten und staatlichen therapeutischen Korrektivs trägt dazu bei, daß die Abwehr von Störelementen im Alltagsleben und in der gesellschaftlichen Interaktion und die Wiederherstellung von Normalität im polizeilichen und therapeutischen Sinne weitgehend identisch sind" (Hellerich 1985, 152).

Wie die jüngste Diskussion um die Familientherapie (Körner/Zygowski 1988; Psychologie heute 4/1988 ff.) zeigt, versucht eine dem „radikalen Konstruktivismus" nahestehende Gruppierung „epistemologische Nachbesserungen" (Körner 1988) am systemischen Modell vorzunehmen, die dessen grundlegende Mängel jedoch nicht beseitigen können. Eine ausführliche Kritik familientherapeutischer Theorie und Praxis findet sich in dem Sammelband von Hörmann, Körner und Buer (1988).

3. Pädagogische Elternarbeit

Neben den psychotherapeutisch ausgerichteten Konzepten der Familienintervention, die auf die „Heilung" eines „Patienten Familie" (Richter 1972) bzw. die Beseitigung tieferliegender und verfestigter familialer „Dysfunktionen" gerichtet sind, finden sich eine Vielzahl professioneller und semi-professioneller Varianten pädagogischer Bildungs- und Beratungsarbeit.

So sind Elternseminare und Trainingskurse, die in der Regel in wöchentlichen Abständen oder als Kompaktveranstaltungen angeboten werden, auf Erfahrungsaustausch, die Aneignung von Informationen zu Erziehungsfragen und den Erwerb erzieherischer und kommunikativer Fertigkeiten ausgerichtet.

Das *Münchner Trainingsmodell* (Innerhofer 1977) vermittelt an vier Trainingstagen lerntheoretische Änderungsprinzipien für Erziehungsprobleme. Nach Beobachtungsübungen lernen die Teilnehmer, das Kind durch das Setzen von Konsequenzen zu lenken („Belohnungs- und Bestrafungsspiel") und angemessene Unterstützung zu geben („Hilfespiel").

In einer *Familienkonferenz* (Gordon 1972) sollen die Eltern „aktives Zuhören", Ich-Botschaften und „Niederlage-lose" Methoden der Konfliktbewältigung einsetzen, um ihre Autorität neu anwenden zu können.

Ein Modell *emanzipatorischer Familienarbeit* (Keil u.a. 1981) erhofft sich eine Politisierung seiner Adressaten über eine neu interpretierte „themenzentrierte Interaktion" (Cohn 1975).

Elternratgeber als Informationsbroschüren und Selbstmodifikationsprogramme (Dreikurs/Grey 1977; Ewe/Falk/Kase 1977; Wahlroos 1980 u.a.) beschränken sich auf die schriftliche Anleitung der Eltern zur selbstgesteuerten Lösung familialer Probleme.

Gegen eine psychologisierende Reduktion der Familienberatung wendet sich das von Buchholz u.a. (Buchholz/Straus 1982; Buchholz 1984; Buchholz u.a. 1984) vertretene Konzept *lebensweltnaher Familienberatung,* das psychosoziale Familienprobleme auf dem Hintergrund familialer Lebenswelten, familialer und personeller Ressourcen und den Konsequenzen sozialer Mobilität interpretiert.

Elternselbsthilfegruppen, Fraueninitiativen und Nachbarschaftsgruppen als nicht-institutionelle Formen der alltagsnahen Problembewältigung wollen auf die Verwendung pädagogischer Expertenratschläge verzichten und solidarische Hilfen organisieren.

Die Methoden der pädagogischen Elternarbeit sind in ihrer soziologischen Reichweite zumeist auf Eltern des neuen Mittelstandes begrenzt. Der Transfer des in Elternkursen erworbenen Handlungswissens in den Familienalltag gelingt kaum (vgl. Keil u.a. 1981), zumeist aufgrund der zugrundegelegten standardisierten Trainingsprogramme, deren Situations- und Personenunabhängigkeit sich als unflexibel in der Anpassung familialer Probleme an die Normen des Familienideals erweist.

Entsprechend haben sie in den letzten Jahren an Bedeutung verloren.

Die Modifikation „fehlerhaften" elterlichen Erziehungsverhaltens, die sich oft eher als „Müttertrainingsprogramm" decouvriert, läßt in ihrer behavioristischen oder humanistisch-psychologischen Problemsicht lebensgeschichtliche Hintergründe und gesellschaftliche, vor allem materielle Entstehungsursachen familialer Probleme außeracht. Dinslage (1983) vermißt die Einbeziehung der Kindperspektive in die pädagogischen Problemlösestrategien.

4. Sozialpädagogische Familienhilfe

Sozialpädagogische Familienhilfe (Pressel 1981; Nielsen/Nielsen 1984; Nielsen/Nielsen/Müller 1986; Christmann/Müller 1986) gilt als eine den sozialen Unterschichten und Randgruppen zugedachte Form der Familienintervention. Sie stellt als „Hilfe zur Erziehung in der Familie" eine vorbeugende Leistung der Jugendhilfe auf der Grundlage der Paragraphen 5 und 6 des Jugendwohlfahrtsgesetzes dar. Sie weist zum einen in der „Hauspflege" gegen Ende des 19. Jahrhunderts (Reichmann 1967) einen Vorläufer auf, wurde zum anderen konzipiert, um die relativ disparaten Maßnahmen bei „materieller Not" (Sozialamt) „Erziehungsschwierigkeiten" (Erziehungsberatung) und „drohender Verwahrlosung" (Familienfürsorge des Jugendamtes) zu einem alltagsnahen und ganzheitlichen Interventionsinstrument zusammenzufassen (vgl. Nielsen/Nielsen/Müller 1986).

Mit dem Ziel der „Hilfe zur Selbsthilfe" sollen Familienhelfer, die stundenweise einzelne „sozial benachteiligte" Familien über einen Zeitraum von ein bis drei Jahren betreuen, das Erziehungsverhalten der Eltern stabilisieren, Hilfen zur Bewältigung von Alltagsproblemen (z.B. Behördengängen) anbieten und zur praktischen Entlastung im Haushalt führen. Noch immer gilt es als primäres Ziel, eine Fremdplazierung von Kindern zu verhindern.

In der BRD und Westberlin erfuhr die sozialpädagogische Familienhilfe in den letzten Jahren eine erhebliche Ausbreitung. Die ersten Familienhelfer arbeiteten 1969 in Westberlin (Feld/Körber/Schneider 1978); Nordrhein-Westfalen zog 1976 nach (Elger 1985). Die zum Teil recht uneinheitlichen Arbeitskonzepte berücksichtigten anfangs auch noch familientherapeutische Interventionen (z.B. Pressel 1981).

Als Familienhelfer arbeiten Sozialarbeiter/innen, Sozialpädagogen/innen, Erzieher/innen, Familienpfleger/innen, Diplom-Pädagogen/innen u.a. – in der Mehrzahl Frauen – zumeist in Honorar- oder ABM-Anstellungsverhältnissen bei Jugendämtern, freien Trägern der Wohlfahrtspflege oder privaten Initiativen. Sie dienen als Ergänzung oder Alternative zu den verwaltungsmäßigen und oft repressiven Interventionen der an den Jugendämtern durchgeführten Bezirkssozialarbeit.

Nielsen/Nielsen (1986) nennen als typische Belastungen bei Familien, denen sozialpädagogische Familienhilfe gewährt wird, ökonomische Probleme wie geringes Einkommen, Arbeitslosigkeit, Verschuldung, soziale Probleme wie Isolation, hohe Kinderzahl, schlechte Wohnverhältnisse und Probleme aus der Biographie der Familie wie Fremdunterbringungserfahrungen, Belastungen der Paarbeziehung, ein geringer Bildungsgrad der Eltern. Als Auslöser fungieren Einzelkrisen (z.B. Partnerverlust), Strukturkrisen (z.B. chronische wirtschaftliche Schwierigkeiten) oder existentielle Probleme in allen Lebensbereichen.

Kooperationsfähigkeit, Frustrationstoleranz, Intuition, Belastbarkeit, Lebenserfahrung, Durchsetzungsfähigkeit und eigene Erziehungserfahrung gelten als Qualifikationen, die einen erfolgreichen Familienhelfer auszeichnen. Insbesondere wird auf die Notwendigkeit verwiesen, durch offenes und engagiertes Auftreten das Vertrauen der Familie zu gewinnen, zugleich aber die nötige Distanz zu wahren (vgl. Nielsen/Nielsen/Müller 1986, 191).

Die Aufgabengebiete des Familienhelfers umfassen die Entlastung der überforderten Mutter, die Betreuung und schulische Förderung der Kinder, die Beratung unerfahrener Mütter in Fragen der Erziehung und Haushaltsführung, die Pflege der erkrankten Mutter, die Freizeitgestaltung mit den Kindern, Einkaufsplanung, Entschuldungshilfen, das Schlichten von Familienkonflikten und nicht zuletzt das „Sich-Anbieten" als emotionale Bezugsperson.

In der Praxis wird vor allem Klage geführt über Arbeitsüberlastung und Überforderung der Familienhelfer, erzwungenes Einzelkämpfertum, unzureichende fachliche Vorbereitung, fehlende Supervision und Fortbildung, unsichere und unterbezahlte Anstellungsverhältnisse, fehlende materielle Ausstattung, die ungenügende Abgrenzung zur Familienfürsorge (Informationspflicht) und fehlende längerfristige Wirksamkeit (vgl. Eckardt u.a. 1986).

Charakteristisches Merkmal sozialpädagogischer Familienhilfe ist die Umgehung der materiellen Beschränkungen ihrer Adressaten. Zwar wird die auf Erwerbslosigkeit, Verschuldung und zumeist entwürdigende Wohnverhältnisse gegründete Ökonomie des Mangels registriert, jedoch nur zum Anlaß für die Vermittlung adaptiver und kompensatorischer Techniken des genügsamen Umgangs mit den beschränkten Mitteln genommen. Sozialpädagogische Familienhilfe als systemstabilisierende „sozialpolitische Feuerwehr" (vgl. Enders 1987; Wulff/Kupfer 1983) bietet weniger grundsätzliche Ursachenbeseitigung als zeitweilige Entlastung, Erhöhung der familialen Belastbarkeit und Verwaltung der Armut. Ihr Medium ist das Engagement überforderter, arbeitsrechtlich kaum abgesicherter und unterbezahlter Familienhelfer, wodurch sich Familienhilfe nicht allein durch die Vermeidung von Heimeinweisungen als kostengünstiges Interventionsmodell anbietet.

Nicht erst die oft kritisierte Berichtspflicht des Familienhelfers gegenüber dem Jugendamt konstituiert soziale Kontrolle. Die geforderte „Vertrauensbeziehung" zwischen dem Familienhelfer und der Familie bricht sich an der sachlichen Rationalität und der staatlichen Intentionalität der Familienhilfe. Die selten aus eigenem Antrieb eingeforderten Dienstleistungen verstärken die emotionalen Belastungen des Familienhelfers und schüren in den „isolierten" Familien berechtigte Vorbehalte gegenüber der erwarteten „Außenöffnung". Die aller Familienhilfe vorausgesetzte „Freiwilligkeit" ihrer Inanspruchnahme stellt sich oft erst nach Androhung etwaigen Kindesentzuges ein. An die mit Arbeit, Schule und Erziehung verbundenen „Pflichten" wird gerade durch den Familienhelfer wieder erinnert. Die Interpretationen gescheiterter Familienhilfen bzw. der Familienprobleme selbst folgen dabei einem psychologischen Erklärungsmodell („Fehlen einer Vertrauensbeziehung", „Nicht-Haushalten-Können" oder „elterliche Erziehungsschwäche").

Als aufwendig durchgesetzte Familialisierung der Jugendhilfe (vgl. Otto/Karsten 1987) behindert sozialpädagogische Familienhilfe die Entwicklung psychosozialer Handlungsstrategien und familienalternativer Lebensformen. Gleichwohl geht sie über das Modell der Therapeutisierung hinaus und bietet dadurch prinzipiell Möglichkeiten einer lebensweltnahen, ursachen- und aktionsorientierten Überschreitung der Einzelfallhilfe (vgl. Faltermeier/Kaufmann 1986). Ihre Realisation in selbstorganisierten Projekten („Familienhelferläden"; Wulff/Kupfer 1983) oder in Frauenhäusern vergleichbaren Organisationsformen (vgl. Enders 1987) kann dazu beitragen, institutionelle Zwänge zu begrenzen und auch präventive Zielsetzungen zu entwickeln.

Literatur

Ammann, A., Ausbildung in Familientherapie/Anschriften von Instituten. In: Familiendynamik, 4 (1980), 388-389.

Baran, P.A., Marxismus und Psychoanalyse. In: Baran, P.A., Unterdrückung und Fortschritt: Essays. Frankfurt/M.: Suhrkamp 1972, 71-98.

Bard, M., Psychologische Spezialausbildung von Polizeibeamten für die Konfrontation mit schweren Familienkonflikten. In: Sager, C.J./Kaplan, H.S. (Hg.): Handbuch der Ehe-, Familien- und Gruppentherapie. Band 3. München: Kindler 1973, 1138-1195.

Bateson, G./Jackson, D.D./Laing, R.D./Lidz, Th./Wynne, L.C., Schizophrenie und Familie. Frankfurt/M.: Suhrkamp 1969.

Bloch, D.A., Vorwort zu L. Hoffman, Grundlagen der Familientherapie. Hamburg: ISCO-Press 1982, XIII-XVII.

Boszormenyi-Nagy, I./Spark, G.M., Unsichtbare Bindungen. Die Dynamik familiärer Systeme. Stuttgart: Klett 1981.

Buchholz, M.B., Psychoanalytische Familientherapie. In: Schneider, K. (Hg.): Familientherapie in der Sicht psychotherapeutischer Schulen. Paderborn: Junfermann 1983, 188-209.

Buchholz, W., Lebensweltanalyse. Sozialpsychologische Beiträge zur Untersuchung von krisenhaften Prozessen in Familien. München: Profil 1984.

Buchholz, W./Gmür, W./Höfer, R./Straus, F., Lebenswelt und Familienwirklichkeit. Studien zur Praxis der Familienberatung. Frankfurt/M.: Campus 1984.

Buchholz, W./Straus, F., Lebensweltliche Strukturen familialer Probleme. In: Keupp, H./Rerrich, D. (Hg.): Psychosoziale Praxis. München: Urban & Schwarzenberg 1982, 63-74.

Christmann, Ch./Müller, C.W., Sozialpädagogische Familienhilfe in der Bundesrepublik Deutschland. Eine Bestandsaufnahme. Berlin (West): Sozialpädagogisches Institut Berlin 1986.

Cohn, R., Von der Psychoanalyse zur Themenzentrierten Interaktion. Stuttgart: Klett 1975.

Deutsche Arbeitsgemeinschaft für Familientherapie (Hg.), Erweiterte Sonderausgabe Kontext 8/1984 „Ausbildungsinstitute für Familientherapie".

Dinslage, A., „Wenn ich nicht artig bin, löschen sie mich!". Zur Kindperspektive bei verhaltenstherapeutischen Elterntrainings mit Folgerungen für die Prävention. In: Belschner, W. u.a. (Hg.): Gemeindepsychologische Perspektiven 1: Grundlagen und Anwendungsfelder. Tübingen/Köln: DGVT/GwG 1983, 102-106.

Dreikurs, R./Grey, L., Kinder lernen aus den Folgen: Wie man sich Schimpfen und Strafen sparen kann. Freiburg: Herder 1977.

Eckardt, C. u.a., Sozialpädagogische Familienhilfe heute. Familienhelfer, Sozialarbeiter, Fortbilder und Forscher berichten über ihre Erfahrungen, Meinungen und Positionen. In: Blätter der Wohlfahrtspflege, 1 (1986), 3-12.

Elger, W., Sozialpädagogische Familienhilfe in Nordrhein-Westfalen. Düsseldorf: Minister für Arbeit, Gesundheit und Soziales des Landes NRW 1985.

Enders, U., Sozialpädagogische Familienhilfe: Fortschritt oder Rückschritt der Jugendhilfe? In: Karsten, M.E./Otto, H.-U. (Hg.): Die sozialpädagogische Ordnung der Familie. München: Juventa 1987, 171-186.

Ewe, R./Falk, I./Kase, G., Verhalten ändern in der Familie. Ein Programm für Eltern zur Selbsthilfe bei Erziehungsproblemen. Reinbek: Rowohlt 1977.

Feld, R. von/Körber, S./Schneider, Th., Das Projekt „Familienhilfe" der Berliner Gesellschaft für Heimerziehung e.V. In: Blandow, J. u.a. (Hg.): Fremdplazierung und präventive Jugendhilfe. Darstellungen und Analysen neuer Versuche. Frankfurt/M.: Deutscher Verein für öffentliche und private Fürsorge 1978, 72-90.
Geib, N.W.H., Orwells „Neunzehnhundertvierundachtzig" nach 1984. Zur Bedeutung von politischer Einschüchterung und ängstlicher Selbstkontrolle. In: Körner, W./Zygowski, H. (Hg.): Psychotherapie in der Sackgasse. Gesellschaftliche Aspekte psychosozialer Praxis. Tübingen: DGVT 1985, 9-22.
Gordon, Th., Familienkonferenz – Die Lösung von Konflikten zwischen Eltern und Kind. Hamburg: Hoffmann und Campe 1972.
Gottschalch, W., Vatermutterkind. Deutsches Familienleben zwischen Kulturromantik und sozialer Revolution. Berlin (West): Wagenbach 1979.
Haley, J., Direktive Familientherapie. Strategien für die Lösung von Problemen. München: Pfeiffer 1977.
–, Gemeinsamer Nenner Interaktion. Strategien der Psychotherapie. Bonn: Psychiatrie-Verlag 1978.
Hellerich, G., Homo therapeuticus. Der Mensch im Netz der Helfer. Bonn: Psychiatrie-Verlag 1985.
Herriger, N., Familienintervention und soziale Kontrolle – Strategien der Kolonisierung von Lebenswelten. In: Kriminologisches Journal, 4 (1980), 283-300.
Hörmann, G., Gruppendynamik und Gruppenideologien. Zur Kritik des Soziopsychologismus. Phil. Diss., Universität Münster 1976.
Hoffman, L, Grundlagen der Familientherapie. Konzepte für die Entwicklung von Systemen. Hamburg: ISKO-Press 1982.
Innerhofer, P., Das Münchner Trainingsmodell. Beobachtung, Interaktionsanalyse, Verhaltensänderung. Berlin (West): Springer 1977.
Keil, S./Conen, G./Papenberg, W./Winter, H., Emanzipatorische Familienarbeit. Zur Einheit von Wegen und Zielen. Theoretische und empirische Ergebnisse. Opladen: Westdeutscher Verlag 1981.
Körner, W., Zur Kritik systemischer Therapie. In: Hörmann, G./Körner, W./Buer, F. (Hg.): Familie und Familientherapie. Probleme und Alternativen. Opladen: Westdeutscher Verlag 1988, 153-184.
Körner, W./Zygowski, H., Im System gefangen. In: Psychologie heute, 4 (1988), 38-45.
Ludewig, K., Die therapeutische Intervention. Eine signifikante Verstörung der Familienkohärenz im therapeutischen System. In: Schneider, K. (Hg.): Familientherapie in der Sicht psychotherapeutischer Schulen. Paderborn: Junfermann 1983, 78-95.
Minuchin, S., Familie und Familientherapie. Theorie und Praxis struktureller Familientherapie. Freiburg: Lambertus 1977.
Minuchin, S./Fishman, H.C., Praxis der strukturellen Familientherapie. Strategien und Techniken. Freiburg: Lambertus 1983.
Narr, W.-D., Systemzwang als neue Kategorie in Wissenschaft und Politik. In: Atomzeitalter, 7/8 (1967), 400-412.
Nielsen, H./Nielsen, K., Familienhelfer als Familienanwalt: Ergebnisse einer Aktenuntersuchung und einer Befragung von zuständigen Bezirkssozialarbeitern, Familienhelfern und betroffenen Familien. Frankfurt/M.: Deutscher Verein für öffentliche und private Fürsorge 1984.
Nielsen, H./Nielsen, K./Müller, C.W., Sozialpädagogische Familienhilfe. Probleme, Prozesse und Langzeitwirkungen. Weinheim: Beltz 1986.
Otto, H.-U./Karsten, M.-E., Jugendhilfe auf dem Irrweg. In: Neue Praxis, 5 (1987), 475-476.
Papp, P., Family Choreography. In: Guerin, P. (Hg.): Family Therapy – Theory and Practice. New York: Gardner Press 1976.
Pressel, I., Modellprojekt Familienhilfe in Kassel. Bericht der wissenschaftlichen Begleitung. Frankfurt/M.: Deutscher Verein für öffentliche und private Fürsorge 1981.

Reichmann, M., Ausbildung und Beschreibung des Berufs der Hauspflegerin. Frankfurt/M. 1967.
Rexilius, G., Familientherapie. In: Zygowski, H. (Hg.): Erziehungsberatung in der Krise. Analysen und Erfahrungen. Tübingen: DGVT 1984, 118-136.
Richter, H.E., Patient Familie. Entstehung, Struktur und Therapie von Konflikten in Ehe und Familie. Reinbek: Rowohlt 1972.
Satir, V., Familienbehandlung. Kommunikation und Beziehung in Theorie, Erleben und Therapie. Freiburg: Lambertus 1973.
–, Selbstwert und Kommunikation. Familientherapie für Berater und zur Selbsthilfe. München: Pfeiffer 1975.
Schlippe, A. von, Familientherapie im Überblick. Basiskonzepte, Formen, Anwendungsmöglichkeiten. Beiheft 6 „Integrative Therapie". Paderborn: Junfermann 1984.
Selvini Palazzoli, M., Gespräch mit M. Selvini-Palazzoli: „Die Wahrheit interessiert mich nicht, nur der Effekt". In: Psychologie heute, 5 (1983), 39-45.
Selvini Palazzoli, M. u.a., Paradoxon und Gegenparadoxon. Ein neues Therapiemodell für die Familie mit schizophrener Störung. Stuttgart: Klett 1977.
–, Hypothetisieren – Zirkularität – Neutralität. In: Familiendynamik, 4 (1981), 123-139.
Stierlin, H. (Mitarb.), Das erste Familiengespräch. Theorie/Praxis/Beispiele. Stuttgart: Klett 1977.
Stierlin, H., Delegation und Familie. Beiträge zum Heidelberger familiendynamischen Konzept. Frankfurt/M.: Suhrkamp 1978.
Wahlroos, S., Familienglück kann jeder lernen. Regeln für das Zusammenleben. Frankfurt/M.: Fischer 1980.
Warnke, C., Die „abstrakte" Gesellschaft. Systemwissenschaften als Heilsbotschaft in den Gesellschaftsmodellen Parsons', Dahrendorfs und Luhmanns. Frankfurt/M.: Verlag Marxistische Blätter 1974.
Watzlawick, P./Weakland, J.H./Fisch, R., Lösungen: Zur Theorie und Praxis menschlichen Wandels. Bern: Huber 1974.
Wolff, S., Die Produktion von Fürsorglichkeit. Bielefeld: AJZ 1983.
Wulff, I./Kupfer, U., Fährste Taxe oder biste Familienhelfer? In: Psychologie und Gesellschaftskritik, 4 (1983), 67-79.
Zygowski, H. (Hg.), Erziehungsberatung in der Krise. Analysen und Erfahrungen. Tübingen: DGVT 1984.
–, Familienglück im Regelkreis? Familientherapie und die Widersprüche der bürgerlichen Kleinfamilie. In: Karsten, M.E./Otto, H.-U. (Hg.): Die sozialpädagogische Ordnung der Familie. München: Juventa 1987.
–, Familienintervention als Machtstrategie. In: Hörmann, G./Körner, W./Buer, F. (Hg.): Familie und Familientherapie. Probleme – Perspektiven – Alternativen. Opladen: Westdeutscher Verlag 1988, 185-212.

3.5. Behinderte

Arnfried Bintig

In Sammelbänden zum Themenbereich „Behinderte" aus der letzten Zeit[1] dominiert ein Diskussionsthema: Sollen Behinderte ausgegliedert werden in Sonderkindergärten, in Sonderschulen, in Berufsbildungs- und -förderungswerke, in Beschützende Werkstätten und in einem relativen (künstlichen) Freiraum spezifische, ihrer Behinderung entsprechende optimale Förderung genießen, um ihre spätere Eingliederung in Beruf und Gesellschaft zu erleichtern? Oder sollen Behinderte trotz ihrer Behinderung von vornherein eingegliedert bleiben und in ihrer Familie, in der Regelschule, in einem regulären Betrieb gefördert und so „normal" wie möglich (aus-)gebildet werden und leben?

In der Folge dieser zentralen Diskussion um Separation oder Integration ergeben sich Detailfragen: Können auch schwer geistig Behinderte in der Regelschule, in einem regulären Betrieb gefördert werden und arbeiten? Sollen, müssen nicht Grenzen gezogen werden? Was heißt gefördert werden und „so normal wie möglich" leben?

Im folgenden ersten Abschnitt wird die aktuelle Diskussion in großen Zügen nachgezeichnet; in den Abschnitten danach werden Interventionsmöglichkeiten, gegliedert nach verschiedenen Lebensaltern, vor dem Hintergrund dieser Kontroverse angeführt; eine Zusammenfassung der Konsequenzen und die sich daraus ergebenden Forderungen bilden den Abschluß.

1. Separation versus Integration und „Normalisierung"

In der Geschichte wurden Behinderte in höchst unterschiedlichem Ausmaß aus ihrer jeweiligen Gesellschaft ausgegliedert. Überwiegend war die Ausgliederung total: offensichtlich behinderte Neugeborene wurden entweder umgebracht oder ausgesetzt und ihrem Schicksal, dem Tod, überlassen. Das Los der nicht offensichtlich Behinderten war unterschiedlich: geistig Behinderte und Blinde wurden von den meisten Gesellschaften entweder mitgetragen oder genossen sogar gewisse Privilegien, die sie jedoch ebenfalls aussonderten, zu etwas Besonderem machten durch „positive Diskriminierung" (Bintig 1984), etwa durch die Zuschreibung übernatürlicher Kräfte („Seher"). Der Grad der Aussonderung war – und ist – abhängig von den jeweils herrschenden gesellschaftlichen Vorstellungen. In der neueren Geschichte entwickelte sich der Gedanke der Fürsorge(-pflicht) Behinderten gegenüber, sei es aus caritativ-religiösen, staatspolitischen oder anderen Gründen. Auch als Folge der Fürsorge wurden und werden Behinderte bis heute zumeist ausgegliedert in speziellen Einrichtungen versorgt (z.B. in christlichen Einrichtungen für geistig Behinderte oder Anfallsleidende, in staatlichen Einrichtungen für invalide Soldaten der verschiedensten Kriege, in privaten oder staatlichen Einrichtungen zur speziellen Förderung Behinderter). Ziel ist es, ihre Arbeitsfähigkeit (wieder) herzustellen und/oder ihre Benachteiligung in der Gesellschaft zu reduzieren.

Unter dem wachsenden Einfluß darwinistischer Überlegungen zum „Wert" behinderter Menschen stagnierte allerdings die Idee der Fürsorgepflicht in unserem Jahrhundert. Besonders seit den zwanziger Jahren wurde gefolgert, Behinderte seien „lebensunwert", da sie als „Menschenhülsen" sich nicht selbst erhalten könnten und im übrigen die Gesellschaft („Volksgemeinschaft") lediglich unerträglich belasteten („Ballastexistenzen"), insbesondere in Zeiten extrem empfundender Bedrohung und „überlebensnotwendigen Kampfes um Lebensraum" (Krieg). Zur Zeit des Hitler-Faschismus wurden über 100.000 Behinderte ermordet, sofern sie nichts zur Kriegsproduktion betragen konnten oder Kriegsbeschädigte des Ersten Weltkriegs waren (vgl. Mitscherlich/Mielke 1979; Bintig 1979; Klee 1983).

Diese faschistische Art von „Intervention" mit der Folge einer „endgültigen" Aussonderung von Behinderten wird in der Bundesrepublik Deutschland nach wie vor weitestgehend verdrängt. Auch in explizit historisch orientierten Publikationen bleibt die Zeit der Mordaktionen schlicht ausgespart. Muth (1986) z.B. „vergißt" die Jahre 1939 bis 1945 in seinem historischen Kapitel „Zur Geschichte des Sonderschulwesens bis zum Jahre 1960": „Bis 1939, das ist das Jahr des Beginns des 2. Weltkriegs, stieg der Anteil der Hilfsschüler ... . Deutliche Veränderungen zeigten sich auch nicht in den ersten anderthalb Jahrzehnten nach 1945" (S. 17). Bei Ellger-Rüttgardt (1982) hat die Geschichte gar von 1931 bis 1950 „Pause".

Nach dem Ende des Hitler-Faschismus war der Bedarf an qualifizierten Arbeitskräften für den Wiederaufbau gewaltig; um diesen zu decken, wurden große Anstrengungen unternommen. Unter anderem wurde das Regelschulsystem durch die Aussonderung leistungsschwacher Schüler indirekt effektiver gestaltet (vgl. Schildmann 1977); besonders die Separation von Schülern, die in ihrer Lernleistung gemindert waren („Lernbehinderte"), stieg sprunghaft an. Für eine Separation Behinderter wurde – und wird – neben humanistischen Gründen angeführt,

- daß erstens die Systeme, aus denen die Behinderten ausgesondert werden, entlastet würden und effektiver arbeiten könnten (Familie, Kindergarten, Schule, Betrieb),
- daß zweitens die Behinderten in speziellen Entwicklungen besser ihren Rehabilitationsbedürfnissen entsprechend gefördert werden könnten (durch z.B. Krankengymnastik, besonders ausgebildete Sonderschullehrer) und
- daß drittens die Behinderten auch des Schonraums bedürften; sie sollten nicht ständigen Frustrationen ausgesetzt sein, den Normen der Gesellschaft (insbesondere Leistungsnormen) nicht entsprechen zu können.

So gefördert, hätten Behinderte eine optimale Chance, einen ihren Fähigkeiten adäquaten (Arbeits-)Platz in der Gesellschaft einzunehmen.

Die Expansion von Sondereinrichtungen – insbesondere im Schulwesen – wurde erst seit Beginn der siebziger Jahre kritisiert. Gefordert wird heute eine Umorientierung, die (Re-)Integration von Behinderten in die Gesellschaft ohne vorherige Separation, da diese für die Behinderten mehr Nach- als Vorteile hätte. Begonnen hatte diese Umorientierung vor allem vor dem Hintergrund der Diskussionen in der Folge der 68er Studentenbewegung (Chancengleichheit für Benachteiligte, z.B. Unterschicht- oder Gastarbeiterkinder; vgl. Preuß-Lausitz 1985), der „Normalisierungsdebatte" in skandinavischen Ländern und der Psychiatriereform in Italien (vgl. z.B.

Roser 1985a, 1985b; Kasztantowicz 1986; Blumenthal et al. 1987) und nicht zuletzt auch aufgrund von Zweifeln an der Effektivität des bestehenden und sehr kostenintensiven Rehabilitationssystems in der BRD (vgl. Oppl/Weber-Falkensammer 1985; Thalhammer 1986).

Von den Gegnern der Separation Behinderter wird der Verdacht geäußert, daß nicht das Wohl der Behinderten im Vordergrund der Bemühungen stehe. Einmal sei die Separation selber (zumindest unbewußt) Ziel der Aussonderung, um den Nichtbehinderten den Anblick von (und damit auch die Auseinandersetzung mit) Behinderten zu ersparen. Zum anderen stehe im Vordergrund, Schule und Arbeitsmarkt von den behinderten und nicht voll leistungsfähigen Mitgliedern unserer Gesellschaft zu entlasten. Die „wirklichen Bedürfnisse" der Behinderten seien dagegen nur zweitrangig oder gar nicht berücksichtigt worden; im Gegenteil, durch die Separierung in Sondereinrichtungen würden Behinderte sogar zusätzlich behindert, weil sie den Bezug zur sozialen Realität verlören bzw. sie diesen gar nicht erst aufbauen könnten („erlernte Hilflosigkeit": Oppl 1985). Sie hätten spätestens dann besonders große Schwierigkeiten, wenn sie in den „normalen Alltag", in „die Gesellschaft" aufgenommen werden sollten.

Auch würden die „wirklichen Bedürfnisse" der Behinderten nicht zur Grundlage der Sonderförderung gemacht, sondern nur die Bedürfnisse der Industrie nach universell einsetzbaren, leistungsfähigen Arbeitskräften befriedigt. Hieraus ergebe sich auch die Überbetonung der Förderung funktionaler und kognitiver Fähigkeiten; soziale und emotionale Fähigkeiten (die auch bei z.B. schwer geistig Behinderten vorhanden und entwicklungsfähig sind) würden dagegen äußerst selten gefördert. Ganzheitliche Ansätze der Rehabilitation würden kaum versucht (Weiss 1986).[2]

Der Trendwechsel von der Separation hin zur Betonung der Notwendigkeit der Integration, der „gesellschaftlichen Teilhabe", ist mehrfach nachgezeichnet worden (für die Schulbildung: Preuß-Lausitz 1985; für die berufliche Rehabilitation: Runde 1984; Tews 1985a; für die Erwachsenenbildung: Schuchardt 1987b). Ziel ist nicht „Normalmachung", also das Streben nach Angleichung an die Leistungs- und Verhaltensnormen von Nichtbehinderten, sondern Ziel ist „Normalisierung" (Bank-Nikkelsen), d.h. die Angleichung der Lebensbedingungen von Behinderten entsprechend denselben Bedürfnissen, Empfindungen und Wünschen aller Mitglieder einer Gesellschaft, soweit wie möglich. (Hierzu gehören ein normaler Tages- und Jahresrhythmus; die Trennung von Arbeit, Wohnen und Freizeit; ein normaler Lebenslauf; Respektierung der subjektiven Bedürfnisse; angemessener Kontakt zwischen den Geschlechtern; normaler wirtschaftlicher Standard; normale Standards der alltäglichen Wohn- und Lebensbedingungen). Das Prinzip der „Normalisierung" fordert eine personbezogene Perspektive; das Individuum mit seinen Bedürfnissen steht im Zentrum allen Bemühens, nicht seine Behandlung, Förderung, Therapie, Rehabilitation (Thimm et al. 1985; vgl. auch Kobi 1986).

2. Psychosoziale Interventionsmöglichkeiten

In den folgenden Abschnitten soll nun für verschiedene Lebensabschnitte diskutiert werden, inwieweit unter der Perspektive der „Normalisierung" psychosoziale Intervention unter den gegebenen gesellschaftlichen und institutionellen Bedingungen möglich ist.

2.1. Frühförderung

Frühe Intervention, d.h. Intervention zu einem möglichst frühen Zeitpunkt nach der Diagnose einer „Behinderung" (Bintig 1980), kann manche Behinderungen reduzieren, manche gar nicht erst in vollem Umfang auftreten lassen; einige körperliche Anomalien z.B. lassen sich durch frühe Krankengymnastik recht gut ausgleichen. Bei anderen Behinderungen (z.B. bei Hirnschädigungen) ist ein stichhaltiger Beweis für die Effektivität früher Maßnahmen schwieriger zu erbringen (vgl. Thurmair 1986). In solchen Fällen stellt sich die Frage, ob denn die objektiv fachliche Intervention subjektiv als „hilfreich" angesehen wird oder werden kann. Kleine Kinder zeigen oft aversives Verhalten bei früher Intervention, da diese ihren Bedürfnissen und ihrem Willen nicht entspricht. Behinderung ist für sie ein noch „ungeschriebener Teil ihres So-Seins in der Welt" (z.B. einer Welt ohne Licht), und auch „was etwa dem Fachmann ... als hilfreiche Maßnahme erscheinen mag, kann für die Mutter eine gravierende Änderung der Qualität des Verhältnisses zu ihrem Kind bedeuten" (Thurmair 1986, 156f.). Mit diesem Zitat wird die Aufmerksamkeit auf einen bisher kaum berücksichtigten Aspekt früher Intervention gelenkt: auf deren „Nebenwirkungen": für die betroffenen Kinder und deren soziales Umfeld, insbesondere für die Mütter. Was vordergründig förderlich zu sein scheint, kann sich sowohl subjektiv (für das Erleben von Kind und Mutter) als auch objektiv (für das beobachtbare Verhältnis von Kind und Mutter) äußerst ungünstig auswirken. Neben Stigmatisierungseffekten (Wagner 1986) spricht Neuhäuser (1986) von der „Gefahr der Überdiagnose und -therapie". Weiss (1986) weist auf die Überbetonung und -bewertung des funktional-kognitiven Bereichs gegenüber dem emotionalen Bereich hin. Sehr eindringlich warnt Roser (1985a) davor, bei einem behinderten Kind die Behinderung und nicht das Kind in den Vordergrund zu stellen; er argwöhnt, daß das Gefühlsleben eines Kindes sofort vergessen werde, „wenn es sich um ein behindertes Kind handelt. Denn wie sonst können wir es akzeptieren, ein behindertes Kind täglich zu traktieren, es turnen zu lassen, es [zu] bombardieren", wir überlegten uns aber nicht, „welches die gefühlsmäßigen Möglichkeiten der Verarbeitung dieses Reparationsdrucks des Kindes sind ..." (74). Statt dessen fordert er: „Wir sollten von den ersten Lebensmonaten an versuchen, als Fachleute nicht mit einem spastischen Kind zu arbeiten, sondern mit einem Kind, das eine motorische Störung hat ... [Dies] bringt uns dazu, nicht nur das zu sehen, das zu verstehen, was es nicht kann, sondern und vor allem auch das zu sehen, das zu verstehen, was das Kind kann" (75). Dies sei auch der positive Ansatzpunkt, „mit den Eltern nicht an der ‚Reparatur' der Defekte zu arbeiten, sondern an der Förderung des seelischen Gleichgewichts; ... [daran] an ihrem Kind Dinke entdecken [zu] können, die positiv und liebenswert sind" („positive Semiotik", 76).

Aus der (ganzheitlichen) Perspektive der Mitberücksichtigung des emotionalen Gleichgewichts einer Familie mit einem behinderten Kind ist auch zu fordern, diese Kinder nicht auszusondern, weil sie hierdurch „optimal" gefördert werden könnten, sondern sie in ihrer gewohnten Umgebung zu belassen, ihnen hier jedoch – nach den Möglichkeiten aller Beteiligten – in einem bestimmten Umfang besondere Förderung angedeihen zu lassen, etwa durch ambulante Krankengymnastik unter Einbeziehung der sozialen Umgebung des Kindes (gemeinsam mit der Mutter, der Familie oder den Kindern des Regelkindergartens). Konkrete Einzelbeispiele für ein solch integratives Vorgehen beschreiben etwa Rudnick (1983) oder Preuß-Lausitz et al. (1985, Kap. II).

Solche frühen Interventionen entsprechen eher der Forderung nach „Normalisierung“ als die meisten ihrer bisher praktizierten Formen der Frühintervention.

2.2. *Intervention in der Schulzeit*

Über die Entwicklung der Sonderschule als typische Interventionsform bei behinderten Schulkindern ist in den letzten Jahren viel publiziert worden (man vergleiche die entsprechenden Beiträge in der „Zeitschrift für Sonderpädagogik“, in „ Päd. extra“ oder Preuß-Lausitz 1985). Auch hier ist eine Tendenz der Abkehr von der nahezu „automatischen“ Aussonderung in eine Sonderschule zu beobachten. Stärker als bisher wird die Gefahr gesehen, daß die spezielle Förderung kognitiver und funktionaler Fähigkeiten erkauft wird mit psychischen und und emotionalen („sekundären“) Behinderungen, die sich aus der Separation ergeben können. Immer mehr Eltern, Ärzte und Pädagogen setzen einer Angst um Versäumnisse ein Zutrauen in die Möglichkeiten des Kindes entgegen und betonen die Vorteile, die eine Regelschule hat, einmal für die behinderten Kinder („normale“ Umwelt, „normale“ Anregungen), zum anderen für die nichtbehinderten Mitschüler (Gewöhnung an und Verständnis von „Andersartigen“, Erwerb von sozialen Kompetenzen). Dies ist in einer Regelschule mit den in der BRD gängigen Klassenfrequenzen kaum zu erreichen; auch gibt es noch keine klaren Vorstellungen, wie behinderte Kinder „optimal“ gefördert werden können.

Nach dem italienischen Modell ist eine Reduzierung der Klassenfrequenz in der Regelschule auf 20 Kinder vorgesehen, wenn ein behindertes Kind in der Klasse ist, plus 4 Stunden Stützunterricht; alles weitere wird den Lehrern und Betreuern überlassen. (Dies gilt z.B auch für geistig behinderte Kinder.) In Dänemark richtet sich die Beschulung eines jeden behinderten Kindes in der Regelschule nach einem individuellen Gutachten, in dem die jeweilig optimale Klassenfrequenz, Art und Umfang des Stützunterrichts und der Sonderförderung in allen Einzelheiten festgelegt werden.

Von einem bundesrepublikanischen Integrationsmodell ist weit und breit nichts zu sehen. Dazu vermutet Schöler (1985a, 27; Hervorhebung im Original): „Wir Deutschen stehen in Italien oder Dänemark in dem Ruf, *alles immer perfekt* machen zu müssen. Mit unserem Hang zur Perfektion wagen wir bei vielem gar nicht den Anfang“.

In der BRD gibt es dennoch einige ermutigende Einzelintegrationen aufgrund privater Initiativen (vgl. Rudnick 1983; Preuß-Lausitz 1985). Um bundes- oder landeseinheitliche Modell muß noch gerungen werden. Da ein Sonderschulplatz etwa so viel wie zwei Plätze im Gymnasium oder so viel wie drei Hauptschulplätze kostet und von 1977 bis 1982 die höchste Kostensteigerungsrate aufwies, kann man mit Wagner (1986, 7) hoffen, „daß die bildungspolitische Integrationsdebatte in ökonomischen Rezessionszeiten und Zeiten ‚gewendeter‘ Bildungspolitik (zunächst) unter Kostengesichtspunkten Interesse wecken könnte“ (→ *Ökonomisierung und Verrechtlichung psychosozialer Versorgung* 1.2.).

Anzunehmen ist, daß in einem möglichen, künftigen bundesdeutschen Modell den Lehrern „vor Ort“ nicht das „italienische“ Ausmaß an Entscheidungs- und Improvisationsfreiheit gewährt werden wird. (Es stellen sich auch die Fragen, ob sie das wollten und ob das eine optimale Lösung für bundesrepublikanische Verhältnisse und Gewohnheiten wäre.) Auf der anderen Seite sind die Erfahrungen mit dem „Dänischen Modell" auch nicht nur positiv; das jeweilige individuelle Gutachten legt viele Einzelheiten fest und läßt nur wenig Spielräume zur Anpassung an aktuelle Entwicklungen des behinderten Schülers und des Klassenverbandes.

Ein bundesrepublikanisches Integrationsmodell, welches ebenfalls zur „Normalisierung" und geringeren Aussonderung von behinderten Schülern führen würde, könnte möglicherweise zwischen dem sehr viele Spielräume eröffnenden, jedoch kostengünstigeren italienischen Modell und dem bis in viele Einzelheiten vorschreibenden, jedoch kostenintensiven dänischen Modell liegen – je nachdem, ob sich „deutsche Gründlichkeit" oder „Rotstift-Bildungspolitik" durchsetzen wird.

2.3. Intervention bei der beruflichen Aus- und Fortbildung[3]

Bei der beruflichen Ausbildung macht es sich nachhaltig bemerkbar, als Schüler ausgesondert gewesen zu sein: obwohl die Sonderschüler ca. 8 % eines jeden Abschlußjahrgangs ausmachen, wird nur jeder 120. Ausbildungsplatz an einen ehemaligen Absolventen einer Sonderschule vergeben: Das Stigma, jemand „Ausgesondertes" zu sein, hat sich festgesetzt und führt zur weiteren Aussonderung. Das gilt auch für Schüler der „Sonderschulen für Lernbehinderte", die in der Regel zunächst Förderkurse der Berufsschulen besuchen und auch danach überwiegend keinen Ausbildungs- und oft keinen Arbeitsplatz finden. Besser scheint die Integration in anderen Ländern zu gelingen, z.B. in der DDR: dort gibt es keine „Lernbehindertn" (bei uns ca. 6 %), wohl aber etwa 2,5 % „intellektuell Geschädigte" (Renker/Renker 1985). Für jeden Sonderschüler (und auch für erwachsene Rehabilitanden, für die im übrigen eine Weiterbeschäftigungspflicht ihres alten Betriebes besteht) wird ein Rehabilitationsteam gebildet, bestehend aus Arzt, Pädagogen, Eltern, Vertretern von FDJ (bei Erwachsenen: FDGB) und Betrieben sowie der Kreisrehabilitationskommission. Dieses Team sorgt dafür, daß (bis auf die geistig Behinderten) alle Sonderschüler während ihrer Schulzeit wie alle anderen Schüler auch einen – zum Teil allerdings auf bestimmte Tätigkeiten eingeschränkten – Facharbeiterabschluß erwerben. Die Tatsache, daß in den Klassen 7 und 8 die meisten Schüler bereits wissen, in welchem Betrieb sie nach der Lehre arbeiten werden, bewerte ich angesichts der Arbeitslosigkeit der meisten unserer Sonderschüler sehr positiv, besonders wenn man sich die psychischen Folgen langdauernder Arbeitslosigkeit gerade auch bei jungen Menschen vor Augen hält; ich finde es äußerst bedenklich, den Vorteil einer gesicherten Anstellung der meisten Sonderschüler in der DDR lediglich unter dem Gesichtspunkt des „Gegensatzpaar[es] Lenkung gegen Freiheit" der Berufswahl zu sehen und negativ zu bewerten, wie dies etwa durch den DDR-Sonderbildungsexperten Bleidick (1982, 86) geschieht. Doch selbst bei einer positiven Beurteilung der Integration von Sonderschülern in der DDR bleibt die Frage, ob eine Aussonderung überhaupt notwendig ist, oder ob es nicht auch dort nützlicher wäre, behinderte Schüler gar nicht erst auszusondern.

Die in der BRD typische Form der Berufsausbildung ehemaliger Sonderschüler ist die Ausbildung in Berufsbildungswerken mit derzeit ca. 9.000 Ausbildungsplätzen. An diesen Einrichtungen (und auch an den Berufsförderungswerken mit ihren ca. 12.000 Plätzen für erwachsene Rehabilitanden) wird immer öfter und immer nachdrücklicher Kritik geübt, Kritik, die sich auch und gerade auf die Sondersituation bezieht; die Auszubildenden sind getrennt von ihrer normalen Umgebung und der nichtbehinderten Umwelt. Sie sind zumeist internatsmäßig untergebracht und müssen oft in verkürzter Zeit Berufe lernen, deren Arbeitsmarktchancen recht gering sind (vgl. z.B. Runde 1984; Tews 1985a, 1985b; Wöhrl 1985). Becker (1985) berichtet von einer Arbeitslosenquote von 30 % und kommt zu dem Schluß, daß die „Ausbildungssituation und -bedingungen behinderter Jugendlicher zum gegenwärtigen Zeitpunkt als absolut desolat bezeichnet werden" müsse (125); er fordert eine radikale Veränderung des Systems der beruflichen Rehabilitation, das dann auch besser dem Ziel von umfassender gesellschaftlicher Intervention (Otto 1985) entspricht.

Von einem anderen integrativen Versuch der Berufsfindung berichtet Roser (1985b): In Italien werden versuchsweise Betriebe, die sich im unmittelbaren Lebensbereich von einem Behinderten befinden (etwa Handwerksbetriebe, Industrien, Verwaltungsfirmen) finanziell unterstützt und auch pädagogisch-therapeutisch durch „Mediatoren" beraten, um für Behinderte Betätigungsfelder zu erschließen. Diese Versuche werden im Idealfall jedoch nicht „über die Köpfe der Behinderten hinweg", sondern mit ihnen zusammen unternommen, ihren Interessen und Fähigkeiten entsprechend.

Roser berichtet von einem geistig behinderten jungen Mann, der in einer Autorreparaturwerkstatt für verschiedene Arbeitsgänge angelernt wurde, jedoch bei allen Versuchen scheiterte. Erst als Experten und Betriebsleitung ihre Vorstellungen aufgaben und ihm keine bestimmten Tätigkeiten mehr vorschlugen, experimentierte der Behinderte unter nachsichtiger Duldung der nichtbehinderten Kollegen mit verschiedenen Arbeiten, bis er eine fand, die er ausüben konnte: er sortierte die Werkzeuge und legte sie an die für sie vorgesehenen Plätze, eine für alle Beteiligten nützliche und dem Behinderten Freude bereitende Tätigkeit.

Roser zeigt mit diesem Beispiel eine Alternative auf, die Umdenken erfordert: Behinderte müssen nicht unbedingt für einen „Beruf" optimal „ausgebildet" werden, um dann herauszufinden, ob sie auf dem allgemeinen Arbeitsmarkt konkurrenzfähig sind und ihre Arbeitskraft verkaufen können, denn das ist allzuoft nicht möglich. Er zeigt auf, daß es sinnvoll sein kann und auch möglich ist, jeden einzelnen Behinderten „gezielt zum Ausdruck [seiner] Fähigkeiten und seiner Bedürfnisse [zu führen], um dies mit den Bedürfnissen und Gegebenheiten seiner Umwelt in Einklang zu bringen", sein Selbstwertgefühl zu stärken. Wenn dann die Integration gelungen ist, was nur durch einen vorangegangenen und später intensiv gepflegten sozialen Kontakt möglich ist, „wundert man sich, wie wenig man Behinderten zugetraut hat und wie wenig man sich selbst zutraute, Behinderte als Arbeitskollegen akzeptieren zu können" (Roser 1985b, 90).

In der BRD sind wir weit von solchen Modellen entfernt. Ein Umdenken der Experten und breiter Bevölkerungskreise – die Voraussetzung für berufliche Integration Behinderter ohne Aussonderung (z.B. auch in Beschützenden Werkstätten) – hat kaum begonnen.

Dieses italienische Beispiel sollte uns, bei allen Problemen der Übertragbarkeit, ermutigen, solche Interventionsformen *unter Beteiligung der Betroffenen* zu bedenken und zu erproben, die auf Aussonderung verzichten und mehr der Forderung nach „Normalisierung" entsprechen.

2.4. Intervention im Alter

Der geringe Stellenwert der nicht-berufsbezogenen Rehabilitation in der BRD wird auch deutlich, wenn man der großen Zahl der Beiträge zur beruflichen Rehabilitation die geringe Zahl der Publikationen zum Thema soziale Rehabilitation gegenüberstellt. So gibt es nur wenige Beiträge, die sich mit Intervention bei behinderten alten Menschen beschäftigen. Man ist darauf angewiesen, Überlegungen, die über arbeitslose Behinderte im Erwerbsalter und über Alte (→ *Alte* 3.3.) generell angestellt werden, auf behinderte Alte zu übertragen. Eine solche Übertragung liegt nahe, da alle diese Menschengruppen unter demselben Problem leiden: in unserer an der Leistungsfähigkeit in der Arbeitswelt orientierten Gesellschaft ist es sehr schwierig, einen befriedigenden Platz einzunehmen, ohne diesen Leistungsanforderungen uneingeschränkt gerecht zu werden.

Unter dem Stichwort „Stellenwert der sozialen Rehabilitation und Integration" kritisiert Budde (1985), daß soziale Rehabilitation meist nur der medizinischen und beruflichen Rehabilitation nachgeordnet ist und oft gar nicht stattfindet, zumal auch die gesetzlichen Grundlagen eine Gleichrangigkeit nicht vorsehen (z.B. keine Einbeziehung der Sozialhilfe in das Rehabilitationsangleichungsgesetz). Es wird gefordert, ganzheitliche und ökologische Ansätze der sozialen Intervention bezüglich Behinderter stärker zu berücksichtigen (z.B. Oppl 1985; Otto 1985).

Bei der Diskussion des „gesellschaftlichen Stellenwert[s] des Faktors Arbeit in der BRD" billigt Antor (1982) der beruflichen Rehabilitation zwar ebenfalls höchste Priorität zu, er zitiert jedoch auch Kritiker der Dominanz beruflicher Rehabilitation (z.B. Haaser; Thimm; OECD), die weitergehende Rehabilitationsziele formulieren, wie etwa Möglichkeiten zur Entfaltung der Persönlichkeit, der intellektuellen und kulturellen Fähigkeiten, der (Mit-)Gestaltung von Freizeit und sozialer und politischer Umwelt. Antor diskutiert auch ein Konzept von „Eigenarbeit" als „Arbeit für den eigenen Bedarf sowie für den Bedarf hauptsächlich familialer und verwandtschaftlicher Netzwerke" (39); diese Arbeit sei zwar nicht entfremdet, sie müsse jedoch auf Entlohnung verzichten.

Zu den Problemen solcher Vorstellungen von Eigenarbeit (etwa dem Ersatz von Professionellen durch Laien oder dem Ausgleich von Einkommenseinbußen), äußert sich Antor nicht explizit, er hält es lediglich für eine falsche Perspektive, solche alternativen Maßnahmen ausschließlich unter dem Gesichtspunkt der Kostensenkung zu betrachten. Daß jedoch genau dies vornehmlich bereits geschieht, zeigen die Beispiele für Einzelintegration als reine Sparmaßnahmen, die Schöler (1985b) anführt. Auch die Gewerkschaften sind hier in der Pflicht, viel stärker als bisher Vorstellungen zu entwickeln, nicht (mehr) erwerbstätige Behinderte besser abzusichern; über Ansätze hierzu berichtet Runde (1984).

Soziale Intervention für alte behinderte Menschen und für Behinderte, die nicht erwerbsbezogen arbeiten, ist ein wichtiges Feld, das viel größerer Aufmerksamkeit bedarf als bisher. Es scheint mir jedoch auf der Hand zu liegen, daß weder „vorschnelles Ausweichen auf den Freizeitsektor" (Ellger-Rüttgardt 1982) noch eine Aussonderung in Alten- und Pflegeheime, in die auch schon 20- und 30jährige Behinderte abgeschoben werden, menschenwürdige Wege sozialer Intervention sind. „Normalisierung" im Erwerbsalter und Alter ist eine notwendige Aufgabe, die nur durch radikales Umdenken ermöglicht werden kann.

3. Folgerungen und Forderungen

- Zentrale gesellschaftliche Normen müssen radikal in Frage gestellt werden, vor allem das Leistungsprinzip und das Prinzip der Entlohnung nach Leistung.
- Zentrale Normen der Rehabilitation Behinderter müssen radikal in Frage gestellt werden, insbesondere die Dominanz der medizinischen und beruflichen Rehabilitation gegenüber der sozialen Rehabilitation.
- Wenn beide Normbereiche an Bedeutung verlieren, werden Alternativen denkbar zur bisher praktizierten „optimalen" Förderung der funktionalen und kognitiven Fähigkeiten von Behinderten von der frühen Kindheit über die Schul- und Ausbildungszeit bis hin zur beruflichen Rehabilitation. Interventionen dienen hauptsächlich dem Ziel, Behinderte einem Arbeitsmarkt mit wechselnder Nachfrage und sich schnell wandelnden Anforderungen zur Verfügung zu stellen bzw. zu erhalten. Subjektiv sind sie zumeist mit erheblichen persönlichen Belastungen und sekundären (erworbenen) Behinderungen verbunden, die größtenteils auf „Nebenwirkungen" einer solchen Förderung zurückzuführen sind, zumeist auf „notwendige" Aussonderungen.
- Wird der auf nicht-erwerbsbezogene Arbeit gerichteten „sozialen" Rehabilitation ein höherer Stellenwert zugebilligt, bekommen die emotionalen Bereiche und sozialen Fertigkeiten der Behinderten einen angemesseneren Stellenwert. Damit rückt das (behinderte) Individuum mit seinen individuellen Wünschen und Fähigkeiten ins Zentrum der Betrachtung. Ein Behinderter wird nicht mehr rehabilitiert (Passiv-Form), sondern er entdeckt mit Hilfe von Fachleuten und seiner Umwelt selber neue Formen einer sozialen Integration. (Ob sich hierfür die Bezeichnung „Intervention" noch eignet, muß ebenfalls in Frage gestellt werden.) Dabei ist auf ein angemessenes Einkommen zu achten, eine Aufgabe, zu deren Lösung das Engagement der Gewerkschaften unabdingbar ist.
- Werden die Fähigkeiten, Wünsche und subjektiven Befindlichkeiten des Behinderten und seines sozialen Umfeldes ernsthaft mitberücksichtigt, verbietet sich in der Regel Aussonderung von selbst; der Weg ist dann frei für „Normalisierung", für eine größtmögliche Angleichung des Lebens der Behinderten entsprechend den Bedürfnissen aller Menschen einer Gesellschaft. Hierbei ergibt sich die positive, wenn auch zunächst beunruhigende „Nebenwirkung", daß durch das Anders-Sein der Behinderten auch die vorherrschenden gesellschaftlichen Normen wiederum hinterfragbar werden.
- Erfahrungen, die in anderen Ländern (insbesondere in Skandinavien und Italien) gemacht wurden bei dem Versuch, „Normalisierung" zu praktizieren, sollten sorgsam studiert und daraufhin untersucht werden, inwieweit sie auch für die BRD übertragbar erscheinen. Vielversprechende Einzelversuche könnten sich ausbreiten und dazu beitragen, für Behinderte wie für Nichtbehinderte das Leben normaler und humaner zu gestalten.

Anmerkungen

1 Neuere Sammelbände sind z.B. von Bleidick/Ellger/Rüttgardt 1982; Oppl/Weber-Falkensammer 1985; Preuß-Lausitz et al. 1985; Thalhammer 1986; Blumenthal et al. 1987 und Schuchardt 1987a erschienen.

2 Hierzu rufe man sich auch die Diskussion um den Stellenwert der beruflichen Rehabilitation als Voraussetzung (z.B. Rudnik 1983; Oppl 1985) oder wesentlichen Teil (z.B. Klein 1985, 99) der gesellschaftlichen Rehabilitation Behinderter ins Gedächtnis.

3 In diesem Abschnitt werden die berufliche Aus- und Fortbildung (Rehabilitation) gemeinsam behandelt (mit einem Schwerpunkt bei der Ausbildung), weil die Probleme bezüglich der „Normalisierung" ähnlich sind und der Rehabilitation ein eigenes Kapitel in diesem Handbuch gewidmet ist.

Literatur

Antor, G., Zum gesellschaftlichen Stellenwert des Faktors Arbeit in der Bundesrepublik Deutschland. In: Bleidick/Ellger-Rüttgardt 1982, 39-53.

Becker, W., Berufsvorbereitung, Berufsausbildung, Beschäftigung Behinderter: Problemanalyse. In: Preuß-Lausitz et al. 1985, 124-131.

Bintig, A., Definitionen und Operationalisierungen des ‚Behinderungs'-Begriffs. Hektographierter Forschungsbericht. Bielefeld 1979.

–, Wer ist behindert? Berlin: Bundesinstitut für Berufsbildung 1980 (Berichte zur beruflichen Bildung, Heft 29).

–, Behinderte in Publikumszeitschriften – Eine Inhaltsanalyse unter Einbeziehung multivariater Verfahren. Hektographierter Forschungsbericht. Bielefeld 1984.

Bleidick, U., Berufliche Bildung Geschädigter in der DDR. In: Bleidick/Ellger-Rüttgardt 1982, 79-90.

Bleidick, U./Ellger-Rüttgardt, S. (Hg.), Berufliche Bildung behinderter Jugendlicher. Stuttgart: Kohlhammer 1982.

Blumenthal, V. v. et al., Soziale Integration Behinderter durch Weiterbildung: zur Situation in England, Frankreich, Italien, Schweden, USA. Bad Heilbrunn: Klinkhardt 1987.

Budde, H.G., Probleme der psychischen Behinderungsadaptation. In: Oppl/Weber-Falkensammer 1985, 9-33.

Ellger-Rüttgardt, S., Das sonderpädagogische Bildungsziel der Erwerbsfähigkeit im historischen Wandel. In: Bleidick/Ellger-Rüttgardt 1982, 54-53.

Kasztantowicz, U. (Hg.), Wege aus der Isolation: Konzepte und Analysen der Integration Behinderter in Dänemark, Norwegen, Italien, Frankreich und Schweden. Heidelberg: Schindele 1986 (2. Aufl.).

Klee, E., Euthanasie im NS Staat. Die Vernichtung lebensunwerten Lebens. Frankfurt/M.: Fischer 1983.

Klein, R., Rechtsgrundlagen und Verfahren. In: Oppl/Weber-Falkensammer 1985, 99-175.

Kobi, E.E., Das schwerstbehinderte Kind. In: Thalhammer 1986, 81-93.

Mitscherlich, A./Mielke, F., Medizin ohne Menschlichkeit. Frankfurt/M.: Fischer 1979.

Muth, J., Integration von Behinderten. Essen: nds-Verlagsgesellschaft 1986.

Neuhäuser, G., Gefährdung in früher Kindheit. In: Thalhammer 1986, 101-121.

Oppl, H., Rehabilitation und Sozialarbeit. In: Oppl/Weber-Falkensammer 1985, 34-53.

Oppl, H./Weber-Falkensammer, H. (Hg.), Sozialarbeit und berufliche Rehabilitation. Freiburg: Lambertus 1985.

Otto, R., Berufsfindung und Arbeitserprobung. In: Oppl/Weber-Falkensammer 1985, 176-225.

Preuß-Lausitz, U., Zur Entwicklung der Sonderbeschulung nach 1945. In: Preuß-Lausitz et al. 1985, 12-17.

Preuß-Lausitz, U./Richter, U./Schöler, J. (Hg.), Integrative Förderung Behinderter in pädagogischen Feldern Berlins. Berlin: TUB 1985 (Dokumentation Weiterbildung 12).

Renker, K./Renker, U. (Hg.), Grundlagen der Rehabilitation. Berlin (DDR): Volk und Gesundheit 1985 (5. Aufl.).

Roser, O.-L., Die Förderung der Normalität der behinderten Kinder. Ein Beitrag von Medizinern und Psychologen. In: Preuß-Lausitz et al. 1985a, 72-86.
–, Gemeinsam lernen – gemeinsam arbeiten. In: Preuß-Lausitz et al. 1985b, 87-90.
Rudnick, M., Laß uns mit Euch leben! Weinheim: Beltz 1983
Runde, R., Rehabilitation. In: Eyferth, H./Otto, H.-U./Thiersch, H. (Hg.): Handbuch zur Sozialarbeit/Sozialpädagogik. Neuwied/Darmstadt 1984, 852-870.
Schildmann, U., Zur politischen und ökonomischen Funktion der beruflichen Rehabilitation Behinderter in der BRD und West-Berlin. Rheinstetten: Schindele 1977.
Schöler, J., Auf der Suche nach neuen Begriffen. In: Preuß-Lausitz et al. 1985a, 19-27.
–, Einzelintegration – Fortschritt oder Sparmaßnahme. In: Preuß-Lausitz et al. 1985b, 111-117.
Schuchardt, E. (Hg.), Schritte aufeinander zu. Bad Heilbrunn: Klinkhardt 1987a.
–, Erwachsenenbildung/Weiterbildung – Ansätze zur Integrationspädagogik/Andragogik. In: Schuchardt 1987b, 13-50.
Tews, H.P., Einrichtungen und Maßnahmen. In: Oppl/Weber-Falkensammer 1985a, 77-98.
–, Zukünftige Entwicklungen. In: Oppl/Weber-Falkensammer 1985b, 243-275.
Thalhammer, M. (Hg.), Gefährdungen des behinderten Menschen im Zugriff von Wissenschaft und Praxis. München: Reinhard 1986.
Thimm, W./Ferber, Chr. von/Schiller, B./Wedekind, R., Ein Leben so normal wie möglich führen ... Zum Normalisierungskonzept in der Bundesrepublik Deutschland und in Dänemark. Marburg 1985.
Thurmair, M., Gefährdung und pädagogische Intervention in früher Kindheit. In: Thalhammer 1986, 150-159.
Wagner, H., Raum und Stigma II: Segregatierung und Stigmatisierung im Bildungssektor: Sonderschüler und Regelschüler im strukturellen Vergleich. Bad Bentheim: Arbeitsberichte des FISB e.V. 1986 (Bd. 4).
Weiss, H., Kind sein dürfen – trotz und mit Erschwernissen. In: Thalhammer 1986, 164-186.
Wöhrl, H.G., Ergebnisse zum Erfolg von beruflichen Rehabilitationsmaßnahmen. In: Oppl/Weber-Falkensammer 1985, 226-242.

3.6. Armut

Ferdinand Buer

1. Klärungen

„Armut" ist sowohl in der alltäglichen Unterhaltung wie im wissenschaftlichen Diskurs auf eine merkwürdige Weise unbestimmt (vgl. Brentano 1978; Klanberg 1978; Wagner 1982; Schäuble 1984; Tjaden-Steinhauer 1985; Hartmann 1985). Ganz allgemein dürfte dieses Wort verschiedene Milieus unterschiedlicher Bevölkerungsgruppen meinen, die alle von finanziellen, materiellen, soziokulturellen und psychosozialen Deprivationen betroffen sind.

Diese „Beraubungen" kennen „Täter" und „Opfer": „Opfer" sind in unserer bürgerlich-kapitalistischen Gesellschaft die abhängig gehaltenen Klassen, insbesondere die Lohnarbeiter. Diese müssen nach Art und Umfang zugerichtet werden auf den kapitalistischen Produktionsprozeß; alles, was hier nicht gebraucht wird, ist daher im Prinzip „wertlos". Ist aber einmal die Arbeitskraft nicht mehr verwertbar, dann ist auch der Arbeiter nutzlos geworden: Er kann seiner noch vorhandenen Werte „beraubt" werden, er kann verarmen.

„Täter" sind zunächst einmal diejenigen, die die Nichtverwertbarkeit festlegen und exekutieren müssen, diejenigen, die Arbeitskräfte einstellen und entlassen: die Unternehmer. Dabei sind die kleineren sicherlich wiederum abhängig von den großen: der Bourgeoisie. Verhüllt wird dieser Zynismus vom „bürgerlichen Grundkonsens", der Zwang, Ungleichheit und Besitzlosigkeit für die unteren Klassen leugnet, indem er Freiheit, Gleichheit und Privateigentum für alle proklamiert. Die Garantie dieser bürgerlichen Grundwerte macht das Wesen des bürgerlichen Staates als sozialem Rechtsstaat aus (vgl. Buer 1985a). Er kann diesem Anspruch nur gerecht werden, indem er auch die Existenz der wertlos gewordenen Bevölkerungsgruppen zu sichern sucht. Dabei ist sein Handlungsspielraum allerdings begrenzt, weil er zunächst einmal die Verwertungsbedingungen des Kapitals als Basis seiner eigenen Existenz schützen muß. Wird ein Mißlingen dieses Vorhabens offenbar, kann seine Legitimation auch von der arbeitenden Bevölkerung in Frage gestellt werden. Das geschieht allerdings erst dann, wenn diese selbst glaubt, in die gleiche Lage wie die Deprivierten geraten zu können. Ansonsten dürfte sie mehrheitlich dem Staat dankbar sein, da er durch die Aussonderung und Beraubung der „Leistungsschwachen" nur ihre Arbeitsplätze und ihre soziale Versorgung sicherer macht. „Täter" sind also „Arbeitgeber", Staat und verwertbare Bevölkerung, die ihre bürgerliche Wohlanständigkeit im Zentrum der Gesellschaft pflegen, während an den Rändern ein Großteil der Bevölkerung – heute in der BRD etwa ein Drittel (vgl. Buer 1986a) – der Verelendung preisgegeben wird.

Es können also bei der Definition von Armut mehrere Ebenen unterschieden werden (vgl. Buer 1986b, 155f.):

- *Virtuell arm* sind – bei strukturell-abstrakter Betrachtung – alle Arbeiter, da sie im Grunde nichts als ihre Arbeitskraft besitzen und auf den Ankauf dieses Vermögens durch andere angewiesen sind.
- *Relativ arm* sind – auf historisch-konkreter Analyseebene – alle Lohnarbeiter durch ihre abhängige Stellung im Produktionsprozeß und alle kleinen Selbständigen durch ihre untergeordnete Stellung im Distributionsprozeß, weil sie in Bezug etwa zur Bourgeoisie nur einen geringen Anteil am gesellschaftlich produzierten Reichtum erhalten.
- Gesellschaftlich und vor allem *staatlich anerkannte Arme* sind alle diejenigen, deren Lebensbedingungen deutlich unterhalb der als normal angesehenen bürgerlichen Lebensverhältnisse liegen.
- *Pauperisiert* sind die Schichten, die endgültig deklassiert und in ihrer Existenz fast völlig von staatlicher Hilfe abhängig sind.

Um die beiden zuletzt bezeichneten Ebenen geht es in der Diskussion über die Armutsproblematik vor allem; die beiden anderen sollten darüber aber nicht vergessen werden.

Psychosoziale Intervention in Armutsmilieus heißt dann: Eingreifen in die Lebensverhältnisse und Lebensweisen unterschiedlicher Bevölkerungsgruppen (wie die der Nichtseßhaften, Obdachlosen, Trebegänger, Armutskriminellen, Altersarmen, Armutsflüchtlinge ...) durch Fremde mit Mitteln der persönlichen Einflußnahme. Durch Aufnahme und Veränderung persönlicher Beziehungen zu einzelnen oder mehreren Verarmten sollen diese in die Lage versetzt werden, sich selbst besser – d.h. auf bürgerlichem Niveau – helfen zu können. Diese personenbezogenen sozialen Dienstleistungen werden vom Staat gesteuert und von Einrichtungen der freien und öffentlichen Träger der Wohlfahrtspflege erbracht. Während die öffentlichen Träger, wie etwa das Sozialamt, personenbezogene Dienstleistungen eher subsidiär durchführen, haben die Freien Träger hier ihre Domäne (vgl. Buer 1985b, 407ff.). Diese Zweiteilung hat die Funktion, zwischen dem Staat mit seinen hoheitlichen Maßnahmen und der Bevölkerung einen Raum der Vermittlung, des Ausgleichs, des friedlichen Arrangements zu installieren. In diesem Raum ist der Dialog möglich, können gemeinsame Lernprozesse ablaufen; außerhalb droht der Einsatz physischer Gewalt. Diese Dialektik von Zwang und Dialog bestimmt jegliche psychosoziale Intervention in Armutsmilieus. Auch diese sanfte Form der Einflußnahme dient der sozialen Kontrolle und Sozialdisziplinierung der Adressaten (vgl. Breuer 1986), und sie kann prinzipiell – im Einzelfall mag das anders sein – die Probleme der Verarmten nicht grundsätzlich lösen, nur mehr oder weniger kompensieren (vgl. Buer 1985b, 400ff.), denn auch die psychosoziale Hilfe freier Träger geschieht in staatlichem Auftrag und unterliegt seiner Aufsicht; sie ist so den staatlichen Funktionserfordernissen unterworfen.

Allerdings, so wie heute – ausgehend von den Mittelklassen außerhalb der Behörden- und Verbändewohlfahrt in Selbsthilfe- (vgl. Vilmar/Runge 1986) und Bürgerinitiativbewegung (vgl. Mayer-Tasch 1985) – alternative Projekte auch gegen Verarmung entstehen, hat sich in der Geschichte psychosozialer Arbeit ein alternativer, persönlicher Umgang mit den Armen auch außerhalb und gegen die etablierte Arbeiter- und Armutspolitik durchgesetzt, initiiert von den Frauen des Bürgertums.

2. Geschichte

Dieses System psychosozialer Arbeit hat sich aus der Armenfürsorge entwickelt (vgl. insgesamt: Sachße/Tennstedt 1980, 1981, 1983, 1986). Mit der Zuständigkeitsverlagerung von den Kirchen auf die Städte und Gemeinden im 15. Jahrhundert und der Festlegung der Arbeitsunfähigkeit als Voraussetzung für Unterstützungsleistungen wird die Hilfe zugleich mit Verhaltenskontrolle verbunden. Das führt zur Individualisierung der Armutsproblematik; aus einem sozialen Problem wird der Einzelfall. Aus dem großen Haufen der Verarmten (vgl. Dörner 1969; Foucault 1969; Rusche/Kirchheimer 1974; Kopečný 1980) sollen die ausgewählt werden, die persönlicher Betreuung würdig sind. Im 18. Jahrhundert werden Zucht- und Arbeitshäuser (vgl. Marzahn/Ritz 1984) eingerichtet, die – prototypisch für die Industriearbeit – Arbeitskräfte für Manufakturarbeit mit staatlichem Zwang zurichten und zugleich durch ihre abschreckende Wirkung der Schaffung einer disziplinierten Arbeitsbevölkerung dienen. Insgesamt vollzieht sich im Zeitalter des Absolutismus eine Ablösung der Todes- und Körperstrafen durch Freiheitsentzug und Zwangsarbeit zur individuellen Disziplinierung (vgl. Foucault 1977).

Schon Ende des 18. Jahrhunderts kommt es in manchen Städten zu Reformen in der Armenfürsorge, die jetzt zunehmend ehrenamtliche Helfer in ihre Arbeit einbezieht. Damit ist der Kontakt mit den Armen nicht mehr allein Sache staatlicher Beamter, sondern des Bürgertums selbst. In Elberfeld wird dieser Trend 1852 zum System (vgl. Sachße 1986, 36ff.): Die Stadt wird in 280 Quartiere eingeteilt mit je einem auf drei Jahre gewählten Bürger als Armenpfleger, der in der Regel vier Arme zu betreuen hat. Durch Dezentralisierung der Entscheidungskompetenz, Regionalisierung der Zuständigkeit und „bürgernahe" Durchführung öffentlicher Aufgaben wird die Individualisierung der Sozialleistungen weiter vorangetrieben: Die Kontrolle etabliert sich in den Lebenswelten der Armen, in den Armutsmilieus.

In dieser Zeit beginnt sich ebenfalls die private Liebestätigkeit des Bürgertums selbständig zu organisieren. J.H. Wichern gründet 1833 mit dem „Rauhen Haus" für die verwahrloste Jugend das wohl berühmteste Rettungshaus (vgl. Scherpner 1979). Durch seine Charakteristika, wie private Trägerschaft, Isolation der Klientel, Freiwilligkeit des Eintritts, Professionalisierung des Personals, Verhaltensbeobachtung und Einstellungsänderung der Klientel durch Beziehungsarbeit, wird diese Einrichtung zum Modell für berufliche psychosoziale Arbeit, in dem Armut als soziales Problem nun vollends umdefiniert wird in individuell verschuldete „Asozialität". In dieser Praxis liegt einer der Ursprünge von Pädagogik und Psychologie als Wissenschaften psychosozialer Intervention (vgl. Köhler 1977, 108ff.). Träger dieser wohltätigen Einrichtungen werden private Vereine, die noch heute wichtigste Organisationsform psychosozialer Arbeit (vgl. Bauer 1984).

Mit der zunehmenden Proletarisierung weiter Bevölkerungsschichten im 19. Jahrhundert und der langsam erstarkenden Arbeiterbewegung sieht sich der Staat veranlaßt, die Zurichtung der notwendigen Arbeitskräfte zu steuern. Vor allem durch die Einführung der Sozialversicherungen seit 1883 wird eine Arbeiterpolitik etabliert, die durch kollektive Transferleistungen den Lohnarbeitern einen „Soziallohn" garantiert, auf den sie einen festen Rechtsanspruch haben (→ *Ökonomisierung und Verrechtlichung psychosozialer Versorgung* 1.2.). Demgegenüber bleiben der Armutspolitik nur einzelfallbezogene Leistungen für die pauperisierten Schichten, die ihnen „nur dem Grunde nach" zustehen (vgl. Leibfried/Tennstedt 1985). Damit verfestigt staatliche Sozialpolitik die eh schon am Arbeitsmarkt durchgesetzte Spaltung der arbeitsfähigen Bevölkerung in verwertbare und unnütze Teile. Der ausgegrenzte Teil wird noch einmal selektiert und den Disziplinartechniken des Strafvollzugs (vgl. Rusche/Kirchheimer 1974; Foucault 1977; Blasius 1978), der Medizin (vgl. Göckenjan 1985, 286ff.), insbesondere der Psychiatrie (vgl. Dörner 1969, Blasius 1980), der Rest der Armenfürsorge überlassen.

Erst zu Beginn des 20. Jahrhunderts wird durch eine Verbindung bürgerlicher Sozialreform mit bürgerlicher Frauenbewegung psychosoziale Arbeit als dominante Handlungsform im Fürsorgesystem durchgesetzt (vgl. Sachße 1986). Mit der Entlastung durch die Sozialversicherungen und dem einsetzenden Konjunkturaufschwung kann die kommunale Fürsorge ausdifferenziert und verbessert werden. In Jugendfürsorge (vgl. Peukert 1986), Wohnungs- und Gesundheitsfürsorge nimmt die persönliche Betreuung und Beratung an Bedeutung zu; sie werden zu exklusiven Tätigkeitsfeldern der Frau.

„Und hier sah die bürgerliche Frauenbewegung einen zentralen Hebel, um ihr Ideal von der geistigen Mütterlichkeit in der Gesellschaft zur Geltung zu bringen, um weiblichem Wesen und weiblicher Kultur in einer patriarchalisch-industriellen Gesellschaft heilsame Wirkung und den Frauen selbst gesellschaftliche Emanzipation zu verschaffen. Aus der Verknüpfung des Konzepts der geistigen Mütterlichkeit mit dem der bürgerlichen Verantwortung für die gesellschaftlichen Unterschichten ergab sich dann die Vorstellung einer besonderen Verpflichtung für die bürgerliche Frau, die gesellschaftliche Integration durch persönliches soziales Engagement zu sichern: soziale Arbeit als spezifisch weibliche, persönliche Dienstleistung, als Dienst der bürgerlichen Frau am ‚Volksganzen'" (Sachße 1986, 10).

Säuglinge, Kleinkinder und Jugendliche der unteren Klassen stehen jetzt im Blickfeld der Fürsorgerinnen (vgl. Sachße 1986, 120); hier kann ihre Hilfe nicht so einfach abgewiesen werden. Der verwahrloste, widerspenstige Arme entschwindet so ihren zarten pädagogisch-therapeutischen Blicken (vgl. Münchmeier 1981, 65ff.); er bleibt den „harten Männern" der Armenfürsorge überlassen. Die hier einsetzende Pädagogisierung und Therapeutisierung der Fürsorge führt zu einer Selektion ihrer Klientel in diejenigen, denen noch unter Umständen zu einer bürgerlichen Existenz verholfen werden kann und denjenigen, denen nicht mehr zu helfen ist; eine Spaltung, die auch das heutige System psychosozialer Arbeit kennzeichnet (vgl. Buer 1985b, 394ff.). Psychosoziale Intervention in Armutsmilieus wird jetzt zu einer Begleiterscheinung direkt repressiver Maßnahmen (z.B. Zwangseinweisung) oder bleibt eine Ausnahmeerscheinung, die von besonders Engagierten veranstaltet wird.

So wie man folglich sagen kann, psychosoziale Arbeit sei „weiblich", so kann man das auch von der Armut sagen (vgl. Köppen 1985). Witwen, „eheverlassene" Frauen, Wöchnerinnen und Mütter aus den unteren Klassen waren immer schon besonderen Belastungen ausgesetzt und kaum abgesichert. Diese weibliche Armut ist allerdings eher verschämt und nicht auffällig. Sie muß daher nicht als deviant bekämpft, sondern kann „von Frau zu Frau" besprochen werden.

Diese Tradition des Eindringens in die Milieus der abhängigen Klassen, bis zu den Frauen und Kindern in den Familien der Verarmten, konnte im Dritten Reich systematisch genutzt werden, um die in Not geratenen „Asozialen" oder sonst für die Volksgemeinschaft „wertlosen" Personen oder gar „rassisch Minderwertige" auszuspionieren und sie entweder zu kasernieren und zu sterilisieren oder gleich der physischen Vernichtung zu überantworten (vgl. Kramer 1983, 216f.).

Mit der Behebung der materiellen Not in der Nachkriegszeit konnte sich die psychosoziale Handlungsform wieder als dominante etablieren. Das Wirtschaftswunder ließ das Thema Armut vergessen, bis es Anfang der siebziger Jahre wiederentdeckt wurde (vgl. Buer 1986b, 152ff.). Helge Peters (1968) konnte die These vertreten, daß die moderne Fürsorge sich neue Aufgabenfelder durch Pathologisierung ihrer Adressaten verschaffen mußte, um ihre Legitimation zu sichern. In dieser Zeit sozialer Reformen hat sich Sozialpädagogik und Klinische Psychologie/Psychotherapie in der Ausbildung psychosozialer Berufe etabliert, die der schon seit dem Beginn des 20. Jahrhunderts angelegten Pädagogisierung und Therapeutisierung sozialer Probleme zu neuer Konjunktur verhalf (vgl. Hellerich 1985). Mit dem Wiederentdecken der Armutsproblematik und der Zunahme ihrer realen Bedeutung in den letzten Jahren wird auch ihre Bearbeitung wieder durch psychosoziale Beziehungsarbeit angegangen.

3. Systematik

Als Armer wird man nicht geboren, man wird dazu gemacht; und an diesen Prozessen der Verarmung mit ihren finanziellen, materiellen, soziokulturellen und psychosozialen Dimensionen ist psychosoziale Intervention wesentlich beteiligt. Eine systematische Darstellung psychosozialer Interventionen in Armutsmilieus hat daher diese Handlungsform in einem Netz von Unterstützungsleistungen zu verorten, die zwischen Selbst- und Fremdhilfe Verarmungsprozesse bestimmen (vgl. zum folgenden: Buer 1986b, 156ff.).

3.1. Der Kontext: Sozialleistungen bei finanzieller und materieller Verarmung

Massenhafte Verarmungsprozesse werden vor allem ausgelöst, wenn das finanzielle Einkommen der Privathaushalte nicht mehr dem bisher gewohnten normalen bürgerlichen Lebensstandard – etwa auf Facharbeiterniveau – entspricht. Dieser Standard wird selbständig gesichert durch Arbeitseinkommen der Verdiener im Haushalt, durch Privateigentum und soziale Versicherungs- und Versorgungsansprüche. Die nichtverdienenden Haushaltsangehörigen sind von diesem Einkommen abhängig; für sie stellt der Haushalt, das ist in den meisten Fällen der Familienhaushalt, das wichtigste Sicherungssystem dar. Diese *primären Sicherungssysteme* können geschwächt werden in ihrer Leistungskraft durch:

a) Entwertung der Arbeitskraft

Neben physischen Beeinträchtigungen der Arbeitskraft durch Unfall, Erkrankung, Behinderung, Alterserscheinungen etc. und psychischen Belastungen können Qualifikationsdefizite, Mangel an Arbeitsdisziplin oder kriminelles Verhalten den Verkauf der Arbeitskraft erschweren. In einer wirtschaftlichen Situation, in der zunehmend höhere Maßstäbe der Verwertbarkeit angelegt werden, müssen schon aus den oben genannten Gründen viele abhängig Erwerbstätige ganz oder teilweise aus dem Arbeitsleben ausscheiden. Zentrale Bedingungskonstellation für finanzielle Verarmungsprozesse ist jedoch immer eine Arbeitsmarktkrise. So werden in der gegenwärtigen Krise (vgl. Buer 1986a, 120ff.) vor allem Frauen, Ausländer, Ältere, Behinderte, aber auch Jugendliche ausgegrenzt (vgl. Heinze 1984).

b) Zerstörung der familialen Sicherung

Durch Tod des Ernährers, durch dessen Gefängnisaufenthalt etc., aber vor allem durch Ehescheidungen steht die Restfamilie oft ohne ausreichende Finanzmittel da. Diese Zerstörung des familialen Zusammenhangs kann auch Ausdruck der gegenwärtigen Krise sein (vgl. Cramer 1986).

c) Entwertung des Privateigentums

Vor allem durch Wertverlust von Geldanlagen und Wohnungseigentum geraten heute auch viele Arbeiter- und Kleinbürgerhaushalte in finanzielle Schwierigkeiten.

d) Kürzungen bzw. Wegfall von normalen Sozialleistungen,

wie Wohngeld, Kindergeld, Steuervorteile etc. (vgl. Cramer 1985).

Können bei gravierenden finanziellen Einbrüchen diese Einbußen nicht in Selbsthilfe aufgefangen werden, sind die *sekundären Sicherungssysteme* gefordert, also die „Lohnersatzleistungen" der Sozialversicherungen. Werden diese eingeschränkt, wie dies gegenwärtig der Fall ist (vgl. Balsen u.a. 1984), dann müssen die Leistungen der *tertiären Sicherungssysteme* in Anspruch genommen werden: vor allem die Hilfe zum Lebensunterhalt wie die Hilfe in besonderen Lebenslagen der Sozialhilfe (vgl. Schulte/Trenk-Hinterberger 1982; Wenzel/Leibfried 1986). Durch Kürzungen und Verschlechterungen dieser Leistungen in den letzten Jahren (vgl. Buer 1986a, 135f.) muß davon ausgegangen werden, daß gegenwärtig Empfänger der Hilfe zum Lebensunterhalt kaum ein menschenwürdiges Leben führen können. Wenn wir von ca. 2 Mio. Empfängern für 1985 ausgehen und zur Zeit auch heute noch 50 % der Anspruchsberechtigten keine Sozialhilfe beantragen, wie Hartmann (1981) für 1979 ermittelte, dann leben etwa 2 Mio. Bundesbürger unter dem Existenzminimum, d.h. in absoluter Armut.

Finanzielle Verarmung führt dazu, daß die vorhandenen materiellen Güter wie Wohnungseinrichtungen, Kleidung, Fahrzeug u.ä. länger als gewöhnlich genutzt und mehr Geld für Reparaturen ausgegeben werden muß. Neuanschaffungen können kaum getätigt werden oder müssen durch Kredite von Banken finanziert werden, die ihre Kunden zusätzlich „berauben".

So werden auch gegenwärtig viele aus den unteren Klassen aus „normalen" Wohnvierteln herausgedrängt und in Altbau- und Randsiedlungen massiert untergebracht (vgl. Häußermann/Siebel 1986) bis hin zur Konzentration in kommunale Obdachlosensiedlungen oder Schlichtwohnungen (vgl. Vaskovics/Weins 1983), die beengt, überfüllt und unzureichend ausgestattet sind (vgl. Becher 1983, 340; Berger 1984).

Ist ein familialer Zusammenhalt nie vorhanden gewesen oder ist er nie aufgebaut worden, dann kommt häufig zur Mittellosigkeit auch die Wohnungslosigkeit. Vom Abstieg in die „Nichtseßhaftigkeit" (vgl. Weber 1984) sind zur Zeit immer mehr Personen betroffen.

Diesen pauperisierten Bevölkerungsgruppen bleibt keinerlei Spielraum mehr; sie sind fast ganz auf Fremdhilfe angewiesen.

Finanzielle und materielle Hilfeleistungen brauchen nicht aufgedrängt zu werden; bei ihnen gibt es kaum Akzeptanzprobleme von Seiten der Adressaten. Eher müssen sie daran gehindert werden, mehr zu verlangen, als ihnen gewährt wurde. Da diese Güter begehrt sind, kann man an ihre Vergabe Bedingungen knüpfen – nach bürgerlicher Lebensführung vor und sinnvollem Verbrauch nach der Gewährung.

Tabelle 1

Von „Randständigkeit" betroffene Personen 1975/1977/1980
Schätzungen

	Betroffene Personen Anzahl von...bis...	je 100.000 Einwohner
Insassen totaler Institutionen		
von Strafanstalten	34.608	56
psychiatrischen Krankenhäusern	58.900	96
Forsorgeerziehungsheimen	18.230	28
Stigmatisierte Gruppen		
Strafentlassene (je Jahr)	52.057	84
Nichtseßhafte	60-80.000	97-129
Landfahrer	10-30.000	16-48
Obdachlose	260-760.000	420-1.229
Entlassene aus psychiatrischen Krankenhäusern	92.000	149
Drogenabhängige	20-30.000	
Alkoholiker	1.000.000	2.060
auffällige Jugendliche	413.016	667
Prostituierte	50.000	
Behinderte	4-6.000.000	6.500-9.751
Schulabgänger ohne Hauptschulabschluß+	48.000	

Quelle: Tjaden-Steinhauer 1985, 138.

Das führt dann allerdings häufig dazu, daß auf diese Hilfen verzichtet wird. Die Würdigkeit, Unterstützung aus Steuermitteln und Spenden arbeitsamer Bürger empfangen zu dürfen, muß ständig überprüft werden. So dringen die Helfer des Sozial-, Gesundheits- und Jugendamtes sowie der einschlägigen Wohlfahrtsverbände in die Milieus der Verarmten ein und kontrollieren. Entdecken sie Unrechtes, können sie kürzen, streichen, zurückfordern, ja zusätzlich zur Anzeige bringen. Oberflächliches Wohlverhalten der Observierten ist daher durchsetzt von Vertuschen, Verheimlichen, Täuschen; gelegentlich scheint Verschwinden das Angemessene zu sein. Interventionen zur psychosozialen Veränderung sind also allemal mit der Androhung der Kürzung finanzieller und materieller Hilfeleistungen durch psychosoziale Helfer, amtliche und ehrenamtliche, verbunden. Diese treten hier quasi als Begleittruppe auf. Erst bei soziokultureller und psychosozialer Verarmung beherrschen sie das Terrain.

3.2. Der Test: Psychosoziale Intervention bei soziokultureller und psychosozialer Verarmung

Finanzielle und materielle Verarmung hat Folgen: Das soziokulturelle Netz formeller und informeller Beziehungen wird löchrig oder zerreißt; das Abdrängen in spezifische Armutsmilieus oder privates bzw. kaserniertes Elend ist das Ende. Da die Pauperisierten oft von allen guten Mitbürgern verlassen sind, ist ihre Anzahl kaum zu ermitteln (s. Tabelle auf Seite 257).

Am Beispiel der Obdachlosigkeit ist soziokulturelle Verarmung am deutlichsten herausgearbeitet worden. Mit dem Aufblühen der Armutsforschung in der BRD wurde das Konzept der Subkultur, das vor allem durch O. Lewis (vgl. 1971) auf das Armutsphänomen angewandt worden war, rezipiert und vornehmlich für die Untersuchung von Obdachlosensiedlungen fruchtbar gemacht (vgl. Christiansen 1973; Hess/Mechler 1973; Hubbertz 1975; Friedrich/Schauffelberger 1975; Preußer 1976; Kühn/Preis 1979; Friedrich u.a. 1979; Preußer 1983). Diese Perspektive machte deutlich, daß miteinander vernetzte Armutspopulationen durchaus einen Lebenszusammenhang entwickeln können, in dem sie sich nicht nur als Opfer, sondern auch als Gestalter ihrer Verhältnisse zu begreifen vermögen (vgl. Schäuble 1984, 250ff.; Brentano 1978, 38ff.). Allerdings muß wohl mit Zander (1984, 135) festgehalten werden, daß es sich bei diesen eigenwilligen Lebensformen „zumeist um situationsindizierte Normen von Armut handelt, die durch Intervention von außen zu autonom tradierten Werten und Lebensstilen verkehrt wurden“. Diese Forschungsperspektive konnte sehr gut durch Nachzeichnen von Armutsverläufen über Generationen den Kreislauf von Verarmungsprozessen herausarbeiten (vgl. z.B. Kührt 1982, 66ff.). Das auf der folgenden Seite abgedruckte Schaubild von Schäuble kann das eindrucksvoll zeigen.

Schlechte Verwertbarkeit führt über Gelegenheitsarbeit der Betroffenen zu finanzieller und materieller Verarmung, die durch Abdrängung in Armutsghettos ausgegrenzt und sanktioniert werden soll. Die damit verbundene Stigmatisierung durch soziale Umgebung und Behörden führt zu soziokulturell verarmten Lebensformen ohne Partizipation an öffentlicher Bildung, Kultur und Politik. Das muß zu einer Deformation persönlicher Kompetenzen, Interessen und Wünsche führen. Diese psychosoziale Verarmung ist gekennzeichnet durch ein Nebeneinander, oft aber auch abruptes Umschlagen von apathischer Resignation und aggressivem Protest, von unmündiger Hilflosigkeit und solidarischen Aktivitäten. Kardorff und Koenen (1985, 372) resümieren diese Lage für die heutige Situation in der BRD:

„Die gesellschaftliche Ausgrenzung von Armut und ihre Konzentration an den Rändern der Gesellschaft, an denen sie in Obdachlosensiedlungen, Schlichtwohnanlagen, Altenwohnheimen, Durchgangsstadtteilen und Ausländervierteln zunehmend (wieder) sichtbar wird, läßt eine eigene ‚Armutskultur‘ entstehen, deren Orientierungen vorwiegend nach innen gerichtet sind. Dort haben sich, oft über Jahrzehnte hinweg, zweckbestimmte Solidaritäten entwickelt, so in ‚Tricks‘ gegenüber dem Sozialamt und Sozialarbeitern, Zahlungsverweigerungen, kleinen Zerstörungen, um Reparaturen zu erzwingen. In den Subkulturen der Armen haben sich auch, oft im Zusammenhang mit Ungleichbehandlung durch die Sachbearbeiter des Sozialamts, Feindschaften und Denunziationspraktiken herausgebildet. Sie repräsentieren ein Handlungs- und Verhaltensrepertoire, das auf eine beschädigte Motivbasis, konkret auf Resignation und Demoralisierung, rückverweist. Solche Ambivalenzen machen eine politische Form der Selbstorganisation eher unwahrscheinlich.“

Schaubild 1

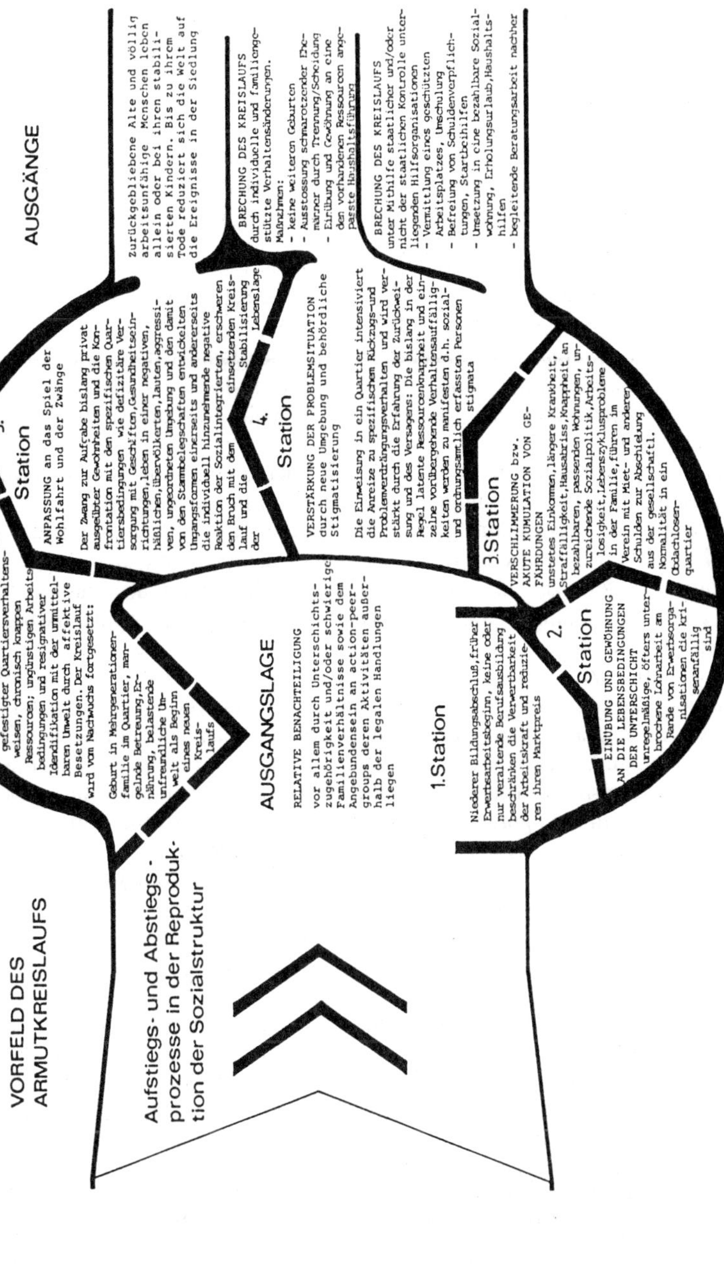

Quelle: Schäuble 1984, 278

Der unauffällige Teil der pauperisierten Bevölkerung verbleibt in seinen Elendsquartieren und wird meist von der Öffentlichkeit vergessen. Auffällige Gruppen werden normalerweise selektiert und kaserniert (vgl. Kerner 1985) (→ *Zwangsunterbringungen* 2.8.), zum Teil zusammen mit anderen Bevölkerungsschichten als:

- „psychisch Kranke“ oder „Irre“ in psychiatrischen Einrichtungen (vgl. Klee 1978; Basaglia/Basaglia-Ongaro 1972),
- „Kriminelle“ in Gefängnissen,
- „unheilbar Kranke“ und „Süchtige“ in Heil- und Pflegeanstalten,
- „Alte“ in Alters- und Pflegeheimen (vgl. Hummel 1984),
- „verwahrloste Jugendliche“ in Erziehungsheime (vgl. Ahlheim u.a. 1971),
- „Gast“- oder „Fremdarbeiter“ in Ausländerghettos (vgl. Hoffmann-Novotny/Hondrich 1982; Zuleeg 1985; Schäfer 1986),
- „Asylanten“ in Übergangslagern (vgl. Meier-Braun 1981),
- „Penner“ in Herbergen und Übernachtungsheimen (vgl. Klee 1979),
- „Obdachlose“ in Asylen und Randsiedlungen (vgl. Hess-Diebäcker 1980).

Große Teile der verarmten Pflegebedürftigen und alten Menschen verbringen ihr Leben in den Familien ihrer Kinder (vgl. Socialdata 1980; Regus/Trenk-Hinterberger 1985). Daß ihnen dabei oft nicht besonders wohl ist, darf vermutet werden (vgl. Eastman 1985).

Das Abgeschobensein in stationäre Einrichtungen, das ja mit Freiheitsentzug verbunden ist, in die Wohnungen der Kinder und in Elendsquartiere muß zu psychischen Deprivationserscheinungen führen bis hin zum frühzeitigen Tod (vgl. Oppolzer 1986). Zwar gibt es eine Reihe von Untersuchungen aus den Bereichen der Sozialepidemiologie (vgl. Gleiss 1980), der Gemeindepsychiatrie und Gemeindepsychologie (vgl. Pöldinger u.a. 1981; Keupp/Rerrich 1982) und der Arbeitslosenforschung (vgl. Bonß u.a. 1984; Kieselbach/Wacker 1985), die darauf hindeuten, daß diese Situation zu einem Verfall der Persönlichkeit führt bis hin zur Selbsttötung. Detaillierte und systematische Studien dieser Bevölkerungsgruppen sind aber kaum möglich, da der Zugang zu ihnen weitgehend versperrt ist oder an einer Erforschung wenig Interesse besteht. Das gilt in vielen Fällen auch für die Analyse der kasernierten bzw. ghettoisierten Teile. Am eindrucksvollsten bieten daher immer noch Reportagen Einblick in die „gefahrvolle Welt“ der verdeckten Armut (vgl. z.B. Klee 1978, 1979; Balsen u.a. 1983, 1984; Roth 1985; Wallraff 1985).

„Komplizen“ dieser Verarmungsvorgänge sind die psychosozialen Helfer. Sie sind mehrheitlich beteiligt an der Entpolitisierung des Problems und an Stigmatisierung, Ausgrenzung, Entmündigung und Persönlichkeitszerstörung der Betroffenen. Weil viele noch hoffen, helfen zu können – wenn auch nur kompensatorisch –, betreiben sie das Geschäft mit der Disziplinierung und Destruktion. Sie müssen allerdings häufig unter Bedingungen arbeiten, die ihnen kaum eine andere Wahl lassen. Sie sollen etwas auffangen, was tatsächlich nur soziostrukturell beseitigt werden kann. So sind sie oft „Mittäter“ und ohnmächtige „Zeugen“ zugleich: „Wenn die resignierten Armen sich nicht helfen lassen wollen, dann müssen sie eben fallengelassen werden. Werden die Rebellischen nicht vernünftig, dann bleibt nichts anderes, als sie zu kasernieren. Helfen viele gute Worte nicht, dann hilft vielleicht die Gewalt der Verhältnisse“. So werden viele denken.

Psychosoziale Helfer üben dabei – oft nur indirekt – einen psychischen Druck auf ihre Klienten aus, entweder sich an geregelte (d.h. bürgerliche) Lebens- und Arbeitsweisen anzupassen oder unauffällig zu verschwinden. Das Befolgen beider Botschaften vergrößert aber nur das Elend und die persönliche Belastung, da die meisten beim Aufstiegsversuch erbärmlich scheitern und die Verschwundenen völlig hilflos sein werden. Die Verarmten fühlen sich aber gezwungen, eine der Botschaften zu befolgen, da sonst das Wohlwollen des Helfers entzogen werden könnte. Eine Weigerung könnte nämlich das Ende bedeuten: eine Situation zum Verzweifeln!

Trotz der ausweglos erscheinenden Lage in diesem Arbeitsbereich gibt es immer wieder „Pioniere", die diese Barrieren und Barrikaden beiseite schieben wollen. So hält Ursel Becher die stadtteilbezogene Sozialarbeit für den geeigneten Ansatz auf mikrosozialer Ebene „im Kampf gegen die Armut", der auf kommunalpolitischer und nationaler bzw. EG-Ebene ergänzt werden müsse:

„Sie bietet gute Möglichkeiten, Ghettoisierung und Isolation aufzuheben und eine Integration benachteiligter Bevölkerungsgruppen in gesellschaftliche Bezüge zu erreichen. Stadtteilbezogene Sozialarbeit impliziert sowohl sozialtherapeutische/sozialpädagogische als auch sozialpolitische Ansätze. Sofern sozialtherapeutische Arbeitsansätze realisiert werden, beziehen sie sich auf soziale Konflikte (einschließlich psychischer Beeinträchtigungen), die von den betroffenen Personen oder Problemgruppen als Problem wahrgenommen und definiert werden ... Im Rahmen des sozialtherapeutischen Ansatzes sind folgende Maßnahmen zu realisieren:

- Verschiedene Beratungsangebote (Sozial- und Rechtsberatung; Krisenintervention; psychologische Beratung; Hilfen bei allgemeinen Lebensproblemen [Ehe, Erziehung, Beruf etc.] und lebensphasisch bedingten Krisen),
- Gruppenaktivitäten,
- offene Angebote" (Becher 1983, 347).

Der Anspruch von Stadtteilarbeit oder auch Gemeinwesenarbeit (vgl. Hillenbrand u.a. 1985; Alinsky 1984), Gemeindepsychologie (vgl. Keupp 1980; Hellerich 1980), street work (vgl. Opaschowsky 1976) und sozialer Netzwerkarbeit (vgl. Kähler 1983) kann aber in der Realität kaum umgesetzt werden; diese Arbeit ist im Gegenteil gerade in den letzten Jahren zugunsten nachsorgender Einzelfallarbeit reduziert oder ganz gestrichen worden.

Psychosoziale Arbeit, gerade wenn sie professionelle Ansprüche hat, begibt sich aber nicht so gern ins offene Feld oder in fremde Milieus; sie schafft sich lieber ihre eigenen Räume (vgl. Buer 1984, 59ff.). Am angenehmsten für die Berufstätigen in diesem Bereich sind Beratungsstellen. Hier müssen nicht alle Probleme aufgegriffen werden, sondern nur die, für die man sich in Eigenkompetenz zuständig fühlt. Diese „Vorposten" können jederzeit geöffnet und wieder geschlossen werden. Von hier aus können auch Angehörige hochprofessionalisierter Berufe wie Ärzte und Psychologen Vorstöße auf fremdes Terrain wagen mit der Möglichkeit, sich zu jedem Zeitpunkt zurückziehen zu können. Hochkomplexe Projekte dieser Art werden immer wieder als Beispiele professioneller Kompetenz durchgesetzt und vorgeführt (vgl. Richter 1974; Friedrich u.a. 1979; Buchholz u.a. 1980; Buchholz u.a. 1984; Ackermann/Hartmann-Lange 1980). Ihre Modellhaftigkeit weist aber schon auf ihren Ausnahmecharakter hin.

Bei den eher geschlossenen Einrichtungen unterscheiden sich Kliniken, Heime und Anstalten von den Ghettos, Gefängnissen und Lagern zwar durch gehobenere Ausstattung und höher qualifiziertes Personal; sie sind aber ebenso Dispositive der Macht, selbst wenn ihre „Insassen" nicht zwangseingewiesen wurden (vgl. Foucault 1976, 1977). Sie konstituieren für ihre Dauerbewohner eine eigene Lebenswelt, die die Aussonderung kaum noch rückgängig machen läßt (vgl. Goffman 1972; Fengler 1980). In diesen Einrichtungen stehen Verwaltungsfachleute oder hochprofessionalisierte Berufe an der Spitze, während die eigentliche Arbeit von Pflegern, Schwestern, Erziehern, Sozialarbeiter u.ä. gemacht wird. Hier zeigt sich, daß primär verwahrt und verwaltet werden soll. Der zusätzliche Einsatz von höher qualifiziertem Personal – wie Psychologen, Pädagogen, Therapeuten, Sozialwissenschaftlern – hat meist nur legitimatorischen Charakter.

Insgesamt kann festgehalten werden, daß die Methoden psychosozialer Intervention in Armutsmilieus wenig ausgearbeitet sind:

- Unauffällige Armut wird den Angehörigen und der Gesellschaft überlassen, gelegentlich von beruflichen Helfern – etwa von Familienfürsorgerinnen bei Hausbesuchen (vgl. Kasakos 1980) – festgestellt und beobachtet.
- Auffällige Armut wird konzentriert in Ghettos, deren Grenze polizeilich „überwacht“ wird. Innerhalb dieses Terrains mühen sich Sozialarbeiter und ehrenamtliche Helfer, die Lebensverhältnisse durch gemeinwesenbezogene Methoden zu verbessern. Psychosoziale Beratungsangebote zur Bewältigung sekundärer Folgen der Verarmung können diese Arbeit ergänzen.
- Widerständige und hilflose Arme werden kaserniert und verwahrt. Entwickelte psychosoziale Methoden kommen hier kaum zum Einsatz; sie werden nicht benötigt.

4. Perspektiven

4.1. Befürchtungen

Der gegenwärtige Anstieg des Armutspotentials in der BRD und in vielen westlichen Industriegesellschaften (vgl. Schulte 1985) wird von Kapital und Staat im Zuge des allgemeinen Abbaus nicht mehr verwertbarer Produktivkräfte zur Krisenregulierung herbeigeführt. Da es sich bei der gegenwärtigen Wirtschaftskrise aber nicht um eine „kleine“ Konjunkturkrise handelt, sondern um eine Strukturkrise (vgl. Buer 1986a, 120ff.), ist zu erwarten, daß die jetzt freigesetzten Arbeitskräfte auch zukünftig nicht benötigt werden. Die fordistische Akkumulationsstrategie und der keynesianische Staat sind an ihre Schranken gestoßen (vgl. Hirsch/Roth 1986). Das wird eine Dualisierung und Segmentierung der Gesellschaft zur Folge haben in einen Kern, der gut versorgt und abgesichert, und eine Peripheriebevölkerung, die sozialstaatlich reguliert, kontrolliert und subventioniert wird. Anfänge dieser Entwicklung zeigten sich schon in der sozialliberalen Ära und werden von der gegenwärtigen konservativ-liberalen Regierung forciert weitergeführt (vgl. Buer 1986a, 134ff.; Franz u.a. 1986; Kröger/Pohl 1986).

Der Widerstand gegen diese Entwicklung ist, wenn er überhaupt massenhaft wird wie etwa bei gewerkschaftlichen Aktionen, eher vorsichtig und defensiv. Fundamentalerer Widerstand ist eher von den neuen sozialen Bewegungen und den Grünen zu erwarten. Dieser Widerstand aber bleibt ambivalent und ist auch kaum massenwirksam. So dürfte die Spaltung der Gesellschaft von der verwertbaren Bevölkerung eher hingenommen und de facto zementiert werden.

Das würde bedeuten, daß die gegenwärtige Situation für die Verarmten fortgeschrieben, wenn nicht verschlechtert wird. Auch der Stellenwert psychosozialer Arbeit in diesem Bereich wird sich kaum verändern. Für die Familie, für ehrenamtliche Helfer und für billige Fachkräfte wird eher mehr zu tun sein.

4.2. Hoffnungen

Die gegenwärtige Krise hat zu einer Neuformierung politischer Kräfte und zur Neuformulierung zukunftsweisender Konzepte geführt. Eine Gesellschaftspolitik des „dritten Weges“ zwischen Etatismus und Sozialdarwinismus (vgl. Matzner 1982; Opielka 1985; Huber 1985) entwirft eine duale Sozialpolitik, in der Selbsthilfe der von sozialen Problemen Betroffenen gefördert und Fremdhilfe auf das tatsächlich Sinnvolle reduziert werden soll (vgl. Huber 1983). Zentrale Forderung ist die bedingungslose Absicherung eines jeden Bundesbürgers durch ein vom Staat garantiertes Mindesteinkommen (vgl. Opielka/Vobruba 1985). Zum zweiten soll der Staat entsprechend dem Subsidiaritätsprinzip (vgl. Huster 1985) Basisinitiativen fördern. Solche Selbsthilfeorganisationen von Verarmten, seien es Sozialhilfeempfänger, Arbeitslose, Obdachlose, Strafgefangene, Psychiatrieopfer u.ä., leiden jedoch unter dem Dilemma, kurzfristig helfen zu müssen, aber nur langfristig etwas ändern zu können. Sie sind daher immer von Zerfall bedroht (vgl. Buer 1986b, 168ff.). Trotzdem könnten finanzielle und materielle Hilfen wesentlich bessere Aufbaubedingungen schaffen. Psychosoziale Arbeit könnte hier – auf Wunsch – zur Unterstützung beitragen. Dabei hängen die Erfolge solcher Initiativen entscheidend davon ab, ob sie immer neue Unruheherde schaffen können zur Durchsetzung ihrer Ziele und ob sie den massiven Kooptationsversuchen von Seiten des Staates widerstehen können (vgl. Leibfried/Narr 1986).

Zentrale Gegenmacht zur gegenwärtigen Politik kann nur die Bevölkerung selbst bilden. Die „Identifikation mit dem Aggressor“ bei weiten Teilen der Beschäftigten und ihren Angehörigen kann nur durch Informationen über die tatsächlichen Verhältnisse und Aufdecken der wahren Zusammenhänge durchbrochen werden. Dazu kann psychosoziale Arbeit durch Öffentlichkeitsarbeit – insbesondere mit wirksamen Mitteln der Kulturarbeit (vgl. Buer 1987) – beitragen. Nicht umsonst konnte der Komiker Coluche in den letzten Jahren in Frankreich mit seinen „restaurants du cœur“, in denen täglich 100.000 Essen an Hungernde ausgegeben wurden, eine solche Popularität erreichen. Dabei hat er einige Monate vor seinem Tode im Juni 1986 mit der Emmaus-Bewegung des Abbé Pierre kooperiert, in der Verarmte und Nichtverarmte zusammenarbeiten. Diese inzwischen in mehreren Ländern – auch in der BRD – verbreitete Aktionsgruppe entwickelt so kreative Ideen wie die Banque Alimentaire in Paris, in der Güter des alltäglichen Bedarfs von den Besitzenden abgegeben, von den Habenichtsen zur Linderung der eigenen Not abgeholt werden können. In großen Lebensmittelkaufhäusern haben sie ihre Stände hinter den Kassen aufgebaut und bitten die Kunden, etwas mehr zu kaufen, als sie selbst benötigen, um es dann für die Armen zu spenden. So wird im Alltag der Bevölkerung an das Armutsproblem erinnert, und es werden für jeden Möglichkeiten angeboten, sofort und konkret zu helfen.

Diese Sofortmaßnahmen für die pauperisierten Bevölkerungsgruppen könnten langfristig ergänzt werden durch den Aufbau und die Vernetzung von Solidargemeinschaften zwischen nichtverarmter und verarmter Bevölkerung (vgl. Buer 1985c). Diese lokalen Solidargemeinschaften auf genossenschaftlicher Basis sollen der Bearbeitung aller sozialen Probleme ihrer Mitglieder in ihrem Lebenszusammenhang, wie Krankheit, Behinderung, Invalidiät, Arbeitslosigkeit, Irre-Sein, Kriminalität, Asozialität und der damit einhergehenden Verarmung dienen. Diese Genossenschaften könnten durchaus psychosoziale Fachkräfte zur Lösung der sie überfordernden Probleme einstellen. Diese müßten sich aber ganz in die Gemeinschaft einbringen. Damit könnte der Abschied vom Experten tatsächlich eingeleitet werden (vgl. Olk 1986). Anregendes Vorbild für diese Gemeinschaften könnten die Kibbuzim sein, in der Armut unbekannt ist (vgl. Heinsohn 1982). Da es sich bei diesen Solidargemeinschaften nur um eine Teilgenossenschaft handelt, müssen Staat und Gesellschaft weiterhin zur Absicherung gegen Verarmungsprozesse in die Pflicht genommen werden. Aber ein hoffnungsvoller, beispielhafter Anfang wäre gemacht.

Literatur

Ackermann, J./Hartmann-Lange, D., Psychologisch-therapeutische Versorgung von Arbeiterfamilien und Sozialhilfeempfängern in öffentlichen Erziehungsberatungsstellen. In: Schulz, W./Hautzinger, M. (Hg.): Klinische Psychologie und Psychotherapie. Kongreßbericht DGVT-GwG Berlin 1980, Bd. 5, Tübingen 1980, 43-58.

Ahlheim, R. u.a., Gefesselte Jugend. Fürsorgeerziehung im Kapitalismus. Frankfurt/M. 1971.

Alinsky, S.D., Anleitung zum Mächtigsein. Bornheim-Merten 1984.

Balsen, W. u.a., Ohne Arbeit gehste kaputt. Köln 1983.

–, Die Neue Armut. Köln 1984.

Basaglia, F./Basaglia-Ongaro, F., Die abweichende Mehrheit. Die Ideologie der sozialen Kontrolle. Frankfurt/M. 1972.

Bauer, R. (Hg.), Die liebe Not. Zur historischen Kontinuität der „Freien Wohlfahrtspflege". Weinheim 1984.

Becher, U., Armut und soziale Arbeit. In: Neue Praxis, 4 (1983), 333-349.

Berger, R., Problemgruppen. In: Glatzer, W./Zapf, W. (Hg.): Lebensqualität in der Bundesrepublik. Frankfurt/M. 1984, 264-285.

Blasius, D., Kriminalität und Alltag. Göttingen 1978.

–, Der verwaltete Wahnsinn. Eine Sozialgeschichte des Irrenhauses. Frankfurt/M. 1980.

Bonß, W./Heinze, R.G. (Hg.), Arbeitslosigkeit in der Arbeitsgesellschaft. München 1982.

Brentano, D. von, Zur Problematik der Armutsforschung. Berlin 1978.

Breuer, S., Sozialdisziplinierung. Probleme und Problemverlagerungen eines Konzepts bei Max Weber, Gerhard Oestreich und Michel Foucault. In: Sachße, Chr./Tennstedt, F. (Hg.): Soziale Sicherheit und soziale Disziplinierung. Frankfurt/M. 1986, 45-69.

Buchholz, W. u.a., Eine Beratungsstelle für sozioökonomisch benachteiligte Familien in München. In: Gerlicher, K. (Hg.): Prävention. Vorbeugende Tätigkeiten in Erziehungs- und Familienberatungsstellen. Göttingen 1980, 68-96.

– u.a., Lebenswelt und Familienwirklichkeit. Studien zur Praxis der Familienberatung. Frankfurt/M. 1984.

Buer, F., Zur Funktion und Organisationsstruktur von Erziehungsberatung. In: Zygowski, H. (Hg.), Erziehungsberantug in der Krise. Tübingen 1984, 50-73.

–, Form und Funktion des bürgerlichen Staates. In: Buer, F. u.a., Zur Gesellschaftsstruktur der BRD. Münster 1985a, 2. Aufl., 58-98.

–, Form und Funktion des Sozialarbeitssektors. In: Buer, F. u.a., Zur Gesellschaftsstruktur der BRD. Münster 1985b, 2. Aufl., 378-434.

–, Disziplinierung durch Verarmung – Gegenstrategien durch kollektive Selbstorganisation in Solidargemeinschaften? In: Körner, W./Zygowski, H. (Hg.): Psychotherapie in der Sackgasse. Tübingen 1985c, 73-90.

–, Soziale Demontage in der BRD. Eine Zwischenbilanz. In: Thien, H.G./Wienold, H. (Hg.): Herrschaft, Krise, Überleben. Münster 1986a, 119-151.

–, Verarmungsprozesse in der BRD der 80er Jahre. In: Thien, H.G./Wienold, H. (Hg.): Herrschaft, Krise, Überleben. Münster 1986b, 152-176.

–, „Neue Armut“ als TanzRevue. Ein Projekt sozialer Kulturarbeit. In: Neue Praxis, 1, (1987), 38-53.
Christiansen, U., Obdachlos, weil arm. Gießen 1973.
Cramer, A., Soziale Ungleichheit am Beispiel der Einkommensverteilung. In: Buer, F. u.a., Zur Gesellschaftsstruktur der BRD. Münster 1985, 2. Aufl., 149-198.
–, „Das private Glück“. Familienideologie und Familienwirklichkeit im Zeichen der Massenarbeitslosigkeit. In: Thien, H.G./Wienold, H. (Hg.): Herrschaft, Krise, Überleben. Münster 1986, 103-118.
Dörner, K., Bürger und Irre. Frankfurt/M. 1969.
Eastman, M., Gewalt gegen alte Menschen. Freiburg 1985.
Fengler, C./Fengler, T., Alltag in der Anstalt. Rehburg-Loccum 1980.
Foucault, M., Wahnsinn und Gesellschaft. Frankfurt/M. 1969.
–, Die Geburt der Klinik. Eine Archäologie des ärztlichen Blicks. Frankfurt/M. 1976.
–, Überwachen und Strafen. Frankfurt/M. 1977, 2. Aufl.
Franz, H.W. u.a., Neue Alte Ungleichheiten – Berichte zur sozialen Lage der Bundesrepublik. Opladen 1986.
Friedrich, H./Schauffelberger, H.-J., Armut und soziale Unterprivilegierung. In: Osterland, M. (Hg.): Arbeitssituation, Lebenslage und Konfliktpotential. Frankfurt/M. 1975, 185-213.
Friedrich, H. u.a., Soziale Deprivation und Familiendynamik. Göttingen 1979.
Gleiss, I., Psychische Störungen und Lebenspraxis. Weinheim 1980.
Göckenjan, G., Kurieren und Staat machen. Gesundheit und Medizin in der bürgerlichen Welt. Frankfurt/M. 1985.
Goffman, E., Asyle. Frankfurt/M. 1972.
Häußermann, H./Siebel, W., Restrukturierung der Produktion und die Konsequenzen für die Städte. In: Thien, H.G./Wienold, H. (Hg.): Herrschaft, Krise, Überleben. Münster 1986, 13-24.
Hartmann, Sozialhilfebedürftigkeit und „Dunkelziffer der Armut“. Stuttgart 1981.
–, Armut in der Bundesrepublik Deutschland: Definitionen, Indikatoren und aktuelle Erscheinungsformen. In: SOWI, 3 (1985), 169-176.
Heinsohn, G. (Hg.), Das Kibbuz-Modell. Bestandsaufnahme einer alternativen Wirtschafts- und Lebensform nach sieben Jahrzehnten. Frankfurt/M. 1982.
Heinze, R.G., Der Arbeitsschock. Köln 1984.
Hellerich, G., Gemeindepsychiologie. In: Rexilius, G./Grubitzsch, S. (Hg.): Psychologische Grundbegriffe. Reinbek 1980, 376-379.
–, homo therapeuticus. Der Mensch im Netz seiner Helfer. Bonn 1985.
Hess, H./Mechler, A., Ghetto ohne Mauern. Frankfurt/M. 1973.
Hess-Diebäcker, D., Deklassierte Arbeiterfamilien. Berlin 1980.
Hillenbrand, W. u.a., Gemeinwesenarbeit. Jahrbuch 2. München 1985.
Hirsch, J./Roth, R., Das neue Gesicht des Kapitalismus. Vom Fordismus zum Post-Fordismus. Hamburg 1986.
Hoffmann-Novotny, H.-J./Hondrich, K.-O. (Hg.), Ausländer in der Bundesrepublik Deutschland und in der Schweiz. Frankfurt/M. 1982.
Hubbertz, K.-P., Die Entstehung und Verfestigung von Obdachlosigkeit – Zum Verhältnis von Armut und Subkultur. In: Neue Praxis, 4 (1975), 289-300.
Huber, J., Duale Sozialpolitik – Fremdversorgung und Eigenbeteiligung. In: Opielka, M. u.a. (Red.): Zukunft des Sozialstaats. Stuttgart 1983, 2. Aufl., 41-48.
–, Die Regenbogen-Gesellschaft. Ökologie und Sozialpolitik. Frankfurt/M. 1985.
Hummel, K., Öffnung oder Ausgrenzung. Zur Zukunft der Alten- und Pflegeheime. In: Archiv für Wissenschaft und Praxis der Sozialen Arbeit, 1 (1984), 22-44.
Huster, E.-U., Subsidiarität – Historische und systematische Aspekte zu einem Leitprinzip in der Sozialpolitik. In: WSI-Mitteilungen, 7 (1985), 370-378.
Kähler, H.D., Der professionelle Helfer als Netzwerker. In: Archiv für Wissenschaft und Praxis der Sozialen Arbeit, 4 (1983), 225-244.

Kardorff, E. von/Koenen, E., Armenpolitik und Selbstorganisation. In: Leibfried, St./Tennstedt, F. (Hg.): Politik der Armut und Die Spaltung des Sozialstaats. Frankfurt/M. 1985, 357-379.
Kasakos, G., Familienfürsorge zwischen Beratung und Zwang. München 1980.
Kerner, H.-J., Stationäre Maßnahmen. In: Kaiser, G. u.a. (Hg.): Kleines Kriminologisches Wörterbuch. Heidelberg 1985, 2. Aufl., 427-433.
Keupp, H., Gemeindepsychologie. In: Asanger, R./Wenniger, G. (Hg.): Handwörterbuch der Psychologie. Weinheim 1980, 162-167.
Keupp, H./Rerrich, D. (Hg.), Psychosoziale Praxis. München 1982.
Kieselbach, T./Wacker, A. (Hg.), Individuelle und gesellschaftliche Kosten der Massenarbeitslosigkeit. Weinheim 1985.
Klanberg, F., Armut und ökonomische Ungleichheit in der Bundesrepublik Deutschland. Frankfurt/M. 1978.
Klee, E., Psychiatrie-Report. Frankfurt/M. 1978.
–, Pennbrüder und Stadtstreicher. Frankfurt/M. 1979.
Köhler, E., Arme und Irre. Die liberale Fürsorgepolitik des Bürgertums. Berlin 1977.
Köppen, R., Die Armut ist weiblich. Berlin 1985.
Kopečný, A., Fahrende und Vagabunden. Berlin 1980.
Kramer, D., Das Fürsorgesystem im Dritten Reich. In: Landwehr, R./Baron, R. (Hg.): Geschichte der Sozialarbeit. Weinheim 1983, 173-217.
Kröger, H.-J./Pohl, G. (Hg.), Ellenbogengesellschaft. Wendepolitik auf dem Prüfstand. Hamburg 1986.
Kühn, M./Preis, M., Widerstand aus der Hinterwelt. Berlin 1979.
Kührt, P., Das Armutssyndrom. Weinheim 1982.
Leibfried, St./Narr, W.-D., Sozialer Protest und politische Form. In: Piven, F.F./Cloward, R.A., Aufstand der Armen. Frankfurt/M. 1986, I-XL.
Leibfried, St./Tennstedt, F., Armenpolitik und Arbeiterpolitik. In: Leibfried, St./Tennstedt, F. (Hg.): Die Politik der Armut und Die Spaltung des Sozialstaats. Frankfurt/M. 1985, 64-93.
Lewis, O., La vida. Düsseldorf 1971.
Marzahn, C./Ritz, H.-G. (Hg.), Zähmen und Bewahren. Die Anfänge bürgerlicher Sozialpolitik. Bielefeld 1984.
Matzner, E., Der Wohlfahrtsstaat von morgen. Frankfurt/M. 1982.
Mayer-Tasch, P.C., Die Bürgerinitiativbewegung. Reinbek 1985.
Meier-Braun, K.-H., Das Asylanten-Problem. Frankfurt/M. 1981.
Münchmeier, R., Zugänge zur Geschichte der Sozialarbeit. München 1981.
Olk, Th., Abschied vom Experten. Sozialarbeit auf dem Weg zu einer alternativen Professionalität. München 1986.
Opaschowsky, H.W., Soziale Arbeit mit arbeitslosen Jugendlichen. Streetwork und Aktionsforschung im Wohnbereich. Opladen 1976.
Opielka, M. (Hg.), Die ökosoziale Frage. Frankfurt/M. 1985.
Opielka, M./Vobruba, G., Das garantierte Mindesteinkommen. Frankfurt/M. 1985.
Oppolzer, A., Wenn du arm bist, mußt du früher sterben. Hamburg 1986.
Peters, H., Moderne Fürsorge und ihre Legitimation. Köln/Opladen 1968.
Peukert, D.J.K., Grenzen der Sozialdisziplinierung. Aufstieg und Krise der deutschen Jugendfürsorge von 1878 bis 1932. Köln 1986.
Pöldinger, W. u.a. (Hg.), Psychosoziales Elend. Wien 1981.
Preußer, N., Empirie einer Subkultur. Wiesbaden-Mühltal/Berlin 1976.
–, Zwangsalternativen – Zur Dialektik von Subkultur und Hinterwelt. In: Preußer, N. (Hg.): Armut und Sozialstaat. Bd. 4: Nachrichten aus der gefahrvollen Welt der unteren Klassen. München 1983, 331-346.

Regus, M./Trenk-Hinterberger, P., Armutspolitik und Krankheit im Alter. In: Leibfried, St./ Tennstedt, F. (Hg.): Politik der Armut und Die Spaltung des Sozialstaats. Frankfurt/M. 1985, 336-356.
Richter, H.E., Lernziel Solidarität. Reinbek 1974.
Roth, J., Zeitbombe Armut. Hamburg 1985.
Rusche, G./Kirchheimer, O., Sozialstruktur und Strafvollzug. Frankfurt/M. 1974.
Sachße, C. Mütterlichkeit als Beruf. Sozialarbeit, Sozialreform und Frauenbewegung 1871-1929. Frankfurt/M. 1986.
Sachße, C./Tennstedt, F., Geschichte der Armenfürsorge in Deutschland. Stuttgart 1980.
– (Hg.), Jahrbuch der Sozialarbeit 4. Geschichte und Geschichten. Reinbek 1981.
– (Hg.), Bettler, Gauner und Proleten. Reinbek 1983.
– (Hg.), Soziale Sicherheit und soziale Disziplinierung. Frankfurt/M. 1986.
Schäfer, H., Zwischen Germanisierung und Verdrängung – Zur Lage der Arbeitsemigranten in der Bundesrepublik. In: Thien, H.G./Wienold, H. (Hg.): Herrschaft, Krise, Überleben. Münster 1986, 25-43.
Schäuble, G., Theorien, Definitionen und Beurteilung von Armut. Berlin 1984.
Scherpner, H., Geschichte der Jugendfürsorge. Göttingen 1979, 2. Aufl.
Schulte, B., Politik der Armut. Internationale Perspektiven. In: Leibfried, St./Tennstedt, F. (Hg.): Politik der Armut und Die Spaltung des Sozialstaats. Frankfurt/M. 1985, 383-423.
Schulte, B./Trenk-Hinterberger, P., Sozialhilfe. Eine Einführung. Königstein/Ts. 1982.
Socialdata, Anzahl und Situation zu Hause lebender Pflegebedürftiger. Stuttgart 1980.
Tjaden-Steinhauer, M., Die verwaltete Armut. Hamburg 1985.
Vaskovics, L./Weins, W., Stand der Forschung über Obdachlose und Hilfe für Obdachlose. Stuttgart 1983.
Vilmar, F./Runge, B., Auf dem Weg zur Selbsthilfegesellschaft? Essen 1986.
Wagner, W., Die nützliche Armut. Berlin 1982.
Wallraff, G., Ganz unten. Köln 1985.
Weber, R., Lebensbedingungen und Alltag der Stadtstreicher in der Bundesrepublik. Bielefeld 1984.
Wenzel, G./Leibfried, St., Armut und Sozialhilferecht. Weinheim 1986.
Zander, H., Armut. In: Eyferth, H. u.a. (Hg.): Handbuch zur Sozialarbeit/Sozialpädagogik. Neuwied 1984, 132-148.
Zuleeg, M., Politik der Armut und Ausländer. In: Leibfried, St./Tennstedt, F. (Hg.): Politik der Armut und Die Spaltung des Sozialstaats. Frankfurt/M. 1985, 295-308.

3.7. Straffällige und Diversion

Franz Bettmer

1. Diversion im Rahmen der Jugendstrafjustiz

Im Bereich der Jugendstrafjustiz haben in den vergangenen zwei Jahrzehnten ambulante Maßnahmen einen erheblichen Stellenwert gewonnen. Diese unter dem Sammelbegriff „Diversion“ geführten Maßnahmen stellen sich als Alternativen zur klassischen, repressiven strafrechtlichen Verfolgung und Sanktionierung von Jugendkriminalität dar. Sie wollen, um eine bessere Wirkung auf die Legalbewährung jugendlicher Straftäter zu zeitigen, unter Vermeidung kontraproduktiver Wirkungen der herkömmlichen Strafverfolgung an den Ursachen von strafrechtsrelevanten Verhaltensweisen ansetzen. Sie sind insoweit als psychosoziale Interventionen konzipiert, als sie auf Verhaltensdispositionen, psychosoziale Defizite oder auch Problemlagen der Betroffenen rekurrieren.

Im Interventionsfeld der Jugendkriminalität sind hierbei jedoch spezifische Probleme zu berücksichtigen. Einerseits mangelt es an gesichertem Wissen über Kausalfaktoren von Kriminalität, wodurch auch im Einzelfall eine Zuordnung von Ursachen problematisch wird. Zum anderen werden Entscheidungen über die Auswahl adäquater Maßnahmen in aller Regel nicht an die Diagnose spezifischer Ursachen gebunden, sondern aufgrund der davon abstrahierenden justitiellen Definition eines Verhaltens als Normverletzung getroffen. Mit einer solchen Definition sind aber keine Verhaltensdispositionen, psychosozialen Defizite o.ä. bezeichnet, sondern lediglich die aus dem abweichenden Verhalten resultierende Verletzung des Rechtsgutes anderer oder etwa der öffentlichen Ordnung. Die Zuordnung der Interventionsmaßnahmen erfolgt also unspezifisch gegenüber ihren eigentlichen Bezugspunkten im Ursachenbereich. Unter diesen Voraussetzungen wird das Verhältnis zum Strafjustizsystem wesentlich konstitutiv für die Institutionalisierung ambulanter Maßnahmen, womit gerade in diesem Bereich die Ambivalenz psychosozialer Interventionen zwischen Hilfe (zu einem zukünftig straffreien Leben) und Kontrolle als besonders prekär erscheint.

Der folgende Beitrag vernachlässigt aus diesen Gründen die spezifischen Formen psychosozialer Interventionen im Bereich der Diversion; er beschäftigt sich vielmehr mit den kriminalpolitischen und institutionellen Rahmenbedingungen und Ergebnissen der Diversionspraxis, die deren Verhältnis zum Strafjustizsystem kennzeichnen.

Unter Diversion versteht man im weitesten Sinne die vorzeitige Beendigung oder Aussetzung eines formellen Strafprozesses auf einer beliebigen Stufe des Verfahrens, mit oder ohne Überweisung an ein Maßnahmeprogramm einer außerjustitiellen, öffentlichen oder privaten Institution (vgl. Dictionary 1976, 45). Unter dieser sehr allgemeinen Definition läßt sich zwar fast das gesamte Spektrum von Diversionskonzepten und -projekten subsumieren, das sich im Ursprungsland, den USA, Anfang der 70er Jahre explosionsartig entwickelte (vgl. z.B. Klein u.a. 1976) – sie läßt aber wesentliche Fragen offen. Die Definition gibt keine Auskunft über einheitliche Ziele von Diversionsprojekten, über die zur Erreichung dieser Ziele eingesetzten bzw. einzusetzenden Mittel und über eine Abgrenzung gegenüber traditionellen Strafverfahren. In der amerikanischen Literatur wie in der bundesrepublikanischen Rezeption wird immer wieder betont, daß konsensfähige Definitionen zu diesen Aspekten nicht vorliegen (vgl. Kury 1981). Daran hat sich bis heute – zwei Jahrzehnte nach Beginn der Diversionspraxis – nichts geändert (vgl. zuletzt: Voß 1985). Auch im Rahmen der bei einem Großteil der Projekte durchgeführten Evaluationen wurden Ziele, Mittel und Abgrenzungen nur sehr unzureichend theoretisch entwickelt, begründet und präzisiert (vgl. Klein 1979; Lamp 1981). Die Entscheidungs- und Handlungmodalitäten der einzelnen Projekte scheinen sich gleichsam beliebig – oder etwa nur an lokal vorgefundenen Besonderheiten orientiert – zu etablieren. Diese Modalitäten betreffen vor allem

- die Stelle, an der das formelle Strafverfahren unter- oder abgebrochen werden soll,
- die Population, die in den Genuß von Diversion kommen soll,
- die Frage, ob und wenn ja, welche Maßnahmeprogramme als Alternative zu einer strafjustitiellen Sanktion bereitgestellt werden (vgl. Voß 1985, 191f.).

Diese Definitionsprobleme könnten zunächst Verwunderung hervorrufen, waren doch an der Entwicklung und Implementation der Diversion in bisher nicht gekanntem Ausmaß Sozialwissenschaftler beteiligt. Jedoch liegt bei genauer Betrachtung gerade hierin einer der Gründe: Entgegen der üblichen Rolle der Sozialwissenschaften, eine Analyse gesellschaftlicher Praxisfelder nachzuliefern, wurde hier eine theoretische Legitimation für eine Veränderung gesellschaftlicher Praxis bereitgestellt, während die praktische Umsetzung sich wildwüchsig entwickelte und die theoretisch formulierten Ansprüche nur zum Teil realisierte. Definitionsversuche, die sich streng an theoretische Vorgaben halten, sehen sich mit dem Problem konfrontiert, einen großen Teil der bestehenden, sich selbst als „Diversion" bezeichnenden Praxis ausschließen zu müssen, während umgekehrt die Anschauung der bestehenden Praxis kaum einheitliche Merkmale zutage fördert.

Der Zugang zum Verständnis von Diversion erschließt sich deshalb nicht allein über die theoretische Begründung, sondern vor allem durch eine Analyse der bestehenden Praxis vor dem Hintergrund der historisch-konkreten Entstehungsbedingungen.

2. Entstehungsbedingungen

Die Jugendgerichtsbarkeit der USA sah sich in den 60er Jahren heftiger Kritik ausgesetzt und von ernsten Legitimationsverlusten bedroht. Angesichts ansteigender Kriminalitätsraten insbesondere bei Jugendlichen wurden die gleichbleibend hohen Rückfallraten (vgl. Carter/Klein 1976) als Indiz für die Ineffektivität der Verfahrensweisen und Sanktionsformen angeführt. Behandlungsprogramme, die mit dem Wechsel von einer reinen Straf- zur Behandlungsideologie verstärkt vor allem bei

Inhaftierten eingesetzt wurden, zeigten wenig Wirkung (vgl. Lipton/Martinson/Wilks 1975). Die Funktionsfähigkeit der Jugendgerichte drohte angesichts der Fallüberlast und der Überfüllung der Gefängnisse zusammenzubrechen (vgl. Kirchhoff 1981). Zudem lösten auch die damit verbundenen enormen Kosten Besorgnis aus.

Insbesondere wurde aber die konkrete Arbeitsweise der Jugendgerichte heftig kritisiert. Die Strafjustiz ist in den USA, im Gegensatz zum Subsidiaritätsprinzip der Bundesrepublik, am parens-patriae-Prinzip orientiert (vgl. Task Force Report 1962, 2), d.h. mit weitreichenden Eingriffsbefugnissen ausgestattet. Die Ermessensspielräume der Jugendgerichtsbarkeit waren unter Berufung auf die erzieherische Funktion der Interventionen zudem kaum durch subjektive Verfahrensrechte beschränkt (vgl. Sosin/Sarri 1976). Die Zugriffskompetenzen erstreckten und erstrecken sich auch auf Verhaltensweisen Jugendlicher, die bei Erwachsenen strafrechtlich ohne Relevanz sind (sog. ‚status offenses'; eine Übersicht anhand des Michigan Probation Codes findet sich bei Kirchhoff [1981, 257ff.] mit weiteren Hinweisen auf Unterschiedlichkeiten zur deutschen Jugendgerichtsbarkeit). Die Ambiguität der Jugendstrafjustiz, die gegenüber der erzieherischen Intention auch den traditionellen strafrechtlichen Funktionen der Normverdeutlichung durch Sanktion verpflichtet ist (vgl. Task Force Report 1967, 8), schlug unter den Bedingungen der Fallüberlastung zugunsten einer reinen Sanktionspraxis um. Der mit der zunehmenden Kriminalität extensive Zugriff auf Jugendliche und der extensive Gebrauch von Kriminalsanktionen wurde, nach einem Diktum von Roscoe Pound, als „overreach" kritisiert. Die Verhältnisse in den „training schools", geschlossenen Anstalten für deviante Jugendliche, übertrafen in ihrer Repressivität und Brutalität noch die Erwachsenengefängnisse (vgl. Task Force Report 1967, 8).

Die Jugendgerichtsbarkeit, deren Entstehung um die Jahrhundertwende auch von der „child-savers"-Bewegung getragen wurde, welche die amerikanische Jugend vor den Wirkungen der Industrialisierung und der zunehmenden Urbanisation schützen wollte (vgl. ebd., 2; Empey 1973; Janssen 1983, 20), geriet in Gegensatz zu ihrer ideologischen Grundlage. Angesichts einer starken amerikanischen Tradition, sozialisatorische und auch ordnungspolitische Funktionen weitgehend der Familie und der community zu übertragen (vgl. Sarri/Vinter 1976, 163), begründeten sich die Ermessensspielräume daraus, daß die Jugendgerichtsbarkeit – die ohnehin nicht der legislativen Kompetenz des Bundes untersteht – freie Hand hat, um ihre erzieherischen Intentionen im Rahmen lokaler Besonderheiten realisieren zu können (vgl. Sosin/Sarri 1976, 176). Die Jugendgerichte seien aber, so die Kritik, dazu nicht mehr in der Lage, weil sie weder über entsprechende Institutionen verfügten, noch die Beteiligten entsprechend ausgebildet seien (Lemert 1967, 92); andererseits verweigerten die communities die Bereitstellung entsprechender Ressourcen (vgl. Task Force Report 1967, 7).

In dieser Situation war auch die erzieherische Legitimation der Ermessensspielräume gefährdet. Die häufige Nichtbeachtung auch fundamentaler Grundrechte (vgl. Empey 1973) führte zu einigen Entscheidungen des Supreme Court der Vereinigten Staaten, mit denen die Rechte von Jugendlichen im Verfahren erweitert wurden (vgl. z.B. In re Gault 1967; weitere Entscheidungen bei Sosin/Sarri 1976). Diese Entscheidungen zielten jedoch nicht auf eine völlige Gleichstellung der Rechte Jugendlicher mit denen Erwachsener (vgl. Sosin/Sarri 1976). Sie richteten sich, ebenso wie die Kritik an der parens-patriae-Ideologie, nur insoweit gegen den übertriebenen Zwangscharakter der strafjustitiellen Interventionen, als damit die erzieherischen Intentionen konterkariert wurden (vgl. Miller 1979a, 93).

Der praktischen Implementation von Diversion ging ein entscheidender politischer Wechsel voraus. Der von Kennedy proklamierte „War on Poverty", der bei den Ursachen der steigenden Kriminalität und Kriminalisierung insbesondere der Unterschichten und der ethnischen und rassischen Minoritäten ansetzen sollte, war durch Johnsons „War on Crime" abgelöst worden, der eher auf eine Veränderung der Kontrollstrategie abzielte (vgl. Janssen 1983, 26ff.). Diese Änderung der politischen Strategien ist sicherlich im Zusammenhang der Unruhen der 60er Jahre zu sehen. Mit dem Verlust traditioneller Orientierungsmuster und der Erfahrung immer offener auftretender gesellschaftlicher Gegensätze und Mißstände entwickelten sich Protestbewegungen, neue Lebens- und kulturelle Stile, darunter auch zunehmender Drogengebrauch. Mit der repressiven strafjustitiellen Sanktionierung der damit verbundenen neuen Formen abweichenden Verhaltens (vgl. Kratcoski/Kratcoski 1979, 10-17), liefen nunmehr immer stärker auch weiße Mittel- und Oberschichtjugendliche Gefahr, kriminalisiert zu werden.

3. Theoretische Grundlagen

Die stark positivistisch orientierte amerikanische Mainstream-Kriminologie war kaum in der Lage, diesen veränderten Bedingungen Rechnung zu tragen und politische Impulse zu geben (vgl. Beirne 1977). Dagegen boten die aufkommende Theorie des Labeling-approach und die bis dahin wenig beachtete Theorie differentieller Kontakte bessere Ansatzpunkte für die Erklärung des Versagens der Strafjustiz und vor allem als Legitimationsgrundlage für eine Veränderung der Kontrollstrategien. Diese beiden Theorieansätze können als die wesentlichen Grundlagen der Diversionsbewegung gelten (vgl. Cressey/McDermott 1973, 2).

Die Kritik des Labeling-approach an den stigmatisierenden Wirkungen von Strafverfahren wurde zur Begründung eines partiellen Rückzugs der Jugendgerichte herangezogen. Die Schlußfolgerung, Diversion sei eine praktische Operationalisierung des Labeling-Ansatzes (so z.B. Kury 1981), ist jedoch irreführend. Die Begründung des Rückzugs stützte sich in erster Linie auf das Konzept sekundärer Devianz, das vor allem von Lemert (1967) eingebracht wurde. Im Mittelpunkt stand die Vermeidung negativer Folgewirkungen der spezifisch strafjustitiellen Eingriffsformen in die Lebenswelten Jugendlicher – die Veränderung von Selbstkonzepten und die Verminderung von Lebenschancen durch stigmatisierende strafjustitielle *Sanktionen* (ebd., 92f.). Der Labeling-Ansatz wurde um seine genuine Besonderheit verkürzt, nämlich um das Verständnis der Abweichung selbst als Ergebnis eines Interaktionsprozesses, als Zuschreibung, Etikettierung. Überlegungen, die stärker bei diesem Prozeß primärer Devianz ansetzten und zu der Forderung nach weitgehendem Verzicht auf kontrollierende Zugriffe überhaupt gelangten, wie etwa Schurs ‚radical non-intervention' (1973), fanden kaum Eingang in die Beratungen (vgl. Janssen 1983, 32).

Während der Labeling-Ansatz die Legitimation für den partiellen Rückzug der Jugendgerichte bereitstellte, wurde die Theorie differentieller Kontakte, gestützt auf die Erfahrungen mit Behandlungsversuchen in geschlossenen Anstalten, zur Begründung von Alternativen zu strafjustitiellen, vor allem freiheitsentziehenden Sanktionen herangezogen. Im Rahmen solcher Alternativen sollten die Möglichkeiten einer

Bereitstellung positiver Rollen und Erfahrungen in ambulanten Maßnahmen ausgeschöpft werden und integrative Wirkung entfalten (vgl. z.B. Polk/Kobrin 1976). Gleichzeitig sollte der Aufbau solcher Programme zur Nutzung bzw. Wiederbelebung kommunaler, nachbarschaftlicher und vor allem familiärer Strategien und Ressourcen der Sozialkontrolle beitragen.

Damit hat sich schon in der theoretischen Grundlegung von Diversion die Ideologie der „helping hands“ gegenüber der radikaleren Ideologie des „hands off“ und zunächst auch gegenüber der konservativen Ideologie der „heavy hands“ (vgl. dazu Erickson 1979) durchgesetzt.

3.1. Die Empfehlungen der „President's Commission“

Die Weichen für eine entsprechende Umstrukturierung der Jugendstrafjustiz wurden mit dem Bericht der President's Commission on Law Enforcement and Administration of Justice, ‚The Challenge of Crime in a Free Society‘ (1967), gestellt. Die hier gegebenen Empfehlungen (Auszüge der wesentlichen Aussagen bei Carter/Klein 1976) wurden handlungsleitend für die praktische Implementation von Diversion.

Die Empfehlungen richteten sich zum großen Teil an den Bereich außerjustitieller Organisation: z.B. Aufbau von kommunalen Youth Service Bureaus (vgl. dazu Gemignani 1976) und Betreuung derselben mit Koordinationsaufgaben, Aktivierung und Einbeziehung kommunaler Institutionen und Vereine, Aufbau von Maßnahmeprogrammen, Ausbau von Familienberatung und -therapie.

Empfehlungen zum restriktiven Gebrauch von Strafverfahren wurden zwar in allgemeiner Form gegeben: „The formal sanctioning system and pronouncement of delinquency should be used only as a last resort“; konkret bezogen sie sich aber vor allem auf den Bereich der status offenses (‚noncriminal matters‘). Inhaftierungen sollten hinsichtlich des Arrests vor einer Anhörung eingeschränkt werden; ansonsten sollten getrennte Haftunterbringungsmöglichkeiten für Jugendliche geschaffen werden, um die Behandlungsmöglichkeiten zu verbessern.

Ursachenzusammenhänge von Kriminalität wurden wesentlich nur hinsichtlich der Verbesserung von Zugangsbedingungen zu Beschäftigungsmöglichkeiten berücksichtigt.

Insgesamt ging es darum, den Bereich kleinerer Kriminalität, oder besser: Devianz, aus dem Strafjustizsystem herauszuhalten und gleichzeitig außerjustitielle Maßnahmeprogramme für diesen Bereich sicherzustellen. Die Jugendstrafjustiz sollte wieder deutlicher auf ihre traditionelle Funktion der Normverdeutlichung durch Sanktion und des Schutzes der Gesellschaft vor gefährlichen Rechtsverletzungen verpflichtet werden; die Aufgabe der Erziehung sollte wieder von der community erfüllt werden.

Dies korrespondiert mit dem erklärten Ziel der Empfehlungen: „... to achieve necessary control without unnecessary stigma“. Die Strafjustiz soll von der Überlastung durch ‚minor offenses‘ befreit werden, um die traditionell repressiven Sanktionen gezielter einsetzen zu können (so z.B. auch Lemert 1967, 97); der zu befürchtende Kontrollverlust soll durch ein weites Netz kommunaler Organisationen und ambulanter Programme aufgefangen werden.

4. Abgrenzung gegenüber traditionellen Selektionsprozessen

Definitive Kriterien für eine zu treffende Diversionsentscheidung wurden nicht vorgelegt. D.h. Diversion ist nicht durch eine Anwendung spezifischer Maßnahmen auf spezifische Populationen charakterisierbar. Lediglich für Fälle schwererer Kriminalität oder Gewalttätigkeit sollte generell auf die Anwendung formeller Strafverfolgung und Sanktionierung zurückgegriffen werden (vgl. dazu Miller 1979b) (→ *Zwangsunterbringungen* 2.8.). Die Garantie von Verfahrensrechten wurde nur im Zusammenhang mit traditionellen Strafverfahren thematisiert, nicht aber hinsichtlich der Diversionsverfahren. Insofern stellt sich Diversion als eine Verbesserung der Infrastruktur erzieherischer Interventionsmöglichkeiten dar – unter Beibehaltung weitgehender Ermessensspielräume der beteiligten Instanzen im Rahmen kommunaler Gegebenheiten. Dies entspricht den Intentionen, die schon bei der Entstehung der Jugendgerichte Pate standen. Die Jugendgerichtsbarkeit wurde ja gerade unter der Ideologie institutionalisiert, Jugendliche aus den Verfahren der Kriminaljustiz herauszuhalten und adäquaten erzieherischen Maßnahmen zuzuführen (vgl. z.B. National Institute 1976). „Neu" an der Diversion ist insoweit bestenfalls die systematische Bereitstellung von Behandlungsangeboten, vielleicht auch von neuen Angeboten (vgl. Vorenberg/Vorenberg 1973, 152; Kury 1981, 170).

Auch der Prozeßcharakter von Diversion, die Ausfilterung von Fällen aus dem formellen Jugendstrafverfahren als zweiter zentraler Aspekt, ist im Grunde so alt wie die Strafjustiz selber (vgl. die Beispiele bei Klein 1976). Eine Unterscheidung wird weitgehend übereinstimmend gegenüber der traditionellen Selektionspraxis des „screening" getroffen. Screening bedeutet eine folgenlose Ausfilterung von Fällen, meist auf der Ebene der Polizei, während Diversion in aller Regel die Überweisung an ein Programm bei Aussetzung des formellen Verfahrens impliziert. Eine Einstellung erfolgt erst nach erfolgreichem Abschluß des Programms (vgl. Klapmuts 1974, 111f.). Der kontrollierende Zugriff der Strafjustiz bleibt während des gesamten Diversionsverfahrens möglich. Damit entfällt die vom progressiven Flügel der Diversionsbewegung geforderte Irreversibilität der Diversionsentscheidung. Die davon abhängigen Ideale einer freiwilligen Teilnahme und einer praktischen Unabhängigkeit gegenüber der Strafjustiz (vgl. Dunford 1977) können insoweit nicht realisiert werden. Die Praxis einer endgültigen Einstellung des Strafverfahrens schon bei Überweisung an ein Diversionsprogramm („true diversion") ist kaum zu finden (Cressey/McDermott 1973, 6). Diversion wäre soweit ein neuer Name für alte Praktiken (so z.B. Smith 1973; ähnlich Miller 1979a).

Weitere Versuche einer definitorischen Abgrenzung gegen traditionelle Selektionsprozesse sind kaum konsensfähig. Häufig wird eine Unterscheidung zwischen Diversion und „minimization of penetration" getroffen (z.B. Solomon 1976, 120; Kirchhoff 1981), womit eine Reduzierung strafjustitieller Interventionen ohne konkrete Bezeichnung von Alternativen gemeint ist. Carter/Klein (1976) fassen dies neben der Überweisung an Behandlungseinrichtungen als zweite Möglichkeit unter den Begriff der Diversion. Klein (1976, 74f.) unterscheidet z.B. zwischen Diversion und „referral", der traditionellen Überweisung an außerjustitielle Institutionen auf einer beliebigen Stufe des Verfahrens, wobei sich Diversion nach dieser Klassifikation von referral dadurch unterscheiden soll, daß die Überweisung im Rückgriff auf eine niedrigere Stufe im Strafverfolgungssystem erfolgt. Diese Unterscheidung wird jedoch problematisch, wenn im Sinne der „early diversion" (Vorenberg/Vorenberg

1973) ein frühestmögliches Ausscheiden aus dem Strafverfolgungsprozeß angestrebt wird.

Mit diesen Definitionsversuchen werden Ansprüche an die Diversionspraxis formuliert. Unter der Voraussetzung, daß im Rahmen von Diversion eine Maßnahme durchgeführt wird, ist die Praxis dann erfolgreich (und nur dann als Diversion zu bezeichnen), wenn damit die Hereinnahme in das Strafjustizsystem vermieden wurde (community absorption), wenn eine Alternative zur polizeilichen Arrestentscheidung oder Überweisung an das Gericht bereitgestellt wurde (police alternatives), oder wenn eine sonst anzuberaumende Verhandlung mit Urteil vermieden wurde (pretrial intervention; vgl. Klapmuts 1974, 113f.). Der Anspruch, die jeweils angestrebte Population tatsächlich zu erreichen, ist jedoch in der Praxis kaum durch die Bereitstellung von Diversionsmaßnahmen allein zu realisieren. Notwendig sind deshalb flankierende Strategien, insbesondere zur Entkriminalisierung und Deinstitutionalisierung (vgl. Erickson 1979), d.h. eine Herausnahme von bestimmten Devianzbereichen bzw. der status offenses insgesamt aus der Kompetenz der Jugendgerichte und die Beschneidung von Inhaftierungsmöglichkeiten, auch durch die Bereitstellung ambulanter Alternativen. Hellum u.a. (1983) bilden vier Kategorien zur Unterscheidung solcher praktischer Bemühungen:

- ‚divestment‘ (Entflechtung) bezeichnet die völlige Herausnahme von status offenses aus der Kompetenz der Kriminaljustiz mit dem Ziel der Normalisierung;
- ‚diversion‘ ist in Abgrenzung zu divestment durch die Verfügbarkeit alternativer Behandlungsangebote gekennzeichnet, läßt allerdings die Kompetenzen der Strafjustiz vollständig intakt, eine Rückverweisung bei Versagen ist jederzeit möglich;
- ‚decarceration‘ (Entkerkerung) minimiert den Zwangscharakter des justitiellen Zugriffs, allerdings ähnlich wie bei der Aussetzung zur Bewährung nur bedingt;
- ‚deinstitutionalization‘ versucht darüber hinaus, eine kompensative Neubildung von Institutionalisierungen, etwa auf kommunaler Ebene, zu verhindern (ebd., 20ff.).

5. Ziele

Faßt man die bei Hellum u.a. (1983) genannten drei weiteren Kategorien als Rahmenbedingungen für die Kategorie der Diversion auf, so werden damit die Zugriffs- und Sanktionsmöglichkeiten der Strafjustiz bereits im Sinne der Diversionsidee eingeschränkt. Im allgemeinen werden die Ziele von Diversion jedoch unabhängig von solchen Rahmenbedingungen oder begleitenden Strategien formuliert.

Diversion soll nach diesen Zielvorstellungen (vgl. die Auflistung bei Lamp 1981, 663f.) nicht nur eine wirkungsvollere und humanere Alternative zu Strafverfahren und Kriminalsanktionen bereitstellen, sondern auch zu höherer Effizienz des gesamten Strafjustizsystems führen. Die unmittelbaren Ziele hinsichtlich der Wirkung auf die Klientel lassen sich unter dem übergreifenden Ziel subsumieren, die Bedingungen für eine zukünftige Legalbewährung zu verbessern, also Rückfälligkeit zu vermeiden.

Diese Ziele sind vor allem:

- die Reduktion von Stigmatisierung durch Vermeidung von Verhandlung und Urteil,
- die Reduktion von Stigmatisierung und die Vermeidung negativer sozialer Kontakte durch Verzicht auf Arrest und Inhaftierung im Sanktionsbereich,
- die Verbesserung sozialer Chancen und Handlungskompetenzen und die Bereitstellung positiver sozialer Kontakte und Erfahrungen in der konkreten Ausgestaltung der Projekte.

Gleichzeitig werden damit die mittelbaren Ziele im Bereich kriminalpolitischer Auswirkungen verfolgt:
- die Entlastung der Justiz von der Bearbeitung kleinerer Fälle,
- die Reduktion der Kosten pro Fall,
- auf längere Sicht die Reduktion der Inhaftiertenzahlen insgesamt.

6. Evaluationen

Zur Überprüfung der Realisierung dieser Ziele ist der Großteil der amerikanischen Diversionsprojekte begleitend evaluiert worden. Die Ergebnisse der einzelnen Evaluationen fielen recht unterschiedlich und teilweise durchaus optimistisch aus. Summarische Sekundäranalysen ergaben jedoch ein relativ einheitliches, eher negatives Bild, wenn auch die Evaluationen bundesweit sehr unsystematisch betrieben wurden (vgl. Gibbons/Blake 1976). So erschweren u.a. unterschiedliche Populationen und unterschiedliche Definitionen, etwa von ‚Rückfall', den Vergleich der einzelnen Ergebnisse (vgl. Rovner-Pieczenik 1976, 51f.). Unter methodologischen Gesichtspunkten wurden erhebliche Bedenken hinsichtlich der Validität der Ergebnisse geltend gemacht. Die Implementationsbedingungen und die Umsetzung konzeptioneller Ziele und Kriterien in die Praxis (Prozeßevaluation) wurden meist nicht hinreichend kontrolliert (vgl. Klapmuts 1974; Klein 1979).

Das zentrale Problem liegt damit schon in der Beantwortung der Frage, ob die angestrebte Population überhaupt erreicht wurde. Mangels klarer definitorischer Vorgaben bezüglich der Population und der anzuwendenden Maßnahmen ist in der Regel kaum festzustellen, zu welchen strafjustitiellen Verfahrensweisen und Sanktionen die jeweiligen Projekte eine Alternative darstellen. Es ist mit anderen Worten unklar, welches Verfahren und welche Sanktion die Betroffenen erhalten hätten, wären sie nicht einer Diversionsmaßnahme zugewiesen worden. Die methodologische Lösung dieses Problems wird durch die Bedingungen erschwert, unter denen Diversionsprojekte und deren Evaluationen abgewickelt werden müssen: Dies sind die sehr unterschiedlichen Praktiken und weiten Ermessensspielräume lokaler Justizbehörden, die Veränderungen der justitiellen Praxis über die Zeit – auch durch Rückwirkung der Diversionsprojekte –, die teilweise starken Widerstände der beteiligten Professionen und nicht zuletzt die Tatsache, daß die Selektionskompetenz nach wie vor bei den Justizbehörden selbst liegt.

Ein experimentelles Kontrollgruppendesign mit Zufallszuteilung ist im Kriminaljustizsystem nicht nur unter ethischen Gesichtspunkten äußerst fragwürdig (vgl. dazu Grizzle/Witte 1980, 159; Binder u.a. 1976, 136ff.), es ist unter den genannten Bedingungen auch kaum zu realisieren (Ausnahmen z.B. bei Palmer/Bohnstedt 1978, 76ff.). Jedoch müssen auch bei Ausnahmen, ebenso wie bei den meist angewandten quasi-experimentellen Designs, deutliche Abstriche gemacht werden (vgl. Gibbons/Blake 1976). Darüber hinaus sind weitere gravierende Mängel festzustellen. So sind häufig die Kontrollgruppen zu klein und die Dauer der Untersuchungen zu kurz (vgl. Rovner-Pieczenik 1976; Gibbons/Blake 1976). Gorelick (1975, 199) bescheinigt den Evaluationen ein vollständiges Versagen bei der Aufstellung von Kontrollgruppen. Somit erscheint es von vornherein als äußerst problematisch, die im Zusammenhang von Diversionsprojekten festgestellten Wirkungen im Vergleich mit denen einer konventionellen justitiellen Verarbeitung einzuschätzen.

7. Wirkungen auf die Klientel

Die Ergebnisse fallen jedoch auch unabhängig von methodologischen Mängeln eher deprimierend aus. Eine bessere Wirkung hinsichtlich der Legalbewährung konnte insgesamt nicht bestätigt werden. Die ohnehin spärlichen Erfolgsmeldungen halten einer genaueren Überprüfung selten stand. Wie die Untersuchungen der Ohlin-Gruppe in Massachusetts nahelegen, kann bestenfalls solchen Maßnahmen ein gewisser Effekt auf die Legalbewährung zugeschrieben werden, die durch eine starke Einbindung in kommunale Sozialstrukturen und durch einen „normalisierenden" Charakter gekennzeichnet sind. Diese Ziele wurden jedoch von nur wenigen Projekten und dort auch nur in Ansätzen erreicht (vgl. Coates u.a. 1978, 155, 172f.; dazu auch Schumann/Voß 1980).

Mit Bezug auf die theoretischen Grundlagen verweist Lundman (1976) darauf, daß eine derartige Wirkung von Diversionsprojekten nicht ohne weiteres erwartet werden kann, da die zentrale These des Labeling-approach, stigmatisierende Kriminalsanktionen seien ursächlich für kriminelle Karrieren, empirisch nicht belegt ist (vgl. dazu auch Lemert 1985, 129ff.). Ohnehin lassen die Evaluationen kaum den Schluß zu, daß etwaige Ergebnisse auf die Diversionspraxis zurückzuführen sind. Gibbons/Blake (1976) machen darauf aufmerksam, daß die Rückfallquote auch von anderen Faktoren beeinflußt wird. Sie führen eine Untersuchung von Klein an, nach der bei einer Diversionspopulation eine höhere spätere Arrestquote festzustellen war, als bei einer Population, die nach einer Beratung (counseling/release) ohne weitere Folgen entlassen wurde – wohingegen aber die selbstberichtete spätere Delinquenz gleich hoch ausfiel. Dieses Ergebnis läßt die Annahme zu, daß nachfolgendes abweichendes Verhalten der Betroffenen auf eine größere Aufmerksamkeit der Kontrollorgane stößt, wenn die Betroffenen stärkeren Interventionen ausgesetzt waren.

Für die weiteren Ziele im Bereich der Klientel ergibt sich ein ähnlich schlechtes Bild. Eine Reduktion der Stigmatisierung wird laut einer Untersuchung von Paternoster u.a. (1979), die eine Diversionsklientel mit einer durch Arrest sanktionierten Population verglichen, von den Betroffenen nicht wahrgenommen. Entsprechend sind im allgemeinen positive Wirkungen auf das Selbstkonzept nicht festzustellen (vgl. Gibbons/Blake 1976). Eine Verbesserung sozialer Chancen ist ebenfalls nur unzureichend realisiert worden. Den höchsten Erklärungswert für einen längeren Verbleib in einer im Rahmen eines Diversionsprogramms vermittelten Beschäftigung hat meist der Status des vorhergehenden Beschäftigungsverhältnisses, nicht aber das Programm selbst (vgl. Rovner-Pieczenik 1976, 49). Die darüber hinaus angewandten, auf die Veränderung von Verhaltensdispositionen zielenden Mittel sind überwiegend therapeutisch-individualisierend und vor allem erfolglos (vgl. Klein 1979).

8. Kriminalpolitische Auswirkungen

Die Diversionsbewegung hat also die selbstgesteckten Ziele einer besseren Wirkung auf die Klientel nicht erreicht. Eine Reorganisation des Strafjustizsystems im Sinne einer Auslagerung der Kontroll- und Sanktions- (bzw. Erziehungs-)potentiale durch das Angebot der Diversionsalternativen hat ebenfalls nicht stattgefunden. Vielmehr ist Diversion zum weitgehend integrierten Bestandteil der Justiz geworden (Gorelick 1975, 184). Dies insofern, als die Diversionspraxis über den Zwangscharakter ihrer Maßnahmen (Verfahrens- oder Strafandrohung bei Kooperationsverweigerung), über die Selektion der Klientel durch die Justizbehörden und nicht zuletzt auch durch die justizinterne Einrichtung von Diversionsprojekten (vgl. Lemert 1985, 134) von der Justiz selbst gesteuert wurde.

Die Diversionspraxis hat sich darüber hinaus als eine Erweiterung der justitiellen Zugriffsmöglichkeiten auf abweichende Jugendliche herausgestellt. Diese Ausweitung sozialer Kontrolle („net-widening") weist zwei Aspekte auf: Zum einen rekrutiert sich ein Großteil der Klientel aus direkten Zuweisungen von Institutionen des sozialen Nahraums oder der Eltern (vgl. z.B. Gibbons/Blake 1976; Klein 1979), womit Diversion eher den Charakter einer Präventionsmaßnahme erhält (Nejelski 1976, 397); es handelt sich dabei um Fälle, die ohne die Existenz von Diversionsprojekten im informellen Sektor ohne Beteiligung oder Einschaltung der Justiz verarbeitet worden wären. Zum anderen wird durch den Einsatz von Diversionsmaßnahmen ein höherer Kontrolldruck auf solche Fälle ausgeübt, bei denen zwar eine polizeiliche Auffälligkeit vorliegt, eine Verhandlung aber ohnehin nicht stattgefunden hätte (zum Effekt des „net-widening" vgl. Blomberg 1978, 93ff., 1980). Diversion hat also die Zielpopulation nicht oder kaum erreicht, während sich die Gesamtkontrollkapazität des Strafjustizsystems erhöht hat (Voß 1985). Eine Vermeidung von Stigmatisierung kann schon deshalb nicht erwartet werden. Statt dessen ist zu befürchten, daß für die Diversionsklientel ein neues und ebenso gravierendes Stigma entsteht, sobald die Diversionspraxis als etablierter Bestandteil der Kontrolle abweichenden Verhaltens wahrgenommen wird (Gorelick 1975, 198).

Unter diesen Bedingungen stehen der Justiz mit der Diversion zusätzliche Möglichkeiten der Ausdifferenzierung von Selektionsprozessen und der Anwendung von Sanktionen zur Verfügung. Traditionell benachteiligte Gruppen und Minoritäten werden weiterhin den formellen Verfahren und Sanktionen zugeführt, während vorwiegend besser integrierte weiße Mittelschichtjugendliche in den Genuß der Diversion kommen (vgl. Nejelski 1976; Janssen 1983). Angesichts der mittelschichtorientierten, vorwiegend individual- und familientherapeutisch ausgerichteten Praxis, entspricht dieses Ergebnis auch der Tendenz sozialarbeiterischer Professionen, Projekte dort anzusiedeln, wo die größten Erfolgschancen bestehen (vgl. Klein 1979).

Hier stellt sich die Frage, ob diese eklatante Zielverfehlung darauf zurückzuführen ist, daß die theoretischen Grundlagen der Diversion, die ohnehin nur unzureichend ausgearbeitet sind, und die daraus resultierenden Ansprüche nicht in die Praxis umgesetzt wurden (so z.B. Klein 1979); ob also präzise Kriterien und Richtlinien für die Auswahl der Klientel und die Anwendung adäquater Maßnahmen, wie vielfach gefordert wird (z.B. Klapmuts 1974; Nejelski 1976, 408), hier Abhilfe schaffen können.

Dagegen ist nicht nur einzuwenden, daß bisher und auch außerhalb der Vereinigten Staaten noch keine kriminalpolitische Reform über die Einrichtung kommunaler Programme eine Reduzierung traditioneller justitieller Sanktionsentscheidungen erreicht hat (vgl. Doleschal 1982; Hylton 1981). Darüber hinaus werden auch prinzipielle Probleme relevant, welche die Diversion als *Funktionsträger des Justizsystems,* d.h. im Rahmen ihrer Aufgabe offizieller Reaktion auf abweichendes Verhalten, kennzeichnen. Diese Probleme hängen eng damit zusammen, daß sich Diversion als Alternative zu strafjustitiellen Verfahrens- und Sanktionsformen versteht, ohne aber andere Ziele zu verfolgen als das traditionell justitielle Ziel der effektiven Kriminalitätskontrolle.

Der Versuch, im Rahmen individualisierender Zugriffe auf Ursachenzusammenhänge zu rekurrieren, führt unter diesen Voraussetzungen zwangsläufig auf die Idee der Behandlung zurück. Die Anwendung von Behandlung setzt lediglich Behandlungsbedürftigkeit voraus. Behandlungsbedürfigkeit kann aber bereits mit der Feststellung abweichenden Verhaltens attestiert werden, ohne daß es dafür eines offiziellen Schuldspruchs bedarf. Eine Schuldvermutung reicht in der Diversionspraxis in der Regel für eine Zuweisung aus. Die „Freiwilligkeit" der Teilnahme wird durch die Befürchtung weitergehenderer Folgen eines sonst drohenden Verfahrens erzeugt. Den Entscheidungsträgern solcher Verfahren geht dabei häufig jede juristische Kompetenz ab (vgl. Nejelski 1976, 395ff.). Schließlich kann sich die Auswahl einer adäquaten Behandlung nicht an der Tat, sondern nur an der Täterpersönlichkeit orientieren; als Kriterium für die Bemessung der Behandlungsdauer und -intensität kann sinnvoll nur die Erfolgsaussicht zählen. Derartige Entscheidungsprozesse erfordern weite Ermessensspielräume und den Verzicht auf die den Zugriff begrenzende Funktion der Schuldfeststellung und der Proportionalität von Tat und Strafe (vgl. Gorelick 1975).

In der konkreten Praxis der Diversion haben diese Probleme zu einem weiteren Abbau von Rechtssicherheiten geführt, der nun vor allem die neu rekrutierte Klientel betrifft. Dieser Kritikpunkt, der einst von Diversionsbefürwortern gegen die Jugendgerichte angeführt wurde, läßt sich nun auch auf Diversion anwenden.

Diese Charakterisierung der Diversionspraxis legt bereits Schlußfolgerungen bezüglich des angestrebten Entlastungseffekts nahe. Insoweit sich die Population großenteils aus Community-Überweisungen und aus solchen Fällen zusammensetzt, die sonst im Prozeß des „screening" ausgefiltert würden, ist eine deutliche Entlastung der Justiz nicht zu erwarten.

Damit dürften auch die Kosten für die Kriminalitätsbearbeitung insgesamt nicht reduziert worden sein (vgl. Gorelick 1975, 195; Doleschal 1982, 134). Unabhängig davon ist es ebenfalls fraglich, ob die auf den Einzelfall bezogenen Kosten einer Diversion geringer ausfallen als die Kosten eines justitiellen Verfahrens, wie manche Projekte feststellen zu können glauben; denn es sind nicht nur die reinen Kosten der Projekte zu berechnen, da das Justizsystem in der einen oder anderen Weise immer auch mit den Diversionsfällen beschäftigt ist – nicht nur, wenn das Programm nicht erfolgreich verläuft (vgl. Gorelick 1975, 194f.).

Die Funktion von Diversion für eine Ausweitung des kontrollierenden Zugriffs im unteren Kriminalitätsbereich – als Alternative für eine traditionell folgenlose Ausfilterung – bestätigt sich mittelbar auch anhand der Inhaftiertenzahlen. Eine Reduktion ist hier nicht erreicht worden, eher eine Steigerung (vgl. Doleschal 1982; Hylton 1981; weitere Hinweise bei Voß 1985, 201ff.).

Die Diversionsbewegung hat somit eine kriminalpolitische Entwicklung befördert, die ihren eigentlichen Intentionen diametral entgegensteht: Der Gebrauch traditionell repressiver Sanktionen wurde nicht vermindert, der justitiell gesteuerte Zugriff auf Jugendliche dagegen unter Vernachlässigung von Rechtssicherheitsgesichtspunkten erweitert.

9. Diversion in der Bundesrepublik

Diversion steht in der Bundesrepublik bisher im Zeichen einer „inneren Reform" des Jugendgerichtsgesetzes (vgl. dazu DVJJ 1981). Nachdem Anfang der 70er Jahre der Versuch gescheitert war, Jugendgerichtsgesetz (JGG) und Jugendwohlfahrtsgesetz zu einem einheitlichen Jugendhilferecht zu vereinigen (vgl. Arbeiterwohlfahrt 1969), sollten nunmehr die sozialpädagogischen Möglichkeiten des JGG stärker „ausgereizt" werden. Die in diesem Zusammenhang entstandenen Praxisprojekte sind nach zwei Schwerpunkten zu unterscheiden. Zum einen sollte durch die Bereitstellung entsprechender Angebote den Jugendrichtern die Möglichkeit eröffnet werden, stärker von den im JGG vorgesehenen, pädagogisch orientierten Maßnahmen Gebrauch machen zu können. Diese Projekte verstehen sich vor allem als ambulante Alternativen zu freiheitsentziehenden Sanktionen, insbesondere dem Jugendarrest. Unter anderem werden Soziale Trainingskurse und Betreuungsweisungen nach § 10 JGG angeboten (vgl. Institut für soziale Arbeit 1983; Bundesarbeitsgemeinschaft 1986). Diese Projekte sind eher dem amerikanischen Vorbild der Deinstitutionalisierung zuzuordnen. Dazu sind auch die „Brücke"-Projekte zu zählen, die sich zwar selbst als eine Form der Diversion bezeichnen und auch als Wegbereiter der bundesrepublikanischen Diversionspraxis gelten können, die aber mit dem Instrument der Arbeitsweisung (§ 10 Abs. 1 Nr. 4 JGG; vgl. dazu Köpcke 1982; Pfeiffer 1983a) meist erst nach erfolgter Ver- oder Aburteilung durch den Jugendrichter eine Alternative zum Jugendarrest bereitstellen (vgl. Marks 1981; Pfeiffer 1980).

Der zweite Schwerpunkt besteht in dem Versuch, die Möglichkeiten des § 45 JGG stärker zu nutzen, d.h. durch die Bereitstellung ambulanter Maßnahmen und Interventionsformen eine Verfahrenseinstellung schon vor der Hauptverhandlung auf der Ebene der Staatsanwaltschaft zu forcieren. Derartige Projekte, die sich enger an die Diversionsidee hielten, entstanden u.a. in Mönchengladbach (vgl. Kirchhoff/Wachowius 1982), in Lübeck (vgl. Pohl-Laukamp 1981) und in Braunschweig (vgl. Hilse/Schalk 1983). Eine kurze Zusammenfassung mit weiteren Hinweisen findet sich bei Voß (1985, 213ff.).

Wie weit nun diese Projekte ihr Ziel erreicht haben oder noch erreichen werden, alternativ zum Jugendarrest bzw. zu Anklage und Hauptverhandlung genutzt zu werden, läßt sich mangels vorliegender Ergebnisse von Begleitforschungen nur schwer einschätzen. Auch die einzige bisher vorliegende Untersuchung des Münchener „Brücke"-Projektes von Pfeiffer (1983b) läßt eindeutige Schlüsse kaum zu (vgl. dazu Voß 1985, 217f.). Für die hiesigen Evaluationen bestehen die gleichen Probleme einer vergleichenden Wirkungsanalyse wie in den USA. Dort wo die Populationen über eine relativ klare Bestimmung der Straftatbestände definiert wird (z.B. Mönchengladbach), ist von vornherein klar, daß nur ein kleiner Teil eine Hauptverhandlung zu erwarten hätte. Ansonsten ist der Schluß auf eine alternative Nutzung nur mittelbar zu ziehen – aus einem gleichzeitig proportionalen Absinken des Gebrauchs traditionell repressiver Sanktionen. Eine solche Entwicklung der strafjustitiellen Praxis ist aber nicht ohne weiteres auf die Existenz der Alternativangebote zurückzuführen.

Diese Irritationen bezüglich der Population von Diversionsprojekten schlagen sich auch hierzulande in Forderungen nach einer besseren juristisch-dogmatischen Fixierung des Diversionsverfahrens nieder (vgl. Walter 1983; Breymann 1985). Mit einer solchen Fixierung könnten zwar Probleme der Rechtssicherheit ausgeräumt werden, gleichzeitig würde aber zwangsläufig der Alternativcharakter der Diversion aufgegeben. Die Zugriffskompetenzen der Strafjustiz dürften damit wohl kaum im Sinne einer Unabhängigkeit des Diversionsverfahrens beschnitten werden. Eher schon ist zu erwarten, daß damit Unsicherheiten bezüglich einer Irreversibilität der Diversionsentscheidung (vgl. Nothacker 1982) ausgeräumt und die befürchtete Ausdifferenzierung strafjustitieller Verfahrens- und Sanktionsweisen festgeschrieben werden.

Ob allerdings entsprechende, in der strafjustitiellen Praxis festzulegende Veränderungen, vor allem eine zielgenauere Anwendung von Gefängnisstrafen, auf eine Erweiterung der Gesamtkontrollkapazität durch Diversion zurückgeführt werden kann (vgl. Voß 1983), erscheint angesichts des bisher bestehenden Umfangs von Diversionsprojekten und -populationen als fraglich (vgl. Ludwig 1985). Ohne staatlich finanzierte Anreizprogramme ist eine Entwicklung im Umfang der amerikanischen Diversionsbewegung auch wenig wahrscheinlich (vgl. Ludwig 1986).

Kritische Überlegungen zentrieren sich – angesichts der amerikanischen Erfahrungen – weniger um die zu vermutende Wirkungslosigkeit der Projekte hinsichtlich einer späteren Legalbewährung der Klientel, sondern richten sich vielmehr gegen eine Instrumentalisierung von Sozialpädagogik für strafjustitielle Belange, insbesondere gegen die Tendenz, Erziehung als Äquivalent für Strafsanktionen einzusetzen (vgl. Müller/Otto 1986) und damit unter Verzicht auf Rechtssicherheiten eine Ausdifferenzierung des Sanktionsspektrums mit neuen Möglichkeiten der Sanktion bei bisher folgenlos eingestellten Verfahren zu betreiben.

10. Täter-Opfer-Ausgleich (TOA)

Neuere Projekte bemühen sich darum, die auf den Täter begrenzte Perspektive der Diversion zu überschreiten und im Rahmen eines Täter-Opfer-Ausgleichs die Interessen des Opfers stärker zu berücksichtigen (zur Opferperspektive vgl. Janssen/Kerner 1985). Der Ansatzpunkt der Reaktion wird damit von den täterzentrierten Ursachengesichtspunkten auf die Folgen der Straftat, d.h. auf die materiellen und immateriellen Schäden verlagert. Der damit angestrebte Verzicht auf eine „Behandlung" von Ursachen soll den Einsatz von Pädagogik als Strafe vermeiden helfen.

Jedoch stellen sich hier ähnliche Probleme wie bei der Diversion – in einer neuen Variante. Diese Probleme ergeben sich dann, wenn mit diesen Projekten nicht eine informelle Konfliktschlichtung im Vorfeld einer strafjustitiellen Auffälligkeit angestrebt wird (vgl. dazu Bianchi 1981, 114f.), sondern erneut eine Alternative zu sonst drohenden Strafverfahren entwickelt werden soll. Denn auch in diesen Projekten erfolgt die Zuweisung der Klientel durch die Justiz und unter der Voraussetzung einer individualisierenden Schuldzuschreibung, womit bereits ein Anspruch an den Täter gesellschaftlich legitimiert und kognitiv vermittelt wird, der mit dem drohenden Verfahren bei Kooperationsverweigerung den Beteiligten als Strafanspruch gewärtig ist. Auch hier stellt sich die Frage, ob und wie die zentrale Prämisse strafjustitieller Verarbeitung – die abstrahierende Reduktion der Tat auf den Aspekt der Normverletzung – im Ausgleichsverfahren durch die Berücksichtigung der Interessen aller Beteiligten aufgelöst werden kann (vgl. Bettmer 1986).

Unter der Voraussetzung, daß Eigenleistungen des Täters obligatorisch werden, kann auch eine Wiedergutmachung den Charakter einer Strafe annehmen und entsprechend instrumentalisiert werden. Dabei wird erneut das Problem der Gewährleistung von Rechtssicherheiten virulent. Auch wenn ein formeller justitieller Schuldspruch zur Voraussetzung gemacht wird, so verläuft doch das folgende Ausgleichsverfahren außerhalb strafjustitieller Formalisierung und damit außerhalb einklagbarer Rechtssicherheiten. Die begrenzende Funktion der Schuldfeststellung für die Bemessung der Sanktion (hier: Eigenleistung des Täters) kommt nicht notwendig zum Tragen. Auch hier tauchen die Gefahren einer selektiven Steuerung durch die Justiz auf: Die Zuweisung könnte unter der Prämisse erfolgen, daß ein *Mindest*äquivalent für den staatlichen Strafanspruch in Form von Eigenleistungen gewährleistet ist, ohne daß einklagbare Obergrenzen festmachbar sind. Bevorzugt werden könnten erneut solche Fälle, bei denen eine Verurteilung mit Sanktion nicht zu erwarten ist. Umgekehrt können zwar mit einer „Anrechung" von Wiedergutmachungsleistungen auf den Strafanspruch, sofern sie kalkulierbar sind, Rechtssicherheiten hergestellt werden; jedoch würde damit wiederum eine Äquivalentsetzung zur Strafsanktion erfolgen.

Andererseits sind aber auch die Chancen solcher Projekte, eine an den Bedürfnissen der Beteiligten orientierte Lösung anzubieten, die eine echte Alternative zum staatlichen Strafanspruch darstellt, noch keinesfalls ausgelotet. Gerade eine konsequente Abkehr von tatzentrierten Sanktionen wie von täterzentrierter Erziehung und Behandlung könnte neue Perspektiven für den Umgang mit (Jugend-)Kriminalität eröffnen.

Literatur

Arbeiterwohlfahrt, Jugendrechtskommission 1969: Vorschläge für ein erweitertes Jugendhilferecht. In: Simonsohn, B. (Hg.): Jugendkriminalität, Strafjustiz und Sozialpädagogik. Frankfurt/M.

Beirne, P., Empiricism and the Critique of Marxism on Law and Crime. In: Social Problems, Vol. 26 (1977), 373-385.

Bettmer, F., Probleme der Informalisierung Sozialer Kontrolle im Bereich abweichenden Verhaltens. In: Müller, S./Otto, H.-U. (Hg.): Damit Erziehung nicht zur Strafe wird. Sozialarbeit als Konfliktschlichtung. Bielefeld 1986.

Bianchi, H., Das Assensusmodell: Ein Plädoyer für die Wiedereinführung des Innenasylrechts. In: Kriminologisches Journal, 1981, 104-118.

Binder, A./Monahan, J./Newkirk, M., Diversion from the Juvenile Justice System and the Prevention of Delinquency. In: Monahan, J., Community Mental Health and the Criminal Justice System. New York 1976.

Blomberg, Th.G., Social Control and the Proliferation of Juvenile Court Services. San Francisco 1978.

–, Widening the Net: An Anomaly in the Evaluation of Diversion Programs. In: Klein, M.W./Teilmann, K.S. (Hg.): Handbook of Criminal Justice Evaluation. Beverley Hills/London 1980.
Breymann, K., Diversion – für wen eigentlich? Diversion nach § 45 II JGG auf der Ebene der Staatsanwaltschaft nicht nur für Bagatellkriminalität. In: Zentralblatt für Jugendrecht und Jugendwohlfahrt, 72. Jg. (1985), 14-22.
Bundesarbeitsgemeinschaft für ambulante Maßnahmen nach dem Jugendrecht: Ambulante sozialpädagogische Maßnahmen für junge Straffällige. Zwischenbilanz und Perspektiven. 2. Aufl., Schriftenreihe der DVJJ, Heft 14. München 1986.
Carter, R.M./Klein, M.W. (Hg.), Back on the Street. The Diversion of Juvenile Offenders (Prolog). Englewood Cliffs 1976.
Coates, R.B./Miller, A.D./Ohlin, L.E., Diversity in a Youth Correctional System. Handling Delinquents in Massachusetts. Cambridge/Mass. 1978.
Cressey, D.R./McDermott, R.A., Diversion from the Juvenile Justice System. Ann Arbor 1973.
Dictionary of Criminal Justice Data Terminology 1976, 1st Edition, US Department of Justice, National Criminal Justice Information and Statistics Service.
Doleschal, E., The Dangers of Criminal Justice Reform. In: Criminal Justice Abstracts, (1982), 133-152.
Dunford, F.W., Police Diversion – an Illusion? In: Criminology, (1977), 335-352.
DVJJ, Deutsche Vereinigung für Jugendgerichte und Jugendgerichtshilfen (Hg.), Die jugendrichterlichen Entscheidungen. Anspruch und Wirklichkeit. Bericht über die Verhandlungen des 18. Deutschen Jugendgerichtstages in Göttingen. München 1981.
Empey, L.T., Juvenile Justice Reform: Diversion, Due Process, and Deinstitutionalization. In: Ohlin, L.E. (Hg.): Prisoners in America. Englewood Cliffs 1973.
Erickson, M.L., Some Empirical Questions concerning the Current Revolution in Juvenile Justice. In: Empey, L.T. (Hg.), The Future of Childhood and Juvenile Justice. Charlottesville/Virg. 1979.
Gemignani, R.J., Youth Service Systems. In: Carter, R.M./Klein, M.W. (Hg.), Back on the Street. The Diversion of Juvenile Offenders. Englewood Cliffs 1976
Gibbons, D.C./Blake, G.F., Evaluating the Impact of Juvenile Diversion Programs. In: Crime & Delinquency, (1976), 411-420.
Gorelick, J.S., Pretrial Diversion: The Threat of Expanding Social Control. In: Harvard Civil Rights – Civil Liberties Law Review, (1975), 180-214.
Grizzle, G.A./Witte, A.D., Criminal Justice Evaluation Techniques: Methods other than Random Assignment. In: Klein, M.W./Teilmann, K.S. (Hg.): Handbook of Criminal Justice Evaluation. Beverley Hills/London 1980.
Hellum, F.R./Kobrin, S./Klein, M.W., The Deinstitutionalization of Status Offenders: The Legislative Mandate. In: Kobrin, S./Klein, M.W. (Hg.): Community Treatment of Juvenile Offenders. The DSO Experiments. Beverley Hills/London/New Delhi 1983.
Hilse, J./Schalk, K., Hintergrund und Konzeption eines Modellprojekts zur Arbeit der Jugendgerichtshilfe. In: Kerner, H.-J./Kury, H./Sessar, K. (Hg.): Deutsche Forschungen zur Kriminalitätsentstehung und Kriminalitätskontrolle. Interdisziplinäre Beiträge zur kriminologischen Forschung, Bd. 6/2. Köln/Berlin/Bonn/München 1983.
Hylton, J.H., Community Corrections and Social Control: The Case of Saskatchewan, Canada. In: Contemporary Crises, (1981), 193-215.
In re Gault (Supreme Court, May, 15, 1967). In: President's Commission on Law Enforcement and Administration of Justice: Task Force Report: Juvenile Delinquency and Consultants' Papers. Washington D.C. 1967.
Institut für soziale Arbeit e.V. (Hg.), Soziale Trainingskurse. ISA-Schriftenreihe, Heft 6. Münster 1983.

Janssen, H., Diversion: Entstehungsbedingungen, Hintergründe und Konsequenzen einer veränderten Strategie sozialer Kontrolle. Oder: Es gibt viele zu packen, tun wir es ihnen an. In: Kerner, H.-J. (Hg.): Diversion statt Strafe? Probleme und Gefahren einer neuen Strategie strafrechtlicher Sozialkontrolle. Heidelberg 1983.

Janssen, H./Kerner, H.-J., Verbrechensopfer, Sozialarbeit und Justiz. Das Opfer im Spannungsfeld der Handlungs- und Interessenkonflikte. Schriftenreihe der Deutschen Bewährungshilfe e.V. Neue Folge, Bd. 3. Bonn 1985.

Kirchhoff, G.F., Diversionsprogramme in den USA. Diversion zwischen Entdeckung und vor Verurteilung im Juvenile Justice System. In: Kury, H./Lerchenmüller, H. (Hg.): Diversion. Alternativen zu klassischen Sanktionsformen, Bd. 1. Bochum 1981.

Kirchhoff, G.F./Wachowius, W., Diversion im Jugendstrafrecht – Das STOP-Programm der INTEG. In: Kury, H. (Hg.): Prävention abweichenden Verhaltens – Maßnahmen der Vorbeugung und Nachbetreuung. Interdisziplinäre Beiträge zur kriminologischen Forschung, Bd. 3. Köln/Berlin/Bonn/München 1982.

Klapmuts, N., Diversion from the Justice System. In: Crime and Delinquency Literature, (1974), 108-131.

Klein, M.W., Issues in Police Diversion of Juvenile Offenders. In: Carter, R.M./Klein, M.W. (Hg.), Back on the Street. The Diversion of Juvenile Offenders. Englewood Cliffs 1976

–, Deinstitutionalization and Diversion of Juvenile Offenders: A Litany of Impediments. In: Norval, M./Tonry, M. (Hg.): Crime and Justice, Vol. 1. Chicago 1979.

Klein, M.W./Teilmann, K.S./Styles, J.A./Bugas Lincoln, S./Labin-Rosensweig, S., The Explosion in Police Diversion Programs: Evaluating the Structural Dimensions of a Social Fad. In: Klein, M.W. (Hg.): The Juvenile Justice System. Beverley Hills/London 1976.

Köpcke, U., Fragwürdigkeiten aktueller Diversionsstrategien – zugleich eine Kritik der „Brücke"-Projekte. In: Kriminologisches Journal, (1982), 289-302.

Kratcoski, P.C./Kratcoski, L.D., Juvenile Delinquency. Englewood Cliffs 1979.

Kury, H., Diversion – Möglichkeiten und Grenzen am Beispiel amerikanischer Programme. In: Kury, H./Lerchenmüller, H. (Hg.): Diversion. Alternativen zu klassischen Sanktionsformen, Bd. 1. Bochum 1981

Lamp, R., Probleme der theoretischen Analyse von Diversionsprogrammen. In: Kury, H./Lerchenmüller, H. (Hg.): Diversion. Alternativen zu klassischen Sanktionsformen, Bd. 2. Bochum 1981

Lemert, E.M., The Juvenile Court – Quest and Realities. In: The President's Commission on Law Enforcement and Administration of Justice (Hg.): Task Force Report: Juvenile Delinquency and Youth Crime. Report on Juvenile Justice and Consultants' Papers. Washington D.C. 1967.

–, Diversion im Rahmen der Jugendgerichtsbarkeit: Was wurde eigentlich erreicht? In: Brusten, M./Herriger, N./Malinowski, P. (Hg.): Entkriminalisierung. Sozialwissenschaftliche Analysen zu neuen Formen der Kriminalpolitik. Opladen 1985.

Lipton, D./Martinson, R./Wilks, J., The Effectiveness of Correctional Treatment. A Survey of Treatment Evaluation Studies. New York 1975.

Ludwig, W., Diversion, Justiz und kriminologische Forschung. In: Kriminologisches Journal, (1985), 290ff.

–, Sozialpädagogik als „weiche Kontrolle"?. In: Monatsschrift für Kriminologie und Strafrechtsreform, 69. Jg., (1986), 193-210.

Lundman, R.J., Will Diversion Reduce Recidivism? In: Crime & Delinquency, (1976), 428-437.

Marks, E., Weisungen gemäß § 10 JGG – Intensivierung sozialpädagogischer Hilfen im Bereich unterhalb der Jugenstrafe durch BRÜCKE-Projekte. In: Kury, H./Lerchenmüller, H. (Hg.): Diversion. Alternativen zu klassischen Sanktionsformen, Bd. 1. Bochum 1981.

Miller, J.G., The Revolution in Juvenile Justice: From Rhetoric to Rhetoric. In: Empey, L.T. (Hg.): The Future of Childhood and Juvenile Justice. Charlottesville/Virg. 1979a.

–, Systems of Control and the Serious Youth Offender. In: Bakal, Y./Polsky, H.W., Reforming Corrections for Juvenile Offenders. Alternatives and Strategies. Lexington/Mass. 1979b.

Müller, S./Otto, H.-U., Sozialarbeit im Souterrain der Justiz. Plädoyer zur Aufkündigung einer verhängnisvollen Allianz. In: Müller, S./Otto, H.-U. (Hg.): Damit Erziehung nicht zur Strafe wird. Sozialarbeit als Konfliktschlichtung. Bielefeld 1986.

National Institute of Mental Health, Diversion from the Criminal Justice System. In: Carter, R.M./Klein, M.W. (Hg.), Back on the Street. The Diversion of Juvenile Offenders. Englewood Cliffs 1976

Nejelski, P., Diversion: The Promise and the Danger. In: Crime & Delinquency, Vol. 22 (1976), 393-410.

Nothacker, G., Das Absehen von der Verfolgung im Jugendstrafverfahren (§ 45 JGG). In: Juristenzeitung, 37. Jg. (1982), 57-64.

Palmer, T./Bohnstedt, M./Lewis, R., The Evaluation of Juvenile Diversion Projects – Final Report 1978. Department of the Youth Autority 1978.

Paternoster, R./Waldo, G.P./Chiricos, T.G./Anderson, L., The Stigma of Diversion: Labeling in the Juvenile Justice System. In: Brantingham, P.L./Blomberg, Th.G. (Hg.): Courts and Diversion. Policy and Operations Studies. Beverley Hills/London 1979.

Pfeiffer, Ch., Jugendgerichtshilfe als Brücke zwischen Jugendhilfe und Jugendgerichtsbarkeit – Entwurf für ein Modellprojekt. In: Zentralblatt für Jugendrecht und Jugendwohlfahrt, 67. Jg. (1980), 384-395.

–, Erwiderung auf Ulf Köpckes Kritik der Brücke-Projekte. In: Kriminologisches Journal, (1983a), 210-221.

–, Kriminalprävention im Jugendgerichtsverfahren. Jugendrichterliches Handeln vor dem Hintergrund des Brücke-Projekts. Köln 1983b.

Pohl-Laukamp, D., Praxisbericht. In: DVJJ (Hg.): Die jugendrichterlichen Entscheidungen. Anspruch und Wirklichkeit. München 1981.

Polk, K./Kobrin, S., The Organizational Building-up of Stigmatizing Labels. In: Carter, R.M./Klein, M.W. (Hg.), Back on the Street. The Diversion of Juvenile Offenders. Englewood Cliffs 1976

President's Commission on Law Enforcement and Administration of Justice 1967: The Challenge of Crime in a Free Society. Washington D.C. 1967.

Rovner-Pieczenik, R., Pretrial Intervention Strategies. An Evaluation of Policy-related Research and Policy-maker Perceptions. Lexington/Mass. 1976.

Sarri, R.C./Vinter, R.D., Justice for Whom? Varieties of Juvenile Correctional Approaches. In: Klein, M.W. (Hg.): The Juvenile Justice System. Beverley Hills/London 1976.

Schumann, K.F./Voß, M., Jugend ohne Kerker. Über die Abschaffung der Jugendgefängnisse im Staat Massachusetts im Januar 1972 und die Entwicklung seither. Arbeitspapiere des Forschungsschwerpunktes Soziale Probleme: Kontrolle und Kompensation. Bremen 1980.

Schur, E.M., Radical Non-Intervention. Rethinking the Delinquency Problem. Englewood Cliffs 1973.

Smith, R.L., Diversion: New Label – Old Practice. In: US Department of Justice (Hg.): New Approaches to Diversion and Treatment of Juvenile Offenders. Washington D.C. 1973.

Solomon, H.M., Community Corrections. Boston 1976.

Sosin, M./Sarri, R., Due Process – Reality or Myth? In: Sarri, R./Hasenfeld, Y. (Hg.): Brought to Justice? Juveniles, the Court and the Laws. Ann Arbor 1976.

Task Force Report, The Administration of Juvenile Justice – the Juvenile Court and Related Methods of Delinquency Control. In: President's Commission on Law Enforcement and Administration of Justice (Hg.): Task Force Report: Juvenile Delinquency and Youth Crime. Report on Juvenile Justice and Consultants' Papers. Washington D.C. 1967.

Vorenberg, E.W./Vorenberg, J., Early Diversion from the Criminal Justice System: Practice in Search of a Theory. In: Ohlin, L.E. (Hg.): Prisoners in America. Englewood Cliffs 1973.

Voß, M., Über das keineswegs zufällige Zusammentreffen von Gefängnisausbau und der Einrichtung ambulanter Alternativen. In: Kerner, H.-J. (Hg.): Diversion statt Strafe? Probleme und Gefahren einer neuen Strategie strafrechtlicher Sozialkontrolle. Heidelberg 1983.

–, Widersprüche im Konzept und bedenkliche Erfahrungen. Lohnt die Einführung von Diversion? In: Brusten, M./Herriger, N./Malinowski, P. (Hg.): Entkriminalisierung. Sozialwissenschaftliche Analysen zu neuen Formen der Kriminalpolitik. Opladen 1985.

Walter, M., Wandlungen in der Reaktion auf Kriminalität. Zur kriminologischen, kriminalpolitischen und insbesondere dogmatischen Bedeutung von Diversion. In: Zeitschrift für die gesamte Strafrechtswissenschaft, 95. Jg. (1983), 32-68.

3.8. Drogen und Alkohol

Horst Bossong

1. Einleitung

Abhängigkeiten gibt es bekanntlich viele. Dieser Beitrag konzentriert sich jedoch nur auf die klassischen Süchte: die Alkoholabhängigkeit und die von Drogen im Sinne des Betäubungsmittelgesetzes.

Der Konsum berauschender und bewußtseinsverändernder Drogen ist so alt wie die Menschheit selbst (vgl. Brecher u.a. 1972; Schmidbauer/vom Scheidt 1971). Vermutlich kannte man bereits seit frühester Zeit neben den genußvollen auch die gefährlichen Seiten des Drogengebrauchs. Regulativ dürfte in frühen Gesellschaftsformationen vor allem die religiös-rituelle Einbindung des Drogenkonsums gewirkt haben (vgl. Dürr 1978; Gelpke 1966), während später in den antiken Hochkulturen der Konsum mehr und mehr auch durch gesellschaftliche Konventionen eingegrenzt wurde (vgl. Preiser 1981a, 1981b).

Heutzutage haben gesellschaftlich verbindliche und zumal rituelle Korrektive zu einem Gutteil ihre Bedeutung eingebüßt, stattdessen wird der Drogen- und Alkoholkonsum zusehends nurmehr über den Markt und Staat gesteuert (vgl. Marzahn 1983). Eine konsistente Orientierung für den Konsumenten geht damit jedoch in der Tendenz verloren (vgl. Wieser 1973), denn während der Markt einen möglichst reichlichen Konsum propagiert (vgl. Carl 1983, 23ff.), sucht der Staat qua Gesetzgebung den Konsum zu begrenzen (so beim Alkohol) oder gänzlich zu unterbinden (so bei den im Betäubungsmittelgesetz aufgelisteten Drogen; vgl. Scheerer 1982). Doch trotz dieser tendenziell desorientierend wirkenden Widersprüchlichkeit pflegt der weit überwiegende Teil der Konsumenten einen völlig unproblematischen Drogen- und Alkoholkonsum.

Trojan (1980) hat in einer Sekundäranalyse zur Epidemiologie des Alkoholkonsums in der Bundesrepublik zusammenfassend folgendes Trinkverhalten für die erwachsene Bevölkerung (ab 16 Jahren) festgestellt:

– Abstinente und fast Abstinente	ca.	20 %		
– schwache Konsumenten	zwischen	32 %	und	53 %
– starke Konsumenten	zwischen	16 %	und	47 %
– pathologische Konsumenten	zwischen	2 %	und	7 %

Für den Bereich der illegalen Drogen liegen für die Bundesrepublik keine vergleichbaren und verlässlichen epidemiologischen Untersuchungsergebnisse vor. Die *Bundesregierung* schätzt aber die Gesamtzahl der Konsumenten illegaler Drogen für das Jahr 1982 auf 50.000 bis 55.000 (zit. nach Keup 1985, 66). Eine von Keup (1982) selbst durchgeführte Hochrechnung auf der Basis der Ermittlungen von Skarabis/ Patzak (1981) ergeb demgegenüber allein an Heroinkonsumenten eine Zahl von schätzungsweise 65.000 bis 79.000 (die Bundesregierung geht hingegen von 15.000 plus x Heroinkonsumenten aus).

Untersuchungen aus den USA, über die Harding (1981) zusammenfassend berichtet, deuten aber auch für die Gruppe der Heroinkonsumenten präzisierend darauf hin, daß vermutlich 40 % und mehr von ihnen *keine* Abhängigen sind, sondern die Droge nur gelegentlich und kontrolliert konsumieren[1]. Demnach wird man auch für die Bundesrepublik von einer unbekannten Quote kontrollierter Opiatkonsumenten ausgehen können. Stellt man außerdem in Rechnung, daß es sich bei den von der Bundesregierung genannten 50.000 bis 55.000 Drogenkonsumenten u.a. auch um Cannabis-Konsumenten handelt (ihre Zahl wird mit ca. 20.000 angegeben), und berücksichtigt man hier, daß der Konsum dieser Droge zu keinerlei körperlichen und nur in vergleichsweise seltenen Fällen zu einer ernsthaften psychischen Abhängigkeit führt (vgl. Quensel 1982), dann läßt sich für den Bereich der illegalen Drogen zusammenfassend feststellen, daß ein vermutlich beachtlicher Prozentsatz von ihnen problemlose schwache bis starke Konsumenten sind, die keinerlei spezieller psychosozialer Hilfe bedürfen, wohl aber auf Entkriminalisierung ihres Konsums warten (vgl. AK Kommunale Drogenpolitik o.J.; Scheerer 1985).

2. Drogenkarrieren

Eine in den einschlägigen Disziplinen nach wie vor zentrale Frage ist die nach den Gründen für die Entstehung von Alkoholismus und Drogenabhängigkeit. In den letzten zwei Jahrzehnten hat sich ein Erklärungsansatz durchgesetzt, der das Zusammenwirken von drei Faktoren betont: Droge, Individuum, soziales Milieu (vgl. Feuerlein 1969; Kielholz/Ladewig 1972; s.a. Athen/Schuster 1978; Feser 1981; Gerchow/Heberle 1980; Kleiner 1979).

In Hinsicht auf die *Droge* werden unter anderem die unmittelbare psychotrope Wirkung, die Toleranzentwicklung bzw. das sogenannte Abhängigkeitspotential, die Dosis und Dauer der Einnahme, die Art der Applikation sowie die Griffnähe der Droge untersucht. Studien zur *Persönlichkeit* beziehen sich unter anderem auf Fragen der Heredität und Prämorbidität, auf prä- und postnatale Einflüsse sowie auf die Konflikt- und Streßfähigkeit des Abhängigen. In Hinblick auf das *soziale Milieu* interessieren vornehmlich die Familienverhältnisse, der Sozialstatus, die familiale, schulische und berufliche Sozialisation, aber auch allgemeine Konsumsitten und Gesetzgebung.

Die Frage nach der relativen Gewichtung der einzelnen Faktoren in dieser „Trias Persönlichkeit, Droge, Gesellschaft" (Kielholz/Ladewig 1972, 23) wird in der Suchtforschung sehr unterschiedlich beurteilt. Schmerl (1984) kritisiert das deutliche Vorherrschen persönlichkeitszentrierter Erklärungsansätze, bei denen die Faktoren Droge und soziales Umfeld häufig nur dekorative Bedeutung haben oder aber, sofern etwa das soziale Umfeld in die Untersuchung mit eingeht, gleichfalls individualisiert werden.

Insgesamt bleiben die persönlichkeitszentrierten Forschungsarbeiten vielfach in heillose Widersprüche verfangen oder führen zu keinen plausiblen Ergebnissen. So haben z.B. schon früh Untersuchungen zur Prämorbidität von Drogenabhängigen (vgl. Hobi 1971) und alkoholabhängigen Frauen (vgl. Feuerlein 1984, 51) zu keinen schlüssigen Ergebnissen geführt. Untersuchungen zur Heredität von Drogen- und

Alkoholabhängigkeit brachten z.B. einander widersprechende Resultate (vgl. exemplarisch: Hrubec/Omenn 1981 bejahend, dagegen: Gurling u.a. 1981 verneinend). Gleiches gilt für Untersuchungen zur Frage eines Zusammenhangs von brokenhome-Situation und Abhängigkeit (vgl. Lazarus 1980 bejahend, dagegen: Bösch u.a. 1979 verneinend), sowie schließlich zur Frage des Zusammenhangs von gestörter Eltern-Kind-Beziehung und Abhängigkeit (vgl. Antons 1976f.; Köster 1978).

Abgesehen davon weisen zahlreiche empirische Studien mehr oder minder gravierende methodische Schwächen auf. Dabei scheint die oft sehr geringe Zahl der jeweils untersuchten Fälle beinahe noch das geringste Problem zu sein. Oftmals fehlt jedwede Kontrollgruppe, oder es werden als Probanden inhaftierte Süchtige ausgesucht, die mitunter für ihre Auskunftbereitschaft auch entlohnt werden. Nicht selten finden die Forscher ihre Gesprächspartner in Suchtkrankenberatungsstellen, und bisweilen tauchen sie gar im Gefolge von Polizeistreifen und Rauschgiftfahndern „auf der Szene" auf (vgl. zur Methodenkritik näher: Schmerl 1984, 65ff.).

Die Probleme, Schwächen und Widersprüche persönlichkeitsbezogener Erklärungsansätze lenken die Aufmerksamkeit demgegenüber auf die mehr interaktionistischen und subkulturtheoretisch orientierten Erklärungsansätze (vgl. Berger u.a. 1980a, 1980b; Lindesmith 1965; Reuband 1980; Schmerl 1984). Zwar werden auch von diesen Autoren persönlichkeitsbezogene Faktoren keineswegs völlig negiert, zentral aber ist die These, daß sich Drogenabhängigkeit und Alkoholismus im Verlauf eines sozialen Interaktionsprozesses herausbildet, den der am Konsum interessierte Probierer innerhalb des subkulturellen Milieus selbst sowie in der Auseinandersetzung mit der „Normal"-Gesellschaft und den Instanzen der sozialen Kontrolle durchmacht. Der Konsum der Droge, wie vor allem auch das Leben als Konsument und Angehöriger der entsprechenden Subkultur, wird als ein sozialer Lernprozeß interpretiert. Als bahnbrechend für diese Forschungsperspektive kann die klassische Studie von Howard S. Becker (1963) gelten. Obgleich Beckers Interesse bekanntlich nicht speziell der Suchtforschung galt, zeigte er am Beispiel des Marihuanakonsums das Stufenmodell einer interaktionistischen Abweichungskarriere auf.

In der bundesrepublikanischen Suchtforschung ist Beckers Ansatz namentlich von Berger und Reuband aufgegriffen und empirisch durchgearbeitet worden. Sie zeigen, daß der am Drogen- bzw. Alkoholkonsum Interessierte sukzessive neue, subkulturelle Handlungsmuster erlernt und die in der Subkultur herrschenden Normen und Werte übernimmt, daß er als „Novize" allmählich in den – möglichst effektiven – Gebrauch der jeweiligen Droge eingeführt wird und nach und nach einen spezifischen Lebensstil als Drogen- und Alkoholkonsument einrichtet (vgl. auch Schlender/Kaplan 1980). Einen erheblichen Einfluß darauf, ob jemand Drogen nimmt (und welche), und ob er sich der Subkultur anschließt oder nicht, haben offenbar neben dem Vorhandensein günstiger Gelegenheiten und einer „mehr oder minder diffusen Neugier" (Reuband 1980, 65) insbesondere die Peer-groups des Betreffenden. Nach den Ermittlungen von Berger u.a. (1980b)[2] ergibt sich dabei der Anstoß zum ersten Konsum zumeist im Rahmen „alltäglicher Kontakte mit anderen Gleichaltrigen – Personen, mit denen [man] öfters zusammentrifft und denen [man] ein gewisses Vertrauen entgegenbringt" (Berger u.a. 1980b, 55). Nach einer Phase des anfänglichen Gelegenheitskonsums kann allmählich eine Gewöhnung an den subkulturellen Lebensstil einsetzen, wenn dieser als positiv erlebt wird, man sich selbst dort akzeptiert fühlt und wenn attraktive Alternativen fehlen (vgl. Berger u.a. 1980b, 64f.). Im Laufe der Zeit beginnen nun auch die als unangenehm empfundenen Auseinandersetzungen mit der bzw. Sanktionierung durch die externe Umwelt (Familie, Arbeitswelt, Öffentlichkeit und – insbesondere bei Konsumenten illegaler Drogen – den Instanzen der Sozialen Kontrolle) einzusetzen und den weiteren Karriereverlauf zu beeinflussen. Wird der (neu erworbene) Lebensstil nicht aufgegeben, etwa weil Alternativen (z.B. feste nichtkonsumierende Partner, befriedigende Berufs- bzw. Ausbildungsaussichten) fehlen, dann scheint ein Prozeß der deutlichen Karriereverfestigung einzusetzen (vgl. Berger u.a. 1980a und 1980b, 108ff.).

Zugleich scheint nunmehr auch eine steigende *Sekundärkriminalität* möglich, die sich beim Alkoholabhängigen neben Verstößen im Straßenverkehr vielfach in Form von „Erregungs- und Enthemmungsdelikten wie Körperverletzung und Widerstand, Beleidigung, Sachbeschädigung und Sittlichkeitsverbrechen" (Feuerlein 1984, 166) äußert, während es sich bei Drogenabhängigen in erster Linie um Beschaffungskriminalität und Drogenhandel handelt (vgl. Kreuzer 1975; Quensel 1982, 42f.; Scheerer 1980; Thamm 1980).

Darüber hinaus können im weiteren Verlauf der Abhängigkeitskarriere auch zunehmend *Sekundärkrankheiten* auftreten. Für Alkoholabhängige nennt Feuerlein (1984, 95ff.) abgesehen von akuter Alkoholintoxikation vor allem: Leberkrankheiten, Pankreaskrankheiten, hämatologische und Stoffwechselstörungen, Herzinsuffizienz, Störungen des Magen-Darm-Traktes sowie Hautveränderungen und Störungen im chirurgischen und orthopädischen Bereich. Darüber hinaus werden auch psychiatrische Folgekrankheiten bei lang andauernder Alkoholabhängigkeit sowie das Risiko der Alkoholembryopathie geannt (vgl. Majewski 1984). Für den Bereich der Opiatabhängigen nennen Kielholz/Ladewig (1972, 39f.) neben akuter Vergiftung vornehmlich folgende Sekundärkrankheiten: Abszesse und Verhärtungen der Haut und des Unterhautfettgewebes an den Injektionsstellen, Obstipation und Durchfall, Störungen des vegetativen Gleichgewichts, Schlafstörungen, Untergewichtigkeit, herabgesetzte Potenz und Menstruationsstörungen sowie chronische Hepatitis.

Allerdings, so fahren Kielholz/Ladewig (1972, 40) fort:

> „Mit der Abhängigkeit und zunehmenden Intoxikation kommt es zu psychischen Wesensveränderungen, die im Grunde viel verheerender sind als die somatischen Schädigungen. Sie bestehen in einer zunehmenden Entkernung und Aushöhlung der Persönlichkeit hinter einer differenzierten Fassade. Die Drogenabhängigen werden zunehmend affektlabil, überempfindlich, reizbar ... Längere Abhängigkeit ... führt zur Verflachung der Gesinnung, Schwächung des Gewissens, Abstumpfung des Pflicht-, Takt- und Verantwortungsgefühls, Einengung der Interessen und zunehmender Egozentrizität. Die charakterliche Entkernung manifestiert sich immer deutlicher in Unzuverlässigkeit, Unaufrichtigkeit und Verlogenheit."

Ein beinahe wortgleicher psychiatrischer Befund findet sich in Hinblick auf Alkoholabhängige bereits bei Kraepelin im Jahre 1893 (zit. bei Feuerlein 1984, 52). Inwieweit hier mehr als nur Stereotype und Aversionen gegen Süchtige transportiert werden, bleibt unklar. Immerhin ist seit langem anhand umfangreicher amerikanischer Untersuchungen einigermaßen gesichert, daß die meisten Sekundärkrankheiten bei Opiatabhängigen a priori nicht drogen- sondern kontrollinduziert sind (vgl. Scheerer 1979; Vogt 1975; Quensel 1982). Dies gilt auch für die in jüngster Zeit zunehmend häufiger bei Fixern auftretende Aids-Krankheit und die vorangehende HIV-Infektion[3] (vgl. Bossong 1986; Große Aldenhövel/Kunze 1986; Ramloch-Sohl/ Wiederkehr 1985).

Betrachtet man schließlich die *Mortalitätsziffern* von Alkohol- und Drogenabhängigen im Vergleich, dann zeigt sich, daß im Durchschnitt der Jahre 1974-1983

Todesfälle infolge von Sekundärkrankheiten bei Opiatabhängigen vergleichsweise selten vorkamen (insgesamt 3,8 % aller Drogentodefälle), während sie bei Alkoholabhängigen häufiger registriert wurden (insgesamt 44,2 % aller Alkoholtodesfälle). Hingegen sterben Drogenabhängige relativ oft an einer Überdosis mit Betäubungsmitteln oder sogenannten Ausweichmitteln (insgesamt 75,7 % aller Drogentodesfälle) (vgl. zur Statistik im einzelnen: Keup 1985, 79ff.). Dies deutet aber nach Meinung von Scheerer (1983a) eher auf eine schlechte Versorgungslage und die auf dem Schwarzmarkt typischerweise fehlenden Qualitätskontrollen des Stoffes als auf eine den Drogen inhärente Gefährlichkeit hin. Daß die Situation der Abhängigen illegaler Drogen im Verhältnis zu der von Alkoholabhängigen aufs Ganze „auswegloser“ zu sein scheint, legen die relativ häufigen Fälle von Selbsttötung nahe: Von allen Drogentoten verübten 16,5 % Suizid, während der Anteil bei den Alkoholikern „nur“ 9,8 % betrug (vgl. Keup 1985, 79).

3. Psychosoziale Hilfen für Abhängige

Die klassische Suchtkrankenhilfe verdankt ihre Entstehung entscheidend einer rigorosen puritanischen Abstinenzorientierung. Nicht der volkswirtschaftliche Schaden, der durch Alkohol- und Drogenabusus verursacht wird, auch nicht in erster Linie sozialpolitische und psychohygienische Erwägungen waren für das (in der Regel ehrenamtliche) Engagement bestimmend, sondern das „moralische Unternehmen“, Enthaltsamkeit möglichst überall und für alle Zukunft durchzusetzen (vgl. Becker 1963; Gusfield 1975; Levine 1981; Wieser 1973).

An dieser Abstinenzorientierung als einer zentralen handlungsleitenden Maxime hält die Suchtkrankenhilfe[4] zu einem Gutteil bis auf den heutigen Tag fest. Sieht man einmal von Professionalisierungsegoismen ab (vgl. Bossong 1983b; Bühringer 1981), dann könnte sich vor allem hieraus die teilweise stark stigmatisierende Überbewertung des Ausmaßes an Behandlungsbedarf von Drogen- und Alkoholabhängigen erklären, wie sie insonderheit in den Schriften der ‚Deutschen Hauptstelle gegen die Suchtgefahren‘ (vgl. DHS 1975, 1981), aber auch in Beiträgen anderer Autoren (exemplarisch: Heckmann 1981; Täschner 1983) zum Ausdruck kommt (dagegen kritisch zur Behauptung steigenden Behandlungsbedarfs: Bühringer 1984).

Ein deutlicher Professionalisierungsschub (Spezialisierung, Verwissenschaftlichung, Stellenvermehrung, Ausbau von Einrichtungen) in der Suchtkrankenhilfe ist in den letzten beiden Jahrzehnten vor allem im Zusammenhang mit dem Aktionsprogramm der Bundesregierung zur Bekämpfung des Drogen- und Rauschmittelmißbrauchs (1970), der Psychiatrie-Enquête (1975) und dem Aktionsprogramm der Bundesregierung zur Eindämmung und Verhütung des Alkoholmißbrauchs (1975) in Gang gekommen. Die gegenwärtige Zahl der ambulanten Beratungs- und Behandlungseinrichtungen, die auf Suchtfragen spezialisiert sind, wird mit ca. 450, die Zahl der stationären Einrichtungen mit rund 220 (plus ca. 60 Spezialabteilungen in psychiatrischen Krankenhäusern) für die Bundesrepublik angegeben (vgl. Bühringer 1984, 118f.). Vielerorts sind heute die mit dem Suchtproblem befaßten Institutionen zu regionalen Verbundsystemen zusammengeschlossen, denen im allgemeinen folgende Einrichtungen angehören (vgl. zusammenfassend: DHS 1981; Niedersächsische Landesstelle 1982; sowie: Petzold 1974):

- Selbsthilfe- und Laieninitiativen,
- Ambulanzen/psychosoziale Beratungsstellen,
- Entgiftungs- und Akutstationen,
- stationäre Behandlungseinrichtungen/Fachkliniken,
- Übergangs- bzw. Nachsorgehäuser,
- Sondereinrichtungen (zur Aufnahme von Patienten auf gesetzlicher Grundlage),
- Gesundheits- und Sozialbehörden,
- Schulpsychologischer Dienst

sowie zuweilen auch:

- Justiz, Strafverfolgungs- und -vollzugsbehörden,
- frei praktizierende Ärzte (soweit mit dem Problem befaßt),
- Vertreter der Ärzte- und Apothekerverbände.

Obgleich im Verhältnis zur Suchtkrankenhilfe zu einzelnen externen sozialen Diensten zuweilen noch ein ungeregeltes Nebeneinander (vgl. z.B. Suchtkrankenhilfe – allgemeine Erziehungs-, Ehe- und Familienberatung: Nieders. Landesstelle 1984) oder ein in rechtlicher Hinsicht unklares Verhältnis herrscht (vgl. z.B. die Frage der Herausgabe von Klientendaten an Gesundheitsämter: Rimpl 1985), läßt sich die interne Kooperation der verschiedenen Institutionen der Suchtkrankenhilfe als durchweg problemlos bezeichnen. Hingegen wird das Verhältnis der Suchtkrankenhilfe zu den Strafverfolgungs- und Justizinstanzen als konfliktreich beschrieben (vgl. Bossong 1984), wenngleich auch hier zunehmend ein Prozeß einer „Normalisierung" zugunsten „pragmatischer Handlungsbündnisse ... [und] nutzbringender Kooperationsmodelle" (Winkler 1984, 237) eingesetzt zu haben scheint.

Je besser die Vernetzung der verschiedenen Institutionen im Suchtbereich organisiert ist, desto reibungsloser und wirksamer lassen sich strukturell wirkende Interventionen einsetzen, die die Handlungsmöglichkeiten der Abhängigen – unabhängig von einem vorhandenen oder nicht vorhandenen Behandlungswunsch – kanalisieren und Handlungsalternativen einschränken (vgl. hierfür exemplarisch: Heckmann 1982; Kleiner 1980; Täschner 1983). Diese Beschränkungen erscheinen freilich den Adressaten der Suchtkrankenhilfe zumeist als „strukturelle Gewalt" und Ausdruck sozialstaatlicher Zwangsintervention in ihre Privatsphäre (vgl. AK Kommunale Drogenpolitik o.J.). Daß auf diese Weise der Weg in die Behandlung verkürzt, Krankheitseinsicht geweckt und Behandlungsmotivation verstärkt werden kann, wird zwar seit Jahren immer wieder behauptet, konnte aber bisher nie belegt werden.

Was die psychosozialen Interventionsformen im einzelnen angeht, so gilt hier noch nach wie vor, was bereits Vogt (1975, 56) in bezug auf die Alkoholikertherapie bemerkt hatte:

> „Da man nicht weiß, welche zugrunde liegenden Faktoren angegangen werden sollen, beschränkt sich die Therapie ... auf eine Art all-round-Therapie, sofern dafür die Möglichkeiten und Mittel zur Verfügung stehen."

Die Prävention zielt bekanntlich als Primärprävention auf die Verhinderung von suchtbegünstigenden Strukturen in der Gesellschaft (→ *Prävention* 2.1.). Wo sich in der Literatur diesbezügliche Überlegungen nicht ins unverbindlich Allgemeine verflüchtigen (vgl. Dinslage 1984) und sozial- und gesellschaftspolitische Maximalziele postuliert werden, deren Erreichung in weiter Ferne und vor allem außerhalb der Reichweite der Suchtkrankenhilfe und der Sozialarbeit liegen, da werden vornehmlich restriktive Maßnahmen (vgl. Heckmann 1981) gefordert (z.B. beim Alkohol höhere Verkaufspreise, freiwillige Selbstbeschränkungen bei Werbung, Restriktionen beim Verkauf), deren Realisierung zwar nicht unmöglich (vgl. Levy/Scheflin 1983), aber zu einem Gutteil abhängig bleibt vom Markt und mithin von der Suchtkrankenhilfe nur marginal beeinflußbar ist. Bei der Mehrzahl der Autoren stehen deshalb gesellschaftliche Strukturen auch gar nicht weiter in Rede, es wird auf Unzuständigkeit verwiesen. Stattdessen zielt die Primärprävention gleich auf die Subjekte und wird als teils unspezifische, teils spezifische Drogenerziehung vornehmlich in Schulen (→ *Pädagogische Intervention* 1.5.), Freizeiteinrichtungen und Elternhäusern verstanden (vgl. Bühringer/Klett 1981; Feser 1981, 43ff.; Täschner 1983, 68ff.).

Demgegenüber zielt die Sekundärprävention auf Gefahreneinsicht und risikobewußtes Verhalten bei Gefährdeten. Da aber letztlich überhaupt gar nicht konkret auszumachen ist, wer eigentlich gefährdet ist und woran man die Gefährdung erkennt, richtet sich diese Art der Prävention zumeist umstandslos an alle (vornehmlich Jugendliche) und speziell an jene, bei denen das Vorliegen irgendwelcher Probleme vermutet werden kann und sich Hinweise auf eine vermeintliche Drogen- bzw. Alkoholaffinität zu ergeben scheinen.

Die Frage der Effizienz derartiger Präventivmaßnahmen ist freilich bislang ein völlig ungelöstes Problem; gegenwärtig scheint eher eine geringe bis gar keine der intendierten Wirkungen einzutreten. Renn (1982, 221) konstatiert denn auch für die Suchtprävention das Vorherrschen eines „praktikomanen Wildwuchs[es]" (vgl. mit ähnlichem Befund für die USA: Hanson 1980).

Die Beratung (→ *Beratung* 2.2.) wendet sich einesteils an die Betroffenen selbst[5], anderenteils an deren indirekt betroffene Angehörige. Bei letzteren zielt Beratung vornehmlich darauf, sie von Schuldgefühlen, daraus resultierender „Überbetreuung" und Verantwortung für das aktuelle Wohlergehen des Süchtigen zu entlasten und sie zugleich, wo dies angezeigt erscheint, in die therapeutische Behandlung so früh wie möglich einzubeziehen (vgl. Kaufmann/Kaufmann 1983; Kuypers 1980). Allerdings scheinen diese Intentionen nur begrenzt erfolgreich, was die Entstehung von zahlreichen Eltern- und Angehörigengruppen begünstigt haben dürfte (vgl. Täschner 1983, 157f.; Weller 1982; exemplarisch: Meyer 1983). Insgesamt spielt jedoch die Angehörigenberatung (noch) eine eher untergeordnete Rolle (vgl. Rennert 1980) und schlägt statistisch im Beratungsgeschehen der psychosozialen Beratungsstellen nur in geringem Maße zu Buche (vgl. Ebis-Berichte 1981).

Beratung für den Süchtigen selbst wird durchweg – abgesehen von reiner Informationsarbeit – als Vorstufe zur eigentlichen Behandlung verstanden. Sie dient der Diagnostik und Motivierung des Süchtigen zur Therapie sowie der Klärung der entsprechenden versicherungs- und gegebenenfalls strafrechtlichen Fragen (vgl. Feuerlein 1984; Petzold 1974; Täschner 1983).

Unter Motivationsarbeit wird in der deutschsprachigen Literatur fast ausnahmslos eine Art von Negativ-Motivierung verstanden, die entscheidend an den Strukturen der konkreten Lebensverhältnisse des Süchtigen ansetzt und darauf zielt, ihm das Leben *mit* der Droge bzw. dem Alkohol so schwer wie möglich zu machen. Sie orientiert sich damit in orthodoxer Weise an der Jellinekschen Einteilung der Verlaufsphasen des Alkoholismus (vgl. Jellinek 1969): Je weiter die soziale und berufliche Desintegration fortgeschritten, eigene Rationalisierungs- und Verdrängungsmöglichkeiten erschöpft und sekundäre Folgen des Mißbrauchs manifest geworden sind, desto wahrscheinlicher entwickelt sich beim Abhängigen Behandlungsbereit-

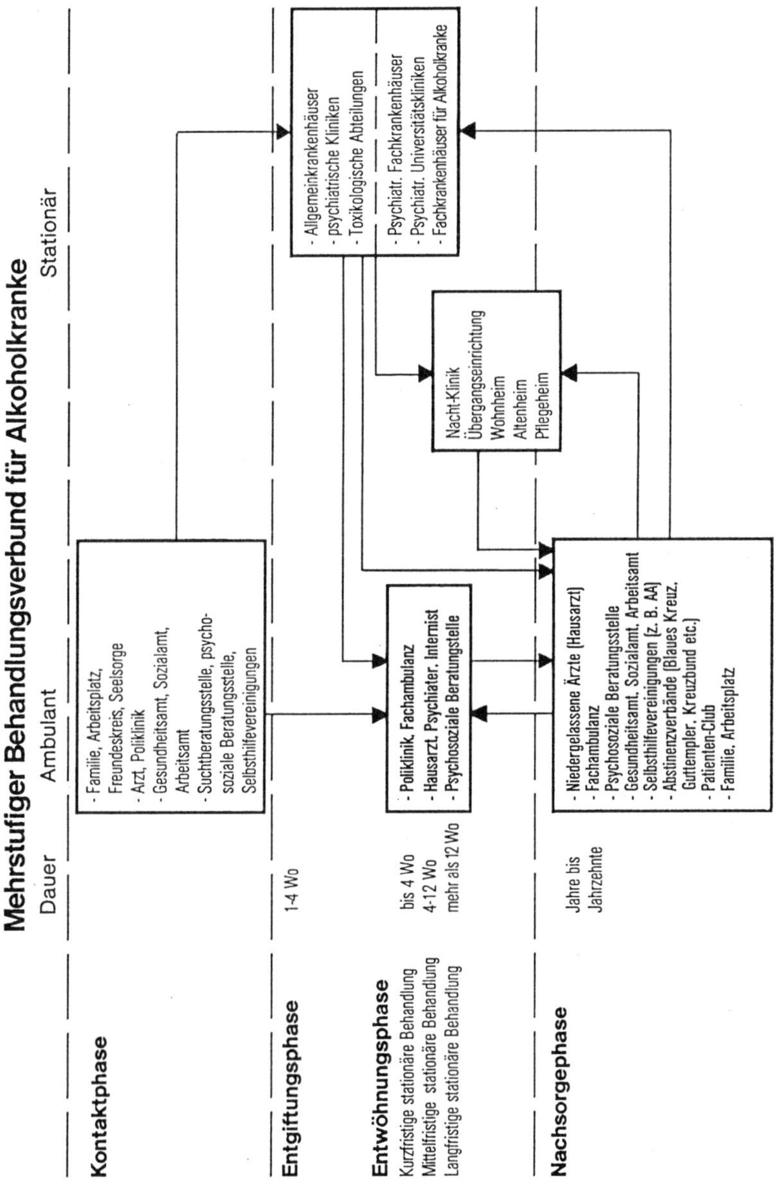

(nach: Athen/Schuster 1978, 50)

schaft (vgl. für den Drogensektor die sehr prägnante Umsetzung dieser These bei Heckmann 1978; Kleiner 1979, 1982; Täschner 1983).

Insbesondere in den letzten Jahren ist gelegentlich Kritik an der Unattraktivität, der moralisch-ethischen Bedenklichkeit, der geringen Reichweite im Verhältnis zum (hohen) Aufwand und dem hohen Anteil unerwünschter Nebenwirkungen bei dieser Art der sozialen Beratung geübt worden (vgl. Bossong 1983a, 1983b; Stein-Hilbers 1980; Scheerer 1983a). Kindermann und Mitarbeiter des Berliner TUdrop-Projekts gaben zu bedenken, daß mit der gängigen Drogenarbeit Süchtige nur sehr selektiv und erst verhältnismäßig spät erreicht und vorhandene Selbstheilungspotentiale nicht hinreichend berücksichtigt würden (vgl. im einzelnen: Kindermann/Schneider 1982; Projektgruppe TUdrop 1984; Schneider 1984). Sie setzen dagegen ein Konzept der „Suchtbegleitung", dessen zentraler, aber behutsamer Ansatzpunkt die konkreten Lebensräume des Süchtigen sind. Inzwischen wird insbesondere im Kontext der Aids-Problematik im Drogensektor auch von verschiedenen Praktikern eine Umorientierung der Beratungsinhalte und -ziele zugunsten einer suchtbegleitenden und „akzeptierende Drogenarbeit" postuliert, bei der es zunächst vor allem um die Begrenzung und Minimierung der negativen Begleiterscheinungen des Drogenabusus geht (vgl. Ramloch-Sohl/Wiederkehr 1985; Steffan 1986). Damit steht freilich nicht nur die Beratung, sondern auch die traditionelle Behandlungsform in Frage. Beratung, Behandlung und Betreuung erlauben hier kaum noch eine scharfe Abgrenzung, sondern gehen bruchlos ineinander über.

Die *Therapie* des Abhängigen ist das Kernstück der gesamten Suchtkrankenhilfe. In der deutschsprachigen Literatur wird überwiegend eine stationäre und medikamentfreie Behandlung propagiert. Während für den Alkoholabhängigen die Behandlung in der Regel auf eine Dauer von ein bis sechs Monaten eingerichtet ist (vgl. Feuerlein 1984, 201ff.), dauert sie beim Drogenabhängigen im allgemeinen zwischen sechs und achtzehn Monaten (vgl. Bühringer 1981, 169; Petzold 1974, 201ff.; Heckmann 1982). Zwischenzeitlich sind allerdings zunehmend Zweifel aufgekommen, ob die Länge der Behandlung überhaupt einen merklich positiven Einfluß auf die Erfolgsaussichten hat. Für den Bereich der Alkoholikertherapie liegen Follow-up-Studien vor, die einen solchen Zusammenhang negieren (vgl. Krampen/Nispel 1983; Lunkenheimer 1981; hingegen vorsichtiger in der Beurteilung: Küfner u.a. 1986), für den Drogentherapiesektor wird gelegentlich ebenfalls von einer zu langen Behandlungsdauer abgeraten (vgl. Bühringer 1981, 188; De Jong/Henrich 1978). Es ist nicht ausgeschlossen, daß die lange Behandlungsdauer vornehmlich einer maximalen Auslastung der Belegkapazitäten dient.

Für die Behandlung des Abhängigen wird überwiegend eine Unterbringung in Fachkliniken empfohlen, die häufig nach dem Prinzip der „therapeutischen Gemeinschaft" (Jones 1952) organisiert sind und eine durchschnittliche Belegkapazität von 20 bis 50 Klienten (in der Drogentherapie) bzw. 30 bis 200 Klienten (in der Alkoholikertherapie) haben (vgl. Bühringer 1984, 119). Gleichwohl werden zahlreiche Süchtige auch in psychiatrischen Landeskrankenhäusern (vgl. Trojan 1980) oder in Sondereinrichtungen behandelt, die sich ihre Klientel auf der Basis gesetzlicher Bestimmungen (etwa §§ 92a JGG; 64 StGB; Unterbringungsgesetze der Länder) beschaffen (→ *Zwangsunterbringungen* 2.8.). Die Möglichkeiten einer fachgerechten und erfolgversprechenden Behandlung scheinen hier jedoch außerordentlich fragwürdig, da in aller Regel die für den Behandlungserfolg unverzichtbare Therapiemotivation und Freiwilligkeit fehlt und kaum herstellbar zu sein scheint (vgl. Feuerlein 1984, 228 zur Behandlung Alkoholabhängiger in Landeskrankenhäusern; Brömer/Schlender 1981 und Quensel 1982 für den Maßregelvollzug bei Drogensüchtigen; dagegen positiv zu den Möglichkeiten des Maßregelvollzugs im Drogensektor: Kleiner 1982; Kurtz 1981).

Zum therapeutischen Programm der Fachkliniken stellt Feuerlein (1984, 217) zusammenfassend fest:

„Im optimalen Fall haben diese Fachkliniken ein umfassendes Programm für die Behandlung bzw. Umerziehung ihrer Patienten entwickelt. Kernstück dieser Programme sind Gruppentherapien mit verschiedenen Modifikationen und die Arbeitstherapie."

Bühringer (1981, 163) berichtet präzisierend, daß in den vergangenen zehn Jahren der Anteil an verhaltenstherapeutisch orientierten Therapien beträchtlich zugenommen, hingegen der an gestalttherapeutisch und analytisch orientierten Therapien erheblich abgenommen hat (→ *Psychotherapie* 2.4.).

Im allgemeinen herrscht in den Kliniken eine „totale therapeutische Atmosphäre" (Feuerlein 1984, 218), die den Klienten zur Anpassung an institutionelle Reglements und zur Übernahme der spezifischen Sinn- und Wertbezüge nötigt (vgl. Heckmann 1980; Vollmer/Henrich 1985; kritisch dagegen: Müller u.a. 1983; Scheerer 1983b; Bossong 1982).

Kritik erfahren diese Einrichtungen u.a. wegen der teilweise massiven Grundrechtseinschränkungen ihrer (oftmals unfreiwillig internierten) Klienten (vgl. Scheerer 1983b), der Hochstilisierung der simpelsten Tätigkeiten (wie Kochen, Putzen usw.) zur Behandlungstechnik (vgl. Bücker o.J.), die meist „mehr der Ökonomie der Klinik" (Rink 1982, 175) als der Persönlichkeitsentwicklung der Klienten dienen, sowie wegen der nach wie vor zuweilen menschenunwürdigen Aufnahme- und Disziplinierungsrituale (vgl. Müller u.a. 1983; Bühringer 1981, 187; Grimm 1985).

Insonderheit im Drogensektor hat zwischenzeitlich die Verrechtlichung (→ *Ökonomisierung und Verrechtlichung psychosozialer Versorgung* 1.2.) des therapeutischen Prozesses ein Ausmaß erreicht, daß selbst zahlreichen Praktikern in den Einrichtungen eine vernünftige therapeutische Arbeit nicht mehr möglich zu sein scheint (vgl. die heftige Kritik zahlreicher Therapeuten und Berater an der Praxis des BtmG, zusammengefaßt bei: Juhnke 1985, 204ff.; ebenfalls inzwischen skeptisch hinsichtlich der Möglichkeiten des [neuen] BmtG: Heckmann 1983, sowie schon frühzeitig: Kappel/Scheerer 1981; Scheerer 1980; dagegen überwiegend positiv in der Beurteilung: Täschner 1983; Vollmer 1984).

Ein bislang in der Bundesrepublik völlig vernachlässigter und kaum erforschter Bereich ist der der *Nachsorge*. Hier weiß man allenfalls, daß eine geglückte berufliche Rehabilitation und soziale Reintegration (in Familie, Freundeskreis, Wohnbereich und Freizeitaktivitäten) einen ganz erheblichen Einfluß auf die längerfristigen Erfolgsaussichten der Behandlung haben, und daß insbesondere Selbsthilfegruppen[6] hier für die volle Wiedererlangung der Selbständigkeit und Stabilität von hohem Nutzen sind (vgl. Feuerlein 1984, 220ff.; Täschner 1983, 89ff.).

Hinsichtlich der *Erfolge* stationärer Suchtkrankenbehandlung liegen eine Fülle von Daten vor, die allerdings zu einem erheblichen Teil unvollständig, fehlerhaft oder wenig ergiebig sind[7]. Klett u.a. (1984) haben bei einer Sekundäranalyse deutschsprachiger Katamnesen aus dem Bereich der Drogentherapie (insgesamt 11 Einrichtungen und ca. 1.500 Klienten bei unterschiedlichen Katamnesezeiträumen) festgestellt, daß „bezogen auf alle Arbeiten ... am häufigsten Angaben zu folgenden

Kriterien [fehlen]: Zahl der aufgenommenen Personen, durchschnittliche Aufenthaltsdauer, Drogenfreiheit zu verschiedenen Zeitpunkten" (Klett u.a. 1984, 258; zu weiteren Einzelkritiken vgl. Kappel/Scheerer 1980, 49f.; Quensel 1982, 326). Gleichwohl kommen Klett und Mitarbeiter aufgrund eigener zusätzlicher Berechnungen zu dem Ergebnis, daß „etwa 25 % aller behandelten Klienten zum Katamnesezeitpunkt drogenfrei sind" (Klett u.a. 1984, 263; zu einem gleichlautenden Ergebnis kamen auch Algeier u.a. 1979 bei einer Sekundäranalyse von Katamnesestudien aus dem Drogentherapiesektor). Für die Alkoholikertherapie ergab die Auswertung von Daten aus 21 Fachkliniken (bei insgesamt 1.410 Patienten) eine Abstinenzquote von 53,2 % nach 18 Monaten (vgl. Küfner u.a. 1986). Feuerlein (1984, 229) hat allerdings darauf hingewiesen, daß Rückfälle „relativ häufig erst nach dem Ablauf von 18 Monaten nach der ersten Behandlung auftreten, sodaß eine Katamnese zu diesem Zeitpunkt noch keine zuverlässigen Aussagen über den weiteren Verlauf gestattet". Vermutlich würden „etwa die Hälfte bis zwei Drittel der Alkoholiker ... nach längerer Zeit wieder so rückfällig, daß Probleme in gesundheitlicher und/oder sozialer Hinsicht entstehen" (Feuerlein 1984, 22).

4. Entwicklungschancen im Suchtbereich

Die Problematik der hergebrachten Interventionsformen im Suchtbereich besteht vor allem in ihrer begrenzten und selektiven Reichweite, der geringen Attraktivität und ihren vergleichsweise bescheidenen Langzeitergebnissen. Bereits seit Anfang der 80er Jahre stoßen die gängigen Angebote an Beratung und Behandlung bei den Adressaten auf ein nachlassendes Interesse (vgl. die statistischen Befunde bei: Keup 1986, 44ff.; Simon 1986, 83f.). Dies mag verschiedene Gründe haben, einer aber liegt gewiß darin, daß der Professionalisierungsschub in der modernen Suchtkrankenhilfe nur marginal an den Bedürfnislagen der Klientel orientiert und von einem Zuwachs an wirkungsvollen therapeutischen Instrumentarien begleitet war – ein geradezu klassisches Problem der helfenden Professionen.

Dieses Dilemma lenkt jedoch die Aufmerksamkeit auf vier hierzulande noch vergleichwese wenig erprobte Alternativen:

a) Ambulante Behandlungsformen: Sie haben gegenüber stationären Behandlungsformen bekanntlich den Vorteil, daß ein Verbleiben des Klienten in seinem sozialen Umfeld (Beruf, Familie) und eine frühzeitige Beteiligung dieses Umfeldes am therapeutischen Prozeß möglich ist. Zudem entfällt die teilweise sehr schwierige Ablösung des Klienten aus dem Schonraum „Therapie"; die Behandlung findet im klientelen Alltag und mithin realitätsnah statt[8]. Bisherige Erfahrungen deuten darauf hin, daß mit dieser Behandlungsform auch solche Personen erreichbar sind, die zu stationärer Therapie nicht bereit sind. Darüber hinaus lassen katamnestische Untersuchungen den Schluß zu, daß ambulante Suchtbehandlungen stationären keineswegs unterlegen sind, auch wenn die Abbrecherquoten zunächst höher liegen (vgl. Brenk-Schulte 1981; Makkonen u.a. 1982; Vollmer u.a. 1982).

b) Kontrollierter Konsum: Vorrangiges Therapieziel dieser ebenfalls ambulanten Behandlungsform ist nicht die völlige Abstinenz, sondern der kontrollierte Alkoholkonsum des sozial (re-)integrierten Patienten. Für den Drogensektor wäre die kontrollierte Abgabe von Methadon oder Heroin (vgl. Grimm 1985; Quensel 1982;

Scheerer 1985) vergleichbar. Der Vorteil dieser Variante liegt vor allem in den deutlich herabgesetzten Zugangsschwellen; die Lernziele scheinen für die Klientel akzeptabler, weil eher realisierbar zu sein (vgl. Vollmer u.a. 1982, 12). Auf diese Weise können auch Patienten erreicht werden, die sowohl für stationäre als auch für ambulante Behandlungen mit dem Therapieziel „Abstinenz" unzugänglich sind. Dabei scheinen die Erfolge insgesamt zum Teil besser zu sein als die stationärer und ambulanter Abstinenzbehandlungen (vgl. Kraemer 1982; Miller/Taylor 1980; Sobell/ Sobell 1978; Vollmer u.a. 1982). Gleichwohl ist diese Behandlungsvariante nach wie vor heftig umstritten und wird insbesondere im Drogensektor teilweise vehement abgelehnt (vgl. Heckmann 1979; Keup 1980; Täschner 1983; zur Kontroverse in der Alkoholikertherapie vgl. Peele 1983). Das Therapieziel „kontrollierter Konsum" könnte allerdings besonders interessant sein, wenn man es im Zusammenhang sieht mit:

c) Maturing out: Es spricht einiges dafür, daß bei Süchtigen häufig nach mehreren Jahren des Konsums ein „Herauswachsen" aus der Abhängigkeit und der Szene stattfindet (vgl. Robins 1979; Biernacki/Waldorf 1981). Dies scheint vor allem durch suchtbegleitende, die Sekundärfolgen der Abhängigkeit minimierende Hilfen positiv beeinflußbar zu sein. Für die Bundesrepublik deuten sowohl die Langzeitstudie von Bschor u.a. (1984) als auch die Studie von Braun und Geleker (1983) darauf hin, daß Abhängige solchen Hilfsangeboten gegenüber durchaus zugänglich sind.

d) Selbsthilfe: Selbsthilfe ist gegenwärtig fast ausnahmslos an dem klassischen Therapieziel der Abstinenz orientiert und wird teilweise ambulant (am bekanntesten sind die Anonymen Alkoholiker), teilweise auch stationär betrieben (hier weithin bekannt: Synanon). Suchtbegleitung wird hingegen in organisierter Selbsthilfe kaum praktiziert, ebenso gibt es im Suchtbereich keine pressure-groups, wie sie in anderen Feldern der Selbsthilfe gängig sind, und die sich z.B. für suchtpolitische Alternativen einsetzen (vgl. zur Selbsthilfethematik im Drogenbereich: Bossong/Marzahn 1988). Dies könnte u.a. daran liegen, daß einerseits die Organisationsfähigkeit von Süchtigen in der Szene als äußerst gering veranschlagt werden muß und daß andererseits Versuche der organisierten suchtbegleitenden Selbsthilfe auf beträchtliche gesellschaftliche Ressentiments und (im Bereich der illegalen Drogen) strafrechtliche Verfolgung stoßen. Dementsprechend beschränkt sich Selbsthilfe weitgehend auf die komplementäre Abstützung der traditionellen Suchtkrankenhilfe; suchtpolitische und therapeutische Innovationen gehen von ihr nur in sehr begrenztem Maße aus. Gerade sie aber scheinen im Suchtbereich dringendst geboten.

Anmerkungen

1 In den von Harding referierten Untersuchungen finden sich allerdings nur relativ kleine Samples, die zudem aufgrund ihrer sozialen und biographischen Situation fragwürdig sind.

2 Problematisch an der Untersuchung von Berger u.a. ist die Tatsache, daß ausschließlich Süchtige in Strafanstalten erforscht wurden. Die Autoren setzen sich damit der gleichen Kritik aus, die auch für viele andere Studien zutreffen.

3 Steffan (1986) hat berechnet, daß etwa 10.000 bis max. 30.000 Fixer mit dem Virus HIV infiziert sind und mit tödlich verlaufenden Aids-Erkrankungen bei 500 bis 6.000 Fixern zu rechnen ist. Die Schwankungsbreite ist dabei u.a. abhängig von der angenommenen

Zahl an Fixern in der Bundesrepublik (50.000 – 100.000). Große Aldenhövel und Kunze (1986) konnten durch Anamnesen bestätigen, daß insbesondere durch needle-sharing (die gemeinsame Benutzung von Injektionsspritzen) das Virus übertragen wird. Der (im Vergleich zu Männern) hohe Anteil weiblicher Infizierter deutet darauf hin, daß auch die Prostitution ein Risikofaktor ist.

4 Der Begriff der Sucht-*Kranken*-hilfe ist, dies soll nicht unterschlagen werden, nicht unumstritten, weil er eine vereinseitigte und verkürzte Sicht des Problems Sucht impliziert. Gleichwohl wird er hier in Ermangelung eines besseren Begriffs verwendet.

5 Im Hinblick auf die Klientel der psychosozialen Beratungsstellen fällt der statistisch hohe Anteil an Erwerbslosen im Auge: 1980 waren 21 % der Klienten erwerbslos, 1981 : 23 %, 1982 : 27 %, 1983 : 29 %, 1984 : 28 %, 1985 : 27 % (vgl. Ebis-Berichte 1981ff.). Die Quoten liegen damit ganz erheblich über den offiziellen Erwerbslosenquoten für die Bundesrepublik.

6 Selbsthilfegruppen fungieren in der Suchtkrankenhilfe vornehmlich als therapiebegleitend und -ergänzend und tendieren oft zu einer erheblichen Moralisierung des Drogen- bzw. Alkoholkonsums. Dies macht sie bei vielen Süchtigen relativ unattraktiv.

7 Beispielsweise weist die DOSY-Statistik (1986) etwas mehr als drei Viertel der behandelten Abhängigen als gebessert aus – allerdings ist der Stichtag der Katamnese identisch mit dem Tag der Entlassung aus der Klinik (vgl. DOSY 1986, 98). Ein typisches Beispiel bietet auch Rink (1982): Bei der Berechnung des therapeutischen Erfolgs werden zunächst jene 80 % an Patienten, die aus der Entzugsbehandlung nicht in die Therapiegruppe übernommen werden, nicht gezählt. Aber auch die verbliebenen 20 % bilden noch nicht die Datenbasis für die Katamnese: „vorzeitige Entlassung vor Beendigung der Behandlung wird bei der Erfolgsstatistik nicht berücksichtigt" (Rink 1982, 170). Mithin bilden allein die als höchstmotiviert einzustufenden Patienten die Datenbasis für Nachuntersuchungen. Daß davon schließlich 31 % als abstinent nach 18 Monaten gelten können, ist nicht mehr allzu überraschend.

8 Bosch (1981) hat mit Recht auf den Anachronismus hingewiesen, daß einerseits in der Psychiatrie die stationären Behandlungskapazitäten in großem Umfang abgebaut werden, während gleichzeitig im Suchtbereich neue Bettenburgen entstehen.

Literatur

AK Kommunale Drogenpolitik, Bremer Drogenpolitik am Ende. Bremen: Eigendruck 1984.

Algeier, R. u.a., Langzeitstudien an Drogenabhängigen. Zwischenbilanz und Perspektiven. In: Diskussionsberichte Drogen, Heft 1 (1979), Berlin.

Antons, K./Schulz, W., Normales Trinken und Suchtentwicklung. Theorie und empirische Ergebnisse interdisziplinärer Forschung. Göttingen: Hogrefe (2 Bde.) 1976.

Athen, D./Schuster, B., Alkoholismus-Report. Staatsministerium für Arbeit und Sozialordnung. München 1978.

Becker, H.S., Outsiders. Studies in the Sociology of Deviance. New York 1963.

Berger, H. u.a. (Hg.), Alkoholkonsum und Alkoholabhängigkeit. Stuttgart/Berlin/Mainz/Köln: Kohlhammer 1980a.

–, Wege in die Heroinabhängigkeit. Zur Entwicklung abweichender Karrieren. München: Juventa 1980b.

Biernacki, P./Waldorf, D., The natural recovery from opiate addiction: some preliminary findings. J. of Drug Issues, Winter 1981, 11. Jg., 61-76.

Bösch, H. u.a., Familiäre Verhältnisse von Drogenabhängigen und ihre Beziehung zur aktuellen Situation. In: Social Psychiatry, 14 (1979), 41-47.

Bosch, G., Zur Entwicklung einer gemeindenahen Psychiatrie im Felde der Suchtkrankenbehandlung. In: Modelle und Methoden gemeindeverbundener Suchtkrankenbehandlung. Diskussionsberichte Drogen, Heft 5 (1981), Berlin, 2-6.

Bossong, H., Verhör und Verheißung. Zur Phänomenologie der Drogentherapie. Sozialwissenschaftliche Diplom-Arbeit, Universität Bremen 1982.

–, Kaum ein Hauch von Hilfe. Zur Reichweite und Effizienz der Drogenhilfen. In: Bossong, H./Marzahn, Ch./Scheerer, S. (Hg.): Sucht und Ordnung. Drogenpolitik für Helfer und Betroffene. Frankfurt/M.: Extrabuch 1983a, 28-38.

–, Die Emanzipation vom Klienten. Kommunale Drogenpolitik als Konflikt. In: Bossong, H./Marzahn, Ch./Scheerer, S. (Hg.): Sucht und Ordnung. Drogenpolitik für Helfer und Betroffene. Frankfurt/M.: Extrabuch 1983b, 39-54.

–, Therapeut oder Informant? Der Konflikt zwischen Sozialarbeit und Polizei. In: Bürgerrechte und Polizei (CILIP), Heft 16 (1984), 26-34.

–, AIDS bei Fixern. Ein Problem von Ausgrenzung. In: Sozial-extra, Heft 5, (1986), Wiesbaden, 39-41.

Bossong, H./Marzahn, Ch., Selbsthilfe und Drogenpolitik. In: Scheerer, S./Vogt, I. (Hg.): Drogen und Drogenpolitik. Ein Handbuch. Frankfurt/M./New York: Campus (im Druck) 1988.

Brecher, E. u.a., Licit and Illicit Drugs. Boston 1972.

Brenk-Schulte, E., Konzept und praktische Durchführung einer integrativen ambulanten Gruppenpsychotherapie mit Alkoholkranken. In: Suchtgefahren, 27 (1981), 129-142.

Brömer, H./Schlender, J.U., Intramurale Rehabilitation Heroinabhängiger in den USA. Weinheim/Basel: Beltz 1981.

Bschor, F. u.a., Risiken und Perspektiven der Drogenabhängigkeit. Katamnese-Ergebnisse bei 100 Opiatabhängigen der Zugangsjahre 1969-1974. In: Deutsche med. Wochenschrift, 109 (1984), 1101-1105.

Bücker, H., Therapie statt Strafe? Vortrag in der katholischen Akademie Trier. Verv. Ms.

Bühringer, G., Planung, Steuerung und Bewertung von Therapieeinrichtungen für junge Drogen- und Alkoholabhängige. Ergebnisse einer Modellförderung des BMJFG. München 1981.

–, Abhängige und ihre Behandlung in der Bundesrepublik Deutschland. In: Jahrbuch zur Frage der Suchtgefahren 1984. Hamburg: Neuland 1984, 115-128.

Bühringer, G./Klett, F., Lehrgangseinheit zur Prävention des Alkoholmißbrauchs in Jugendfreizeiteinrichtungen. In: Feser, H. (Hg.): Drogenerziehung. Handbuch. Langenau-Albeck: Armin Vaas 1981, 347-366.

Bundesregierung, Aktionsprogramm der Bundesregierung zur Bekämpfung des Drogen- und Rauschmittelmißbrauchs. In: BMJFG (Hg.): Dokumente zum Drogenproblem. Bonn-Bad Godesberg 1970, 97-110.

–, Aktionsprogramm zur Eindämmung und Verhütung des Alkoholmißbrauchs. Köln 1975.

Carl, W., Anmerkungen zum Werbeaufwand für Alkohol in der Bundesrepublik 1981. In: Jahrbuch zurFrage der Suchtgefahren 1983. Hamburg: Neuland, 23-29.

De Jong, R./Henrich, G., Ergebnisse eines stationären Programms zur Behandlung jugendlicher Drogenabhängiger. In: De Jong, R./Bühringer, G. (Hg.): Ein verhaltenstherapeutisches Stufenprogramm zur stationären Behandlung von Drogenabhängigen. München: Röttger 1978, 281-310.

DHS, Die Suchtgefährdung in der Bundesrepublik Deutschland und West-Berlin. Alkohol, Medikamente, Tabak, Drogen. Eine Denkschrift. Hamm 1976.

–, Rahmenplan zur Beratung und Behandlung Drogengefährdeter und Drogenabhängiger. In: Suchtgefahren, 27 (1981), 125-128.

Dinslage, A., Ohnmacht als Bilanz, Über die Voraussetzungen einer erfolgreichen Prävention von Abhängigkeiten. In: Suchtgefahren, 30 (1984), 300-306.

DOSY, Dokumentations-System. Therapiedaten der stationären Behandlung für Suchtkranke. Auswertung der Datenerhebungsbogen 1983. Verband der Fachkrankenhäuser für Suchtkranke e.V. (Hg.), o.O., 1986.
Dürr, H.P., Traumzeit. Über die Grenze zwischen Wildnis und Zivilisation. Frankfurt/M.: Syndikat 1978.
EBIS, Jahresstatistiken der ambulanten Beratungs- und Behandlungsstellen für Suchtkranke in der Bundesrepublik Deutschland, wechselnde Autoren; EBIS-Berichte Band 1 – 8. Freiburg/Hamm: EBIS AG 1981ff.
Feser, H., Grundlagen der Drogenerziehung. In: Feser, H. (Hg.): Drogenerziehung. Handbuch. Langenau-Albeck: Vaas 1981, 9-69.
Feuerlein, W., Sucht und Süchtigkeit. In: Münchener med. Wochenschrift, 111 (1969), 2593-2600.
–, Alkoholismus – Mißbrauch und Abhängigkeit (3. überarbeitete und erweiterte Auflage). Stuttgart: Thieme 1984.
Gekeler, G./Braun, K.H., Psychische Verelendung. Drogenabhängigkeit. Subjektentwicklung. Köln: Pahl-Rugenstein 1983.
Gelpke, R., Vom Rausch im Orient und Okzident. Stuttgart 1966-
Gerchow, J./Heberle, B., Alkohol – Alkoholismus. Lexikon. Hamburg: Neuland 1980.
Grimm, G., Die Lösung des Drogenproblems. Altenholz: Pflesser 1985.
Große Aldenhövel, H./Kunze, R., Drogenanamnese und LAV/HTLV-III-Infektion. In: Suchtgefahren, 32 (1986), 204-206.
Gurling, H.M. u.a., Investigations into the genetics of alcohol dependence and into its effects on brain function. In: Progress in clin. and biol. Research, 69 (1981), 77-85.
Gusfield, J.R., Der Wandel moralischer Bewertung. Devianzverhalten und symbolischer Prozeß. In: Stallberg (Hg.): Abweichung und Kriminalität. Hamburg 1975, 167-180 (zuerst 1968).
Hanson, D., Drug Education: Does it Work? In: Scarpitti, F.R./Datesman, S.K., Drugs and the Youth Culture, London 1980, 251-282.
Harding, W.M., Kontrollierter Heroingenuß – ein Widerspruch aus der Subkultur gegenüber herkömmlichem kulturellem Denken. In: Völger, W. (Hg.): Rausch und Realität. Drogen im Kulturvergleich (2 Bde.). Köln: Rautenstrauch-Joest-Museum 1981, 694-701.
Heckmann, W., Wenn der Dealer einen weißen Kittel trägt. In: Psychologie heute, Heft 3 (1979), 40-44.
–, Was Hänschen nicht lernt, kann Hans doch noch einmal lernen (Grete auch): Resozialisierung bei der Drogenhilfe Tübingen e.V. In: Heckmann, W. (Hg.): Vielleicht kommt es auf uns selber an. Therapeutische Gemeinschaften für Drogenabhängige. Frankfurt/M.: Fischer 1980, 129-199.
–, Suchtprävention: regionale Planung am Beispiel des Stadtstaates Berlin (West). In: Feser, H. (Hg.): Drogenerziehung. Handbuch. Langenau-Albeck: Vaas 1981, 473-490.
– (Hg.), Praxis der Drogentherapie. Weinheim/Basel: Beltz 1982.
–, Probleme der Überleitung von Drogenabhängigen aus der Haft in weiterführende Behandlung. In: Suchtgefahren, 29 (1983), 140-146.
Hobi, V., Persönlichkeit und Drogen. In: Ladewig, E. (Hg.): Drogen unter uns. Basel/München: Karger 1971.
Hrubec, Z./Omenn, G.S., Evidence of genetic predisposition to alcoholic cirrhosis and psychosis. In: Alcoholism, 5 (1981).
Jellinek, E.M., Phases of alcohol addiction. In: Quarterly Journal of Studies Alcohol, 13 (1952), 673-680.
Jones, M., Social Psychiatry. A Study of Therapeutic Communities. London: Tavistock 1952.
Jost, W., Prophylaxe in der Drogenarbeit. In: Suchtgefahren, 30 (1984), 295-299.
Juhnke, A., Therapie: weniger denn je. In: Behr, W./Juhnke, A. (Hg.): Drogenpolitik in der Bundesrepublik. Reinbek: Rowohlt 1985, 200-216.

Kappel, S./Scheerer, S., Das Fiasko der deutschen Drogenpolitik. In: Krim. J., 12 (1980), 46-58.

–, Die Behandlung von Drogenabhängigen nach dem neuen Betäubungsmittelgesetz. In: Kriminalpäd. Praxis, Heft 11/12, 9 (1981), 2-26.

Kaufmann, E./Kaufmann, P.N. (Hg.), Familientherapie bei Alkohol- und Drogenabhängigkeit. Freiburg/Br.: Herder 1983.

Keup, W., Methadon-(Polamidon-)Verschreibung bei Heroinabhängigkeit. In: Suchtgefahren, 26 (1980), 78-80.

–, Zahlen zur Gefährdung durch Drogen und Medikamente. In: Jahrbuch zur Frage der Suchtgefahren. Hamburg: Neuland 1982, 26-54.

–, Zahlen zur Gefährdung durch Drogen und Medikamente. In: Jahrbuch zur Frage der Suchtgefahren. Hamburg: Neuland 1985, 54-102.

–, Zahlen zur Gefährdung durch Drogen und Medikamente. In: Jahrbuch zur Frage der Suchtgefahren. Hamburg: Neuland 1986, 18-75.

Kielholz, P./Ladewig, D., Die Abhängigkeit von Drogen. München: DTV 1972.

Kindermann, W./Schneider, W., Auf der Suche nach neuen Wegen in der Drogenarbeit. In: Suchtgefahren, 28 (1982), 115-134.

Kleiner, D., Über Motivationsarbeit mit Drogenabhängigen zur Therapieaufnahme. In: Zentralblatt für Jugendrecht und Jugendwohlfahrt, 66 (1979), 245-249.

–, Zu Begriff und Praxis von „Motiv“ und „Motivation“ in der Suchtkrankentherapie. In: Soziale Arbeit, 31 (1982), 49-57.

Klett, F. u.a., Sekundäranalyse deutschsprachiger Katamnesen bei Drogenabhängigen. In: Suchtgefahren, 30 (1984), 245-265.

Köster, H. u.a., Alkoholismus als Karriere. Rhein. Landeskrankenhaus Düren und Institut für angewandte Sozialforschung der Universität Köln 1978.

Kraemer, S., Erklärungskonzepte der Alkoholabhängigkeit und therapeutische Konsequenzen aus lerntheoretischer Sicht. In: Vollmer, H./Kraemer, S. (Hg.): Ambulante Behandlung junger Alkoholabhängiger: Erfahrungen und Ergebnisse mit einem verhaltenstherapeutischen Ansatz. München: Röttger 1982.

Krampen, G./Nispel, L., Zur Effektivität stationärer Kurzzeitbehandlungen von Alkoholikern. In: Suchtgefahren, 29 (1983), 345-349.

Kreuzer, A., Drogen und Delinquenz. Wiesbaden: Akademische Verlagsanstalt 1975.

Küfner, H. u.a., Die stationäre Behandlung von Alkoholabhängigen: Merkmale von Patienten und Behandlungseinrichtungen, katamnestische Ergebnisse. In: Suchtgefahren, 32 (1986), 1-86.

Kurtz, Ch.D., Katamnesen bei jugendlichen Opiatabhängigen nach richterlich angeordneter Langzeittherapie. In: Nervenarzt, 52 (1981), 669-674.

Kuypers, U. (Hg.), Familienbehandlung bei Suchtkranken. Freiburg/Br.: Lambertus 1980.

Lazarus, H., Objektive und subjektive Familienstruktur von Drogenkonsumenten. In: Kutsch/Wiswede (Hg.): Drogenkonsum – Einstieg, Abhängigkeit, Sucht. Königstein/Ts.: Hain 1980, 116-125.

Levine, H.G., Mäßigkeitsbewegung und Prohibition in den USA. In: Völger, W. (Hg.): Rausch und Realität. Drogen im Kulturvergleich (2 Bde.). Köln: Rautenstrauch-Joest-Museum 1981, 126-131.

Levy, D./Scheflin, N., New evidence on controlling alcohol use through prize. In: J. Stud. Alcohol, 44 (1983), 929-937.

Lindesmith, A., The Addict and the Law. Indiana 1965.

Lunkenheimer, H.-U., Kurz- oder Langzeittherapie bei Alkoholkranken. In: Suchtgefahren, 27 (1981), 58-62.

Majewski, F., Alkohol-Embryopathie. In: Zang, G. (Hg.): Klinische Genetik des Alkoholismus. Stuttgart/Berlin/Köln/Mainz: Kohlhammer 1984, 104-128.

Makkonen, M. u.a., Ambulante Verhaltenstherapie bei Alkoholikern. Ergebnisse einer katamnestischen Untersuchung. In: Suchtgefahren, 28 (1982), 153-168.

Marzahn, Ch., Plädoyer für eine gemeine Drogenkultur. In: Beck (Hg.): Das Recht auf Ungezogenheit. Reinbek: Rowohlt 1983, 105-134.

Meyer, E., Eltern im Drogenproblem. Erfahrungen aus der Hilfe durch Selbsthilfe. Frankfurt/M.: Fischer 1983.

Miller, W.R./Taylor, L.A., Relative Effectiveness of Bibliotherapy, Individual and Group Self-Control Training in the Treatment of Problem Drinkers. In: Addictive Behaviors, 5 (1980), 13-24.

Müller, R. u.a., ‚Freie Therapie' als totale Institution. In: Bossong, H./Scheerer, S./Marzahn, Ch. (Hg.): Sucht und Ordnung. Drogenpolitik für Helfer und Betroffene. Frankfurt/M.: Extrabuch-Verlag 1983, 59-70

Niedersächsische Landesstelle gegen die Suchtgefahren, Rahmenplan für die Zusammenarbeit zwischen den Beratungs-/Behandlungsstellen und Selbsthilfegruppen für Suchtgefährdete/Suchtkranke und Erziehungs-, Ehe- und Familienberatungsstellen. In: Suchtgefahren, 28 (1982), 145-147.

Peele, S., Der Streit um das kontrollierte Trinken. In: Psychologie heute, 10 (1983), 25-27.

Petzold, H., Drogentherapie. Modelle, Methoden, Erfahrungen. Paderborn: Junfermann 1974.

Preiser, G., Wein im Urteil der griechischen Antike. In: Völger, W. (Hg.): Rausch und Realität. Drogen im Kulturvergleich (2 Bde.). Köln: Rautenstrauch-Joest-Museum 1981a, 296-303.

–, Wein im Urteil der Römer. In: Völger, W. (Hg.): Rausch und Realität. Drogen im Kulturvergleich (2 Bde.). Köln: Rautenstrauch-Joest-Museum 1981b, 304-308.

Projektgruppe TUdrop, Heroinabhängigkeit unbetreuter Jugendlicher. Weinheim/Basel: Beltz 1984.

Psychiatrie-Enquête, Bericht über die Lage der Psychiatrie in der Bundesrepublik Deutschland. Dtsch. Bundestag, 7. Wahlperiode, Drucksache 7/4200 (25.11.1975).

Quensel, S., Drogenelend. Cannabis, Heroin, Methadon: Für eine neue Drogenpolitik. Frankfurt/M./New York: Campus 1982.

Ramloch-Sohl, M./Wiederkehr, P., Zur AIDS-Problematik im Drogenbereich. Konzeption einer Selbsthilfegruppe. Frankfurt/M.: Eigendruck des Vereins Arbeits- und Erziehungshilfe e.V. 1985.

Renn, H., Evaluierungsprobleme der Drogenerziehung. In: Feser, H. (Hg.): Drogenerziehung. Handbuch. Langenau-Albeck: Vaas 1981, 71-116.

–, Organisatorische Fragen der Drogenprävention. In: Suchtgefahren, 28 (1982), 209-223.

Rennert, M., Elternarbeit – ein Stiefkind der Drogenberatungsstellen? In: Suchtgefahren, 26 (1980), 189-194.

Reuband, K.-H., Exzessives Trinken bei Jugendlichen: Über den Einfluß von Problemlagen, sozialer Partizipation und Lebensstil. In: Berger/Legnaro/Reuband (Hg.): Jugend und Alkohol. Trinkmuster, Suchtentwicklung und Therapie. Stuttgart/Berlin/Köln/Mainz: Kohlhammer 1980, 76-93.

Rimpl, L., Schutz der Klientendaten einer Psychosozialen Beratungsstelle gegenüber dem Gesundheitsamt. In: Suchtgefahren, 31 (1985), 76-82.

Rink, J., Möglichkeiten und Grenzen eines sozialpsychiatrischen Behandlungskonzepts für Suchtkranke in einem Landeskrankenhaus. In: Suchtgefahren, 28 (1982), 169-176.

Robins, L.N., Addict Carreers. In: DuPont, R.L. et al. (Eds.): Handbook on drug abuse. Washington 1979, 325-336.

Scheerer, S., Therapie als Strafe. Erziehungswissenschaftliche Diplom-Arbeit, Universität Münster 1979.

–, Die gegenwärtigen Tendenzen in der deutschen Drogenpolitik. In: Mader, M./Strotzka, H., Drogenpolitik zwischen Therapie und Strafe. München 1980, 317-353.

–, Die Genese der Betäubungsmittelgesetze in der Bundesrepublik Deutschland und in den Niederlanden. Göttingen: Schwartz 1982.

–, Ordnungspolitik gegen Fixer: mögliche Nebenwirkung Tod? In: Bossong, H. u.a. (Hg.): Sucht und Ordnung. Drogenpolitik für Helfer und Betroffene. Frankfurt/M.: Extrabuch-Verlag 1983a, 14-21.

–, Drogentherapie und Grundgesetz. In: Bossong, H. u.a. (Hg.): Sucht und Ordnung. Drogenpolitik für Helfer und Betroffene. Frankfurt/M.: Extrabuch-Verlag 1983b, 84-96.

–, Methadon- und Heroinprogramme in der Strategie der Entkriminalisierung. In: Behr, W./ Juhnke, A. (Hg.): Drogenpolitik in der Bundesrepublik. Reinbek: Rowohlt 1985, 240-249.

Schlender, J.U./Kaplan, Ch.D., Die veränderte Heroinszene: Wissenschaftliches Konzept und resultierende politische Konsequenzen. In: Krim. J., 12 (1980), 35-45.

Schmerl, Chr., Drogenabhängigkeit. Kritische Analyse psychologischer und soziologischer Erklärungsansätze. Opladen: Westdeutscher Verlag 1984.

Schmidbauer, W./vom Scheidt, J., Handbuch der Rauschdrogen. München: Nymphenburger Verlagshandlung 1971.

Schneider, W., Das Suchtbegleitungsmodell. Erfahrungen für die ambulante Arbeit mit jugendlichen Heroinabhängigen. In: Suchtgefahren, 30 (1984), 229-233.

Simon, R., EBIS 1984: Jahresstatistik 1984 der ambulanten Beratungs- und Behandlungsstellen für Suchtkranke. In: Jahrbuch zur Frage der Suchtgefahren 1986. Hamburg: Neuland, 80-85.

Skarabis, H./Patzak, M., Die Berliner Heroinszene. Eine epidemiologische Untersuchung. Weinheim/Basel: Beltz 1981.

Sobell, M.B./Sobell, L.C., Behavioral Treatment of Alcohol Problems. New York: Plenum Press 1978.

Steffan, W., AIDS, Drogenkonsum und Sozialarbeit. In: Neue Praxis, 16 (1986), 201-217.

Stein-Hilbers, M., Was passiert mit Fixern? Strategien der Drogenpolitik. In: Krim. J., 12 (1980), 17-34.

Täschner, K.L., Therapie der Drogenabhängigkeit. Ein Handbuch. Stuttgart/Berlin/Köln/ Mainz: Kohlhammer 1983.

Thamm, B.G., Die Drogenszene heute: Entwicklungen und Tendenzen. In: Jugendwohl, 61 (1980), 262-268.

Trojan, A., Epidemiologie des Alkoholkonsums und der Alkoholkrankheit in der Bundesrepublik Deutschland. In: Suchtgefahren, 26 (1980), 1-17.

Vogt, I., Drogenpolitik. Zum Konsum von Alkohol, Beruhigungsmitteln und Haschisch. Frankfurt/M./New York: Herder/Herder 1975.

Vollmer, H., Erfahrungen mit dem neuen Betäubungsmittelgesetz aus verhaltenstherapeutischer Sicht. In: Suchtgefahren, 30 (1984), 15-23.

Vollmer, H./Henrich, G., Das therapeutische Klima in einer Wohngemeinschaft zur Entwöhnungsbehandlung Opiatabhängiger. In: Suchtgefahren, 31 (1985), 133-145.

Vollmer, H. u.a., Ein verhaltenstherapeutisches Programm zur Behandlung junger Alkoholabhängiger unter besonderer Berücksichtigung der Therapiemotivation. In: Suchtgefahren, 28 (1982), 1-15.

Weller, A., „Sie haben ein todkrankes Kind und können ihm nicht helfen“. In: FR, Sonderteil: Dokumentation; Nr. 301 (1982), 14-16.

Wieser, S., Das Trinkverhalten der Deutschen. Herford: Nicolai 1973.

Winkler, K.-R., Drogenabhängige zwischen Bestrafung und Behandlung. Tagungsbericht. In: Suchtgefahren, 30 (1984), 234-238.

IV. Psychosoziale Intervention als Problem: Rückblick und Ausblick

4.1. Intervention: Kritik und Perspektiven

Ernst von Kardorff

1. Gesellschaft, Sozialpolitik und Intervention

1.1 Zum Begriff „Intervention"

Zunächst ist man verwundert, wie der Begriff „Intervention", der in den gängigen Lexika der Sphäre „diplomatischer, wirtschaftlicher, militärischer Einmischung" zugeordnet wird und den Ein- und Übergriff des Staates in fremde Territorien zur Konfliktregulierung im wohlverstandenen Eigeninteresse oder zur Durchsetzung von Herrschaftsansprüchen bezeichnet, zum *terminus technicus* der sozialpolitischen, sozialpädagogischen, psychosozialen Praxis werden konnte. Ein solcher philologischer Einwand könnte leicht als säuerliche Mäkelei beiseite geschoben werden, wenn im Konzept der „Intervention" nicht auch zentrale Wahrheiten über die Sozialpolitik und ihre eingreifende Praxis auf den verschiedenen Ebenen von der Gesetzgebung bis zur personenbezogenen Dienstleistung ausgesprochen würden:

- daß sich das gesellschaftliche Zusammenleben in den modernen Industriegesellschaften, deren fragile Vergesellschaftungsformen kaum zweihundert Jahre alt sind (vgl. u.a. Simmel 1908; Elias 1980; Sennett 1983), nicht „von selbst" regelt;
- daß die kapitalistische Wirtschaftsform soziales Elend und Ausgrenzung in einem die soziale Integration gefährdenden Ausmaß erzeugt hat; alle Versuche einer „Regulierung der Armut" (Piven/Cloward 1977) durch freitätige Nächstenliebe und kirchliche Caritas oder durch polizeiliche Repression haben sich als unzulänglich erwiesen und verdeutlicht, daß umfangreiche und zunehmend wachsende sozialstaatliche und parastaatliche subsidiäre Hilfen zur Problembewältigung unverzichtbar sind;
- daß Eingriffe und Regulierungen an historisch gewachsene rechtliche und institutionelle Voraussetzungen gebunden und von gesellschaftlich durchgesetzten Interessen bestimmt sind und damit eingefahrene Bahnen der Versorgung vorzeichnen;
- daß Eingriffe in individuelle Lebenspläne, in Familienstrukturen und Lebenswelten häufig als unerwünschte sozialisierende, kompensierende, kontrollierende und zwingende Einschränkungen von den zu Objekten der Intervention gemachten Subjekten empfunden werden, denen sie sich als machtlos ausgeliefert sehen;
- daß viele dieser pädagogischen, therapeutischen und verwahrenden Eingriffe von der unmittelbaren sozialen Umgebung hilfebedürftiger Menschen an die ausdifferenzierten Institutionen im psychosozialen Bereich delegiert werden, weil eigene Ressourcen nicht (mehr) vorhanden sind oder die Motivationspotentiale und die sozialen Voraussetzungen zu ihrer Herstellung fehlen;

- daß freiheitseinschränkende Eingriffe in akuten Krisensituationen, die unter Berufung auf ethische Verpflichtungen und rechtliche Regulierungen stattfinden, für die Betroffenen oftmals zugleich die einzige Quelle der Hilfe darstellen;
- daß Interventionen Folgeprobleme bei Einzelnen, in Familien, im Stadtteil oder bei bestimmten Gruppen erzeugen, die weder vorhergesehen noch erwünscht waren oder ungeschehen gemacht werden können und die wiederum nach (ausgeweiteter) sozialpolitischer Folgenkorrektur verlangen;
- daß schließlich die im Verlauf der letzten 80 Jahre entstandenen Berufsgruppen – Erzieher, Sozialpädagogen, Psychologen usw. – eigene Traditionen und Ideologien herausgebildet sowie Eigeninteressen an Interventionen entwickelt und unter Rückgriff auf wissenschaftliche Theorien fachlich begründet haben; darüber vermittelt beeinflussen und erweitern die neuen Professionen auch die gesellschaftliche Wahrnehmung von Problemlagen sowie Richtung und Nachfrage an sozialen Dienstleistungen.

In dieser stichwortartigen Zusammenstellung wird die komplexe Einbindung von „Intervention" im psychosozialen, gesundheits- und sozialpolitischen Bereich andeutungsweise sichtbar. Insbesondere wird die Abhängigkeit der Intervention von allgemeinen gesellschaftlichen Veränderungen und (sozial-)politischen Konstellationen deutlich. Interventionsstrategien nehmen ihren Ausgang von Entwicklungen in der Gesellschaft, die die Wahrnehmungsschwellen des politisch-administrativen Systems überwunden haben, oder von ihm selbst in den Blick genommen, als krisenhaft, bestandsgefährdend oder entwicklungshemmend eingestuft werden. Der Interventionsbedarf und das Interesse an Krisenbewältigung und sozialer Steuerung wird zunächst von (gesamt- und teil-)systemischen Funktionsimperativen, den vorhandenen und mobilisierbaren finanziellen, rechtlichen und institutionellen Resssourcen, dem fachlich-wissenschaftlichen Stand der Beeinflussungsmöglichkeiten und dem politisch durchgesetzten Interessenkompromiß und nicht vorrangig von der sozialen Lage und den Bedürfnissen der Hilfebedürftigen bestimmt (→ *Ökonomisierung und Verrechtlichung psychosozialer Versorung* 1.2.). Sozialpolitische Intervention zielt damit zuallererst auf Systembestände. Dabei liegt – wie bereits Georg Simmel (1908) am Beispiel der Armutspolitik gezeigt hat – der Zweck der Intervention nicht im betroffenen Armen selbst, sondern weist über die Gruppe der Armen hinaus auf übergeordnete Systemziele (→ *Armut* 3.6.).

1.2. Sozialpolitische Intervention als Ordnungs- und Krisenpolitik

Die Ursprünge des heutigen Verständnisses sozialpolitischer Intervention fallen mit den seit dem aufgeklärten Absolutismus entwickelten kameralistischen Strategien und der entstehenden Staatslehre und Polizeywissenschaft (vgl. Maier 1966) zusammen. Die sich in diesem Zusammenhang entwicklende Sozial- und Gesundheitspolitik ist dabei eng mit der liberalen Fürsorgepolitik des frühkapitalistischen Bürgertums (vgl. Köhler 1977) verknüpft; und das heißt auch mit ihrer repressiven und pädagogischen Formierung der neuen industriegesellschaftlichen Ordnung und mit der Bewältigung von Krisen und Ungleichzeitigkeiten, die sich aus dem Zusammenbruch der alten Ordnung und ihrem Zusammenstoß mit der im Entstehen begriffenen neuen ergeben. Die Sozialpolitik hat es zu tun mit der Verankerung der „Arbeitstugenden" (Marx) im Individuum, mit der Herausbildung der modernen Kleinfamilie (vgl. Donzelot 1979), der Sozialisation von Hygienepraktiken (vgl. Rosen 1975), der Etablierung der „psychiatrischen Ordnung" (vgl. Foucault 1969; Castel 1980), der Organisation der Armenfürsorge (vgl. Köhler 1977), der Bekämpfung der Kriminalität (vgl. Foucault 1976) und der Durchsetzung bürgerlicher Verkehrsformen (vgl. Elias 1980). Die unterschiedlichen, zwischen den Polen Emanzipation und Repression, den Versprechungen einer schönen neuen Welt und der Trauer über den Verlust alter Übersichtlichkeiten und Privilegien angesiedelten Diskurse der Pädagogik (Rutschky 1977), der Sozialpolitik (Pankoke 1977) und der gesellschaftlichen Ordnung (Blasius/Pankoke 1977) verbinden sich im späten 19. Jahrhundert zur Vorstellung und Praxis staatlicher Steuerung sozialer Prozesse und staatlicher Zuständigkeit für bestandsgefährdende Probleme sozialer Integration wie Massenarmut, Kriminalität und kollektive politische Selbstorganisation. Nachdem soziale Integration sich nicht länger über „mechanische Solidarität" (Durkheim) einstellt und durch verbindlich akzeptierte Wertsysteme gewährleistet wird, sondern zunehmend der aktiven „Herstellung" bedarf, stellt sich sozialpolitische Intervention auf der allgemeinsten Ebene als *„Vermittlung* von ‚Staat' und ‚Gesellschaft'" dar (Kaufmann 1982, 56; Hervorhebung im Original).

2. Sozialpolitische Intervention auf verschiedenen Ebenen

Auch wenn sich Intervention in einem ersten Schritt als funktional systembezogen erweist, geht sie doch darin nicht vollständig auf. Wenn der Zweck sozialpolitischer Intervention auch nicht im Einzelnen liegt, so werden Individuen und Gruppen bei der Umsetzung sozialpolitischer Maßnahmen doch zu „Objekten" von Hilfe, Kontrolle und Zwang; im besten Falle zu aktiv gestaltenden Teilnehmern an der Intervention. Das Dilemma von Intervention, das vor allem die Diskurse der (sozial-) pädagogischen und psychologischen Praktiker bestimmt und schlagwortartig durch die Spannung zwischen „Hilfe" und „Kontrolle" benannt werden kann, läßt sich näher analysieren, wenn man sozialpolitische Intervention mit Kaufmann (1982) als „mehrstufigen Prozeß" konzipiert. Man wird, „da Leistungen des Staates ja *typischerweise* Leistungen für andere gesellschaftliche Teilsysteme sind, die sozialpolitische Problematik wie folgt formulieren müssen: wie müssen staatliche Einwirkungen beschaffen sein, um die Tätigkeit von Organisationen, deren Leistung von Bedeutung für die Lebensführung natürlicher Personen sind, im Sinne des Inklusionspostulats[1] zu beeinflussen. Die soziologische Analyse sozialpolitischer Prozesse muß daher diese als Zusammenhang von staatlichen Einwirkungen auf der institutionellen Ebene, von parastaatlichen und frei organisierten Trägern auf der organisatorischen Ebene und von Teilhabechancen von Individuen auf der interaktiven Ebene rekonstruieren. So wird die Vorstellung eines mehrstufigen sozialpolitischen Prozesses mit derjenigen unterschiedlicher Ebenen gesellschaftlicher Wirklichkeit verknüpft" (Kaufmann 1982, 63).

Diese Verknüpfung geschieht nicht linear, sie wird auf den verschiedenen Ebenen „gebrochen", wobei hier (sozial-)politische Strategien und ökonomische Konjunkturen ebenso wie bereits bestehende Strukturen (Sozialversicherung, RVO, Subsidiaritätsprinzip, Aufteilung von Zuständigkeiten etc.), Professionsinteressen und Widerstände bei den Zielgruppen eine Rolle spielen. „Staatliche Interventionsversuche werden sowohl hinsichtlich ihrer Interpetation als auch hinsichtlich ihrer objektivierbaren Leistungen durch die innerhalb des Interventionsfeldes wirksamen organisatorischen, kognitiven und normativen Strukturen ‚gebrochen'" (Kaufmann 1982, 66).

Im folgenden geht es um die Voraussetzungen für die Vermittlung von Interventionen auf der Ebene der personenbezogenen Dienstleistungen, die auf die „Verbesserung der Handlungskompetenz" (Kaufmann 1982, 67) und auf die „Verbesserung der materiellen und sozialen Umwelt von Personen" (Kaufmann, ebd.) zielen.

3. Voraussetzungen der Intervention

Die Definition eingriffs- und hilfebedürftiger Probleme auf der Ebene sozialpolitischer Programme bestimmt sich – wie bereits erwähnt – zum einen aus den Bestandsinteressen und Funktionimperativen gesellschaftlicher Teilsysteme auf der jeweils erreichten Stufe der Vergesellschaftung, zum anderen durch den Grad politischer Gegenmachtbildung betroffener sozialer Gruppen und der historisch von ihnen im Verlauf von Klassenkämpfen und gewerkschaftlichen Auseinandersetzungen durchgesetzten sozialstaatlichen Rahmenbedingungen und Kompromisse. Die lohnbezogene Absicherung der „Risiken" von Krankheit, Unfall, Alter, Arbeitslosigkeit innerhalb des modernen Wohlfahrtsstaates bildet dabei die eine Säule der Sozialpolitik. Die ihr entsprechenden Interventionen sind in erster Linie gesetzlich verankerte Transferleistungen und flankierende Hilfen und Schutzbestimmungen. Zusätzlich zu diesem System hat sich historisch ein zunehmend wachsender Bereich rechtlich, institutionell und organisatorisch versäulter sozialpolitischer Leistungen herausgebildet, der vorrangig auf „horizontal disparitäre Lebenslagen" (Offe u.a. 1968) bezogen ist und mit Hilfe professionell erbrachter personenbezogener – im weitesten Sinn: pädagogischer – Dienstleistungen in Lebenswelten, Lebenslagen, individuelle Verhaltensweisen und normative Standards helfend, sozialisierend, korrigierend und kontrollierend eingreift.

Die Herausbildung dieser personenbezogenen Dienstleistungen stellt

- eine staatliche Reaktion auf Symptome des Auseinanderbrechens „natürlicher" oder für selbstverständlich gehaltener Formen der Vergesellschaftung, gemeinschaftlicher Hilfe und Unterstützung, auf das Scheitern familiärer Erziehungsmuster, auf die Entstehung von Jugendkriminalität und Verwahrlosung dar; in der Entwicklung personenbezogener Dienstleistungen drückt sich die Einsicht aus,
  a) daß der moralische Appell an die Subjekte ungehört verhallt, weil die ökonomischen und sozialen Voraussetzungen zu ihrer Befolgung nicht (mehr) gegeben sind,
  b) daß Transferleistungen allein weder individuelle und familiäre Krisen lösen, noch „soziale Brennpunkte" beseitigen können; und es kommt die Hoffnung zum Ausdruck,
  c) daß mit Hilfe pädagogischer Interventionen Wiedereingliederung ermöglicht, Krisen abgemildert, fatale Lebensstrategien geändert und ein neuer individueller Umgang mit der Misere erreicht werden kann.
  Kurz: Die Krise der Sozialintegration kann nicht allein durch Strategien der Systemintegration aufgefangen werden; sie muß vielmehr die „Lebenswelt" in Rechnung stellen (vgl. Habermas 1973).

- das Ergebnis der Professionalisierung der sozialen Berufe (vgl. Wendt 1985; Sachße 1986) dar, die sich im Rahmen der staatlichen und parastaatlichen Versorgungssysteme einen eigenen Raum der Ausgestaltung und Problemdefinition haben schaffen können; und schließlich
- das Ergebnis des Einflusses reformpolitischer Initiativen advokatorischer Interessenwahrnehmung für benachteiligte Gruppen dar, die keine eigene Lobby in der politischen Öffentlichkeit besitzen und – in jüngster Zeit vermehrt – als Resultat der politischen Artikulation benachteiligter Gruppen im Rahmen der neuen sozialen Bewegungen entstanden sind (vgl. Rucht 1984; Trojan [Hg.] 1986).

Für den zuletzt genannten Bereich der Sozialpolitik stellt sich das Problem der *Problemdefinition* als Voraussetzung für Interventionen in einer im Vergleich zur traditionellen transferorientierten Sozialpolitik verschärften Form. Die Identifikation und Diagnose von Problemen und die damit vorgegebenen Wege zu ihrer Bewältigung werden in der Regel von administrativer und professioneller Seite unter verstärktem (oft bloß legitimatorisch) Rückgriff auf wissenschaftliche Begründungsmuster vorgenommen und den zu „Klienten", „Betroffenen", „Patienten" etc. verobjektivierten gesellschaftlichen Subjekten übergestülpt.

Bei diesen Akten der sozialen Diagnose und der Konzeption von „Lösungen" kommt es zu gravierenden Um- und Neudefinitionen der Problemlagen, denen der hilfebedürftige, der auffallende und störende sowie der in seiner unmittelbaren sozialen Umwelt bereits sozial ausgegrenzte einzelne fast ohne Gegenmacht ausgeliefert ist; ihm bleibt letztlich nur die Alternative der „compliance" oder die totale Kooperationsverweigerung, was einer Zerstörung der Grundvoraussetzung der personenbezogenen Dienstleistung, der gemeinsamen Arbeit von Professionellem und Klient an der Problembewältigung (vgl. „Uno-actu-Prinzip, Gross 1983) gleichkommt.

Einige ausgewählte typische Strategien der „sozialen Konstruktion" sozialer Probleme (Spector/Kitsuse 1977) sollen hier kurz erwähnt, wegen der großen Fülle an detaillierter Literatur zum Thema (vgl. statt vieler Wolff 1983) aber nicht näher erläutert werden. Bei der im folgenden verwendeten, auf Konzepte des Symbolischen Interaktionismus und der Ethnomethodologie zurückgehenden, Vorstellung von der „gesellschaftlichen Konstruktion" sozialer Probleme muß unter praktischen Gesichtspunkten immer im Blick gehalten werden, daß die Definitions- und Sanktionsmacht auf Seiten der Institution und des Professionellen liegen, auch wenn sich – in mikroanalytischer Perspektive – der „Klient" in der konkreten Interaktion mit dem Professionellen kleine Spielräume und Distanzen, Überlebensmöglichkeiten und Nischen im Goffmanschen Sinne schaffen und erhalten kann.

3.1. Vom Problem zum individuellen Fall

Bei dieser häufig kritisierten Strategie (vgl. Aich 1973; Meyer 1981) werden die vielfältigen Aspekte einer krisenhaften Lebenslage in einen für die Behörde in einer Akte faßbaren, durch die Interventionen eines Sozialpädagogen konkretisierbaren, von Kostenträgern und Politik nachprüfbaren „Fall" verwandelt und damit zu einem Teil belegbarer sozialer Wirklichkeit, der dem „Klienten" als neues Merkmal seiner Biographie verobjektiviert entgegentritt. Die individualisierende Strategie der aktenförmigen „Verarbeitung" von Interventionen kommt den Arbeitsprinzipien und der internen Rationalität administrativ-politischer Effizienzkriterien, medizinisch psychologischen Krankheits- und Persönlichkeitsmodellen und häufig der Arbeit der Professionellen selbst entgegen. Die institutionelle Praxis generiert ihre eigene, mit eigenen Ressourcen bearbeitbare Form von „Sozialepidemiologie" (Wambach 1978), die sich im Ergebnis für die Klienten als Strategie des „blaming the victim" (Ryan 1971) erweist, weil das, was an den Umständen als nicht veränderungsfähig oder -bedürftig erscheint, dem einzelnen, seiner Familie, seinem sozialen Netz – oftmals mit moralisierendem Unterton – als selbstverschuldet zugeschrieben und zur „Selbsthilfe" aufgegeben wird. Die systematische Ausklammerung der „harten", sozialpädagogischen oder psychologischen Interventionen unzugänglichen, gesellschaftlichen Verhältnisse (z.B. in der betrieblichen Arbeitssituation, Wohnbedingungen etc.) für Entstehung, Aufrechterhaltung und Chronifizierung wesentlicher Anteile am sozialen und psychischen Elend führen zu einer – in der Psychologie mehr noch als in der Sozialpädagogik – verbreiteten Strategie der Unterstellung von Persönlichkeits- und Kompetenzdefiziten.

3.2. Der defizitäre Klient

In den alltäglichen Diskursen von Praktikern, in Aktenvermerken und nicht zuletzt in der wissenschaftlichen Literatur werden die im Alltag der klientifizierten, psychiatrisierten und „verkrankten" Subjekte (vgl. Hellerich 1985) beobachteten „fatalen Strategien" der Lebensbewältigung psychisch und sozial verelendeter Menschen oft nicht als Resultat, sondern als Ursache der hilfebedürftigen Lebenslage genommen und in verdinglichter Form zu Persönlichkeitsmerkmalen der Individuen vernatürlicht; so wird dann eine von mehreren Personen bewohnte beengte zweieinhalb Zimmer Obdachlosenunterkuft, die beim besten Willen nicht aufzuräumen ist, in den Akten als „verwahrlost", das Verhalten der Mutter gegenüber ihren Kindern als „vernachlässigend" und „erziehungsunfähig", die Eltern als „beziehungsgestört", die Kinder als „verhaltensgestört", die ganze Familie als „nicht mietfähig" beschrieben und Interventionsmaßnahmen, angefangen von kontrollierenden Hausbesuchen, nicht verlangten therapeutischen Bemühungen bei den Kindern bis zurDrohung mit gesetzlichen Maßnahmen nach dem JWG konzipiert (vgl. z.B. Meyer 1981). Dieses nicht zuletzt aus idealtypischen Sozialisationsmodellen aus Psychologie und Pädagogik abgezogene Bild des defizitären Klienten bildet ein Einfallstor, über das es zur Erweiterung von Eingriffsräumen in Lebenswelten und Lebensfelder kommt.

3.3. Erweiterung von Eingriffsräumen

Die – prinzipiell „endlose" – Erweiterung von Eingriffsräumen arbeitet mit der Unterstellung einer allumfassenden Lösungskompetenz wissenschaftlich ausgebildeter professioneller Experten (vgl. dazu kritisch Lau/Wolff 1982). Die angemaßte Zuständigkeit für immer umfassendere Eingriffe leitet sich dabei her von

- als fortschrittlich gepriesenen erweiterten gesetzlichen Aufgaben und Möglichkeiten sozialpädagogischer Maßnahmen (z.B. Eingriffe „zum Wohl des Kindes" im JWG; vgl. Riedmüller 1981), der Therapeutisierung des Strafvollzugs (vgl.

Lamott 1984) und der in den PsychKgs erweiterten Eingriffsmöglichkeiten sozialpsychiatrischer Rehabilitation (vgl. Reichel 1980),
- neuen wissenschaftlichen Erklärungsmodellen für abweichendes Verhalten, therapiebedürftige Familienstrukturen, gescheiterte Sozialisationsprozesse etc. und schließlich
- neu geschaffenen methodischen Werkzeugen, die die traditionelle „Einzelfallhilfe" durch gruppenpädagogische, gemeinwesenorientierte Perspektiven (Boulet u.a. 1980) und vor allem durch therapeutische Verfahren (z.B. Familien- und Netzwerktherapie, Transaktionsanalyse und themenzentrierte Interaktion etc.) ergänzt und erweitert haben (vgl. Kovel 1979; v. Kardorff 1982).

Zur Erweiterung von Eingriffsräumen gehören auch theoretische Umorientierungen im Bereich der sozialpädagogischen und psychosozialen Intervention. Als ein Beispiel für viele sind hier das „life-model" der sozialen Arbeit (vgl. Germain/Gitterman 1983), die *Feldorientierung* (Pankoke 1986) mit der Bezugnahme auf die Analyse und die Förderung „selbstaktiver Felder" (vgl. Becher/Pankoke 1981) sowie die *ökosoziale* Sichtweise (vgl. Oppl 1986; Mühlum u.a. 1986) mit einer erneuten Betonung und einem weiteren Präzisierungsversuch des in der Pädagogik schon lange postulierten Ganzheitsbegriffs (vgl. mit unterschiedlichen Akzentuierungen Schwendter 1986; Diemer 1986; Wendt 1986) zu nennen. Die ganzheitliche ökosoziale Perspektive zielt auf die Möglichkeit einer sozialräumlichen Intervention und hofft, „daß sich die Effektivität sozialer Politik – soweit sie ihre ökonomische Orientierung übersteigt – ‚durch eine sozialökologische Feinabstimmung steigern läßt' (Nokielski 1982, 346)" (Oppl 1986, 128). Abgesehen davon, ob die Hoffnungen auf eine derartige Feinabstimmung wie sie Nokielski vorschwebt, realistisch sind oder lediglich eine Variante der sozialstaatlichen Steuerungsillusion (vgl. Müller/Neusüß 1970) darstellen, läuft der Anspruch auf eine solche Erweiterung des Eingriffsfeldes Gefahr, sozialtechnisch zu verkümmern, wenn ihm nicht eine ausformulierte politische Beteiligungsvorstellung zugrundeliegt; und sie tendiert zur Transformation in ein Instrument weiterer wissenschaftlich-pädagogischer Kolonialisierung der Lebenswelt und verschärfter sozialer Kontrolle, wenn *nicht* ausreichende sachliche und personelle Mittel zur Verfügung stehen.

3.4. Verstärkte Eingriffstiefe

Zusätzlich zu diesen Erweiterungen von Eingriffsräumen läßt sich innerhalb der Interventionsstrategien die Tendenz zu einer verstärkten Eingriffs*tiefe* mit der Folge eines intensivierten Potentials an sozialer Kontrolle (Cohen/Scull 1983) feststellen. Als einzelne Strategie ist hier vor allem die *Therapeutisierung* – nicht nur von Krisen, sondern des gesamten Lebenslaufs und tendenziell aller Lebensäußerungen (vgl. als aktuelle Zusammenfassung: Hellerich 1985) – zu nennen, der eine Tendenz zur „unendlichen Analyse" innewohnt und die oft langwierige sowie schwer durchschaubare und aufzulösende Abhängigkeiten erzeugt (vgl. Castel u.a. 1986). Diese therapeutischen Verfahren zielen ins Zentrum der Person und suchen dabei den Ansatzpunkt, um neue Verhaltens(selbst)kontrollen in der Person selbst zu implementieren. Entscheidender für die Verschärfung der Eingriffstiefe ist jedoch das Zusammentreffen verschiedener Entwicklungen, die sich überlagern und gegenseitig in ihrer (potentiellen) Wirkung verstärken; hier sind vor allem drei Prozesse zu nennen: Verknüpfungen, Überlagerungen und Differenzierungen:

- *Verknüpfungen:* Die z.B. in den Konzepten der gemeindebezogenen Netzwerkforschung (vgl. Keupp/Röhrle 1987; v. Kardorff 1987) angelegte Auswahl von Schlüsselpersonen als Zugangsweg zu der über traditionelle Angebote nur schwer erreichbaren Klientel (vgl. zu den Barrieren der Inanspruchnahme: Wirth 1982) und als Schaltstelle zur Verknüpfung („linkage") professioneller und nichtprofessioneller Hilfe (vgl. v. Kardorff/Stark 1987) eröffnet nicht nur einen problemnäheren und milieugerechteren Zugang, sondern erweist sich auch als Einfallstor zu einer Protoprofessionalisierung freiwilliger Helfer und Klienten (vgl. Dewar 1978; de Swaan 1983), zur Entwertung traditioneller Problembewältigungsmuster (Illich 1974) und zu Formen einer „weichen" sozialen Kontrolle ganzer Populationen als potentieller „Risikopersonen" (vgl. Wambach 1983).
- *Überlagerungen:* Das klassische Beispiel stellt die in der Rehabilitation straffällig gewordener Jugendlicher zunehmend praktizierte Kombination von Strafe und Therapie dar. Therapie als Ersatz für und gegebenenfalls als Ergänzung zur Strafe wird bei bestimmten „Problemgruppen" (z.B. bei Drogenabhängigen) zunehmend zur gerichtlich verfügten Auflage. Bei der Euphorie über die Fortschritte in den rehabilitativen Anstrengungen wird leicht die Gefahr der Schaffung eines rechtsunsicheren Raums übersehen, in dem nicht die „Tat" geahndet wird, sondern die Motive erforscht, das Verhalten und die Persönlichkeit korrigiert und zur Einsicht gebracht werden sollen (vgl. Lamott 1984). Dieser im Prinzip unabschließbare Prozeß, der von Experten überwacht und bewertet wird, greift nicht nur tief in das Leben der Betroffenen ein und konfrontiert sie mit neuen Abhängigkeiten. Der „Klient" muß jetzt nicht eine festgelegte Strafe verbüßen, er muß seine Motive „beichten" (Foucault 1976, 1980; Lamott 1984), er muß sich bekehren (vgl. z.B. die Therapieprogramme der Daytop-Organisation für Suchtpatienten) und sich in seinem Verhalten vor der scheinbar neutralen Instanz der wissenschaftlichen Beobachtung bewähren. Durch diese erzwungene Diskursivierung seiner Motive, Lebensentwürfe und Geheimnisse (vgl. Foucault 1980) gerät das Leben des Delinquenten insgesamt unter den Zugriff pädagogischer Rationalitäten und Moralitäten, denen er sich nur schwer – wenn auch gelegentlich durch Ironie, subversive Verweigerung und Goffmaneske Chamäleontaktiken – entziehen kann (vgl. Bielefeld/Kreissl 1983). Die beschriebene Entwicklung entzieht abweichendes Verhalten zunehmend dem Feld öffentlicher Moraldiskurse, macht es zu einer Angelegenheit von medizinischen und psychosozialen Experten, die damit soziale Normierungen jenseits demokratischer Auseinandersetzungen unterschwellig, aber deswegen nicht weniger wirksam prägen (vgl. Chorover 1982).
- *Differenzierungen:* Hier geht es vor allem um diagnostische Verfeinerungen mit der Folge zunehmend verengter Normalitätsräume und methodenerzeugter „Verkrankung" (Hellerich 1985) der Personen durch präzisierte Kenntnisse der „Lebenswelten" (vgl. Buchholz 1984), genaue Analysen der Lebenslagen (vgl. Amann 1983; Wendt 1986) und Modelle des Lebenslaufs und seiner Krisen (vgl. Germain/Gitterman 1983), durch Versuche zur Beeinflussung von „Lebensweisen" (Badura 1985) sowie bereits in frühester Kindheit ansetzende diagnostische „screenings" (Hellerich 1980) und verzweigte Behandlungsprogramme für immer speziellere „Störungen". Die diagnostische Erschließung des Individuums

wie seines Umfeldes bedeutet nicht allein verbesserte Hilfemöglichkeiten und tiefere Einsichten für (Selbst-) Veränderungsprozesse, sondern erzeugt selbst neue Störungsbilder, multipliziert die Anknüpfungspunkte zur Herstellung von „compliance" mit den Professionellen und öffnet den Raum für mögliche Verhaltenskontrollen an „tiefsitzenden" sozio-kulturellen Selbstverständlichkeiten und individuellen Motivstrukturen, die bislang in ihrem „Eigensinn" (Negt/Kluge 1981) einen relativen Schutz gegen Zugriffe von außen darstellten; für das Individuum wird es damit schwieriger, sich den wohlmeinenden und mit der Autorität wissenschaftlicher Erkenntnis ausgestatteten Strategien sozialpädagogischer und psychologischer Hilfen zu entziehen bzw. sie in seinem Sinne und für sich zu nutzen.

Wenn es in den letzten Jahren innerhalb des Arbeitsfelder psychosozialer Intervention zu vielfältigen Verschiebungen in den Konzepten – etwa vom „defizitären Klienten" zur Analyse und Arbeit mit seinen „positiven Anteilen", von isolierter Individualisierung zur ganzheitlich, umweltbezogenen Sichtweise, von der repressiven zur weichen Kontrolle, vom ordnungszentrierten Blick zur Perspektive des aktiven Klienten und des kritischen Konsumenten etc. – gekommen ist (vgl. v. Kardorff 1986), darf man sich nicht darüber hinwegtäuschen,

- daß die alten Konzepte nach wie vor existieren, in der Praxis breite Anwendung finden und in Verbindung mit neuen Angeboten ein vielfältig in sich gestaffeltes und auf verschiedenste Situationen abgestimmtes Reservoir an Hilfsmöglichkeiten und Mitteln der „fürsorglichen Belagerung" anbieten;
- daß konzeptionelle Modernisierungen – die größere Nähe zum Klienten, der für seine Lebenslage, Lebenswelt und Lebensweise sensibilisierte ökosoziale und ganzheitliche Blick – auch neue Kontrollpotentiale geschaffen und sozialpolitische Befriedung geleistet sowie zur Dämpfung und Psychologisierung (lokal-) politischer Konflikte beigetragen haben;
- daß im therapeutisch mediatisierten Kontakt mit den Klienten neue psychische Abhängigkeiten geschaffen und Folgeprobleme erzeugt werden, die innerhalb der sozio-kulturellen und ökonomischen Rahmenbedingungen von den Klienten nicht selbst, sondern wiederum durch neue Institutionen und professionelle Hilfen aufgefangen und abgearbeitet werden und
- daß trotz aller Bemühungen von einer monologischen zu einer dialogischen und kommunikativen Intervention unter partizipativem Einschluß der Betroffenen zu gelangen, das Definitionsmonopol der Professionellen – trotz der Kritik am Experten – nach wie vor kaum ernsthaft in Frage gestellt, bestenfalls geschwächt ist. Diese Sachlage zwingt dur differenzierten Auseinandersetzung mit Strategien der „Nicht-Intervention".

4. Nicht-Intervention als Alternative?

Die seit Mitte der 70er Jahre als Reaktion auf die vielfältigen Desillusionierungen sozialstaatlicher Reformprogramme verstärkt einsetzende Kritik

- an der Kontraproduktivität eines linearen Wachstums staatlich regulierter Wohlfahrt (Erler 1982; Rosanvallon 1982; Vobruba 1982, 1983; Opielka u.a. 1984)

und dem anhand systemtheoretischer Simulationen belegbaren Scheitern zentraler Steuerungsintentionen (vgl. Dörner u.a. 1983);

- am abnehmenden Grenznutzen und den iatrogenen Folgen der medizinischen und psychosozialen Versorgung (z.B. Illich 1976);
- am Definitionsmonopol pädagogischer, psychologischer und medizinischer Experten (vgl. Illich u.a. 1979; Basaglia u.a. 1980; Kickbusch 1980);
- an der im Namen allgemeiner und spezieller Wohlfahrt betriebenen weitergehenden Verrechtlichung zentraler Lebensbereiche bei gleichzeitiger Ausweitung der situativen Anwendung von Verordnungen auf dem Verwaltungswege (vgl. Reichel 1980; Voigt 1983);
- an den in der Verbindung von Justiz und Psychiatrie noch verstärkten Momenten von Abhängigkeit und Freiheitsberaubung (z.B. Szasz 1973; Grubitzsch 1983);
- an den destruktiven Folgen des repressiven und den entmutigenden Bemühungen des therapeutisch modernisierten Strafvollzugs (z.B. Steinert 1982; Kreissl 1986);
- an den neuen Formen „weicher" sozialer Kontrolle im Rahmen präventiver Strategien bei gleichzeitigem Fortbestand der „alten" repressiven Instrumentarien (vgl. Wambach 1983; Cohen/Scull 1983) und
- an der Kolonialisierung der Lebenswelt durch Pädagogisierung (z.B. Mannoni 1976), Therapeutisierung (v. Kardorff 1984) und Psychiatrisierung des Alltags (vgl. Castel u.a. 1983),

hat sowohl die herkömmlichen Strategien staatlicher Sozialpolitik als auch die Versuche ihrer sozialtechnischen Modernisierung delegitimiert, hat für die sozialen und psychischen (Folge-)Kosten der Verwissenschaftlichung von Lebensproblemen und der therapeutischen Interventionen in Lebenlagen (Wendt 1986) und Lebensweisen (Badura 1985; Ingrosso 1984) sensibilisiert und Zweifel an den selbst zugeschriebenen Kompetenzen der Professionellen geweckt (Lau/Wolff 1982).

Die finanzielle Expansion und die politisch organisatorische Verselbständigung des wohlfahrtsstaatlich-industriellen Komplexes (Street u.a. 1979) hat zusammen mit der umstrittenen Wirksamkeit und den häufig zweifelhaften Folgen interventiver Strategien sowie nicht zuletzt infolge der praktischen Kritik der „Klienten" – sei es durch Nichtinanspruchnahme, Verweigerung, aktiven Widerstand oder durch die Entwicklung von Eigeninitiative und Selbsthilfe – ansatzweise zum Aufbau alternativer Hilfsmöglichkeiten und zu einer grundsätzlichen Infragestellung staatlich und parastaatlich mediatisierter sozialer Dienstleistungen geführt.

Hinter der provokatorischen und programmatischen Formulierung einer Perspektive der „Radical Non-Intervention", die E.M. Schur (1973) als Titel einer einflußreichen Veröffentlichung wählte, verbergen sich verschiedene Optionen, die auf unterschiedlichen Ebenen – von der globalen Kritik an der Dienstleistungsgesellschaft bis zur Kritik an den Konzepten und der Praxis der Professionellen – verschiedenen politischen und professionellen Strategien zugeordnet werden können. Stichworte dieser Debatten sind „Deregulierung" (z.B. Piven/Cloward 1977), „Deinstitutionalisierung" (z.B. Scull 1970), „Enttherapeutisierung" (z.B. Hellerich 1980), „Entpsychiatrisierung" (Pirella u.a. 1975; Schulz 1980), „Abolitionismus" (z.B. Steinert 1982; Scheerer 1984) etc. Historisch fallen diese Diskurse sachlich begründeter und durch die Erfahrungen mit den Folgen zentraler staatlicher wie kommunaler Modelle und professioneller Konzepte bestätigter Kritik an herkömmlichen Interventionsformen sowie die behauptete „Erschöpfung der utopischen Energien des

Wohlfahrtsstaates" (Habermas 1985) mit der ökonomischen und politisch verschärften Krise des Sozialstaates zusammen. Daraus ergibt sich die paradoxe und folgenreiche Situation, daß die wissenschaftliche Kritik, das alltagsweltliche Unbehagen und die politischen Zweifel an den sozialpolitischen und pädagogischen Interventionsstrategien sich mit einer neokonservativen Konzeption und Praxis des Abbaus sozialstaatlicher Leistungen, einer Verschärfung der gesellschaftlichen Verteilungskämpfe und einer – zumindest in Kauf genommenen – Spaltung und Entsolidarisierung der Gesellschaft überlagern und sich gegenseitig verstärken (vgl. Leibfried/ Tennstedt 1985). Das zwingt zu sachlichen Differenzierungen in der Debatte der „non-intervention"-Perspektive – allein schon, um die materiellen und sozialen Gewinne der von der traditionellen Arbeiterbewegung erkämpften und von der sozialliberalen Koalition zwischen 1969 und 1972 gewährten Rechte und Bestände zumindest zu sichern und um den Tendenzen einer Entrechtlichung (insbesondere der sozialstaatlichen und bürgerrechtlichen Elemente) auf „kaltem" (Verordnungs-) Wege (vgl. Voigt 1983) entgegenzutreten.

So wenig das von konservativ-liberaler Seite vorgebrachte Argument einer marktförmigen Selbstregulation sozialer Probleme je die Wahrheit gesellschaftlicher Vorgänge in der bürgerlichen Gesellschaft wiedergegeben hat, so wenig plausibel erscheint das Modell einer von Initiativen, Selbsthilfeorganisationen und „neuen" Selbständigen getragenen Vergesellschaftung und der ihr entsprechenden Organisation von Hilfen in einer „Regenbogengesellschaft" (Huber 1984) angesichts strukturell ungleich verteilter Lebenslagen und -chancen in einer hochgradig arbeitsteiligen, institutionell vermachteten und sozio-kulturell segmentierten Gesellschaft. Ein naives Vertrauen auf gesellschaftliche „Selbstheilungskräfte" verkennt die *strukturell* deprivilegierte Situation hilfebedürftiger Menschen und würde lediglich die quasi-naturwüchsigen Ausgrenzungs- und Spaltungsvorgänge der kapitalistischen Konkurrenzgesellschaft verschärfen. Die These der „non-intervention" – die in der Sozialpolitik ihr sozialtechnisches Komplement in der Praxis der „non-decisions" (vgl. Bachratz/Baratz 1970) besitzt – behält nur in der Kritik ihre aufklärende und erhellende Funktion. Diese freilich zwingt zu einer grundlegenden Neureflexion interventiver Strategien. Dies gilt im Hinblick auf die Identifizierung und Bewertung sozialer Probleme, die Wahl sozialpolitischer und pädagogischer Hilfen, die Konzeptualisierungen von „gesund/krank", „normal/anormal" und schließlich im Hinblick auf die normativen Begründungsmuster zur Legitimation von Interventionen. Bevor dies geschieht, soll noch eine andere Facette der „non-intervention"-Perspektive angesprochen werden.

Unter der Perspektive der „non-intervention" erscheinen die Systeme und die Praxis der Intervention als beständiger Skandal der staatlich regulierten, institutionell verankerten und professionell durchgesetzten – freilich nur begrenzt erfolgreichen – Versuche der gesellschaftlichen Unsichtbarmachung sozialen Elends, psychischer Abweichung, Behinderung und Krankheit. Die Institutionen und die Professionellen übernehmen den staatlich mediatisierten gesellschaftlichen Auftrag zur Hilfe, Kompensation von Defiziten, Rehabilitation, Kontrolle, Aussonderung, Einsperrung, Verwahrung und Verwaltung psychosozialen Elends und entlasten damit „die" Gesellschaft, ersparen ihr die Konfrontation, die Auseinandersetzung und den Zwang zur politischen Rechtfertigung. Unter der „non-intervention"-Perspektive ließe sich hier ein Blickwechsel von einer steuerungs- und ordnungspolitischen Perspektive zur Analyse der psychosozialen Praxis als Erfüllungsgehilfin *gesellschaftlicher* (nicht allein genuin staatlicher) Entlastungs- und Kompensationsforderungen vornehmen. Dabei erschiene dann die Nachfrage nach sozialen Dienstleistungen als Ergebnis der gesellschaftlichen Delegation des Elends an ausdifferenzierte staatliche und parastaatliche Institutionen und spezialisierte Professionen. Damit verweist die „non-intervention"-Perspektive darauf, daß Armut und psychosoziales Elend nicht ein genuin *staatliches*, sondern konstitutiv ein Problem der Gesellschaftsverfassung und ihrer Verkehrsformen sind.

Die Bewußtmachung dieses alltäglichen Abschiebe- und Verdrängungsmechanismus könnte darin bestehen, in der Alltagspraxis der Versorgung den Ausgrenzungsauftrag zu verweigern – wie dies etwa in der „Demokratischen Psychiatrie" in Italien durch die Schließung der psychiatrischen Kliniken (Pirella 1974; Simons 1980) und durch die Auflösung von Sonderschulen (vgl. Armbruster 1983) bereits ansatzweise gesehen ist. Dies sind Bemühungen, das Elend an den Ort seiner gesellschaftlichen Produktion in einem symbolischen und praktischen Akt der Veröffentlichung „zurückzugeben" und zu „skandalisieren" (vgl. de Leonardis/Mauri 1981). Dieses „Umdrehen" des institutionellen Auftrags in vielfältigen kleinen Akten der Verweigerung (etwa Zurückweisung der Hospitalisierung psychiatrischer Patienten) könnte Ansatzpunkte bieten zu einer (Wieder-)Veröffentlichung des gesellschaftlichen Skandals der sozialen Reproduktion des Elends und der gesellschaftlich erzeugten Unfähigkeit der sozialen Systeme zur Integration von Abweichung und Behinderung ebenso wie einen Beitrag zur Wiedergewinnung des „Rechts auf Gemeinheit" (Illich 1982) von Krankheit, Hilfsbedürftigkeit, Hinfälligkeit und Anderssein liefern. Derartige, wenn auch zunächst nur vereinzelt wahrscheinliche und mögliche Weigerungen von Professionellen, sich geradezu selbstverständlich für alle möglichen psychischen und sozialen Probleme zuständig zu erklären, immer neue Beratungsformen und Therapien bereitzustellen, weitere Aufstockungen der Personalbestände zu fordern und für die Erweiterung der bestehenden Einrichtungen und den Aufbau neuer Institutionen zu optieren, ohne sich der Hilfe zu verweigern, könnte den verfahrenen gesellschaftlichen Diskurs um die angemessenen Formen sozialer Dienstleistungen aufbrechen und mögliche Auswege aus dem Zirkel gesellschaftlicher Problemproduktion und parallel dazu anwachsender (kontraproduktiver) Sozialbürokratien und professioneller Expertensysteme weisen.

5. Begründungen für Interventionen: zur Notwendigkeit normativer Leitlinien

Die bisherigen Erfahrungen mit den weitreichenden, oft wenig abschätzbaren, ambivalenten, kontraproduktiven und für die Betroffenen risikoreichen Folgen rational geplanter und in einem humanistischen Selbstverständnis oft gut gemeinter, in der Praxis und in den Folgen häufig offen repressiver Interventionen auf der einen und der ansatzweisen Herausbildung kritischer Konsumenten und Nutzer (Gartner/Riessman 1978; Rerrich 1982) auf der anderen Seite, macht die Entwicklung differenzierter Begründungen für Interventionen auf der Folie einer konsensfähigen Ethik psychosozialer Arbeit nicht nur zu einem theoretischen Desiderat oder einer Pflichtübung zur Gestaltung von Einweihungsreden für neueröffnete Institutionen, sondern zu einem praktischen Erfordernis. Dies wird unmittelbar verständlich, wenn man sich vergegenwärtigt, daß psychosoziale Interventionen oft radikal und schmerzlich in eingeschliffene Lebensvollzüge eingreifen, liebgewordene Gewohnheiten in Frage stellen, Wertvorstellungen und Sicherheiten erschüttern, alltägliche Rationalisierungen entlarven, bisherige Lebensziele entwerten, Verhalten diagnostizieren, bewerten und sanktionieren, Anforderungen an Kommunikationsbereitschaft und -fähigkeit der Klienten stellen, Veränderungsbereitschaft, Motivation und Kooperation erwarten, Freiheiten der Klienten beschneiden und ihre Integrität verletzen, sie mit sanftem Zwang und zuweilen mit juristisch legitimierter Gewalt zur „compliance" nötigen, sie hospitalisieren, „Karrieren" einleiten, ihre Widerstände brechen und sie entmündigen.

In der Alltagspraxis der psychosozialen Arbeit reduzieren sich die Fragen nach der Rechtfertigung von Interventionen jedoch auf pragmatische Antworten in der Art bewährter Daumenregeln, die aus dem Umfeld des allgemeinen Auftrags der Sozialarbeit, den organisatorischen Erfordernissen und den „bewährten" Traditionen der jeweiligen Einrichtungen, den rechtlichen Vorgaben, den fachlichen Begründungsmustern, der wissenschaftlichen Legitimation und dem Selbstverständnis und den Routinen der Teams stammen. Die in den letzten Jahren laut gewordene Expertenkritik und die zunehmende Sensibilität gegenüber sozial kontrollierenden Eingriffen hat zu verstärkten Diskussionen über die Legitimation von Eingriffen im Hinblick auf ihre Ziele, ihren Umfang und ihre Eingriffstiefe geführt. Wie wichtig solche Diskussionen sind, läßt sich bereits an der in der psychosozialen Praxis gängigen Begrifflichkeit zeigen: Personen, die als „nicht mietfähig", „dissozial", „unreif" gelten, als „Psychopathen" etc. etikettiert werden, sind nur die Spitze eines Eisbergs psychosozialer Ausgrenzungssemantik, deren Geschichte noch zu schreiben bleibt. Die impliziten Wertungen in den diagnostischen Kürzeln, die immer schon mehr als bloße Verständigungsformeln für die Professionellen waren, gehören ebenso zum „heimlichen Lehrplan", den die gesellschaftlichen Ordnungsvorstellungen – gebrochen durch die Ideologien der Träger von Einrichtungen und der Professionellen – der psychosozialen Praxis vorgeben, wie die Berufsroutinen und die eingefahrenen Geleise der institutionell bestimmten Handlungsabläufe. Das dahinter liegende offizielle Verständnis der psychosozialen Arbeit ist nach wie vor vom Pathos der Hilfe, humanitärer Verpflichtung, Solidarität, Hilfe zur Selbsthilfe, Selbstverantwortung und ähnlichen ehrenwerten, aber auch diffusen Formeln geprägt. Die Unterstellung der Selbstverständlichkeit und eines einheitlichen Verständnisses dieser Ziele umgeht die notwendige Bestimmung ihrer konkreten Inhalte und die Definition ihrer problem-, situations- und gruppenbezogenen Interpretation bei der praktischen Umsetzung.

Die zentrale Schwierigkeit für eine postulierte „Ethik der Intervention" (Schlüter 1983, 187ff.) besteht darin, Orientierungen zu finden, die abstrakt genug sind, um den Ansprüchen an Verallgemeinerbarkeit sozialpolitischer Postulate zu genügen und zugleich ausreichend konkret sind, um den Besonderheiten individueller und gruppenspezifischer Lebens- und Problemlagen gerecht zu werden. In der neueren philosophischen Diskussion sind hier eine Reihe von Modellen vorgeschlagen worden, von denen insbesondere die von K.O. Apel (1973) und die von J. Habermas (1981) entwickelten Ansätze zu einer Diskursethik auch in der Pädagogik intensiv diskutiert werden; dies vor allem auch deshalb, weil in ihnen der Versuch gemacht wird, individuelle Sozialisationsgeschichte und kollektive Lernprozesse theoretisch miteinander zu verknüpfen. Weitere Anregungen zu dieser Debatte kommen aus dem Bereich der philosophischen Anthropologie (z.B. Böhme 1985; Ebeling 1984).

In diesem Rahmen ist es lediglich möglich, versuchsweise einige Orientierungen für psychosoziale Interventionen zu formulieren:

- Gewährleistung des Selbstverfügungsrechts des Individuums als Grenze von Interventionen (vgl. Schlüter 1983; van den Daele 1985); dazu gehört die Wahrung der sozialen, psychischen und körperlichen Integrität, einschließlich des Rechts auf Verweigerung von Behandlungen, das Recht auf „Eigensinn" und auf die Interpretation der eigenen Biographie;
- Transparenz der Interventionen und ihrer absehbaren Folgen, wie z.B. zusätzliche Belastungen und vom Klienten zu erbringende Leistungen; zur Transparenz gehört auch das Recht zur Akteneinsicht – eine Forderung, die im Hinblick auf Psychiatrisierte durch das expertenhörige Bundesverfassungsgericht bereits schwerwiegend zugunsten der professionellen Hegemonie unter dem Deckmantel der Fürsorge für den Patienten eingeschänkt ist;
- Prinzip der Freiwilligkeit bei Interventionen; die nichtfreiwillige Teilnahme an Beratung, Therapie etc. sollte im Bewußtsein der Institutionen wie der Professionellen nicht als ein Fall normaler Berufspraxis, sondern als Ausnahme und als Krise personenbezogener Hilfe wahrgenommen werden; in Situationen erforderlicher momentaner Freiheitsberaubung sollte das Prinzip der
- weitestmöglichen Gewährleistung von Eigenverantwortlichkeit gelten sowie eine fallweise Überprüfung, welches Maß an Selbstbestimmung eingeschränkte Lebenslagen und krisenhafte Situationen ermöglichen (geistige Behinderung; Verwirrung im Alter; psychische Krisen etc.); gerade bei gelegentlich nicht vermeidbarem Zwang zur Anwendung von Gewalt und Zwang in akuten Notsituationen (Wolff 1986; Golan 1983) unter Bedingungen knapper Zeit sollten die Prinzipien
  a) des geringstmöglichen Risikos für die Betroffenen, d.h. Berücksichtigung der psychischen und sozialen Folgekosten der Interventionen mit Blick auf die dem Klienten verfügbaren Ressourcen;
  b) der relativen Vorläufigkeit von Interventionen und damit die Möglichkeit zu einer Folgenkorrektur, zur Verhinderung der Festschreibung von Diagnosen und der Einleitung institutioneller Karrieren;
  c) die frühestmögliche Überprüfung der getroffenen Interventionsmaßnahmen durch ein von der jeweiligen Institution und den behandelnden Experten unabhängiges Gremium einschließlich des Betroffenen oder seines Vertreters – z.B. durch ein institutionalisiertes Modell im Sinne der in Österreich in der Psychiatrie praktizierten Modells der „Sachwalterschaft" (vgl. Forster/Pelikan 1985) –

  gewährleistet sein;
- Versuch einer möglichst weitgehenden Konsensherstellung bei Interventionen, d.h. Anwendung kommunikativer gegenüber monologischen Prinzipien;
- Parteilichkeit für die ausgegrenzten und in ihren Durchsetzungschancen eingeschränkten Minderheiten ohne Identifikation mit deren oft partikularistischen und selbst ausgrenzenden Motiven (vgl. v. Kardorff/Stark 1982); eine derartige Parteilichkeit schließt
  a) eine „streitbare Toleranz" (Schlüter 1983, 177) ein, d.h. eine solidarisch-kritische Auseinandersetzung mit den lebensweltlichen Vorstellungen und Praktiken der Betroffenen – aus der Sicht des Praktikers als engagiertem citoyen, nicht aus seiner Perspektive des pädagogisierenden, wohlmeinend-

patriarchalen oder wissenschaftlichen Experten für psychosoziale Gesundheit oder gesellschaftliche Normalität;

b) diskursive Überprüfung des jeweils erreichten Grades an Verallgemeinerbarkeit der in der Intervention involvierten Handlungseinschränkungen; dies würde u.a. zur Überprüfung und Korrektur kultur-, region-, geschlechts- und schichtspezifischer Normalitätsverständnisse in den verwendeten (Diagnose-, Therapie- und Erfolgs-)Semantiken dienen; schließlich

c) historische Vergewisserung über den gesellschaftlichen Entstehungszusammenhang spezifischer Diagnosen, professioneller Traditionen und Routinen, rechtlicher Regulierungen und institutioneller Gegebenheiten etc., um die historisch *spezifische* gesellschaftliche Funktion der Interventionsgrundlagen und ihrer Praxis verorten und bewerten und gegebenenfalls gezielte Verweigerungen organisieren zu können.

Diese Optionen können als einfache Bewertungsheuristik für Interventionen gelten, die an den in einer Gesellschaft geltenden Normen empirisch anknüpfen muß, diese jedoch nicht als „naturhaft" und unveränderbar betrachtet. Dabei spielen fortlaufende Wertentscheidungen eine Rolle: „Sowohl die Wahl der Ausgangspunkte und Prämissen wie deren Fortentwicklung zu anwendbaren Regeln implizieren weitere Wertungen. Letztlich müssen diese sämtlich ihrerseits in soziale Prozesse rückgebunden werden, nämlich in Diskussionen über akzeptable und wünschenwerte Mittel und Ziele menschlichen Handelns" (van den Daele 1985, 15ff.). Dies bedeutet, daß weder fachliche Überlegungen noch der Blick auf die Funktionsimperative des sozialen Systems / der sozialen Ordnung / der sozialen Integration und Befriedung allein eine ausreichende Grundlage zur Bewertung von Interventionen liefern können. Der in der modernen Gesellschaft angelegte Prozeß gesellschaftlicher Reflexivität („Selbstthematisierung") und der Zwang zur Diskursivierung des Sozialen und der Psyche stellt eine Herausforderung auch für die psychosoziale Arbeit dar, die bereits vom Begriff her einen Paradigmenwechsel von Konzepten der „Intervention" zu gemeinsamen kommunikativen Veränderungen und zur Repolitisierung des gesellschaftlichen Alltags, d.h. zur Wiedergewinnung einer politischen Öffentlichkeit mit Blick auf eine „ziviele Gesellschaft" anzuvisieren hätte. Der beständige Konflikt zwischen Partikularinteressen und verallgemeinerbaren Interessen in sozialen Konflikträumen wäre dabei von den Praktikern im psychosozialen Bereich als öffentliche Angelegenheit sichtbar zu machen.

6. Perspektiven einer veränderten Arbeit im psychosozialen und sozialpädagogischen Bereich

Folgt man den grob skizzierten normativen Optionen, stellt sich die Frage nach entsprechenden Konzepten für die Praxis. In diesem Rahmen ist es nur möglich, für den Bereich der personenbezogenen Dienstleistungen stichwortartig einige Perspektiven anzudeuten.

Für den sozialpolitischen Bereich sei hier auf die Diskussionen zum „Umbau des Sozialstaates" (vgl. Cramer/Keupp/Stark 1987) verwiesen, in denen die sozialdemokratisch-keynesianische Gleichung: Wachstum des Sozialstaates = Verbesserung der individuellen und kollektiven Wohlfahrt zur Disposition gestellt und mit

Konzepten der nicht lohnbezogenen Grundversorgung, der Dezentralisierung von Leistungen und der Selbstverwaltung und -organisation von Hilfen mit öffentlichen (Finanz-)Mitteln konfrontiert wird (Schmid 1984; Opielka 1984).

Im Hinblick auf die Organisation personenbezogener Dienstleistungen ginge es hier vor allem um einen „Perspektivenwechsel der Problemorientierung und einen Führungswechsel in der Programmstruktur psychosozialen Handelns: Indem die Verantwortung für ein Problem auf die Betroffenen selbst übergeht, wird darauf hingearbeitet, daß ‚Problemgruppen' zu ‚Aktionsgruppen', ‚Klienten' zu ‚Akteuren' und ‚Zielräume' zu ‚Handlungsfeldern' sich entwickeln können" (Pankoke 1986, 9). Diese Rückgabe der Verantwortung ist dabei nicht gleichbedeutend mit der Entlassung der staatlichen und kommunalen Instanzen aus ihrer sozialstaatlichen Verantwortung, sondern zielt auf eine (Wieder-)Vergesellschaftung materieller, sozialer und psychosozialer Konflikte im Rahmen einer (lokal-)politischen Öffentlichkeit. Die Arbeit von psychosozialen Professionellen gewinnt hier sowohl Initiativ-, Koordinations- und Vernetzungsfunktionen. Professionelle machen sich dabei nicht „überflüssig", sondern sehen ihre Aufgabe in der professionellen Bereitstellung von Leistungen, die die Gesellschaftsmitglieder selbst nicht erbringen können und die sie – im Idealfall als bewußte Nutzer im Bewußtsein sozialstaatlicher Legitimation und des Anspruchs auf demokratische Teilhabe – einfordern. Damit verändert sich die Rolle der Professionellen grundlegend: Professionelles Wissen kann kein Arkanum der Experten mehr bleiben; vielmehr geht es darum, professionelle Kompetenz transparent zu machen und an die Konsumenten „wegzugeben", sie zu „ermächtigen" (vgl. das Konzept des „empowerment" bei Rappaport 1981 und bei Rose/Black 1985) und ihnen aktiv bei ihren Versuchen der Selbsthilfe und Selbstorganisation zu helfen.

Diese Perspektive einer professionellen Stützung von Initiativen bedeutet im Rahmen einer kommunalen Sozialpolitik immer auch eine „Strategie der Einmischung" (Mielenz 1981) und verweist auf ein erneutes Aufgreifen der konfliktorientierten Gemeinwesenarbeit (vgl. Boulet u.a. 1980) – allerdings nicht mehr im Sinne einer patriarchalen Stellvertreterpolitik oder über – im Zweifel zynische – Randgruppenstrategien, wie dies Anfang der 70er Jahre gelegentlich der Fall war. In diesem Zusammenhang ist auf „die in der Sozialpädagogik entwickelten Konzepte der ‚agogischen Intervention' als Kunstlehre [zu verweisen], die Entwicklung einer Situation so zu führen, daß Betroffene zu Beteiligten, Klienten zu Akteuren werden" (Pankoke 1986, 18). Diese Sichtweise wiederum neigt dazu, die Motivationspotentiale Betroffener zu überschätzen und die Dimension politischer Konflikte und Durchsetzungsprozesse zu unterschätzen; sie tendiert in sozialtechnischer Euphorie dazu, die sozialpädagogische „Methode" überzubewerten und an die Stelle von Politik zu setzen.

Welcher Formen eine derartige professionelle Unterstützung von Initiativen und Versuche einer Schaffung „künstlicher" sozialer Netzwerke sich schließlich bedienen müssen, kann nur situativ und in Abhängigkeit von den spezifischen Problemen und ihren individuellen und politischen Konstellationen gemeinsam von allen Beteiligten entschieden werden: Die Palette reicht hier von einer wirkungsvollen Veröffentlichung von Skandalen (z.B. Mietervertreibung), der Gründung von Initiativen, Gremienpolitik bis hin zur Massenmobilisierung im Sinne Saul Alinskys, vom Aufbau lokaler sozio-kultureller Initiativen, der Unterstützung von Schattenökonomien der Armen, der Förderung von Selbsthilfezusammenschlüssen bis zum Boykott lokaler Konsum- und Machtzentren usw. Ein Kristallisationszentrum solcher professionell präsenter, konfliktorientierter und zugleich Hilfe vermittelnder Professionalität könnten in Ansatzpunkten jene in den letzten Jahren entstandenen „Treffpunkte", „Bürgerzentren", „Gesundheitsläden" und „Selbsthilfezentren" sein, in denen sich bislang nur ein kleiner sehr aktiver Kreis der Alternativszene oder ein von Professionellen besonders „gepflegter" Kreis von Klienten eingefunden hat, deren Aktivitäten gleichwohl zunehmend auch in den lokalen Öffentlichkeiten Widerhall und Interesse finden (vgl. Trojan 1986; v. Kardorff 1987).

Eine solche Arbeit erscheint freilich nur dann perspektivenreich, wenn sie sich nicht auf die traditionellen Bereiche der Hilfsbedürftigkeit eingrenzen läßt, sondern die Probleme des materiellen Elends und des psychosozialen Leids in den Zusammenhang ihrer gesellschaftlichen Produktion, der sozio-kulturellen Dimensionen „normaler" Alltäglichkeit und in die regionalen (Konflikt-)Konfigurationen einordnet. „Im Handlungsrahmen sozialpolitischer Interventionen soll die Orientierung an Lebenszusammenhängen bewußt machen, daß ‚soziale Räume' sich immer erst über die soziale und kulturelle Dynamik sozialräumlich verbunenen Erlebens und Handelns entwickeln. Damit gewinnen die besonderen Aktions-, Konflikt-, Stör- und Entwicklungspotentiale eines sozialen Feldes praktisch an Interesse" (Pankoke 1986, 11). Dies verweist wieder auf die bereits oben angesprochene Vernetzungarbeit (vgl. Keupp/Röhrle 1987), auf die Herstellung von „linkages" (vgl. v. Kardorff/ Stark 1987) oder, wie Pankoke es formuliert: „Es geht um aktive Kooperation und um produktive Kombinationen" (1986, 16). Die bei einem solchen Vorgehen entstehenden ‚sozialen Aktionen' lassen sich folgendermaßen charakterisieren: „Als ‚soziale Aktion' fassen wir dann die Entwicklung von Selbst- und Solidarhilfe aus der Aktualität, Identität und Solidarität gesellschaftlicher Lebenszusammenhänge. Die Aktivierung ‚sozialer Räume' zu sozialer Aktion ist allerdings kaum mehr als ‚private' Initiative zu erwarten, sie bleibt bezogen auf einen institutionellen Rahmen von öffentlicher Macht, öffentlichen Mitteln und öffentlicher Meinung" (Pankoke 1986, 9). Selbsthilfezusammenschlüsse und Selbstorganisation stellen damit Elemente eines neuen *kulturellen Musters* lokaler Vergesellschaftung dar, dessen Implementation und Stützung an den Grenzlinien sozialer Unterstützung und sozialer Alltäglichkeit für die psychosoziale Praxis neben der „technischen" auch eine sozialkulturelle Herausforderung darstellt.

Anmerkung

1 „Der Begriff der Inklusion meint die Einbeziehung der Gesamtbevölkerung in die Leistungen der einzelnen gesellschaftlichen Funktionssysteme" (Luhmann 1981, 25).

Literatur

Aich, P. (Hg.), Da weitere Verwahrlosung droht. Reinbek: Rowohlt 1973.
Alinsky, S.D., Anleitung zum Mächtigsein. Bornheim-Merten: Lamuv 1984.
Amann, A., Lebenslage und Sozialarbeit. Berlin 1983.
Apel, K.O., Transformation der Philosophie. Bd. 2: Das Apriori der Kommunikationsgemeinschaft. Frankfurt/M.: Suhrkamp 1973.
Armbruster, J. u.a. (Hg.), Gegen die Logik der Aussonderung. München: AG SPAK 1982.

Bachratz, P./Baratz, M., Power and Poverty. New York 1970.
Badura, B., Sozialepidemiologie. In: Theorie und Praxis. In: Europ. Monographien zur Forschung in Gesundheitserziehung. Köln: BZGA 1983.
Basaglia, F. (Hg.), Die negierte Institution. Frankfurt/M.: Suhrkamp 1975.
Basaglia, F. u.a., Befriedungsverbrechen. Über die Dienstbarkeit der Intellektuellen. Frankfurt/M.: Syndikat 1980.
Becher, B./Pankoke, E., Sozialadministration und selbstaktive Felder. Neue Relationsprobleme kommunaler Sozialpolitik. In: Archiv f. Wissenschaft und Praxis der sozialen Arbeit, 12 (1981), 219-239.
Bielefeld, U./Kreissl, R., Ausländische Jugendliche und Kriminalisierung. In: Schüler-Springorum, H. (Hg.): Jugend und Kriminalität. Frankfurt/M.: Suhrkamp 1983, 78-95.
Blasius, D./Pankoke, E., Lorenz vom Stein. Geschichts- und gesellschaftswissenschaftliche Aspekte. Darmstadt 1977.
Böhme, G., Anthropologie in pragmatischer Hinsicht. Frankfurt/M.: Suhrkamp 1985.
Boulet, J.J. u.a., Gemeinwesenarbeit. Eine Grundlegung. Bielefeld: AJZ 1980.
Buchholz, W./Straus, F., Lebensweltanalyse. In: Keupp, H./Rerrich, D. (Hg.): Psychosoziale Praxis. Ein Handbuch in Schlüsselbegriffen. München: Urban & Schwarzenberg 1982.
Buchholz, W., Lebensweltanalyse. München: Profil 1984.
Castel, R., Die psychiatrische Ordnung: Frankfurt/M.: Suhrkamp 1980.
Castel, F./Castel, R./Lovell, A., Psychiatrisierung des Alltags. Frankfurt/M.: Suhrkamp 1982.
Chorover, S.C., Die Zurichtung des Menschen. Von der Verhaltenssteuerung durch die Wissenschaften. Frankfurt/M.: Campus 1982.
Cohen, S./Scull, A. (Hg.), Social Control and the State. Oxford: Martin Robertson 1983.
Cramer, M./Keupp, H./Stark, W., Thesen zum Umbau des Sozialstaats. In: Opielka, M. (Hg.): Umbau des Sozialstaats. Frankfurt/M.: Fischer-alternativ 1987.
Daele, W. van den, Mensch nach Maß? Ethische Probleme der Genmanipulation und Gentherapie. München: Beck 1985.
Dewar, T.R., The Professionalization of the Client. In: Social Policy, (1978), 4-9.
Diemer, N., Wer heilet die Krankheit der Moderne und stillet die Wunden der Linken? Ganzheitlichkeit, linke Vorgeschichte und die Krisen der Vernunft und des Fortschritts. In: Widersprüche, 21 (1986), 37-48.
Dörner, D. u.a., Lohausen. Vom Umgang mit Unbestimmtheit und Komplexität. Bern: Huber 1983.
Donzelot, J., Die Ordnung der Familie. Frankfurt/M.: Suhrkamp 1979.
Ebeling, H., Betroffenheit, Mitleid und Vernunft. In: Apel, K.O. u.a. (Hg.): Funkkolleg. Praktische Philosophie/Ethik: Dialoge, Bd. 2. Frankfurt/M.: Fischer 1984.
Elias, N., Über den Prozeß der Zivilisation. Frankfurt/M.: Suhrkamp 1980, 2 Bde.
Erler, G., Frauen im Wohlfahrtsstaat. In: Freibeuter, 11 (1982), 49-62.
Forster, F./Pelikan, J. (Hg.), Recht und Psychiatrie. Neuere Tendenzen des Persönlichkeitsschutzes und der Rechtsfürsorge – das österreichische Modell. Kriminalsoziologische Bibliographie. Heft 47/48 (1985), Sonderheft.
Foucault, M., Wahnsinn und Gesellschaft. Frankfurt/M.: Suhrkamp 1969.
–, Überwachen und Strafen. Die Geburt des Gefängnisses. Frankfurt/M.: Suhrkamp 1976.
–, Sexualität und Wahrheit. Der Wille zum Wissen. Frankfurt/M.: Suhrkamp 1980.
Gartner, A./Riessman, F., Der aktive Konsument in der Dienstleistungsgesellschaft. 1978.
Germain, C.B./Gitterman, A., Praktische Sozialarbeit. Das „Life Model" der sozialen Arbeit. Stuttgart: Enke 1983.
Golan, N., Krisenintervention. Strategien psychosozialer Hilfen. Freiburg: Lambertus 1983.
Gross, P., Die Verheißungen der Dienstleistungsgesellschaft. Opladen: Westdeutscher Verlag 1983.
Grubitzsch, S., Psychiatrische Risikoabwehr. In: Wambach, M.M. (Hg.): Der Mensch als Risiko. Frankfurt/M.: Suhrkamp 1983.
Habermas, J., Legitimationsprobleme des Spätkapitalismus. Frankfurt/M.: Suhrkamp 1973.

–, Theorie des kommunikativen Handelns. Frankfurt/M.: Suhrkamp 1981, 2 Bde.
–, Die neue Unübersichtlichkeit. Frankfurt/M.: Suhrkamp 1985.
Haines, J., Interventionsprozesse in der sozialen Arbeit. Freiburg: Lambertus 1978.
Hellerich, G., Radikale Therapie und Enttherapeutisierung. In: Wambach, M.M. (Hg.): Museen des Wahnsinns und die Zukunft der Psychiatrie. Frankfurt/M.: Suhrkamp 1980.
–, Screening in den USA: Der Kleinstkinder-TÜV. In: Wambach, M.M. (Hg.): Der Mensch als Risiko. Frankfurt/M.: Suhrkamp 1983.
–, Homo therapeuticus. Derm Mensch im Netz der Helfer. Bonn: Psychiatrie-Verlag 1985.
Huber, J., Die Regenbogengesellschaft. Reinbek: Rowohlt 1984.
Illich, I., Enteignung der Gesundheit. Reinbek: Rowohlt 1974.
–, Die Nemesis der Medizin. Reinbek: Rowohlt 1976.
– u.a. (Hg.), Entmündigung durch Experten. Reinbek: Rowohlt 1979.
–, Vom Recht auf Gemeinheit. Reinbek: Rowohlt 1982.
Ingrosso, M., Gesundheitsrelevantes Alltagshandeln von Familien. In: Familienstrukturen und Gesundheit. Köln: BZGA 1984.
Kardorff, E. von, Soziales Feld. In: Grubitzsch, S./Rexilius, G. (Hg.): Psychologie. Ein Grundkurs. Reinbek: Rowohlt 1986.
–, Die Strategie der Therapeutisierung – Zum veränderten Handlungstyp in der Sozialarbeit. In: Neue Praxis, 1 (1982), 1-11.
–, Soziale Kontrolle durch Psychologie und Psychologen. In: Psychologie und Gesellschaftskritik, 31 (1984), 87-107.
–, Soziale Netzwerke in der gemeindebezogenen Gesundheitsversorgung und -förderung. In: Brennpunkte Sozialer Arbeit, 1 (1988), 9-25.
Kardorff, E./Stark, W., Forschung im psychosozialen Bereich. Praxisorientierte Forschung als parteiliche Forschung. In: Keupp, H./Rerrich, D. (Hg.): Psychosoziale Praxis. Ein Handbuch in Grundbegriffen. München: Urban & Schwarzenberg 1982
–, Zur Verknüpfung professioneller und alltäglicher Hilfenetze. In: Keupp, H./Röhrle, B. (Hg.): Soziale Netzwerke. Frankfurt/M.: Campus 1987
Kaufmann, F.-X., Elemente einer soziologischen Theorie sozialpolitischer Intervention. In: Kaufmann, F.-X. (Hg.): Staatliche Sozialpolitik und Familie. München/Wien: Oldenbourg 1982.
Keupp, H./Röhrle, B. (Hg.): Soziale Netzwerke. Frankfurt/M.: Campus 1987.
Kickbusch, I., Von der Zerbrechlichkeit der Sonne. In: Kickbusch, I./Trojan, A. (Hg.): Gemeinsam sind wir stärker. Frankfurt/M.: Fischer-alternativ 1980.
Köhler, E., Arme und Irre. Die liberale Fürsorgepolitik des Bürgertums. Berlin: Rotbuch 1977.
Kovel, J., Kritischer Leitfaden der Psychotherapie. Frankfurt/M.: Suhrkamp 1979.
Kreissl, R., Soziologie und soziale Kontrolle. München: Profil 1986.
Lamott, F., Die erzwungene Beichte. Zur Kritik des therapeutischen Strafvollzugs. München 1984.
Lau, T./Wolff, S., Wer bestimmt hier eigentlich, wer kompetent ist? In: Müller, S. u.a. (Hg.): Handlungskompetenz in der Sozialarbeit/Sozialpädagogik I. Bielefeld: AJZ 1982.
Leibfried, S./Tennstedt, F. (Hg.), Politik der Armut und die Spaltung des Sozialstaats. Frankfurt/M.: Suhrkamp 1985.
Leonardis, O. de/Mauri, D., Methode und Ergebnisse einer Untersuchung über die Erfahrungen mit der institutionellen Veränderung der Psychiatrie. In: Biehl u.a. (Hg.): Wer löst wen wohin auf? Rehburg-Loccum: Psychiatrie-Verlag 1982.
Luhmann, N., Politische Theorie im Wohlfahrtsstaat. München: Olzog 1981.
Maier, H., Die ältere deutsche Staats- und Verwaltungslehre. Neuwied: Luchterhand 1966.
Mannoni, M., Scheißerziehung. Von der Antipsychiatrie zur Antipädagogik. Frankfurt/M.: Syndikat 1976.
Meyer, P., Das Kind und die Staatsraison. Reinbek: Rowohlt 1981.

Mielenz, J., Die Strategie der Einmischung. Soziale Arbeit zwischen Selbsthilfe und Kommunaler Politik. In: Müller, S. u.a. (Hg.): Sozialarbeit als soziale Kommunalpolitik. Neuwied: Luchterhand 1981 (Neue Praxis, Sonderheft 6).
Mühlum, A. u.a., Umwelt – Lebensumwelt. Beiträge zu Theorie und Praxis ökosozialer Arbeit. Frankfurt/M.: Diesterweg 1986.
Müller, W./Neusüss, C., Die Sozialstaatsillusion und der Widerspruch von Lohnarbeit und Kapital. In: Sozialistische Politik, 6/7 (1970), 4-67.
Negt, O,/Kluge, A., Geschichte und Eigensinn. Frankfurt/M.: Zweitausendeins 1981.
Nokielski, H., Soziale Probleme und sozialräumliche Interventionen. Sozialraumgestaltung in mobilen Gesellschaften. In: Vaskovics, L.A. (Hg.): Raumbezogenheit sozialer Probleme. Opladen: Westdeutscher Verlag 1982.
Opielka, M. u.a. (Hg.), Die Zukunft des Sozialstaats, Bd. 1. Stuttgart: DIE GRÜNEN 1984.
Oppl, H./Tomaschek, A. (Hg.), Sozialarbeit 2000. Freiburg: Lambertus 1986, 2 Bde.
Pankoke, E., Ökologische Intervention und Soziale Aktion: zur „Feldorientierung" aktiver Sozialpolitik. In: Brennpunkte Sozialer Arbeit, 1 (1986), 50-86.
Pirella, A. (Hg.), Die Sozialisation der Ausgeschlossenen. Reinbek: Rowohlt 1978.
Piven, F.F./Cloward, R.A., Regulierung der Armut. Die Politik der öffentlichen Wohlfahrt. Frankfurt/M.: Suhrkamp 1977.
Rappaport, J., In praise of a paradox: A social policy of empowerment over prevention. In: American Journal of Community Psychology, 9 (1981), 1-25.
Reichel, W., Zwischen Polizeigriff und Hilfeleistung: Das Recht im Transformationsprozeß. In: Wambach, M.M. (Hg.): Museen des Wahnsinns und die Zukunft der Psychiatrie. Frankfurt/M.: Suhrkamp 1980.
Rerrich, D., Nutzerkontrolle. In: Keupp, H./Rerrich, D. (Hg.): Psychosoziale Praxis. München: Urban & Schwarzenberg 1982.
Riedmüller, B., Hilfe, Schutz und Kontrolle. Zur Verrechtlichung der Kindheit. In: Hengst, H. u.a. (Hg.): Kindheit als Fiktion. Frankfurt/M.: Suhrkamp 1981.
Rosanvallon, P., Nach der Sozialdemokratie. Die Kosten der Solidarität oder die Gesellschaft auf der Suche nach sich selbst. In: Freibeuter, 11 (1982), 63-75.
Rose, S.M./Black, B.L., Advocacy and Empowerment. London: Routledge & Kegan Paul 1985.
Rosen, G., Die Entwicklung der sozialen Medizin. In: Deppe, H.-U./Regus, M. (Hg.): Seminar: Medizin, Gesellschaft, Geschichte. Frankfurt/M.: Suhrkamp 1975.
Rothmann, J. u.a., Innovation und Veränderung in Organisationen und Gemeinwesen. Ein Handbuch für Planungsprozesse. Freiburg: Lambertus 1979.
Rucht, D., Neue Soziale Bewegungen. In: Frankfurter Hefte, Extra 6 (1984), 144ff.
Rutschky, K., Schwarze Pädagogik. Quellen zur Naturgeschichte der bürgerlichen Erziehung. Frankfurt/M.: Ullstein 1977-
Ryan, W., Blaming the Victim. New York: Random House 1971.
Sachße, C., Mütterlichkeit als Beruf. Frankfurt/M.: Suhrkamp 1986.
Scheerer, S., Die abolitionistische Perspektive. In: Kriminologisches Journal, 2 (1984), 90-111.
Schlüter, W., Sozialphilosophie für helfende Berufe. München: Reinhardt (UTB) 1983.
Schmid, T., Nichtsnutz und Robot. Über einige Schwierigkeiten, die Verstaatlichung des Sozialen rückgängig zu machen. In: Freibeuter, 11 (1982), 98-108.
–, Befreiung von falscher Arbeit. Berlin: Wagenbach 1984.
Schulz, C., Soziale Intervention als Entpsychiatrisierung. Ein Centro di Medicina Sociale. In: Wambach, M.M. (Hg.): Museen des Wahnsinns und die Zukunft der Psychiatrie. Frankfurt/M.: Suhrkamp 1980.
Schur, E.M., Radical Non-Intervention. Rethinking the Delinquency Problem. Englewood Cliffs/New York 1973.
Schwendter, R., Ganzheit, Totalität, Maschinerien, Klassenströmungen, „New Age". 24 Thesen. In: Widersprüche, 21 (1986), 49-59.

Scull, A., Die Anstalten öffnen. Decarceration der Irren und Häftlinge. Frankfurt/M.: Campus 1980.
Sennett, R., Verfall und Ende der Öffentlichkeit. Die Tyrannei der Intimität. Frankfurt/M.: Fischer 1983.
Simmel, G., Soziologie. Berlin: Duncker & Humblot 1968 (Orig. 1908).
Simons, T. (Hg.), Absage an die Anstalt. Frankfurt/M.: Campus 1980.
Spector, A./Kitsuse, J., Social Problems and Social Control. New York 1977.
Steinert, H., Das Ende der Rechtschaffenheit. Eine kriminalpolitische Utopie. In: Kriminalsoziologische Bibliographie, 36/37 (1982), 243-286.
Street, D. u.a., The Welfare Industry. Functionaries and Recipients in Public Aid. London 1979.
Swaan, A. de, Von Schwierigkeiten zu Problemen. In: Cramer, A. (Hg.): Gemeindepsychologische Perspektiven, Bd. 4. Tübingen: DGTV 1983, 68-82.
Szasz, T., Mythos Geisteskrankheit. Frankfurt/M.: Fischer 1974.
Trojan, A. (Hg.), Wissen ist Macht. Frankfurt/M.: Fischer-alternativ 1986.
Vobruba, G., Zur Dialektik von Rückhalt und Spielraum. Über die Möglichkeiten im Wohlfahrtsstaat. In: Freibeuter, 11 (1982), 76-89.
–, Politik mit dem Wohlfahrtsstaat. Frankfurt/M.: Suhrkamp 1983.
Voigt, R. (Hg.), Abschied vom Recht? Frankfurt/M.: Suhrkamp 1983.
Wambach, M.M., Mikropolitik der Hilfe. In: Psychologie und Gesellschaftskritik, 4 (1978).
– (Hg.), Museen des Wahnsinns und die Zukunft der Psychiatrie. Frankfurt/M.: Suhrkamp 1980.
–, Der Mensch als Risiko. Frankfurt/M.: Suhrkamp 1983.
Wendt, W.R., Geschichte der sozialen Arbeit. Stuttgart: Enke 1985.
–, Lebenslage als Leitbegriff. Eine konzeptuelle Erweiterung. In: Oppl, H./Weber-Falkensammer, H. (Hg.): Soziale Arbeit im Gesundheitswesen. Frankfurt/M.: Diesterweg 1986.
Wirth, W., Inanspruchnahme sozialer Dienste. Bedingungen und Barrieren. Frankfurt/M.: Campus 1982.
Wolff, S., Sozialpsychologische Anmerkungen zur psychiatrischen Kriseninterventíon. In: Soziologenkorresponden, 3 (1976), 144-215.
–, Die Produktion von Fürsorglichkeit. Bielefeld: AJZ 1983.

Anschriften der Autoren

Bettmer, Franz, Dr., Sonderforschungsbereich Prävention und Intervention im Kindes- und Jugendalter. Universität Bielefeld, Postfach 8640, 4800 Bielefeld.

Bintig, Arnfried, Dr., PD, Fakultät für Soziologie, Universität Bielefeld, Postfach 8640, 4800 Bielefeld.

Bossong, Horst, Dr., Straßburgerstraße 65, 2800 Bremen 1.

Bruder, Klaus Jürgen, Prof. Dr., Pariser Straße 56, 1000 Berlin 15.

Buer, Ferdinand, Dr., Alte Schanze 46, 4400 Münster.

Grubitzsch, Siegfried, Prof. Dr., Bürgerbuschweg 47, 2900 Oldenburg.

Fiedler, Peter A., Prof. Dr., Psychologisches Institut der Universität Heidelberg, Arbeitseinheit Klinische Psychologie. Hauptstraße 47-51, 6900 Heidelberg.

Hellerich, Gert, Prof. Dr., Beim kleinen Tagwerk 65, 2800 Bremen 33.

Herzog, Gunter, Dr., Kreuzstraße 110, 2800 Bremen 1.

Hörmann, Georg, Dr. Dr., PD, Von-Esmarch-Straße 111, 4400 Münster.

Holler, Birgit, Sonderforschungsbereich Prävention und Intervention im Kindes- und Jugendalter. Universität Bielefeld, Postfach 8640, 4800 Bielefeld.

Hurrelmann, Klaus, Prof. Dr., Fakultät für Pädagogik, Universität Bielefeld, Postfach 8640, 4800 Bielefeld.

von Kardorff, Ernst, Dr., Isabellastraße 29, 8000 München 40.

Körner, Wilhelm, Clevornstraße 14, 4400 Münster.

Kurtz, Hans-Jürgen, B 4, 2, 6800 Mannheim 1.

Kury, Helmut, Dr., PD, Günterstalstraße 73, 7800 Freiburg.

Meinhold, Marianne, Prof. Dr., Ahrenshooper Zeile 11, 1000 Berlin 38.

Mutz, Gerd, Dr., Münchener Projektgruppe Sozialforschung. Dachauer Straße 189, 8000 München 19.

Nestmann, Frank, Dr., PD, Fakultät für Pädagogik, Universität Bielefeld, Postfach 8640, 4800 Bielefeld.

Schreiber, Werner, Dr., Diepenbrockstraße 11, 4400 Münster.

Schurian, Walter, Prof. Dr., Psychologisches Institut, Universität Münster, Schlaunstraße, 4400 Münster.

Zygowski, Hans, Kinderhauser Straße 12, 4400 Münster.

Personenregister

Sachregister

Weitere Literatur zum Thema

Georg Hörmann,
Wilhelm Körner und
Ferdinand Buer (Hrsg.)

Familie und Familientherapie

Probleme — Perspektiven — Alternativen.

1988. 298 S. 12,5 x 19 cm. (WV studium, Bd. 153.) Pb.

Familientherapie erfreut sich gegenwärtig besonderer Beachtung und breiter Beliebtheit. Mit der zunehmenden Krise von Therapierichtungen und psychosozialen Berufen allgemein ist allerdings auch diese Therapieform in die Kritik geraten. Ausgehend vom gesellschaftlichen Stellenwert von Familie, Familiendynamik und neuen Lebens- und Beziehungsformen stellen in diesem Band Experten die Probleme mit familientherapeutischen Konzepten und Interventionen in praxisnaher Weise dar. Weiterentwicklungen der Familientherapie werden aufgezeigt und alternative Vorgehensweisen in der psychosozialen Praxis vorgestellt.

Georg Hörmann

Die zweite Sozialisation

Psychische Behinderung und Rehabilitation in Familie, Schule und Beruf.

1985. VI, 296 S. 15,5 x 22,6 cm. (Beiträge zur psychologischen Forschung, Bd. 5.) Kart.

Die Untersuchung Hörmanns kann als eine Bilanz der Psychiatriereform gelesen werden. Sie analysiert im Sinne von „informativer Sozialberichterstattung" die gegenwärtige Situation von psychisch Behinderten in der Bundesrepublik Deutschland.

Irmgard Eisenbach-Stangl und
Wolfgang Stangl (Hrsg.)

Grenzen der Behandlung

Soziale Kontrolle und Psychiatrie.

1984. 227 S. 15,5 x 22,5 cm. Kart.

Die psychiatriekritischen Arbeiten der 70er Jahre führten in der Tendenz häufig dazu, den Wahnsinn in dem Maße zu glorifizieren, wie die Anstaltspsychiatrie verdammt worden ist. In neueren Arbeiten wird nun angesichts der Ausweitung der ambulanten Psychiatrie oftmals nur der Fortschritt gefeiert oder aber ausschließlich, eingeschüchtert und entmutigt, die fortschreitende Kontrolle wahrgenommen und registriert.

Diese Vereinseitigungen versuchen die Arbeiten dieses Bandes bewußt zu vermeiden: Emanzipation und Unterdrükkung, Heilung und Zerstörung von Menschen durch Medizin und Psychiatrie sind die Pole eines Kontinuums, auf dem die Grenzen der Behandlung durch demokratische Kontrollen zu markieren und durchzusetzen sind.

WESTDEUTSCHER
VERLAG